Volk/Engländer
Grundkurs StPO

Grundkurs StPO

begründet von

Dr. iur. Dr. h. c. Klaus Volk

em. o. Professor an der Ludwig-Maximilians-Universität München

ab der 8. Auflage allein fortgeführt von

Dr. Armin Engländer

o. Professor an der Ludwig-Maximilians-Universität München

9., neu bearbeitete Auflage

VERLAG C.H. BECK MÜNCHEN 2018

www.beck.de

ISBN 978 3 406 71924 0

Wilhelmstraße 9, 80801 München
Druck und Bindung: Nomos Verlagsgesellschaft
In den Lissen 12, 76547 Sinzheim

Satz: Jung Crossmedia Publishing GmbH
Gewerbestraße 17, 35633 Lahnau

Umschlaggestaltung: Druckerei C. H. Beck

Gedruckt auf säurefreiem, alterungsbeständigem Papier
(hergestellt aus chlorfrei gebleichtem Zellstoff)

Vorwort zur 9. Auflage

Seit dem letzten Erscheinen dieses Kurzlehrbuchs im Jahr 2013 wurde die StPO an verschiedenen Stellen nicht unwesentlich verändert. Ob die damit verfolgten Ziele (insb. Effektivitätssteigerungen, d. h. schnellere Erledigung – auch auf Kosten der schützenden Formen des Prozesses) tatsächlich erreicht werden, bleibt abzuwarten. Insbesondere im vergangenen Jahr hat der Gesetzgeber gleich eine ganze Reihe von Änderungsgesetzen mit großer Geschwindigkeit verabschiedet. Zu nennen ist hier zunächst und vor allem das „Gesetz zur effektiveren und praxistauglicheren Ausgestaltung des Strafverfahrens" vom 17.8.2017, ferner das „Gesetz zur Einführung der elektronischen Akte in der Justiz und zur weiteren Förderung des elektronischen Rechtsverkehrs" vom 5.7.2017, das „Zweite Gesetz zur Stärkung der Verfahrensrechte von Beschuldigten im Strafverfahren und zur Änderung des Schöffenrechts" vom 27.8.2017 und das „Gesetz über die Erweiterung der Medienöffentlichkeit in Gerichtsverfahren (EMöGG)" vom 8.10.2017. Bereits zuvor ergaben sich Änderungen u. a. durch das „Gesetz zur Stärkung des Rechts des Angeklagten auf Vertretung in der Berufungsverhandlung und über die Anerkennung von Abwesenheitsentscheidungen in der Rechtshilfe" vom 17.7.2015, das „Gesetz zur Einführung einer Speicherpflicht und einer Höchstspeicherfrist für Verkehrsdaten" vom 17.12.2015 und das „Gesetz zur Stärkung der Opferrechte im Strafverfahren (3. OpferrechtsreformG)" vom 21.12.2015. All diese Gesetzesreformen sind in der aktuellen Auflage eingearbeitet.

Aus der aktuellen Rechtsprechung seien hier nur einige besonders bedeutsame Entscheidungen genannt: die sich teilweise widersprechenden Judikatur zur Tatprovokation (EGMR NJW 2015, 3631; BVerfG NJW 2015, 1083; BGHSt 60, 238; 60, 276), die jüngsten Entscheidungen zum Konfrontationsrecht des Angeklagten (EGMR StV 2017, 213; BGH NStZ 2017, 602; NStZ 2018, 51), der Beschluss des BVerfG zum Ende der Eilkompetenz der Ermittlungsbehörden bei der Durchsuchung (BVerfGE 139, 245) und die Entscheidungen des BGH zum Verwertungsverbot bei Verstoß gegen den Richtervorbehalt bei der Durchsuchung und der Nichtanwendbarkeit der Widerspruchslösung (BGHSt 61, 266), zur Verwertbarkeit von Beweisen bei „legendierten Kontrollen" (BGH NJW 2017, 3173) sowie zum Umfang der Belehrung bei ermittlungsrichterlicher Vernehmung eines angehörigen Zeugen im Kontext des § 252 StPO (BGHSt *GrS* 61, 221).

Die Ziele des Lehrbuchs sind unverändert: Studierende (und auch Referendare) mit der Struktur, den Akteuren und der Ausgestaltung des Strafverfahrens bekanntzumachen, über die aktuellen Entwicklungen in Gesetzgebung und Rechtsprechung zu informieren und dabei die Stoffmenge im Rahmen zu halten. Wie schon bisher beschränken sich die Nachweise, um das Buch nicht mit Fußnoten zu überfrachten, weitgehend auf die wesentliche Rechtsprechung und die Kommentarliteratur. Wer es an dem einen oder anderen Punkt genauer wissen und sich vertieft mit den zu einem Problem vertretenen Auffassungen aus dem Schrifttum befassen möchte, sei hier auf die Kommentare verwiesen.

Ein großes Dankeschön für Hilfe und Unterstützung bei der Erstellung der 9. Auflage gilt meinem gesamten Lehrstuhlteam, namentlich den wissenschaftlichen Mitarbeiterinnen Frau *Nikola Kästle,* Frau *Marie-Lena Marstaller, Frau Tanja Niedernhuber* und Frau *Nina Wolf,* den studentischen Hilfskräften Frau *Mahja Afrosheh,* Frau *Anna Biehler,* Frau *Anna Böffgen,* Frau *Henrike Sievers,* Frau *Elisabeth Tscharke,* Herrn *Jonathan Dyckhoff* und Herrn *Simon Knirsch* sowie last but not least meiner Sekretärin Frau *Marina Javid-Mamasani.* Alle Leserinnen und Leser sind herzlich eingeladen, sich mit Vorschlägen, Kritik und Lob unter armin.englaender@jura.uni-muenchen.de an mich zu wenden.

München, im Januar 2018 *Armin Engländer*

Aus dem Vorwort zur 1. Auflage

Ich hatte die Studierenden im Blick (und die Referendare nicht übersehen), die mit dem Strafverfahrensrecht von vorne anfangen und sicher sein wollen, dass sie am Ende, wenn sie dieses Buch durchgearbeitet haben, im Examen bestehen können. Das Lernziel muss sein, mit möglichst wenig Wissen möglichst viele Probleme lösen zu können. Die erworbenen Kenntnisse wird man nur erfolgreich umsetzen, wenn man begriffen hat, wie in einem Strafverfahren gearbeitet, gedacht und entschieden wird. Das Buch soll deshalb vor allem die Fähigkeit vermitteln, prozessual zu denken. Aus diesem Grunde ist es am Gang des Verfahrens orientiert. Man hat, wenn man ein Lehrbuch zur StPO schreibt, nur die Wahl zwischen zwei jeweils unbefriedigenden Ordnungsprinzipien. Folgt man strikt dem Verfahrensablauf, lassen sich die „Institutionen" nicht geschlossen darstellen; zieht man es aber vor, sich an diesen Institutionen, Prozessprinzipien etc. zu orientieren, zerreißt man den Verfahrensgang. Alle StPO-Lehrbücher schließen Kompromisse. Hier wurde der Akzent auf die Chronologie des Verfahrens gelegt. Ich habe mit vielen Beispielen und kleinen Fällen gearbeitet und versucht, nichts ohne Begründung stehen zu lassen. Das Buch geht nur so sehr in die Details, wie es nötig ist, um die Grundzüge und Strukturen zu beherrschen. Andererseits kommen auf diese Weise so viele Fragen zur Sprache, dass auch Referendare ihren Nutzen haben werden. Im Anhang gibt es Hinweise zur Kommentierung, wie ich sie auch in der Vorlesung gebe.

Das waren, aus meiner Sicht, die Vorzüge, die das Buch haben soll. Nun zu den Mängeln, die es sicher hat. Es enthält sehr wenige Literatur-Zitate. Ich halte ein Elementarbuch nicht für den geeigneten Ort, wissenschaftliche Dispute auszutragen. Wer sich für weitere Begründungen oder Gegenansichten interessiert, wird die entsprechenden Hinweise aufgreifen. Man möge es mir bitte nicht als Zeichen von Arroganz oder Ignoranz auslegen, dass so viele Autoren nicht einmal genannt, geschweige denn verarbeitet sind. Die Gefahr, dass man mir „unwissenschaftliche" Arbeitsweise vorwerfen könnte, habe ich gesehen und billigend in Kauf genommen. Verglichen mit dem wissenschaftlichen Schrifttum, wird relativ häufig auf Kommentare und viel auf die Rechtsprechung verwiesen. Das mag mit meinem Faible für die Praxis zu tun haben, sorgt aber jedenfalls dafür, dass die herrschende Meinung gebührend dokumentiert wird. Wo ich sie nicht teile, kommt sie dennoch zur Geltung. Äußerst selten nur habe ich meine Sympathie für abweichende Ansichten offenbart, weil es in einem Kurzlehrbuch zu viel Raum eingenommen hätte, sie zu begründen und dadurch die Proportionen verschoben würden. Bei den Nachweisen aus der Rechtsprechung habe ich lange Zitat-Reihen vermieden und mich bemüht, jeweils den ersten grundlegenden Fall und die jüngste wichtige Entscheidung zu nennen. Gerne hätte ich mehr über die Revision gesagt, anhand von Fällen gezeigt, wie dieses Rechtsmittel funktioniert und wie man es erfolgreich betreiben kann. Das hätte zwar den Leser, wie ich ihn mir vorstelle, nicht überfordert, aber den Zuschnitt des Buches zu sehr verändert.

Klaus Volk

Inhaltsübersicht

Inhaltsverzeichnis

Abkürzungsverzeichnis

Allgemeine Abkürzungen

a. A.	andere Ansicht
a. a. O.	am angegebenen Ort
abl.	ablehnend
ABl	Amtsblatt der EG
abw.	abweichend
AG	Amtsgericht
Alt.	Alternative
Anm.	Anmerkung
Art.	Artikel
Az	Aktenzeichen
BayObLG	Bayerisches Oberstes Landesgericht
BGH	Bundesgerichtshof
BKA	Bundeskriminalamt
BR-Drs.	Drucksache des Bundesrates
BT-Drs.	Drucksache des Bundestages
BVerfG	Bundesverfassungsgericht
BVerfGE	Entscheidung des Bundesverfassungsgerichtes
BVerwG	Bundesverwaltungsgericht
EGMR	Europäischer Gerichtshof für Menschenrechte
Einl.	Einleitung
etc.	et cetera
EuGH	Europäischer Gerichtshof (Gerichtshof der Europäischen Gemeinschaften)
Fn.	Fußnote
FS	Festschrift
GmS-OGB	Gemeinsamer Senat der obersten Gerichtshöfe des Bundes
GrS	Großer Senat
GS	Gedächtnisschrift
h. A.	herrschende Ansicht
h. L.	herrschende Lehre
h. M.	herrschende Meinung
IStGH	Internationaler Strafgerichtshof
i. V. m.	in Verbindung mit
KG	Kammergericht
krit.	kritisch
LG	Landgericht
Ltd. OStA	Leitender Oberstaatsanwalt
m. w. N.	mit weiteren Nachweisen
noeP	nicht öffentlich ermittelnder Polizeibeamter
OLG	Oberlandesgericht
Rn.	Randnummer
StA	Staatsanwaltschaft
str.	strittig
vgl.	vergleiche

Gesetzesabkürzungen

AO	Abgabenordnung
AWG	Außenwirtschaftsgesetz
BayAGGVG	Gesetz zur Ausführung des Gerichtsverfassungsgesetzes und von Verfahrensgesetzen des Bundes in Bayern (Ziegler-Tremel Nr. 295)
BayGerOrgG	Gesetz über die Organisation der ordentlichen Gerichte im Freistaat Bayern (Ziegler-Tremel Nr. 296)
BayPAG	Gesetz über die Aufgaben und Befugnisse der Bayerischen Staatlichen Polizei (Ziegler-Tremel Nr. 570)
BayPOG	Gesetz über die Organisation der Bayerischen Staatlichen Polizei (Ziegler-Tremel Nr. 580)
BBG	Bundesbeamtengesetz (Sartorius I Nr. 160)
BKAG	BKA-Gesetz vom 7. Juli 1997 (Sartorius I Nr. 450)
BRAO	Bundesrechtsanwaltsordnung (Schönfelder Nr. 98)
BRRG	Beamtenrechtsrahmengesetz (Sartorius I Nr. 150)
BtMG	Betäubungsmittelgesetz (Sartorius I Nr. 275)
BVerfGG	Gesetz über das Bundesverfassungsgericht (Sartorius I Nr. 40)
BZRG	Bundeszentralregistergesetz (Schönfelder Nr. 92)
DNA-IFG	DNA-Identitätsfeststellungsgesetz (Schönfelder Fn zu § 81g StPO)
DRiG	Deutsches Richtergesetz (Schönfelder Nr. 97)
EGGVG	Einführungsgesetz zum Gerichtsverfassungsgesetz (Schönfelder Nr. 95a)
EGStGB	Einführungsgesetz zum Strafgesetzbuch (Schönfelder Nr. 85a)
EMRK	Europäische Konvention zum Schutz der Menschenrechte und Grundfreiheiten vom 4.11.1950 (BGBl. 1952 II 685)
EuRHÜbK	Europäisches Übereinkommen über die Rechtshilfe in Strafsachen vom 20.4.1959 (BGBl. 1964 II 1369, 1386; 1976 II 1799)
EUV	Vertrag über die Europäische Union
G 10	Gesetz zur Beschränkung des Brief-, Post- und Fernmeldegeheimnisses (Sartorius I Nr. 7)
GKG	Gerichtskostengesetz (Schönfelder Nr. 115)
GVG	Gerichtsverfassungsgesetz (Schönfelder Nr. 95)
IRG	Gesetz über die internationale Rechtshilfe in Strafsachen i. d. F. des Europäischen Haftbefehlsgesetzes vom 20.7.2006 (BGBl. I 1721)
JGG	Jugendgerichtsgesetz (Schönfelder Nr. 89)
JuMoG	Erstes Gesetz zur Modernisierung der Justiz (1. Justizmodernisierungsgesetz) Gesetzesbeschluss des Deutschen Bundestages BR-Drs. 537/04
KVGKG	Kostenverzeichnis (Anlage 1 zum Gerichtskostengesetz)
MOG	Gesetz zur Durchführung der Gemeinsamen Marktorganisationen
PostG	Postgesetz (Sartorius I Nr. 910)
RiStBV	Richtlinien für das Strafverfahren und das Bußgeldverfahren (abgedruckt als Anhang 12 bei Meyer-Goßner/Schmitt)
RpflEntlG	Gesetz zur Entlastung der Rechtspflege vom 11.1.1993 (BGBl. I 50) geändert durch 3. VerjährungsG v. 22.12.1997 (BGBl. I 3223)
RVG	Rechtsanwaltsvergütungsgesetz vom 5.5.2004 (BGBl. I 718)
SDÜ	Schengener Durchführungsabkommen vom 19.6.1990 (BGBl. 1993 II 1013)
SGB	Sozialgesetzbuch
StVÄG	Strafverfahrensänderungsgesetz vom 2.8.2000 (BGBl. I 1253)
TKG	Telekommunikationsgesetz vom 25.7.1996 (BGBl. I 1120)
UVollzO	Untersuchungshaftvollzugsordnung idF vom 1.1.1977 (bundeseinheitlich)

UZwG .... Gesetz über den unmittelbaren Zwang bei Ausübung öffentlicher Gewalt durch Vollzugsbeamte des Bundes (Sartorius I Nr. 115)
VwGO .... Verwaltungsgerichtsordnung (Sartorius I Nr. 600)
WÜK .... Wiener Übereinkommen vom 24.4.1963 über konsularische Beziehungen (BGBl. 1969 II 1585)
ZSchG .... Gesetz zum Schutz von Zeugen bei Vernehmungen in Strafverfahren und zur Verbesserung des Opferschutzes; Zeugenschutzgesetz vom 30.4.1998
ZSEG .... Gesetz über die Entschädigung von Zeugen und Sachverständigen (Schönfelder Nr. 116)
ZollVG .... Zollverwaltungsgesetz

§§ ohne weitere Gesetzesbezeichnung sind solche der StPO.

Literaturverzeichnis

AK-StPO/*Bearbeiter* ...... Kommentar zur Strafprozeßordnung in der Reihe Alternativkommentare, hrsg. v. *Wassermann*, Bd. 1 (Einl. – § 93) 1988; Bd. 2 Teilbd. 1 (§§ 94–212b) 1992, Teilbd. 2 (§ 213–275) 1993; Bd. 3 (§§ 276–477) 1996

Ambos .... *Ambos, Kai,* Der Allgemeine Teil des Völkerstrafrechts, 2. Aufl. 2004

Amelung .... *Amelung, Knut,* Informationsbeherrschungsrechte im Strafprozeß, 1990

Arzt .... *Arzt, Gunther,* Der befangene Strafrichter, 1969

BeckOK StPO/*Bearbeiter* ... Beck'scher Online-Kommentar StPO mit RiStBV und MiStra, hrsg. v. *Graf,* 28. Edition, Stand 1.7.2017

Beulke .... *Beulke, Werner,* Strafprozessrecht, 13. Aufl. 2016

Bockemühl .... *Bockemühl, Jan,* Private Ermittlungen im Strafprozeß, 1996

CR .... Computer und Recht

Dahs .... *Dahs, Hans,* Handbuch des Strafverteidigers, 8. Aufl. 2015

Dahs/Dahs .... *Dahs, Hans/Dahs, Hans,* Die Revision im Strafprozess, NJW-Praxis, 9. Aufl. 2017

DAR .... Deutsches Autorecht

Eisenberg .... *Eisenberg, Ulrich,* Beweisrecht der StPO, 10. Auflage 2017

Erker .... *Erker, Martin,* Das Beanstandungsrecht gem. § 238 II StPO, 1988

EuGRZ .... Europäische Grundrechte

Fezer .... *Fezer, Gerhard,* Strafprozeßrecht, Juristischer Studienkurs, 2. Aufl. 1995

Fischer .... *Fischer, Thomas,* Strafgesetzbuch und Nebengesetze, 64. Aufl. 2017

FS Bemmann .... Festschrift für Günter Bemmann zum 70. Geburtstag, 1997

FS Beulke .... Ein menschengerechtes Strafrecht als Lebensaufgabe. Festschrift für Werner Beulke zum 70. Geburtstag, 2015

FS Bruns .... Festschrift für Hans-Jürgen Bruns zum 70. Geburtstag, 1978

FS Dünnebier .... Festschrift für Hans Dünnebier zum 75. Geburtstag, 1982

FS Kleinknecht .... Strafverfahren im Rechtsstaat, Festschrift für Theodor Kleinknecht zum 75. Geburtstag, 1985

FS Lange .... Festschrift für Richard Lange zum 70. Geburtstag, 1976

FS Neumann .... Rechtsstaatliches Strafrecht. Festschrift für Ulfrid Neumann zum 70. Geburtstag, 2017

FS Salger .... Straf- und Strafverfahrensrecht, Recht und Verkehr, Recht und Medizin. Festschrift für Hannskarl Salger, 1995

FS Schüler-Springorum .... Festschrift für Horst Schüler-Springorum zum 65. Geburtstag, 1993

FS Schünemann .... Streitbare Strafrechtswissenschaft. Festschrift für Bernd Schünemann zum 70. Geburtstag, 2014

FS Spendel .... Festschrift für Günter Spendel zum 70. Geburtstag, 1992

FS Trechsel .... Strafrecht, Strafprozeßrecht und Menschenrechte, Festschrift für Stefan Trechsel zum 65. Geburtstag, 2002

FS Wolter .... Gesamte Strafrechtswissenschaft in internationaler Dimension. Festschrift für Jürgen Wolter zum 70. Geburtstag, 2013

GA .... Goltdammer's Archiv für Strafrecht

Grunst .... *Grunst, Bettina,* Prozeßhandlungen im Strafprozeß, 2002

Grünwald	*Grünwald, Gerald,* Das Beweisrecht der Strafprozeßordnung, 1993
Hamm	*Hamm, Rainer,* Die Revision in Strafsachen, 7. Aufl. 2010
Hassemer/Matussek	*Hassemer, Winfried/Matussek, Karin,* Das Opfer als Verfolger, 1996
Heinrich	*Heinrich, Manfred,* Zur Operationsvorbereitung entnommene Blutproben als Beweismittel im Strafprozeß, 1996
HK-StPO/*Bearbeiter*	Heidelberger Kommentar zur Strafprozessordnung, hrsg. von *Gercke* u. a., 5. Aufl. 2012
HRRS	Online-Zeitschrift für Höchstrichterliche Rechtsprechung im Strafrecht
HRRS-FG Fezer	HRRS-Festgabe für Gerhard Fezer zum 70. Geburtstag, 2008
JA	Juristische Arbeitsblätter
JR	Juristische Rundschau
Jura	Juristische Ausbildung
JuS	Juristische Schulung
JW	Juristische Wochenschrift
JZ	Juristenzeitung
KK-StPO/*Bearbeiter*	Karlsruher Kommentar zur Strafprozessordnung, hrsg. v. *Hannich,* 7. Aufl. 2013
KMR/*Bearbeiter*	Loseblattkommentar zur Strafprozeßordnung, begründet von *Kleinknecht/Müller/Reitberger,* hrsg. von *Fezer/Paulus,* ab 14. Lieferung von *v. Heintschel-Heinegg/Stöckel,* 8. Aufl. ab 1990, Stand: November 2017
Kühne	*Kühne, Hans-Heiner,* Strafprozessrecht, 9. Aufl. 2015
Lackner/Kühl, StGB	*Lackner, Karl/Kühl, Kristian,* Strafgesetzbuch mit Erläuterungen, 28. Aufl. 2014
LR/*Bearbeiter*	*Löwe/Rosenberg,* Die Strafprozeßordnung und das Gerichtsverfassungsgesetz mit Nebengesetzen, Großkommentar, hrsg. von *Rieß,* 25. Aufl., 26. Aufl. ab 2006, hrsg. von *Erb* u. a., 27. Aufl. ab 2016, hrsg. von *Erb* u. a.
Meyer-Goßner	Prozessvoraussetzungen und Prozesshindernisse, 2011
Meyer-Goßner/Schmitt	*Meyer-Goßner, Lutz/Schmitt, Bertram,* Strafprozessordnung, 60. Aufl. 2017
MüKoStPO/*Bearbeiter*	Münchener Kommentar zur StPO, hrsg. *von Knauer* u. a. 1. Aufl. ab 2014
NJW	Neue Juristische Wochenschrift
NStZ	Neue Zeitschrift für Strafrecht
NStZ-RR	Neue Zeitschrift für Strafrecht – Rechtsprechungs-Report
Peters-FG	Wahrheit und Gerechtigkeit im Strafverfahren. Festgabe für Karl Peters aus Anlaß seines 80. Geburtstages, 1984
Prittwitz	*Prittwitz, Cornelius,* Der Mitbeschuldigte im Strafprozeß, 1984
Roxin/Schünemann	*Roxin, Claus/Schünemann, Bernd,* Strafverfahrensrecht, 29. Aufl. 2017
Rudolphi-Symposium	Zur Theorie und Systematik des Strafprozeßrechts, Symposium zu Ehren von Hans-Joachim Rudolphi, 1995
Satzger	*Satzger, Helmut,* Internationales und Europäisches Strafrecht, 7. Aufl. 2016
Schairer	*Schairer, Martin,* Der befangene Staatsanwalt, 1983
Schlüchter	*Schlüchter, Ellen,* Das Strafverfahren, 2. Aufl. 1983
SK-StPO/*Bearbeiter*	Systematischer Kommentar zur Strafprozessordnung und zum Gerichtsverfassungsgesetz, hrsg. von Wolter, 4. Aufl. ab 2010, 5. Aufl. ab 2015
SSW StPO/*Bearbeiter*	*Satzger, Helmut/Schluckebier, Wilhelm/Widmaier, Gunter,* Strafprozessordnung, 3. Aufl. 2018
StraFo	Strafverteidiger Forum

StV .... Strafverteidiger
Tolksdorf .... *Tolksdorf, Klaus,* Mitwirkungsverbot für den befangenen Staatsanwalt, 1989
Verrel .... *Verrel, Torsten,* Die Selbstbelastungsfreiheit im Strafverfahren, 2001
Volk .... *Volk, Klaus,* Prozeßvoraussetzungen im Strafrecht, 1978
Ziegert .... *Ziegert, Ulrich* (Hrsg.), Grundlagen der Strafverteidigung, 2000
ZRP .... Zeitschrift für Rechtspolitik
ZStW .... Zeitschrift für die gesamte Strafrechtswissenschaft

§ 1. Der Strafprozessrechtsfall

Fall 1: J. S. beobachtet mit einem Fernglas über den Hof hinweg einen Mann im Haus gegenüber, der sich merkwürdig benimmt. Offenbar bereitet er überstürzt eine Reise, vielleicht sogar seinen Auszug vor. Seine Frau ist auf einmal wie verschwunden. Unter den Koffern ist einer, der so groß ist, dass man eine Leiche darin unterbringen könnte ... J. S. kommt das alles höchst verdächtig vor (nach Hitchcock, Das Fenster zum Hof). Er ruft die Polizei an. 1
Muss die Polizei etwas unternehmen? (s. unten 8 Rn. 6).
Darf sie eine Hausdurchsuchung vornehmen? (s. unten 10 Rn. 54).

Fall 2: Die Freundin des J. S. ist heimlich in die Wohnung des Nachbarn eingedrungen und hat dort den Ehering der Frau entdeckt und an sich genommen. Darf die Freundin als Zeugin im Mordprozess gegen den Nachbarn vernommen werden? (s. unten 21 Rn. 3).

So sehen Fälle aus dem Strafprozessrecht aus. Man muss sie anders angehen als Fälle zum (materiellen) Strafrecht. Im materiellen Recht sind die Fälle „statisch“: der Sachverhalt steht fest, der Fall ist eine fertige Geschichte, und er ist „Geschichte“, d. h. er liegt in der Vergangenheit und man kann ihn abschließend beurteilen. Im Prozessrecht sind die Fälle „dynamisch“: sie entwickeln sich noch weiter, sie haben eine Zukunft, und man wird nicht nach der endgültigen Beurteilung gefragt, sondern muss über den nächsten Schritt entscheiden. Erst am Ende des Verfahrens gibt es einen Punkt, von dem aus die Sichtweise des Prozessrechts wieder so ähnlich ist wie die des materiellen Rechts: 2

Fall 3: Der Nachbar wird wegen Mordes verurteilt. Das Gericht hat den Ring als Beweismittel gegen ihn verwendet. Kann der Nachbar darauf eine Revision stützen und wird er damit Erfolg haben? (s. unten 28 Rn. 35).

Das Revisionsgericht arbeitet so, wie man es aus Strafrechtsfällen gewohnt ist (aber eben erst das Revisionsgericht). Es wendet das Recht auf einen abgeschlossenen Sachverhalt an, der ihm vorgegeben wird, der sich nicht mehr ändert und den auch das Gericht nicht mehr verändern kann (näher unten 36 Rn. 1).

Die Beispielsfälle zeigen, dass es **„Aufbauprobleme“** im Strafprozessrecht nicht gibt. Auch diejenigen, die sonst mit (zu) großem Respekt vor Aufbaufragen an Klausuren herangehen und sich mehr oder minder strikt an ein Schema halten, dürfen beruhigt sein: im Ersten Staatsexamen jedenfalls werden in Sachen StPO meist nur einzelne Fragen gestellt (nach Art der Fälle 1 und 2), zu deren Beantwortung niemand ein Schema braucht. Bei Klausuren aus dem Bereich der Rechtsmittel (Fall 3) gibt es eine Prüfungsreihenfolge, die so trivial ist, dass die Bezeichnung als Aufbauschema schon fast übertrieben ist (man unterscheidet, wie auch sonst im Verfahrensrecht, Zulässigkeit und Begründetheit). 3

§ 2. Strafprozessrecht und materielles Strafrecht

1 I. Die beiden Rechtsgebiete grenzen unmittelbar und fugenlos aneinander an. Was nicht materielles Recht ist, muss in das Prozessrecht gehören und umgekehrt (das Strafprozessrecht ist im Schaubild einstweilen als „black box" dargestellt; wir werden es später gliedern und dann auch eine detailliertere Karte vom Grenzbereich zwischen materiellem und formellem Recht zeichnen; vgl. unten 14 Rn. 5).

Übersicht 1: Aufbau des Strafrechts

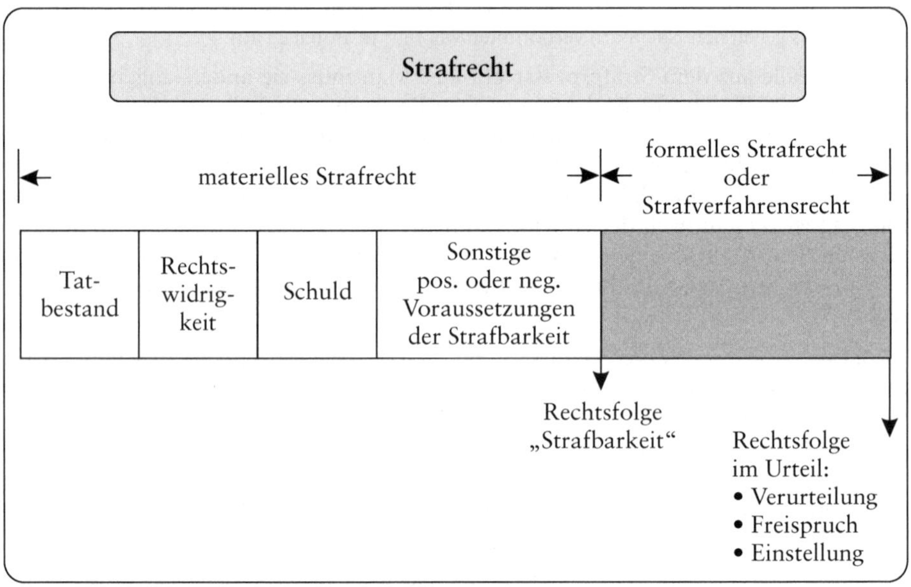

II. Die beiden Rechtsgebiete sind unter der Klammer „Strafrecht" miteinander verblockt. Genauer: sie sind funktional aufeinander bezogen und voneinander abhängig. Ein Straf-Recht ohne Prozess gibt es nicht.

Nehmen wir an, dass der Nachbar aus den Beispielsfällen der Polizei den Mord gesteht. Wir können nun gedanklich das materielle Recht anwenden und sagen, wie sich der Nachbar „strafbar gemacht" hat. Diese Rechtsanwendung bleibt hypothetisch und folgenlos. Erst wenn ein Fall zu Ende verhandelt ist und die abschließende Entscheidung nicht mehr angefochten werden kann (also Rechtskraft eingetreten ist, näher unten 32 Rn. 1 ff.), darf man im Strafverfahrensrecht ein Geschehen als „sicher" betrachten und davon sprechen, dass die „Wahrheit" festgestellt ist. Vorher gibt es nur Ungewissheit und Verdacht. Nur der rechtskräftig Verurteilte ist „schuldig", in allen Verfahrensstadien davor gilt er als unschuldig.

2 III. Es ist auch nicht besonders sinnvoll (aber üblich), von einem „Strafanspruch" des Staates zu sprechen, der im Prozess realisiert oder durchgesetzt wird.[1] Die Tat lässt nicht

[1] BVerfGE 20, 45 (49).

einen „Strafanspruch" entstehen. Der Täter kann ihn ja nicht „erfüllen" oder „Einreden" erheben. In anderen Rechtsgebieten wirkt und funktioniert das materielle Recht auch ohne Prozess. Pacta sunt servanda, die meisten Verträge werden auch erfüllt, und selbst im Streitfall kommt es nicht unbedingt zum Prozess. Im Strafrecht ist der Prozess dagegen unverzichtbar. Der Staat hat das Monopol der Strafrechtspflege an sich gezogen, muss sie deshalb funktionstüchtig halten und dem Betroffenen einen „Justizgewährleistungsanspruch" einräumen.

§ 3. Die Ziele des Strafverfahrens

Wahrheit: Im Strafverfahren geht es darum, die Wahrheit herauszufinden. Alle mate- 1
riellrechtlich relevanten Umstände sollen bewiesen werden.

Gerechtigkeit: Ein gerechtes Urteil setzt ein faires, ordnungsgemäßes Verfahren voraus. Die Wahrheit wird nicht um jeden Preis erforscht. Es gibt Interessen, die der Wahrheitssuche im Wege stehen und die in einem Rechtsstaat dennoch geschützt werden müssen.

Beispiele: Das Schweigerecht des Beschuldigten; die Intimsphäre von Zeugen.

Rechtsfrieden: Das Strafverfahren arbeitet einen sozialen „Störfall" auf, sichert die Geltungskraft der Strafrechtsnormen und schafft dadurch Rechtsfrieden.[1] Das Urteil soll die Sache erledigen. Einerseits muss es zwar möglich sein, Urteile zu revidieren, andererseits bringt es aber nichts, endlos zu prozedieren. Irgendwann muss zumindest Ruhe sein – wenn schon nicht Frieden.

Zwischen diesen Zielen besteht bestenfalls ein labiles Gleichgewicht.

Übersicht 2: Ziele des Strafverfahrens

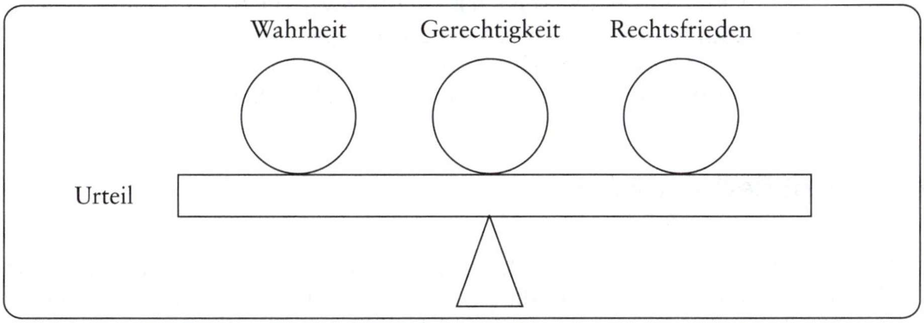

[1] Klärend dazu *Dölling,* FS Beulke, 2015, 679.

Das Urteil kann leicht „kippen". Notfalls genügen zwei Elemente von Gewicht, um das Urteil zu halten. Manchmal fällt nämlich eines aus. Machen wir uns das an drei Defizit-Situationen klar.

I. Defizit Wahrheit

2 Es gibt Urteile, die auf eine Verständigung der Verfahrensbeteiligten zurückgehen (näher unten 30 Rn. 1ff.). Das Gericht, die Staatsanwaltschaft, der Verteidiger und der Angeklagte haben einen „Vergleich" geschlossen. Davon profitieren meistens alle Beteiligten. Nehmen wir an, dass es um ein großes Wirtschaftsstrafverfahren geht, in dem schon ein halbes Jahr verhandelt wird; der Angeklagte sitzt seit zwei Jahren in Untersuchungshaft. Würde man ohne Absprache weiterverhandeln und würde die Verteidigung alle ihre Möglichkeiten nutzen, müsste man noch mit mindestens einem weiteren Jahr Prozessdauer rechnen. Der Angeklagte gesteht und bekommt jetzt, nach der Verständigung, vereinbarungsgemäß vier Jahre Freiheitsstrafe. Nach einem kontrovers geführten, langen Prozess bekäme er wahrscheinlich mehr – ihm ist gedient, weil er schneller wieder frei kommt. Die Staatsanwaltschaft ist damit zufrieden, ein Verfahren relativ rasch mit einem Geständnis des Angeklagten abschließen zu können. Das Gericht braucht keine weitere, langwierige Verhandlung und vor allem kein Rechtsmittel der Verteidigung zu besorgen. Staatsanwaltschaft und Gericht können sich um andere Verfahren kümmern, die man einstweilen „auf die lange Bank" geschoben hatte, um dieses eine große Wirtschaftsstrafverfahren durchzuführen. Alles in allem ist das Urteil – als Abschluss eines fairen Verfahrens – im Ergebnis einigermaßen gerecht, und der Rechtsfrieden wird rasch hergestellt. Die Wahrheit allerdings ist vielleicht z. T. auf der Strecke geblieben. Wie es nun wirklich war, wird nicht bis ins Letzte geklärt, sondern durch die Verständigung womöglich sogar verdeckt oder verfälscht.

II. Defizit Gerechtigkeit

3 Im Fall 2 (oben 1 Rn. 1) ist das Beweisstück Ehering zwar „unsauber" erlangt. Aber es ist nun einmal da und in seinem Beweiswert unabhängig von der zumindest bedenklichen Methode, mit der es beigebracht wurde. Das Interesse an der Wahrheitsfindung überwiegt hier das Interesse an einem absolut korrekten Verfahren.

III. Defizit Rechtsfrieden

4 Nehmen wir an (zum Fall 3, oben 1 Rn. 2), dass sich Jahre nach der Verurteilung des Nachbarn neue Tatsachen ergeben, die auf seine Unschuld hindeuten. Dann sind die Urteilsgrundlagen so erschüttert, dass man sich nicht auf das Interesse an fortdauerndem Rechtsfrieden berufen kann. Das Verfahren müsste wieder aufgenommen werden (§ 359 Nr. 5).

Andererseits hätte der Rechtsfrieden Vorrang und das Interesse an der Wahrheitsfindung müsste zurückstehen, wenn der Nachbar freigesprochen worden wäre und sich nun nach Jahren neue Aspekte seiner Schuld ergeben. Lediglich dann, wenn er nach seinem Freispruch irgendwann gestehen würde, wäre das Urteil nicht mehr zu halten, müsste man den Rechtsfrieden opfern und der Wahrheit zum Durchbruch verhelfen (vgl. § 362 Nr. 4).

IV. Der Weg zum Ziel

Die materiellen Werte von Wahrheit, Gerechtigkeit und Rechtsfrieden müssen in einem 5
„justizförmigen" Verfahren ausbalanciert werden. Ein Prozess ist eine Prozedur. Er verläuft nach bestimmten Regeln in vorgezeichneten Formen. Das „prozessordnungsgemäße" Vorgehen ist nicht Formalismus, sondern ein Schutzmechanismus für die Interessen, die ein Rechtsstaat wahren muss. Diese schützenden Formen bremsen nicht selten die Strafverfolgung, sollen sie aber nicht blockieren. Auch die „Effektivität der Strafrechtspflege" gehört zum Rechtsstaatsprinzip.[2]

Die Entscheidung über die Wahrheit ist stets mit dem Risiko des Irrtums belastet. Deshalb kommt es, wie bei allen riskanten Entscheidungen, darauf an, die richtigen Wege zu beschreiten. Das prozessordnungsgemäße, faire Verfahren ist ein Wert an sich und schafft Gerechtigkeit durch Verfahren, prozedurale Gerechtigkeit.

Fälle und Fragen

1. Was sind die Ziele des Strafverfahrens?

Wahrheit, Gerechtigkeit und Rechtsfrieden (in angemessenem Ausgleich) herzustellen bzw. zu bewahren.

[2] BVerfGE 33, 367 (383); 44, 353 (374); 47, 257 (262).

§ 4. Der Gang des Verfahrens

Übersicht 3: Der Gang des Verfahrens

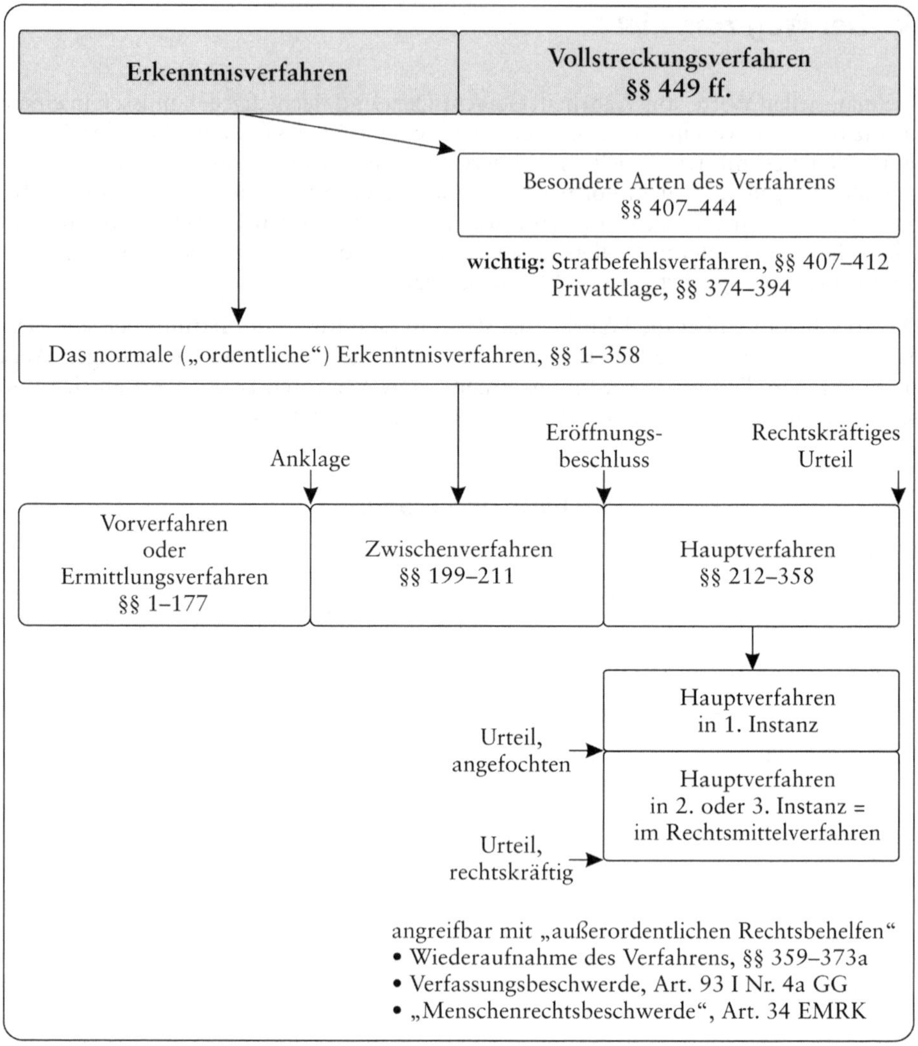

1 Jedes Strafverfahren beginnt mit einem Verdacht und endet mit einer Entscheidung. Die StPO regelt als Normalfall das ordentliche Erkenntnisverfahren. Es hat drei Stadien: Vorverfahren, Zwischenverfahren, Hauptverfahren. Für den ersten Überblick genügt eine Kurzcharakteristik.

Im **Vorverfahren (Ermittlungsverfahren)** werden die Umstände des Falles soweit geklärt, dass die Staatsanwaltschaft entscheiden kann, ob „genügender Anlass" zur Erhebung einer Anklage besteht (§ 170 Abs. 1). Die Verfahrensherrschaft liegt in diesem vorbereitenden Stadium bei der Staatsanwaltschaft. Die meiste Arbeit macht die Polizei, von sich aus oder auf Weisung der Staatsanwaltschaft. Sie sammelt das Material. Ergibt sich daraus kein „hinreichender" Tatverdacht oder erweist sich der Fall als Bagatelle oder sonst nicht verfolgungswürdig, stellt die Staatsanwaltschaft das Verfahren ein. Andernfalls erhebt sie Anklage.

Die Sache kommt nun zum Gericht. Es prüft im **Zwischenverfahren,** ob der von der Staatsanwaltschaft behauptete hinreichende Tatverdacht besteht und lässt dann, falls das so ist, die Anklage zur Hauptverhandlung zu. Die Staatsanwaltschaft kann also nicht schon durch ihre Anklage eine Hauptverhandlung vor Gericht auslösen; ob diese Hauptverhandlung zu eröffnen ist, soll das Gericht selbst entscheiden dürfen (und vorher heißt der Beschuldigte auch noch nicht „Angeklagter", vgl. § 157).

Im **Hauptverfahren** wird die Hauptverhandlung vorbereitet (§§ 212–225a) und durchgeführt (§§ 226–275). Der Angeklagte sagt aus (wenn er will), es werden Zeugen vernommen, Sachverständige gehört, Urkunden verlesen, Beweismittel in Augenschein genommen. Nach dieser Beweisaufnahme plädieren Staatsanwaltschaft und Verteidigung, der Angeklagte hat das letzte Wort und das Gericht verkündet nach Beratung sein Urteil.

Das ist das Entscheidungsmodell der StPO für den Normalfall. Es stellt in der Praxis die 2
Ausnahme dar. Nur wenige Fälle kommen überhaupt vor Gericht und davon werden die meisten nicht im ordentlichen Verfahren geführt, sondern im Strafbefehlsverfahren erledigt.

Wir können nun nicht gleich damit beginnen, den Ablauf des Ermittlungsverfahrens zu besprechen. Es wird von der Staatsanwaltschaft geführt. Was ist das für eine Behörde? Diese Frage wiederum kann man nicht beantworten, ohne sich die Organisation der Gerichte klarzumachen. Die einzelnen Funktionen dieser beiden Agenturen der Gerechtigkeit im Verfahrensablauf werden dort besprochen, wo sie ihre Hauptrolle spielen. Einstweilen geht es nur um Grundstrukturen.

Fälle und Fragen

2. In welche Verfahrensabschnitte unterteilt sich das Strafverfahren?
3. Wie lautet die korrekte Bezeichnung des Beschuldigten im Zwischenverfahren?

§ 5. Die Gerichte: Verfassung, Organisation und Zuständigkeit

I. Das Gerichtsverfassungsrecht

Das Gerichtsverfassungsrecht ist für die ordentlichen Gerichte im Grundgesetz prinzipiell geregelt (Art. 92–104 GG) und wird vom GVG näher ausgeführt.

1. Art. 92 GG

1 Die rechtsprechende Gewalt wird durch Gerichte ausgeübt. Diese sind von der Exekutive getrennt und unabhängig. Zudem sind sie nur dem Gesetz unterworfen, also in der Sache an die Legislative gebunden.

2. Art. 97 GG

2 Der Richter ist sachlich und persönlich unabhängig (vgl. auch § 1 GVG, §§ 25, 45 Abs. 1 DRiG). Anders ist eine neutrale und objektive Rechtsprechung nicht denkbar. Abhängigkeiten drohen aus verschiedener Richtung.

Fall 1: Amtsrichterin X soll eine Hauptverhandlung wegen Trunkenheit am Steuer leiten. Angeklagt ist ihr Lebensgefährte.

Dieser drohenden **Abhängigkeit von Prozessbeteiligten** trägt die StPO Rechnung. X ist zwar nicht vom Richteramt ausgeschlossen (vgl. den Katalog in § 22), kann aber als befangen abgelehnt werden (§ 24) und auf diesen Grund selbst hinweisen (§ 30).

Fall 2: Richter X spricht einen des sexuellen Missbrauchs von Kindern Angeklagten frei. Das sorgt politisch für erhebliche Aufregung. Die Justizministerin des Landes versucht daher, den Richter wegen Krankheit als dienstunfähig in den Ruhestand zu schicken.

Gegen diese drohende **Abhängigkeit von der Exekutive** schützt Art. 97 GG.

Fall 3: Der soeben erwähnte Fall kommt vor das Revisionsgericht. Dort gibt der Vorsitzende einem neuen, jüngeren Mitglied seines Senats „kollegiale Empfehlungen" zur Entscheidung des Falles.

Auch gegen diese Art der drohenden **Abhängigkeit von der Justiz** schützt das Prinzip der Unabhängigkeit des Richters.

Fall 4: Nach einem milden Urteil gegen einen rechtsextremen Antisemiten läuft die Presse Sturm gegen den Richter, der das Urteil abgefasst hatte.

Diese drohende **Abhängigkeit von der vierten Gewalt** ist in einem Rechtsstaat, der Kritik und freie Rede schützt, nicht nur unvermeidlich, sondern bis zu einem gewissen Grade auch tolerabel. Klare verfassungsrechtliche Grenzen sind noch nicht gezogen. Einen Straftatbestand, der unzulässige Pressionen auf Richter unter Strafe stellt, gibt es in Deutschland nicht (anders im anglo-amerikanischen Rechtskreis: „contempt of court").

Fall 5: Amtsrichterin X vermag sich der herrschenden Meinung nicht anzuschließen, folgt dem BGH nicht und urteilt anders.

Das darf sie. Es gibt nur eine **Abhängigkeit vom Gesetz,** nicht von der herrschenden Meinung und prinzipiell auch nicht von der Auslegung des Gesetzes durch andere, höhere Gerichte (Ausnahmen: §§ 121 Abs. 2, 132 GVG; § 31 BVerfGG; § 358 Abs. 1).

3. Art. 101 GG

3 Das **Prinzip des gesetzlichen Richters** besagt, dass nur vom Gesetz bestimmt werden darf und auf Grund eines Gesetzes von vornherein festgelegt werden muss, wer für (zukünftige) Strafrechtsfälle der zuständige Richter ist.[1] Das darf also nicht erst nach der Tat und nicht durch die Exekutive oder die Justizverwaltung allein geschehen. Das Präsidium des Gerichts macht, legitimiert durch das GVG, einen Geschäftsverteilungsplan. Danach steht heute schon fest, wer der zuständige Richter sein wird, wenn z. B. Armin Engländer morgen in München eine Straftat begeht.

Aber die Kriterien der Zuständigkeit sind nicht immer scharf umrissen und in manchen Fällen ist die Zuständigkeit „beweglich" (s. unten 12 Rn. 42). Nicht jeder Fehler stellt einen Grundrechtsverstoß dar. Dem gesetzlichen Richter wird nur entzogen, wer von einer objektiv willkürlichen, also sachlich nicht zu rechtfertigenden Maßnahme betroffen ist.[2]

Ausnahmegerichte sind verboten. Das wären Gerichte, die man erst nach der Tat einsetzt, um bestimmte Fälle zu untersuchen oder über bestimmte Personen zu urteilen.

Sondergerichte (Art. 101 Abs. 2 GG) können für bestimmte Sachgebiete errichtet werden, aber nur durch ein Gesetz, das abstrakte und generelle Kriterien enthält.

Beispiel: Berufsgerichte für Rechtsanwälte.

4 In allen Gerichten werden **Berufsrichter** tätig. In manchen sitzen daneben Laienrichter. Sie heißen „Schöffen" (§ 30 GVG). Für sie gelten die Regeln über den gesetzlichen Richter in gleicher Weise; auch sie sind, wenngleich nicht Richter von Beruf, sachlich unabhängig.

Richter können von der Ausübung des Richteramtes kraft Gesetzes ausgeschlossen sein (§§ 22, 23) oder wegen Besorgnis der Befangenheit abgelehnt werden (§§ 24ff.). Diese Probleme tauchen meist erst zu Beginn der Hauptverhandlung auf und werden deshalb dort besprochen (vgl. unten 19 Rn. 2ff.).

II. Die Organisation der Gerichte

5 Sie ist Sache der Länder. Das GVG legt fest, welche Gerichte es gibt, wie sie besetzt sind und welche Kompetenzen sie haben. Die Länder bestimmen, wo es ein Gericht gibt,

---

[1] BVerfG NJW 1997, 1497.

[2] BVerfGE 30, 165; BGHSt 43, 53; 47, 116 (119); für die Umverteilung bereits anhängiger Verfahren gelten strengere Maßstäbe: jede Rechtswidrigkeit; BGH NStZ 2009, 651 im Anschluss an BVerfG NJW 2005, 2689.

welches Gericht an welchem Ort errichtet wird, wie viele Gerichte es geben soll, wie die örtliche Zuständigkeit aufgeteilt wird.

III. Die Zuständigkeit der Gerichte in erster Instanz

Sie gehört zur Garantie des gesetzlichen Richters.

1. Überblick

6 Die **sachliche Zuständigkeit** legt fest, auf welcher Stufe die Sache in erster Instanz beginnt: beim Amtsgericht, Landgericht oder Oberlandesgericht. Der Bundesgerichtshof (als das einzige Strafgericht des Bundes) wird nie in erster Instanz, sondern nur im Revisionsverfahren tätig. Beim Amtsgericht gibt es als „Spruchkörper" für die erste Instanz den Einzelrichter und das Schöffengericht. Die Aufteilung der Fälle gehört zur sachlichen Zuständigkeit. Geregelt ist die sachliche Zuständigkeit im GVG.

7 Außerdem muss gesetzlich vorab festgelegt sein, welches Gericht **örtlich zuständig** ist. Das richtet sich nach §§ 7 ff. (vgl. unten Rn. 16).

8 Die **funktionelle Zuständigkeit** ist ein vom Gesetz nicht verwendeter (und vom Grundgesetz nicht garantierter) Sammelbegriff für alle anderen Arten von Zuständigkeit. Dazu gehören die Fragen,

- wie die Zuständigkeit zwischen Strafkammern gleichen Ranges verteilt ist (z. B. allgemeine Strafkammer – Wirtschaftsstrafkammer),
- wann der Vorsitzende eines Kollegialgerichts allein entscheiden darf,
- in welchen Fällen die Strafvollstreckungskammern entscheiden (§§ 78 a, b GVG).

2. Die sachliche Zuständigkeit des Amtsgerichts

9 Zunächst muss geklärt werden, ob das Amtsgericht überhaupt zuständig ist und sodann, ob der Fall vor den Strafrichter oder das Schöffengericht gehört. Für die Beantwortung der ersten Frage wendet das Gesetz eine Subtraktionsmethode an (wenn nicht das Landgericht zuständig ist, § 24 GVG), während die Zuständigkeit des Einzelrichters „positiv" bestimmt wird (§ 25 GVG). Die Regelung ist kompliziert, weil auch die Zuständigkeit des Landgerichts nur zum Teil genau beschrieben ist und ansonsten gewissermaßen zurückverwiesen wird („wenn nicht das Amtsgericht zuständig ist", § 74 Abs. 1 S. 1 GVG). Die Ergebnisse sind dennoch relativ eindeutig.

Die Strafgewalt des Amtsgerichts ist begrenzt auf vier Jahre Freiheitsstrafe (§ 24 Abs. 2 GVG). Fälle, in denen eine höhere Strafe zu erwarten ist, gehören also vor das Landgericht (§ 24 Abs. 1 Nr. 2 GVG). Selbst bei geringerer Straferwartung entscheidet über den Vorwurf bestimmter Delikte (Verbrechen) immer das Landgericht (Schwurgericht, § 74 Abs. 2 GVG; Staatsschutzkammer, § 74 a GVG). Auch für bestimmte Maßregeln (Unterbringung in einem psychiatrischen Krankenhaus, Sicherungsverwahrung) ist stets das Landgericht zuständig (§ 24 Abs. 1 Nr. 2 GVG).

Ferner kann die Staatsanwaltschaft wegen der besonderen Schutzbedürftigkeit von Verletzten der Straftat, die als Zeugen in Betracht kommen (v. a. aufgrund besonderer Belastungen, die mutmaßlich mit ihrer Vernehmung verbunden sein werden, s. § 24

Abs. 1 S. 2 GVG), oder wegen des besonderen Umfangs oder der besonderen Bedeutung Anklage beim LG erheben (§§ 24 Abs. 1 Nr. 3, 74 Abs. 1 S. 2 GVG). Dem BVerfG zufolge verstößt diese „bewegliche" Zuständigkeitsregelung nicht gegen das Recht auf den gesetzlichen Richter aus Art. 101 Abs. 1 S. 2 GG.[3] Die Staatsanwaltschaft hat hier kein Ermessen; bei besonderem Umfang bzw. besonderer Bedeutung ist sie zur Anklage beim Landgericht verpflichtet. Ihre Entscheidung ist dabei gerichtlich voll überprüfbar und kann ggf. nach § 209 korrigiert werden. Besonderer Umfang bzw. besondere Bedeutung heißt, dass sich der Fall aus tatsächlichen oder rechtlichen Gründen aus der Masse der durchschnittlichen Strafsachen nach oben abhebt. Als Kriterien gelten hierbei:

- das Ausmaß der Rechtsverletzung und die Auswirkungen der Straftat
- der Umfang und die Schwierigkeit der zu erwartenden Beweisaufnahme
- das Bedürfnis nach Klärung einer Grundsatzfrage durch den BGH
- das Interesse der Medien und der Öffentlichkeit.

a) Der Strafrichter

Der Strafrichter entscheidet über Privatklagen und Vergehen, bei denen nicht mehr als zwei Jahre Freiheitsstrafe zu erwarten sind (§ 25 GVG), hat aber die Rechtsfolgenkompetenz des Amtsgerichts und darf also, wenn sich die Straferwartung in der Hauptverhandlung als zu niedrig herausstellt, Freiheitsstrafe bis zu vier Jahren verhängen.[4] 10

b) Das Schöffengericht

Das Schöffengericht soll über die mittlere Kriminalität entscheiden. Seine Zuständigkeit ist negativ umschrieben (§ 28 GVG). Es ist mit einem Berufsrichter und zwei Laien als ehrenamtlichen Richtern (Schöffen) besetzt (§ 29 Abs. 1 GVG); in umfangreichen Sachen kann auf Antrag der Staatsanwaltschaft ein weiterer Berufsrichter mitwirken (erweitertes Schöffengericht, § 29 Abs. 2 GVG). 11

3. Die sachliche Zuständigkeit des Landgerichts

In erster Instanz entscheiden große Strafkammern, besetzt mit drei Berufsrichtern und zwei Schöffen (§ 76 Abs. 1 S. 1 GVG). Erscheint die Mitwirkung von drei Berufsrichtern nach Umfang oder Schwierigkeit der Sache nicht notwendig, beschließt die Kammer, in der Hauptverhandlung nur mit zwei Berufsrichtern zu tagen (§ 76 Abs. 2 S. 3 Nr. 3, S. 4 GVG; wichtige Ausnahme: Schwurgericht, Abs. 2 S. 3 Nr. 1). Wenn im Einzelfall zweifelhaft bleibt, welche Gerichtsbesetzung für die sachgerechte Verfahrensbehandlung geboten ist, hat die Dreierbesetzung wegen ihrer strukturellen Überlegenheit – sachgerechtere Aufteilung der Aufgaben, intensivere Würdigung des Tatsachenstoffes, bessere Bewältigung schwieriger Rechtsfragen – Vorrang.[5] Bei voraussichtlich mehr als zehn Hauptverhandlungstagen oder der Zuständigkeit der großen Strafkammer als Wirtschaftsstrafkammer darf auf die Mitwirkung des dritten Berufsrichters in der Regel nicht verzichtet werden (§ 76 Abs. 3 GVG). Eine begonnene Hauptverhandlung ist grds. in der einmal beschlossenen Besetzung zu Ende zu führen (Ausnahme: § 76 Abs. 5 GVG).[6] 12

---

[3] BVerfGE 9, 223.
[4] BGH NStZ 1985, 470.
[5] BGH NJW 2010, 3045.
[6] BGH NStZ 2013, 181.

Das Landgericht ist sachlich zuständig für

- die in § 74 Abs. 2 GVG genannten Verbrechen
- Verbrechen und Vergehen, wenn eine höhere Strafe als vier Jahre Freiheitsstrafe oder die Unterbringung in einem psychiatrischen Krankenhaus bzw. in Sicherungsverwahrung zu erwarten ist oder die Staatsanwaltschaft wegen der besonderen Bedeutung des Falles Anklage beim Landgericht erhoben hat (§ 74 Abs. 1 S. 2 GVG).

a) Neben den allgemeinen großen Strafkammern gibt es besondere.

13 Das **Schwurgericht** – es hat seinen traditionellen Namen beibehalten, ist aber nichts anderes als eine große Strafkammer – entscheidet über Kapitaldelikte (§ 74 Abs. 2 GVG).

Die **Wirtschaftsstrafkammer** ist zuständig in genau umschriebenen Fällen (§ 74c Abs. 1 Nr. 1–5a GVG) sowie bei weiteren Delikten wie Betrug, Untreue, Wucher und Korruption, „soweit zur Beurteilung des Falles besondere Kenntnisse des Wirtschaftslebens erforderlich sind" (Nr. 6).

Die **Staatsschutzkammer** hat eine genau definierte Zuständigkeit (§ 74a Abs. 1 GVG). Sie geht auf das Oberlandesgericht über, wenn der Generalbundesanwalt wegen der „besonderen Bedeutung des Falles" die Verfolgung übernimmt (Abs. 2; der zweite Fall einer sog. beweglichen Zuständigkeit, vgl. oben 9). Sie entscheidet ferner über den „großen Lauschangriff" und die Online-Durchsuchung (§ 100e Abs. 2 S. 1; näher unten 10 Rn. 51).

Ferner kann eine **Jugendschutzkammer** gebildet werden (§ 74b GVG).

b) Kompetenzkonflikte zwischen diesen verschiedenen Strafkammern löst bzw. vermeidet das Gesetz durch eine Regelung des Vorrangs (§ 74e GVG). Die Jugendschutzkammer ist nicht genannt, weil die Jugendgerichte stets Vorrang haben (§§ 102, 103 Abs. 2 S. 1, 112 JGG), und die allgemeine Strafkammer nicht, weil sie nie den Vorrang hat.

4. Die Zuständigkeit des Oberlandesgerichts

14 Am Oberlandesgericht (das in Berlin Kammergericht heißt) entscheiden Senate, besetzt mit drei bzw. fünf Berufsrichtern (§ 122 GVG). Sie sind zuständig für die in § 120 Abs. 1 GVG genannten Staatsschutzdelikte, ferner für alle in § 74a Abs. 1 GVG aufgezählten Delikte sowie für bestimmte Mordtaten und gemeingefährliche Delikte, die sich gegen den Bestand, die Sicherheit oder die Verfassung der Bundesrepublik richten (§ 120 Abs. 2 GVG), wenn der Generalbundesanwalt wegen der besonderen Bedeutung des Falles die Verfolgung übernimmt.[7] Zuständig sind die Oberlandesgerichte seit der Erweiterung der Abgeordnetenbestechung (§ 108e StGB) schließlich für die Bestechung und Bestechlichkeit von Mandatsträgern (§ 120b GVG).

5. Die Laienrichter

15 Sie heißen Schöffen, auch in der großen Strafkammer, die noch immer den Namen Schwurgericht trägt. Geschworene gibt es seit 1924 nicht mehr. Das klassische Schwurgericht, in dem die Laienrichter über die Schuldfrage entschieden und die Berufsrichter

---

[7] Zu dieser „Strafgerichtsbarkeit des Bundes" *Welp*, NStZ 2002, 1; BGHSt 46, 238 (rechtsextremistische Taten); BGHSt 46, 238; BGH NStZ 2002, 447.

über die Strafzumessung befanden, hatte sich nach deutscher Auffassung nicht bewährt. Tatsächlich ist es auch kaum möglich, Tatfragen und Rechtsfragen scharf zu trennen. Man fragt ja nicht, ob der Angeklagte „es gewesen ist", sondern ob er z. B. eine räuberische Erpressung mit Todesfolge begangen hat.

Die Schöffen üben als ehrenamtliche Richter „das Richteramt in vollem Umfang und mit gleichem Stimmrecht" aus wie die Berufsrichter (§§ 30, 77 Abs. 1 GVG). Sie entscheiden über die Schuld- und Straffrage gemeinschaftlich und Tatfragen ebenso wie Rechtsfragen. Bei Entscheidungen außerhalb der Verhandlung wirken sie aber nicht mit (§§ 30 Abs. 2, 76 Abs. 1 S. 2 GVG). Das Gericht hat es allerdings nicht selbst in der Hand, ob innerhalb oder außerhalb der Hauptverhandlung entschieden wird. Nur bei zwingenden Gründen darf ausnahmsweise außerhalb der Hauptverhandlung entschieden werden.[8] Die Schöffen sollen sich ihre Überzeugung allein auf Grund der Hauptverhandlung bilden und haben deshalb kein Recht, Einsicht in die Gerichtsakten zu nehmen. Das macht es sehr schwierig, der Hauptverhandlung zu folgen (weshalb der BGH neuerdings Ausnahmen zulässt).[9]

Der Laie auf der Richterbank ist eine Errungenschaft der französischen Revolution.[10] Sein Wert soll noch immer darin liegen, das Verständnis der Bevölkerung für die Strafrechtspflege zu stärken, ihr Vertrauen in die Gerechtigkeit zu stabilisieren und gesunden Menschenverstand einzubringen. Im Grunde aber handelt es sich in einer modernen, professionalisierten Gesellschaft nur noch um Sozialromantik des 19. Jahrhunderts.[11] Viele demokratische Rechtsstaaten lassen das Richteramt nur noch von Berufsrichtern ausüben. Es ist nicht beweisbar, dass die Teilnahme von Laienrichtern einen Wert hat. Allerdings: sie schaden auch nicht.

6. Die örtliche Zuständigkeit (Gerichtsstand)

a) Ordentliche Gerichtsstände

Die StPO nennt als Anknüpfungspunkt den Tatort (§ 7; vgl. § 9 StGB), den Wohnsitz **16**
bzw. Aufenthaltsort (§ 8) und den Ergreifungsort (§ 9, wichtig für Auslandstaten). Es liegt im Ermessen der Staatsanwaltschaft, bei einem dieser örtlich zuständigen Gerichte Anklage zu erheben (und überprüfbar ist ihre Wahl nur im Rahmen des § 16). Ist das mehrfach geschehen, gilt der Prioritätsgrundsatz (§ 12 Abs. 1). Die „Eröffnung der Untersuchung" liegt in dem Gerichtsbeschluss, mit dem eine Anklage zugelassen (§ 203; unten 16 Rn. 10f.) oder eine Nachtragsanklage einbezogen wird (§ 266 Abs. 1; unten 13 Rn. 9); im Strafbefehlsverfahren liegt sie im Beginn der Hauptverhandlung (unten 33).

b) Außerordentliche Gerichtsstände

Der **Gerichtsstand des Zusammenhangs** (§ 13 Abs. 1) erklärt jedes Gericht (gleicher Ordnung[12]) für zuständig, das bei isolierter Betrachtung der zusammenhängenden

---

[8] Vgl. BGHSt 43, 91. Die Gegenmeinung lässt für eine Entscheidung außerhalb der Hauptverhandlung genügen, dass sie unterbrochen ist; OLG Hamburg NJW 1998, 2988; nicht beanstandet von BVerfG NJW 1998, 2962; *Foth*, NStZ 1998, 421.

[9] Vgl. BGHSt 43, 36 (39). Die Versagung des Akteneinsichtsrechts verteidigt *Krüger*, FS Schünemann, 2014, 915.

[10] Vgl. *Volk*, JuS 1991, 871.

[11] Vgl. *Volk*, FS Dünnebier, 1982, 373.

[12] Sonst ist die sachliche Zuständigkeit betroffen, § 4; BGH NStZ 2005, 464.

Strafsachen zuständig ist (zum Zusammenhang vgl. unten 13 Rn. 10). Bei mehrfacher Anhängigkeit müssen die beteiligten Gerichte eine Vereinbarung treffen (§ 13 Abs. 2 S. 1) oder, wenn sie sich nicht einigen können, das gemeinschaftliche obere Gericht entscheiden lassen (§ 13 Abs. 2 S. 2):

Den **Gerichtsstand der gerichtlichen Bestimmung** sieht die StPO für die Fälle vor, dass eine örtliche Zuständigkeit nach §§ 7–11 fehlt (§ 13a), ein Kompetenzkonflikt besteht (§ 14) oder das zuständige Gericht verhindert ist oder eine Gefahr für die öffentliche Sicherheit befürchtet (§ 15)[13].

IV. Die Zuständigkeit in Rechtsmittelsachen

1. Das Landgericht

17 a) Es entscheidet über Berufungen gegen Urteile des Amtsgerichts (Strafrichter und Schöffengericht). Zuständig ist eine kleine Strafkammer, besetzt mit einem Berufsrichter und zwei Schöffen (§§ 74 Abs. 3, 76 Abs. 1 GVG). Bei Berufungen gegen ein Urteil des erweiterten Schöffengerichts muss ein zweiter Berufsrichter zugezogen werden (§ 76 Abs. 6 GVG).

b) Über Beschwerden (§§ 304ff., unten 37) gegen Verfügungen des Richters am Amtsgericht und Beschlüsse des Amtsgerichts entscheidet eine große Strafkammer ohne Mitwirkung der Laienrichter (§ 309 Abs. 1, §§ 73, 76 Abs. 1 GVG).

2. Das Oberlandesgericht

a) Revision

18 Beim Oberlandesgericht gibt es Senate (§ 116 GVG), in der Rechtsmittelinstanz besetzt mit drei Berufsrichtern (§ 122 Abs. 1 GVG). Sie entscheiden über die Sprungrevision gegen Urteile des Amtsgerichts (unten 36 Rn. 31), die Revision gegen Berufungsurteile des Landgerichts (unten 36 Rn. 30) und die (sehr seltene) Revision gegen erstinstanzliche Urteile der Strafkammern des Landgerichts, wenn es ausschließlich um die Verletzung von Landesrecht geht (§ 121 Abs. 1 Nr. 1 GVG).

b) Beschwerde

Ferner entscheidet das Oberlandesgericht über Beschwerden gegen Beschlüsse des Landgerichts (§ 121 Abs. 1 Nr. 2, 3 GVG).

3. Der Bundesgerichtshof

19 Die fünf Strafsenate des Bundesgerichtshofs (vier in Karlsruhe, einer in Leipzig) entscheiden in der Besetzung mit fünf Richtern über Revisionen gegen erstinstanzliche Urteile des OLG (Staatsschutzsachen) und der großen Strafkammern des Landgerichts (§§ 130, 135 Abs. 1 GVG), mit drei Richtern über bestimmte Beschwerden (§§ 135 Abs. 2, 139 Abs. 2 GVG).

---

[13] BGH JR 2002, 432 zur Gefahr eines terroristischen Anschlags.

Will ein Strafsenat von einer Entscheidung eines anderen Strafsenats abweichen oder geht es um eine Rechtsfrage von grundsätzlicher Bedeutung, entscheidet der Große Senat für Strafsachen, bestehend aus dem Präsidenten des Bundesgerichtshofs und je zwei Mitgliedern der Strafsenate (§ 132 Abs. 2, 4, 5 GVG). Bei Divergenzen zwischen Straf- und Zivilsenaten entscheiden die Vereinigten Großen Senate (§ 132 Abs. 1 S. 2, Abs. 2, 3, 5 S. 2 GVG).

V. Internationale Strafgerichte

1. Der Europäische Gerichtshof für Menschenrechte (EGMR)[14]

Die Europäische Menschenrechtskonvention (EMRK), ein völkerrechtlicher Vertrag **20**
vom 4. 11. 1950, garantiert im Bereich des Europarats Justizgrundrechte (Art. 6 EMRK, näher dazu unten 18 Rn. 10). Rechtschutz gewährt der EGMR. Er hat seinen Sitz in Straßburg. Jeder der derzeit 47 Mitgliedstaaten entsendet einen Richter.

a) Das Verfahren

Mit der Beschwerde zu diesem Gerichtshof kann (nur) eine Verletzung der EMRK-Grundrechte geltend gemacht werden. Das können Mitgliedstaaten tun (Staatenbeschwerde, Art. 33 EMRK) oder einzelne natürliche oder juristische Personen (Individualbeschwerde, Art. 34 EMRK), wenn sie den innerstaatlichen Rechtsweg bis hin zur Verfassungsbeschwerde erschöpft haben. Dann läuft eine Frist von sechs Monaten (Art. 35 EMRK).

Die Struktur des Verfahrens ist nicht „inquisitorisch" (wie im deutschen Recht), sondern adversatorisch (s. unten 11 Rn. 1). Amtssprachen sind Englisch und Französisch.

b) Die Entscheidung und ihre Folgen[15]

Im Falle eines Verstoßes gegen die EMRK kann der EGMR dem Betroffenen zwar ggf. eine „gerechte Entschädigung" zusprechen (Art. 41 EMRK), jedoch die Entscheidungen der nationalen Gerichte nicht aufheben. Urteile des EGMR haben also keine kassatorische Wirkung. Allerdings sind die Mitgliedsstaaten in allen Rechtssachen, in denen sie Partei sind, dazu verpflichtet, das Urteil des EGMR zu befolgen (Art. 46 Abs. 1 EMRK), d. h. einen konventionsgemäßen Zustand herzustellen.[16] Dem hat der deutsche Gesetzgeber durch § 359 Nr. 6 Rechnung getragen: Bejaht der EGMR eine Verletzung der EMRK, begründet das einen Wiederaufnahmegrund zugunsten des Verurteilten (sofern das gerügte Urteil auf dieser Verletzung beruht). Ferner trifft die deutschen Gerichte grds. die Pflicht, die einschlägige Rspr. des EGMR zu beachten und – solange im Rahmen der geltenden methodischen Standards Auslegungs- und Abwägungsspielräume eröffnet sind – der konventionsgemäßen Auslegung den Vorrang zu geben.[17]

---

[14] Zur Vertiefung *Ambos*, NStZ 2002, 628; 2003, 14; *Jung*, ZStW 115 (2003), 583; zur nationalen Umsetzung der Entscheidungen europäischer Gerichte *Kühne*, GA 2005, 195 ff.

[15] Näher *Kühne*, Rn. 37 ff.

[16] Die anderen Staaten sind zwar rechtlich nicht gebunden, müssen aber damit rechnen, in einem Parallelfall selbst verurteilt zu werden. Vgl. dazu *Kühne*, StV 2001, 73.

[17] BVerfGE 111, 307.

2. Der Europäische Gerichtshof (EuGH)

21 Bei diesem Gerichtshof in Luxemburg finden keine Strafverfahren statt (aber Bußgeldverfahren, z. B. im Kartellrecht). Ihm müssen jedoch bestimmte Rechtsfragen zur Klärung vorgelegt werden:

Nach § 1 Abs. 2 i. V. m. Abs. 1 EuGHG hat ein Gericht, dessen Entscheidungen selbst nicht mehr mit Rechtsmitteln des innerstaatlichen Rechts angefochten werden können, dem Gerichtshof zur Vorabentscheidung Fragen u. a. zur Auslegung von Übereinkommen auf dem Gebiet der justiziellen Zusammenarbeit in Strafsachen vorzulegen, wenn es eine Entscheidung darüber zum Erlass seines Urteils oder Beschlusses für erforderlich hält."[18]

3. Der Internationale Strafgerichtshof (IStGH)[19]

a) Das Verfahren

22 Die Internationalen Militärgerichtshöfe in Nürnberg und Tokio haben nach dem Zweiten Weltkrieg damit begonnen, Völkerstrafrecht durchzusetzen. Sehr viel später folgten die Ad-hoc-Tribunale zur Ahndung der Kriegs- und Menschenrechtsverletzungen in Ex-Jugoslawien (ICTY) und Ruanda (ICTR), als friedenssichernde Maßnahmen etabliert durch Resolutionen des Sicherheitsrates der Vereinten Nationen.[20] Der IStGH hingegen ist ein ständiges Gericht auf der Grundlage eines völkerrechtlichen Vertrages, den 123 Staaten (darunter auch Deutschland) ratifiziert und weitere 15 unterzeichnet haben. Dieses Römische Statut ist am 1.7.2002 in Kraft getreten. Es umfasst in einem Kodex die Straftaten, den Allgemeinen Teil[21] und rudimentär das Prozessrecht.[22]

Der IStGH hat seinen Sitz in Den Haag. Er verfügt über drei Abteilungen: für das Vorverfahren, das Haupt- und das Berufungsverfahren. Daneben steht die vom Gericht unabhängige Staatsanwaltschaft mit der Befugnis zu eigenen Ermittlungen. Verfahren können durch sie eingeleitet werden, aber auch durch einen Vertragsstaat oder den UN-Sicherheitsrat. In das adversatorische Verfahrensmodell jener Vorläufer-Gerichte hat man im Römischen Statut inquisitorische Elemente implantiert, wie vor allem den Grundsatz der materiellen Wahrheit (s. unten 18 Rn. 15).

b) Die Zuständigkeit

Der IStGH besitzt die Zuständigkeit für die im Römischen Statut genannten Verbrechen gegen die Menschlichkeit, Völkermord, Kriegsverbrechen und das Verbrechen der Aggression. Voraussetzung ist aber, dass ein Vertragsstaat nicht willens oder nicht in der Lage ist, gegen die Tatverdächtigen einzuschreiten (Grundsatz der Komplementarität, Art. 17 Römisches Statut).[23]

---

[18] BGHSt 47, 326 (333).

[19] Überblick bei *Ambos*, NJW 1998, 3743; *Tomuschat*, EuGRZ 2012, 673.

[20] Mittlerweile sind ICTY und ICTR nicht mehr aktiv. Am 1.7.2012 nahm der Internationale Residualmechanismus für die Ad-hoc-Strafgerichtshöfe als Nachfolgeorganisation die Arbeit auf.

[21] Grundlegend *Ambos*, Der Allgemeine Teil des Völkerstrafrechts, 2. Aufl. 2004.

[22] Vertiefend zum IStGH-Prozessrecht *Kreß*, GA 2006, 528.

[23] Anders – Vorrangprinzip – die Ad-hoc-Tribunale; vgl. *Eser*, FS Trechsel, 2002, S. 223.

Deutschland hat parallel zum Römischen Statut ein Völkerstrafgesetzbuch erlassen (VStGB, in Kraft seit dem 1.7.2002; BGBl. 2002 I S. 2254).[24] Es enthält in § 1 den Weltrechtsgrundsatz und verpflichtet damit die deutschen Staatsanwaltschaften, Taten nach dem VStGB auch ohne Anknüpfungspunkt im Inland mit Vorrang vor dem IStGH zu verfolgen. Allerdings schafft § 153f (StPO) die Möglichkeit der Einstellung und Überweisung des Verfahrens an den IStGH. Deutsche Staatsangehörige können dem IStGH überstellt werden (Art. 16 Abs. 2 S. 2 GG).

Fälle und Fragen

4. Welches Gesetz regelt die Zuständigkeit der Gerichte für das Strafverfahren?
5. Was sind Schöffen?
6. Welche Spruchkörper existieren am Amtsgericht und wann sind diese zuständig?
7. Wann ist das Landgericht zuständig?
8. Welche Rechtsmittel kann der Angeklagte gegen ein Urteil des Amtsgerichts einlegen?

---

[24] Überblick bei *Satzger*, NStZ 2002, 125.

Übersicht 4: Gerichtsaufbau in Strafsachen (Erwachsenenstrafrecht)

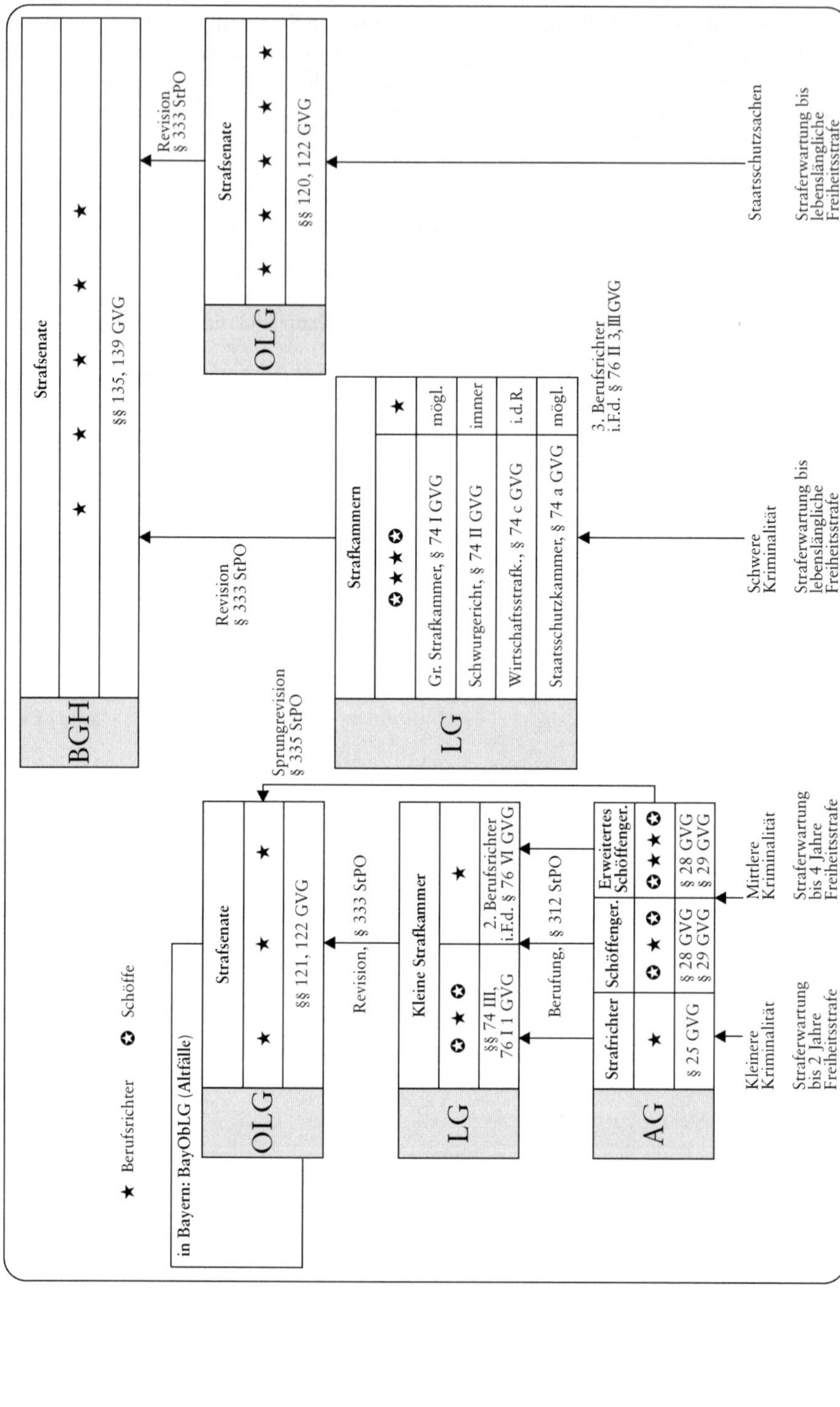

§ 6. Die Staatsanwaltschaft: Organisation und Rechtsstellung

I. Die Funktion der Staatsanwaltschaft im Ablauf des Strafverfahrens

Die Staatsanwaltschaft hat im **Ermittlungsverfahren** die Verfahrensherrschaft (näher 1
unten 8 Rn. 1).

In der **Hauptverhandlung** vertritt sie die Anklage. Der Sitzungsvertreter der Staatsanwaltschaft verliest den Anklagesatz (§ 243 Abs. 3 S. 1), hat das Recht, Fragen zu stellen (§ 240 Abs. 2 S. 1) und Beweisanträge anzubringen (§§ 244ff.), hält einen Schlussvortrag (das Plädoyer, § 258) und kann das Urteil mit Rechtsmitteln angreifen (§ 296).

Die Staatsanwaltschaft sorgt schließlich – in diesem Buch nicht zu besprechen – für die **Strafvollstreckung** (§ 451), also die Realisierung der gerichtlichen Entscheidung (zu unterscheiden vom Strafvollzug als der Verwirklichung der Strafe).

II. Der Aufbau der Staatsanwaltschaft

Staatsanwaltschaften werden dort eingerichtet, wo es ein **Landgericht** gibt. An der 2
Spitze der „Staatsanwaltschaft bei dem Landgericht X" steht als „erster Beamter" (Behördenleiter, § 144 GVG) ein Leitender Oberstaatsanwalt. Auch bei den **Oberlandesgerichten** gibt es Staatsanwaltschaften. Dort heißt der erste Beamte Generalstaatsanwalt. Diese Staatsanwaltschaften haben ihre eigene Zuständigkeit (§ 142 GVG). Beim Amtsgericht gibt es keine Staatsanwaltschaft, sondern allenfalls eine Zweig- oder Außenstelle der Staatsanwaltschaft beim Landgericht. In Sachen, die zur Zuständigkeit des Strafrichters gehören (§ 25 GVG), kann ein Amtsanwalt tätig werden (vgl. z. B.: Art. 14 Abs. 2 S. 1 BayAGGVG).

Der Staatsanwalt ist nicht unabhängig, sondern hat Vorgesetzte (dazu unten III). Die Staatsanwaltschaft ist eine Behörde. Alle Staatsanwälte unterstehen letztlich dem Justizminister. Die Staatsanwaltschaft ist **monokratisch** organisiert; die Staatsanwaltschaften gelten als Einheit (§ 142 GVG). Die Behördenhierarchie erreicht ihre Spitze im Bundesland. Justiz ist Ländersache.

Allerdings gibt es auch beim BGH eine Staatsanwaltschaft, die **Bundesanwaltschaft,** geleitet vom Generalbundesanwalt. Die normale Zuständigkeit der Bundesanwaltschaft besteht darin, die Anklage im Verfahren vor dem BGH zu vertreten (in Revisionssachen also). Daneben gibt es eine Sonderzuständigkeit für gewisse Fälle, für die in erster Instanz das OLG zuständig ist (§ 142a GVG). Niemals aber ist die Bundesanwaltschaft den Staatsanwaltschaften der Länder in irgendeiner Weise übergeordnet.

III. Der Staatsanwalt als Beamter

1. Der hierarchische Aufbau

3 Der Staatsanwalt ist nicht, wie der Richter, unabhängig und nur dem Gesetz unterworfen. Als Träger des Amtes gilt der erste Beamte der jeweiligen Staatsanwaltschaft. Die ihm unterstehenden Staatsanwälte arbeiten faktisch zwar weitgehend selbständig und eigenverantwortlich, handeln rechtlich aber als Vertreter des Behördenleiters: die Staatsanwaltschaft ist **hierarchisch** (bürokratisch) organisiert (§ 144 GVG).

Zum monokratischen (s. oben Rn. 2) und bürokratischen Aufbau gehören das Weisungsrecht, das Substitutionsrecht und das Devolutionsrecht.

2. Das Weisungsrecht

4 Das **Weisungsrecht** (§ 146 GVG) liegt bei den Justizministern und den Behördenleitern beim LG und OLG (zu Inhalt und Grenzen vgl. unten Rn. 11).

Übersicht 5: Weisungsrechte

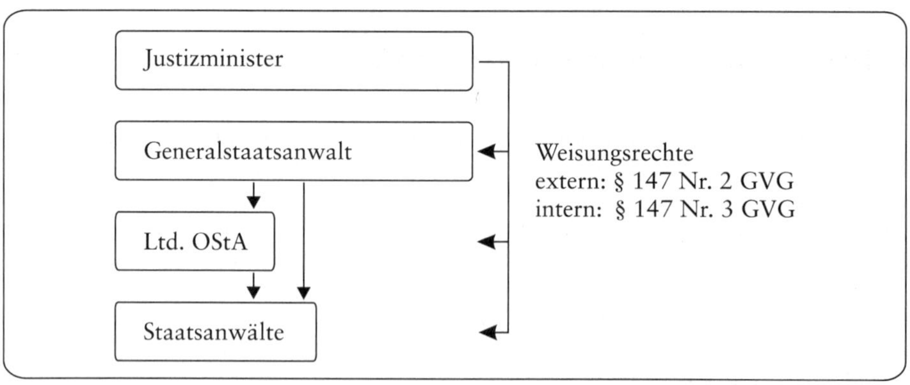

3. Das Substitutionsrecht

5 Justizminister und Behördenleiter haben auch das **Substitutionsrecht.** Das ist die Befugnis, einem Staatsanwalt Aufträge zu erteilen und ihm bestimmte Aufgaben zu entziehen und zu übertragen.

Beispiele:

- Der Ltd. OStA beim LG München I kann anordnen, dass in der Hauptverhandlung gegen den Angeklagten X, die vor dem Schwurgericht München stattfindet, Staatsanwältin B als Sitzungsvertreterin tätig wird, anstelle von A, der normalerweise die Anklage vertreten müsste.

- Der Generalstaatsanwalt beim OLG München kann einen Staatsanwalt aus Traunstein mit dieser Aufgabe betrauen (und auch eine andere Behörde – Staatsanwaltschaft – beauftragen).[1]
- Der Justizminister kann einen Staatsanwalt aus dem OLG-Bezirk Bamberg in diesen Prozess nach München beordern.

4. Das Devolutionsrecht

Das **Devolutionsrecht** gibt dem ersten Beamten der Staatsanwaltschaft beim LG und OLG die Befugnis, sich an die Stelle des „eigentlich" zuständigen Beamten zu setzen und den gesamten Fall oder einzelne Amtstätigkeiten selbst zu übernehmen. 6

Beispiel: Der Ltd. OStA ist als Zuhörer im Gerichtssaal. Er ist mit der Sitzungsvertretung durch Staatsanwalt X nicht einverstanden und übernimmt die Sache selbst.

Der Justizminister ist dagegen nicht Staatsanwalt. Deshalb besitzt er kein Devolutionsrecht.

Übersicht 6: Devolutionsrecht

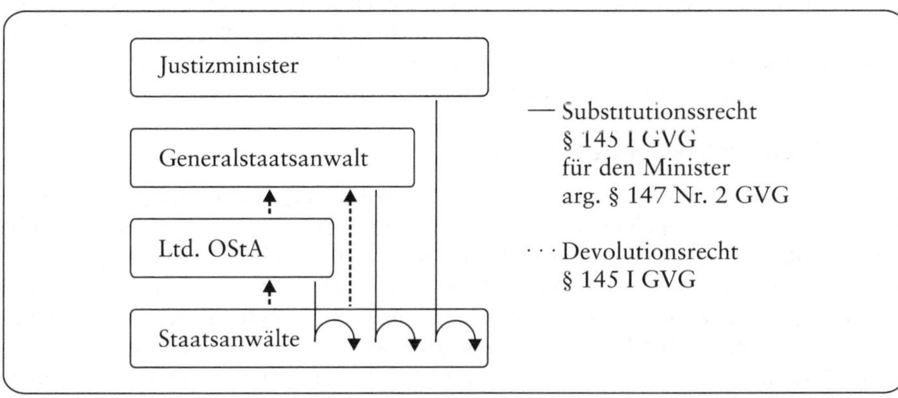

IV. Das Amt des Staatsanwalts

In diesem Überblick geht es nur um das Profil der Staatsanwaltschaft. Die einzelnen Funktionen werden dort genauer besprochen, wo sie ihre Hauptrolle spielen. 7

1. Die Prinzipien

Im deutschen Strafverfahrensrecht sind die Funktionen von Kläger und Richter getrennt (wäre es allein Sache des Richters, von Anfang an zu ermitteln, dann anzuklagen

[1] BGH NStZ 1998, 309.

und schließlich über den von ihm erhobenen Vorwurf selbst zu richten, würden immer nur Vor-Urteile bestätigt – so tendenziell im mittelalterlichen Inquisitionsprozess). Wo kein Kläger, da kein Richter. Ohne Anklage kommt es nicht zum Prozess (**Akkusationsprinzip;** s. unten 18 Rn. 5f.).

8 Nur die Staatsanwaltschaft hat die Befugnis zur Anklage (Ausnahme: Privatklage, s. unten 39 Rn. 3ff.). In diesem Monopol liegt ein Machtfaktor. Wird eine Sache angeklagt, kommt sie vor Gericht, wird sie aber eingestellt, ist sie „aus der Welt" geschafft. Zur Balance dieser Macht gibt es die Anklagepflicht. Bei hinreichendem Tatverdacht muss die Staatsanwaltschaft Anklage erheben (§ 170 Abs. 1). Für diese Anklagepflicht verwendet man den Ausdruck **Legalitätsprinzip** (s. unten 18 Rn. 7f.; eine unglückliche Bezeichnung, denn die aus dem Rechtsstaatsprinzip folgende Pflicht zur Beachtung der Gesetze ist damit nicht gemeint). Die Staatsanwaltschaft soll nur ausnahmsweise aus Zweckmäßigkeitsgründen von einer Anklage absehen und eine Sache einstellen dürfen (**Opportunitätsprinzip,** §§ 153ff.).

9 Aber die Staatsanwaltschaft hat nicht nur das Recht und die Pflicht, bei hinreichendem Tatverdacht anzuklagen. Sie ist ferner verpflichtet, von Amts wegen jedem Verdacht nachzugehen und Ermittlungen anzustellen (§ 160 Abs. 1).[2] Die Strafverfolgung ist insgesamt Sache des Staates (**Offizialprinzip**).

10 Die Staatsanwaltschaft bereitet zwar die Anklage vor und vertritt sie später vor Gericht, ist bei alledem aber zur **Objektivität** verpflichtet, also auch zu entlastenden Ermittlungen (§ 160 Abs. 2). Deshalb ist sie nicht Partei. Sie hat in jedem Stadium des Verfahrens darauf zu achten, dass die Prozessordnung eingehalten wird. Man hat sie deshalb auch die „objektivste Behörde der Welt" genannt und als „Wächterin des Gesetzes" bezeichnet. Inwieweit das stets der Realität entspricht, ist eine andere Frage.

2. Der Freiraum des Staatsanwalts

11 Diese Pflichten zur Anklage und zu objektiven Ermittlungen verschaffen dem Staatsanwalt Rechte und Freiheiten gegenüber dem Vorgesetzten. Dessen **Weisungsrecht** hat **Grenzen.** Rechtswidrige Weisungen dürfen nicht erteilt werden. Geschieht es doch, muss der Staatsanwalt remonstrieren (§§ 63 Abs. 2 BBG, 36 Abs. 2 BeamtStG), d. h. seine Bedenken dem Vorgesetzten vortragen und sich (eventuell) gegen dessen Entscheidung an den nächst höheren Vorgesetzten wenden. Bleibt es dann noch immer bei der Weisung, kann er sich weiter weigern, sie zu befolgen, wenn das Verhalten, zu dem er angewiesen wird, strafbar wäre, eine Ordnungswidrigkeit darstellen würde oder die Menschenwürde verletzen könnte. Rechtswidrige Weisungen dieser Art sind nicht verbindlich. Gibt es darüber Streit und beruft sich der Staatsanwalt auf seine persönliche Überzeugung, kann ihn der Vorgesetzte nicht zum Gehorsam verpflichten. Er muss dann von seinen Rechten zur Devolution oder Substitution Gebrauch machen. Gerade deshalb, weil es sie gibt, kann man dem Staatsanwalt mehr Freiraum für seine individuelle Überzeugung von der „richtigen Lösung" des Falles zugestehen.

---

[2] Zur Zulässigkeit von Nachermittlungen nach Anklageerhebung bzw. Eröffnung des Hauptverfahrens *Engländer/Zimmermann*, FS Beulke, 2015, 699.

Beispiel: Der Staatsanwalt berichtet seiner Vorgesetzten aus einem Verfahren wegen Bestechung und kündigt an, dass er ein Jahr und sechs Monate Freiheitsstrafe beantragen und einer Aussetzung zur Bewährung nicht widersprechen werde. Die Vorgesetzte sagt „bei mir gibt es in Bestechungsfällen niemals Bewährung" und erteilt die Weisung, auf mindestens zwei Jahre zu plädieren.

Diese Weisung ist rechtswidrig, weil sie auf fehlerhaftem Ermessensgebrauch beruht („... in Bestechungsfällen niemals"). Außerdem braucht man für Entscheidungen über die zu beantragende angemessene Strafe den unmittelbaren Eindruck der Hauptverhandlung, den die Vorgesetzte nicht hat. Aus diesem Grunde muss der Staatsanwalt die Weisung letztlich nicht befolgen. Das ist aber nicht, wie die h. M. meint, eine Besonderheit, die mit der Hauptverhandlung zu tun hat, sondern einfach die Konsequenz aus dem oben umrissenen Freiraum des Staatsanwalts und seinem Recht, nicht gegen persönliche Überzeugungen handeln zu müssen.

3. Die Bindung der Staatsanwaltschaft an die Rechtsprechung

Ob der Staatsanwalt seine Überzeugung von der „richtigen Lösung" auch gegenüber der 12
Rechtsprechung durchsetzen darf, ist wieder ein anderes Problem. Dabei geht es einerseits um die Frage, ob der Staatsanwalt anklagen darf, obwohl er damit rechnen muss, dass die Gerichte aus Rechtsgründen freisprechen werden, andererseits aber vor allem um die (umgekehrte) Frage, ob er anklagen muss, wenn er ein Verhalten aus Rechtsgründen nicht für strafbar hält, jedoch weiß, dass die Rechtsprechung anderer Ansicht ist. Es ist umstritten, wie weit die in § 150 GVG proklamierte Unabhängigkeit der Staatsanwaltschaft von den Gerichten reicht (näher unten 12 Rn. 5).

V. Die Rechtsstellung der Staatsanwaltschaft

Ein zusammenfassender Überblick zeigt, dass die Staatsanwaltschaft zwar zur Exekutive 13
gehört, dabei aber eine starke Affinität zur Judikative hat.

Für die Zuordnung zur Exekutive sprechen

- der hierarchische, monokratische Aufbau als Behörde
- das Weisungsrecht, das Devolutions- und Substitutionsrecht des Vorgesetzten.

Die Affinität zur Judikative wird begründet durch

- die Pflicht zur Objektivität
- die Macht zur eigenen Sachentscheidung (durch Einstellung)
- die Rolle als „Wächter des Gesetzes"
- die Aufgabe der Vorbereitung und Vollstreckung richterlicher Entscheidungen.

Man hält die Staatsanwaltschaft wegen dieser Doppelrolle für ein relativ eigenständiges „Organ der Rechtspflege".

VI. Die europäische Staatsanwaltschaft[3]

14 Seit dem Vertrag von Lissabon ist die Errichtung einer **Europäischen Staatsanwaltschaft** (**EUStA** bzw. **EPPO** für „European Public Prosecutor's Office") in Art. 86 AEUV vorgesehen. Allerdings konnte die dort vorgesehene Einstimmigkeit im Rat bei den diesbezüglichen Gesetzgebungsvorhaben nicht erreicht werden. 2017 haben sich daher 20 Mitgliedstaaten der Europäischen Union, darunter auch Deutschland, darauf geeinigt, eine Europäische Staatsanwaltschaft im Rahmen der Verstärkten Zusammenarbeit gem. Art. 20 EUV zu gründen. Nach der Zustimmung des Europäischen Parlaments ist die Verordnung am 12. Oktober 2017 angenommen worden.[4] Die EUStA soll die Verfolgung von Straftaten gegen die finanziellen Interessen der EU verbessern. Dazu ist ein Zwei-Ebenen-Modell vorgesehen: Delegierte Europäische Staatsanwälte führen die Ermittlungen im Namen der EUStA als nationale Behörde durch und erheben Anklage vor den nationalen Gerichten. Die zentrale Europäische Staatsanwaltschaft koordiniert und beaufsichtigt die Arbeit der Delegierten Europäischen Staatsanwälte, um einen einheitlichen Ansatz in der gesamten EU zu gewährleisten.[5] Die EUStA soll ihre Arbeit 2020 beginnen.

Als Vorläufer der EUStA war bereits 2002 **Eurojust** eingerichtet worden, eine Zentralstelle zur Kooperation der nationalen Staatsanwaltschaften. Sie soll auch neben der EUStA bestehen bleiben und mit dieser kooperieren.[6]

Fälle und Fragen

9. Wie ist die StA organisiert?
10. Wer steht an der Spitze der StA beim LG bzw. OLG?
11. Wie heißt die beim BGH eingerichtete Staatsanwaltschaft, von wem wird sie geleitet und worin besteht ihre Zuständigkeit?
12. Ist die Bundesanwaltschaft den Staatsanwaltschaften der Länder übergeordnet?
13. Der Leitende Oberstaatsanwalt beim LG München X ist mit der Sitzungsvertretung durch Staatsanwalt Y in einer bestimmten Strafsache vor dem LG München nicht einverstanden. Ist X befugt, den Y durch einen anderen StA zu ersetzen?
14. Hat der Justizminister ein Devolutionsrecht?
15. Welche Prinzipien prägen das Amt des Staatsanwalts?
16. Weshalb wird die StA „die objektivste Behörde der Welt" genannt?
17. StA K will gegen V Anklage wegen Betrugs erheben. Seine Vorgesetzte erteilt ihm jedoch die Anweisung, das Verfahren gegen V mangels hinreichenden Tatverdachts einzustellen. Ist K an die Weisung seiner Vorgesetzten gebunden?
18. Muss der Staatsanwalt Anklage erheben, wenn er ein Verhalten aus Rechtsgründen nicht für strafbar hält, andererseits aber weiß, dass die Rechtsprechung anderer Ansicht ist?
19. Ist die Staatsanwaltschaft ein Organ der Judikative oder der Exekutive?

---

[3] *Radtke*, GA 2004, 1.

[4] Verordnung (EU) 2017/1939 des Rates vom 12. Oktober 2017 zur Durchführung einer Verstärkten Zusammenarbeit zur Errichtung der Europäischen Staatsanwaltschaft (EUStA), ABl. EU L 283, S. 1 ff. (EUStA-VO).

[5] Dazu näher *Brodowski*, StV 2017, 684 (685).

[6] Vgl. Art. 3 Abs. 3 EUStA-VO und Erwägungsgrund 10. *Trentmann*, ZStW 129 (2017), 108 (142 ff.).

§ 7. Die Polizei

Die Staatsanwaltschaft kann „Ermittlungen jeder Art entweder selbst vornehmen oder durch die Behörden und Beamten des Polizeidienstes vornehmen lassen“ (Wortlaut § 161 Abs. 1 S. 1).

Was Ermittlungen sind und welche Eingriffsbefugnisse die Ermittlungsbehörden dabei haben, wird im nächsten Kapitel besprochen. Hier geht es (nur) um die Organisation der Polizei, um ihr Verhältnis zur Staatsanwaltschaft und ihre prinzipielle Aufgabe im Strafverfahren.

I. Die Organisation

1. Die Kompetenz für die Gesetze über die Organisation und die Aufgaben der Polizei 1
liegt gem. Art. 30 GG bei den Ländern (vgl. z. B. BayPOG und BayPAG). Die Polizei ist dem Innenministerium unterstellt.

2. Der Bund hat eigene Polizeiorgane mit eng begrenzten Kompetenzen.

a) Das Bundeskriminalamt, errichtet auf Grund von Art. 73 Nr. 10, 87 Abs. 1 GG durch 2
das Gesetz über die Einrichtung eines Bundeskriminalpolizeiamtes[1] hat die Aufgabe:

- als Nationales Zentralbüro der Internationalen Kriminalpolizeilichen Organisation (IKPO/Interpol) zu fungieren (§ 1 Abs. 2 BKrimAG)
- Nachrichten und Unterlagen für die polizeiliche Verbrechensbekämpfung zu suchen und auszuwerten, kriminaltechnische Untersuchungen und Forschungen durchzuführen, Analysen und Statistiken auszuarbeiten und Gutachten zu erstellen (§ 2 BKrimAG)
- Straftäter zu bekämpfen, soweit sie sich international oder über das Gebiet eines Landes hinaus betätigen.

Die **Befugnisse** für die Verbrechensbekämpfung bleiben aber bei den Ländern, außer

- bei international organisierten Verbrechen (§ 5 Abs. 2 Nr. 1 BKrimAG)
- bei Angriffen auf Verfassungsorgane des Bundes und seiner ausländischen Gäste (§ 5 Abs. 2 Nr. 2 BKrimAG), die das BKA übrigens auch schützt (§ 9 BKrimAG, „Sicherungsgruppe Bonn“)
- bei Ermittlungsverfahren, die vom Generalbundesanwalt geführt werden (§ 5 Abs. 3 BKrimAG).

b) Das Bundesamt für Verfassungsschutz, ebenfalls errichtet auf Grund von Art. 73 3
Nr. 10, 87 Abs. 1 GG durch das Gesetz über die Zusammenarbeit des Bundes und der Länder in Angelegenheiten des Verfassungsschutzes[2] soll verfassungsfeindliche Bestrebungen bekämpfen, hat dazu aber nur die Aufgabe der „Sammlung und Auswertung von Auskünften, Nachrichten und sonstigen Unterlagen“ übertragen bekommen (§ 2 des Gesetzes). Polizeiliche Eingriffsbefugnisse besitzt der Verfassungsschutz nicht.

---

[1] Sartorius I Nr. 450.
[2] Sartorius I Nr. 80.

c) Die Bundespolizei[3] nimmt u. a. polizeiliche Aufgaben an den Grenzen und auf den Anlagen der Bundeseisenbahnen wahr.

d) Die Steuerfahnder haben in Steuerstrafsachen die Aufgaben (§ 208 AO) und Befugnisse (§ 404 AO) der Polizei als Ermittlungspersonen der Staatsanwaltschaft. Bei den Finanzbehörden werden ferner die Zollfahndungsämter polizeilich tätig, vor allem bei der Erforschung und Verfolgung der international organisierten Geldwäsche (§§ 12a, b ZollVG), daneben auch bei Wirtschaftsdelikten mit Auslandsbezug (§ 37 AWG, § 37 MOG).

4 3. Internationale Stellen:

a) **Interpol** ist eine internationale Organisation der Kriminalpolizei, die sich so beschreibt:

„Interpol is the world's largest international police organization with **192 member countries.** Our role is to enable police around the world to work together to make the world a safer place. Our high-tech infrastructure of technical and operational support helps meet the growing challenges of fighting crime in the 21st century."

b) **OLAF** (Office européen de Lutte Anti-Fraude)[4] soll die finanziellen Interessen der EU schützen und gegen Betrug und Korruption in den EU-Organen vorgehen.

c) Die kriminalpolizeiliche Zentralstelle **EUROPOL**[5] unterstützt und verstärkt die Tätigkeit der Strafverfolgungsbehörden der Mitgliedstaaten sowie deren gegenseitige Zusammenarbeit bei der Verhütung und Bekämpfung der zwei oder mehr Mitgliedstaaten betreffenden organisierten Kriminalität, des Terrorismus, der Korruption und weiterer Formen schwerer Kriminalität. Dafür stellt EUROPOL den Behörden der Mitgliedstaaten (strafrechtlich relevante) Informationen und Analysen zur Verfügung und nimmt an gemeinsamen Ermittlungsgruppen teil. Exekutivbefugnisse in den Mitgliedstaaten der EU hat EUROPOL allerdings (noch) nicht. Allerdings ermöglicht Art. 88 Abs. 2 AEUV eine solche Aufgabenerweiterung.

II. Polizei und Staatsanwaltschaft

Die Staatsanwaltschaft kann Ermittlungen selbst vornehmen (§ 161 Abs. 1 S. 1). Das tut sie auch, etwa bei Kapitaldelikten (also Mord und Totschlag, etc.) und vor allem in Wirtschaftsstrafsachen. In den meisten Fällen greift sie jedoch auf die Ermittlungsarbeit der Polizei zurück.

5 1. Nach § 161 Abs. 1 S. 2 ist die Polizei verpflichtet, nach den Vorgaben der Staatsanwaltschaft tätig zu werden. Die Staatsanwaltschaft hat die Wahl zwischen zwei Wegen.

Sie kann sich mit einem **„Ersuchen"** an die Polizeibehörde wenden. Deren Leiter bestimmt dann, welcher Polizeibeamte die Ermittlungstätigkeit vornimmt (nach einer Mindermeinung kann sich die Staatsanwaltschaft mit einem Ersuchen auch direkt an

---

[3] Gesetz zur Umbenennung des Bundesgrenzschutzes in Bundespolizei v. 21.6.2005, in Kraft seit 1.7.2005.

[4] Kommissionsbeschlüsse v. 28.4.1999 (ABl. L 136, 1999), v. 27.9.2013 (ABl. L 257, 2013), v. 25.3.2015 (ABl. L 81, 2015), v. 18.12.2015 (ABl. L 333, 2015). Zu den Aufgaben von OLAF vgl. Verordnung (EU) Nr. 883/2013 in der Fassung der Änderungsverordnung (EU) Nr. 2016/2030.

[5] Verordnung (EU) Nr. 2016/794.

einzelne Polizeibeamte wenden, trägt dabei aber das Risiko, den unzuständigen Beamten angesprochen zu haben und sollte also besser – so die h. M. – die Eigenständigkeit der Polizeibehörde respektieren).

Die meisten Polizeibeamten sind zugleich „Ermittlungspersonen der Staatsanwalt- 6
schaft" (nämlich vom Hauptwachtmeister aufwärts).[6] An diese kann sich die Staatsanwaltschaft direkt und unmittelbar mit einem **„Auftrag"** wenden, § 152 Abs. 1 GVG (vgl. auch die Grafik auf der nächsten Seite).

2. Die Polizei muss aber nicht warten, ob sie von der Staatsanwaltschaft eingeschaltet wird. 7
Sie hat das „Recht des ersten Zugriffs", kann also von sich aus die Initiative ergreifen und Ermittlungen aufnehmen (§ 163). Dazu ist sie, wenn der Verdacht einer Straftat besteht, auch verpflichtet (Legalitätsprinzip), und zwar von Amts wegen (Offizialprinzip).

3. Die Polizei wird in repressiver Funktion tätig, wenn sie Straftaten aufklärt. Sie hat fer- 8
ner die präventive Aufgabe, Straftaten zu verhüten. Dafür stehen ihr alle Befugnisse aus den Polizei- und Sicherheitsgesetzen der Länder zur Verfügung. Erfüllt sie repressive Aufgaben, darf sie sich nur auf die Ermächtigungsgrundlagen der StPO stützen. Daten aus präventiver Arbeit darf sie prinzipiell nicht zu repressiven Zwecken einsetzen. Andernfalls können die Garantien der StPO leicht umgangen werden. Das ist allerdings höchst umstritten und wenig geklärt. Ausnahmen bestehen aber jedenfalls, wenn die Maßnahme auch nach Strafprozessrecht möglich gewesen wäre, § 161 Abs. 2 (s. 28 Rn. 21). Umgekehrt dürfen die Polizeibehörden personenbezogene Informationen aus Strafverfahren nach Maßgabe der Polizeigesetze verwenden (§ 481 Abs. 1).

4. Repression und Prävention kollidieren nicht selten.

Beispiel: Die Reifen eines Streifenwagens sind aufgeschlitzt worden. In der Nähe steht eine Gruppe von etwa zwanzig jungen Männern herum. Einer von ihnen dürfte es gewesen sein. Unter dem Polizeiauto liegt ein Messer. Wenn man alle erkennungsdienstlich behandelt und die Fingerabdrücke auf dem Messer untersucht, wird sich klären lassen, wer der Täter war. Die Polizei verzichtet auf diese Aktion (und riskiert damit, indem sie beim Verdacht einer Straftat nicht einschreitet, den Vorwurf aus § 258a StGB), weil sie mühsam einen guten Kontakt zu dieser Gruppe aufgebaut hat und die Vorteile dieser präventiven Arbeit nicht riskieren will.

Viele Einsätze der Polizei haben zugleich präventive und repressive Ziele. Man spricht hier 9
deshalb von doppelfunktionalen Maßnahmen. In solchen Fällen stellt sich die Frage, auf welche Ermächtigungsgrundlage die Polizei ihr Handeln stützen kann. Nach einer Ansicht genießt im Zweifel die Gefahrenabwehr Vorrang, so dass sich die Rechtmäßigkeit der Maßnahme nach Polizeirecht beurteilt.[7] Andere bejahen dagegen wegen des Legalitätsprinzips einen Primat der Strafverfolgung.[8] Die h. L. stellt darauf ab, wo aus der Sicht eines objektiven Beobachters der **Schwerpunkt** der Maßnahme liegt.[9] Dem BGH zufolge können Ge-

---

[6] Vgl. die Landesverordnungen über die Ermittlungspersonen der Staatsanwaltschaft; in Bayern Ziegler-Tremel Nr. 755. Die Ermittlungspersonen hießen früher „Hilfsbeamte" der Staatsanwaltschaft und sind durch das JuMoG sprachlich befördert worden.

[7] *Pieroth/Schlink/Kniesel*, Polizei- und Ordnungsrecht, 9. Aufl. 2016, § 2 Rn. 12ff.

[8] KK-StPO/*Schmidt/Schoreit*, 6. Aufl. 2008, § 152 GVG Rn. 18.

[9] *Beulke*, Rn. 103; MüKoStPO/*Kölbel*, § 160 Rn. 10; krit. hierzu *Brodowski*, JZ 2017, 1124 (1126).

fahrenabwehr und Strafverfolgung parallel betrieben werden, so dass als Eingriffsgrundlagen das Polizeigesetz und die StPO **nebeneinander** in Betracht kommen.[10]

In diesem Zusammenhang stellt sich ein weiteres Problem: Das Weisungsrecht der Staatsanwaltschaft gegenüber der Polizei ist begrenzt auf deren repressive Funktion. Es kann daher bei doppelfunktionalen Maßnahmen dazu kommen, dass der Vorgesetzte der Polizisten und der Staatsanwalt konträre Weisungen erteilen (wie bei einem Banküberfall mit Geiselnahme in München: „Schießen" – „nicht schießen"). Dieses Problem hat der BGH nicht erörtert und wohl auch nicht bedacht. Jedenfalls hier muss der Schwerpunkt der Tätigkeit entscheidend sein. Freilich besteht die Schwierigkeit, dass dieser sich häufig nur schwer festmachen lässt (wie schon das relativ harmlose Beispiel oben zeigt).[11]

Übersicht 7: Polizei und Staatsanwaltschaft

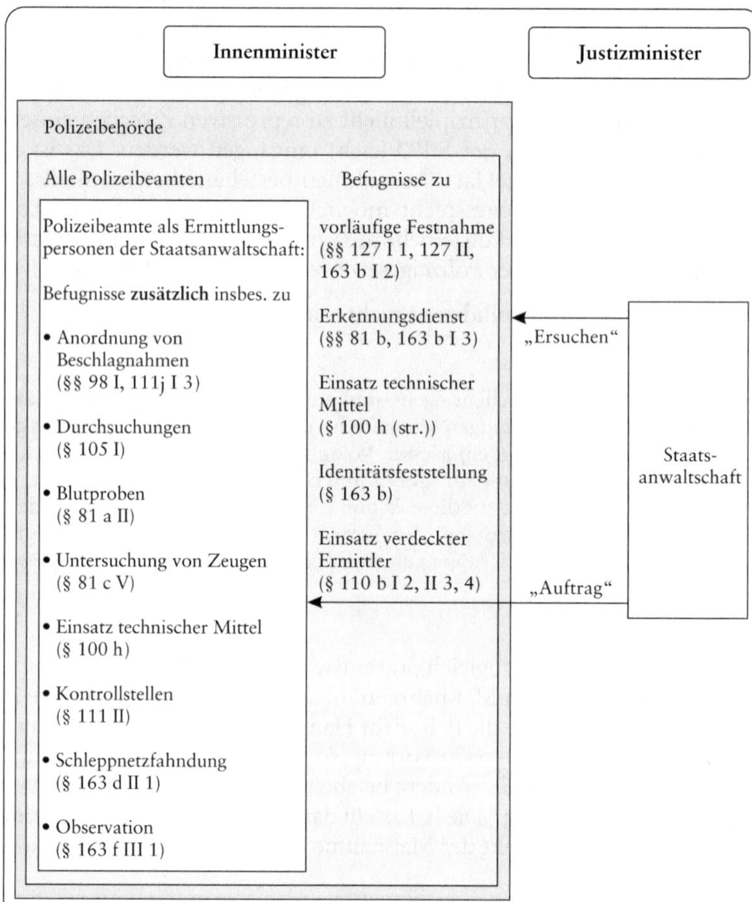

[10] BGH NJW 2017, 3173 (3176); krit. dazu *Lenk*, StV 2017, 692 (695f.), der hierin die Preisgabe der Beschuldigtenrechte und die Unterwanderung der gesetzlichen Rechtswegzuweisung sieht. Zustimmend dagegen *Brodowski*, JZ 2017, 1124 (1126).
[11] Vgl. auch RiStBV Anl. A.

Fälle und Fragen

20. Welche Polizeiorgane hat der Bund?
21. Auf welche Weise wird die Polizei im Vorverfahren tätig?
22. Welche Funktionen erfüllt die Polizei?
23. Was versteht man unter doppelfunktionalen Maßnahmen und wie werden sie behandelt?
24. Die StA hat gegenüber der Polizei ein Weisungsrecht. Auf welche Funktion der Polizei ist das Weisungsrecht der StA begrenzt?
25. Welche Befugnisse der Polizei im Rahmen ihrer repressiven Tätigkeit sind Ihnen bekannt?
26. Worin unterscheiden sich die Polizeibeamten, die Ermittlungspersonen sind, von den übrigen Polizeibeamten?

§ 8. Das Ermittlungsverfahren

I. Die Kompetenzen

1. Die Verfahrensherrschaft

Im Ermittlungsverfahren liegt die Verfahrensherrschaft bei der Staatsanwaltschaft. Die 1
Polizei hat zwar das „Recht des ersten Zugriffs" (s. oben), die Staatsanwaltschaft bleibt aber auch in diesem Fall Herrin des Ermittlungsverfahrens (§ 163 Abs. 2 S. 1). Ihr werden „im Außenverhältnis" auch diejenigen Ermittlungen zugerechnet, die von der Polizei initiiert und „im Innenverhältnis" selbständig durchgeführt werden.

Der Richter darf nur tätig werden, wenn die StA dies beantragt (§ 162). Ausnahmsweise kann er bei Gefahr in Verzug als „Notstaatsanwalt" die Initiative ergreifen (§ 165).

2. Der Ermittlungsrichter

Er ist Richter am Amtsgericht (§ 162 Abs. 1 S. 1). 2

a) Die StA muss ihn einschalten, wenn sie Untersuchungshandlungen vornehmen lassen will, die nur der Richter anordnen darf (Haftbefehl, § 114) oder denen er zustimmen muss (bestimmte Einsätze verdeckter Ermittler, § 110b Abs. 2).

b) Die StA kann ihn heranziehen, wenn sie das für erforderlich hält. Die Unabhängigkeit des Richters ist hier eingeschränkt. Er darf nur prüfen, ob es zulässig ist, ihn einzuschalten (§ 162 Abs. 2), nicht auch, ob es zweckmäßig ist.[1] Das beurteilt die StA in eigener Kompetenz, und daran ist der Richter gebunden.

Beispiel: Die StA beantragt die richterliche Vernehmung eines Zeugen. Der Richter kann das nicht mit der Begründung ablehnen, die StA könne Zeugen auch selbst vernehmen (§ 161 a). Oft ist es zweckmäßig, in der Hauptverhandlung das Protokoll einer richterlichen Vernehmung zur Hand zu haben (vgl. § 251 Abs. 2; sie sind in weiterem Umfang verlesbar als gem. Abs. 1 die Protokolle von „anderen", also auch staatsanwaltschaftlichen Vernehmungen, näher unten 27 Rn. 5).

---

[1] LG Freiburg NStZ 1993, 146 (148).

c) Die Zuständigkeit des Ermittlungsrichters endet mit Anklageerhebung. Dann entscheidet das mit der Sache befasste Gericht (s. unten 12 Rn. 41).[2]

II. Der Verdacht

3 Der Verdacht einer Straftat löst für Staatsanwaltschaft und Polizei die Pflicht aus, von Amts wegen mit den Ermittlungen zu beginnen und „den Sachverhalt zu erforschen" (§§ 160 Abs. 1, 163 Abs. 1).

„Verdacht" ist ein Zentralbegriff im Strafverfahren. Sicherheit, Gewissheit, „Wahrheit" gibt es erst am Ende der Hauptverhandlung, wenn das Gericht zu einer Überzeugung vom Tathergang gelangt ist (§ 261). In den Stadien zuvor gibt es nicht die Tat und den Täter, sondern nur den Tatverdacht und den Beschuldigten.

Folglich können auch Eingriffe und Zwangsmaßnahmen nur auf „Verdacht" gegründet werden. Diese Eingriffe sind von unterschiedlicher Schwere und Intensität. Deshalb hat der Gesetzgeber den Begriff des Verdachts abgestuft. Er unterscheidet verschiedene Grade des Verdachts (sie sind dort näher darzustellen, wo es darauf ankommt).

Übersicht 8: Verdacht

Anfangsverdacht: Es liegen zureichende tatsächliche Anhaltspunkte für eine Straftat vor; eine ganz geringe Wahrscheinlichkeit genügt.

Hinreichender Tatverdacht: Bei vorläufiger Tatbewertung muss die Verurteilung des Beschuldigten wahrscheinlich sein (wahrscheinlicher als ein Freispruch).
Er ist erforderlich für die Anklage (§ 170 Abs. 1) und die Eröffnung des Hauptverfahrens (§ 203).

Dringender Tatverdacht: Die Wahrscheinlichkeit, dass der Beschuldigte eine Straftat begangen hat ist groß, größer als bei hinreichendem Verdacht.
Er ist z. B. erforderlich für den Erlass eines Haftbefehls.

III. Verdacht und Unschuldsvermutung

4 Im Strafverfahren werden also bis zum Urteil alle Maßnahmen „auf Verdacht" getroffen, genauer gesagt: auf Verdacht gegründet. Zur Balance dieser Eingriffsbefugnisse gibt es die **Unschuldsvermutung:** „Bis zum gesetzlichen Nachweis seiner Schuld wird vermutet, dass der wegen einer strafbaren Handlung Angeklagte unschuldig ist" (Wortlaut Art. 6 Abs. 2 EMRK).

---

[2] BGHSt 27, 253.

Dieses Prinzip fordert nicht zu dem psychologisch unmöglichen Kunststück auf, jemanden für unschuldig zu halten, von dem man vermutet (und im konkreten Fall wegen diverser belastender Indizien auch vermuten darf), dass er schuldig ist. Man muss es sich nicht „hinwegdenken", dass jemand wahrscheinlich schuldig ist. Man darf ihn nur nicht wie einen (wahrscheinlich) Schuldigen behandeln. Die Unschuldsvermutung markiert eine normative Grenze der Belastbarkeit des Beschuldigten; sie bestimmt das noch zumutbare Maß der Eingriffsintensität. Der Beschuldigte steht unter Verdacht und muss sich deshalb einiges gefallen lassen. Stellt sich später heraus, dass man ihn nicht als schuldig verurteilen kann, dann muss man die zuvor gegen ihn getroffenen Maßnahmen noch immer als „gerechtfertigt" ansehen können. Alle Eingriffe dürfen nur soweit gehen und müssen so ausgestaltet sein, dass sie sich gegenüber einem Verdächtigen, der in Wahrheit unschuldig ist, noch verantworten lassen.[3] Das ist der (normative) Sinn der Unschuldsvermutung. Er ist eng verwandt mit dem Prinzip der Verhältnismäßigkeit.

Beispiel: A steht im Verdacht, in einer Konfliktsituation einen Totschlag begangen zu haben. Anhaltspunkte dafür, dass Alkohol, Medikamente oder Drogen bei der Tat eine Rolle gespielt haben könnten, gibt es nicht. Eine Blutprobe darf entnommen werden, um das zu klären (§ 81 a). Eine zwangsweise durchgeführte Harnentnahme aber ginge zu weit. Von einem Unschuldigen dürfte man nicht verlangen, dass er sich dieser Prozedur unterwirft. Es mag sein, dass sich A später darauf beruft, er habe diverse Medikamente genommen und der Sachverständige, wenn er das zu seinen psychischen Befunden hinzunimmt, nicht mehr ausschließen kann, dass §§ 20, 21 StGB vorliegt. Die Wahrheit wird aber eben nicht um jeden Preis erforscht – und hier wäre der Preis, den ein möglicherweise Unschuldiger zu zahlen hätte, zu hoch.

IV. Der Anfangsverdacht

1. Der Begriff

Jeder Verdacht verpflichtet die Strafverfolgungsbehörden dazu, ein Ermittlungsverfahren einzuleiten. Hierfür genügt ein „Anfangsverdacht". Das ist ein Grenzbegriff: er bezeichnet die am wenigsten intensive Stufe des Verdachts. Was unter dieser Schwelle liegt, ist noch nicht einmal Verdacht. 5

Bloße Vermutungen und Möglichkeiten, die nicht durch konkrete tatsächliche Hinweise gestützt sind, begründen noch keinen Verdacht.

Fall 1: Im Finanzamt der bayerischen Stadt W haben hilfreiche Finanzbeamte für Freunde und Bekannte die Steuererklärung gemacht, dabei nicht entstandene Aufwendungen eingetragen und so ungerechtfertigte Rückzahlungen erwirkt. Man kann sich denken, dass es diese Praxis auch in anderen Finanzämtern gegeben hat.

Diese Hypothese ist zwar hinreichend plausibel. Es ist aber nur eine Hypothese, eine reine Vermutung, die nicht durch Anhaltspunkte untermauert ist. Ein Anfangsver-

[3] Zur Öffentlichkeitsarbeit der StA, bei der der Beschuldigte namentlich genannt wird oder durch die er zumindest identifiziert werden kann, vgl. *Gounalakis,* NJW 2012, 1473; *Trüg,* NJW 2011, 1040.

dacht, der es rechtfertigen würde, die Mittel der Strafverfolgungsbehörden einzusetzen, besteht nicht.

Fall 2: Bei der Polizei in F geht eine anonyme Anzeige ein: der Finanzbeamte X sei auch so einer wie seine Kollegen in W.

Das genügt. Nun liegt mehr vor als die allgemeine und nur theoretische Möglichkeit, es könnte eine Straftat geschehen sein. Selbst anonyme Anzeigen, die nicht viel mehr als eine „Denunziation" enthalten, können einen Anfangsverdacht begründen, dem man nachgehen muss, um ihn zu erhärten oder zu entkräften

Fall 3: Der Bundestagsabgeordnete E hat nachweislich Bilder auf seinen Computer geladen, auf dem unbekleidete Jugendliche abgebildet sind. Unklar ist, ob diese Bilder bereits dem Tatbestand des § 184b StGB unterfallen. Dennoch leitet die StA ein Ermittlungsverfahren ein und erwirkt in der Folge einen Durchsuchungsbeschluss für die Wohnung des E.

Das ist zulässig. Bei der Frage, ob ein Anfangsverdacht besteht, kommt den Ermittlungsbehörden ein Beurteilungsspielraum zu. Dabei dürfen sie sich auch auf ihre kriminalistische Erfahrung stützen. Wenn weitere Anhaltspunkte hinzukommen, kann sogar ein legales Verhalten einen Anfangsverdacht begründen.[4] Das BVerfG hat es daher im geschilderten Fall für zulässig erklärt, dass das LG bei der Anordnung des Durchsuchungsbeschlusses das Verhalten des E als Grenzfall zwischen legalem und illegalem Handeln bewertet und daraus die Schlussfolgerung gezogen hatte, es sei zu erwarten, dass E sich auch aus anderen Quellen kinderpornographisches Material beschaffen würde.[5]

Fall 4: Die Polizei erfährt, dass es in der Verwaltung der Stadt X nicht mit rechten Dingen zugehen kann. Manche Ausländer erhalten Aufenthaltserlaubnisse, andere nicht, und wahrscheinlich ist hier Bestechung im Spiel.

Ein Verdacht gegen „Unbekannt" genügt. Zum Begriff des Anfangsverdachts gehört nur, dass es zureichende tatsächliche Anhaltspunkte für eine Tat gibt – auf einen konkreten Täter muss zunächst noch nichts hindeuten.[6]

Fall 5: Die Geschädigte A zeigt ihren Unfallgegner B, der die Vorfahrt nicht beachtet hatte, wegen Sachbeschädigung an.

Hier deutet nichts auf Vorsatz hin. Mangels zureichender tatsächlicher Anhaltspunkte wird es die Strafverfolgungsbehörde ablehnen, ein Ermittlungsverfahren einzuleiten.

Fall 6: A macht eine Anzeige gegen Z, der ihn durch eine falsche eidesstattliche Versicherung belastet habe, wie er jetzt beweisen könne. Der Vorfall ist sechs Jahre her.

Diese Tat, wie immer sie zu qualifizieren sein mag, wäre verjährt und also nicht mehr verfolgbar. Die Pflicht zum Einschreiten besteht aber nur bei strafbaren und verfolgbaren Taten.

6 Es gibt auch **„Vorermittlungen"**. Wenn unklar ist, ob die bisher bekannt gewordenen Umstände auf ein strafbares Verhalten hindeuten, dann muss die Polizei erst sondieren, um entscheiden zu können, ob sie gem. § 152 Abs. 2 „einschreitet" und dadurch ein Ermittlungsverfahren einleitet.

---

[4] SSW StPO/*Schnabl*, § 152 Rn. 6; krit. *Satzger*, FS Beulke, 2015, 1009.

[5] BVerfG NJW 2014, 3085; a. A. *Hoven*, NStZ 2014, 361 (367), die allerdings davon ausgeht, das Verhalten des E sei vollumfänglich als legal einzustufen.

[6] BGH StV 1988, 441.

Zu oben 1 Rn. 1 (Fall 1): Hier muss die Polizei zunächst solche Vorermittlungen anstellen, damit sie entscheiden kann, ob ein Ermittlungsverfahren einzuleiten ist (also z. B. die Behauptungen von J. S. überprüfen und sich selbst ein Bild von der Lage machen).

Auch die Staatsanwaltschaft prüft erst, ob die Hinweise, die sie erhalten hat, einen Anfangsverdacht ergeben.

Staatsanwaltschaft und Polizei schreiten also ein, wenn es einen Anfangsverdacht gibt. Wie aber erfahren sie von Anhaltspunkten für eine Straftat? Das kann durch Strafanzeige und Strafantrag oder auf anderem Wege geschehen.

2. Die Quellen: Strafanzeige, Strafantrag und andere

a) Das Gesetz unterscheidet in § 158 Abs. 1 Strafanzeige und Strafantrag

Die **Strafanzeige** ist die Mitteilung eines Sachverhalts, der auf eine Straftat hindeutet, 7
also eine **Wissens**-Erklärung.

Der **Strafantrag** enthält dieses Element ebenfalls und darüber hinaus das Begehren, die Strafverfolgungsbehörden mögen ermitteln und anklagen, also eine **Willens**-Erklärung.

Die Leute unterscheiden nicht so scharf. Meist ist mit einer Strafanzeige zugleich ein Strafantrag verbunden. „Strafanzeige" ist, auch in der Sprache der Juristen, zum Oberbegriff geworden.

Strafanzeigen können anonym, pseudonym, querulatorisch oder vertraulich sein – immer sind sie zu bearbeiten, d. h. daraufhin zu überprüfen, ob sie einen Anfangsverdacht und deshalb die Pflicht zum Einschreiten begründen.

b) Der Strafantrag gem. § 158 Abs. 2

Die meisten Delikte sind **Offizialdelikte.** Sie werden von Amts wegen verfolgt. Richtet 8
sich der Verdacht auf ein Offizialdelikt, muss ermittelt werden, und der Anzeigeerstatter kann den Fortgang des Strafverfahrens nicht dadurch verhindern, dass er seine Anzeige „zurückzieht".

Bei den **Antragsdelikten** ist zur Strafverfolgung ein Strafantrag des Verletzten erforderlich. Das Gesetz nimmt Rücksicht auf seine Interessen und erlaubt ihm, die Strafverfolgung mit ihren störenden Effekten und zusätzlichen Beeinträchtigungen dadurch zu blockieren, dass er den Strafantrag nicht stellt oder zurücknimmt. Dann darf der Staatsanwalt nicht weiter mit dem Ziel einer Anklage ermitteln, weil nämlich eine Prozessvoraussetzung fehlt (näher dazu unten 14 Rn. 19). Er muss das Verfahren einstellen. Der Strafantrag gem. § 158 Abs. 2 hat also eine andere Funktion als der Strafantrag nach Abs. 1.

Übersicht 9: Strafantrag als Prozessvoraussetzung

9 **Die wesentlichen Fragen zum Strafantrag als Prozessvoraussetzung:**

Wer	der Verletzte (§ 77 StGB). Das ist „der Träger des durch die Tat unmittelbar verletzten Rechtsguts, d. h. derjenige, in dessen Rechtskreis der Täter durch die verbotene Handlung eingegriffen hat".[7] Ferner die Angehörigen in gesetzlich bestimmten Fällen (§ 77 Abs. 2 StGB).
Wo	bei Gericht, Staatsanwaltschaft oder einer anderen Strafverfolgungsbehörde, also der Polizei (§ 158 Abs. 2).
Wie	schriftlich oder zu Protokoll (§ 158 Abs. 2).
Wann	ab Kenntnis von Tat und Täter (§ 77b Abs. 2 StGB).
Wie lange	drei Monate (§ 77b Abs. 1 StGB).
Wie oft	nur einmal; zurückgenommene Anträge können nicht erneuert werden (§ 77d Abs. 1 StGB).

c) Dienstliche Kenntnisse

10 Wenn Staatsanwaltschaft oder Polizei bei ihrer dienstlichen Tätigkeit oder in ihrer Funktion als Strafverfolgungsinstanzen Umstände erfahren, die einen Anfangsverdacht begründen, müssen sie selbst einschreiten oder dafür sorgen, dass die zuständigen Beamten tätig werden.

Beispiele: Staatsanwältin S von der Abteilung für Wirtschaftskriminalität bemerkt bei Ermittlungen in einem Betrugsfall, dass offenbar auch Verstöße gegen das Waffengesetz vorgekommen sind. Sie muss diesen Hinweisen selbst nachgehen oder sie an das zuständige Dezernat weiterleiten.

Polizistin P wird abends zuhause von ihrem aufgeregten Nachbarn angerufen, der ihr mitteilt, dass er gerade Opfer einer Unfallflucht geworden sei und sie bittet, etwas in die Wege zu leiten, „weil sie doch bei der Polizei sei". P muss das tun. Sie wurde „als Polizistin" in Anspruch genommen.

d) Private Kenntnisse

11 **Fall 7:** Staatsanwalt S sitzt am Freitagabend in der Sauna, und einer aus seiner Freitagabend-Sauna-Runde erzählt von einem Geschäft, das, wie er offenbar gar nicht weiß, deutliche Anzeichen strafbarer Geldwäsche enthält.

S darf natürlich Ermittlungen in die Wege leiten (wie eben jeder andere auch Strafanzeige stellen könnte). Die Frage ist nur, ob er es muss und die Strafbarkeit gem. § 258a StGB riskiert, wenn er es nicht tut. Der BGH bejaht das, „wenn durch Art und Umfang der Straftat Belange der Öffentlichkeit und der Volksgesamtheit in besonderem

[7] BGHSt 31, 207 (210).

Maße berührt werden".[8] Dagegen spricht: Die Formel ist zu unbestimmt.[9] Sind ihre Voraussetzungen etwa bei Geldwäsche immer gegeben oder kommt es auf die Höhe der Summe an? Und wie ist es, wenn die Indizien auf leichtfertige Geldwäsche hindeuten? Präziser sind die im Schrifttum vorgeschlagenen Kriterien: Manche bejahen eine Ermittlungspflicht lediglich bei Verbrechen, andere nur bei Katalogtaten nach § 138 StGB.[10] Z. T. wird die Verfolgungspflicht auch mit dem Argument komplett abgelehnt, sie greife zu weit in das Privatleben der Staatsanwälte und Polizisten ein.[11]

Fälle und Fragen

27. Wer ist „Herrin des Ermittlungsverfahrens"?
28. Zeuge Z soll zur besseren Sachverhaltsaufklärung vereidigt werden. Was muss der zuständige Staatsanwalt unternehmen?
29. Welche Arten des Verdachts gibt es?
30. Wann muss die Strafverfolgungsbehörde ein Ermittlungsverfahren einleiten?
31. Was ist der Unterschied von Strafanzeige und Strafantrag?
32. Wann bedarf es eines Strafantrages?
33. Muss der Staatsanwalt Ermittlungen einleiten, wenn er privat Kenntnisse von einem strafbaren Sachverhalt erfährt?

§ 9. Der Beschuldigte

I. Der Begriff, Vernehmung, Belehrung

1. Der Begriff des Beschuldigten

Fall 1: Man hatte einen Toten gefunden, offenbar Opfer eines Tötungsdelikts. Die Polizei vernahm A. Sie hatte ihn im Verdacht, am Tattag Kontakt mit dem Opfer gehabt zu haben. Nach langen Vernehmungen gab A zu, die Leiche gefunden zu haben.[1] 1

Musste A bereits zu Beginn dieser Vernehmungen als Beschuldigter behandelt werden?

Der Verdacht einer Straftat, mit dem ein Ermittlungsverfahren beginnt, wird sich zumeist auch (früher oder später) gegen einen „Verdächtigen" als den potentiellen Täter oder Teilnehmer richten. Die objektive Lage allein, die Stärke des Verdachts, macht aber den Verdächtigen noch nicht zum Beschuldigten. In diese Prozessrolle gerät man erst durch einen subjektiven Entschluss, einen Willensakt der Strafverfolgungsbehörden, der sich manifestieren muss[2]: Beschuldigter ist der Tatverdächtige, gegen den ein Ver-

---

[8] BGHSt 12, 277 (280f.); 38, 388 (392).

[9] Allerdings BVerfG NJW 2003, 1030: Kein Verstoß gegen das Bestimmtheitsgebot aus Art. 103 Abs. 2 GG.

[10] Für ersteres HK-StPO/*Zöller*, § 158 Rn. 8; für letzteres LR/*Erb*, § 160 Rn. 29a.

[11] So noch die 7. Aufl.

[1] Vgl. BGHSt 37, 48.

[2] BGH NStZ 2007, 653.

fahren als Beschuldigter betrieben wird.[3] Eingriffsmaßnahmen, die nur gegenüber einem Beschuldigten zulässig sind, aber auch solche, die an einen Tatverdacht anknüpfen, zeigen den Verfolgungswillen. Vernehmungen sind ambivalent, weil auch der Verdächtige als Zeuge vernommen werden darf (vgl. §§ 55, 60 Nr. 2). Hier kommt es darauf an, wie sich das Verhalten der Beamten aus der Sicht des Vernommenen darstellt.

a) Der Zeitpunkt

2 Bei dieser Entscheidung, jemanden als Beschuldigten zu behandeln, gibt es einen Ermessensspielraum. Er ist begrenzt durch die objektive Stärke des Tatverdachts. Wird dieser Spielraum willkürlich überschritten und so der (nicht entsprechend belehrte) Beschuldigte um seine Rechte gebracht, einen Verteidiger zu konsultieren und zu schweigen, muss man das mit einem Verwertungsverbot sanktionieren (vgl. unten Rn. 11 ff.).[4]

Im Fall 1 kann man nicht sagen, dass A von Anfang an als Beschuldigter hätte belehrt und vernommen werden müssen. Die Polizei darf warten, ob sich der Verdacht konkretisiert und verdichtet, muss dann aber dem Betroffenen eröffnen, dass er jetzt Beschuldigter sei.

b) Die Manifestation

3 Der „Willensakt", einen Verdächtigen nunmehr als Beschuldigten zu behandeln, muss nicht förmlich erklärt werden, sondern kann auch konkludent zum Ausdruck kommen.

Zu Fall 1: Wenn A nach seinem Eingeständnis, die Leiche gefunden zu haben, von der Polizei festgenommen wird und man ihm erklärt, morgen werde er dem Haftrichter vorgeführt, liegt darin die Behandlung als Beschuldigter.

Willensakt heißt nicht Willenserklärung. Die Beschuldigung muss sich manifestiert haben, aber dem Beschuldigten nicht unbedingt eröffnet worden sein. Man kann Beschuldigter gewesen sein, ohne es je gewusst zu haben.

Beispiel für diesen Extremfall §§ 163 a Abs. 1, 170 Abs. 2 S. 2: Das Verfahren wird eingestellt, der Beschuldigte ist nicht vernommen worden (und es liegt auch sonst keiner der Gründe vor, die eine Mitteilung nötig machen).

Das Ermittlungsverfahren ist einheitlich und unteilbar: Wenn die Polizei als „verlängerter Arm"[5] der Staatsanwaltschaft ohne deren Veranlassung oder Kenntnis jemanden zum Beschuldigten macht, dann muss sich die Staatsanwaltschaft daran halten (und im umgekehrten Fall wäre es nicht anders).[6]

---

3 BGHSt 10, 8 (12); 34, 138 (140).
4 Eingehend BGH NStZ 2007, 653 (654); 2008, 48.
5 BVerwGE 47, 255 (263).
6 BGH NStZ 2003, 671.

2. Der Beschuldigte – der Zeuge

Man ist entweder Beschuldigter oder Zeuge. 4

Die markanten Unterschiede zwischen diesen Prozessrollen sind:

Übersicht 10: Der Beschuldigte – der Zeuge

Der Beschuldigte	**Der Zeuge**
muss nichts (aktiv) tun, sondern nur (passiv) dulden darf immer ohne Angabe von Gründen schweigen (§§ 136 Abs. 1 S. 2, 243 Abs. 5 S. 1) darf straflos lügen (nie §§ 153ff., evtl. aber §§ 145d, 164, 258 StGB) kann seine Aussage nicht beschwören	muss durch seine Aussage aktiv mitwirken darf nur ausnahmsweise die ganze Aussage oder einzelne Auskünfte verweigern und muss die Gründe glaubhaft machen (§§ 52ff., 55, 56) muss die Wahrheit sagen (sanktioniert in §§ 153ff. StGB) ist (nur) ausnahmsweise zu vereidigen (§ 59 Abs. 1)
Entsprechend unterschiedlich sind die jeweils vorgeschriebenen Belehrungen:	
§§ 136 Abs. 1 S. 2, 243 Abs. 5 S. 1	§§ 52 Abs. 3, 55 Abs. 2, 57, 61

3. „Verdächtige"

Den „Verdächtigen" als Aussageperson der dritten Art kennt die StPO nicht. Wenn der Verdacht eine bestimmte Stärke überschritten hat, muss man als Beschuldigter behandelt werden, zuvor ist man „verdächtiger" Zeuge. Folglich gibt es bei Vernehmungen nur Beschuldigtenvernehmungen und Zeugenvernehmungen. 5

Nicht jedes Gespräch, das mit Verdächtigen geführt wird, ist allerdings gleich eine Vernehmung. Es gibt manchmal ein Vorstadium (so wie auch „Vorermittlungen" vor der Einleitung eines Ermittlungsverfahrens geführt werden können, vgl. oben 8 Rn. 6).

4. Informatorisches Befragen

Fall 2: Der Chef eines Handwerksbetriebes entdeckt einen Diebstahl, der am gleichen Tage von einem der sieben Mitarbeiter begangen worden sein muss, und ruft die Polizei. 6

Alle sind verdächtig, aber keiner ist allein deshalb schon Beschuldigter. Die Polizei darf, ohne jemanden als Zeugen oder Beschuldigten belehren zu müssen, so lange fragen, bis sich der Verdacht in bestimmter Richtung konkretisiert.[7]

Variante: Schließlich kommen nur noch drei Mitarbeiter als Täter in Frage.

Sie müssen auch dann als Beschuldigte behandelt werden, wenn die Tat nur von einem allein begangen worden sein kann.

[7] BGH NStZ 1983, 86.

5. Spontanäußerungen

7 **Fall 3:** Die Polizei klingelt bei B und eröffnet ihm, dass sie wegen einer Unfallflucht ermittele. Noch ehe sie ihn über seine Rechte belehren kann, redet B los und erklärt, wo er den ganzen Tag gewesen sei.

Diese Spontanäußerungen, von der Polizei nur passiv entgegengenommen, hat er außerhalb einer Vernehmung gemacht.[8] Sie sind verwertbar, weil keine Befragung durchgeführt wurde. Ist der Betroffene nun tatverdächtig, muss er vor jeder weiteren Frage belehrt werden.[9]

Fall 4: Auf der Polizeistation erscheint der T und erklärt gegenüber der Polizistin P ungefragt, soeben seinen Nachbarn im Streit erschlagen zu haben. P nimmt ihn daraufhin vorläufig fest und transportiert ihn mit ihrem Kollegen R zur Kriminalpolizeiinspektion. Auf der Fahrt schildert T den beiden Beamten die Einzelheiten des Tatgeschehens, ohne dass diese ihn zuvor nach § 136 Abs. 1 StPO belehrt haben.

Die bloß passive Entgegennahme einer Spontanäußerung kann in eine Vernehmung umschlagen. Das ist etwa der Fall, wenn Polizisten nach dem pauschalen Geständnis einer schweren Straftat den Tatverdächtigen festnehmen, ihn damit als Beschuldigten behandeln und sich dann von ihm über eine längere Zeit Einzelheiten der Tat berichten lassen.[10] Hier hätte P deshalb T nach der vorläufigen Festnahme über seine Rechte belehren müssen (zu den Folgen der unterbliebenen Belehrung vgl. sogleich unten Rn. 11).

6. Die Beschuldigtenvernehmung

8 Sie muss vor Abschluss des Ermittlungsverfahrens erfolgen (wenn es nicht eingestellt wird, vgl. oben Rn. 3), § 163a Abs. 1. Dabei genügt in einfachen Fällen die Gelegenheit zur schriftlichen Äußerung. Möglich ist auch eine simultane Video-Vernehmung oder eine Bild-Ton-Aufzeichnung der Vernehmung.[11]

a) Den Begriff der Vernehmung kennzeichnet nach h. M., dass der Vernehmende dem Beschuldigten (oder Zeugen) „in amtlicher Eigenschaft gegenübertritt (z. B. als Polizei- oder Zollbeamter, als Staatsanwalt oder Richter) und in dieser Eigenschaft von ihm Auskunft verlangt" (formeller Vernehmungsbegriff).[12] Deshalb sind informatorische Befragungen (vgl. oben) Vernehmungen im weiteren Sinne (ohne Belehrungspflichten). Um keine Vernehmungen handelt es sich dagegen bei Spontanäußerungen (vgl. oben Rn. 7), Befragungen durch verdeckte Ermittler oder nicht öffentlich ermittelnde Polizeibeamte (zu diesen 10 Rn. 59f.) sowie Äußerungen gegenüber Privaten, selbst wenn sie von der Polizei gezielt auf den Beschuldigten angesetzt wurden (V-Leute, näher unten Rn. 20).

---

[8] Vgl. BGH StV 1990, 194 m. abl. Anm. *Fezer.*

[9] Ist das nicht geschehen, sind seine Angaben unverwertbar; vor einer erneuten Vernehmung muss er „qualifiziert" belehrt werden; s. u. Rn. 11.

[10] BGH NJW 2009, 3589.

[11] Ab 1.1.2020 ist die Bild-Ton-Aufzeichnung einer Beschuldigtenvernehmung in bestimmten Fällen verpflichtend, § 136 Abs. 4 n. F., so z. B. bei vorsätzlichen Tötungsdelikten und minderjährigen Beschuldigten.

[12] BGHSt 40, 211 (213); BGHSt (GrS) 42, 139. Anders der funktionale Vernehmungsbegriff: Eine Vernehmung soll danach schon dann vorliegen, wenn jemand durch ein Strafverfolgungsorgan, das nicht als solches erkennbar geworden sein muss, zur Preisgabe von Wissen direkt oder indirekt veranlasst worden ist; LR/*Gleß,* § 136a Rn. 12.

b) Im Ermittlungsverfahren vernimmt

- die Polizei, §§ 163a Abs. 4, 136
- die Staatsanwaltschaft, §§ 163a Abs. 3, 136
- der Richter bei Festnahme oder Untersuchungshaft (dazu unten 10 Rn. 14)
- der Richter auf Antrag der StA als Ermittlungsrichter (vgl. oben 8 Rn. 2).

Vor dem Richter und dem Staatsanwalt muss man erscheinen, bei der Polizei nicht (§§ 136, 163a Abs. 3, 4; näher Rn. 36).

c) Am Beginn steht die Vernehmung zur Person. Sie dient allein dazu, die Identität des Beschuldigten festzustellen (vgl. § 111 OWiG). Die „persönlichen Verhältnisse" (§ 136 Abs. 3), z. B. Beruf, familiäre und wirtschaftliche Situation etc., gehören zur Sache, weil sie die Beurteilung der Tat und die Rechtsfolgen betreffen.

d) Dann wird dem Beschuldigten eröffnet, welche Tat (welches Tatgeschehen) ihm zur Last gelegt wird. Richter und Staatsanwälte, nicht aber Polizeibeamte, müssen außerdem die in Frage kommenden Strafvorschriften nennen (§§ 136, 163a Abs. 4 S. 1). Es folgen die Belehrungen.

7. Die Belehrungspflichten

a) Der Beschuldigte muss darüber belehrt werden, „dass es ihm nach dem Gesetz freistehe, sich zu der Beschuldigung zu äußern oder nicht zur Sache auszusagen" (Wortlaut § 136 Abs. 1 S. 2). Diese Belehrung darf auch dann nicht unterbleiben, wenn anzunehmen ist, dass der Beschuldigte seine Aussagefreiheit kennt oder in Gegenwart seines Verteidigers erschienen ist.[13] 9

„Nemo tenetur se ipsum accusare" – niemand ist verpflichtet, ein Verfahren gegen sich selbst in Gang zu bringen oder bei seiner Überführung aktiv mitzuwirken. Die Aussagefreiheit schützt vor zwangsweiser Selbstbelastung. Inwieweit sie auch die Freiheit von Irrtum garantiert, ist umstritten (s. unten Rn. 20). Der Beschuldigte soll nicht glauben, dass er dem Vernehmenden (der „Amtsperson") Rede und Antwort stehen müsse. Vor diesem Irrtum schützt die Belehrungspflicht.[14] Sie entsteht also nicht, wenn man sich dem Beschuldigten verdeckt und listig nähert (verdeckte Ermittler, gezielter Einsatz von V-Leuten, etc.). Die Frage ist allerdings, ob dies eine verbotene Täuschung oder eine Umgehung der Belehrungspflicht darstellt, so dass für die erschlichene Aussage ein Verwertungsverbot eingreift (dazu unten Rn. 19ff.).

b) Zugleich ist der Beschuldigte darauf hinzuweisen, dass er das Recht hat, „einen von ihm zu wählenden Verteidiger zu befragen" (Wortlaut § 136 Abs. 1 S. 2).[15] Dem Beschuldigten, der einen Verteidiger konsultieren möchte, sind nach Abs. 1 S. 3 Informationen zur Verfügung zu stellen, die ihm eine Konsultation erleichtern; auch auf anwaltliche Notdienste muss er hingewiesen werden (Abs. 1 S. 3 u. 4). Das hatte schon vor der 10

---

[13] BGHSt 38, 214 (220).
[14] BGHSt (GrS) 42, 139 (147).
[15] Festgenommene ausländische Beschuldigte haben ein Recht auf konsularische Unterstützung und sind darüber zu belehren, Art. 36 WÜK; BVerfG NStZ 2007, 159. Ein Verstoß gegen diese völkerrechtliche Pflicht löst kein Verwertungsverbot aus, sondern muss kompensiert werden, bei Bestrafung nicht durch Herabsetzung der Strafe (Strafzumessungslösung), sondern durch den Ausspruch, dass ein Teil der verhängten Freiheitsstrafe als verbüßt gilt (Vollstreckungslösung), BGH NStZ 2008, 168; gegen Kompensation BGH NStZ 2008, 356.

gesetzlichen Verankerung auch der BGH verlangt[16] – dabei aber schnell wieder Ausnahmen eingeführt. So sollte der Hinweis auf den anwaltlichen Notdienst nicht notwendig sein, wenn der Beschuldigte keinen Wunsch nach einem Verteidiger geäußert hat,[17] oder wenn ihm ermöglicht worden ist, mit einem Verteidiger seiner Wahl Kontakt aufzunehmen, den er aber sodann nicht erreicht hat.[18] Selbst wenn absehbar ist, dass man bereits im Ermittlungsverfahren einen Pflichtverteidiger bestellen muss (dazu unten 11 Rn. 32), hat die Rechtsprechung darin bislang keinen zwingenden Grund gesehen, mit den Ermittlungen innezuhalten.[19] Ob die Rechtsprechung angesichts der gesetzlichen Neuregelung bei diesen Einschränkungen bleibt, ist abzuwarten. Auch auf die Möglichkeit, die Beiordnung eines Pflichtverteidigers in den Fällen der notwendigen Verteidigung zu beantragen, muss der Beschuldigte hingewiesen werden (Abs. 2 S. 5).

Mit der Belehrung allein ist es nicht getan. Diese soll garantieren, dass man das Recht zur Verteidigerkonsultation ausüben und „effektiv“ machen kann.

Fall 5: Der Beschuldigte wird entsprechend belehrt, erklärt dann, dass er zwar Angaben machen, zuvor aber mit seinem Verteidiger sprechen wolle. Die vernehmende Polizeibeamtin verwehrt ihm das mit der Begründung, er müsse selber wissen, ob er aussagen wolle oder nicht. Er werde jetzt so lange vernommen, bis „Klarheit“ herrsche.[20]

Das war falsch. Die Vernehmung hätte unterbrochen werden müssen. Der Beschuldigte muss die (allerdings von ihm zu entscheidende) Frage, ob er aussagen soll, mit einem Verteidiger besprechen können.[21] Nicht zulässig ist es daher auch, wenn der Ermittlungsrichter eine Spontanäußerung des Beschuldigten, die lediglich einen Randaspekt betrifft, zum Anlass nimmt für gezielte Nachfragen zum Tatgeschehen, obwohl der Beschuldigte zuvor erklärt hat, dass er bis zu einer Beratung mit seinem Verteidiger von seinem Schweigerecht Gebrauch machen will.[22]

8. Verwertungsverbote

Die Frage, ob Aussagen verwertet werden dürfen, die unter Verstoß gegen die Belehrungspflichten erlangt worden sind, stellt sich nicht im Ermittlungsverfahren, sondern erst in der Hauptverhandlung.

a) Die unterbliebene Belehrung über das Recht zu schweigen

11 Die unterbliebene Belehrung über das Recht zu schweigen macht die Aussage unverwertbar.[23] Gerade bei der ersten Vernehmung im Ermittlungsverfahren ist der Beschuldigte in Gefahr, „sich unbedacht selbst zu belasten“.[24] Seine Aussage darf ausnahmsweise aber verwertet werden, wenn

[16] BGHSt 42, 15; Abgrenzung in BGHSt 42, 170.

[17] BGHSt 47, 233.

[18] BGH NStZ 2006, 114.

[19] BGH NStZ 2002, 380.

[20] BGHSt 38, 372.

[21] Deshalb darf auch nicht ständig nachgefragt werden, ob er nicht doch etwas sagen wolle, wenn sich nichts Neues ergeben hat – eine Missachtung und Entwertung des Schweigerechts; BGH NStZ 2006, 286.

[22] BGHSt 58, 301.

[23] BGHSt 38, 214.

[24] BGHSt 38, 214 (221).

- sicher ist, dass der Beschuldigte sein Aussageverweigerungsrecht gekannt hat.[25] Bleibt zweifelhaft, ob die Belehrung erfolgt ist, scheidet eine Verwertung der Aussage aus;[26] bleibt zweifelhaft, ob sie verstanden wurde, gilt das Gleiche,[27] oder
- der Verteidiger des Beschuldigten der Verwertung zustimmt oder ihr nicht widerspricht (zur Kritik dieser sog. Widerspruchslösung unten 28 Rn. 22), oder
- der Fehler der unterbliebenen Belehrung dadurch geheilt wurde, dass belehrt und mit der Vernehmung von vorn begonnen wurde.[28] Die Belehrung muss nun allerdings durch den Hinweis „qualifiziert" sein, dass die bisherige Aussage unverwertbar ist, damit der Beschuldigte nicht glaubt, bei seiner Aussage bleiben zu müssen.[29] Der Verstoß gegen die Pflicht zur qualifizierten Vernehmung soll allerdings nicht stets ein Verwertungsverbot auslösen, sondern nur dann, wenn eine Abwägung ergibt, dass die Interessen des Beschuldigten in seiner konkreten Lage schwerer wiegen als der Verfahrensverstoß und das Interesse an Sachaufklärung. Maßgeblich ist, ob der Beschuldigte meint, von seinen früheren Angaben nicht mehr abrücken zu können. Das ist i. d. R. jedenfalls dann der Fall, wenn er bei der zweiten Aussage im Wesentlichen lediglich die erste wiederholt.[30]

Verwertbar sind Spontanäußerungen, weil sie außerhalb einer Vernehmung erfolgen (vgl. oben Fall 3), und Aussagen im Rahmen einer informatorischen Befragung (vgl. oben Fall 2), weil in diesem Stadium der Ermittlungen noch keine Belehrungspflicht bestand.[31] Schlägt die Spontanäußerung oder die informatorische Befragung aber in eine Vernehmung um (vgl. oben Fall 4), scheidet eine Verwertung aus, wenn nicht belehrt wurde.

b) Das verweigerte Recht auf Verteidigerkonsultation

Wurde der Beschuldigte über sein Recht auf Verteidigerkonsultation nicht belehrt oder 12
ihm seine Ausübung verwehrt (vgl. die Fälle oben Rn. 10), ist seine Aussage nicht verwertbar. Die Pflicht zur Belehrung über dieses Recht hat kein geringeres Gewicht als die Pflicht, auf das Schweigerecht hinzuweisen. „Beide Rechte des Beschuldigten hängen eng zusammen und sichern im System der Rechte zum Schutz des Beschuldigten seine verfahrensmäßige Stellung in ihren Grundlagen … Gerade die Verteidigerkonsultation dient dazu, den Beschuldigten zu beraten, ob er von seinem Schweigerecht Gebrauch macht oder nicht".[32]

---

[25] Weil er z. B. Richter ist, BGH NStZ 2005, 192.
[26] A. A. BGHSt 38, 214 (224).
[27] Richtig BGHSt 39, 349: Verständnisdefizit = Wissensdefizit.
[28] BGHSt 22, 129 (134).
[29] BGH StV 2007, 450.
[30] BGHSt 53, 112; für ein generelles Verwertungsverbot bei Fehlen einer qualifizierten Belehrung *Beulke*, Rn. 119. Vgl. auch unten Rn. 26.
[31] BGH StV 1990, 194; BGHSt 38, 214 (228).
[32] BGHSt 47, 172.

II. Verbotene Vernehmungsmethoden

1. Die Grundstruktur des § 136a

13 Der Beschuldigte soll frei darüber entscheiden können, ob, was und wie viel er aussagt. Verboten sind alle Mittel (nicht nur die in § 136a genannten), mit denen diese „Freiheit der Willensentschließung und der Willensbetätigung“ ausgeschaltet, umgangen und beeinträchtigt wird. Dieser Effekt braucht im Einzelfall nicht nachgewiesen zu werden. Es muss aber feststehen, dass die Vernehmungsmethode verboten war (hier gilt in dubio pro reo nicht;[33] näher unten 18 Rn. 22). Ob dadurch der freie Wille tangiert war, darf zweifelhaft bleiben.[34] Die Vorschrift gilt auch für die Vernehmung von Zeugen und Sachverständigen (§§ 69 Abs. 3, 72) und bei Vernehmungen durch die StA und die Polizei (§§ 161a Abs. 1 S. 2, 163a Abs. 3 S. 2, Abs. 4 S. 2). Sie ist Ausdruck des allgemeinen Grundsatzes, dass die Wahrheit im Strafverfahren nicht um jeden Preis erforscht werden darf.[35]

2. Fallgruppen

14 § 136a verbietet nicht nur gewisse Handlungen, sondern schließt in einigen Fällen auch Vernehmungen in einem Zustand aus, den die Strafverfolgungsbehörden nicht herbeigeführt haben, sondern bereits vorfinden. Hier ist zu differenzieren.

Misshandlung: Verboten sind Misshandlungen durch den Vernehmenden, also z. B. Schläge, Lärm, blendende Beleuchtung, nicht aber Vernehmungen eines Beschuldigten, der misshandelt worden war (z. B. der noch unter dem Eindruck der Tat stehende, selbst verletzte Beteiligte an einer Schlägerei).

Ermüdung: Entscheidend ist nicht, dass der Beschuldigte ermüdet wurde (z. B. durch eine Vernehmung bis zur Erschöpfung,[36] sondern, dass er müde war, mag der Vernehmende das bemerkt haben oder nicht.[37]

Eingriffe sind meist Misshandlung, Verabreichung von Mitteln oder Quälerei. Für diese Fallgruppe bleiben nur die wenigen schmerzfreien und folgenlosen Eingriffe übrig.

Verabreichung von Mitteln: Es kommt nicht darauf an, ob der Vernehmende sie verabreicht hat („Plauderdrogen“), sondern ob der Beschuldigte unter ihrem Einfluss stand, mag er sie auch zuvor selbst und unbemerkt genommen haben.[38]

Quälerei: Nicht nur die physische Folter ist verboten. Der Beschuldigte darf nicht entwürdigend behandelt, nicht in Angst und Schrecken versetzt werden. Es kann Quälerei sein, ihn zu zwingen, sich die Leiche des Opfers anzusehen.[39]

---

[33] BGHSt 16, 164; zu den revisionsrechtlichen Anforderungen an eine Verfahrensrüge vgl. BVerfG NStZ 2002, 487.
[34] BGHSt 34, 365 (369).
[35] BVerfG NJW 1984, 428.
[36] BGHSt 12, 332; 38, 291 (293).
[37] BGHSt 1, 376 (379); 13, 60.
[38] LG Marburg StV 1993, 238.
[39] BGHSt 15, 187.

Täuschung ist verboten, „List" erlaubt. Die Abgrenzung ist schwierig. Der vernehmende Beamte muss nicht alles sagen, was er weiß. Verschweigen ist keine Täuschung.[40] Was er sagt, muss wahr, aber nicht klar sein (doppeldeutige Erklärungen, Fangfragen sind „List"). Einen Irrtum des Beschuldigten darf man ausnutzen (nur den über die Aussagefreiheit nicht, § 136), jedoch nicht hervorrufen. Das gilt jedenfalls für bewusste (finale) Irreführung. 15

Beispiele:

- der Beschuldigte müsse die Wahrheit sagen,
- die Beweislage sei erdrückend und leugnen deshalb zwecklos,
- die anderen hätten bereits gestanden,
- man ermittle in einer Vermisstensache (vgl. Fall 1 Rn. 3).

Nach vorsatzlosen Täuschungen trifft den Vernehmenden eine Aufklärungspflicht, sobald er bemerkt, dass sich der Beschuldigte im Irrtum befindet (Gedanke der Ingerenz; sehr str.).[41]

Hypnose ist ausnahmslos verboten.

Zwang darf über die zulässigen, in der StPO vorgesehenen Zwangseingriffe hinaus nicht ausgeübt werden. Fühlt sich der Beschuldigte bloß unter Zwang (z. B. in der U-Haft), hindert das seine Vernehmung und die Verwertung seiner Aussage freilich nicht.

Die **Drohung mit einer verfahrensrechtlich unzulässigen Maßnahme** liegt nicht schon in Hinweisen („Ihr Schweigen nützt Ihnen nichts"). Drohungen mit zulässigen Maßnahmen sind erlaubt („wenn Sie weiter schweigen, werden wir umfangreiche Durchsuchungen vornehmen").

Das **Versprechen von gesetzlich nicht vorgesehenen Vorteilen** wird durch eine bindende Zusage in Situationen abgegeben, in denen allenfalls eine Prognose zulässig wäre.

Beispiele:

- StA oder Polizei versprechen eine Bewährungsstrafe für den Fall eines Geständnisses. Unzulässig: Darüber entscheidet später der Richter.
- Die StA erklärt dem Angeklagten, sie werde mit Geständnis 3 Jahre und ohne 7 Jahre beantragen: entweder Versprechen eines gesetzlich nicht vorgesehenen Vorteils oder Androhung einer schuldunangemessenen Strafe.[42]
- Die StA verspricht Haftentlassung bei Geständnis. Zulässig als Hinweis darauf, dass sie Haftentlassung beantragen wird (hinzukommen muss, dass ein Geständnis den Haftgrund beseitigen kann, also bei Verdunkelungsgefahr, nicht bei Fluchtgefahr).
- Die StA verspricht Einstellung nach §§ 154, 154a für neue, ihr bisher nicht bekannte Taten, falls sie der Beschuldigte offenbaren wird.[43]

---

[40] BGHSt 33, 217; 35, 328; 39, 335 (348).

[41] Vgl. BGHSt 31, 395 (400); *Achenbach*, StV 1989, 516.

[42] BGH NStZ 2005, 393. Drängt ein Richter mit dieser „Sanktionsschere" zu einem Geständnis, liegt darin ebenfalls ein Verstoß gegen § 136a, der überdies die Besorgnis der Befangenheit begründen kann, BGH NStZ 2008, 170.

[43] Vgl. *Volk*, NJW 1996, 879.

3. Die Reichweite des Verbots

16 Nicht entsprechend anwendbar ist § 136a Abs. 1 auf die freiwillige Mitwirkung an einer **polygraphischen Untersuchung** (Lügendetektortest). Die dabei angewandte Methode besteht zwar darin, dass man die Verhaltenskontrolle unterläuft und sich den Raum des Unterbewussten öffnet. Wenn sich der Beschuldigte freiwillig zum unwillkürlich reagierenden Objekt einer Untersuchung macht, ist das aber mit den Situationen des § 136a nicht vergleichbar. Daraus folgt freilich noch nicht, dass der Polygraphentest dann als Beweismittel zulässig ist. Nach h. M. beruht die angewandte Methode auf psychologischen Simplifikationen, die die Ergebnisse jedenfalls für die Zwecke eines Strafverfahrens letztlich unbrauchbar machen sollen.[44] Er ist, folgt man dieser Ansicht, ein ungeeignetes Beweismittel. Der Beschuldigte kann daher nach h. M. auch nicht verlangen, ihn einzusetzen, um seine Unschuld zu beweisen.

4. Private „Vernehmungen"

17 Nach h. M. gilt § 136a nicht für Private, die Straftaten auf eigene Faust oder im Auftrag aufklären wollen. Nur krasse Verstöße gegen die Menschenwürde (Folter) sollen die Aussagen der betroffenen Zeugen oder Beschuldigten unverwertbar machen.

Beispiel: Der Bruder der Ermordeten schlägt den Verdächtigen so lange, bis er gesteht.

Der rabiate Privatdetektiv kann also „erfolgreich" sein. Das provoziert die Umgehung der staatlichen Strafverfolgungsaufgabe mit ihren rechtsstaatlichen Kautelen und ist daher abzulehnen (vgl. näher 28 Rn. 36).

5. Verwertungsverbot

a) Grundzüge

18 § 136a Abs. 3 S. 2 verbietet die Verwertung aller Aussagen, die unter Verstoß gegen § 136a Abs. 1, 2 zustande gekommen sind, mögen sie richtig oder falsch, entlastend oder belastend sein. Dieses Beweisverwertungsverbot folgt aus dem Beweismethodenverbot bereits nach den allgemeinen Grundsätzen der Lehre von den Beweisverboten (vgl. 28 Rn. 4 ff.). Es versteht sich allerdings nicht von selbst, dass die Verwertung auch dann verboten bleibt, wenn der Beschuldigte ihr zustimmt. Das anzuordnen, ist der Sinn des Abs. 3 S. 2.[45]

b) Fälle

19 **Fall 6:** Der Beschuldigte hat bisher geschwiegen. Er sitzt in U-Haft. Man legt ihm einen Polizeibeamten in Zivil als „Leidensgenossen" auf die Zelle. Diesem vermeintlichen Mithäftling gesteht er die Tat.

---

[44] Vgl. BGHSt 44, 308; BGH NStZ 2011, 474; a. A. AG Bautzen Urt. v. 26.3.2013 – 40 Ls 330 Js 6351/12, BeckRS 2013, 08655; AG Bautzen Urt. v. 26.10.2017, BeckRS 2017, 138202; *Putzke/Scheinfeld/Klein/Undeutsch*, ZStW 121 (2009), 607.

[45] Höchst zweifelhaft für die Fälle, in denen der „verbotene" Beweis für den Beschuldigten günstig wäre; offen gelassen von BGH NStZ 2008, 706.

Diese Täuschungshandlung macht die Aussage unverwertbar.

Fall 7: Der „Leidensgenosse" ist tatsächlich ein Mithäftling, den die Polizei durch das Versprechen diverser Vergünstigungen geködert und taktisch instruiert hat.

Es gilt nichts anderes. Das scheinbare Privatgespräch ist eine „gezielte Einwirkung auf die Freiheit der Willensentschließung"[46]. Sie geschah nicht durch Zwang (missverständlich)[47] – der Beschuldigte war ja nur gezwungen zu „sitzen", nicht aber zu reden. Entscheidend ist die Täuschung über die Vernehmungssituation. Man hat ihm eine **„Hörfalle"** gestellt.[48]

Fall 8: Die Polizei erfuhr von E (einem V-Mann, näher unten 10 Rn. 4), dass der Beschuldigte in einem Telefonat mit E die Tat gestanden hatte. Sie brachte E daher dazu, noch einmal beim Beschuldigten anzurufen und hörte mit. **20**

Auf den ersten Blick liegt es so wie im Fall 7. Der Große Senat des BGH hat in einer Grundsatzentscheidung anders geurteilt.[49] Zunächst führt er an, dass es sich bei dem Gespräch nicht um eine „Vernehmung" handelt (zu diesem Begriff oben Rn. 8). Eine analoge Anwendung von § 136a soll mangels „Täuschung" ausscheiden (anders als im Fall 7). Die Willensentschließung und -betätigung werde hier nicht in einer Weise beeinträchtigt, die einer Beeinträchtigung durch die anderen in dieser Vorschrift aufgezählten verbotenen Mittel entspreche. Ermittlungen müssten nicht als „offener Vorgang" ausgestaltet werden; Heimlichkeit sei gedeckt durch den Grundsatz der freien Gestaltung des Ermittlungsverfahrens (dazu unten 10 Rn. 1). Schließlich sei auch der nemo-tenetur-Grundsatz nicht verletzt, weil er nur die Freiheit von Zwang garantiere, nicht aber die Freiheit von Irrtum (s. dazu aber sogleich). Das Argument entkräftet freilich die Bedenken nicht, die an der staatlichen Inszenierung einer Pseudo-Vernehmung anknüpfen. Der BGH sieht sie auch, misst ihnen jedoch nur im Rahmen einer Abwägung Bedeutung bei, zieht das Verhältnismäßigkeitsprinzip heran und lässt das allgemeine Persönlichkeitsrecht, das Rechtsstaatsprinzip und den Grundsatz des fairen Verfahrens zurücktreten, wenn es sich um Straftaten von erheblicher Bedeutung handelt, die anders nur wesentlich schwerer aufzuklären wären.[50]

An der Auffassung, dass der nemo-tenetur-Grundsatz nicht die Freiheit vor Irrtum schütze, hält der BGH allerdings nicht mehr fest. Das Recht zu schweigen und sich nicht selbst belasten zu müssen, gehört zum Kernbereich des fairen Verfahrens. Es dient nach der Rechtsprechung des EGMR „prinzipiell der Freiheit einer verdächtigen Person zu entscheiden, ob sie in Polizeibefragungen aussagen oder schweigen will".[51] Dem ist der BGH in einem Fall gefolgt, in dem ein verdeckter Ermittler dem Angeklagten „durch beharrliche Fragen und unter Hinweis auf das vorgetäuschte Vertrauensverhältnis selbstbelastende Äußerungen entlockt" hatte, zu denen er „bei einer förmlichen Vernehmung nicht bereit gewesen wäre".[52] Es ist mit dem Grundsatz der Selbstbelas-

---

[46] BGHSt 34, 362 (364).

[47] BGHSt 34, 362 (364).

[48] Vgl. KK-StPO/*Diemer*, § 136a Rn. 6; *Beulke*, StV 1990, 184.

[49] BGHSt 42, 139.

[50] Vgl. dazu auch BVerfGE 106, 28: Das Recht am gesprochenen Wort als Teil des allgemeinen Persönlichkeitsrechts schützt auch davor, dass der Gesprächspartner ohne Kenntnis des anderen einen Dritten zuhören lässt. Zur Rechtfertigung eines Eingriffs genügt das allgemeine Interesse an einer funktionstüchtigen Strafrechtspflege nicht. Erforderlich sind zusätzliche Gesichtspunkte, etwa die Aufklärung besonders schwerer Straftaten.

[51] EGMR StV 2003, 257 (259).

[52] BGH NStZ 2007, 714 (715).

tungsfreiheit „nicht vereinbar, dem Beschuldigten, der sein Schweigerecht in Anspruch genommen hat, in gezielten, vernehmungsähnlichen Befragungen, die auf Initiative der Ermittlungsbehörden ohne Aufdeckung der Verfolgungsabsicht durchgeführt werden … selbstbelastende Angaben zur Sache zu entlocken".[53] Anders soll es sich indes verhalten, wenn der Beschuldigte sich gegenüber den Strafverfolgungsorganen noch nicht auf sein Schweigerecht berufen hat.[54] Dagegen spricht allerdings, dass dies an der Beeinträchtigung seiner Entscheidungsfreiheit nichts ändert. Zudem werden die Strafverfolgungsorgane so dazu verleitet, „sicherheitshalber" auf einen vorherigen Vernehmungsversuch zu verzichten und gleich den verdeckten Ermittler einzusetzen. Der Umgehung der Selbstbelastungsfreiheit ist damit Tür und Tor geöffnet.[55]

21 Schon zuvor hatte der BGH entschieden, dass der Einsatz von Privatpersonen zur Aufklärung von Straftaten an Grenzen stoße (Rechtsstaatsprinzip, faires Verfahren), wenn zur Heimlichkeit der Ausforschung weitere Umstände hinzutreten, die die Freiheit des Beschuldigten, sich über seine Tat zu äußern, zusätzlich beeinträchtigen.[56]

Beispiel: Im „Wahrsagerin-Fall"[57] ging es darum, dass eine Inhaftierte, die mit der Polizei zusammenarbeitete, inhaftierten Frauen die Zukunft aus Kaffeesatz und Zigarettenasche lesen wollte und ihnen versprach, Polizei, Staatsanwaltschaft und Richterschaft durch ihre übersinnlichen Kräfte so zu beeinflussen, dass ein mildes Urteil oder Freispruch herauskommen werde. Voraussetzung für den Einsatz ihrer Fähigkeiten sei allerdings ein freimütiges, schriftlich niedergelegtes Geständnis. Ließ die Geständnisbereitschaft zu wünschen übrig, gab es Joints und Drohungen mit Allah.

Der BGH verwies darauf, dass die in § 136a bezeichneten Vorgehensweisen nur Beispiele für verbotene Beweismittelgewinnung seien und ließ offen, ob das Verabreichen von Mitteln durch Private in der besonderen Situation der U-Haft den Ermittlungsbehörden zuzurechnen sei oder ob die Zwangswirkung der U-Haft „der angewendeten Methode das entscheidende Gepräge gibt".

22 **Fall 9:** Die Polizei kündigt der Ehefrau des Beschuldigten wahrheitswidrig an, dass er bald verhaftet werde. Der telefoniert daraufhin mit seinem Mittäter und spricht über die Tat, belastet sich also selbst. Sein Telefonanschluss wird gem. § 100a überwacht.[58]

Seine Angaben dürfen verwertet werden. Er hat sie nicht im Rahmen einer Vernehmung gemacht, und die Polizei hat ihn lediglich listig provoziert, aber nicht getäuscht, ihn nicht in eine „Hörfalle" gelockt.

23 **Fall 10:** Die Polizei hat die Stimme des Erpressers auf Tonband, aber keinen Beweis dafür, dass es die Stimme des verdächtigten A ist, der in anderer Sache inzwischen verhaftet worden war. Für einen Stimmenvergleich arrangiert man ein Gespräch mit dem Anstaltsleiter, das mit dessen Einverständnis, aber ohne Wissen des A aufgezeichnet wird.

---

[53] BGH NStZ 2007, 714 (715).

[54] BGH NStZ 2011, 596. Zudem stellt der BGH hier darauf ab, dass die den Beschuldigten in ein Gespräch verwickelnde Informantin sich der Polizei von sich aus zur Verfügung gestellt habe und von dieser weder instruiert noch angeleitet worden sei.

[55] Näher zum Ganzen *Engländer,* ZIS 2008, 163.

[56] BGHSt 42, 139 (154f.).

[57] BGHSt 44, 129.

[58] BGHSt 33, 217 (223).

Dieser Stimmenvergleich ist unverwertbar.[59] Die strafbare Verletzung des allgemeinen Persönlichkeitsrechts (Vertraulichkeit des Wortes, § 201 StGB) ist nicht der entscheidende Gesichtspunkt. Er liegt vielmehr in der **„Stimmenfalle"**, darin also, dass das Verbot, den Beschuldigten zur Mitwirkung im Strafverfahren zu zwingen, nicht durch Täuschung umgangen werden darf.[60] Das lehrt die Variante:

Fall 11: Die Polizei vernimmt den Beschuldigten, lässt die Tür zum Nebenzimmer offen und dort 24
das Opfer der Vergewaltigung mithören, eine Frau, die angegeben hat, sie habe das Gesicht des Täters nicht sehen können, werde ihn aber an seiner Stimme mit Sicherheit erkennen.

Ihre entsprechende Aussage ist unverwertbar. Der Beschuldigte muss zwar eine Gegenüberstellung dulden. An einer „akustischen Gegenüberstellung" müsste er aber freiwillig mitwirken. Dazu darf man ihn weder zwingen noch darf man ihn durch Täuschung dazu bringen, sich gegen seinen Willen selbst zu belasten.[61]

c) Umfang, Fortwirkung und Fernwirkung

Das Beweisverbot untersagt auch die (im engeren Sinn) **mittelbare Verwertung** der 25
Aussage. Sie darf also

- dem Beschuldigten nicht vorgehalten werden (zum Vorhalt 26 Rn. 3)
- nicht rekonstruiert werden durch Vernehmung des vernehmenden Beamten oder eines anderen Zeugen, der bei der Vernehmung dabei gewesen war.

Unverwertbar ist zunächst nur diejenige Aussage, die man auf verbotene Weise erlangt 26
hat. Eine **Fortwirkung** hat der Verstoß gegen § 136a dagegen nicht ohne weiteres. Wird der Beschuldigte nach qualifizierter Belehrung erneut und nun prozessordnungsgemäß vernommen, steht er also nicht mehr unter dem Einfluss der verbotenen Methode, ist diese zweite Aussage verwertbar.[62] Und selbst wenn die qualifizierte Belehrung unterbleibt, will die Rechtsprechung die Verwertbarkeit durch eine Einzelfallabwägung ermitteln (s. dazu schon oben Rn. 11).[63]

Nach der überaus umstrittenen Rechtsprechung gibt es auch keine **Fernwirkung:**[64] Nur 27
die Aussage selbst ist unverwertbar; enthält sie Hinweise auf andere Beweismittel, dürfen sie benützt werden.

Fall 12: Der Beschuldigte hat unter dem Einfluss von psychischer Quälerei gestanden, wo er die Leiche versteckt hat. Bei der Obduktion findet sich ein Projektil, das aus der Waffe des Beschuldigten abgefeuert wurde.

Hier darf die Aussage in die Hauptverhandlung weder unmittelbar noch mittelbar (s. oben) eingeführt werden. Die anderen Beweismittel, zu denen sie geführt hat (Geschoss), sind aber nach h. M. nicht durch den Verstoß gegen § 136a „kontaminiert", sondern verwertbar.

Die amerikanische Doktrin „fruit of the poisonous tree" lehrt das Gegenteil, wird aber 28
stark eingeschränkt durch die Regel, dass Beweise verwertet werden dürfen, wenn man

---

59 BGHSt 34, 39.
60 So auch BGHSt 34, 39 (46).
61 BGHSt 40, 66 – nicht eindeutig genug.
62 BGHSt 37, 48 (53); anders noch für Drohung und Quälerei BGHSt 15, 187; 17, 364.
63 BGHSt 53, 112.
64 So BGHSt 34, 362 (364).

sie auf legalem Wege hätte erlangen können (hypothetical clean path doctrine, vgl. auch unten 28 Rn. 14). Im Fall 12 heißt das, dass die Obduktionsergebnisse verwertbar sind, wenn man plausibel machen kann, dass man die Leiche durch den Einsatz von Suchtrupps etc. auch ohne die Angaben des Beschuldigten gefunden hätte.

III. Die Rechte des Beschuldigten

29 Sie sind im Ermittlungsverfahren schwach. Grundsätzlich gilt, mit den Worten von BVerfG NStZ 1983, 273: Der Anspruch auf ein faires Verfahren sichert „dem Beschuldigten, der im Rechtsstaat des Grundgesetzes nicht bloßes Objekt des Verfahrens sein darf, den erforderlichen Bestand an aktiven verfahrensrechtlichen Befugnissen, damit er zur Wahrung seiner Rechte auf den Gang und das Ergebnis des Strafverfahrens Einfluss nehmen kann (vgl. BVerfGE 46, 202 (210); 57, 250 (275)). Dies verlangt eine gewisse verfahrensrechtliche ‚Waffengleichheit' von StA und Beschuldigtem im Strafprozess".[65]

1. Der Anspruch auf rechtliches Gehör

30 Er ist als Grundrecht für das Verfahren vor Gericht garantiert (Art. 103 Abs. 1 GG) und besagt, dass den Betroffenen Gelegenheit gegeben werden muss, sich zu den Vorwürfen zu äußern, Anträge zu stellen und Ausführungen zur Sach- und Rechtslage zu machen. Das Gericht muss sie zur Kenntnis nehmen und in Erwägung ziehen,[66] ist aber nicht verpflichtet, ein Rechtsgespräch zu führen. Das rechtliche Gehör bezieht sich auf Tatsachen und Beweisergebnisse.

Dieser Anspruch wird durch die StPO grundrechtskonform umgesetzt und erweitert. Wenn das Gericht tätig wird, muss es

im Zwischenverfahren

- den Angeschuldigten auffordern, sich zur Anklage zu erklären (§ 201)
- ihm (schon in diesem Stadium) in gewissen Fällen einen Verteidiger stellen (§§ 140ff.; vgl. unten 11 Rn. 27ff.)

in der Hauptverhandlung

- in Anwesenheit des Angeklagten verhandeln (§ 230, Ausnahmen §§ 231ff., 247)
- über Beweisanträge beschließen. Sie können nur in bestimmten Prozesslagen abgelehnt werden (§§ 244, 245)
- vor jeder Entscheidung in der Hauptverhandlung die Beteiligten anhören (§ 33) und
- außerhalb der Hauptverhandlung die StA (§ 33 Abs. 2) und bei einer Entscheidung, die zu ihrem Nachteil ergehen soll, andere Beteiligte hören (§ 33 Abs. 3) oder
- wenn dieser Anspruch verletzt worden ist, von Amts wegen oder auf Antrag ein Nachverfahren durchführen (§ 33a).[67]

---

[65] BVerfGE 38, 105 (111); zur Waffengleichheit als Prozessprinzip *Safferling*, NStZ 2004, 181.

[66] BVerfGE 64, 135 (144); 65, 306 (307).

[67] BVerfGE 107, 395 hat zum AnhörungsG geführt, in Kraft getreten am 1.1.2005; vgl. auch unten 36 Rn. 54a.

Gegenüber Staatsanwaltschaft und Polizei gibt es das Grundrecht nicht. Im Ermittlungsverfahren ist noch nicht einmal der Richter ausnahmslos verpflichtet, Gehör zu gewähren. Überraschende Maßnahmen sind zulässig (§ 33 Abs. 4).

2. Das Recht auf Verteidigung

Das Recht auf Verteidigung hat der Beschuldigte in jeder Verfahrenslage, also von Anfang an (§ 137 Abs. 1) und noch nach Rechtskraft des Urteils (Strafvollstreckung, Wiederaufnahme). In vielen Fällen hat er einen Anspruch, dass ihm ein Verteidiger gestellt wird (notwendige Verteidigung, § 140; vgl. unten 11 Rn. 27ff). Dies muss aber, von Haftsachen abgesehen, in den meisten Fällen nicht schon im Ermittlungsverfahren, sondern erst nach Anklageerhebung geschehen (§ 141 Abs. 1, 3; näher unten 11 Rn. 32). Einen Anspruch bereits im Ermittlungsverfahren hat der Beschuldigte allerdings unter bestimmten Bedingungen, wenn er vom Ermittlungsrichter vernommen wird (§ 141 Abs. 3 S. 4). 31

Außerdem räumt Art. 6 Abs. 3e EMRK „dem der Gerichtssprache nicht kundigen Angeklagten (Beschuldigten) unabhängig von seiner finanziellen Lage für das gesamte Strafverfahren und damit auch für vorbereitende Gespräche mit einem Verteidiger einen Anspruch auf unentgeltliche Zuziehung eines Dolmetschers ein, auch wenn kein Fall der notwendigen Verteidigung … gegeben ist“[68]. Dieses Recht findet sich ebenfalls in §§ 185, 187 GVG.

3. Beweisanträge

Im Ermittlungsverfahren ist der Beschuldigte bei seiner Vernehmung durch Staatsanwaltschaft oder Polizei darüber zu belehren, dass er Beweisanträge stellen kann (§§ 136 Abs. 1 S. 5, 163a Abs. 4 S. 2). Nur dann aber, wenn sie „von Bedeutung sind“ (§ 163a Abs. 2), hat er in den weiten Grenzen dieses unbestimmten Rechtsbegriffs einen Anspruch auf Beweiserhebung, nach a. A. sogar nur einen Anspruch darauf, dass die StA die Beweiserheblichkeit nach pflichtgemäßem Ermessen beurteilt.[69] 32

Erst in der Hauptverhandlung wird aus dieser Chance, dass der Beweisantrag Erfolg hat, ein ausgeprägtes Recht, weil das Gericht an bestimmte Ablehnungsgründe gebunden ist (§§ 244, 245). Im Zwischenverfahren muss das Gericht über Anträge zwar beschließen, sich dabei aber nicht an den Katalog dieser Ablehnungsgründe halten (§ 201 Abs. 2).

4. Das Fragerecht

Das Fragerecht steht dem Beschuldigten nur zu, wenn er als Angeklagter in der Hauptverhandlung steht (§ 240 Abs. 2). 33

5. Das Akteneinsichtsrecht

Wenn der Beschuldigte über keinen Verteidiger verfügt, steht ihm unter den Voraussetzungen des § 147 Abs. 4 S. 1 ein Akteneinsichtsrecht zu, soweit die Akten elektronisch geführt werden (zur Form der Akteneinsicht vgl. § 32f Abs. 1 StPO; zu nicht elektro- 33a

---

[68] BGHSt 46, 178.

[69] *Meyer-Goßner/Schmitt,* § 163a Rn. 15.

nisch geführten Akten s. § 147 Abs. 4 S. 2).[70] Hat er dagegen einen Verteidiger, steht das Akteneinsichtsrecht nur diesem zu.

6. Das Schweigerecht

34 Der Beschuldigte ist nicht verpflichtet, sich selbst zu belasten – nemo tenetur se ipsum accusare (vgl. oben Rn. 9)[71] – oder in irgendeiner Weise bei den Ermittlungen gegen ihn mitzuwirken. In der Hauptverhandlung darf das Gericht keine nachteiligen Schlüsse daraus ziehen, dass der Angeklagte nicht ausgesagt hat (vgl. unten 29 Rn. 9ff.; dort auch zum Problem des teil- oder zeitweisen Schweigens). Im Ermittlungsverfahren jedoch sind Staatsanwaltschaft und Polizei nicht daran gehindert, das Schweigen des Beschuldigten als „verdächtig“ anzusehen und weitere Ermittlungen anzustellen.

7. Das Anwesenheitsrecht

35 In der Hauptverhandlung darf und muss der Angeklagte anwesend sein (§ 230 Abs. 1). Von diesem Recht und dieser Pflicht gibt es Ausnahmen (§§ 231ff.; vgl. unten 20 Rn. 3f.). Im Ermittlungsverfahren darf der Beschuldigte bei gewissen Maßnahmen gegen ihn anwesend sein (z. B. Durchsuchung); von anderen erfährt er allenfalls hinterher (z. B. Telefonüberwachung). Besonders wichtig ist die Frage, ob er bei Vernehmungen anderer anwesend sein darf. Das ergibt sich aus der Grafik (die im Vorgriff auch die Anwesenheitsrechte anderer Verfahrensbeteiligter darstellt).

Übersicht 11: Anwesenheitsrecht

Anwesenheitsrecht	Vernehmung durch								
	Richter			StA			Polizei		
	B	MB	Z	B	MB	Z	B	MB	Z
B	X	nein BGH 42, 391	ja § 168c II (III!)	X	nein	nein § 161a verweist nicht auf § 168c	X	nein	nein
Verteidiger	ja § 168c I	nein BGH 42, 391	ja § 168c II	ja §§ 163a III 2, 168c I	nein	nein (s. o.)	ja §§ 163a IV 3, 168c I	nein	nein (Gegenschluss aus § 163a III 2, IV 3)
Z	nein	nein	X	nein	nein	X	nein	nein	X
StA	Ja	Ja	Ja	X	X	X	ja	ja	ja, arg.
	§ 168c I	§ 168c I	§ 168c II				arg. §§ 160, 161		§§ 160, 161
B: Beschuldigter MB: Mitbeschuldigter Z: Zeuge									

[70] Näher zu den Hintergründen SSW StPO/*Beulke*, § 147 Rn. 48f.
[71] Fallgruppen bei *Verrel*, S. 119ff.

IV. Die Pflichten des Beschuldigten

1. Die Pflicht zum Erscheinen

a) In der Hauptverhandlung muss der Angeklagte nicht nur erscheinen, sondern auch bleiben (§ 230). 36

b) Im Ermittlungsverfahren muss der Beschuldigte, wenn er geladen wird, vor dem Ermittlungsrichter (§ 133) und dem Staatsanwalt (§ 163a Abs. 3 S. 1) erscheinen. Bleibt er unentschuldigt aus, kann er zwangsweise vorgeführt werden (§§ 133 Abs. 2, 163a Abs. 3 S. 2). Beides gilt nicht, wenn ihn die Polizei „vorgeladen" hat. Zur Polizei muss man nicht (arg. e contrario § 163a Abs. 3 S. 1).

Auch der Beschuldigte, der nicht zur Sache aussagen will und dies schon vorher angekündigt hat, muss vor dem Ermittlungsrichter bzw. der Staatsanwaltschaft erscheinen. Zweck der Vorladung kann neben oder anstatt einer Vernehmung auch eine Gegenüberstellung oder das legitime Interesse sein, sich einen persönlichen Eindruck vom Beschuldigten zu verschaffen.

2. Die Duldungspflicht

Der Beschuldigte muss nichts tun, aber die Ermittlungen gegen sich dulden. Dazu gehört auch, dass er Eingriffe und Zwangsmaßnahmen hinzunehmen hat. 37

Der Beschuldigte muss ferner dulden, dass seine Daten in zahlreichen Dateien gespeichert werden (z. B. Falldateien, Spurendokumentationsdateien, Fahndungsdateien). Das StVÄG hat in §§ 483–491 Vorschriften über die Zwecke geschaffen, zu denen Daten gespeichert werden dürfen. Die Befugnis zur Erhebung der Daten ist dort nicht geregelt. Eine scharfe Grenze zu den Präventiv-Dateien der Polizei hat der Gesetzgeber nicht gezogen. 38

Fälle und Fragen

34. Wann ist jemand als Beschuldigter anzusehen?
35. Die Polizei erhält einen Anruf, jemand mit dem Kennzeichen M-XX-007 habe soeben eine Unfallflucht begangen. Die Polizei fährt daraufhin zum Wohnsitz des Fahrzeughalters. Die Frage, ob er soeben eine Unfallflucht begangen habe, bejaht der verdutzte Y. Vor Gericht verweigert er die Aussage. Die Staatsanwältin meint, es könne die Zeugenaussage des Polizeibeamten verwertet werden, da es sich um ein „informatorisches Befragen" gehandelt habe. Zu Recht?
36. Worüber muss der Beschuldigte belehrt werden?
37. Dem Beschuldigten wird in der polizeilichen Vernehmung gestattet, einen Anwalt anzurufen. Als dieser am Polizeipräsidium ankommt, wird ihm mit der Begründung, Anwälte würden nur „stören", der Einlass verwehrt. Nach über zwei Stunden vergeblichen Wartens, „packt" der Beschuldigte schließlich aus. Ist die Aussage verwertbar?
38. Was schützt § 136a?
39. Dem Beschuldigten wird mit Schlägen gedroht, falls dieser nicht das Versteck seiner Beute preisgibt. Eingeschüchtert teilt er daraufhin das Versteck mit. War dieses Verhalten der Polizei rechtmäßig? Kann diese Aussage verwertet werden? Abwandlung: Der Beschuldigte wiederholt seine Aussage vor dem Ermittlungsrichter. Kann die Aussage jetzt verwertet werden?
40. Hat der Verstoß gegen § 136a Fernwirkung?
41. Welche Rechte hat der Beschuldigte im Ermittlungsverfahren?

42. Y erhält als Beschuldigte eine Vorladung zur Vernehmung bei der Staatsanwaltschaft. Muss sie dort hingehen? Abwandlung: Wie wäre es, wenn sie von der Polizei geladen wird?
43. Polizist P sieht, wie die Betrunkene B zu ihrem Auto wankt und beginnt, das Auto „auf Gehör" aus der Parklücke zu rangieren. Kurzentschlossen fordert P sie auf, in den mitgeführten Alkomaten zu blasen. Als B dies verweigert, schiebt ihr P das Röhrchen in den Mund. Es zeigt einen BAK-Wert von 1,3 Promille an. Hat sich P rechtmäßig verhalten? Abwandlung: Wie wäre es gewesen, wenn P eine Blutprobenentnahme angeordnet hätte?

§ 10. Eingriffe und Zwangsmaßnahmen

I. Freie Ermittlungen

1. Der Grundsatz der freien Gestaltung des Ermittlungsverfahrens

1 Es gilt der Grundsatz der freien Gestaltung des Ermittlungsverfahrens (§§ 161 Abs. 1, 163 Abs. 1). Frei sind Staatsanwaltschaft und Polizei

- in der Reihenfolge der Maßnahmen, die nach kriminaltaktischen Gesichtspunkten getroffen werden dürfen (Beispiel: Der Beschuldigte kann zu Beginn oder am Ende des Ermittlungsverfahrens vernommen werden)
- in der Wahl der Mittel.

Bei der Erforschung von Straftaten (§ 163) dürfen und müssen „Ermittlungen jeder Art" (§ 161) angestellt werden. Diese Vorschriften beschreiben eine Aufgabe und normieren eine Pflicht (Erforschungspflicht). Sie verleihen (seit dem StVÄG 1999) auch eine Befugnis. Diese „Ermittlungsgeneralklausel" deckt alle Maßnahmen, die zwar Eingriffe darstellen, aber nicht so tief gehen, dass sie einer Spezialermächtigung bedürfen (wie die unter Rn. 5 aufgelisteten).

2. Maßnahmen unterhalb der Schwelle des Eingriffs

a) Das Auskunftsverlangen

2 Behörden müssen der Staatsanwaltschaft Auskunft geben (§ 161 Abs. 1 S. 1). Andere Stellen oder Personen sind nicht verpflichtet, sich auf diese formlose Art der Zeugenvernehmung einzulassen, können dann aber zu einer förmlichen Vernehmung gezwungen werden (§ 161 a) oder sich Durchsuchungen und Beschlagnahmen ausgesetzt sehen.

Dem Verlangen, Auskunft zu geben, kann ein „Geheimnis" entgegenstehen.

Das **Post- und Fernmeldegeheimnis** (die Post ist keine Behörde) ist in Art. 10 GG, § 5 PostG, § 88 TKG geregelt und kann gem. § 99 durchbrochen werden.

Ein **„Bankgeheimnis"** gibt es nicht. Öffentlich-rechtliche Kreditinstitute sind zur Auskunft verpflichtet, Privatbanken zur Auskunft berechtigt, um Beschlagnahmen abzuwenden.

Das **Steuergeheimnis** steht nicht jeder Auskunftserteilung entgegen (§ 30 AO, insbes. Abs. 4).

Das **Sozialgeheimnis** (§ 35 SGB I) schützt nicht, wenn der Betroffene einwilligt oder eine gesetzliche Offenbarungspflicht besteht (§§ 68–77 SGB X).

b) Die Observation

Die unauffällige kurzfristige Beobachtung gilt als selbstverständliche Standardmaßnahme ohne Zwangscharakter.[1] 3

c) Informanten und V-Leute

Es soll zulässig sein, solche Kontaktpersonen einzusetzen, um an (stärkere) Beweise heranzukommen. 4

„Informant ist eine Person, die im Einzelfall bereit ist, gegen Zusicherung der Vertraulichkeit der Strafverfolgungsbehörde Informationen zu geben."

„V-Person ist eine Person, die, ohne einer Strafverfolgungsbehörde anzugehören, bereit ist, diese bei der Aufklärung von Straftaten auf längere Zeit vertraulich zu unterstützen, und deren Identität grundsätzlich geheim gehalten wird"[2].

Informanten und V-Leute handeln zwar verdeckt, sind aber nicht „verdeckte Ermittler" (dazu unten Rn. 59). Als agent provocateur dürfen sie nicht jemanden, der nicht tatgeneigt ist, so bearbeiten, dass er schließlich zum Täter wird,[3] sondern den Verdächtigen nur „testen", d. h. einen bereits bestehenden starken Verdacht schwerwiegenden strafbaren Verhaltens bestätigen helfen.[4] „Die Qualität des Tatverdachts … begrenzt so den Unrechtsgehalt derjenigen Tat, zu der der Verdächtige in zulässiger Weise provoziert werden darf".[5] Wird diese Grenze überschritten, ist der Grundsatz des fairen Verfahrens verletzt (Art. 6 Abs. 1 S. 1 EMRK, vgl. auch unten 14 Rn. 28).

II. Die Zwangsmaßnahmen im Überblick

Die beiden Grafiken zeigen, welche Maßnahmen möglich sind, wer sie anordnen darf, wie hoch und wie bestimmt der Verdacht sein muss. Sie unterscheiden zwischen Eingriffen in Grundrechte des Beschuldigten und von Dritten. Das ist nur als eine Typisierung zu verstehen. Von Maßnahmen gegen den Beschuldigten können auch unbeteiligte Dritte betroffen sein (Beispiel: Telekommunikationsüberwachung). Andererseits dienen alle Maßnahmen gegen Zeugen (z. B. Durchsuchung, § 103), „Verdächtige" (Identitätsfeststellung, § 163b Abs. 1) oder „Jedermann" (z. B. Rasterfahndung) natürlich dazu, gegen den Beschuldigten vorzugehen. 5

Viele Maßnahmen werden überraschend und/oder heimlich durchgeführt. Von einigen wird man nachträglich benachrichtigt (§ 101).

Der Überblick zeigt, dass sich kaum noch ein Eingriff denken lässt, zu dem die Strafverfolgungsbehörden nicht schon heute befugt wären. So gesehen, könnte man die nun darzustellenden speziellen Ermächtigungen durch eine (erfundene) Generalklausel ersetzen:

---

[1] *Meyer-Goßner/Schmitt,* § 161 Rn. 1.

[2] RiStBV Anlage D 2.

[3] BGHSt 60, 238; BGH NJW 1981, 1626; BGH NStZ 2009, 405 (Drohung mit „Mafia aus Belgrad"); 2016, 232.

[4] BGHSt 32, 345; eingehend BGHSt 45, 321.

[5] BGH NStZ 2001, 553 (555).

„(1) Die Ermittlungsbehörden dürfen zur Erforschung der Wahrheit im Rahmen der Verhältnismäßigkeit alle erforderlichen Maßnahmen ergreifen.

(2) § 136a bleibt unberührt.“[6]

Übersicht 12a: Eingriffe in Grundrechte des Beschuldigten

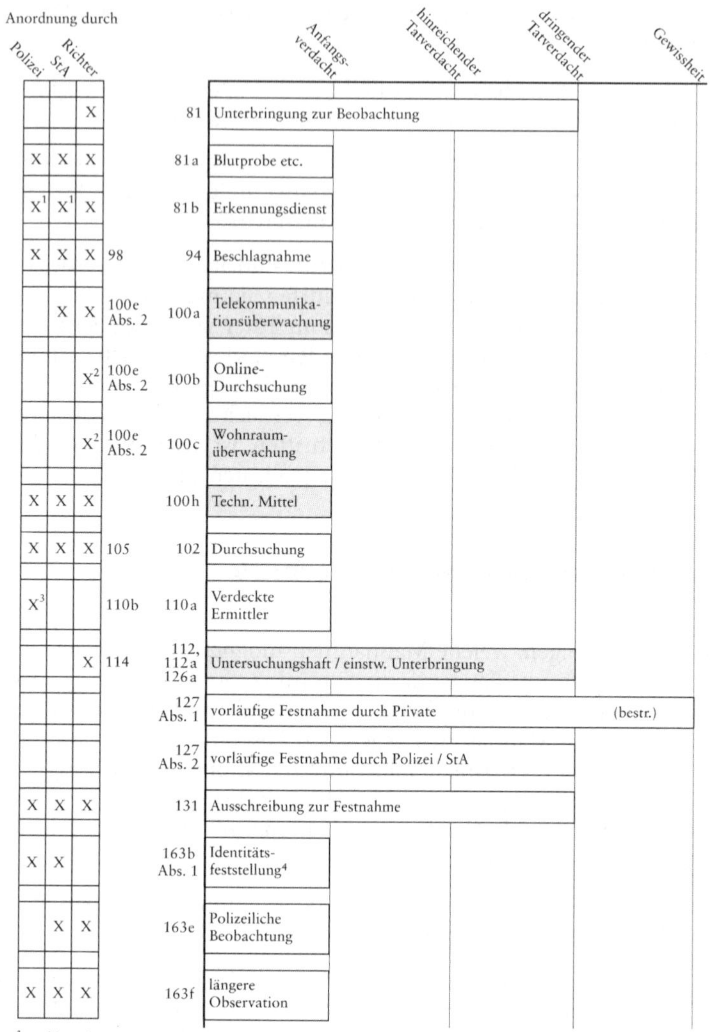

[1] unabhängig von „Gefahr im Verzug“

[2] Kammer des LG

[3] mit Zustimmung der StA und des Ermittlungsrichters

[4] der Verdächtigte muss noch nicht Beschuldigter sein

☐ Verdacht muss auf bestimmten Tatsachen beruhen, „konkreter Verdacht“

---

[6] Aus der Praxis gewinnt man den fatalen Eindruck, dass diese Regel de facto herrscht – was technisch möglich ist, wird auch gemacht.

Übersicht 12b: Eingriffe in Grundrechte Dritter

Damit würden indes die feinen Abstufungen in den Eingriffsvoraussetzungen überrollt, durch die sich die diversen Maßnahmen unterscheiden. Der Unterschied zu jener Generalklausel ist zwar nicht immer groß. Aber er macht den Rechtsstaat aus.

III. Die Untersuchungshaft

Die Untersuchungshaft ist als Freiheitsberaubung der schwerste Eingriff in die Rechte und die Lebensführung eines noch nicht (rechtskräftig) Verurteilten, für den die Unschuldsvermutung gilt. Von ihm wird ein Sonderopfer für die Allgemeinheit verlangt.[7] Das kann nur zulässig sein, soweit es überwiegende Interessen des Gemeinwohls zwingend gebieten.[8] 6

[7] BGHZ 60, 302.
[8] BVerfGE 35, 185.

1. Zweck

Die Untersuchungshaft soll die effektive Strafrechtspflege dadurch sichern, dass der Beschuldigte an der Flucht oder an der Manipulation von Beweisquellen gehindert wird (§ 112) und der Verurteilte sich nicht der Vollstreckung entzieht (§ 457). Sie darf nicht vorweggenommene Strafe sein (wird aber vom Betroffenen so empfunden, ähnlich vollzogen und auf die zu verbüßende Strafe angerechnet, § 51 Abs. 1 StGB). Ebenso wenig darf sie „Beugehaft" sein (wirkt aber nicht selten so, dass der Beschuldigte sein Schweigen bricht).

2. Arten

Hier besprochen wird die U-Haft nach §§ 112ff. Daneben gibt es die

- Vollstreckungshaft (§ 457 Abs. 2)
- Sicherungshaft (§ 453c)
- Hauptverhandlungshaft (§ 127b)
- Ungehorsamshaft (§§ 230 Abs. 2, 236, 329 Abs. 4 S. 1)
- Auslieferungshaft (§§ 15, 45, 68 Abs. 2, 3 IRG).

Die einstweilige Unterbringung nach § 126a ersetzt die Untersuchungshaft bei schuldunfähigen oder vermindert schuldfähigen Beschuldigten, deren Unterbringung gem. §§ 63, 64 StGB zu erwarten ist.

Bei mehreren Haftbefehlen wegen verschiedener Sachen wird nur einer vollzogen (keine „Doppelhaft") und wegen des anderen „Überhaft" vermerkt (Vollzug nach Beendigung der Untersuchungshaft in der ersten Sache).

3. Voraussetzungen

Die Untersuchungshaft darf (nicht: muss) und wird in aller Regel angeordnet werden, wenn

- dringender Tatverdacht vorliegt und
- ein Haftgrund gegeben ist und
- sie nicht außer Verhältnis steht zur Bedeutung der Sache und der zu erwartenden Strafe oder Maßregel (§ 112 Abs. 1).

a) Dringender Tatverdacht

7 Er ist dem Grade nach stärker als der zur Anklageerhebung erforderliche hinreichende Tatverdacht (s. oben 8 Rn. 3), beruht meist aber auf einer schmaleren Basis vorläufiger Ermittlungsergebnisse. Es kann daher so liegen, dass ein Haftbefehl erlassen wird, obwohl man noch nicht sagen kann, ob es zur Eröffnung des Hauptverfahrens kommt.[9]

b) Haftgründe

Die weitaus meisten Haftbefehle werden auf Fluchtgefahr oder Verdunkelungsgefahr gestützt. Daneben gibt es den Haftgrund der Wiederholungsgefahr (§ 112a) und die Möglichkeit, beim Verdacht bestimmter Kapitaldelikte Haft anzuordnen (§ 112 Abs. 3).

---

[9] Vgl. BGH NStZ 1981, 94.

aa) Flucht, Fluchtgefahr, § 112 Abs. 2 Nr. 1, 2

Flüchtig ist, wer seine Wohnung aufgibt und keine andere nimmt oder sich in das Ausland absetzt. Verborgen hält sich, wer sich dem Verfahren entziehen will und irgendwo „untergetaucht" ist. Wer ergriffen wird, ist nicht mehr flüchtig, hat aber manifestiert, dass Fluchtgefahr besteht. 8

Was man unter Fluchtgefahr versteht, definiert das Gesetz (§ 112 Abs. 2 Nr. 2). Bei der Gefahrprognose sind alle pro und contra Flucht sprechenden Umstände abzuwägen und bloße Vermutungen zu vermeiden. Von den bestimmten Tatsachen, auf die sich das Gericht stützt, braucht es nicht als wahr überzeugt sein. Sie müssen nur mit einer Wahrscheinlichkeit vorliegen, die dem dringenden Tatverdacht entspricht.

Beispiel: (Ausschnitt): „Angesichts der Schwere der Tat und des hohen Schadens ist die Straferwartung so hoch, dass der Anreiz, sich dem Verfahren durch Flucht zu entziehen, allein durch familiäre Bindungen nicht aufgewogen wird, zumal das geschädigte Unternehmen den Beschuldigten nicht weiterbeschäftigen wird und er über gute Kontakte im Ausland sowie ein Haus in den USA verfügt." Nur eines dieser Argumente (z. B. Straferwartung) würde nicht genügen.

bb) Verdunkelungsgefahr, § 112 Abs. 2 Nr. 3

Wie bei der Fluchtgefahr müssen bestimmte Tatsachen einen dringenden Verdacht begründen, den nämlich, dass der Beschuldigte in prozessordnungswidriger, „unlauterer" Weise auf sachliche oder persönliche Beweismittel einwirken und dadurch die Ermittlung der Wahrheit gefährden wird. 9

Beispiele: Prozessordnungswidrig ist die Vernichtung von Akten, die Bedrohung von Zeugen, die Absprache bestimmter Aussagen. Prozessordnungsgemäß ist dagegen die Besprechung mit Zeugen, die Bitte, sie mögen das Zeugnis verweigern, das Bestreiten der Tat, Schweigen, Widerruf eines Geständnisses.

cc) Kapitaldelikte, § 112 Abs. 3

Nach dem Wortlaut genügt allein der hinreichende Verdacht eines der aufgezählten Delikte, ohne dass ein Haftgrund nach Abs. 2 vorliegen müsste. Es ist aber unverhältnismäßig, lediglich wegen der Schwere der Tat Untersuchungshaft anzuordnen. BVerfGE 19, 342 hat deshalb im Wege der verfassungskonformen Auslegung gefordert, dass wenigstens die geringe oder entfernte Gefahr von Flucht oder Verdunkelung bestehen müsse, die allerdings, anders als bei Abs. 2, nicht durch konkrete Tatsachen belegt zu werden braucht. Es bleiben die Bedenken, dass allein der Vorwurf jener Delikte nicht für die Gefährlichkeit des Täters spricht, dass die Erleichterung der Annahme von Flucht- oder Verdunkelungsgefahr im Ergebnis eine Umkehrung der Beweislast bedeutet und dass nicht das Strafverfahren gesichert, sondern die „Erregung der Bevölkerung" vermieden werden soll (Schlagwort: „Mörder laufen frei herum"). 10

dd) Wiederholungsgefahr, § 112a

11 Auch dieser Haftgrund ist systemfremd. Sicherungshaft dient nicht dem Strafverfahren, sondern als vorbeugende Maßnahme präventiv-polizeilicher Art dem Schutz der Allgemeinheit vor weiteren Straftaten gefährlicher Täter. Als vorbeugende „Deeskalationshaft" soll sie auch individuelle Opfer schützen (bei qualifiziertem „Stalking", § 238 Abs. 2, 3 StGB).

c) Verhältnismäßigkeit, § 112 Abs. 1 S. 2

12 Unverhältnismäßig darf die Haft nicht sein. Freilich ist sie das nicht allein deshalb, weil nur eine kurze (nicht zu vollstreckende) Freiheitsstrafe oder sogar nur Geldstrafe zu erwarten ist (vgl. § 113).

d) Im Privatklageverfahren darf ein Haftbefehl nicht erlassen werden, weil das öffentliche Interesse an der Strafverfolgung fehlt – anders erst, wenn die Staatsanwaltschaft die Verfolgung übernimmt (§§ 376, 377). Bei Antragsdelikten muss er wieder aufgehoben werden, wenn der Berechtigte den Strafantrag nicht stellt und deshalb das (vorübergehende) Verfahrenshindernis zum endgültigen wird (vgl. näher § 130).

4. Verfahren

13 „Die Untersuchungshaft wird durch schriftlichen Haftbefehl des Richters angeordnet" (Wortlaut § 114 Abs. 1). Den Inhalt regelt § 114 Abs. 2.

(Ein Formular, wie es die Justiz für einfache Fälle verwendet, folgt am Ende des Kapitels.)

a) Zuständig für den Erlass ist stets nur der Richter (Art. 104 Abs. 2 S. 1 GG). Das Nähere regelt § 125. Im Ermittlungsverfahren beantragt die Staatsanwaltschaft den Erlass des Haftbefehls beim Ermittlungsrichter (s. oben 8 Rn. 2). Nach Anklageerhebung erlässt den Haftbefehl das Gericht (nur die Berufsrichter[10]), das mit der Sache befasst ist oder war (wenn sein Urteil durch Revision angefochten ist). Es muss die Staatsanwaltschaft hören (§ 33), aber nicht auf ihren Antrag warten.

b) Es ist Sache der Staatsanwaltschaft, den Haftbefehl zu vollstrecken (§ 36 Abs. 2). Wird der Beschuldigte ergriffen, ist er verhaftet.

Das Gesetz zur Änderung des Untersuchungshaftrechts[11] hat neue umfangreiche Pflichten zur Belehrung, Information und Benachrichtigung Dritter eingeführt.[12]

Bereits bei der Verhaftung ist dem Beschuldigten eine Abschrift des Haftbefehls (und eventuell eine Übersetzung) auszuhändigen (§ 114a S. 1). Außerdem muss er unverzüglich schriftlich (vorläufig oder ergänzend auch mündlich) darüber belehrt werden (§ 114b Abs. 1, 2 S. 1), dass er

- unverzüglich, spätestens am Tag nach der Ergreifung, dem Gericht vorgeführt werden wird, das über seine weitere Inhaftierung entscheidet

---

[10] BGH NStZ 2011, 356; sehr str.

[11] BGBl. 2009 I 2274 ff., in Kraft getreten am 1.1.2010.

[12] Sie gelten im Wesentlichen auch bei vorläufiger Festnahme (§ 127 Abs. 4), für die Hauptverhandlungshaft (§ 127b Abs. 1 S. 2) und bei Freiheitsentziehung zur Feststellung der Identität (§ 163c Abs. 1 S. 3).

- das Recht hat:
  - sich zu äußern oder zu schweigen,
  - zu seiner Entlastung Beweiserhebungen zu beantragen,
  - sofort und jederzeit einen Wahlverteidiger zu befragen,
  - die Beiordnung eines Pflichtverteidigers zu beantragen, wenn ein Fall notwendiger Verteidigung vorliegt,
  - eine ärztliche Untersuchung zu verlangen,
  - einen Angehörigen oder eine Person seines Vertrauens zu benachrichtigen (sofern dadurch nicht der Zweck der Untersuchung erheblich gefährdet wird),
  - Akten einzusehen bzw. Beweisstücke zu besichtigen (auch auf das entsprechende Recht des Verteidigers ist der Angeklagte hinzuweisen, s. Abs. 2 S. 2),
  - gegen eine Aufrechterhaltung der Untersuchungshaft durch das Gericht Rechtsbehelfe einzulegen,
  - einen Dolmetscher oder Übersetzer auf Staatskosten hinzuzuziehen (§ 114b Abs. 2 S. 3).

c) Dann (§ 115 Abs. 1) ist er unverzüglich dem Richter vorzuführen, der den Haftbefehl erlassen hat (§§ 115, 126 Abs. 1 S. 1; nur für die „weiteren" Entscheidungen kann je nach Verfahrensstand ein anderer Richter zuständig sein). „Vorgeführt" ist der Beschuldigte schon dann, wenn er in das Gerichtsgefängnis gebracht wird. 14

Der Haftrichter muss nun spätestens am nächsten Tage (§ 115 Abs. 2; Art. 104 Abs. 3 GG)

- den Beschuldigten belehren und vernehmen (§ 115 Abs. 2, 3; ist es die erste Vernehmung überhaupt, gilt zusätzlich § 136),
- entscheiden, ob der Haftbefehl aufrechterhalten (dann Belehrung gem. § 115 Abs. 4), außer Vollzug gesetzt (§ 116) oder aufgehoben (§ 120) wird,
- wenn die Haft vollzogen wird, einen Angehörigen oder eine Vertrauensperson auch dann benachrichtigen, wenn der Beschuldigte darauf verzichtet oder dem widerspricht, § 114c Abs. 2 (niemand soll einfach „verschwinden" können),
- in diesem Falle einen Pflichtverteidiger bestellen (§§ 140 Abs. 1 Nr. 4, 141 Abs. 3 S. 5).

d) Die Aussetzung des Vollzugs der U-Haft ordnet der Richter an, wenn der Zweck der U-Haft durch weniger einschneidende Maßnahmen als ihren Vollzug erreicht werden kann (§ 116). Das ist bei Fluchtgefahr zwingend (Abs. 1) und bei Verdunkelungsgefahr trotz des Wortlauts („kann" Abs. 2) wegen des Verhältnismäßigkeitsgrundsatzes im Ergebnis ebenfalls. Das Gesetz nennt beispielhaft 15

- die Meldepflicht (Nr. 1),
- Aufenthaltsbeschränkungen (Nr. 2) und „Hausarrest" (Nr. 3),
- die Sicherheitsleistung (Nr. 4). „Kaution" kann also nicht den Erlass, sondern nur den Vollzug eines Haftbefehls verhindern – und das nur bei Fluchtgefahr.

Haftbefehle, die auf § 112 Abs. 3 gestützt sind, werden in § 116 nicht erwähnt. Auch in solchen Fällen muss aber wegen des Verhältnismäßigkeitsgrundsatzes Haftverschonung möglich sein.

Wird später vom Beschuldigten oder der Staatsanwaltschaft ein Antrag auf Haftverschonung gestellt oder will sie das Gericht von Amts wegen anordnen, richtet sich die Zuständigkeit nach § 126.

16 e) Die Aufhebung des Haftbefehls verfügt der Richter, der den Haftbefehl erlassen hat und dem der Beschuldigte vorgeführt wird (§ 115), wenn er die Voraussetzungen der U-Haft für nicht gegeben hält (§ 120 Abs. 1 S. 1 Alt. 1). Später kommt es zur Aufhebung des Haftbefehls (für die Zuständigkeit vgl. § 126), wenn

- der Richter die Voraussetzungen für entfallen oder die Aufrechterhaltung für unverhältnismäßig hält (§ 120 Abs. 1 S. 1),
- ein (noch nicht) rechtskräftiger Freispruch ergeht (§ 120 Abs. 2), die Eröffnung des Hauptverfahrens abgelehnt (§ 204) oder das Verfahren wegen eines endgültigen Verfahrenshindernisses durch Beschluss oder Urteil (§§ 206a, 260 Abs. 3) eingestellt wird (§ 120 Abs. 1 S. 2),
- die Staatsanwaltschaft es beantragt (§ 120 Abs. 3), wobei auch hier (vgl. schon § 162) der Richter im Ermittlungsverfahren an eine Entschließung der Staatsanwaltschaft gebunden ist,
- die U-Haft länger als 6 Monate gedauert hat (§ 121 Abs. 1), es sei denn, das OLG (§ 121 Abs. 2) entscheidet, dass besonders schwierige oder umfangreiche Ermittlungen ein Urteil noch nicht zulassen und die Fortdauer der U-Haft rechtfertigen. Ausnahmsweise können dafür auch andere wichtige, eng zu fassende Gründe ausreichend sein, wie z. B. eine Verzögerung dadurch, dass die Verteidiger häufig gewechselt und längere Zeit für die Akteneinsicht gebraucht haben.[13] Die generelle „Überlastung der Justiz" ist kein wichtiger Grund.[14] Unter dem Aspekt des Beschleunigungsgebots gelten hier strengere Maßstäbe als bei der Frage, ob die überlange Verfahrensdauer zu einem Verfahrenshindernis führt (vgl. unten 14 Rn. 27).

Hält das OLG die U-Haft aufrecht, muss es von Amts wegen alle drei Monate wieder eine Haftprüfung durchführen (§ 122 Abs. 4 S. 2). Die Voraussetzungen für die Fortdauer verschärfen sich von Mal zu Mal.

---

[13] OLG Hamm StV 1996, 497.

[14] Vgl. BVerfG NStZ 1994, 93; BVerfG NStZ 2000, 153; BGHSt 38, 43 (45); auch nicht die „unvorhergesehene Überlastung des Gerichts", BVerfG NStZ 2004, 49; übertrieben ins Detail gehend BVerfG NStZ 2005, 456.

Amtsgericht München
Abteilung für Strafsachen
– Ermittlungsrichter –

80333 München,
Polizeipräsidium München
Ettstraße 2

Geschäfts-Nr. (Bitte bei allen Schreiben angeben!)
ER Gs /

Haftbefehl

Gegen den – ~~die~~ Beschuldigte(n)
Bertram Bofinger,
geb. 28.04.1963
wohnhaft: Hellastr. 4, 80636 München

wird die Untersuchungshaft angeordnet.

Er – ~~Sie~~ wird beschuldigt,
am 23.09.2012 den Fahrer des Geldtransportwagens der Fa. „Transwert" auf dem Gelände des Supermarkts Multi-Markt in München mit einer Pistole bedroht, zum Aussteigen gezwungen, den Wagen mit Geldscheinen im Werte von ca. 400.000 € an sich gebracht und dadurch eine räuberische Erpressung begangen zu haben.

Diese Handlung ist – ~~sind~~ mit Strafe bedroht gemäß
§§ 255, 253, 250 Abs. 1 Nr. 1 StGB

Er – ~~Sie~~ ist dieser Tat dringend verdächtig, weil
ihn der Fahrer des Wagens, Karl Kunz, als seinen früheren Arbeitskollegen, der bis Ende Juni 2012 bei der Fa. „Transwert" beschäftigt war, sicher erkannt hat.

Es besteht gegen ihn – ~~sie~~ der Haftgrund des § 112 Abs. *2 Nr. 1* StPO, weil
er seit der Tat flüchtig ist und sich an einem unbekannten Ort verborgen hält.

Richter am Amtsgericht

5. Der Vollzug der U-Haft

17 Der Vollzug der U-Haft ist nach der Föderalismusreform I Sache der Länder. Die Untersuchungshaft-Vollzugsordnung (UVollzO vom 12.2.1953) ist nur eine Dienstanweisung, eine in den Bundesländern einheitlich geltende Verwaltungsverordnung. Sie führt in der Praxis nicht dazu, dass sich Strafvollzug und Vollzug der U-Haft deutlich unterscheiden.

Beispiele: Besuch 1× im Monat 1 Stunde, 3 Pakete im Jahr, immerhin aber 3 Zeitungen, eigene Kleidung, Radio und TV.

Die konkurrierende Gesetzgebungskompetenz des Bundes lässt nur Beschränkungen zu, die durch den Zweck der U-Haft legitimiert sind, die ordnungsgemäße Durchführung des Strafverfahrens zu sichern. Das sind „insbesondere" (§ 119 Abs. 1) Erlaubnisvorbehalte für Besuche und „Mitbringsel", Anordnungen zur Überwachung, „Einzelhaft" und Trennung von anderen Gefangenen. Gegen diese Anordnungen kann, wenn nicht ohnehin Beschwerde statthaft ist, der Ermittlungsrichter angerufen werden (§ 119 Abs. 5 S. 1).

Das Recht, ungehindert mit dem Verteidiger kommunizieren zu dürfen, ist auf weitere privilegierte Partner ausgedehnt worden (Katalog in § 119 Abs. 4).

6. Rechtsbehelfe

18 Es gibt die Haftprüfung und die Haftbeschwerde. Deren Verhältnis zueinander ist wenig durchsichtig geregelt. Bitte arbeiten Sie sich durch eine Rechtsbehelfsbelehrung, wie sie in Deutschland üblich ist (s. unten).

Dahinter steckt folgendes System:

19 Die **Haftprüfung** auf Antrag (§ 117) führt dazu, dass der zuständige Richter prüft, ob der Haftbefehl aufzuheben oder sein Vollzug auszusetzen ist. Wird sie ein zweites Mal (und öfter) beantragt, hat man einen Anspruch auf mündliche Verhandlung nur, wenn die letzte mündliche Verhandlung zwei Monate her ist und die U-Haft seit der letzten Entscheidung über sie drei Monate gedauert hat (§ 118 Abs. 3). Nach sechs Monaten wird von Amts wegen das OLG mit der Frage der Haftfortdauer befasst (§ 121).

20 Mit der **Haftbeschwerde** wird, wie mit jeder Beschwerde (§ 304), eine richterliche Entscheidung angegriffen. Das kann der Haftbefehl selbst sein, aber auch die richterliche Entscheidung, die im Haftprüfungsverfahren ergeht (§ 117 Abs. 2 S. 2). Der Richter, der die angegriffene Entscheidung erlassen hat, muss der Beschwerde entweder abhelfen, also seine Entscheidung ändern, oder sie dem Beschwerdegericht vorlegen (§ 306). Das Haftbeschwerdeverfahren ist insofern subsidiär, als es nicht neben einem Antrag auf Haftprüfung durchgeführt wird (§ 117 Abs. 2 S. 1).

Rechtsbehelfsbelehrung zum Haftbefehl

1) Sie können gegen den Haftbefehl **Beschwerde** einlegen.
2) Solange Sie sich in Untersuchungshaft befinden, können Sie **anstelle der Beschwerde** jederzeit die gerichtliche Prüfung beantragen, ob der Haftbefehl aufzuheben oder sein Vollzug auszusetzen ist **(Haftprüfung).** Dies gilt **nicht,** wenn der Haftbefehl erlassen worden ist, weil der Widerruf der Aussetzung einer Freiheits- oder Jugendstrafe oder einer Unterbringung zu erwarten ist (§ 453c); in diesem Fall können Sie lediglich Beschwerde einlegen.
3) Die Beschwerde bzw. der Antrag auf Haftprüfung ist zu richten
   - **vor** Erhebung der öffentlichen Klage: an das Gericht, das den Haftbefehl erlassen hat,
   - **nach** Erhebung der öffentlichen Klage: an das Gericht, das mit der Sache befasst ist.
4) Das Gericht kann über Ihre Beschwerde ohne **mündliche Verhandlung** entscheiden. Über Ihren Antrag auf Haftprüfung muss dagegen eine mündliche Verhandlung stattfinden, wenn Sie dies ausdrücklich beantragen. Ist aber schon einmal mündlich verhandelt worden, haben Sie **nur dann** einen Anspruch auf eine erneute mündliche Verhandlung, wenn die Untersuchungshaft mindestens drei Monate und seit der letzten mündlichen Verhandlung mindestens zwei Monate gedauert hat. Ein Anspruch auf eine mündliche Verhandlung besteht ferner nicht, solange die Hauptverhandlung andauert oder wenn ein Urteil ergangen ist, das auf eine Freiheitsstrafe oder eine freiheitsentziehende Maßregel der Besserung und Sicherung erkennt.
5) Die Beschwerde bzw. der Antrag auf Haftprüfung sowie der Antrag auf mündliche Verhandlung können **zu Protokoll der Geschäftsstelle** des unter Nr. 3 bezeichneten Gerichts oder **schriftlich** erklärt werden. Sofern Sie sich nicht auf freiem Fuß befinden, können Sie diese Erklärungen auch zu Protokoll der Geschäftsstelle des Amtsgerichts geben, in dessen Bezirk die Anstalt liegt, in der Sie auf behördliche Anordnung verwahrt sind.

Die schriftliche Erklärung muss in deutscher Sprache erfolgen.

7. Der Europäische Haftbefehl

Der auf dem „Prinzip der gegenseitigen Anerkennung" beruhende Europäische Haftbefehl dient der EU-weiten Durchsetzung eines nationalen Haftbefehls. Er soll bei bestimmten Straftaten (z. B. Terrorismus, Menschenhandel, Vergewaltigung, Korruption, Cyberkriminalität, Produktpiraterie, Fremdenfeindlichkeit) die Auslieferung von Beschuldigten gegenüber dem umständlichen herkömmlichen Auslieferungsverfahren vereinfachen und verkürzen. Das geschieht dadurch, dass der um Auslieferung ersuchte EU-Mitgliedsstaat die Rechtmäßigkeit des Haftbefehls grds. nicht nachprüft, sondern die Entscheidung des ersuchenden Mitgliedsstaates anerkennt. Grundlage ist der Rahmenbeschluss zum Übergabeverfahren zwischen den Mitgliedsstaaten der EU.[15] Dessen Umsetzung im 8. Teil des IRG sieht ein zweistufiges Verfahren vor. Das Ersuchen des EU-Mitgliedstaates muss zulässig sein (§ 29 IRG). Dann wird die Auslieferung bewilligt, wenn nicht Bewilligungshindernisse bestehen (§ 83b IRG).[16] **20a**

---

[15] Rahmenbeschluss 2002/584/JI des EU-Rates v. 13.6.2002 (ABl. L 190 v. 18.7.2002).
[16] Näher zum Ganzen *Satzger,* § 10 Rn. 32ff.

IV. Sonstige Grundrechtseingriffe

Ein System lässt sich dem Gesetz nicht entnehmen. Die Darstellung nimmt die Zwangsmaßnahmen, wie schon im Überblick (s. oben Rn. 5), der (Paragraphen-)Reihe nach durch.

1. Unterbringung zur Beobachtung, § 81

21 a) Vom Beginn des Ermittlungsverfahrens an kann das Gericht nach Anhörung eines Sachverständigen und des Verteidigers (§ 140 Abs. 1 Nr. 6) den Beschuldigten für maximal sechs Wochen (Abs. 5) in ein öffentliches, psychiatrisches Krankenhaus bringen und beobachten lassen. Ziel dieser Maßnahme darf nur sein zu klären, ob er zur Tatzeit schuldfähig war (§§ 20, 21 StGB) und jetzt verhandlungsfähig ist (nicht etwa die Beziehungen zwischen dem „psychischen Zustand" und der Glaubwürdigkeit, dem Vorsatz, den Motiven etc.). Der Beschuldigte muss diese Freiheitsberaubung und seine Beobachtung dulden, jedoch in keiner Weise mitwirken, auch an ärztlichen Untersuchungen und psychologischen Tests nicht. Diagnostische Eingriffe bedürfen einer eigenen Rechtfertigung (z. B. Einwilligung; § 81 a).

b) Gegen den Beschluss, mit dem die Unterbringung angeordnet wird, ist sofortige Beschwerde zulässig (Abs. 4 S. 1; § 311) – entgegen dem Wortlaut des § 305 selbst dann, wenn das „erkennende Gericht" entscheidet, also vom Beginn des Zwischenverfahrens an.

2. Körperliche Untersuchung des Beschuldigten, § 81a

22 a) Der Beschuldigte hat zu erdulden, dass sein Körper, beweistechnisch gesprochen (vgl. unten 21 Rn. 33), zum Augenscheinsobjekt gemacht wird. Tun muss er dagegen nichts. Er braucht keine Fragen zu beantworten, nicht bei Tests mitzuwirken, keine Kontrastmittel zu schlucken etc. Der Beschuldigte muss hinnehmen, dass ihn Zeugen bei einer Gegenüberstellung in Augenschein nehmen (Identifizierungsgegenüberstellung). Die Rechtsgrundlage wird von der wohl h. M. in § 81 a gesehen. Andere stützen sich auf § 81 b oder § 58 Abs. 2.[17]

b) Durch einfache körperliche Untersuchungen (Abs. 1 S. 1) sollen körperliche Beschaffenheiten oder Funktionen festgestellt werden. Auch die Untersuchung von Körperöffnungen ist noch kein Eingriff im Sinne des Abs. 1 S. 2. Die Suche nach Beweismitteln (Gegenständen) am Körper richtet sich nach § 102 (vgl. unten Rn. 54).

c) Die Entnahme einer Blutprobe (Abs. 1 S. 2) muss der Beschuldigte dulden, auch also, dass er zwangsweise zum Arzt gebracht wird. Am Alkoholtest („pusten Sie mal") braucht er dagegen nicht mitzuwirken.

23 d) Andere körperliche Eingriffe (Abs. 1 S. 2) sind, im Unterschied zur einfachen Untersuchung, mit (evtl. nur minimalen) Verletzungen verbunden. Die Schwere und das Risiko der Eingriffe sind abzuwägen gegen die Schwere der Tat und des Tatverdachts. Leicht möglich sind danach Röntgenaufnahmen, EKG, EEG, CT; nur selten zulässig ist die Entnahme von Liquor (= Gehirn-Rückenmarks-Flüssigkeit); stets unzulässig sind

---

[17] Krit. *Welp*, JR 1994, 37: Gesetzeslücke.

Angiographie unter Verwendung von sog. Kontrastmitteln, zwangsweise Katheter.[18] Allenfalls ausnahmsweise statthaft ist die Exkorporation, d. h. die zwangsweise Verabreichung von Brechmitteln, da mit ihr zum einen nicht unerhebliche Gesundheitsgefahren verbunden sind und zum anderen i. d. R. ohne weiteres ein Ausscheiden auf natürlichem Weg abgewartet werden kann.[19]

Beispiel: Der Drogendealer schluckt bei der Festnahme noch schnell seine Ware in Form von kleinen verpackten Kokainkugeln hinunter. Der Staatsanwalt ordnet die zwangsweise Verabreichung von Brechmitteln durch eine Magensonde an.

e) Die körperliche Untersuchung muss grds. der Richter anordnen. Bei Gefährdung des Untersuchungserfolges wegen Verzögerung darf sie auch von der Staatsanwaltschaft und ihren Ermittlungspersonen angeordnet werden (Abs. 2 S. 1). Eine weitere, allgemeine Ausnahme vom Richtervorbehalt gilt jetzt bei einem Verdacht auf Begehung bestimmter Verkehrsstraftaten (Abs. 2 S. 2). Hier liegt die Befugnis zur Anordnung einer Blutprobenentnahme generell bei der Staatsanwaltschaft und – gleichrangig[20] – ihren Ermittlungspersonen. Bezweckt wird damit, die Beweissicherung bei Trunkenheitsdelikten zu beschleunigen und zu erleichtern. 24

f) Verwertungsverbote entstehen, wenn der Eingriff nicht angeordnet war oder nicht erlaubte Untersuchungen vorgenommen wurden. Hat den Eingriff nicht ein Arzt durchgeführt, ist das Untersuchungsergebnis verwertbar, wenn die fehlende fachliche Kompetenz darauf keinen Einfluss hat (Krankenpfleger hat Blutprobe entnommen, vgl. unten 28 Rn. 27). Die absichtliche Missachtung des Richtervorbehalts (z. B. durch die pauschale Behauptung, eine richterliche Entscheidung sei am Wochenende gewöhnlich nicht zu erlangen) kann nach der Abwägungslehre (unten 28 Rn. 11) ein Verwertungsverbot zur Folge haben.[21] 24a

3. Erkennungsdienstliche Behandlung, § 81b

Diese Maßnahmen der Identifizierung dürfen gegen Beschuldigte ergriffen werden (solange jemand nur „verdächtig" ist, gilt § 163b Abs. 1). Sie dienen entweder Zwecken der Strafverfolgung oder des „Erkennungsdienstes". Diese zweite Alternative enthält Polizeirecht, gehört nicht in die StPO und dient dem präventiven Zweck, sich vorsorglich Unterlagen für spätere Fälle zu beschaffen. Zulässig sind Fotos (nicht nur des Gesichts, sondern des ganzen Körpers, von Tätowierungen etc.), Fingerabdrücke und „ähnliche Maßnahmen", wie z. B. offen gefertigte (sonst § 100h) Videos von Gegenüberstellungen.[22] Nach h. M. legitimiert § 81b auch die Anwendung unmittelbaren Zwangs zur Vorbereitung und Durchführung der Maßnahmen, wie z. B. Abschminken, Haare abschneiden oder ankleben (nach BVerfGE 47, 239 soll das aus § 81a folgen). 25

[18] Str., vgl. BVerfG NStZ 1993, 482.

[19] EGMR NJW 2006, 3117; großzügiger noch BVerfG NStZ 2000, 96. Zum Fall eines tödlich verlaufenen Brechmitteleinsatzes s. BGHSt 55, 121; BGH StV 2013, 150.

[20] SSW StPO/*Bosch*, § 81a Rn. 19.

[21] Vgl. BVerfG NJW 2007, 1345.

[22] BVerfG NStZ 1983, 84.

4. Untersuchung anderer Personen, § 81c

a) § 81c Abs. 1

Danach darf jede der Tat nicht verdächtige Person, bei der Spuren oder Tatfolgen vermutet werden, ohne ihre Einwilligung untersucht werden. Diese einfache Vorschrift wird durch zwei Regeln, die man überhöhend „Grundsätze" nennt, näher erläutert:

26 **Zeugengrundsatz:** Eine Untersuchung dulden müssen nur Personen, die als Zeugen „in Betracht" kommen, weil es konkrete Anhaltspunkte für Spuren oder Folgen an ihnen gibt. Das ist aber auch dann der Fall, wenn sie keine Angaben machen können, weil sie unfähig waren, etwas zu bemerken (schlafende, bewusstlose Tatopfer), oder unfähig sind, etwas zu sagen (Säuglinge).

27 **Spurengrundsatz:** Mit der Untersuchung dürfen nur Spuren oder Tatfolgen am Körper ermittelt werden. Spuren sind Veränderungen, die Rückschlüsse auf den Täter oder die Tatmodalitäten zulassen (Stichwunde, Hautfetzen unter den Fingernägeln). Tatfolgen sind andere Veränderungen am Körper ohne diese indizielle Bedeutung (blaue Flecken).

Der (potentielle) Zeuge muss weniger dulden als der Beschuldigte nach § 81 a. Erlaubt sind nur einfache Untersuchungen am Körper (vgl. oben Rn. 22), nicht jedoch körperliche Eingriffe (vgl. oben Rn. 23).

b) § 81c Abs. 2

28 Davon gibt es eine Ausnahme: Die Entnahme von Blutproben, auch zur Feststellung der Abstammung. Hier gilt wieder der allgemeine „Aufklärungsgrundsatz", ohne Einschränkung durch Zeugen- und Spurengrundsatz.

29 c) § 81c enthält eine abschließende Regelung. Jemand, der nicht tatverdächtig ist, braucht andere Untersuchungen nicht zu dulden (wie z. B. die seiner Intelligenz etc.).[23] Die Aussagepsychologie beurteilt die Glaubhaftigkeit von Angaben, nicht die „Glaubwürdigkeit" einer Person.[24] Stimmt der Zeuge einer Begutachtung nicht zu, kann nach der Rspr. so verfahren werden, dass der Richter ihn in Anwesenheit des Sachverständigen vernimmt, der ergänzende Fragen stellt (§ 80 Abs. 2) und sich anschließend gutachtlich äußert.[25] Gutachten auf einer solchen Basis sind aber nicht nur mit Vorsicht zu behandeln,[26] sondern im Grunde unseriös und wertlos.

5. DNA: Analyse, Identitätsfeststellung, §§ 81e–h

30 Das negative Ergebnis schließt einen Tatnachweis sicher aus. Ein positives Ergebnis jedoch hat nur statistischen Beweiswert und trägt für sich allein eine Verurteilung nicht.[27]

a) Die Entnahme des Materials (nicht dessen Untersuchung!) richtet sich nach §§ 81a, c und kann daher bei Gefahr im Verzug (im Fall des § 81a Abs. 2 S. 2 auch ohne eine solche) auch von der Staatsanwaltschaft und ihren Ermittlungspersonen angeordnet werden (§§ 81a Abs. 2, 81c Abs. 5 S. 1). Die Untersuchung selbst ist zwei Jahre lang

---

[23] BGH NStZ 1982, 432.
[24] Grundlegend zu den Anforderungen BGHSt 45, 164 m. Anm. *Zieger,* NStZ 2000, 105.
[25] BGHSt 23, 1 m. abl. Anm. *Peters,* JR 1970, 67.
[26] So BGH StV 1991, 405.
[27] BGHSt 37, 157.

möglich, daher im Prinzip nicht eilig und, wenn der Betroffene nicht schriftlich einwilligt, durch den Richter anzuordnen (§ 81f Abs. 1 S. 1).[28] Gefahr im Verzug, die zur Anordnungskompetenz auch der Staatsanwaltschaft und ihrer Ermittlungspersonen führt, soll entstehen können, wenn man einen Haftbefehl auf das Ergebnis der DNA-Analyse stützen will.[29]

b) Die DNA-Analyse ist auf die Feststellung der Tatsachen beschränkt, die in § 81e Abs. 1 S. 1 genannt sind. So dürfen nur das DNA-Identifizierungsmuster, die Abstammung und das Geschlecht der Person festgestellt und diese Feststellungen mit Vergleichsmaterial abgeglichen werden. Die Einschränkung, dass man das zellkernhaltige Material des Betroffenen mit aufgefundenem Material nur abgleichen darf, um zu klären, ob dieses vom Beschuldigten oder vom Verletzten stammt (so noch § 81e Abs. 1 StPO a. F.), hat das Gesetz aufgegeben. Verwertbar ist daher nun auch Material, das lediglich auf ein nahes Verwandtenverhältnis zwischen dem Untersuchten und dem Spurenverursacher hindeutet (sog. Beinahetreffer), so etwa, wenn das untersuchte Material darauf schließen lässt, dass das aufgefundene Material von einem Geschwisterteil stammt. Das Ergebnis darf nur in einem laufenden Strafverfahren verwendet werden (Abs. 2 S. 2, § 81a Abs. 3).

c) Eine **Reihenuntersuchung** (Massenscreening; „alle Porsche-Fahrer in München")[30] ist möglich, wenn sie ein Richter anordnet und alle freiwillig kommen (§ 81h). Wer die Untersuchung verweigert, kann allein deshalb nicht als potentieller Zeuge dazu gezwungen werden, weil der Zeugengrundsatz konkrete Anhaltspunkte verlangt (oben Rn. 26). Die Aufforderung zur Teilnahme richtet sich nicht an Verdächtige, so dass allein die verweigerte Kooperation niemanden zum Beschuldigten machen darf. Niemand ist verpflichtet, aktiv an dem Nachweis seiner Unschuld mitzuwirken. Die Weigerung hat daher auch keinerlei Beweisbedeutung.[31] Wenn es allerdings eine Gruppe gibt, die nach abstrakten Kriterien tatverdächtig ist, und sich ein kleiner Teil davon zu einer Untersuchung (Speichelprobe) nicht bereit erklärt, kann das dem BGH zufolge den Tatverdacht verstärken und zur Anordnung der Zwangsuntersuchung führen.[32] Auch hier ist jetzt eine Verwertung von Beinahetreffern möglich (vgl. § 81h Abs. 1: „... ob das Spurenmaterial von diesen Personen oder von ihren Verwandten in gerader Linie oder in der Seitenlinie bis zum dritten Grad stammt ...").

d) Die **Speicherung** eines **DNA-Identifizierungsmusters** für die Zukunft erlaubt § 81g (eine Vorschrift über den Erkennungsdienst,)[33]. Geführt wird die DNA-Identifizierungsdatei beim BKA. Die Gefahr neuer, einschlägiger Straftaten („Negativprognose") ist vor einer rechtskräftigen Verurteilung schwer zu begründen. § 2 DNA-IFG erlaubt die Maßnahme auch bei rechtskräftig Verurteilten; diese „Altfälle" können 20(!) Jahre zurück liegen (§ 46 Abs. 1 Nr. 3 BZRG). Eine Negativprognose[34] ist dann kaum denkbar. Das BVerfG hat sich darauf beschränkt, erhöhte Anforderungen zu stellen.[35]

---

[28] Zur Zuständigkeit BGHSt 45, 376.

[29] So die Begründung zur Gesetzesnovelle vom 12.8.2005.

[30] BVerfG NJW 1996, 3071.

[31] BGHSt 49, 56 (58).

[32] BGHSt 49, 56 (60).

[33] BVerfGE 103, 21 sieht darin „genuines Strafprozessrecht", weil es nicht um Gefahrenabwehr, sondern künftige Strafverfolgung gehe.

[34] Nicht zu verwechseln mit der „positiven Sozialprognose" in § 56 StGB; die Strafaussetzung zur Bewährung steht also der Anordnung nach § 81g nicht entgegen.

[35] BVerfG StV 2001, 145.

6. Sicherstellung, Beschlagnahme, §§ 94ff.

Ihr geht meist eine Durchsuchung voraus (vgl. unten Rn. 54ff.).

„Gegenstände (a), die als Beweismittel für die Untersuchung von Bedeutung sein können (b), sind in Verwahrung zu nehmen oder in anderer Weise sicherzustellen" (d).

31 a) Gegenstände sind

- bewegliche Sachen aller Art (z. B. auch Datenträger),[36]
- unbewegliche Sachen (Grundstücke, Wohnungen),
- Rechte. Ihnen fehlt die Beweisbedeutung; sie werden in einem anderen Verfahren sichergestellt (vgl. unten Rn. 33).

32 b) „Als Beweismittel für die Untersuchung" müssen sie von Bedeutung sein können. Diese nur potentielle Beweisbedeutung zusammen mit der schwachen Eingriffsvoraussetzung des Anfangsverdachts erlaubt umfangreiche Sicherstellungen. Gestattet ist also der Zugriff nach dem Motto „wer weiß, ob wir das für unsere Vermutung strafbaren Verhaltens nicht noch brauchen können". Verboten ist die Beschlagnahme zur Ausforschung (nach dem Motto „mal sehen, ob sich aus diesen Unterlagen nicht ein Verdacht schöpfen lässt").

c) Abgrenzung

33 Gegenstände, die der **Einziehung** (§§ 73ff. StGB) unterliegen, werden gem. §§ 111b ff. sichergestellt.[37] Das geht nur in der Form der Beschlagnahme (§ 111b Abs. 1). Hier kommt es häufig auf Eigentumsverhältnisse und Rechtszuständigkeiten an.

Bei **Führerscheinen** ist das nicht der Fall. Sie werden deshalb, obwohl sie einzuziehen sind (§ 69 Abs. 3 S. 2 StGB), als Ausnahme von §§ 111b ff. nach § 94 sichergestellt (Abs. 3) – nicht als Beweismittel, sondern aus präventiven Gründen. Das darf bei Gefahr im Verzug auch die Polizei (§ 98 Abs. 1 S. 1). Vom Dokument ist die Berechtigung zu unterscheiden:

Die **Fahrerlaubnis** kann nur der Richter vorläufig entziehen (§ 111a).

d) Sicherstellung, Verwahrung, Beschlagnahme

34 Die Sicherstellung (Oberbegriff) erfolgt formlos, wenn der Inhaber des Gewahrsams die Sache freiwillig herausgibt. Andernfalls wird sie beschlagnahmt (§ 94 Abs. 2). Sicherstellung heißt, dass die Sache in amtliche Verwahrung genommen oder (bei Beschlagnahme) in anderer Weise der staatlichen Obhut unterstellt wird (Beispiel: eine Wohnung wird versiegelt). Ein Veräußerungsverbot entsteht dadurch nicht. Der Handlungsspielraum des Betroffenen ist aber durch §§ 133, 136 StGB eingeschränkt.

35 e) Die Herausgabepflicht des § 95 trifft jeden, der einen Beweisgegenstand der in § 94 genannten Art in Gewahrsam hat – nur den Beschuldigten nicht, der niemals mitzuwir-

---

[36] Auch E-Mails, die auf dem Mailserver des Providers gespeichert sind – alle aber nicht, weil das unverhältnismäßig wäre, BGH NStZ 2010, 345; BVerfG NJW 2009, 2431.

[37] Studenten müssen sich mit diesem komplizierten Verfahren nicht vertraut machen. In der Praxis werden die Vermögensabschöpfung (§§ 73–76b StGB) und die „Rückgewinnungshilfe" (§§ 111b ff., 459h ff.) immer wichtiger. Das Gesetz zur Reform der strafrechtlichen Vermögensabschöpfung vom 13.7.2017 hat sowohl die Vermögensabschöpfung nach dem StGB als auch die §§ 111b ff. durchgreifend geändert.

ken braucht. Die Herausgabe kann auch erzwungen werden (durch den Richter, Abs. 2 i. V. m. § 70) – nicht aber von einem, der ein Zeugnisverweigerungsrecht hat (§§ 52 ff.). Auf § 95 greifen die Strafverfolgungsbehörden zurück, wenn sicher ist, dass der gesuchte Gegenstand sich bei jemandem befindet, dort aber bei einer Durchsuchung nicht gefunden werden konnte.

Auch **Behörden** sind prinzipiell herausgabepflichtig (Amtshilfe, Art. 35 Abs. 1 GG; zur Auskunft vgl. oben Rn. 2). Die oberste Dienstbehörde kann aber unter den Voraussetzungen des § 96 eine **Sperrerklärung** abgeben. Dadurch entsteht ein Beschlagnahmeverbot. Ist sie aber offensichtlich willkürlich oder rechtsmissbräuchlich, darf zum Mittel der Beschlagnahme gegriffen werden.[38]

f) Das Beschlagnahmeverbot des § 97 will verhindern, dass man das Zeugnisverwei- 36
gerungsrecht eines Arztes, Rechtsanwalts etc. umgeht, indem man sich schriftliches Material bei ihm verschafft. So oder so soll das ihm Anvertraute bei ihm („sein Geheimnis") bleiben. Es dient dem Interesse, das allgemeine Vertrauen in die Institution Ärzteschaft, Anwaltschaft etc. zu sichern (und nur als Nebeneffekt dem Interesse des Beschuldigten an der Verschwiegenheit seines Arztes, Anwalts etc.). Deshalb greift es auch nur, wenn sich die Gegenstände in seinem Gewahrsam befinden. Beim Beschuldigten hingegen darf alles beschlagnahmt werden (Verteidigerpost und Verteidigungsunterlagen allerdings nicht, dazu unten 11 Rn. 14).

§ 97 schützt die Vertrauensbeziehung zwischen dem Beschuldigten und dem Zeugnisverweigerungsberechtigten.

Beispiel: Bei dem Arzt des Beschuldigten dürfen dessen Befunde nicht beschlagnahmt werden.

„Drittgeheimnisse", die aus einer Vertrauensbeziehung zu einem anderen stammen, berechtigen (und verpflichten, § 203 StGB) zwar zur Verweigerung des Zeugnisses, hindern aber die Beschlagnahme nicht (str.).

Beispiel: Im Verfahren gegen den Täter dürfen die Befunde des Arztes beschlagnahmt werden, der das Opfer behandelt hat.

Hat sich der Zeugnisverweigerungsberechtigte in Verdacht gebracht, an der Straftat des Beschuldigten beteiligt zu sein, Begünstigung, Strafvereitelung oder Hehlerei begangen zu haben, ist die Vertrauensbeziehung nicht mehr schutzwürdig und das Beschlagnahmeverbot aufgehoben. Das gleiche gilt für „Deliktsgegenstände" (Abs. 2 S. 3). Sie können auch aus dem Stadium der Vorbereitung herrühren (Schriftwechsel über geplanten Betrug) oder aus der Phase nach der Tat stammen (Bekennerbrief). Für Verteidiger gelten engere Sonderregeln (s. unten 11 Rn. 40).

g) Die Beschlagnahme wird **durch den Richter angeordnet** (§ 98 Abs. 1) oder bestätigt 37
(Abs. 2 S. 1). Für die Fälle des § 97 Abs. 5 S.1 (Presse, Rundfunk) gilt das selbst bei Gefahr im Verzug (§ 98 Abs. 2 S. 1). Die Regelung des Rechtswegs in Abs. 2 S. 2 hat Mo-

[38] BGHSt 38, 237.

dellcharakter (vgl. unten Rn. 75). Nach sechs Monaten darf eine richterliche Anordnung nicht mehr vollzogen werden (vgl. unten Rn. 56).

38 h) Die **Postbeschlagnahme (§ 99)** ist nicht Beschlagnahme „von" Post, sondern „bei" Postunternehmen. Sie wurde wegen des Eingriffs in Art. 10 GG gesondert geregelt. Von der Polizei darf sie nicht angeordnet werden (§ 100 Abs. 1 im Unterschied zu § 98 Abs. 1 S. 1).

i) Bei der **Beschlagnahme von E-Mails** ist nach dem Stadium der Übermittlung der E-Mail zu differenzieren. Schon abgerufene Nachrichten fallen nicht mehr unter den Schutzbereich des Art. 10 GG; sie können nach §§ 94 ff. sichergestellt werden. In der Übermittlungsphase zwischen Versand und Abruf muss dagegen nach § 100 a verfahren werden (10 Rn. 40). Schwieriger ist die Situation, wenn die E-Mails in der Mailbox des Empfängers bei seinem Provider zum Abruf bereit liegen.[39] Der BGH ging zunächst von der Möglichkeit einer Postbeschlagnahme analog § 99 StPO aus.[40] Begründung: Eine zwischengespeicherte E-Mail sei mit einer Postkarte vergleichbar, die beim Postunternehmen auf weitere Zustellung warte. Teile des Schrifttums wollen dagegen §§ 100 a, 100 d f. anwenden.[41] Auch wenn aktuell kein „Datenfluss" im Sinne des TKG erfolge, sei der Schutzbereich des Art. 10 GG eröffnet. Letzteres sieht auch das BVerfG so.[42] Gleichwohl nimmt es aber an, dass § 94 StGB als Ermächtigungsgrundlage verfassungsrechtlich ausreicht, wenn auf die zwischengespeicherten E-Mails (einmalig) offen zugegriffen werden soll.[43] Nicht ausdrücklich hat es sich zur Ermächtigungsgrundlage beim (längerfristigen) verdeckten Zugriff geäußert. Es hat lediglich festgestellt, dass „besonders hohe Anforderungen an die Bedeutung der zu verfolgenden Straftat und den für den Zugriff erforderlichen Grad des Tatverdachts zu stellen"[44] seien. Das spricht dafür, dass hier nur unter den erhöhten Voraussetzungen der §§ 100 a, 100 d f. auf die E-Mails zurückgegriffen werden darf.[45] Dieselben Grundsätze gelten, wenn die Strafverfolgungsbehörden auf Mitteilungen und Chat-Nachrichten zugreifen wollen, die beim Provider eines sozialen Netzwerks (z. B. Facebook) gespeichert sind.[46]

j) Die Rückgabe beweglicher Sachen, die beschlagnahmt oder sichergestellt wurden und nicht mehr benötigt werden, ist in §§ 111 n, o geregelt.

7. Rasterfahndung, § 98a

39 Die Rasterfahndung ist ein automatisierter Datenabgleich zwischen bestimmten Merkmalen, die vermutlich auf den gesuchten Täter zutreffen, und gewissen Datenmengen.[47]

---

[39] Ausführlich dazu *Zimmermann,* JA 2014, 321 (324 ff.).

[40] BGH NStZ 2009, 397.

[41] *Roxin/Schünemann,* § 36 Rn. 6.

[42] BVerfGE 124, 43 (58).

[43] BVerfGE 124, 43 (60 ff.); so nun auch BGH NJW 2010, 1297 (1298); zweifelnd SSW StPO/*Eschelbach,* § 94 Rn. 12.

[44] BVerfGE 124, 43 (62 f.).

[45] *Zimmermann,* JA 2014, 325; a. A. KMR/*Bär,* § 100 a Rn. 29 b f.: § 99.

[46] Näher dazu *Neuhöfer,* JR 2015. AG Reutlingen ZD 2012, 178 will die Beschlagnahme eines gesamten Facebook-Accounts auf §§ 99 f. analog stützen; dagegen *Zimmermann,* JA 2014, 327.

[47] Eingehend *Wittig,* JuS 1997, 961.

Beispiel: Terroristen zahlen die Stromrechnung bar und haben ihr Auto, wenn überhaupt, woanders zugelassen. Man spielt die Daten der Stadtwerke und der Zulassungsstelle gegeneinander, etc.

Sie dient dazu, Unverdächtige auszusieben (negative Rasterfahndung, wie im Beispiel), Personen aufzuspüren, auf die das Verdächtigenprofil passt (positive Rasterfahndung) oder neue Rasterpunkte zu finden. Vorausgesetzt wird nicht mehr als der Anfangsverdacht („zureichende tatsächliche Anhaltspunkte") für gewisse in einem generalisierenden Katalog nur vage bestimmte Straftaten („... oder in sonstiger Weise organisiert" ist nahezu das Gegenteil einer Definition). Dass es eine „Straftat von erheblicher Bedeutung" sein muss, hilft nicht viel weiter. Dieser kaum bestimmbare Begriff grenzt sicher nur Bagatellen aus. Er umfasst alle Taten, die mindestens dem Bereich der mittleren Kriminalität angehören und greift ab einer Obergrenze des Strafrahmens von zwei Jahren.[48] Die Subsidiaritätsklausel (Abs. 1 S. 2) ist weiter gefasst als bei der Telefonüberwachung (s. unten Rn. 41) und steht einer Rasterfahndung nur entgegen, wenn ein anderer Weg vergleichbar erfolgreich wäre.

8. Überwachung der Telekommunikation (einschließlich Quellen-TKÜ), §§ 100a, d f., und der Verbindungsdaten, §§ 100g, h

Die Überwachung der Telekommunikation wird in der Praxis „TKÜ" genannt und häufig angeordnet (ca. 20.000 Mal jährlich).[49]

a) § 100a rechtfertigt einen Eingriff in das Post- und Fernmeldegeheimnis (Art. 10 GG) **40**
und das allgemeine Persönlichkeitsrecht (Art. 2 Abs. 1 i. V. m. Art. 1 Abs. 1 GG). Die Telekommunikation, d. h. Nachrichtenübermittlung jeglicher Art (Telefon, FAX, Mobilfunk einschließlich SMS und MMS, Mailbox,[50] E-Mail sowie Daten in der Cloud und in sozialen Netzwerken),[51] darf überwacht und aufgezeichnet werden. Die früher umstrittene Frage, ob § 100a auch die Überwachung von (kryptiert übermittelter) Internet-Telefonie (z. B. Skype) gestattet, soweit dabei via heimlich installierter Computerprogramme auf die noch unverschlüsselten Daten im Endgerät des Nutzers zugegriffen wird (sog. Quellen-TKÜ), ist durch den Gesetzgeber geklärt worden, indem er in § 100a Abs. 1 S. 2 u. 3 eine gesetzliche Grundlage für die Quellen-TKÜ geschaffen hat (näher unten Rn. 41).[52] Nicht zur Telekommunikation gehört die Auskunft darüber, in welcher Funkzelle (Position) sich das Handy befindet. Denn dabei geht es nicht um den Inhalt der Kommunikation, sondern letztlich um Observation oder ein Bewegungsbild; einschlägig ist daher § 100g.[53] § 100a ist abschließend und eng auszulegen. Daneben

---

[48] Das Gesetz verwendet ihn außerdem in §§ 68b S. 2 Nr. 3; 81g Abs. 1 Nr. 1; 100c Abs. 1; 100g Abs. 1 S. 1; 100i Abs. 2 S. 2; 110a Abs. 1 S. 1; 131 ff.; 163e Abs. 1 S. 1; 163f Abs. 1 S. 1.

[49] Ausf. zu den verschiedenen Formen des Zugriffs auf Telekommunikationsdaten *Singelnstein,* NStZ 2012, 593.

[50] BGH NStZ 1997, 247 m. abl. Anm *Palm/Roy,* NJW 1997, 1904.

[51] Als verfassungskonform gebilligt von BVerfG NJW 2016, 3508 mit krit. Anm. *Eidam.*

[52] Krit. zur Verfassungsmäßigkeit *Roggan,* StV 2017, 821 (824); *Singelnstein/Derin,* NJW 2017, 2646 (2648).

[53] BGH NStZ 2001, 389 – problematisch, weil es dabei nicht um den Inhalt der Kommunikation geht, sondern letztlich um Observation oder ein Bewegungsbild; vgl. *Demko,* NStZ 2004, 57 ff.

gibt es noch Art. 1 § 1 G 10 (Gesetz zur Beschränkung des Brief-, Post- und Fernmeldegeheimnisses), der den Verfassungsschutzbehörden des Bundes und der Länder sowie dem Bundesnachrichtendienst Befugnisse zum Abhören einräumt. § 100a betrifft zukünftige Gespräche und deren Inhalt (etc.). Die Abfrage nur der Verbindungsdaten einer Telekommunikation richtet sich nach §§ 100g, h (s. unten Rn. 47a).

Das Abhören von „Raumgesprächen" wird von § 100a nicht erfasst.

Beispiel: Das Telefon des X wird überwacht. Er hat telefoniert, den Hörer nach Beendigung des Gesprächs nicht richtig aufgelegt und sich mit seiner Frau unterhalten. Die Polizei kann mithören, weil das nicht aufgelegte Telefon nun praktisch als Abhöranlage funktioniert. Das ist nicht mehr „Fernsprechverkehr" und deshalb nicht verwertbar.[54]

Anders soll es in dem Fall sein, dass der Überwachte aus dem Auto jemanden mit dem Handy anruft, in die Mailbox gerät und die Klappe des Handys schließt, ohne das Gespräch beendet zu haben, so dass, während die Mailbox läuft, das Gespräch mit den anderen Insassen des Autos aufgezeichnet wird. Während dieser Zeit handele es sich um eine „Telekommunikationsverbindung", da es nicht darauf ankomme, dass sich der Übermittlungsvorgang mit aktuellem Willen oder Wissen des Betroffenen vollzieht.[55] Hintergrundgeräusche und -gespräche können unstreitig mit aufgezeichnet und demzufolge – zumindest gegen den Telefonierenden – verwertet werden.[56]

Telefoniert jemand mit dem Beschuldigten und lässt er einen Polizeibeamten mithören, liegt der Eingriff des § 100a nicht vor (vgl. auch oben 9 Rn. 20).[57]

Unzweifelhaft nicht von § 100a erfasst ist die nun in § 100b geregelte „Online-Durchsuchung", weil bei ihr keine Telekommunikation überwacht, sondern lediglich den Ermittlungsbehörden auf dem Zielcomputer gespeicherte Daten übermittelt werden (näher unten Rn. 47c ff.).

b) Voraussetzungen, § 100a Abs. 1 S. 1

41 aa) Für die Anordnung genügt der einfache Verdacht (Anfangsverdacht), wenn er konkret, also durch bestimmte Tatsachen begründet ist.

bb) Er muss sich auf eine Katalogtat beziehen. Der (ständig umfangreicher werdende) Katalog ist abschließend, trägt aber gewisse Erweiterungen in sich.

Fall 1: Die Staatsanwaltschaft ist dem „Betrüger" B auf der Spur. Sie ist in Beweisnot, ordnet die TKÜ an und beruft sich darauf, dass es sich um einen außergewöhnlich schweren Fall handele, der anders nicht aufzuklären sei.

Betrug ist in § 100a nicht genannt. Der Katalog darf nicht über § 34 StGB von Fall zu Fall erweitert werden.

Fall 2: Es gibt Anhaltspunkte dafür, dass A aus einem Auto, das B gefahren hat, auf X geschossen und versucht hat, ihn zu ermorden. Das Telefon des B wird abgehört.

---

[54] BGHSt 31, 296.
[55] BGH NStZ 2003, 668; dagegen *Fezer*, NStZ 2003, 625.
[56] BGH NStZ 2008, 473
[57] BGHSt 39, 335; *Welp*, NStZ 1994, 294.

Das ist zulässig. Auch Teilnehmer sind erfasst, und der Versuch der Tat genügt.

Fall 3: Dieses Auto soll von C gestohlen worden sein.

Das Telefon des C darf überwacht werden. Diebstahl ist zwar keine Katalogtat, hier aber (vermutlich) zur Vorbereitung des Mordanschlages begangen worden.

Fall 4: Der entlassene Buchhalter eines Gastronomie-Betriebes erstattet Strafanzeige gegen die Bedienungen; keiner würde hier Trinkgeld versteuern.

Die einfache Steuerhinterziehung (§ 370 AO) ist keine Katalogtat. Man kann aber konstruieren, dass die Bedienungen eine „kriminelle Vereinigung" bilden (§ 129 StGB, § 100a Abs. 2 Nr. 1d) und deshalb ihre Telefone abhören.

cc) Die Maßnahme ist unzulässig, wenn tatsächliche Anhaltspunkte dafür vorliegen, dass durch die Maßnahmen allein Erkenntnisse aus dem Kernbereich privater Lebensgestaltung erlangt werden (§ 100d Abs. 1 S. 1).

dd) Die Unentbehrlichkeit der Maßnahme (Subsidiaritätsgrundsatz) setzt Grenzen. Sehr eng sind sie nicht.

Fall 5: W gehört vermutlich zu einem Waffenschieberring. Die Polizei beantragt eine TKÜ, weil sie W sonst wochenlang Tag und Nacht beschatten müsste.

Die Observation erfordert einen unverhältnismäßig hohen Arbeitsaufwand und bindet Personal. Das genügt nach h. M. als Begründung.

ee) Der Verhältnismäßigkeitsgrundsatz ist nach überwiegender Ansicht durch die beiden Eingriffsvoraussetzungen der Katalogtat und der Unentbehrlichkeit nicht umfassend repräsentiert, sondern darüber hinaus zu beachten.[58] Bei einer Überwachung des Internetverkehrs muss deshalb geprüft werden, ob alternativ eine Überwachung des Telefon- und E-Mailverkehrs ausreicht.[59]

Beispiel: Im Fall 1 (nun in einer Variante: Verdacht der Katalogtat Erpressung) geht es nicht um die Aufklärung der Tat, sondern nur darum, herauszufinden, wo sich B aufhält.

Das Ziel ist eine Festnahme, und deshalb darf die TKÜ nicht schon bei einfachem, sondern wie beim Haftbefehl (vgl. auch § 127 Abs. 2) erst bei dringendem Tatverdacht angeordnet werden.

c) Quellen-TKÜ, § 100a Abs. 1 S. 2, 3

Gegenüber der herkömmlichen TKÜ ist die Quellen-TKÜ subsidiär; sie kommt nur in **41a** Betracht, wenn aufgrund der Verschlüsselung eine Überwachung auf normalem Weg nicht oder nur unter unverhältnismäßigen Schwierigkeiten möglich wäre (§ 100a Abs. 1 S. 2). Zusätzlich ermöglicht § 100a Abs. 2 S. 3 StPO den Zugriff auf bereits auf dem Endgerät gespeicherte Kommunikation (z. B. WhatsApp-Nachrichten), sofern man diese auch während des verschlüsselten Übertragungsvorgangs hätte überwachen und aufzeichnen dürfen.

---

[58] KK-StPO/*Bruns,* § 100a Rn. 34.
[59] BVerfG NJW 2016, 3508.

d) Die Betroffenen, § 100a Abs. 1 S. 1

42 Überwacht werden dürfen nicht nur Anschlüsse des Beschuldigten, sondern auch von unverdächtigen Personen, wenn konkrete Verdachtsgründe nahe liegen, dass der Beschuldigte ihren Anschluss mit oder ohne ihr Wissen benutzt (Freunde, Firma, Stammkneipe) oder dass sie Nachrichten für den Beschuldigten entgegennehmen oder weiterleiten (Nachrichtenmittler). Dass hier unbeteiligte Dritte mit betroffen sind, ist unvermeidbar und verfassungsrechtlich nicht zu beanstanden.[60] In das Berufsgeheimnis derer, die nach § 53 ein Zeugnisverweigerungsrecht haben, darf nur nach Maßgabe von § 160a eingegriffen werden. Bei dem in Abs. 1 genannten Personenkreis ist der Eingriff stets unzulässig. Das gilt bei einem Verteidiger auch dann, wenn zu dem Beschuldigten zwar noch kein Mandatsverhältnis besteht, das Telefonat aber dessen Anbahnung dient.[61] Bei den in Abs. 2 genannten Personen bedarf es für die Zulässigkeit der TKÜ einer Verhältnismäßigkeitsprüfung. Anders verhält es sich nur, wenn die Zeugnisverweigerungsberechtigten zu dem verdächtigen Umkreis gehören, den § 160a Abs. 4 S. 1 beschreibt. Das Privileg des § 52 hindert die TKÜ dagegen nicht. Gespräche mit dem Verteidiger abzuhören, verbietet auch § 148 (selbst bei Teilnahmeverdacht etc., vgl. unten 11 Rn. 41).

e) Anordnung und Dauer

43 Die Anordnung ist dem Richter vorbehalten (§ 100e Abs. 1 S. 1). Die Maßnahme ist auf längstens drei Monate befristet, kann aber wiederholt angeordnet werden (§ 100e Abs. 1 S. 4, 5). Die Frist läuft ab Anordnung und nicht ab Vollzug. Andernfalls könnte die Ermittlungsbehörde bestimmen, wann die Überwachung beginnt und so die richterliche Kontrolle dieser Maßnahme unterlaufen.[62] Bei Gefahr im Verzug darf die Staatsanwaltschaft eine Anordnung treffen, die aber binnen drei Tagen vom Richter bestätigt werden muss (§ 100e Abs. 1 S. 2, 3).

f) Verwertung

	Kenntnisse über KT gem. Anordnung	Kenntnisse über NKT in Idealkonkurrenz mit KT	Zufallskenntnisse über KT bei		Zufallskenntnisse über NKT bei	
			Beschuldigten	Dritten	Beschuldigten	Dritten
Anordnung rechtmäßig				BGH 28, 122	BGH 27, 35	BGH 26, 298
Anordnung rechtswidrig						

KT: Katalogtat NKT: Nicht-Katalogtat

☐ verwertbar ■ nicht unmittelbar verwertbar

44 aa) Verwertet werden die Erkenntnisse so, dass die Tonträger bzw. Datenträger durch Abspielen oder Sichtbarmachen (am Monitor, Beamer) in Augenschein genommen

[60] BVerfGE 30, 22.
[61] BGH NJW 2014, 1314.
[62] BGHSt 44, 233.

werden. Sie können auch ausgedruckt oder abgeschrieben und diese Niederschriften verlesen werden (zu diesen Formen der Beweisführung vgl. unten 21 Rn. 33, 38).

bb) War die Anordnung wegen des Verdachts einer Katalogtat rechtmäßig, dürfen auch Erkenntnisse über andere Straftatbestände in dieser Weise, also unmittelbar verwertet werden, selbst wenn es sich nicht um Katalogtaten handelt. Sie müssen aber materiellrechtlich (Idealkonkurrenz) oder prozessual (§ 264) mit der Katalogtat eine Einheit bilden.

Beispiel: In Fall 4 dürfen die Gespräche zum Beweis der Steuerhinterziehung herangezogen werden, weil dieses Delikt in Tateinheit zu § 129 StGB steht.

Nach h. M. gilt das auch dann, wenn Anklage nur wegen dieser Tat (Steuerhinterziehung) und nicht wegen der Katalogtat (§ 129 StGB) erhoben wird.[63] Das ist abzulehnen, weil es die Umgehung des Katalogs geradezu provoziert (vgl. die „Konstruktion" im Fall 4).

cc) Die mittelbare Verwertung soll immer zulässig sein („mittelbar" im weiteren Sinne: Hinweise auf andere Beweismittel; vgl. oben 9 Rn. 25, 27). 45

Beispiel: Im Fall 3 erzählt C, dass er nebenbei Kinderpornos vertreibt (§ 184 Abs. 3 StGB). Die Polizei darf das zum Anlass einer Durchsuchung seiner Wohnung nehmen.

Variante: Es ist sein Gesprächspartner D, der das von sich sagt. Es gilt das Gleiche.

g) Verwertungsverbote

Sie entstehen, wenn 46

- die Zuständigkeit des Richters (§ 100b Abs. 1) missachtet wurde, aber: wird eine Anordnung der StA nicht bestätigt (vgl. oben 12 Rn. 43), bleibt verwertbar, was innerhalb der ersten drei Tage aufgezeichnet wurde,
- der Verdacht einer Katalogtat nicht bestanden hat,[64]
- Erkenntnisse aus dem Kernbereich privater Lebensgestaltung erlangt wurden (§ 100d Abs. 2 S. 1)
- der Subsidiaritätsgrundsatz verletzt ist (vgl. oben Rn. 41),
- Verteidigergespräche überwacht wurden (vgl. oben Rn. 42).

Wer die Voraussetzungen des Eingriffs prüft, kann Fehler machen (nur über die Kompetenz zur Anordnung kann sich niemand im Unklaren sein). Nach der Rspr. löst nicht jede, sondern nur die grobe oder objektiv willkürliche Fehlbeurteilung das Verwertungsverbot aus.[65] Angesichts der Schwere des Eingriffs darf man jedoch erwarten, dass exakt gearbeitet und jeder Missgriff sanktioniert wird.

Fall 6: Der Verteidiger will mit seinem Mandanten telefonieren, erreicht aber nur dessen Ehefrau, die mit ihm über den Tatvorwurf spricht.

---

[63] BGHSt 28, 122.
[64] BGHSt 31, 304 (309).
[65] BGHSt 41, 30 (34).

Dieses Gespräch ist verwertbar. Hätte er mit seinem Mandanten telefoniert, würde der Schutz des § 148 die Unverwertbarkeit garantieren. Nach § 100d Abs. 5 S. 2 bestehen Einschränkungen hinsichtlich der Verwertbarkeit von Gesprächen mit Personen, die nach § 52 zeugnisverweigerungsberechtigt sind, nur bei Maßnahmen nach §§ 100b, c. Der Schutzzweck des § 52, Konflikte zwischen Wahrheitspflicht und der Bindung an den Beschuldigten zu verhindern, steht nach h. M. einer Aufzeichnung und Verwertung nicht entgegen.[66] Anders verhält es sich dagegen bei §§ 53f.; hier ergeben sich zum Schutz von Berufsgeheimnissen Einschränkungen aus § 160a (s. schon oben Rn. 42).

47 h) Zufallsfunde i. S. d. § 108 dürfen zwar bei einer Durchsuchung stets beschlagnahmt, Zufallserkenntnisse bei einer rechtmäßigen Überwachung nach § 100a aber nicht immer unmittelbar verwertet werden. Es kommt darauf an, ob es sich um eine Katalogtat handelt.[67] Der Gesetzgeber hat mit § 477 Abs. 2 S. 2 das von der Rechtsprechung entwickelte System bestätigt.

Die **mittelbare** Verwertung soll dennoch möglich sein (vgl. oben Rn. 45) und der Verstoß gegen § 100a **keine Fernwirkung** haben.[68]

> **Beispiel:** Die Polizei führt wegen des Verdachts eines Diebstahls (§ 242 StGB) bei D eine TKÜ durch (Verstoß gegen § 100a – keine Katalogtat, keine richterliche Anordnung). Was sie gehört hat, darf nicht zum Beweis des Diebstahls verwendet werden. D hat außerdem erzählt, dass er Kreditkarten fälscht (§ 152a StGB, keine Katalogtat). Auch das darf nicht unmittelbar verwertet werden. Es soll der Polizei aber gestattet sein, bei D eine Durchsuchung vorzunehmen und alle Falsifikate zu beschlagnahmen.

Das Beispiel zeigt, dass diese Lehre die Umgehung der Eingriffsvoraussetzungen geradezu provoziert. Zumindest bewusste Rechtsverstöße müssen Fernwirkung haben.

47a i) Soll nicht auf die Kommunikationsinhalte einer Telekommunikationsverbindung, sondern auf die **Verkehrsdaten** (z. B. Nummer oder Kennung der beteiligten Anschlüsse, Beginn und Ende der Verbindung nach Datum und Uhrzeit, bei mobilen Anschlüssen die Standortdaten) zugegriffen werden, ist § 100g einschlägig. Voraussetzung ist u. a., dass bestimmte Tatsachen den Verdacht begründen, dass der Beschuldigte eine Straftat von erheblicher Bedeutung (im Fall des Abs. 1) oder eine Katalogtat, die auch im Einzelfall besonders schwer wiegt (im Fall des Abs. 2), begangen hat. Die Zulässigkeit von **Funkzellenabfragen** (= Erhebung aller in einer bestimmten Mobilfunkzelle angefallenen Verbindungsdaten) – etwa zur Feststellung, welche Mobilfunkteilnehmer sich zur Tatzeit in der Funkzelle des Tatorts befunden haben – richtet sich nach Abs. 3.[69] Das Verfahren der Erhebung und Verwendung der Daten regeln §§ 101a, b. In zwei verbundenen Vorabentscheidungsverfahren gegen Schweden und Großbritannien hat der EuGH jüngst festgestellt, dass die nationale Regelung einer allgemeinen und unterschiedslosen Vorratsdatenspeicherung zur Bekämpfung von Straftaten und der unbeschränkte Zugriff der Behörden auf diese Daten nicht mit Unionsrecht vereinbar

---

[66] BGH NStZ 1988, 562.

[67] Vgl. zuletzt BGH NStZ 1998, 426.

[68] BGHSt 32, 68 (70).

[69] Zum derzeitigen Fehlen einer gesetzlichen Grundlage für die rückwirkende Erhebung von Standortdaten s. BGH NStZ 2018, 47.

sind.[70] Ob und inwiefern sich diese Rechtsprechung auf § 100g auswirkt, ist bisher offen.[71] Das BVerfG hat bislang lediglich betont, die sich aus dem Urteil des EuGH ergebenden verfassungsrechtlichen Fragen führten nicht dazu, dass § 113b TKG, auf den § 100g Abs. 2 S. 1 Bezug nimmt, bereits im Wege einer einstweiligen Anordnung außer Kraft zu setzen sei.[72]

j) Die Anordnung der Überwachung muss, wenn man – z. B. bei geliehenen Handys oder getauschten Chip-Karten – die Rufnummer nicht kennt, eine andere „Kennung" enthalten (§ 100e Abs. 3 Nr. 5). Die Kartennummer IMSI (International Mobile Subscriber Identity) ist weltweit nur einmal vergeben und nur den Netzbetreibern bekannt. Sie kann aber mit einem **„IMSI-Catcher"** messtechnisch ermittelt werden. Das gestattet § 100i.[73] Die Maßnahme kann sowohl zur Vorbereitung einer TKÜ nach § 100a genutzt werden, als auch zur Unterstützung einer Observationsmaßnahme bzw. zur Erstellung eines Bewegungsprofils. Die unvermeidbare Erhebung der Daten unbeteiligter Dritter regelt Abs. 2, für sog. Nachrichtenmittler gilt gem. Abs. 3 § 100a Abs. 2 entsprechend. 47b

9. Online-Durchsuchung, § 100b

In letzter Sekunde und ohne eingehende Beratung wurde in das „Gesetz zur effektiveren und praxistauglicheren Ausgestaltung des Strafverfahrens" vom 17.8.2017 noch eine Regelung zur Online-Durchsuchung zum Zweck der Strafverfolgung aufgenommen.[74] §§ 100b, 100d f. gestatten jetzt die Infiltration eines informationstechnischen Systems (z. B. Computer, Handy, Tablet) mit einer Schadsoftware („Trojaner", Backdoor-Programme), die dann den heimlichen Zugriff auf die dort gespeicherten Daten ermöglicht. Die Voraussetzungen lehnen sich aufgrund der Schwere des Eingriffs eng an diejenigen der akustischen Wohnraumüberwachung (dazu Rn. 51f.) an. § 100b räumt allerdings keine Befugnis ein, zur Infiltration des informationstechnischen Systems eine Wohnung heimlich zu betreten. Die Installation der Schadsoftware muss daher auf technischem Wege aus der Ferne oder mittels kriminalistischer List erfolgen (etwa durch Versenden der Überwachungssoftware als Anhang einer E-Mail oder bei einer Kontrolle am Flughafen).[75] Ferner berechtigt die Regelung nicht zur Erzeugung neuer Daten, beispielsweise durch die heimliche Aktivierung von Mikrofon oder Kamera; zulässig ist nur die Erhebung von Daten *aus* dem System, nicht *mittels* des Systems. Gefahrenabwehrrechtlich war die Online-Durchsuchung bereits zuvor in einigen Polizeigesetzen und in § 20 BKAG verankert. 47c

a) Voraussetzungen, § 100b

Für die Anordnung genügt ein konkreter, durch bestimmte Tatsachen begründeter Anfangsverdacht (Abs. 1 Nr. 1). Er muss sich auf eine Katalogtat beziehen. Der Straftatenkatalog (Abs. 2) entspricht dem der akustischen Wohnraumüberwachung (§ 100c Abs. 1 47d

---

[70] EuGH NJW 2017, 717.

[71] Näher dazu *Bär,* NZWiSt 2017, 81; *Derksen,* NVwZ 2017, 1005; *Kipker/Schefferski/Stelter,* ZD 2017, 131.

[72] BVerfG Beschl. v. 26.3.2017 – 1 BvR 141/16; 1 BvR 3156/15, BeckRS 2017, 106846.

[73] Die heimliche Ortung durch „stille SMS" ist in der Praxis verbreitete Übung, aber ohne Rechtsgrundlage; vgl. *Singelnstein,* NStZ 2012, 601f.

[74] Krit. zu verschiedenen Aspekten der Regelung *Roggan,* StV 2017, 821 (825); *Singelnstein/Derin,* NJW 2017, 2646 (2647).

[75] Zum Betreten der Wohnung durch den Ermittlungsbeamten unter Täuschung des Wohnungsinhabers über seine Identität vgl. SSW StPO/*Eschelbach,* § 100b Rn. 27.

Nr. 1). Die Tat muss auch im Einzelfall besonders schwer wiegen (Abs. 1 Nr. 2) und die Maßnahme muss unentbehrlich sein (Abs. 1 Nr. 3). Ferner dürfen keine tatsächlichen Anhaltspunkte dafür vorliegen, dass durch die Maßnahmen allein Erkenntnisse aus dem Kernbereich privater Lebensgestaltung erlangt werden (§ 100d Abs. 1 S. 1). Darüber hinaus dürfen die gewonnenen Erkenntnisse keinen Austausch mit Personen betreffen, denen ein Zeugnisverweigerungsrecht nach § 53 zusteht (§ 100d Abs. 5 S. 1). Eine Ausnahme von diesem Beweiserhebungsverbot gilt nach § 160a Abs. 4, wenn der Verdacht auf Teilnahme an der Katalogtat oder auf eine der genannten Anschlusstaten besteht.

b) Die Betroffenen, § 100b Abs. 3

47e Ebenso wie die (Quellen-)TKÜ nach § 100a darf sich die Online-Durchsuchung grundsätzlich allein gegen den Beschuldigten richten. Gegen Dritte kommt sie nur unter den Bedingungen des § 100b Abs. 3 S. 2 in Betracht. Maßnahmen gegen den Verteidiger sind ausgeschlossen (§ 148).

c) Anordnung und Dauer

47f Anordnungsbefugt ist die zuständige Staatsschutzkammer des Landgerichts, bei Gefahr im Verzug auch der Vorsitzende Richter (§ 100e Abs. 2 S. 1, 2 i. V. m. § 74a Abs. 4 GVG). Die Anordnung durch den Vorsitzenden muss binnen drei Tagen von der Staatsschutzkammer bestätigt werden, sonst tritt sie außer Kraft (§ 100e Abs. 2 S. 3). Befristet ist die Maßnahme auf längstens einen Monat; sie kann aber wiederholt angeordnet werden (§ 100e Abs. 2 S. 4, 5). Ist die Maßnahme bereits auf insgesamt sechs Monate verlängert worden, entscheidet das Oberlandesgericht über eine weitere Verlängerung (§ 100e Abs. 2 S. 6).

d) Verwertung

47g Für die Verwertung der Ergebnisse einer Online-Durchsuchung gilt zunächst das zur TKÜ Gesagte (vgl. oben Rn. 44ff.). S. ferner die Erläuterungen zur akustischen Wohnraumüberwachung (unten Rn. 51f.), die hier gleichfalls Platz greifen.

10. Einsatz technischer Mittel und Wohnraumüberwachung, §§ 100cff.

a) Bildaufnahmen (§ 100h Abs. 1 Nr. 1)

48 Der Vergleich mit Nr. 2 zeigt, dass heimliche Aufnahmen zu Zwecken der Observation gemeint sind.[76] Die Spurensicherung am Tatort ist kein Eingriff und zählt zu den „freien Ermittlungen“ (vgl. oben Rn. 1). Die Aufnahmen nach Nr. 1 werden in der Öffentlichkeit gemacht; an die Straftat, um deren Aufklärung es geht, stellt das Gesetz deshalb keine weiteren Anforderungen. Das ist anders bei der

b) Verwendung sonstiger technischer Mittel (§ 100h Abs. 1 Nr. 2)

49 Geht es um das Bild, gilt Abs. 1 Nr. 1, handelt es sich um das gesprochene Wort, gilt die Regelung über den Lauschangriff (§§ 100c, f) Es bleiben also z. B. Peilsender, GPS-System,[77] Bewegungsmelder, etc. Ihr Einsatz ist an die (unbestimmte, oben Rn. 39) Vor-

---

[76] BGHSt 44, 13.
[77] BGHSt 46, 266; Anm. *Kühne*, JZ 2001, 1144.

aussetzung gekoppelt, dass es sich um eine „Straftat von erheblicher Bedeutung" handelt. Der Gesetzgeber hat der Polizei (zu) viel Spielraum gelassen.[78] Vor allem unkoordinierte Ermittlungsmaßnahmen verschiedener Behörden haben den Effekt eines „additiven", streng zu kontrollierenden Grundrechtseingriffs.[79] Auch ohne explizite gesetzliche Regelung bleiben Eingriffe in den Kernbereich privater Lebensgestaltung (denkbar insb. im Zusammenhang mit Bildaufnahmen nach Abs. 1 Nr. 1) wiederum unzulässig. In einem solchen Fall ist die Maßnahme, ganz so wie bei §§ 100a–100c, sofort abzubrechen; daraus erlangte Daten unterliegen einem Verwertungsverbot und sind sofort zu löschen bzw. zu sperren.[80]

c) Abhören und Aufzeichnen des nichtöffentlich gesprochenen Wortes – *„kleiner" Lauschangriff* (§ 100f)

Diese früher unzulässige Maßnahme[81] ist durch das OrgKG 1992 erlaubt worden. Sie ist der Telekommunikationsüberwachung (§ 100a) vergleichbar und entsprechend geregelt worden, auch was die Subsidiaritätsklausel betrifft (auf andere Weise aussichtslos oder wesentlich erschwert). Einsatzgebiet ist der Bereich außerhalb von „Wohnungen". Darunter versteht die verfassungsrechtliche Tradition „jeden nicht allgemein zugänglichen Raum, der zur Stätte des Aufenthalts oder Wirkens von Menschen gemacht wird", also auch Arbeits-, Betriebs- und Geschäftsräume.[82] Sie orientiert sich an dem Recht, in Ruhe gelassen zu werden.[83] Im Besuchsraum einer Strafvollzugsanstalt hat man es nicht.[84] Auch im Rahmen von § 100f ist der Kernbereich privater Lebensgestaltung zu achten. Wie bei § 100h sind entsprechende Vorkehrungen zu treffen, wenn die Maßnahme den Kernbereich berührt oder zu berühren droht (s. dazu soeben Rn. 49). 50

d) Abhören und Aufzeichnen des nichtöffentlich gesprochenen Wortes – *„großer" Lauschangriff* (§ 100c)

Dieser Eingriff in Art. 13 GG ist gestattet worden durch das Gesetz zur Verbesserung der Bekämpfung der organisierten Kriminalität vom 4.5.1998. Der Straftatenkatalog ist enger als in §§ 100a Abs. 2, 100f Abs. 1. Wer ein Zeugnisverweigerungsrecht aus beruflichen Gründen hat (§ 53), darf nicht belauscht werden (Beweiserhebungsverbot, § 100d Abs. 5 S. 1), wenn das Vertrauensverhältnis zu seinem Klienten, Patienten, etc. berührt ist. § 160a Abs. 4 lässt die akustische Wohnraumüberwachung dennoch zu, wenn der Verdacht der Teilnahme oder einer Strafvereitelung etc. besteht (übereinstimmend mit § 97 Abs. 2 S. 2) und verletzt damit das für den Verteidiger zur Telefonüberwachung geschaffene Sonderrecht (vgl. oben Rn. 42).[85] Nahestehende Personen (§ 52) und mitwirkende Personen (§ 53a) sind vor der Maßnahme nicht sicher. Ob die Erkenntnisse verwertet werden dürfen, ergibt eine Abwägung (§ 100d Abs. 5 S. 2). Dar- 51

---

[78] Die Regelung verstößt allerdings nach EGMR NJW 2011, 1333, nicht gegen Art. 8 EMRK.
[79] BVerfG NStZ 2005, 388.
[80] *Singelstein*, NStZ 2014, 305 (311).
[81] BGHSt 34, 39 (50).
[82] BGHSt 42, 372 (375).
[83] BVerfGE 89, 1 (12).
[84] BGHSt 44, 138; BGH NStZ 2009, 519 kommt dennoch zu einem Verwertungsverbot, abgeleitet (aber nicht konsistent begründet) aus dem Fairnessgebot. Näher dazu *Engländer*, JZ 2009, 1179.
[85] Vgl. BGHSt 33, 347ff.

über entscheidet das Gericht, das auch für die Anordnung der Maßnahme zuständig ist, nämlich die Staatschutzkammer des Landgerichts (§ 100e Abs. 4 S. 5, Abs. 2 S. 1).

Personenbezogene Informationen aus dieser Maßnahme dürfen auch in anderen Strafverfahren verwendet werden, wenn sie eine Katalogtat betreffen, die zur Anordnung des Lauschangriffs berechtigen würde, sowie zur Gefahrenabwehr (§ 100e Abs. 6). Ansonsten gilt ein **Verwertungsverbot** (§ 100d Abs. 1 S. 1).

Das BVerfG hatte Teile der alten Regelung für verfassungswidrig erklärt und Nachbesserung verlangt.[86] Dem hat der Gesetzgeber in den monströsen Vorschriften über den großen Lauschangriff Rechnung zu tragen versucht. Zum Schutz des Kernbereichs privater Lebensgestaltung enthält § 100d Abs. 4 S. 1 ein Beweiserhebungsverbot in Gestalt eines Anordnungsverbots. Schwer praktikabel ist das Abbruchs- und Löschungsgebot in § 100d Abs. 2 S. 2, Abs. 4 S. 2 (näher zum Verwertungsverbot unten 28 Rn. 39f.). Effektiv kann das allenfalls gelingen, wenn die Polizei nicht automatisch aufzeichnet, sondern mithört („Echtzeitüberwachung").

52 Die Verwertung personenbezogener Informationen soll auch zu präventiven Zwecken zulässig sein (§ 100e Abs. 6 Nr. 2)[87]. Umgekehrt dürfen Erkenntnisse, die in einem „großen" Lauschangriff nach Polizeirecht rechtmäßig[88] gewonnen wurden, zur Aufklärung einer Katalogtat, im Strafverfahren also, verwendet werden (§ 100e Abs. 6 Nr. 3). Die strikte Trennung präventiver und repressiver Befugnisse ist aufgegeben.[89]

Da sich der Gesetzgeber bei den Verwertungsverboten an das Modell des § 100a gehalten und die Fernwirkung nicht ausgeschlossen hat, ist anzunehmen, dass „Zufallserkenntnisse" auch hier mittelbar verwertbar sein sollen (vgl. oben Rn. 47). Nur (aber auch immerhin) für den „unantastbaren Bereich privater Lebensgestaltung" hat das BVerfG nun festgehalten, dass sie „weder im Hauptsacheverfahren verwertet werden noch Anknüpfungspunkt weiterer Ermittlungen sein" dürfen.[90]

e) Betroffene

53 Diese Maßnahmen dürfen mit Ausnahme des „großen" Lauschangriffs (§ 100c Abs. 2) nicht nur gegen den Betroffenen, sondern unter erschwerten Voraussetzungen gezielt gegen jedermann gerichtet werden (§ 100f Abs. 2 S. 2; mit Ausnahme des Verteidigers, § 148). Diese Einschränkungen gelten nicht, wenn gegen den Beschuldigten vorgegangen wird und dadurch Dritte (Passanten, Gesprächspartner) als Nebenfolge unvermeidbar betroffen sind (§ 100f Abs. 3).

11. Durchsuchung, §§ 102ff.

Sie greift in die Grundrechte aus Art. 2, 13 GG ein. Der Unverdächtige (§ 103) muss weniger dulden als der Verdächtige (§ 102). Durchsuchungen können von der Einleitung eines Ermittlungsverfahrens an bis zur Rechtskraft des Urteils erfolgen (so dass unter die „Verdächtigen" als Oberbegriff auch der Angeklagte und der Verurteilte fallen).

---

[86] BVerfG NStZ 2004, 270.

[87] Das ist mit den Vorgaben des BVerfG a. a. O. nicht vereinbar.

[88] BGH NStZ 2010, 44. Für die Verwendungsregeln der StPO gelten die gleichen Grundsätze wie für Verwertungsverbote, BGH a. a. O.

[89] Vgl. schon BGH StV 1996, 185; *Welp,* NStZ 1995, 602; *Schnarr,* StraFo 1998, 217.

[90] BVerfG NStZ 2004, 270 (271).

a) Durchsuchung beim Verdächtigen, § 102

aa) Voraussetzungen

Die h. M. lässt sie schon dann zu, wenn die kriminalistische Erfahrung annehmen lässt, dass sie erfolgreich sein könnte. Eine Vermutung, die sich darauf stützt, genügt bereits; nur die „bloße" Vermutung scheidet aus. Das ist weniger als Anfangsverdacht (den eine Mindermeinung fordert).[91] Da § 102 StPO das Bestehen einer begründeten Vermutung im Zeitpunkt der Durchsuchung voraussetzt, darf sie nicht zur Ermittlung von Tatsachen vorgenommen werden, die einen Verdacht erst begründen sollen.[92] Der „Verdächtige" braucht noch nicht Beschuldigter zu sein; wäre er zu vernehmen, müsste das im Wege der informatorischen Befragung eines Zeugen geschehen (vgl. oben 9 Rn. 6). Die Durchsuchung ist auf eine offene, d. h. für den Betroffenen erkennbare Ausführung angelegt. Deshalb kann die „verdeckte Online-Durchsuchung" nicht auf § 102 StPO gestützt werden.[93] Der Gesetzgeber hat für sie daher in § 100b StPO eine spezielle Eingriffsgrundlage geschaffen (vgl. oben Rn. 47c ff.). 54

bb) Objekte

Durchsucht werden

- Wohnungen und Räume, die der Beschuldigte nutzt, befugt oder unbefugt, allein oder mit anderen,
- seine Person nach Sachen oder Spuren am Körper (vgl. oben Rn. 22),
- bewegliche Sachen, die „ihm gehören". Damit sind Besitz und (Mit-)Gewahrsam gemeint, nicht die Eigentumsverhältnisse, weil es nach dem Zweck der Maßnahme darauf ankommt, den Umkreis des Verdächtigen zu beschreiben.

cc) Zwecke

Man will entweder ein Beweismittel auffinden oder den Verdächtigen ergreifen, also festnehmen. Das kann auch der bereits Verurteilte sein (vgl. oben vor Rn. 54).

b) Durchsuchung bei anderen Personen, § 103 Abs. 1 S. 1

aa) Voraussetzungen

Sie sind enger als bei § 102. Es müssen „Tatsachen vorliegen"; Vermutungen reichen nicht. „Andere Personen" sind auch juristische Personen und Behörden. 55

Der Grundsatz der Verhältnismäßigkeit gebietet, dass der Betroffene – der ja nicht tat- oder teilnahmeverdächtig ist – zunächst aufgefordert wird, den gesuchten Gegenstand herauszugeben.

bb) Objekte

Es sind die Gleichen wie bei § 102. Auch die Person, obwohl nicht ausdrücklich genannt, darf durchsucht werden, denn § 81c gestattet mehr, nämlich ihre körperliche Untersuchung.

---

[91] Vgl. LR/*Schäfer*, § 102 Rn. 15.
[92] BVerfG NJW 2014, 1650.
[93] BGHSt 51, 211.

cc) Zwecke

Bestimmte Tatsachen müssen den Schluss zulassen, dass ein bestimmtes Beweismittel, der Beschuldigte oder die Spur einer Straftat aufgefunden werde. Nach Gegenständen, die wegen § 97 beschlagnahmefrei sind, darf gar nicht erst gesucht werden.

c) Gebäudedurchsuchungen, § 103 Abs. 1 S. 2

Auf der Suche nach „Terroristen" (genauer der Wortlaut der Vorschrift) braucht man für die Durchsuchung einer Wohnung nicht die begründete Annahme, dass sie sich gerade in ihr aufhalten, sondern nur die, dass sie sich in irgendeiner Wohnung in diesem Haus befinden.

d) Raumdurchsuchungen, § 103 Abs. 2

Wenn sich der Beschuldigte in Räumen aufgehalten hat, und sei es nur kurz (z. B. auf der Flucht), kann sich der unverdächtige Inhaber nicht auf die Beschränkungen des Abs. 1 S. 1 berufen, sondern muss sich eine Durchsuchung wie beim Verdächtigen gefallen lassen.

e) Durchsuchungsbeschluss, § 105 Abs. 1

56 Bei Gefahr im Verzug dürfen die Staatsanwaltschaft oder ihre Ermittlungspersonen Durchsuchungsanordnungen treffen, die keiner nachträglichen richterlichen Bestätigung bedürfen (anders bei der Beschlagnahme, § 98 Abs. 2 S. 1). Diese Kompetenz ist eng auszulegen.[94] Im Regelfall muss ein richterlicher Beschluss ergehen,[95] in dem Zweck und Ziel der Maßnahme genau bezeichnet und zumindest beispielhaft die Beweismittel angegeben werden, nach denen gesucht wird.[96] Früher hat der BGH die Auffassung vertreten, dass die Staatsanwaltschaft und ihre Ermittlungspersonen von ihrer Eilkompetenz Gebrauch machen können, wenn der Ermittlungsrichter nicht rechtzeitig entscheidet.[97] Dem ist das BVerfG entgegengetreten.[98] Ihm zufolge endet die Eilzuständigkeit der Ermittlungsbehörden, sobald der Richter mit dem Durchsuchungsantrag befasst wird. Anderenfalls würden die Kompetenzen des Richters aus Art. 13 Abs. 2 GG und Art. 91 Abs. 1 GG in unzulässiger Weise beschnitten. Eine Ausnahme kommt nur in Betracht, wenn nachträglich neue Umstände eintreten oder bekannt werden, die ein sofortiges Tätigwerden erfordern.[99]

Fall 7: Konkrete Tatsachen sprechen dafür, dass W zu Hause unerlaubt Schusswaffen aufbewahrt (Straftat nach § 52 Abs. 1 Nr. 2 b WaffG). Daher stellt die zuständige Staatsanwältin S beim Ermittlungsrichter einen Antrag auf Erlass eines Durchsuchungsbeschlusses. Als dieser erklärt, ohne Vorlage und Durchsicht der Ermittlungsakte keine Entscheidung treffen zu können, ordnet S die Durchsuchung der Wohnung wegen Gefahr im Verzug selbst an. Bei der Durchsuchung werden mehrere Pistolen beschlagnahmt.

---

[94] BVerfG NStZ 2001, 382.
[95] In Eilfällen auch telefonisch, BGH NStZ 2005, 392.
[96] BVerfG NStZ 1992, 91.
[97] BGH NStZ 2006, 114.
[98] BVerfGE 139, 245; zust. *Putzke,* ZJS 2015, 623; *Rabe v. Kühlewein,* NStZ 2015, 618.
[99] Krit. zur Ausnahme *Grube,* NStZ 2015, 534.

Das ist nicht zulässig. Neue Umstände liegen hier nicht vor. Folglich stellt das Verhalten der S eine bewusste Umgehung des Richtervorbehalts dar und begründet damit ein Verwertungsverbot (dazu sogleich Rn. 58).

Bei der Anordnung gegen einen Nichtverdächtigen (§ 103) müssen „hinreichend individualisierte Beweismittel" im Durchsuchungsbeschluss „so weit konkretisiert werden, dass weder bei dem Betroffenen noch bei dem die Durchsuchung vollziehenden Beamten Zweifel über die zu suchenden und zu beschlagnahmenden Gegenstände entstehen können".[100] Der Sinn des Richtervorbehalts, eine präventive Kontrolle der Rechtmäßigkeit zu sichern und insbesondere die Verhältnismäßigkeit des Eingriffs zu prüfen, geht verloren, wenn der Durchsuchungsbeschluss erst nach längerer Zeit vollzogen wird. Das BVerfG hat eine äußerste Grenze gezogen: richterliche Durchsuchungsanordnungen gelten höchstens sechs Monate.[101]

f) Der Ablauf der Durchsuchung

Ist kein Richter oder Staatsanwalt dabei, müssen, wenn möglich, Durchsuchungszeugen hinzugezogen werden (§ 105 Abs. 2). Das ist zwingend. § 106 hingegen bildet nur eine Ordnungsvorschrift (str.). Zur Nachtzeit gelten Beschränkungen (§ 104; die Definition in Abs. 3 dürfte mit den Lebensgewohnheiten Vieler nicht ganz übereinstimmen). An „verrufenen Orten", wie es früher einmal hieß, entfallen sie wieder (§ 104 Abs. 2). Von den „Räumen" des Abs. 2 sind wegen Art. 13 Abs. 2 GG die „Wohnungen" auszunehmen (str.). Sie darf man nur nach Abs. 1 betreten (Beispiel: Die Wohnung der Prostituierten, des Hehlers). Zu Durchsuchungsbescheinigung, Beschlagnahme- oder Negativverzeichnis vgl. § 107. Die Durchsicht der Papiere im Gewahrsam des Betroffenen (§ 110) dient dem Zweck festzustellen, ob sie zurückzugeben oder zu beschlagnahmen sind. Dabei muss die Durchsicht nicht zwingend an Ort und Stelle erfolgen; die Papiere dürfen, wenn die sofortige Sichtung – etwa aufgrund des Umfangs – nicht möglich ist – zu diesem Zweck mitgenommen werden.[102] „Papiere" sind auch Disketten, Festplatten, etc.

g) Zufallsfunde, § 108

Zufall und Absicht schließen sich aus. Es ist also unzulässig, gezielt nach Gegenständen 57
zu suchen, auf die sich die Anordnung nicht bezieht[103] oder etwa eine Durchsuchung als bloßen Vorwand für eine solche Suche zu benutzen.[104] Zufallsfunde werden „einstweilen" in Beschlag genommen. Die Staatsanwaltschaft entscheidet dann, ob sie den Gegenstand freigibt oder beim Richter eine Beschlagnahme beantragt (§§ 94, 98; „Gefahr im Verzug" besteht in dieser Lage nie). Für Zufallserkenntnisse bei §§ 100a ff. gilt § 108 nicht (vgl. oben 47).

h) Verwertungsverbot

Es ist sehr umstritten, ob ein Gegenstand als Beweismittel verwendet werden darf, der 58
bei einer rechtsfehlerhaften Durchsuchung erlangt (beschlagnahmt) worden ist.[105] Die

---

[100] BGH NStZ 2002, 215.
[101] BVerfG NJW 1997, 2165.
[102] Zu den Anwesenheitsrechten des Betroffenen *Peters,* NZWiSt 2017, 465.
[103] LG Berlin StV 1997, 97.
[104] OLG Karlsruhe StV 1986, 10.
[105] Zum Streitstand *Meyer-Goßner/Schmitt,* § 94 Rn. 21.

hypothetische Frage, ob der Richter die Durchsuchungsanordnung erlassen hätte, würde in aller Regel zur Verwertbarkeit führen.[106] Das ist jedoch nicht hinnehmbar, wenn der Richtervorbehalt bewusst missachtet wurde oder „eine gleichgewichtig grobe Verkennung“ seiner Voraussetzungen vorliegt.[107] In diesem Fall soll ein Verwertungsverbot anders als bei Verstößen gegen die Belehrungspflicht (§ 136 Abs. 1) auch nicht davon abhängig sein, dass der Verteidiger der Verwertung rechtzeitig widerspricht; die sog. Widerspruchslösung (s. hierzu 9 Rn. 11 und 28 Rn. 22) gilt hier nicht.[108] Verstöße gegen andere Durchsuchungsvorschriften (vgl. oben Rn. 56) hindern die Verwertung grds. nicht. Das BVerfG hat das Recht auf informationelle Selbstbestimmung und – bei Durchsuchung und Beschlagnahme in einer Anwaltskanzlei – das Interesse an einem effektiven Schutz des Vertrauensverhältnisses zum Berufsgeheimnisträger betont und ergänzend ein Verwertungsverbot in Betracht gezogen: „Zumindest bei schwerwiegenden, bewussten oder willkürlichen Verfahrensverstößen, in denen die Beschränkung auf den Ermittlungszweck der Datenträgerbeschlagnahme planmäßig oder systematisch außer Acht gelassen wird, ist ein Beweisverwertungsverbot als Folge einer fehlerhaften Durchsuchung und Beschlagnahme von Datenträgern und der darauf vorhandenen Daten geboten“.[109] Der EGMR hat die Verwertung von rechtsfehlerhaft erlangten Beweismitteln gebilligt, solange das Verfahren insgesamt noch als fair erscheine. Insofern sei es zulässig, das öffentliche Interesse an einer Strafverfolgung gegen das individuelle Interesse des Beschuldigten daran, dass nur rechtmäßig erlangte Beweismittel verwertet würden, abzuwägen.[110]

Fall 8: Bei einer Durchsuchung der Wohnräume wegen Verdachts der Markenpiraterie (strafbar u. a. nach §§ 106ff. UrhG, 143 MarkenG) werden bei T zahlreiche gefälschte Luxus-Uhren gefunden und beschlagnahmt. Allerdings hätte der Ermittlungsrichter mangels eines hinreichend konkreten Verdachts (s. dazu Rn. 159) die Durchsuchung nicht anordnen dürfen.

Wird die Verwertbarkeit hier auf den Vorrang des staatlichen Strafverfolgungsinteresses gestützt, steht dem das fair-trial-Prinzip nicht entgegen.

12. Verdeckte Ermittler, §§ 110a ff.

a) Begriff

59 Die **Definition** in § 110a Abs. 2 ist dadurch zu konkretisieren, dass

- der Ermittlungsauftrag nicht nur wenige oder konkret bestimmte Ermittlungshandlungen betrifft,
- unbestimmt viele Personen über die wahre Identität des Polizeibeamten zu täuschen sind,
- von vornherein klar ist, dass die Identität des Beamten in künftigen Strafverfahren auf Dauer geheim gehalten werden muss.[111]

[106] BGH NStZ 1989, 375.
[107] BGH NStZ 2007, 601; StV 2016, 539.
[108] BGHSt 61, 266.
[109] BVerfG NJW 2005, 1917ff.
[110] EGMR NJW 2017, 2811 (2813); krit. *Byczyk,* HRRS 2016, 509.
[111] Vgl. BGHSt 41, 69.

Nicht verdeckte Ermittler sind demnach 60

- „nicht öffentlich ermittelnde Polizeibeamte" (noeP), d. h. Beamte, die nur gelegentlich verdeckt auftreten, wie z. B. Scheinaufkäufer bei BtM-Geschäften,[112] wobei mehr als drei Außenkontakte (Praxisregel) den noeP zum verdeckten Ermittler machen,[113]
- Informanten und V-Personen (vgl. oben Rn. 4). Dass die Beschränkungen der §§ 110a, b, für sie nicht gelten[114] und ihre Aktivitäten durch die allgemeinen Bestimmungen (§§ 161, 163) gedeckt sein sollen, erscheint bedenklich,[115]
- under-cover-agents, die lange Zeit ohne konkreten Ermittlungsauftrag in der kriminellen Szene abtauchen und ohne Kontrolle agieren; derartige Einsätze sind unzulässig.

Die **Legende** ist in § 110a Abs. 2 S. 1 erklärt. Der Polizeibeamte darf unter verändertem Namen und Beruf, anderer Adresse, etc. Verträge schließen, klagen, sich in öffentliche Bücher eintragen lassen, etc. (§ 110a Abs. 2 S. 2; vgl. auch Abs. 3). Auch nach seinem Einsatz ist der Polizeibeamte durch die Legende geschützt (§ 110b Abs. 3).

b) Voraussetzungen

61 Der Straftatenkatalog in § 110a Abs. 1 entspricht dem der Rasterfahndung, wobei allerdings § 98a Abs. 1 Nr. 3 und 4 schlichtweg durch eine Generalklausel ersetzt worden sind („Verbrechen", § 110a Abs. 1 S. 2). Die Einschränkung durch „Wiederholungsgefahr" bleibt bedeutungslos, weil man „außerdem" auf eine weitere Generalklausel zurückgreifen kann (Abs. 1 S. 4). Die Subsidiaritätsklausel (Abs. 1 S. 3) ist die gleiche wie bei der Telekommunikationsüberwachung.

c) Anordnung

62 Die Polizei entscheidet. Sie braucht immer die Zustimmung der Staatsanwaltschaft und manchmal die des Richters (§ 110b Abs. 1 S. 1, Abs. 2 S. 1). Bei Gefahr im Verzug aber handelt sie zunächst auf eigene Faust (Abs. 1 S. 2, Abs. 2 S. 3). Die nachträgliche Billigung der Staatsanwaltschaft muss innerhalb von drei Tagen (Abs. 1 S. 2) oder unverzüglich (Abs. 2 S. 3) eingeholt werden. In beiden Fällen des Abs. 2 genügt das für einen Einsatz von drei Tagen; dann (erst) ist die Zustimmung des Richters nötig (S. 4).

Der Richter „muss gleichsam korrigierend gewährleisten, dass mögliche Interessen der aus der Natur der Sache heraus notwendigerweise nicht vorher gehörten Betroffenen (vgl. Art. 19 Abs. 4 GG) beachtet werden".[116] „Ist Entscheidungsgrundlage des Antrags allein ein Hinweis einer V-Person, ist besondere Vorsicht geboten, um eine Außensteuerung der Justiz oder Selbstermächtigung des Verdeckten Ermittlers zu verhindern".[117]

---

[112] BGH NStZ 1996, 450 mit abl. Anm. *Rogall.*
[113] Näher *H. Schneider,* NStZ 2004, 359.
[114] BGHSt 41, 42.
[115] Vgl. SK-StPO/*Wolter/Jäger,* § 110a Rn. 14.
[116] BGHSt 42, 103 (104).
[117] BGHSt 42, 103 (105).

d) Befugnisse, Pflichten, § 110c

63 **Fall 9:** Der verdeckte Ermittler (VE) klingelt bei H, der ein Waffenschieber sein soll, stellt sich als Mann von den Städtischen Werken vor, wird eingelassen, findet im Bad Kokain-Briefchen im Marktwert von etwa EUR 10.000 und geht wieder.

Wenn er sich so vorgestellt hat, wie es seiner Legende entspricht, begeht er keinen Hausfriedensbruch (S. 1), andernfalls schon (S. 2). Als Polizeibeamter wäre er nach dem Legalitätsprinzip verpflichtet, dem Verdacht des Rauschgifthandels sofort nachzugehen und das Kokain zu beschlagnahmen. Aus „kriminaltaktischen Erwägungen" (vgl. RiStBV Anh. D Nr. 4.4) durfte er das hier unterlassen, so dass er sich nicht nach § 258a StGB strafbar gemacht hat.

Fall 10: Ein VE hat es geschafft, in die Rauschgiftszene einzusickern. Er wird von seinem „neuen Freund" F aufgefordert, eine größere Menge Rauschgift im Ausland abzuholen. Bei dieser Gelegenheit unterhält er sich mit F darüber, wer eigentlich die Bosse auf der nächst höheren Ebene sind. Im Nebenzimmer wird ein Kurier gefesselt und gequält, weil er Stoff auf eigene Rechnung verkauft haben soll. VE bittet den erfahrenen G, ihm beim Import zu helfen und macht sich mit ihm auf den Weg.

Gegen die Straftaten im Nebenzimmer müsste er eigentlich einschreiten, weil er auch die präventiven Befugnisse und Pflichten nach den Polizeigesetzen hat (S. 3: „andere Rechtsvorschriften").

Nicht geregelt ist seine **Befugnis zu „milieubedingten Straftaten".** Grds. dürfen VE selbst keine Straftaten begehen, und zwar auch nicht zur Aufrechterhaltung ihrer Tarnung. Der Verstoß des VE gegen § 29 Abs. 1 Nr. 1 BtMG (Einfuhr), kann allenfalls durch § 34 StGB gerechtfertigt sein.

Die Tatprovokation eines ohnehin Tatgeneigten (G gehört zur Szene) ist grds. zulässig (oben Rn. 4; zur Überschreitung der Grenzen zulässiger Tatprovokation s. unten 14 Rn. 28).

Schließlich war das Gespräch mit F nicht vernehmungsähnlich, weil es sich nicht auf begangene Straftaten bezog. Die Angaben des F über die „Bosse" sind verwertbar (näher unten 28 Rn. 33).

13. Kontrollstellen, § 111

64 **Fall 11:** Die Polizei hat auf der Suche nach einem bewaffneten Räuber Kontrollstellen eingerichtet und das Auto des U angehalten, der sich auf den ersten Blick als nichtverdächtig erweist. U weigert sich, seine Koffer zu öffnen und die Ausweise seiner Kinder vorzuzeigen.

Zu den entsprechend anwendbaren Vorschriften gehört nach Abs. 3 auch § 163 b. Der Verhältnismäßigkeitsgrundsatz (§ 163b Abs. 2 S. 2) verbietet, die Identität der Kinder festzustellen. Auch die Durchsuchung seiner Sachen braucht sich U gegen seinen Willen nicht gefallen lassen (§ 163b Abs. 2 S. 2; str., weil § 111 Abs. 1 S. 2, anders als § 163b, nicht zwischen Verdächtigen und Unverdächtigen unterscheidet).

Fall 12: Die Polizei riegelt das Hafenviertel großzügig ab, weil sich dort die „dunklen Existenzen" gehäuft haben, und überprüft jedermann.

65 Für eine solche **Razzia,** die präventiven Zwecken dient, muss sie sich auf ihre Befugnisse zur Gefahrenabwehr stützen. Soweit es um die Aufklärung begangener Straftaten geht, finden sich in der StPO Eingriffsgrundlagen (nur) in §§ 163b, 94, 95, 102, 103, 111, 111 b. Sie erlauben, im Verbund gesehen, razziaähnliche Maßnahmen.

14. Vorläufige Festnahme, §§ 127 ff.

a) Jedermann darf den Täter, der auf frischer Tat betroffen wurde, vorläufig festnehmen, wenn sich seine Identität nicht an Ort und Stelle klären lässt (weil er sich nicht ausweisen kann oder will) oder die Annahme gerechtfertigt ist, dass er fliehen werde (Fluchtverdacht – die Anforderungen an „Fluchtgefahr" beim Haftbefehl sind strenger). 66

Dieser **Rechtfertigungsgrund** erlaubt nur Freiheitsberaubung und Nötigung sowie die Anwendung körperlicher Gewalt mit der Gefahr oder Folge einer noch angemessenen Körperverletzung (schmerzhafter Griff), niemals aber den Einsatz einer Waffe über die Drohung hinaus und auch nicht andere Straftaten (z. B. § 315 c StGB bei wilder Verfolgungsjagd).

Er hat zur **Voraussetzung,** dass die Tat durch den Festgenommenen **wirklich** begangen 67
wurde. Die Gegenansicht lässt genügen, dass ein **dringender Tatverdacht** besteht.[118] Begründung: Ebenso wie alle anderen strafprozessualen Zwangsmaßnahmen im Ermittlungsverfahren könne das Festnahmerecht nur an einen Verdacht anknüpfen. Zudem dürfe an das Handeln des Bürgers, wenn er mit der Festnahme eine öffentliche Aufgabe wahrnehme, kein strengerer Maßstab angelegt werden als an die Strafverfolgungsorgane. Die Polizei sei aber zur Festnahme bereits bei dringendem Tatverdacht befugt (§ 127 Abs. 2). Richtigerweise kommt es für die Entscheidung der Frage, unter welchen Voraussetzungen man das staatliche Gewaltmonopol durch ein privates Festnahmerecht durchbrechen will,[119] auf die Konsequenzen an:

- Ist die Festnahme schon dann gerechtfertigt, wenn sie einen Verdächtigen trifft, muss er die Festnahme dulden, weil dieser Angriff auf ihn (§ 32 StGB) durch § 127 gedeckt wird. Wehrt er sich dennoch, trägt er das Risiko, einen Erlaubnistatbestandsirrtum plausibel machen zu können.
- Ist die Festnahme nur gerechtfertigt, wenn sie den „wirklichen Täter" trifft, darf sich der „Falsche" (der nur Verdächtige) gegen seine Festnahme wehren (§ 32 StGB). Das Irrtumsrisiko trägt der Festnehmende. Es ist nicht groß. Wenn alles so aussieht, dass soeben eine Straftat begangen wurde, wird der Irrtum über die Voraussetzungen des Rechtfertigungsgrundes nicht vorwerfbar sein, und selbst wenn er es wäre, könnte diese Fahrlässigkeit nur zur Strafbarkeit gem. § 229 StGB führen, denn der für §§ 239, 240 StGB erforderliche Vorsatz entfällt auch bei verschuldetem Erlaubnistatbestandsirrtum.

Die Entscheidung der Kontroverse hängt letztlich von der rechtspolitischen Frage ab, wie festnahmefreudig man sich den deutschen Privatmann wünscht. Den Vorzug verdient die Ansicht, die nur die Festnahme des wirklichen Täters rechtfertigt und das Irrtumsrisiko dem Festnehmenden zuweist. Dafür spricht auch ein systematisches Argument: Anders als der nur für die Strafverfolgungsorgane geltende § 127 Abs. 2 verweist Abs. 1 gerade nicht auf die Voraussetzungen der U-Haft, für die bereits ein dringender Tatverdacht ausreicht.

b) Staatsanwälte und Polizisten sind nach dem Wortlaut des § 127 Abs. 1 S. 1 wie jeder- 68
mann zu einer Festnahme nach dieser Vorschrift befugt. Sie rechtfertigt aber für die Strafverfolgungsbehörden die Festnahme zur Feststellung der Identität nicht mehr, seit

---

[118] BGH (6. ZS) NJW 1981, 745; OLG Hamm NStZ 1998, 370.

[119] Offen gelassen in BGHSt 45, 378.

die speziellere Regelung § 163b gilt (s. unten Rn. 71, § 127 Abs. 1 S. 2). Allerdings dürfen Staatsanwälte und Polizisten, anders als jedermann, schon dann eine Festnahme durchführen, wenn die Voraussetzungen eines Haftbefehls (dringender Tatverdacht, Haftgrund) vorliegen, dessen Erwirkung zu lange dauern würde, so dass Gefahr im Verzug ist (§ 127 Abs. 2). Die Mittel der Festnahme sind in den Landesgesetzen über die Anwendung unmittelbaren Zwangs geregelt (nach a. A. UZwG des Bundes).

c) Vorläufige Festnahme und Hauptverhandlungshaft, § 127b

69 Die Vorschrift soll das beschleunigte Verfahren (§§ 417ff.) attraktiver machen. Sie richtet sich gegen reisende Straftäter, Wohnungslose, Ausländer, schafft einen neuen Festnahmegrund und gestattet den Erlass eines befristeten Haftbefehls auch dann, wenn weder Flucht- noch Verdunkelungsgefahr vorliegen. Diese neue Form der U-Haft ist

- höchst bedenklich, weil das beschleunigte Verfahren (näher unten 33 Rn. 10ff.) nur für leichte und mittlere Kriminalität zur Verfügung steht (Höchststrafe ein Jahr, § 419 Abs. 2),
- sinnlos, weil Staatsanwalt und Richter, die für den Erlass des Haftbefehls gebraucht werden, dann auch gleich „beschleunigt" in der Sache selbst entscheiden könnten, anstatt sich zweimal in einer Woche mit ihr zu befassen (vgl. § 127b Abs. 3),
- kontraproduktiv, weil die Beschleunigung dahin ist, wenn der Beschuldigte Haftprüfung beantragt oder Haftbeschwerde einlegt und damit zeitraubende Zwischenverfahren auslöst.

d) Das weitere Verfahren nach einer Festnahme regelt § 128.

15. Fahndung, § 131

70 Liegt ein Haftbefehl vor (§ 131 Abs. 1), kann der Beschuldigte zur Festnahme ausgeschrieben werden (früher: „Steckbrief"). Das Gleiche gilt, falls ein Haftbefehl zu erwarten ist, aber nicht abgewartet werden kann (Abs. 2), z. B. bei einem dringend Tatverdächtigen, der sich im letzten Augenblick der Festnahme am Hauptbahnhof entzogen hat. Bei Straftaten von erheblicher Bedeutung kommt auch eine öffentliche Fahndung in Betracht (Abs. 3; Fernsehen, Internet). Die gleichen Mittel stehen zur Verfügung, wenn es nur darum geht, herauszufinden, wo sich ein Beschuldigter oder Zeuge aufhält (§ 131a) oder wer er ist (§ 131b).

16. Feststellung der Identität, §§ 163b, c

71 a) Die Identität von Verdächtigen darf mit allen „erforderlichen Maßnahmen" (Generalklausel) festgestellt werden (§ 163b Abs. 1 S. 1).

Auch **Unverdächtige** müssen sich das gefallen lassen (Abs. 2 S. 1). Ihnen muss eröffnet werden, welche Tat aufgeklärt werden soll (Abs. 2 S. 1: § 69 Abs. 1 S. 2 gilt entsprechend).

Es gibt drei Eingriffe, für die strengere Voraussetzungen gelten:

- Festhalten (Abs. 1 S. 2); für Unverdächtige enthält Abs. 2 S. 2 1. HS das zusätzliche Erfordernis, dass diese Maßnahme nicht außer Verhältnis zur Bedeutung der Sache stehen darf,
- Durchsuchungen und erkennungsdienstliche Maßnahmen (Abs. 1 S. 2); Unverdächtige müssen sich zumindest konkludent einverstanden erklären (Abs. 2 S. 2 HS 2), brauchen darüber aber nicht belehrt zu werden.

b) Die Freiheitsentziehung (Festhalten) zur Feststellung der Identität darf zwölf Stunden nicht überschreiten (§ 163c Abs. 3).

17. Netzfahndung, § 163d

Synonym gebraucht werden die Ausdrücke Schleppnetzfahndung und Kontrollfahndung. Die Vorschriften über die Erhebung von Daten (z. B. §§ 111 Abs. 1 S. 2, 163b Abs. 1) mussten durch eine Ermächtigungsgrundlage für die Speicherung und Verarbeitung personenbezogener Daten ergänzt werden.[120] Zur Unterscheidung: Die sog. Schleierfahndung als verdachts- und ereignisunabhängige Kontrollmaßnahme auf den Durchgangsstraßen und in den öffentlichen Einrichtungen ist eine präventiv-polizeiliche Maßnahme zum Ausgleich der weggefallenen Grenzkontrollen (z. B. Art. 13 Abs. 1 Nr. 5 BayPAG). 72

18. Polizeiliche Beobachtung, § 163e

Es geht nicht um kurzfristige Observation (dazu oben 10 Rn. 3). Die Vorschrift soll es vielmehr ermöglichen, ein „Bewegungsbild" zu erstellen. Die ausschreibende Stelle erhält über einen langen Zeitraum hinweg (ein Jahr, Abs. 4 S. 5; mehrfach um drei Monate verlängerbar, S. 6) Informationen, die sie dann zusammensetzt. Sie geben für ein Strafverfahren nicht viel her. Mehr als schwache Indizien lassen sich so nicht gewinnen (z. B. für die Fahrten eines Rauschgiftkuriers oder strafzumessungsrelevante Tatsachen wie die Lebensweise). Noch weiter entfernt von strafprozessual legitimen Zwecken ist die Befugnis, personenbezogene Informationen über unverdächtige Begleiter zu sammeln (Abs. 3). Es ist nicht hinreichend klar, was die polizeiliche Beobachtung mit Strafverfolgungsmaßnahmen zu tun hat, also der Aufklärung einer Tat und der Ergreifung eines Verdachtigen.[121] Einerseits muss es „zureichende tatsächliche Anhaltspunkte" für eine „Straftat von erheblicher Bedeutung" geben, andererseits ist mit der Ausschreibung zur Beobachtung die Aufforderung verbunden, untätig zu bleiben und nicht einzuschreiten. Die „erhebliche Bedeutung" kann also kaum in der Straftat selbst, sondern nur in ihrem Hintergrund und dessen Aufklärung liegen. 73

19. Längerfristige Observation, § 163f

Die planmäßige Überwachung der erheblichen Kriminalität ist nicht an einen Deliktskatalog gebunden. Zulässig ist auch die Observation von Kontaktpersonen (Abs. 1 S. 3). Sie sind nicht unbedingt identisch mit den Begleitern, deren Personalien nach § 163e gemeldet werden dürfen (vgl. oben Rn. 73). 74

V. Rechtsschutz im Ermittlungsverfahren

Gegen die Einleitung und Durchführung des Ermittlungsverfahrens selbst gibt es ihn nicht. Art. 19 Abs. 4 GG garantiert Rechtsschutz nicht sofort, sondern nur „zur rechten Zeit". Sie ist erst mit dem Abschluss des Ermittlungsverfahrens gekommen. Der Rechts- 75

---

[120] BVerfGE 65, 1; Volkszählungsurteil, Recht auf informationelle Selbstbestimmung; vgl. in der StPO die „Dateiregelungen" §§ 483–491.

[121] Vgl. *Krahl*, NStZ 1998, 339.

schutz des Beschuldigten „ist im gerichtlichen Zwischen- und Hauptverfahren regelmäßig weit reichender und umfassender als es eine Nachprüfung unselbständiger, das Ermittlungsverfahren fördernder Maßnahmen schon im Ermittlungsverfahren sein könnte".[122] Für „selbständige" Maßnahmen, also Eingriffe, gilt das allerdings nicht. Der Rechtsschutz gegen Eingriffe im Ermittlungsverfahren ist indes gesetzlich nur lückenhaft geregelt.[123]

1. Überblick

Übersicht 13: Rechtsschutz im Ermittlungsverfahren

<table>
<tr><td rowspan="3"></td><td colspan="5">Zwangsmaßnahmen im Ermittlungsverfahren
Angefochten wird die</td></tr>
<tr><td colspan="2">Anordnung
der Maßnahme
durch</td><td colspan="3">Art und Weise der Durchführung</td></tr>
<tr><td>Richter</td><td>StA/
Polizei</td><td colspan="3" rowspan="2">§ 98 II 2 (analog)</td></tr>
<tr><td>Maßnahme dauert noch an</td><td>§ 304</td><td>§ 98 II 2
(analog)</td></tr>
<tr><td rowspan="5">Maßnahme bereits erledigt</td><td colspan="2">Maßnahme
nach § 101 I StPO</td><td colspan="3">Sonstige erledigte Maßnahme
veranlasst von</td></tr>
<tr><td colspan="2" rowspan="4">Rechtsbehelf nach § 101 VII 2 StPO einzulegen binnen 2 Wochen nach Benachrichtigung des Betroffenen</td><td colspan="2">Richter</td><td>StA/
Polizei</td></tr>
<tr><td>Anordnung</td><td>Art und Weise der Durch-führung</td><td rowspan="2">§ 98 II 2
(analog)</td></tr>
<tr><td>§ 304</td><td>§ 98 II 2
(analog)</td></tr>
<tr><td colspan="3">Nur bei Rechtschutzinteresse des Betroffenen zulässig.
(Rehabilitationsinteresse, Wiederholungsgefahr od. schwere Grundrechtseingriffe)</td></tr>
</table>

2. Rechtsschutz gegen bevorstehende und andauernde Eingriffe

76 a) Hat die Maßnahme der **Richter** angeordnet, ist die Beschwerde statthaft (§ 304).

b) Erfolgte die Anordnung durch die **Staatsanwaltschaft** oder die **Polizei,** muss es wegen Art. 19 Abs. 4 GG ebenfalls eine Möglichkeit geben, sich dagegen zu wehren. Der

[122] BVerfG NStZ 2004, 447 mit der Einschränkung, dass „objektiv willkürliches Handeln der StA zum Nachteil des Beschuldigten in Rede steht".
[123] Vgl. *Engländer,* Jura 2010, 414.

Antrag auf gerichtliche Entscheidung gemäß § 98 Abs. 2 S. 2 gilt zwar unmittelbar nur für die Beschlagnahme, wird aber zur Schließung von Rechtsschutzlücken analog auch auf die anderen Zwangsmaßnahmen angewendet.[124]

c) Wendet sich der Betroffene nicht gegen die Anordnung als solche, sondern nur gegen die Art und Weise der **Durchführung**, so muss unabhängig davon, wer die Maßnahme angeordnet hat, ebenfalls analog § 98 Abs. 2 S. 2 „der für ihre Anordnung zuständige Richter … angerufen werden, weil er die Grenzen einer solchen Anordnung bestimmen kann und in diesem Rahmen die rechtliche Möglichkeit hat, Modalitäten ihrer Vollziehung zu regeln".[125]

d) Lehnt das Gericht den Antrag auf gerichtliche Entscheidung nach § 98 Abs. 2 S. 2 (analog) als unzulässig oder unbegründet ab, kann der Betroffene dagegen Beschwerde (§ 304) einlegen.

3. Rechtsschutz gegen erledigte (vollzogene) Maßnahmen

a) Bei Anordnung durch den Richter hat die früher h. M. jeden Rechtsschutz mit der Begründung verweigert, dass bereits ein Richter entschieden habe, nachträglicher Rechtsschutz in der StPO nicht vorgesehen und eine Analogie zu § 113 Abs. 1 S. 4 VwGO, § 28 Abs. 1 S. 4 EGGVG nicht zu ziehen sei, weil Art. 19 Abs. 4 GG prinzipiell keinen Rechtsschutz gegen Richter gewähre. Dessen Entscheidung erfolgte aber ohne Anhörung des Betroffenen (§ 33 Abs. 4). Dieser muss sich deshalb rechtliches Gehör und effektiven Rechtsschutz durch eine nachträgliche Kontrolle verschaffen können. Das BVerfG lässt daher nunmehr – in Abkehr von seiner früheren Rspr. – die Beschwerde (§ 304) zu.[126] 77

b) Hat die Staatsanwaltschaft oder Polizei die Maßnahmen angeordnet, war ein Richter noch nicht eingeschaltet. Nun gilt wieder § 98 Abs. 2 S. 2 analog.[127] 78

c) Wird nur die Art und Weise des Vollzugs der Maßnahme beanstandet, ist in beiden Fällen (oben a und b) ebenfalls der Richter anzurufen (§ 98 Abs. 2 S. 2 analog).[128] Die früher von der h. M. vertretene Auffassung – Fortsetzungsfeststellungsverfahren nach §§ 23 ff. EGGVG – hat die Rechtsprechung zur Gewährleistung eines wirksamen und einheitlichen Rechtsschutzes aufgegeben. 79

d) Zulässigkeitsvoraussetzung der Überprüfung einer erledigten Maßnahme auf ihre Rechtmäßigkeit ist stets das Bestehen eines **Rechtsschutzinteresses** des Betroffenen. Dieses kann sich aus einer Wiederholungsgefahr, einem Rehabilitationsinteresse oder einem tief greifenden Grundrechtseingriff ergeben. Was genau unter letzterem zu verstehen sein soll, ist freilich nach wie vor unklar.[129] Die Rspr. des BVerfG enthält zumindest drei allgemeine Gesichtspunkte: Ein tiefgreifender Grundrechtseingriff soll regelmäßig vorliegen, wenn bereits das Grundgesetz die Maßnahme unter Richtervorbehalt stellt (z. B. die Wohnungsdurchsuchung, Art. 13 Abs. 2 GG).[130] Ansonsten kommt es 80

---

[124] BGH StV 1988, 90; NStZ 1995, 48.
[125] BGHSt 28, 206 (209).
[126] BVerfGE 96, 27 = JR 1997, 382 m. Anm. *Amelung* und *Fezer,* 1062.
[127] BGHSt 28, 206; 44, 171.
[128] BGHSt 44, 265; 45, 183.
[129] Vgl. *Meyer,* HRRS-FG Fezer, 2008, 131 (153 ff.).
[130] BVerfGE 96, 27 (40); 104, 220 (233).

auf die konkrete Eingriffsintensität an.[131] Und schließlich muss sich die beanstandete Maßnahme typischerweise auch so schnell erledigen, dass der Betroffene rechtzeitigen Rechtsschutz kaum zu erlangen vermag (Beispiel: Blutprobenentnahme, Durchsuchung, vorläufige Festnahme).[132]

e) Das Rechtsschutzbedürfnis kann allerdings entfallen, „wenn die verspätete Geltendmachung eines Anspruchs gegen Treu und Glauben verstößt, etwa weil der Berechtigte sich verspätet auf das Recht beruft (Zeitmoment) und unter Verhältnissen untätig geblieben ist, unter denen vernünftigerweise etwas zur Wahrung des Rechts unternommen zu werden pflegt".[133]

81 f) Im Falle der Anrufung des Richters am AG nach § 98 Abs. 2 S. 2 (analog) ist gegen dessen Entscheidung wiederum Beschwerde (§ 304) möglich.

4. Sonderregelung, § 101 Abs. 7

82 Eine Sonderregelung enthält § 101 Abs. 7 für die dort aufgezählten Maßnahmen (u. a. Postbeschlagnahme, Überwachung der Telekommunikation, Online-Durchsuchung, akustische Wohnraumüberwachung, Abhören und Aufzeichnen des nichtöffentlich gesprochenen Wortes, Einsatz weiterer technischer Mittel, Einsatz verdeckter Ermittler, Schleppnetzfahndung, längerfristige Observation; vgl. § 101 Abs. 1; ferner gilt § 101 Abs. 7 auch für die Erhebung von Verkehrsdaten nach § 100g, vgl. § 101a Abs. 6).

- Zuständig ist zunächst stets der Richter am AG (Ausnahme: für die Online-Durchsuchung und die akustische Wohnraumüberwachung liegt die Zuständigkeit bei einer speziellen Kammer des LG, § 100d Abs. 1 S. 1 i. V. m. § 74a Abs. 4 GVG), also im Unterschied zur allgemeinen Regelung auch dann, wenn die angegriffene Maßnahme auf einer richterlichen Anordnung eben dieses Gerichts beruht.
- Es bedarf keines Nachweises eines Rechtsschutzinteresses.
- Der Betroffene kann die Überprüfung nur binnen zwei Wochen nach seiner Benachrichtigung über die Maßnahme beantragen.
- Gegen die Entscheidung des Gerichts steht dem Betroffenen dann nicht die einfache, sondern lediglich die wiederum fristgebundene (vgl. § 311 Abs. 2) sofortige Beschwerde offen.

83 **Anwendungsbereich:** Fraglich ist, ob § 101 Abs. 7 nur die Fälle regelt, in denen die entsprechenden Maßnahmen bereits erledigt sind, oder ob er auch dann Anwendung findet, wenn noch keine Erledigung eingetreten ist. Aus der Formulierung in § 101 Abs. 4 S. 2 – Hinweispflicht „auf die Möglichkeit nachträglichen Rechtsschutzes nach Absatz 7" – wie auch der Gesetzgebungsgeschichte folgt, dass § 101 Abs. 7 allein für bereits erledigte Maßnahmen gelten soll. Für noch nicht erledigte Maßnahmen bleibt es daher bei den allgemeinen Rechtsschutzregeln.[134]

84 **Verhältnis zu den allgemeinen Rechtsschutzregeln:** Liegt eine Erledigung vor, stellt sich ferner die Frage, in welchem Verhältnis § 101 Abs. 7 und die allgemein statthaften Rechtsbehelfe gegen Zwangsmaßnahmen zueinander stehen.

---

131 BVerfGE 117, 244 (269).
132 BVerfGE 96, 27 (40); BVerfG NJW 1999, 273.
133 BVerfG NStZ 2009, 166.
134 Näher *Engländer*, Jura 2010, 414 (417f.); a. A. *Meyer-Goßner/Schmitt*, § 101 Rn. 25.

Fall 13: Der Beschuldigte B wird benachrichtigt, dass sein Telefon für zwei Monate überwacht worden ist, und dabei auch auf die Rechtsschutzmöglichkeit nach § 101 Abs. 7 sowie die dafür vorgesehene Frist hingewiesen. Nach drei Wochen erhebt er Beschwerde.

Die Beschwerde wäre zulässig, wenn § 101 Abs. 7 S. 2 nur ergänzend neben die allgemeinen Rechtsbehelfe träte, um den Betroffenen für einen Zeitraum von zwei Wochen vom Nachweis eines Rechtsschutzinteresses zu befreien. Anders aber zu Recht der BGH: § 101 Abs. 7 S. 2 bildet eine **abschließende Sonderregelung.** Sonst liefe die vom Gesetzgeber ausdrücklich als notwendig angesehene Befristung des Rechtsbehelfs leer.[135] Auch eine Umdeutung (§ 300) der Beschwerde in einen Antrag nach § 101 Abs. 7 S. 2 scheidet hier wegen Verfristung aus.

5. Weitere Sonderfälle

a) Erkennungsdienstliche Maßnahmen zu präventiven Zwecken sind polizeirechtlich **85**
und daher auf dem Verwaltungsrechtsweg anzufechten (§ 40 VwGO). Soweit es sich um eine Strafverfolgungsmaßnahme handelt, ist wieder § 98 Abs. 2 S. 2 analog anzuwenden, nach a. A. §§ 23 ff. EGGVG.[136]

b) Bei Sperrerklärungen nach § 96 stellen manche darauf ab, ob die Behörde, die sie abgegeben hat, zum Bereich des Justizministeriums gehört (dann §§ 23 ff. EGGVG) oder nicht (dann § 42 VwGO).[137] Auch im ersten Fall handelt es sich aber nicht um einen „spezifischen" Akt der Strafrechtspflege, so dass stets der Verwaltungsrechtsweg gegeben ist.[138]

Dass der Gesetzgeber all diese Meinungsverschiedenheiten nicht durch eine klare Regelung beendet, erscheint in einem Rechtsstaat schwer verständlich.

Fälle und Fragen

44. Dürfen Polizei und Staatsanwaltschaft im Rahmen des Ermittlungsverfahrens belastende Maßnahmen ergreifen, für die keine besondere Ermächtigung in der StPO besteht?
45. Worin besteht der Zweck der Untersuchungshaft?
46. An welche Voraussetzungen ist die Untersuchungshaft geknüpft?
47. Weshalb ist § 112 Abs. 3, der in bestimmten Situationen vom Vorliegen eines Haftgrundes absieht, verfassungsrechtlich bedenklich und welche Konsequenz wird daraus gezogen?
48. Welche Rechtsschutzmöglichkeiten bestehen gegen den Haftbefehl?
49. Dealer D wird festgenommen. Er hat einige Plastikkügelchen mit Heroin bei sich und schluckt diese. Weil er sich weigert, ein Brechmittel einzunehmen, überlegt die Staatsanwältin, dessen zwangsweise Zuführung per Magensonde anzuordnen. Wäre das zulässig?
50. Sind nach den §§ 81 e ff. sog. Reihenuntersuchungen bzw. Massentests zulässig, zu denen z. B. alle Bewohner eines bestimmten Stadtviertels aufgerufen werden? Wie kann gegen denjenigen vorgegangen werden, der seine Teilnahme verweigert?
51. Welche Arten der Sicherstellung gibt es und wie ist das Verhältnis zur Beschlagnahme?
52. Die Polizei findet beim Beschuldigten einen Brief von dessen Verteidigerin, in dem die Verteidigungsstrategie besprochen und Ausführungen zum Tathergang gemacht werden. Darf dieser Brief beschlagnahmt werden?

---

[135] BGHSt 53, 1; *Engländer,* Jura 2010, 414 (417); a. A. *Zöller,* StraFo 2008, 23.

[136] BVerwGE 47, 255; *Bottke,* StV 1986, 122.

[137] Vgl. *Meyer-Goßner/Schmitt,* § 96 Rn. 14.

[138] *BVerwG* NJW 1984, 2233; NJW 1987, 202 m. Anm. *Arloth,* NStZ 1987, 520; BGH NJW 1998, 3577 m. Anm. *Katholnigg,* NStZ 1999, 40.

53. Nach welchen Regeln richtet sich der Zugriff auf E-Mails?
54. Der Mobilfunkanschluss des T wurde auf Grund rechtmäßiger richterlicher Anordnung abgehört. T wollte eines Abends, als er mit S über zukünftige Straftaten spricht, mit dem weiteren Bandenmitglied B telefonieren. Dieser hob allerdings nicht ab, vielmehr meldete sich dessen Mailbox. Auf diese wollte T jedoch nicht sprechen, er schloss die Tastaturklappe seines Mobiltelefons, um die Verbindung zu beenden, hatte aber zuvor vergessen, die Taste zur Gesprächstrennung zu drücken. Deshalb wurde, bis sich die Mailbox automatisch abschaltete, das Gespräch zwischen T und S auf dieser festgehalten. Handelt es sich dabei um „Telekommunikation" i. S. d. §§ 100a ff., so dass die entsprechenden Ausführungen verwertbar sind?
55. Im Laufe des beschriebenen Gesprächs zwischen S und T (unterstellt, es handelt sich noch um „Telekommunikation" i. S. d. §§ 100a ff.) erzählt S, er habe erst kürzlich seinem Nachbarn mehrere Wertgegenstände gestohlen und einen früheren Freund erschlagen, der ihm „blöd gekommen" sei. Sind diese Aussagen verwertbar?
56. Was versteht man unter einer Quellen-TKÜ und wie verhält sie sich zur herkömmlichen TKÜ?
57. Was ist eine Online-Durchsuchung und wo ist sie geregelt?
58. Welche zwei Arten der Durchsuchung nach §§ 102ff. gibt es und worin liegen die Unterschiede?
59. Was ist ein Verdeckter Ermittler und worin unterscheidet sich dieser von anderen verdeckt operierenden Personen?
60. B schlendert durch die Fußgängerzone und bemerkt, wie F mit einer Zange das Schloss eines Mountainbikes „bearbeitet". Natürlich will er diesen „Diebstahl" sofort verhindern, stürzt auf F zu und nimmt diesen in den Schwitzkasten, während er mit seinem Handy die Polizei verständigt. F kann jedoch glaubhaft darlegen, dass er nur seine Fahrradschlüssel verloren hatte und sein eigenes Rad „klauen" wollte. Empört über das rüde Verhalten des B stellt er Strafantrag wegen Körperverletzung. Hat sich B strafbar gemacht?
61. Welche „Faustregeln" für den Rechtsschutz gegen Eingriffe im Ermittlungsverfahren lassen sich aufstellen?

§ 11. Der Verteidiger

„Der Beschuldigte kann sich in jeder Lage des Verfahrens des Beistands eines Verteidigers bedienen" (Wortlaut § 137 Abs. 1 S. 1), also bereits bei der ersten Ermittlungsmaßnahme gegen ihn, und er ist über dieses Recht bei Beginn seiner (ersten) Vernehmung zu belehren (§ 136 Abs. 1 S. 2). Er sollte davon Gebrauch machen. Dem Beschuldigten fehlen die Distanz zu seinem Problem und die Kompetenz, es zu lösen. „Wer sich selbst verteidigt, hat einen Narren als Anwalt und einen Narren als Mandanten" (Sprichwort). Im Strafverfahrensrecht gibt es einen deutlichen Unterschied zwischen „law in books" und „law in practice". Diese Unterscheidung zielt nicht auf ein Defizit im Normvollzug, sondern auf einen „informellen Code" im Prozess. Der Beschuldigte kennt ihn nicht.

I. Die Rolle des Verteidigers

1 Der deutsche Strafprozess ist kein Inquisitionsprozess (mit einem „Inquisitor", der Ankläger und Richter zugleich ist, vgl. oben 6 Rn. 7). In der Hauptverhandlung aber wird insofern inquisitorisch verfahren, als das Gericht die Initiative ergreift und sich selbst instruiert (zu dieser Prozessmaxime unten 18 Rn. 5, 15). Der Richter leitet nicht nur

die Hauptverhandlung, sondern ist Herr des Verfahrens vor allem deshalb, weil es seine Aufgabe ist, von Amts wegen die Wahrheit zu erforschen. Im kontradiktorischen Modell (des anglo-amerikanischen Strafprozesses) hat er nur darüber zu urteilen, ob eine der beiden Geschehensalternativen, die ihm von der Strafverfolgungsbehörde einerseits und der Verteidigung andererseits präsentiert werden, als wahr gelten kann. Ein „Parteiprozess" in diesem Sinne, in dem Staatsanwaltschaft und Verteidigung kontradiktorisch („adversarial system") um die Wahrheit streiten und sie (re-)konstruieren, ist der deutsche Strafprozess nicht. Im Systemvergleich garantiert, sehr vereinfacht gesagt, das kontradiktorische Modell eher die Fairness des Verfahrens und das inquisitorische eher die materielle Wahrheit der Urteilsgrundlagen. Die Verteidigung ist im ersten Fall ein systemimmanentes Konstruktionsprinzip, im zweiten Fall aber theoretisch entbehrlich. Nicht nur, dass das Gericht von Amts wegen für die Wahrheit zuständig ist, auch die Staatsanwaltschaft trifft die Pflicht, entlastende Umstände zu ermitteln (§ 160 Abs. 2) und rühmt sich, die „objektivste Behörde der Welt" zu sein. So kommt es, dass man die Unentbehrlichkeit der Verteidigung pragmatisch begründen muss, damit nämlich, dass jene Objektivität unter Alltagsbedingungen „praktisch" nicht gewährleistet ist, und so erklärt sich, dass es unselige Versuche gegeben hat (NS-Zeit), die Institution Verteidigung drastisch einzuschränken, und dass sie sich immer wieder gegen den leisen Vorwurf zur Wehr setzen muss, die „Effektivität der Strafrechtspflege" zu behindern. Im Grundsatz aber ist anerkannt, dass die Verteidigung zur Rechtsstaatlichkeit und Fairness des Verfahrens beiträgt (vgl. auch die Garantie in Art. 6 Abs. 3c EMRK), dass sie die Rechtsstellung des Beschuldigten als Subjekt (und nicht bloßes Objekt) des Strafverfahrens aktualisiert und den notwendigen Widerpart der Strafverfolgungsbehörden darstellt. Deren Übermacht kann ohnehin nicht ausgeglichen werden. Die „Waffengleichheit" zwischen Staatsanwaltschaft und Beschuldigtem (s. oben 9 Rn. 29) ist weder Realität noch ein erreichbares Ziel[1] – man denke an die Eingriffsbefugnisse im Ermittlungsverfahren, die der Verteidigung niemals zur Verfügung stehen werden.

Im Ermittlungsverfahren ist das inquisitorische Prinzip besonders ausgeprägt. Dieses Verfahren verläuft nicht mündlich, sondern schriftlich; es ist nicht öffentlich, sondern geheim. Entsprechend bescheiden fällt der Handlungsspielraum der Verteidigung aus.[2]

II. Die Rechte des Verteidigers

1. Anwesenheitsrecht

a) Bei Vernehmungen im Vorverfahren darf der Verteidiger anwesend sein, wenn der 2
Beschuldigte durch einen Richter, die Staatsanwaltschaft oder die Polizei vernommen wird, § 168c Abs. 1 (für Vernehmungen der Polizei i. V. m. § 163a Abs. 4 S. 3; vgl. hierzu näher die Grafik oben 9 Rn. 35).[3] Nach der Vernehmung ist dem Verteidiger zudem die

[1] Sondern nur ein anzustrebendes Ziel, vgl. EGMR NJW 2000, 2883 *(Nicolova)*; 2001, 52 *(Aquilina)*.

[2] Der im Februar 2004 von den Fraktionen der damaligen Regierungskoalition und dem Bundesjustizministerium vorgelegte Diskussionsentwurf für eine Reform des Strafverfahrens (StV 2004, 228 ff.) möchte die Verteidigung stärker in das Ermittlungsverfahren einbeziehen.

[3] „Das Recht des Beschuldigten, sich in jeder Lage des Verfahrens anwaltlicher Hilfe zu bedienen, führt nicht zu einem Anwesenheitsrecht des Verteidigers bei der Exploration durch einen Sachverständigen"; BGH NStZ 2003, 101.

Gelegenheit einzuräumen, eine Erklärung abzugeben oder dem Beschuldigten Fragen zu stellen, § 168c Abs. 1 S. 2–4. Auch bei richterlichen Zeugenvernehmungen hat der Verteidiger ein Anwesenheits- und Fragerecht, § 168c Abs. 2 (nicht dagegen bei der staatsanwaltschaftlichen oder polizeilichen Vernehmung von Zeugen). Ein Anwesenheitsrecht besteht zudem bei Gegenüberstellungen, § 58 Abs. 2 S. 2.

Das Gesetz hält es für möglich, dass die Anwesenheit des Verteidigers den „Untersuchungserfolg gefährden" könnte (z. B. dadurch, dass er auf das Aussageverhalten des Zeugen oder Sachverständigen Einfluss nimmt) und erlaubt deshalb bei konkreten Anhaltspunkten für Verdunkelungshandlungen, ihn vom Termin nicht zu benachrichtigen (§ 168c Abs. 5 S. 2, der auch bei der Beschuldigtenvernehmung durch die Polizei gilt, § 163a Abs. 4 S. 3). Erscheint der Verteidiger aber dennoch (weil er z. B. von seinem Mandanten erfahren hat, wann die Vernehmung stattfindet), darf er nicht ausgeschlossen werden (vgl. § 168c Abs. 3, der nur den Beschuldigten, nicht aber seinen Verteidiger nennt).

Die Verletzung der Benachrichtigungspflicht löst ein **Verwertungsverbot** aus.[4] Die Aussage darf dann nicht in die Hauptverhandlung eingeführt werden, wenn der Beschuldigte oder der Verteidiger widerspricht (vgl. unten 28 Rn. 26).

b) In der Hauptverhandlung darf der Verteidiger stets anwesend sein. Das folgt daraus, dass im Falle der notwendigen Verteidigung (dazu unten Rn. 27 ff.) sogar eine Anwesenheitspflicht besteht (§ 145 Abs. 1 S. 1).

2. Eigene Ermittlungen

3 Es ist dem Verteidiger nicht verwehrt, eigene Ermittlungen anzustellen (einen Anhaltspunkt für dieses Recht liefert § 364b Abs. 1 Nr. 1: „Nachforschungen")[5] Eingriffsbefugnisse besitzt er nicht. Er kann also nichts anderes tun, als z. B. Zeugen, Mitbeschuldigte und Sachverständige zu befragen, einen Privatdetektiv zu beauftragen, etc.

3. Beweisantragsrecht

Der Verteidiger hat ein Beweisantragsrecht im gleichen Umfang wie der Beschuldigte.

4. Erklärungen

4 Der Verteidiger kann jederzeit Erklärungen abgeben. Das folgt aus seiner Funktion als „Beistand" (§ 137). Solche Erklärungen sind nicht „Aussagen" oder Erklärungen des Beschuldigten.[6] Der Verteidiger handelt aus eigenem Recht (näher unten Rn. 21).

In der Hauptverhandlung hat er die Rechte aus §§ 240, 257, 258. Dabei steht ihm in besonders umfangreichen erstinstanzlichen Verfahren vor dem LG und OLG noch vor der Vernehmung des Angeklagten zur Sache ein Recht zu einer **Eröffnungserklärung** zu (die freilich den Schlussvortrag nicht vorwegnehmen darf; § 243 Abs. 5 S. 3 u. 4).

---

[4] BGHSt 31, 140 (144).

[5] Näher *Bockemühl*, FS Beulke, 2015, 647; *Dahs*, Rz. 291 ff.

[6] BGH NStZ 1990, 447.

5. Das Recht auf Akteneinsicht, § 147

Es ist im Ermittlungsverfahren das wichtigste Recht des Verteidigers und zugleich das Einzige, das ihm bis zum Abschluss dieses Verfahrens verweigert werden darf (Abs. 2, 5).

a) Berechtigte

Das Recht auf Akteneinsicht hat **der Verteidiger, nicht der Beschuldigte.** Ein Beschuldigter, der sich selbst verteidigt, kann aber seinen Informationsanspruch aus Art. 6 Abs. 1, 3 EMRK geltend machen.[7] Dieser war allerdings bislang nur als Recht auf Auskünfte und Abschriften aus den Akten ausgestaltet (§ 147 Abs. 7 a. F.). Mit der Einführung der elektronischen Akte (§§ 32ff.)[8] ist jedoch der schon immer zweifelhafte Einwand gegen ein Akteneinsichtsrecht des Beschuldigten – die Möglichkeit der Aktenmanipulation – entfallen. Der unverteidigte Beschuldigte hat deshalb jetzt ein Akteneinsichtsrecht, wenn die Akte elektronisch geführt wird (§ 147 Abs. 4 S. 1; zur Form der Akteneinsicht vgl. § 32f Abs. 1). Wird die Akte noch nicht elektronisch geführt, können ihm anstelle der Einsichtnahme wie bisher schon Kopien aus den Akten bereitgestellt werden (§ 147 Abs. 4 S. 2). Der verteidigte Beschuldigte hingegen kann über seinen Verteidiger umfassend informiert werden (komplette Akten-Kopie).[9] 5

Fall 1: In den Akten befindet sich ein Vermerk der Kripo über die Telefonanschlüsse, die der Beschuldigte zu benutzen pflegt. Man kann sich denken, dass dies auf eine laufende oder bevorstehende Telefonüberwachung hindeutet. Darf der Verteidiger diesen Teil der Akten seinem Mandanten zugänglich machen?

Die Frage, ob er über Maßnahmen mit Überraschungseffekt (Durchsuchung, Haftbefehl, etc.) informieren darf, ist sehr umstritten.[10] Sie betrifft die Grenze zwischen erlaubten Verteidigungshandlungen und strafbarer Strafvereitelung (dazu unten Rn. 26). Dem BGH zufolge ist es dem Verteidiger hier verboten, seinen Mandanten in Kenntnis zu setzen.[11] Das überzeugt nicht. Richtigerweise bleibt die schlichte Information über den Akteninhalt auch dann zulässig, wenn sie den Untersuchungserfolg gefährden würde.[12] Es fällt in die Risikosphäre der Staatsanwaltschaft, diesen Teil des Akteninhalts zur Einsicht freizugeben; sie hätte es verhindern können (§ 147 Abs. 2). 6

Fall 2: Der Verteidiger beschränkt sich nicht darauf, den Mandanten auch über diesen Teil der Akten zu informieren, sondern rät ihm, nur noch von anderen Anschlüssen aus zu telefonieren.

Das darf er nicht (vgl. unten Rn. 26). Der Unterschied zu erlaubtem Verteidigerhandeln ist allerdings gering:

Fall 3: Der Mandant liest jene Notiz der Kripo, ruft seinen Verteidiger an und fragt, unter welchen Voraussetzungen Telefonüberwachungen zulässig sind.

Rechtsauskunft darf der Verteidiger jederzeit geben, auch wenn er sich dabei denkt, dass der Mandant seine Schlüsse ziehen wird.

---

[7] EGMR NStZ 1998, 429.
[8] BGBl. 2017 I 2208ff.
[9] BGHSt 29, 99.
[10] Vgl. *Beulke,* StV 1994, 575.
[11] BGHSt 29, 99 (103).
[12] *Welp,* Peters-FG, 316ff.

7 Das **Opfer** der Tat kann über einen Rechtsanwalt Akteneinsicht erhalten (§ 406e Abs. 1, 2)[13] oder, sofern es nicht durch einen Rechtsanwalt vertreten wird, selbst in die Akten Einsicht nehmen und Beweisstücke unter Aufsicht besichtigen (§ 406e Abs. 3 S. 1). Das Recht auf Mitnahme der Akten hat es anders als ein Rechtsanwalt (vgl. § 32f Abs. 2 S. 3) aber nicht. Die Erteilung von Auskünften aus den Akten und das Akteneinsichtsrecht von öffentlichen Stellen und interessierten Privatpersonen ist in §§ 474ff. geregelt.

b) Verpflichtete

8 Im Vorverfahren entscheidet die Staatsanwaltschaft, während des Hauptverfahrens das Gericht (Abs. 5, dort der Vorsitzende). Es braucht die Akten, solange sie noch nicht elektronisch geführt werden, dann allerdings selbst und wird Akteneinsicht nur aus besonderen Gründen gewähren (z. B. später entstandene Akten; Verteidigerwechsel). Nach rechtskräftigem Abschluss des Verfahrens kann der Verteidiger ein Interesse an Akteneinsicht z. B. deshalb haben, weil er einen Wiederaufnahmeantrag oder Anträge zum Strafvollzug stellen will. Er beantragt sie dort, wo die Akten liegen und wendet sich, wenn ihm die Einsicht verweigert wird, an das Gericht, das über seinen Antrag zu entscheiden hätte (Abs. 5, S. 1 2. HS analog).

c) Zeitraum

9 Akteneinsicht kann der Verteidiger, wie soeben dargelegt, im gesamten Verfahren beantragen. Versagt werden darf sie vor Abschluss der Ermittlungen, ganz oder teilweise („Aktenstücke"), wenn sie den Untersuchungszweck gefährden kann (Abs. 2; zu den Ausnahmen unten Rn. 12). Dafür müssen konkrete Anhaltspunkte vorliegen. Die h. M. hingegen gibt sich mit kriminalistischer Erfahrung zufrieden und schließt lediglich vage, entfernte Möglichkeiten aus.

d) Umfang

10 Der Verteidiger darf **Akten** einsehen, **Beweisstücke** (z. B. die Tatwaffe) nur besichtigen (Abs. 1). Werden die Akten nicht elektronisch geführt, kann er sie zur Einsicht mitnehmen, wenn keine wichtigen Gründe entgegenstehen (§ 32f Abs. 2 S. 3). Video-Aufzeichnungen sind Teil der Akten (vgl. § 58a Abs. 2 S. 3).[14]

aa) Abs. 3 zählt die Aktenstücke auf, deren Einsicht dem Verteidiger jederzeit, auch vor Abschluss der Ermittlungen (Abs. 6 S. 1), zu gestatten und nicht nach Abs. 2 zu verhindern ist.

bb) Ansonsten darf der Verteidiger Einsicht in alle Akten nehmen, die dem Gericht vorliegen (Abs. 1); Daten der TKÜ darf er der Rechtsprechung zufolge dagegen nur ausnahmsweise einsehen.[15]

Fall 4: Das Gericht verweigert die Einsicht in den Aktenband mit den Entscheidungen zum Vollzug der U-Haft (Postkontrolle, Besuchserlaubnisse etc.) mit der Begründung, das sei für das Verfahren uninteressant.

---

[13] Näher *Riedel/Wallau,* NStZ 2003, 393ff.

[14] Nach a. A. handelt es sich um Beweismittel (§ 147 Abs. 4 S. 1), die nicht an den Verteidiger herausgegeben werden dürfen; vgl. *Trück,* NStZ 2004, 129.

[15] Vgl. KG NStZ 2016, 693; OLG Hamburg NStZ 2016, 695; OLG Celle NStZ-RR 2017, 48; diff. *Wettley/Nöding,* NStZ 2016, 633 (634).

Eine derartige „Zensur“ findet nicht statt: „Durch das Akteneinsichtsrecht soll eine lückenlose Information über die im Verfahren angefallenen schriftlichen Unterlagen ermöglicht werden.“ Das Gericht darf nicht auswählen. „Das Akteneinsichtsrecht umfasst vielmehr die Befugnis der Verteidigung, in eigener Verantwortung zu prüfen, welche Unterlagen verteidigungsrelevant sein können“[16].

cc) Der Verteidiger hat das Recht, alle Akten einzusehen, die dem Gericht „im Falle der Erhebung der Anklage vorzulegen wären“ (Abs. 1; vgl. § 199 Abs. 2 S. 2). Die Staatsanwaltschaft muss alle Akten vorlegen, d. h. sowohl die Vorgänge, die ihr die Polizei übersandt hat (§ 163 Abs. 2 S. 1), als auch die bei ihr entstandenen Vorgänge (vgl. § 168b). Es gilt der Grundsatz der Aktenvollständigkeit. Ein Auswahlrecht hat die Staatsanwaltschaft nicht. Sie muss auch Material vorlegen, das sie aus der Sicht des Beschuldigten für bedeutungslos hält.[17]

dd) Das gilt auch für Spurenakten.

Fall 5: Auf der Suche nach einem Erpresser ist die Polizei Hunderten von Hinweisen nachgegangen. Der Staatsanwaltschaft vorgelegt hat sie nur die Unterlagen über den mutmaßlichen Täter. Nun möchte der Verteidiger die anderen Vorgänge einsehen, um nach Entlastungsmomenten zu suchen, die von der Polizei vielleicht nicht erkannt oder ausgeschlossen worden sind. **11**

Dieses Interesse ist ohne Zweifel legitim.[18] Fraglich ist nur, auf welchem Wege es durchgesetzt werden kann. Die h. M. sagt, dass Spurenakten nur dann zu den Akten gehören, wenn sie von irgendeiner Bedeutung für den Beschuldigten sein können. Die Gegenansicht wendet sich gegen diese Beschränkung – alle Spurenakten sind Teil der Akten. Sind sie es (nach h. M.) nicht geworden, verweist die h. M. auf den Rechtsweg nach §§ 23ff. EGGVG.[19]

ee) Auch vor dem Abschlussvermerk (Abs. 6; § 169a) dürfen jederzeit eingesehen werden **12**

- die in Abs. 3 genannten Unterlagen,
- die Materialien, auf die ein Haftbefehl gegen den Beschuldigten gegründet wurde, weil er sich sonst nicht dagegen wehren könnte.[20] Das sind die für eine wirksame Anfechtung „wesentlichen“ Informationen (§ 147 Abs. 2 S. 1).[21]

e) Anfechtung

Die Verweigerung der Akteneinsicht durch die Staatsanwaltschaft kann beim Landgericht angegriffen werden (§ 147 Abs. 5 S. 2), wenn **13**

- die Staatsanwaltschaft den Abschluss der Ermittlungen in den Akten vermerkt hat

[16] BGHSt 37, 204ff.
[17] Str., vgl. *Meyer-Goßner/Schmitt,* NStZ 1982, 356.
[18] Vgl. BVerfG NJW 1983, 1043.
[19] BVerfG NJW 1983, 1043; BGHSt 30, 131. Zum Streitstand *Meyer-Goßner/Schmitt,* § 147 Rn. 18, 40.
[20] Vgl. EGMR StV 1993, 283 (Lamy); ferner EGMR StV 2001, 201 (Lietzow); EGMR StV 2001, 203 (Schöps); EGMR StV 2001, 205 (Garcia Alva); dazu *Kempf,* StV 2001, 206; OLG Hamm NStZ 2003, 386; SK-StPO/*Paeffgen,* § 114 Rn. 9. Zur Akteneinsicht bei noch nicht vollzogenem Haftbefehl LG Berlin StV 2010, 352, einerseits und KG JR 2012, 260, andererseits.
[21] Das darf man nicht generalisieren und zum Anspruch auf komplette Akteneinsicht erweitern; EGMR NStZ 2009, 164.

- es sich um die Aktenstücke nach Abs. 3 handelt (vgl. oben Rn. 10)
- der Beschuldigte sich nicht auf freiem Fuß befindet.

Die Ablehnung durch den **Richter** kann mit der Beschwerde angefochten werden (§ 304 Abs. 1, Abs. 4 S. 2 Nr. 4), ohne dass § 305 entgegensteht.[22]

6. Das Recht auf Kontakt (ungehinderten Verkehr) mit dem Beschuldigten, § 148

14 Ohne diese Freiheit ist Verteidigung nicht möglich. Das Recht, sich mit dem Mandanten ohne Beschränkungen in Verbindung setzen zu dürfen, wird geschützt durch das Verbot

- Besuche in der Anstalt (JVA, psychiatrisches Krankenhaus) zeitlich zu beschränken,
- Gespräche (innerhalb und außerhalb einer Anstalt) zu überwachen, zu belauschen oder abzuhören (§ 100a); Verstöße führen zu einem Verwertungsverbot,
- Schriftverkehr des inhaftierten Beschuldigten mit seinem Verteidiger zu überwachen,
- Verteidigerpost und Verteidigungsunterlagen beim Mandanten zu beschlagnahmen, der dadurch in seinem Recht auf effektive Verteidigung verletzt würde.[23] Dass sie beim Verteidiger nicht beschlagnahmt werden darf, folgt schon aus § 97 (vgl. oben 10 Rn. 36). Durch § 148 ist der Verteidiger auch bei Teilnahmeverdacht (etc.) vor Beschlagnahmen geschützt (näher unten Rn. 40).

15 Der Verteidiger eines inhaftierten Beschuldigten, dem eine Straftat nach § 129a StGB vorgeworfen wird, muss sich die Beschränkungen nach Abs. 2[24] und vielleicht sogar eine Kontaktsperre gefallen lassen (§§ 31 ff. EGGVG), nach der Schleyer-Entführung innerhalb von zwei Tagen durch den Bundestag gebracht und seit 1977 nicht mehr angewendet – aber auch nicht abgeschafft).

III. Die Pflichten des Verteidigers

Die Möglichkeiten der Verteidigung werden begrenzt durch drei Pflichten: Fürsprachepflicht, Verschwiegenheitspflicht, Wahrheitspflicht.

1. Die Fürsprachepflicht

16 Der Verteidiger hat den Auftrag (§ 675 BGB), die Interessen des Beschuldigten wahrzunehmen. Er ist zur Einseitigkeit verpflichtet, nicht zur Objektivität.

---

[22] Str., vgl. OLG Frankfurt NStZ 1996, 238.

[23] BGHSt 44, 46; so auch *Oesterle*, StV 2016, 118, der die Beschlagnahmefreiheit allerdings auch hier aus § 97 Abs. 2 S. 1 ableiten will.

[24] BGHSt 44, 46. Einschränkend *Birkhoff/Hawickhorst*, StV 2013, 540: Ihnen zufolge soll § 148 Abs. 2 nur Anwendung finden können, wenn das Gericht zuvor im Wege einer Einzelfallbetrachtung und Verhältnismäßigkeitsprüfung zu dem Schluss gekommen ist, dass im konkreten Fall die Gefahr einer Instrumentalisierung des Verteidigers zu verteidigungsfremden Zwecken besteht.

Fall 6: Die Mandantin hat ihrem Verteidiger gestanden, die Tat begangen zu haben, in der Hauptverhandlung aber geleugnet. Das Gericht gibt zu erkennen, dass es seine Zweifel an der Schuld der Angeklagten nicht überwinden kann. Der Verteidiger plädiert auf eine milde Bestrafung.

Damit hat er seine Fürsprachepflicht verletzt. Wenn er es mit seiner Berufsauffassung oder seinem Gewissen nicht vereinbaren kann, in dieser Situation einen Freispruch zu beantragen, muss er das Mandat niederlegen.

2. Die Verschwiegenheitspflicht

Dass der Verteidiger nur vortragen darf, was für den Mandanten günstig ist, folgt bereits aus seiner Fürsprachepflicht. Untermauert und sanktioniert wird diese Pflicht zur einseitigen Interessenwahrnehmung durch die Verschwiegenheitspflicht (§ 203 StGB). Belastende Umstände darf er ohne Zustimmung seines Mandanten nicht offenbaren. 17

Fall 7: Dem Angeklagten wird ein Mord vorgeworfen und auch nachgewiesen werden. Seine Verteidigerin weiß, dass er noch zwei weitere Tötungsdelikte begangen hat. Würde sie das vortragen und eine psychiatrische Begutachtung beantragen, wäre deren Ergebnis, dass eine krankhafte seelische Störung (§§ 20, 21 StGB) zutage tritt, die sich bei nur einer isolierten Tat nicht plausibel machen lässt.

Die Fürsorgepflicht würde es gebieten, das günstigere Ergebnis anzustreben. Die Schweigepflicht blockiert diesen Weg.

3. Die Wahrheitspflicht

Der Verteidiger soll also vorbringen, was für den Mandanten spricht und sein Interesse an Geheimhaltung nicht verletzt. Er darf aber nur vortragen, was der Wahrheit entspricht. Der Mandant darf lügen, der Verteidiger nicht (tut er dies dennoch, macht er sich wegen – zumindest versuchter – Strafvereitelung nach § 258 StGB schuldig). Er hat eine Wahrheitspflicht. Sie erlaubt es ihm einerseits nicht, die Fürsorgepflicht oder die Verschwiegenheitspflicht zu verletzen. Sie verbietet es ihm andererseits, die Interessen seines Mandanten auf Kosten der Wahrheit durchzusetzen. Er muss also die Wahrheit manchmal verschweigen, immer aber darauf achten, dass alles wahr ist, was er sagt. 18

Fall 8: Der Verteidiger benennt einen Zeugen, von dem er weiß, dass er dem Angeklagten ein falsches Alibi verschaffen wird.

Das ist ein Verstoß gegen die Wahrheitspflicht. Zur Kontrolle:

Fall 9: Einer der vom Gericht geladenen Zeugen sagt zur Überraschung des Verteidigers falsch aus und verschafft dem Angeklagten ein Alibi.

Der Verteidiger, der es besser weiß, darf nicht im Interesse der Wahrheit intervenieren, weil er zur Verschwiegenheit verpflichtet ist.

Fall 10: Der Angeklagte behauptet auch gegenüber seiner Verteidigerin, er sei nicht am Tatort gewesen und beruft sich auf X. Zwar hat die Verteidigerin ihre Zweifel an der Wahrheit dieser Geschichte, benennt aber dennoch X als Zeugen zum Beweis der Tatsache, dass der Angeklagte nicht der Täter sein könne.

Im Zweifel muss der Verteidiger nicht untätig bleiben. Selbst erhebliche Bedenken gegen die Richtigkeit dessen, was sein Mandant behauptet, hindern ihn nicht daran, es unter Beweis zu stellen,[25] zumal er keine Möglichkeit hat, den Wahrheitsgehalt zu überprüfen. 19

---

[25] BGH NStZ 1993, 79.

IV. Die Rechtsstellung des Verteidigers

1. Organ der Rechtspflege

Die **h. M.** sieht den Verteidiger als **Organ der Rechtspflege.**[26] Damit werden Freiheiten und Bindungen umschrieben.

20 a) Der Verteidiger ist unabhängig von Gericht und Staatsanwaltschaft. Er steht nicht unter der Kontrolle des Gerichts.[27] Seine Verpflichtung, die Interessen des Beschuldigten zur Geltung zu bringen, dient zugleich dem öffentlichen Interesse an einem rechtsstaatlichen, justizförmigen Verfahren. Insofern ist er neben Staatsanwaltschaft und Gericht ein gleichberechtigtes Organ der Rechtspflege.

21 Der Verteidiger ist unabhängig auch von seinem Mandanten. Er handelt aus eigenem Recht. Da seine Befugnisse nicht aus denen des Beschuldigten abgeleitet sind, kann er im Interesse einer sachgerechten Verteidigung auch gegen den Willen seines Mandanten tätig werden. Er darf Erklärungen abgeben, die der Mandant nicht hören will, Beweisanträge stellen, die der Mandant nicht gestellt haben möchte (z. B. auf psychiatrische Untersuchung) und Rechtsmittel nicht einlegen, obwohl sein Mandant das verlangt (nur gegen seinen Willen einlegen darf er sie nicht, § 297). Der Verteidiger ist „Beistand", aber nicht Vertreter des Beschuldigten (vom Ausnahmefall des § 234 abgesehen; weitere Sonderregelungen in §§ 329 Abs. 1, 350 Abs. 2, 387 Abs. 1, 411 Abs. 2 S. 1, 434 Abs. 1 S. 1, 444 Abs. 2). Die Rechtsstellung des Verteidigers ist von der des Beschuldigten getrennt (so dass ein Rechtsanwalt als Beschuldigter nicht zugleich sein eigener Verteidiger sein kann).[28]

22 b) Mit der Rechtsstellung als Organ der Rechtspflege sind aber auch Bindungen und Beschränkungen verbunden. Der Verteidiger darf nur rechtlich erlaubte Mittel einsetzen und die staatliche Rechtsordnung nicht sabotieren. Strafvereitelung ist ihm verboten, und schon der Versuch ist strafbar.[29] Das lässt sich noch mit der Bindung an Gesetz und Recht erklären. Die Wahrheitspflicht jedoch kann nur daraus hergeleitet werden, dass man der Verteidigung öffentliche Funktionen zuschreibt und sie an der (originär staatlichen) Aufgabe beteiligt, die Wahrheit in einem justizförmigen Verfahren zu ermitteln. Dagegen wenden sich:

2. Mindermeinungen

23 Die **Vertragstheorie** befreit den Verteidiger von dieser Wahrnehmung öffentlicher Interessen und bindet ihn an die Weisung seines Vertragspartners, des Mandanten.[30] Diese Ansicht betont, dass die Institution Verteidigung ihren Grund nicht in dem Zweck hat, eine rechtsstaatliche Strafverfolgung zu sichern, sondern im Autonomiedefizit des Beschuldigten. Von da ist es nicht mehr weit zu der These, dass der Verteidi-

[26] Seit RG JW 1926, 2756; BVerfGE 38, 105 (119); zum Streitstand KK-StPO/*Laufhütte/Willnow,* vor § 137 Rn. 5; zur Rechtsstellung des Verteidigers jetzt grundlegend BVerfG NStZ 2004, 259 (Geldwäsche-Entscheidung).

[27] BVerfGE 34, 293 (302).

[28] BVerfG NStZ 1998, 363.

[29] BGH NStZ 1983, 503 m. Anm. *Beulke;* näher unten Rn. 24ff.

[30] LR/*Lüderssen/Jahn,* vor §§ 137 Rn. 33ff.

ger nur **Parteiinteressen** zu vertreten habe und daher, ebenso wie der Mandant, auch lügen dürfe.[31] Damit aber ist letztlich der Effizienz der Verteidigung nicht gedient.

3. Eingeschränkte Organtheorie

Beide Lager sind in Gefahr, das Problem der Wahrheitspflicht zu verselbständigen und von den gesetzlichen Grundlagen zu lösen. Dem Verteidiger sind nicht nur Betrug, falsche Aussage, Urkundenfälschung und Ehrverletzung verboten, sondern vor allem Strafvereitelungshandlungen. Für unwahre Behauptungen kann er als Alleintäter oder mittelbarer Täter verantwortlich sein. Lügt sein Mandant und beteiligt er sich daran, kann das Täterschaft oder straflose Teilnahme an der straflosen „Selbstbegünstigung" seines Mandanten sein. Darum geht es im Grunde, und diese Frage ist noch nicht hinreichend geklärt. **24**

Die Organtheorie hat Recht mit ihrer Kernthese, dass die Verteidigung auch dem öffentlichen Interesse an einem rechtsstaatlich geordneten Verfahren dient. Sie muss aber restriktiv gehandhabt werden. Die **eingeschränkte Organtheorie**[32] will sie auf die „Effektivität der Rechtspflege in ihrem Kernbereich" beschränken. Dem ist nur in der Tendenz zuzustimmen. Zur Rechtsstaatlichkeit der Strafrechtspflege gehört zwar auch deren „Effektivität". Die zu fördern, ist aber nicht Aufgabe einer effizienten Verteidigung. **25**

V. Die Grenzen der Verteidigung

Sie sind, wie soeben besprochen, vor allem durch Strafvorschriften gezogen. Die wichtigste ist § 258 StGB. Sie verbietet das, was im Grunde der Mandant von seinem Verteidiger erwartet, nämlich die Strafvereitelung. Die Abgrenzung zwischen erlaubter und strafbarer Verteidigung ist schwierig, nicht immer einleuchtend und im dogmatischen Ansatz (s. oben Rn. 24) noch nicht von letzter Präzision. In Rechtsprechung und Lehre überwiegt eine typisierende, fallbezogene Betrachtungsweise. **26**

Strafvereitelung **ja,** wenn der Verteidiger

- den Angeklagten von seinem Entschluss abbringt, in der Hauptverhandlung ein Geständnis abzulegen,
- empfiehlt, sich ins Ausland abzusetzen (vgl. auch oben Rn. 6, Fall 2, 3),
- einen Zeugen „präpariert" und zu falschen Aussagen veranlasst,[33]
- auf Freispruch „wegen erwiesener Unschuld" plädiert, wenn er weiß, dass der Angeklagte schuldig ist.

Strafvereitelung **nein,** wenn der Verteidiger

- erklärt, welche Vorteile das Schweigen in der Hauptverhandlung hat,
- die Rechtsauskunft gibt, welche Länder nicht ausliefern,
- einen Zeugen fragt, was er aussagen wird und ihm dann rät, von seinem Zeugnisverweigerungsrecht Gebrauch zu machen,[34]

---

[31] Vgl. *Ostendorf,* NJW 1978, 1349; AK-StPO/*Stern,* Vorbem. § 137 Rn. 75.
[32] *Beulke,* Rn. 150 m.w.N.
[33] BGHSt 31, 10.
[34] BGHSt 31, 10.

- auf Freispruch „mangels Beweises" plädiert, wenn er weiß, dass der Angeklagte schuldig ist.

Die Grundregel lautet, dass der Verteidiger sich nicht strafbar macht, wenn er sich prozessual zulässiger Mittel bedient. § 258 StGB verweist also auf das Prozessrecht.[35] Das aber enthält keine Regeln über zulässiges Verteidigerhandeln. Es verweist zurück auf die Rechtsstellung des Verteidigers, seine Rolle und Funktion, und die ist umstritten (s. oben). Daher rühren die Unklarheiten.

VI. Notwendige Verteidigung – Pflichtverteidiger

27 Das Institut der notwendigen Verteidigung ist eine Konkretisierung des Rechtsstaatsprinzips.[36] Sehr häufig macht das öffentliche Interesse an einer effektiven Verteidigung die Mitwirkung eines Verteidigers notwendig. In diesen Fällen wird dem Beschuldigten, mag er arm oder reich sein, ein Verteidiger gestellt (Pflichtverteidiger), wenn er keinen gewählt hat.

Übersicht 14: Notwendige Verteidigung – Pflichtverteidiger

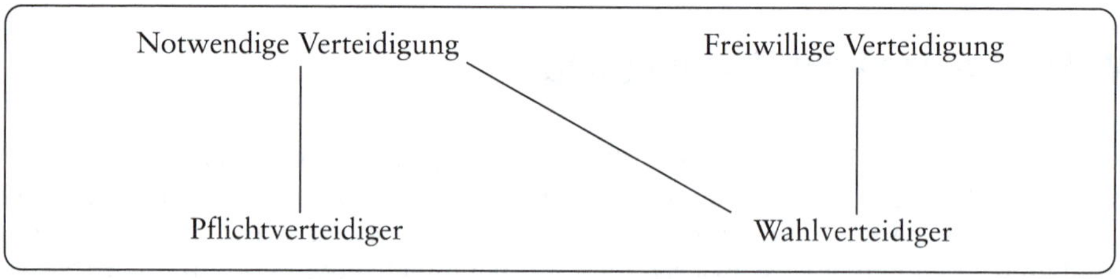

1. Voraussetzungen

28 Hier wird nur § 140 besprochen (weitere Vorschriften, praktisch weniger wichtig: §§ 118a Abs. 2, 350 Abs. 3, 364a, b).

Nach dem Katalog **Abs. 1** ist die Verteidigung vor allem notwendig, wenn

- die Hauptverhandlung in erster Instanz vor dem Landgericht oder dem OLG stattfindet (Nr. 1),
- dem Beschuldigten ein Verbrechen zur Last gelegt wird (Nr. 2), und zwar bereits in der Anklage oder erst in der Hauptverhandlung nach einem Hinweis gem. § 265 oder einer Nachtragsanklage gem. § 266 (vgl. unten 13 Rn. 9),
- U-Haft vollstreckt wird (Nr. 4),
- der Beschuldigte drei Monate ununterbrochen in einer Anstalt war (Nr. 5), Auslieferungshaft, einer psychiatrischen Krankenanstalt, etc. (§§ 63, 64, 66 StGB),
- dem Verletzten ein Rechtsanwalt beigeordnet wurde (Nr. 9).

Ist die Mitwirkung eines Verteidigers nach Abs. 1 notwendig, bleibt sie es im gesamten Verfahren.

---

[35] BGHSt 38, 345.
[36] BVerfGE 46, 202 (210).

Beispiel: Der Beschuldigte war wegen eines Verbrechens angeklagt, wird nur wegen eines Vergehens verurteilt und legt Berufung ein.[37]

Die Generalklausel **Abs. 2 S. 1** räumt, anders als Abs. 1, dem Vorsitzenden des Gerichts einen Beurteilungsspielraum ein.[38] Ihre drei alternativen Voraussetzungen erfassen bis auf die kleine und mittlere Alltagskriminalität die meisten Strafsachen.

Die **Schwere der Tat** bemisst sich vor allem nach der Sanktion. Das Kriterium der Praxis ist eine Straferwartung von etwa einem Jahr Freiheitsstrafe.[39] Seitdem am Amtsgericht der Haftrichter über Vergehen mit einer Straferwartung bis zu 2 Jahren Freiheitsstrafe entscheidet (§ 25 Nr. 2 GVG), muss bei Sachen vor dem Schöffengericht (§ 24 GVG) stets ein Verteidiger gestellt werden. Eine Mindermeinung lässt jede drohende Freiheitsstrafe genügen.[40] Bei der Rechtsfolgenerwartung kommt es auch auf andere schwerwiegende Nachteile an wie z. B. die Entziehung der Fahrerlaubnis bei einem Berufskraftfahrer, die einem Ausländer drohende Ausweisung,[41] der drohende Bewährungswiderruf bei einer kurzen Freiheitsstrafe. 29

Die **Schwierigkeit der Sach- oder Rechtslage** liegt z. B. darin, dass 30

- Indizienbeweise mit Sachverständigen geführt werden müssen,[42]
- die Staatsanwaltschaft Berufung nach einem Freispruch einlegt,[43]
- der Angeklagte Revision einlegen will,[44] ohne Rücksicht darauf, ob sie besonders schwierig zu sein scheint (nur unter dieser zusätzlichen Voraussetzung aber die Rspr.),
- eine Verständigung gem. § 257 c getroffen wird,[45]
- ein Beweisverwertungsverbot ernsthaft denkbar ist,[46]
- es auf die Abgrenzung Tatbestands- oder Verbotsirrtum ankommen kann.[47]

Es ist **ersichtlich, dass sich der Beschuldigte nicht selbst verteidigen kann,** wenn 31

- der Angeklagte als Ausländer Verständigungsschwierigkeiten hat,[48]
- der Angeklagte sich unverständlich benimmt und sich selbst zu schaden droht,[49]
- im psychiatrischen Sinne auffällig erscheint.[50]

„Ersichtlich" heißt nicht manifest; erhebliche Zweifel genügen.

---

[37] OLG Oldenburg StV 1995, 345.
[38] BGH NJW 1963, 1114: „pflichtgemäßes Ermessen".
[39] Vgl. für alle BayObLG NStZ 1990, 142.
[40] AK-StPO/*Stern,* § 140 Rn. 27.
[41] BayObLG StV 1993, 180.
[42] OLG Hamm StV 1984, 66.
[43] OLG Frankfurt StV 1990, 12.
[44] *Dahs,* NStZ 1982, 345.
[45] OLG Naumburg NStZ 2014, 116; krit. *Ruhs,* NStZ 2016, 1; *Wenske,* NStZ 2014, 117.
[46] LG Köln StV 2017, 173.
[47] KG NStZ 2009, 55.
[48] KG StV 1985, 448; BayObLG StV 1990, 103.
[49] OLG Zweibrücken NStZ 1986, 135.
[50] OLG Hamm StV 1984, 66.

2. Die Bestellung

32 Die Bestellung erfolgt meistens durch den Vorsitzenden des Gerichts, bei dem die Sache anhängig ist (§ 141 Abs. 4 S. 1 StPO). Zur Zuständigkeit vor Anklageerhebung siehe S. 2.

Beispiel: Vor dem Ermittlungsrichter wird der Hauptbelastungszeuge in Abwesenheit des Beschuldigten (§ 168c Abs. 3) vernommen, der noch keinen Verteidiger hat. Dann muss ihm einer bestellt werden. Anders kann das in Art. 6 III d EMRK garantierte Recht, Fragen an den Belastungszeugen stellen zu lassen, nicht effektiv werden.[51]

Es kommt darauf an, ob der Beschuldigte des Beistands eines Verteidigers „bedarf".[52] Ein Verstoß gegen diese Regel mindert nicht lediglich den Wert des dennoch gewonnenen Beweismittels (dazu tendiert die Rspr.), sondern löst ein Verwertungsverbot aus.

Wird die Bestellung, die der Beschuldigte nur anregen, aber nicht beantragen kann, abgelehnt, kann er **Beschwerde** einlegen (§ 304). Das gilt auch in der Hauptverhandlung; § 305 steht nicht entgegen[53] und § 238 Abs. 2 ist nicht einschlägig.[54]

3. Die Auswahl

33 Die Auswahl trifft der Vorsitzende (oder vor Anklageerhebung das Gericht, das für eine beantragte richterliche Untersuchungshandlung bzw. Vernehmung zuständig ist, § 141 Abs. 4). Wünsche des Angeklagten haben Gewicht (§ 142 Abs. 1). Er soll den Anwalt seines Vertrauens bekommen.[55] Vertrauensverhältnis geht vor Ortsnähe (Abs. 1 S. 1).[56] Für den ausgewählten Rechtsanwalt besteht sozusagen Kontrahierungszwang (Befreiung nur aus wichtigem Grund, §§ 48, 49 BRAO). Legt der Wahlverteidiger das Mandat nieder (z. B. weil der Beschuldigte kein Geld mehr hat), kann er als Pflichtverteidiger beigeordnet werden. Das ist sinnvoll, wenn er in den Fall eingearbeitet ist und weiter das Vertrauen des Beschuldigten genießt.[57]

4. Rücknahme und Widerruf der Bestellung

34 a) Die Rücknahme ist unter den Voraussetzungen des § 143 zwingend (zu einer Ausnahme unten Rn. 36).

35 b) Nicht vorgesehen, nach h. M. aber zulässig ist der Widerruf aus wichtigem Grund.[58] Er kommt im Ergebnis der Ausschließung des Verteidigers gleich, die § 138a an beson-

---

[51] BGHSt 46, 93.

[52] BGHSt 47, 172 ff.; enger BGHSt 47, 233 ff.: Mitwirkung eines Verteidigers „unerlässlich".

[53] H. M., *Meyer-Goßner/Schmitt,* § 141 Rn. 10.

[54] BGHSt 39, 310.

[55] BVerfG NStZ 2002, 99. Die Ablehnung der Bestellung ist geboten, wenn die konkrete Gefahr einer Interessenkollision besteht, etwa weil der Rechtsanwalt früher einen anderen Beschuldigten desselben Tatkomplexes verteidigt hatte (sukzessive Mehrfachverteidigung); BGH NStZ 2003, 378.

[56] Vgl. BGHSt 43, 153.

[57] OLG Frankfurt StV 1985, 315.

[58] OLG Frankfurt StV 1995, 11. Eingehend *Lam/Meyer-Mews,* NJW 2012, 177.

dere Voraussetzungen bindet und abschließend regelt (dazu unten Rn. 39ff.). Pflicht- und Wahlverteidiger haben die gleiche Rechtsstellung.[59] Daher darf man den Pflichtverteidiger nicht über die Definition des „wichtigen Grundes" schlechter stellen als den Wahlverteidiger. Andererseits kann der Beschuldigte seinem Wahlverteidiger das Mandat entziehen, sich aber nicht aus eigener Kraft von seinem Pflichtverteidiger lösen. Dieses Defizit muss durch die Möglichkeit der Rücknahme ausgeglichen werden. Die Fürsorgepflicht gebietet es dem Gericht, die Beiordnung aufzuheben, wenn aus der Sicht eines vernünftigen und verständigen Beschuldigten[60] „eine nachhaltige und nicht zu beseitigende Erschütterung des Vertrauensverhältnisses vorliegt, auf Grund dessen zu besorgen ist, dass die Verteidigung objektiv nicht (mehr) sachgerecht geführt werden kann".[61] Diese Umstände sind von dem Beschuldigten oder dem Pflichtverteidiger substantiiert darzulegen.[62]

Schwer zu entscheiden ist die Frage, ob auch die Unfähigkeit des Pflichtverteidigers einen Widerrufsgrund darstellt. Bemerkt der Beschuldigte, dass sein Verteidiger keine Ahnung hat, dürfte das Vertrauensverhältnis zerstört sein, so dass er ihm das Mandat entziehen oder (im Falle der Pflichtverteidigung) den Widerruf der Bestellung verlangen wird. Erkennt er es nicht, ist es nicht Sache des Gerichts, tätig zu werden. Es ist zur Kontrolle der Verteidigung weder verpflichtet noch berechtigt. Die Rspr. nimmt dennoch an, dass es zu seiner Fürsorgepflicht gehört, in krassen Fällen den Pflichtverteidiger abzulösen.[63]

5. Pflichtverteidiger neben Wahlverteidiger

Diese Situation darf es eigentlich nicht geben (§ 143). Immerhin sieht das Gesetz aber 36
in § 145 Abs. 1 vor, dass neben einem Wahlverteidiger ein Pflichtverteidiger bestellt wird. Die h. M. erlaubt die Doppelbesetzung über diesen Sonderfall hinaus, „wenn sich die Gefahr abzeichnet, dass der Verteidiger die zur reibungslosen Durchführung der Hauptverhandlung erforderlichen Maßnahmen nicht treffen kann oder nicht treffen will"[64] Ein solcher „Sicherungsverteidiger" wird dann bestellt, wenn zu befürchten ist, dass der Wahlverteidiger in einer langen Hauptverhandlung nicht immer anwesend sein kann oder etwa vorhat, die Verhandlung durch Niederlegung des Mandats „zum Platzen" zu bringen. Das kann auch gegen den Protest des Beschuldigten oder seines Wahlverteidigers geschehen („Zwangsverteidiger"). Der bestellte Verteidiger ist nicht etwa „Ergänzungsverteidiger" (in Analogie zum Ergänzungsrichter, § 192 Abs. 2 GVG), der nur tätig werden dürfte, wenn der Wahlverteidiger ausfällt. Er hat vielmehr die gleichen Rechte. Das kann zu schweren Friktionen führen. Der aufgedrängte Pflichtverteidiger muss daher die seltene Ausnahme für Extremfälle bleiben.

---

59 BGHSt 42, 94 zu § 138a.

60 OLG Düsseldorf StV 1993, 6.

61 BGHSt 39, 310 (315); BGH NStZ 1997, 401; s. hierzu auch BGH NStZ 2017, 59.

62 BGH JR 1996, 124.

63 Vgl. *Hilgendorf*, NStZ 1996, 4.

64 BGHSt 15, 306 (309); vgl. auch BVerfGE 39, 246. Nur, wenn der Wahlverteidiger noch mandatiert und dauerhaft zur Verteidigung bereit und in der Lage ist, darf demgemäß die Bestellung des Pflichtverteidigers zurückgenommen werden, s. KG StV 2017, 156.

VII. Das Verbot der Mehrfachverteidigung, § 146

37 Ein Beschuldigter kann bis zu drei Verteidiger haben (§ 137 Abs. 1 S. 2). Dagegen darf ein Verteidiger bei Tatidentität immer nur einen Beschuldigten verteidigen. Dieses Verbot der Mehrfachverteidigung soll den Beschuldigten vor Interessenkollisionen schützen. Dazu könnte es z. B. kommen, wenn ein Verteidiger zwei Mittäter verteidigen würde. Das Gesetz lässt die abstrakte Gefahr solcher Konflikte genügen und dem Beschuldigten keinen Spielraum zur Disposition über seine eigenen Interessen.

1. Tatidentität (S. 1)

Handelt es sich um dieselbe Tat im prozessualen Sinne (§ 264), darf der Verteidiger nicht mehrere Beschuldigte gleichzeitig vertreten. Das gilt auch dann, wenn gegen sie getrennte Verfahren geführt werden.[65]

2. Verfahrensidentität (S. 2)

Solange die Verfahren gegen mehrere Beschuldigte verbunden sind, darf der Verteidiger nur einen von ihnen verteidigen (bei einer Verbindung zu gemeinsamer Verhandlung nach § 237, die keine Verfahrensidentität schafft, gilt das Verbot nicht)[66] Die Unzulässigkeit der Mehrfachverteidigung beginnt mit der Verbindung und endet mit der Trennung.

3. Sukzessive Mehrfachverteidigung

38 Der Verteidiger darf die Beschuldigten zwar nicht gleichzeitig, aber nacheinander vertreten.[67] Dazu muss allerdings das frühere Mandat (nicht nur: das Verfahren) rechtlich beendet sein.

Beispiel: Rechtsanwältin R hat in einem Verfahren gegen die Mittäter A und B den A verteidigt. A lässt das Urteil rechtskräftig werden und beendet das Mandat mit R. B dagegen legt Berufung ein und lässt sich nun von R verteidigen. Dem steht prozessual nichts im Wege. R muss aber die Interessenlage zwischen A und B bedenken und prüfen, ob sie Parteiverrat (§ 356 StGB) begeht.[68]

4. Rechtsfolgen bei verbotswidriger Mehrfachverteidigung

Haben die Beschuldigten den Verteidiger gleichzeitig beauftragt, sind alle Verteidigungen als unzulässig zurückzuweisen (§ 146a).[69] Übernimmt der Verteidiger eines Beschuldigten dagegen später eine weitere Verteidigung unter Verstoß gegen § 146, ist nur diese zweite unzulässig.[70]

---

[65] BGHSt 26, 291 (296).
[66] BGHSt 36, 248, str.
[67] BGH NStZ 1994, 500.
[68] Vgl. OLG Stuttgart NStZ 1990, 542.
[69] OLG Celle StV 1986, 108.
[70] BGHSt 26, 291 (297).

VIII. Eingriffe in die Berufsfreiheit des Verteidigers

1. Der Ausschluss des Verteidigers, §§ 138a ff.

Die Regelung ist zwingend und abschließend. Eine analoge Anwendung scheidet aus (Eingriff in Art. 12 GG). Anderes Fehlverhalten des Verteidigers, mag es auch grob standeswidrig oder sogar strafbar sein, rechtfertigt den Ausschluss nicht. Das Ausschlussverfahren wird vom OLG geführt (§ 138c). 39

Aus § 138c Abs. 3 S. 1 lässt sich entnehmen, dass die Ausschließungsgründe und das Ausschließungsverfahren eine **Sperrwirkung** entfalten. In die Rechte des Verteidigers aus §§ 147, 148 darf – entgegen dem BGH – nicht nach den allgemeinen Vorschriften eingegriffen werden.[71] Zwar entsprechen die Ausschlussgründe des § 138a Abs. 1 Nr. 3 denen, die das Beschlagnahmeverbot aufheben, § 97 Abs. 2 S. 2 (mit dem Unterschied, dass bei § 138a der einfache Verdacht nicht genügt). Die Rechte aus §§ 147, 148 entfallen aber nicht schon bei Verdacht, wie § 138c Abs. 3 S. 1 zeigt, sondern ruhen erst nach einer entsprechenden Anordnung des OLG. 40

Das Gleiche gilt für die Telekommunikationsüberwachung nach § 100 a. Die Überwachung von Verteidigergesprächen ist durch § 148 verboten, und § 138c Abs. 3 S. 1 bestätigt, dass der Vorrang des § 148 entgegen der Auffassung des BGH auch gilt, wenn der Verteidiger im Verdacht steht, zu Gunsten des Beschuldigten eine Strafvereitelung (etc.) begangen zu haben (§ 138a Abs. 1 Nr. 3) oder an der Vortat beteiligt gewesen zu sein (§ 138a Abs. 1 Nr. 1).[72] 41

2. Geldwäscheverdacht

Wer einen Mandanten verteidigen will, der im Verdacht steht, eine der Vortaten (Katalogtaten) der Geldwäsche begangen zu haben (§ 261 StGB), handelt sich das Problem ein, selbst Geldwäsche zu begehen, wenn er Honorar von ihm annimmt. Der Ratschlag, das Mandat abzulehnen und den Beschuldigten auf eine Pflichtverteidigung zu verweisen, ist zynisch und grundgesetzwidrig. Das BVerfG hat vernünftige Grenzen gezogen. § 261 Abs. 2 Nr. 1 StGB muss im Hinblick auf Art. 12 GG dahingehend verfassungskonform ausgelegt werden, dass sich der Strafverteidiger nur dann strafbar macht, wenn er im Zeitpunkt der Annahme des Honorars sichere Kenntnis besitzt, dass dieses aus einer Katalogtat herrührt.[73] Dieser Ausschluss der Leichtfertigkeit und des bedingten Vorsatzes bedeutet auch, dass es für einen Anfangsverdacht gegen den Verteidiger (der z. B. eine Durchsuchung seiner Kanzlei rechtfertigen soll) „greifbare Anhaltspunkte" dafür geben muss, dass er bösgläubig war, also sicheres Wissen hatte.[74] 42

---

[71] A. A. BGH NStZ 2009, 517: Beschlagnahme auch von Verteidigerpost zulässig, wenn der Verteidiger selbst Beschuldigter ist. Der Mandant sei durch ein Verwertungsverbot geschützt.

[72] Vgl. *Welp*, NStZ 1986, 294 (297); a. A. BGHSt 33, 347.

[73] BVerfG NStZ 2005, 443f.

[74] BVerfG NStZ 2005, 443f.

Fälle und Fragen

62. In welcher Lage des Strafverfahrens kann der Beschuldigte den Beistand eines Verteidigers verlangen?
63. Welche Rolle hat der Verteidiger im Strafverfahren zu erfüllen?
64. Welche Rechte und Pflichten hat man als Verteidiger?
65. Verteidiger X will bei der polizeilichen Vernehmung seiner beschuldigten Mandantin anwesend sein. Kann ihm die Anwesenheit verweigert werden?
66. Gegen A und B wird wegen des Verdachts des gemeinschaftlichen Totschlags ermittelt. A wird in Anwesenheit seines Verteidigers X vom zuständigen Ermittlungsrichter vernommen. Einige Tage später wird auch B auf Antrag der StA von der Ermittlungsrichterin als Mitbeschuldigter vernommen. Weder A noch sein Verteidiger X werden von diesem Vernehmungstermin benachrichtigt. War die unterbliebene Benachrichtigung zulässig?
67. Das Ersuchen des Verteidigers Y auf Übersendung des Protokolls über die richterliche Vernehmung seines beschuldigten Mandanten X lehnt die Staatsanwältin ab. Ist die Verwehrung von Akteneinsicht hier zulässig? Was kann Verteidiger Y tun, um die Aufhebung des Bescheids der StA zu bewirken?
68. In den Akten befindet sich ein Vermerk der StA, dass gegen den Beschuldigten der Erlass eines Haftbefehls beantragt worden ist. Darf der Verteidiger diese durch Akteneinsicht erlangte Kenntnis an den Beschuldigten weitergeben?
69. Was besagt der Grundsatz der Aktenvollständigkeit?
70. Gehören die polizeilichen Spurenakten zu den Akten i. S. d. § 147 Abs. 1?
71. Darf der Verteidiger Umstände, die seinen Mandanten belasten, ohne dessen Zustimmung offenbaren?
72. Darf der Verteidiger im Interesse seines Mandanten lügen?
73. Welche Meinungen werden zu der Frage vertreten, ob der Verteidiger ein Organ der Rechtspflege ist?
74. Ein Verteidiger muss dem Beschuldigten gem. § 140 Abs. 2 u. a. dann zur Seite stehen, wenn wegen der Schwere der Tat die Mitwirkung eines Verteidigers geboten erscheint. Wonach bemisst sich die Schwere der Tat?
75. Gegen den Angeklagten K ist beim LG München ein Verfahren wegen Vergewaltigung in Tateinheit mit Körperverletzung anhängig. In der Hauptverhandlung beantragt der Wahlverteidiger H im Namen seines angeklagten Mandanten, ihn zum Pflichtverteidiger beizuordnen. Ist die Bestellung eines Pflichtverteidigers hier zwingend und wenn ja, kann der bisherige Wahlverteidiger H als Pflichtverteidiger des K beigeordnet werden? Kann die Vorsitzende von der Bestellung des gewünschten Verteidigers H Abstand nehmen?
76. Ist die Beiordnung eines Pflichtverteidigers neben einen Wahlverteidiger zulässig?
77. Dem Angeklagten wurde durch Verfügung des Vorsitzenden RA X als Pflichtverteidigerin beigeordnet. Ist X verpflichtet, die Verteidigung zu übernehmen?
78. Kann der bloße Wunsch eines Angeklagten nach einem neuen Pflichtverteidiger zu einem Widerruf der Bestellung führen?
79. Wie viele Verteidiger darf ein Beschuldigter haben?
80. Darf ein Verteidiger zwei Mittäter verteidigen?

§ 12. Die Abschlussverfügung der Staatsanwaltschaft

I. Überblick

Die Staatsanwaltschaft muss bei ihren Ermittlungen bzw. denen der Polizei ständig überprüfen, ob sie fortzuführen oder abzuschließen sind. Für die Beendigung des Ermittlungsverfahrens gibt es drei Alternativen.

Das Gesetz nennt in § 170 nur die Möglichkeiten der Einstellung des Verfahrens (mangels Tatverdachts, siehe unten Rn. 4) oder der Anklage (siehe unten Rn. 36ff.). Das entspricht dem **Legalitätsprinzip** (vgl. oben 6 Rn. 8). Es verpflichtet die Staatsanwaltschaft, von ihrem Anklagemonopol Gebrauch zu machen, wenn „genügender Anlass zur Erhebung der öffentlichen Klage" besteht, hinreichender Tatverdacht also (vgl. oben 8 Rn. 3), andernfalls aber das Verfahren durch Einstellung mangels Tatverdachts zu beenden. Ein Auswahlermessen hat sie dabei nicht. Es wird ihr auch nicht durch die dritte Möglichkeit eingeräumt, ein Ermittlungsverfahren zu beenden. Sie muss nämlich nicht immer, wenn hinreichender Tatverdacht gegeben ist, eine Anklage erheben, sondern kann das Verfahren einstellen, wenn das aus diversen Gründen zweckmäßig erscheint. 1

Die Ausnahmen vom Verfolgungszwang werden unter dem Begriff **Opportunitätsprinzip** zusammengefasst (§§ 153ff.; siehe unten Rn. 13). Auch diese Optionen sind aber an Rechtsbegriffe gebunden (z. B. „geringe Schuld", „öffentliches Interesse") und lassen der Staatsanwaltschaft nicht etwa freie Hand. Allerdings ist der Beurteilungsspielraum oft sehr weit. Es kommt hinzu, dass die Staatsanwaltschaft nicht immer auf die Zustimmung des Gerichts angewiesen ist (vgl. die Grafik unten Rn. 15). Überdies kann sich der Beschuldigte gegen diese Art der Einstellung nicht wehren (Ausnahme: Einstellung nach § 153a) und, um seine Unschuld nachgewiesen zu sehen, eine Klage erzwingen (vgl. unten Rn. 10). Im Ergebnis lässt sich daher die sachgerechte Beurteilung im Rahmen eines Spielraums von einer Ermessensentscheidung nicht immer scharf unterscheiden. 2

Die Grafik (auf der nächsten Seite) zeigt, in welcher Reihenfolge die rechtlichen Gesichtspunkte zu prüfen sind und welche Entscheidungsmöglichkeiten bestehen. 3

Übersicht 15: Die Abschlussverfügung der StA

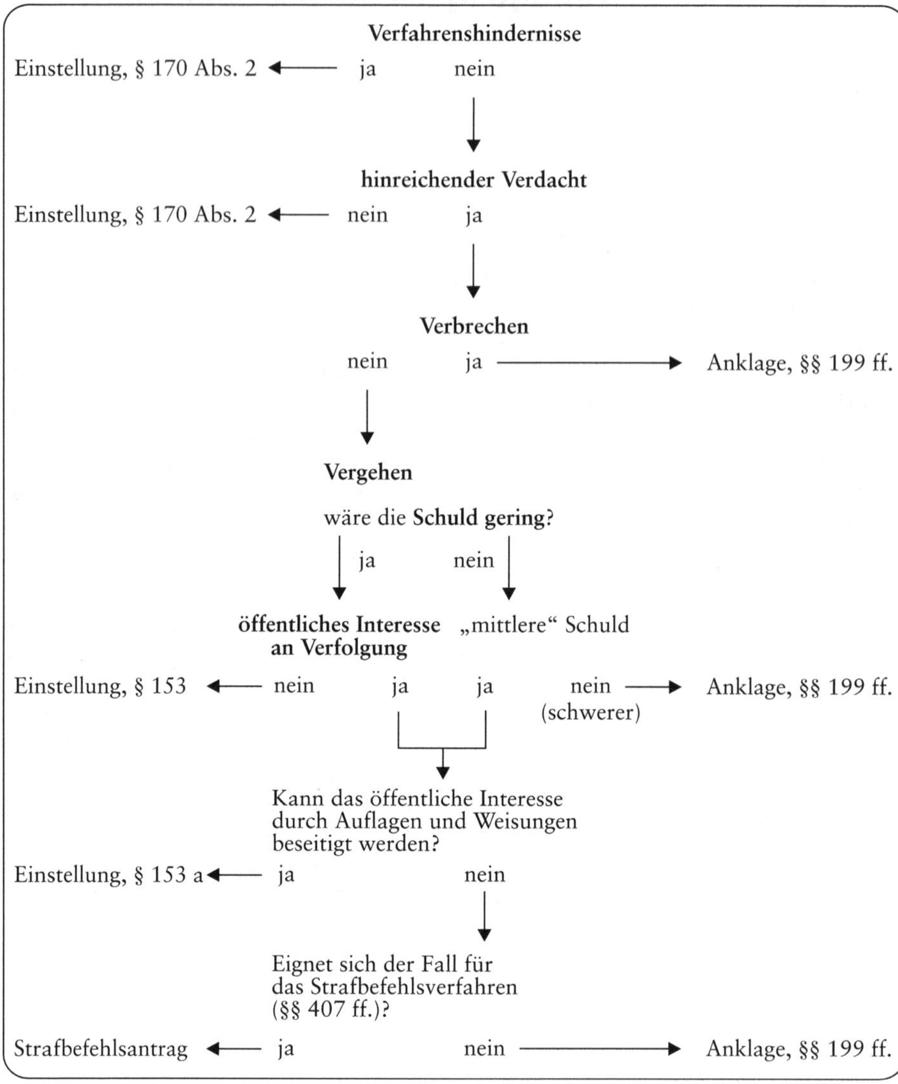

II. Die Einstellung gem. § 170 Abs. 2

1. Voraussetzungen

4 Das Verfahren muss eingestellt werden, wenn

- hinreichender Tatverdacht nicht besteht, weil sich der Verdacht gegen einen bestimmten Beschuldigten als unbegründet oder nicht „hinreichend“ erwiesen hat oder weil der potentielle Täter unbekannt geblieben ist,

- hinreichender Tatverdacht nicht besteht, weil die ermittelten Umstände nicht auf eine Straftat hindeuten (z. B. fahrlässige Sachbeschädigung),
- bei Privatklagedelikten kein öffentliches Interesse besteht (§ 376; sofern die Staatsanwaltschaft hier zunächst überhaupt ein Ermittlungsverfahren in Gang gesetzt hat),
- ein Verfahrenshindernis besteht (vgl. unten 14 Rn. 1 ff.).

In der ersten Alternative fehlt der genügende Anlass zur Erhebung der öffentlichen Klage aus sachlichen (tatsächlichen) Gründen, sonst aus rechtlichen Gründen.

Hinreichend ist der Tatverdacht, wenn eine Verurteilung mit Wahrscheinlichkeit zu erwarten, also wahrscheinlicher als ein Freispruch ist. Die Staatsanwaltschaft muss sich in die Lage des Gerichts versetzen und eine Prognose anstellen. Ob sie dabei die Auffassung der Rechtsprechung zugrunde zu legen hat, ist eine sehr umstrittene Frage (vgl. schon oben 6 Rn. 12).

2. Die Bindung der Staatsanwaltschaft an die Rechtsprechung

Dagegen spricht 5

- die Unabhängigkeit der Staatsanwaltschaft von den Gerichten (§ 150 GVG),
- die Pflicht der Staatsanwaltschaft, als Organ der Rechtspflege objektiv nach Wahrheit und Gerechtigkeit zu suchen.

Dafür spricht

- die Pflicht, strafbare Handlungen zu verfolgen (Legalitätsprinzip, § 152 Abs. 2),
- das Prinzip der Gewaltenteilung,
- das Rechtsprechungsmonopol der Gerichte (Art. 92 GG).

Dürfte die Staatsanwaltschaft über die Strafbarkeit eines Verhaltens als Voraussetzung ihrer Anklagepflicht nach eigener Auffassung entscheiden, würden diejenigen Fälle vor Gericht kommen, die sie, anders als die Rechtsprechung, für strafbar hält, mit der Folge, dass der Beschuldigte zwar eine Hauptverhandlung zu ertragen, aber einen Freispruch zu erwarten hat. Das tangiert keines der oben genannten Prinzipien. Die Staatsanwaltschaft dürfte dann aber auch Verurteilungen verhindern, zu denen die Gerichte gekommen wären, wenn nicht die Staatsanwaltschaft nach ihrer abweichenden Rechtsansicht eine Anklage unterlassen hätte. Damit würde die Staatsanwaltschaft im Ergebnis richterliche Macht ausüben und die Rolle überschreiten, die ihr mit der Trennung von Kläger und Richter zugewiesen wurde. Sie ist deshalb in diesem Fall an die Rechtsauffassung der Gerichte gebunden, wenn diese Rechtsmeinung einheitlich ist oder von Obergerichten vertreten wird, und muss Anklage erheben.[1] Im gerichtlichen Verfahren bleibt es ihr dann unbenommen, auf eine Änderung der Rechtsprechung hinzuwirken.

3. Die Mitteilung an den Beschuldigten

6 Die Mitteilung an den Beschuldigten sollte wegen seiner Stellung als Subjekt des Verfahrens stets erfolgen, ist aber vom Gesetz nicht in allen Fällen vorgeschrieben (§ 170 Abs. 2 S. 2; vgl. schon oben 9 Rn. 3). Der Bescheid muss nur dann begründet werden, wenn sich ergeben hat, dass der Beschuldigte unschuldig oder der Verdacht gegen ihn entfallen ist (RiStBV Nr. 88).

---

[1] BGHSt 15, 155; skeptisch LR/*Graalmann-Scherer*, § 170 Rn. 26.

4. Rechtskraft

7 Rechtskraft entfaltet die Einstellung nicht. Die Ermittlungen können ohne weiteres wieder aufgenommen werden.

5. Der Bescheid an den Antragsteller, § 171

8 Wer mit einer Strafanzeige den erkennbaren Willen verbunden hat, die Strafverfolgung in Gang zu setzen (zum Begriff Strafantrag vgl. oben 8 Rn. 7), erhält einen Bescheid mit Gründen (§ 171 S. 1).

Ist er zugleich der Verletzte, wird er darüber belehrt, dass er eine förmliche Beschwerde einlegen kann (§ 171 S. 2). S. 3 regelt die Heranziehung eines Dolmetschers oder Übersetzers, sofern der Verletzte nebenklageberechtigt und der deutschen Sprache nicht mächtig ist.

III. Das Klageerzwingungsverfahren, §§ 172ff.

1. Zweck und Anwendungsbereich

9 In diesem – selten betriebenen und noch seltener erfolgreich abgeschlossenen – Verfahren kann der Verletzte erreichen, dass die Staatsanwaltschaft vom Gericht gezwungen wird, Anklage zu erheben.[2] Es steht für diejenigen Straftaten nicht zur Verfügung, bei denen das Anklagemonopol der Staatsanwaltschaft durchbrochen ist und der Verletzte selbst als **Privatkläger** die Rolle der Staatsanwaltschaft übernehmen kann (§§ 374ff., 172 Abs. 2 S. 3).

10 Der Zweck des Klageerzwingungsverfahrens liegt in der Sicherung des Legalitätsprinzips. Dazu besteht kein Anlass, wenn die Staatsanwaltschaft eine Einstellung nach dem **Opportunitätsprinzip** verfügt hat (§ 172 Abs. 2 S. 3). Wie aber, wenn der Verletzte geltend macht, dass dies nicht hätte geschehen dürfen?

Fall 1: Die Staatsanwaltschaft hat ein Verfahren wegen Diebstahls geführt und es mit einer Einstellung nach § 153a abgeschlossen. Der Geschädigte spricht von Überfall und Raub.

Die Einstellung gem. § 153a ist bei Verbrechen nicht möglich. Mit dem Klageerzwingungsverfahren kann kontrolliert werden, ob die Staatsanwaltschaft diese Grenze des Opportunitätsprinzips beachtet, nicht aber, wie sie innerhalb des Geltungsbereichs dieses Prinzips entschieden hat. Hat also die Staatsanwaltschaft überprüft, ob ein Überfall vorliegt, und Raub abgelehnt, kommt ein Klageerzwingungsverfahren in Betracht. Ist ihr aber der tatsächliche Gesichtspunkt neu, muss sie erst Gelegenheit haben, die Ermittlungen wieder aufzunehmen.

2. Das Verfahren

Das Verfahren verläuft in drei Stufen.

11 a) Die Staatsanwaltschaft hat das Ermittlungsverfahren gem. § 170 eingestellt und das dem Antragsteller, der zugleich der Verletzte ist, in einem Bescheid förmlich mitgeteilt.

---

[2] Vgl. *Küpper*, Jura 1989, 281ff.

b) Der Antragsteller legt Beschwerde beim Generalstaatsanwalt ein (vgl. oben 6 Rn. 2 – nicht beim Ltd. OStA) und stellt in dieser Einstellungsbeschwerde klar, dass er in der Sache „in die nächste Instanz" möchte und nicht nur mit einer Dienstaufsichtsbeschwerde ein Fehlverhalten rügen will. Hilft die Staatsanwaltschaft der Beschwerde nicht ab und hält der Generalstaatsanwalt die Einstellung für sachgerecht, weist er die Beschwerde in einem ablehnenden Bescheid zurück (§ 172 Abs. 2).

c) Nun stellt der Verletzte durch einen Rechtsanwalt einen Antrag auf gerichtliche Entscheidung beim OLG (§ 172 Abs. 2, 3, 4). Dort entscheidet ein Strafsenat. Er verwirft den Antrag (§ 174) oder beschließt die „Erhebung der öffentlichen Klage" (§ 175 S. 1). Die Staatsanwaltschaft ist an diese Entscheidung gebunden und kann sie nicht durch eine Einstellung nach dem Opportunitätsprinzip unterlaufen. Das OLG darf die Staatsanwaltschaft auch anweisen, die Ermittlungen wieder aufzunehmen, wenn sie rechtsirrig von Ermittlungen abgesehen hatte (vgl. oben Fall 1).[3]

3. Der Verletzte

Für den Begriff des Verletzten, der in der StPO an verschiedenen Stellen verwendet wird **12**
(vgl. §§ 22 Nr. 1, 61 Nr. 2, 374 Abs. 1, 403), kommt es auf den Regelungszweck der Vorschrift an. Hier, bei § 172, ist er weit auszulegen, weil das Legalitätsprinzip gesichert und seine Umsetzung durch die Staatsanwaltschaft kontrolliert werden soll. Andererseits muss man darauf achten, dass die StPO kein „Popular-Klageerzwingungsverfahren" etablieren wollte.[4]

Als Verletzter gilt, wer durch die behauptete Tat – ihre Begehung unterstellt – in seinen Rechten oder rechtlich anerkannten Interessen unmittelbar beeinträchtigt ist.[5] Dieser Ansatz lässt sich durch die Lehre vom Schutzzweck der Norm noch präzisieren.[6] Danach sind **Verletzte** z. B.

- beim Diebstahl der Eigentümer und der Inhaber des Gewahrsams,
- beim Betrug der Geschädigte und der Getäuschte,
- die Eltern eines getöteten Kindes (vgl. § 395 Abs. 2 Nr. 1),
- eine Prozesspartei, deren Position sich durch eine Falschaussage (Gefährdungsdelikt!) verschlechtert hat.[7]

Nicht zu den Verletzten zählen

- nur mittelbar Betroffene, wie z. B. der am Gewinn beteiligte Prokurist einer geschädigten GmbH,[8]
- Tatbeteiligte,[9]
- Betroffene, wenn die verletzte Norm die Allgemeinheit schützt, z. B. der über eine Untreue im öffentlichen Dienst empörte Steuerzahler,[10]

---

[3] KG NStZ 1990, 356; *Rieß*, NStZ 1990, 10.
[4] KK-StPO/*Moldenhauer*, § 172 Rn. 18.
[5] H. M.; vgl. z. B. OLG Hamm NStZ 1986, 327.
[6] *Frisch*, JZ 1974, 7.
[7] OLG Bremen NStZ 1988, 39.
[8] BGHSt 1, 298.
[9] OLG Hamburg NJW 1980, 848.
[10] Vgl. OLG Köln MDR 1952, 568.

- Behörden, wie z. B. die Naturschutzbehörde bei Verstößen gegen das Naturschutzgesetz,[11] weil es nicht ihre Sache ist, über die Einhaltung des Legalitätsprinzips zu wachen,
- Interessenverbände, wie z. B. der Verband der Sinti und Roma bei Volksverhetzung.[12]

IV. Die Einstellung nach §§ 153 ff.

1. Das Opportunitätsprinzip

13 Die Bezeichnung ist unglücklich. Es geht nicht um zweifelhafte Ausnahmen vom „hehren" Legalitätsprinzip, die es der Staatsanwaltschaft erlauben würden, ein Ermessen auszuüben und je nach Zweckmäßigkeit Fälle so oder so zu entscheiden. Angesichts knapper Ressourcen ist die Staatsanwaltschaft gar nicht in der Lage, jedem Verdacht einer Straftat mit gleicher Intensität nachzugehen. Es ist legitim, Schwerpunkte zu setzen. Große Wirtschaftsstrafverfahren kosten Zeit und binden Personal, und für flächendeckende „Affären" gilt das erst recht (Stichworte aus letzter Zeit: Korruption, Steuerflucht). Das Opportunitätsprinzip erlaubt es der Staatsanwaltschaft, Rechtsentscheidungen zu treffen (siehe oben Rn. 2), die zu einer Konzentration auf das Wesentliche verhelfen (wobei allerdings nicht zu verkennen ist, dass die Staatsanwaltschaft hier zwangsläufig Rechtspolitik auf eigene Faust betreibt, die nicht vom Parlament vorgezeichnet ist).

14 Im Großen und Ganzen lassen sich die Möglichkeiten, die das Opportunitätsprinzip bietet, auf vier Grundgedanken zurückführen.

(1) In Fällen geringer Schuld ist Strafe nicht angebracht („minima non curat praetor"). Das materielle Strafrecht fragt nur, ob die Voraussetzungen der Strafbarkeit „gegeben" sind, gewichtet sie aber nicht in einem materiellen Deliktsbegriff. Diese notwendige Korrektur bleibt dem Prozessrecht überlassen.

Beispiel: Der Zeuge will niveauvoll erscheinen und berichtet, dass er sich am Bahnhofskiosk die „Frankfurter Allgemeine Sonntagszeitung" gekauft und dabei gesehen habe, wie … Es war aber die „Bild am Sonntag".

Falschaussage, § 153 StGB, einzustellen nach § 153 (StPO).

(2) Die niedrigste Sanktion des materiellen Rechts ist zu hoch angesetzt. Es gibt Fälle, die man einerseits nicht folgenlos einstellen kann, für die andererseits aber eine Geldstrafe (= Vorstrafe; s. dazu Rn. 23) schon zu viel wäre. Diese Lücke im System sollte § 153 a schließen.

(3) Alle Aspekte strafbaren Verhaltens und alle Tatkomplexe zu verfolgen, wie es das Legalitätsprinzip gebietet, lohnt sich oft nicht, weil bereits bei einer Konzentration auf einige Delikte bzw. Geschehnisse eine „gerechte" Strafe zu erwarten ist (§§ 154, 154 a).

---

[11] OLG Celle MDR 1967, 515.
[12] OLG Karlsruhe NJW 1986, 1276.

Beispiel: Es spielt für das Strafmaß keine (große) Rolle, ob der Angeklagte wegen betrügerischer Absprachen am Bau in fünfzig oder siebzig Fällen verurteilt wird. Sowohl für den Angeklagten wie für den Staat ergibt die Kosten-Nutzen-Rechnung, dass ein überschaubares, zügiges Verfahren vorzuziehen ist.

(4) In manchen Fällen würde eine Strafverfolgung mehr schaden als nützen.

§ 154c: Der Erpresste soll nicht aus Furcht vor Strafverfolgung von einer Anzeige und Aussage gegen den Erpresser abgehalten werden.

§ 153d: Bei Staatsschutzdelikten kann die Strafverfolgung mehr Schaden anrichten als die Tat.

Von diesen Möglichkeiten kann nicht nur die Staatsanwaltschaft Gebrauch machen. In 15
vielen (nicht allen!) Fällen stehen sie auch nach Anklageerhebung dem Gericht zur Verfügung. Das Nähere zeigt die Grafik. Sie macht ferner deutlich, ob eine Zustimmung erforderlich ist und wer sie erteilen muss. Damit gewährleistet das Gesetz eine Kontrolle und Balance der Interessen. Das Gericht sichert, wenn seine Zustimmung erforderlich ist, das Legalitätsprinzip. Muss die Zustimmung des Angeschuldigten eingeholt werden, kann er sie verweigern und das Ziel eines Freispruchs verfolgen.

Übersicht 16: Einstellung des Verfahrens

gemäß	Einstellung			
	durch die StA im Vorverfahren		durch das Gericht nach Anklageerhebung	
	mit Zustimmung			
	des Beschuldigten	des Gerichts	des Angeschuldigten	der StA
153		+ aber Abs. 1 S. 2	+ aber Abs. 2 S. 2	+
153 a	+	+ aber Abs. 1 S. 7	+	+
153 b	+	+	+	+
			nicht mehr in der Hauptverhandlung	
153 c	die StA (GBA[1], Abs. 4) in jeder Lage des Verfahrens			
153 d	der GBA[1] in jeder Lage des Verfahrens			
153 e[2]		+ (OLG)		+ (GBA)
153 f	die StA in jeder Lage des Verfahrens			
154				Antr. StA, Abs. 2
154 a				+
154 b				Antr. StA, Abs. 4 S. 1
154 c			nicht möglich	
154 d			nicht möglich	
154 e	„soll“		muss (vorübergehendes Verfahrenshindernis)	

[1] Generalbundesanwalt [2] Zuständig GBA

Näher besprochen werden nur die wichtigsten Vorschriften (die strafrechtlichen „Nebengesetze“ enthalten weitere Einstellungsmöglichkeiten, z. B. § 31a BtMG [geringe Menge, Absicht des Eigenverbrauchs], § 37 BtMG [Therapie statt Strafverfolgung]).

2. § 153

Das Verfahren ist einzustellen (trotz des Wortlauts „kann“ keine Ermessensentscheidung, s. oben Rn. 2), wenn bei einem **Vergehen** „die Schuld des Täters als gering anzusehen wäre und kein öffentliches Interesse an der Verfolgung besteht“ (Abs. 1 S. 1).

16 a) Die geringe Schuld muss nicht feststehen, sondern nur prognostiziert werden. Ist sie unwahrscheinlich, fehlt der hinreichende Tatverdacht und das Verfahren ist gem. § 170 Abs. 2 zu beenden. Ist sie wahrscheinlich, braucht die Staatsanwaltschaft nicht, wie es das Legalitätsprinzip gebieten würde, durchzuermitteln. Dazwischen liegt eine Zone geringeren Verdachts, den die Staatsanwaltschaft durch weitere Ermittlungen möglicherweise als hinreichend bekräftigen könnte. In beiden Fällen darf „kurzer Prozess“ gemacht und das Verfahren nach § 153 eingestellt werden. Der Beschuldigte kann nicht verlangen, dass die Untersuchung des Falles fortgesetzt wird, um den Verdacht zu entkräften. Die Einstellung nach § 170 Abs. 2 ist für ihn zwar „ehrenvoller“, in der Rechtsfolge aber nicht günstiger.

17 b) Wann das öffentliche Interesse an einer Strafverfolgung der Einstellung entgegensteht, ist nach wie vor nicht vollständig geklärt. Es können jedenfalls spezial- oder generalpräventive Gründe sein. Sich dabei auf die Person des Täters und seine Einstellung zum Recht zu stützen (Vorstrafen, Missachtung staatlicher Autorität, etc.), läuft allerdings meist auf ein Gesinnungsstrafrecht hinaus, es sei denn, solche Aspekte sprechen für die Gefährlichkeit des Täters. Zu den legitimen Belangen der Allgemeinheit gehören ihr Sicherheitsbedürfnis, das Interesse an der Aufklärung einer Tat, die Aufsehen erregt hat, der Schutz des Verletzten.

18 c) Stellt die Staatsanwaltschaft das Verfahren ein (Abs. 1), braucht sie die Zustimmung des Gerichts, es sei denn, dass es sich um ein Vergehen handelt, dessen Strafrahmen bei der Mindeststrafe beginnt (§§ 38, 40 StGB) und bei dem die Tatfolgen gering sind (bei Vermögensdelikten bis ca. EUR 50). Der Beschuldigte jedoch muss nicht einverstanden sein und noch nicht einmal gehört werden (die Zustimmung des Gerichts stellt nur eine interne Prozesserklärung und nicht eine Entscheidung i. S. d. § 33 Abs. 2 dar). Das ist anders, wenn das Gericht die Einstellung beschließt (Abs. 2). Der Angeschuldigte kann seine Zustimmung verweigern und um einen Freispruch kämpfen, trägt dann aber auch das Risiko einer Verurteilung.

19 d) Rechtsbehelfe gibt es gegen die Einstellung durch die Staatsanwaltschaft nicht. Hat das Gericht entschieden (Abs. 2), ist dieser Beschluss nicht mit einer Beschwerde anfechtbar (Abs. 2 S. 4), es sei denn, dass in Wahrheit ein Verbrechen vorliegt oder die Zustimmung der Staatsanwaltschaft oder des Beschuldigten nicht eingeholt wurde.

20 e) Hat die Staatsanwaltschaft die Einstellung verfügt, kann sie die Verfolgung wieder aufnehmen, wenn es dafür sachliche Gründe gibt. Rechtskraft entsteht nicht.

21 Die Rechtskraft des Gerichtsbeschlusses gem. Abs. 2 ist nicht geregelt und sehr umstritten. Sicher ist nur, dass sie **beschränkt** ist. Man könnte ein neues Verfahren zulassen, wenn

- irgendwelche neuen Tatsachen oder Beweismittel bekannt werden (analog § 211 – abzulehnen), oder
- solche, die für mehr als nur geringe Schuld oder ein öffentliches Interesse an der Strafverfolgung sprechen[13] (zu weitgehend; besser:)
- solche, die unter einem anderen rechtlichen Gesichtspunkt eine erhöhte Strafbarkeit begründen[14] oder
- solche, die den Verdacht eines Verbrechens entstehen lassen (analog § 153a Abs. 1 S. 5).[15]

Gegen die letzte, vom BGH und auch hier vertretene Ansicht wird vorgebracht, dass sich der Täter bei § 153a immerhin sanktionswillig gezeigt und Leistungen erbracht habe, also erhöhten Schutz verdiene.[16] Wenn aber der Fall so lag, dass noch nicht einmal geringe Sanktionen angebracht schienen und deshalb nach § 153 verfahren wurde, kann das nicht gegen den Beschuldigten gewendet werden.

3. § 153a

Dieses vereinfachte Erledigungsverfahren unterschied sich ursprünglich (1974) von der Einstellung nach § 153 nur dadurch, dass ein öffentliches Interesse an der Strafverfolgung besteht, das aber durch Leistungen des Beschuldigten abgelöst, beseitigt werden kann. Trotz aller Kritik („Freikaufverfahren", „Millionärsparagraph") ist es von der Rechtsprechung bis über den Bereich der mittleren Kriminalität hinaus ausgedehnt worden. Der Gesetzgeber hat das gebilligt. Nun ist § 153a schon anwendbar, wenn die „Schwere der Schuld nicht entgegensteht". 22

Ziel der Vorschrift war vor allem die Beschleunigung des Verfahrens. Im Bereich der Wirtschaftskriminalität spielt eine große Rolle, dass man der „Verfahrenskomplexität" ausweicht und hohe Geldauflagen fordert (Staatsanwaltschaft), anbietet (Verteidigung) und akzeptiert (Gericht).

Der Effekt der Vorschrift ist eine Entkriminalisierung. Die Auflagen (Abs. 1 Nr. 1–3, vgl. § 56b Abs. 1 StGB) und Weisungen (Nr. 4, vgl. § 56c Abs. 2 Nr. 5 StGB; Nr. 5[17]; Nr. 6[18]; Nr. 7[19]) sind Sanktionen ohne Strafcharakter. Entscheidungen nach § 153a werden nicht in das Bundeszentralregister eingetragen (anders als Verurteilungen zu Strafe. Hier liegt die „magische Grenze" bei 90 Tagessätzen Geldstrafe oder drei Monaten Freiheitsstrafe. Ist die Strafe nicht höher, wird sie zwar in das BZR eingetragen, nicht aber in das Führungszeugnis aufgenommen; der Verurteilte darf sich als nicht vorbestraft bezeichnen [§ 32 Abs. 2 Nr. 5 BZRG; zur beschränkten Auskunft an Behörden § 41 BZRG]). 23

a) Die Voraussetzungen sind in jeder Hinsicht andere als bei § 153 (davon abgesehen, dass auch § 153a nur bei Vergehen in Betracht kommt). 24

---

[13] *Roxin/Schünemann,* § 14 Rn. 26.
[14] Zu dieser Ansicht vgl. *Meyer-Goßner/Schmitt,* § 153 Rn. 38.
[15] Grundsatzentscheidung BGH NStZ 2004, 218.
[16] *Beulke,* Rn. 336; vgl. noch SK-StPO/*Weßlau/Dieters,* § 153 Rn. 57.
[17] Täter-Opfer-Ausgleich, §§ 155a, b; § 46a StGB, nicht gegen den Willen des Verletzten; § 155a Abs. 1 S. 3.
[18] Sozialer Trainingskurs.
[19] Aufbauseminar („Nachschulung").

Die Schwere der Schuld darf (nur) nicht entgegenstehen. Das Maß der Schuld muss auch hier (wie bei § 153) nicht feststehen, aber so weit geklärt sein, dass hinreichender Tatverdacht besteht (nicht erforderlich bei § 153).

Besteht ein **öffentliches Interesse an der Strafverfolgung,** scheidet § 153 aus, während § 153a anwendbar ist, wenn dieses Interesse durch Leistungen nach Abs. 1 Nr. 1–7 beseitigt werden kann. In der Praxis sind das meist Geldzahlungen an gemeinnützige Einrichtungen.

25 b) Die Zustimmung des Beschuldigten ist immer erforderlich – er muss sich ja „unterwerfen“ –, die des Gerichts nur dann nicht, wenn das Vergehen geringfügig ist (Abs. 1 S. 7 i. V. m. § 153 Abs. 1 S. 2).

Nach Klageerhebung liegt die Befugnis zur Einstellung beim Gericht der ersten Instanz oder des Berufungsverfahrens (Abs. 2). Neuerdings kann auch das Revisionsgericht noch nach § 153a einstellen. Erforderlich ist dabei stets die Zustimmung des Angeschuldigten bzw. Angeklagten und der Staatsanwaltschaft.

26 c) Das Verfahren hat zwei Etappen. Mit der vorläufigen Einstellung wird eine Auflage verbunden und Frist zu ihrer Erfüllung gesetzt (Abs. 1 S. 1–3).[20] Dann erfolgt die endgültige Einstellung. Sie wird von der Staatsanwaltschaft verfügt, vom Gericht beschlossen (Abs. 2 S. 2, 3).

27 d) Durch die Einstellung entsteht ein Verfahrenshindernis. Die Tat kann nun nicht mehr als Vergehen verfolgt werden (Abs. 1 S. 5). Ausgenommen von der beschränkten Rechtskraft sind daher die Fälle, in denen sich die Tat nachträglich als Verbrechen darstellt (auch bei unveränderter Sach- oder Beweislage).[21]

4. §§ 154, 154a

28 Diese Vorschriften dienen der Beschleunigung des Verfahrens durch teilweisen Verzicht auf Strafverfolgung.

a) Sie unterscheiden sich in den Voraussetzungen dadurch, dass

- § 154 *mehrere Taten* im prozessualen Sinne voraussetzt (§ 264, näher unten 13)

> **Beispiel:** Steuerhinterziehung für 2016 und 2017

- § 154a entweder abtrennbare Teile *einer Tat* betrifft

> **Beispiel:** zwei von fünf Punkten, in denen der Zeuge bei seiner Vernehmung falsch ausgesagt hat

oder bei einer Tat (§ 264) einzelne von mehreren Gesetzesverletzungen (§ 52 StGB).

[20] Beim Täter-Opfer-Ausgleich kann nicht der Erfolg, sondern nur das Bemühen kontrolliert werden.

[21] Vgl. *Meyer-Goßner/Schmitt,* § 153a Rn. 45; anders zu neuen Tatsachen hier noch die 3. Auflage.

Beispiel: Hausfriedensbruch und Sachbeschädigung bei Wohnungseinbruchdiebstahl (§ 244 Abs. 1 Nr. 3 StGB).

Gemeinsam geregelt ist, dass der ausgeschiedene Komplex (bzw. Tatbestand) neben einer Bestrafung, die wegen der anderen Tat (Tatteile, Tatbestände) zu erwarten ist, nicht beträchtlich ins Gewicht fallen darf (§§ 154 Abs. 1 Nr. 1, 154a Abs. 1 S. 1). Aber auch dann, wenn das Gewicht beträchtlich erscheint, bei einem erheblichen Rechtsfolgenminus also, darf auf Strafverfolgung verzichtet werden (§ 154 Abs. 1 Nr. 2: „darüber hinaus"; Verweisung in § 154a Abs. 1 S. 2). Dazu wird nur noch vorausgesetzt, dass ein Urteil wegen dieses Vorwurfs nicht in „angemessener Frist" zu erwarten ist, und dass die Strafe für die Teile, auf die man den Stoff beschränkt hat, „ausreichend erscheint". **29**

Die Beschränkung des Verfahrens kann rückgängig gemacht werden. Hier ist danach zu unterscheiden, ob eine Tat vorläufig nicht verfolgt wurde (§ 154) oder ob Teile einer Tat abgetrennt worden sind (§ 154a). Außerdem kommt es darauf an, ob die Staatsanwaltschaft oder das Gericht entschieden hatte. **30**

b) Die Wiederaufnahme des Verfahrens, § 154

aa) Die Staatsanwaltschaft kann von der Verfolgung einer Tat absehen (Abs. 1) und diese Entscheidung jederzeit revidieren. Die Regeln in Abs. 3 und 4 enthalten für sie nur Richtlinien, aber keine Beschränkungen. Sie gelten nur für eine Einstellung durch das Gericht.[22] **31**

Fall 2: Die Staatsanwaltschaft hat wegen Vorenthaltung von Sozialversicherungsbeiträgen (§ 266a StGB) und Lohnsteuerhinterziehung (§ 370 AO) ermittelt, wegen der ersten Tat Anklage erhoben und die zweite nach § 154 eingestellt. Der Angeklagte wird zu einer Geldstrafe verurteilt und legt Berufung ein. Die Staatsanwaltschaft sagt zu, dass sie die Steuerhinterziehung nicht weiter verfolgen werde. Daraufhin nimmt der Angeklagte seine Berufung zurück und bezahlt die Geldstrafe. Vier Monate später erhebt die Staatsanwaltschaft Anklage wegen Steuerhinterziehung.

Daran ist sie weder durch die Frist des Abs. 4 noch durch ihre Zusage gehindert. Sie hat sich allerdings nicht fair verhalten. Der Verstoß gegen das Fairnessprinzip (vgl. 18 Rn. 9) begründet zwar kein Verfahrenshindernis (dazu unten 14 Rn. 30), muss sich aber drastisch strafmildernd auswirken.[23]

Zu der Einstellung nach § 154 Abs. 1 bedurfte die Staatsanwaltschaft nicht der Zustimmung des Gerichts. Das Gericht, das im Fall über die Vorenthaltung von Sozialversicherungsbeiträgen zu entscheiden hatte, war auch nicht in der Lage, die ausgeschiedene Tat (im Fall: Steuerhinterziehung) mit einzubeziehen, weil es insoweit an der Anklage fehlte.

bb) Hat das Gericht auf Antrag der Staatsanwaltschaft nach Abs. 2 das Verfahren wegen einer Tat eingestellt, ist das nicht vorläufig, sondern endgültig gemeint, denn damit ist die „Anhängigkeit" bei Gericht beendet.[24] Nun bedarf es zur Wiederaufnahme eines förmlichen Beschlusses (Abs. 3–5). **32**

---

[22] BGHSt 30, 165; BGH NStZ 1986, 469.

[23] Vgl. BGHSt 37, 10.

[24] BGHSt 30, 197; OLG Frankfurt NStZ 1988, 328 m. Anm. *Dörr/Taschke*.

c) Die Wiedereinbeziehung ausgeschiedener Tatteile oder Gesetzesverletzungen, § 154a.

33 Bei einer Einstellung nach § 154a bleibt die gesamte Tat angeklagt und Gegenstand der Urteilsfindung (§§ 155, 264). Begriff und Umfang der Tat sind für die Staatsanwaltschaft nicht disponibel. Das Gericht kann die Beschränkung jederzeit vornehmen (Abs. 2) und wieder aufheben (Abs. 3).

34 d) Zu der Frage, ob nach §§ 154, 154a ausgeschiedene Taten und Delikte strafschärfend berücksichtigt werden dürfen, gibt es eine zweifelhafte Rechtsprechung.

Fall 3: Die Staatsanwaltschaft hatte wegen zweier Raubüberfälle des Angeklagten, begangen in A und B, Anklage erhoben. Zu Beginn der Hauptverhandlung wird das Verfahren auf den Vorfall in A beschränkt (§ 154 Abs. 2). Der Angeklagte gesteht auch den Überfall in B. Das Gericht wertet das straferschwerend.

Der BGH hält das für zulässig, wenn der Angeklagte auf diese Möglichkeit, ausgeschiedene Taten bei der Strafzumessung zu berücksichtigen, hingewiesen und das Tatgeschehen prozessordnungsgemäß festgestellt wurde.[25] Die Vertrauensgrundlage, geschaffen durch die Einstellung, ist durch den Hinweis zwar erschüttert (auch der BGH schließt eine Berücksichtigung aus, wenn der Angeklagte nach dem Gang der Hauptverhandlung darauf vertrauen konnte, dass sie nicht erfolgen werde)[26] Es bleibt aber der Einwand, dass der Staat es sich nicht einerseits „leicht machen" und andererseits den Angeklagten beschweren sollte.[27]

5. Kronzeugen

35 Einem Tatbeteiligten wird zugesichert, dass er nicht angeklagt oder milder bestraft wird, wenn er für die Anklage (die im englischen Strafverfahren die Krone repräsentiert) als Belastungszeuge auftritt. Das ist mit dem Legalitätsprinzip nicht vereinbar und, schlimmer noch, eine kriminalpolitisch zweifelhafte Veranstaltung. Derzeit enthält § 46b StGB unter dem Titel „Hilfe zur Aufklärung oder Verhinderung von schweren Straftaten" (nämlich den in 100a Abs. 2 genannten) eine allgemeine Kronzeugenregelung. In § 31 BtMG findet sich eine weitere Regelung;[28] Elemente einer Kronzeugenlösung enthalten §§ 129 Abs. 6 Nr. 2, 129a Abs. 7 StGB.

Die Staatsanwaltschaften müssen der Versuchung widerstehen, sich durch extensive, nicht mehr dem Zweck der Regelung entsprechende Anwendung des § 154 „Kronzeugen praeter legem" zu verschaffen.[29]

---

[25] BGH NStZ 1998, 51 zu § 154; BGHSt 30, 165 zu § 154a; BGH NStZ 1994, 195 zur Berücksichtigung bei der Beweisführung.

[26] BGH NStZ 1996, 611; keine Hinweispflicht, wenn „die Gefahr eines Missverständnisses – ein Vertrauenstatbestand – nicht besteht", BGH NStZ 2004, 277.

[27] Vgl. näher AK-StPO/*Schöch*, § 154a Rn. 30.

[28] Vgl. *Kempf*, StV 1999, 67.

[29] Vgl. *Volk*, NJW 1996, 879.

V. Die Anklage

1. Arten

In § 170 Abs. 1 heißt es, dass die „öffentliche Klage“ durch „Einreichung einer Anklageschrift“ erhoben wird (zu Form und Inhalt §§ 199 Abs. 2, 200; s. unten Rn. 37). Um dem Grundsatz Rechnung zu tragen, dass ein Richter sich mit einer Sache nur befassen und sie entscheiden darf, wenn zuvor eine Anklage erhoben worden ist, existieren in besonderen Verfahrensarten besondere Formen der Anklageerhebung, z. B. den Antrag auf Erlass eines Strafbefehls (§ 407 Abs. 1 S. 4) und den Antrag auf Aburteilung im beschleunigten Verfahren (§ 417). In den §§ 178–197 war früher die gerichtliche Voruntersuchung geregelt. Den „Untersuchungsrichter“, der die Ermittlungen der Staatsanwaltschaft überprüft, ehe die Sache vor Gericht kommt, gibt es in Deutschland nicht mehr. Andere Länder (wie z. B. Italien) halten diese Einrichtung zum Schutz des Beschuldigten für sinnvoll. 36

2. Inhalt

Aufbau, Form und Inhalt einer (sehr knapp gefassten) Anklageschrift sind in der Grafik dargestellt. In der Hauptverhandlung wird nur der Anklagesatz verlesen (§§ 200 Abs. 1 S. 1, 243 Abs. 3 S. 1). Die Schöffen kennen die Akten nicht. Sie sollen nicht dadurch beeinflusst werden, dass ihnen das wesentliche Ergebnis der Ermittlungen (§ 200 Abs. 2 S. 1) aus der Sicht der Staatsanwaltschaft mitgeteilt wird. 37

3. Funktion

a) Die Anklageschrift lässt den Beschuldigten nicht länger in Zweifel darüber, in welcher Richtung die Staatsanwaltschaft gegen ihn ermittelt hat und was sie ihm vorwirft. Ihr kommt **Informationsfunktion** zu. Vor allem aus dem wesentlichen Ermittlungsergebnis kann der Angeschuldigte (wie er jetzt heißt, § 157) entnehmen, was auf ihn zukommt. 38

b) Die Anklage bezeichnet „die Tat, die ihm zur Last gelegt wird“ (näher dazu unten 13). Damit ist der Verfahrensgegenstand festgelegt, das tatsächliche Geschehen also, das das Gericht zu untersuchen und über das es zu entscheiden hat (§§ 155, 264). Diese **Umgrenzungsfunktion** ist wesentlich.[30] Bei gleichförmigen Serienstraftaten (z. B. Betrug zu Lasten einer Vielzahl von Kapitalanlegern) müssen deshalb die Einzeltaten zumindest tabellarisch aufgelistet werden.[31] 39

c) Eine wirksame Anklage stellt eine Prozessvoraussetzung dar (vgl. unten 14 Rn. 22). Sie ist unwirksam, wenn sie die Umgrenzungsfunktion nicht erfüllt.[32] Das Gericht muss dann die Eröffnung des Hauptverfahrens ablehnen (§ 204) oder, wenn der Mangel erst später entdeckt wird, das Verfahren einstellen (§ 206 a). Andere Mängel (z. B. der Informationsfunktion) können vom Gericht geheilt werden. 40

---

[30] BGHSt 40, 390 (392).
[31] BGHSt (GrS) 56, 109.
[32] BGH NStZ 2006, 649.

Staatsanwaltschaft München I
Geschäftsnummer:

H A F T

Anklageschrift

in der Strafsache
gegen

B o f i n g e r Bertram,
geb. am 28.04.1983 in München, deutscher Staatsangehöriger,
ledig, früherer Berufskraftfahrer, jetzt arbeitslos,
wohnhaft: Hellastr. 4, 80636 München
In dieser Sache in Untersuchungshaft in der JVA München-Stadelheim seit 01.10.2017 aufgrund Haftbefehl des Amtsgerichts München
vom.........ER..........Gs............eröffnet am 01.10.2017

Verteidiger: RA Michael Meier,
Lambertstr. 14, 80123 München

Die Staatsanwaltschaft München I legt dem Angeschuldigten aufgrund der von ihr durchgeführten Ermittlungen folgenden Sachverhalt zur Last:

Der Angeschuldigte Bofinger betrat am 23.09.2017 gegen 17.00 Uhr das Gelände des Supermarkts Multi-Markt in München, Äußere Hamburger Straße, hielt sich in der Nähe des Büroausgangs auf, wartete dort, bis um 17.15 Uhr die Tageseinnahmen in Geldbomben in einen Transportwagen der Fa. Transwert verladen wurden und bedrohte dann, als sich der Fahrer des Wagens, Karl Kunz, ans Steuer setzte, diesen mit einer Pistole, zwang ihn zum Aussteigen, brachte das Fahrzeug mit Bargeld in Höhe von € 400.000,00 in seine Gewalt, verließ damit das Gelände des Supermarkts und stellte es zwei Kilometer entfernt auf einen Parkplatz in der unmittelbaren Nähe des Kreisverwaltungsreferats ab.

Der Angeschuldigte wird daher beschuldigt,

durch Gewalt gegen eine Person, eine Schußwaffe bei sich führend, fremde bewegliche Sachen in der Absicht, sich diese rechtswidrig zuzueignen, weggenommen zu haben,
strafbar als

schwerer Raub gemäß §§ 250 Abs. 1 Nr. 1, 249 StGB

Wesentliches Ergebnis der Ermittlungen:

Der Fahrer des Geldtransportwagens, Karl Kunz, hat den Angeschuldigten eindeutig identifiziert und in seiner Zeugenvernehmung vom 25.09.2017 jeden Zweifel daran ausgeschlossen. Der Angeschuldigte war von Anfang 2016 bis Ende Juni 2017 bei der Firma Transwert beschäftigt und hat häufig mit dem Zeugen zusammengearbeitet. Der Angeschuldigte hat die Tat nach seiner Ergreifung zunächst geleugnet, bei einer zweiten Beschuldigtenvernehmung am 09.10.2017 aber in allen Einzelzeiten eingeräumt. In dem Geldtransportwagen und an den Geldbomben wurden seine Fingerabdrücke gesichert. Das erbeutete Geld konnte bis auf einen Betrag von € 6.000,00 in seiner Wohnung sichergestellt werden.

Rechtliche Bewertung:

Die Wegnahme des Geldes stellt nur eine Handlung dar. Den Geldtransportwagen hat der Angeschuldigte kurz nach der Tat nicht weit vom Tatort so abgestellt, daß er ohne Mühe gefunden werden konnte, sich also nicht zueignen wollen. Insofern wird von einer Strafverfolgung (§ 248b StGB) nach § 154 Abs. 1 StPO abgesehen.

Zur Aburteilung ist nach §§ 24, 25, 74 Abs. 1 GVG die

Strafkammer des Landgerichts München I

zuständig, da eine Freiheitsstrafe von mehr als vier Jahren zu erwarten ist.

Ich erhebe die öffentliche Klage und beantrage,
a) die Anklage zur Hauptverhandlung vor dem Landgericht München I – Strafkammer – zuzulassen,
b) Termin zur Hauptverhandlung anzuberaumen,
c) die Fortdauer der Untersuchungshaft anzuordnen, weil die Haftgründe fortbestehen.

Beweismittel:

1. Zeugen:
   Kunz, Karl, zu laden über Fa. Transwert
2. Sachverständige:
   KHK Schneider, Siegfried, LKA München
3. Urkunden:
   BZR-Auszug

Mit 1 Bd. Ermittlungsakten......

an den
Herrn Vorsitzenden
der 27. Strafkammer
des Landgerichts München I

München, den

gez. Ring
gez. Staatsanwalt

41 d) Mit der Anklage wird die Sache bei Gericht anhängig, aber noch nicht rechtshängig.[33] Die Staatsanwaltschaft kann die Anklage bis zur Eröffnung des Hauptverfahrens ändern oder zurücknehmen (§ 156). Danach ist die Anklage für die Staatsanwaltschaft „unveränderlich" (kaum noch gebrauchter Ausdruck: Immutabilitätsprinzip). Erst mit dem Eröffnungsbeschluss geht die Verfahrensherrschaft endgültig auf das Gericht über.

4. Adressat

42 Die Staatsanwaltschaft bezeichnet in der Anklageschrift „das Gericht, vor dem die Hauptverhandlung stattfinden soll" (§ 200 Abs. 1 S. 2). Das Prinzip des gesetzlichen Richters lässt ihr keine Wahl. Sie kann allerdings, wenn eigentlich das Amtsgericht zuständig ist, „wegen der besonderen Schutzbedürftigkeit von Verletzten der Straftat, die als Zeugen in Betracht kommen, des besonderen Umfangs oder der besonderen Bedeutung des Falles" Anklage beim Landgericht erheben (§§ 24 Abs. 1 Nr. 3, 74 Abs. 1 S. 2 GVG). Das steht freilich nicht in ihrem Ermessen. Wenn diese Voraussetzungen vorliegen, muss sie Anklage beim Landgericht erheben (zur beweglichen Zuständigkeit s. oben 5 Rn. 9). Bei Sachen, die vor die Staatsschutzkammer des Landgerichts gehören (§ 74a GVG), kann der Generalbundesanwalt dem Fall eine „besondere Bedeutung" zumessen, die Verfolgung übernehmen und damit das OLG für die erste Instanz zuständig machen (§ 120 Abs. 2 Nr. 1 GVG).

Mit der Anklageerhebung entscheidet die Staatsanwaltschaft zugleich über den Rechtsmittelweg (Berufung und Revision zum OLG oder zur Revision zum BGH).

Fälle und Fragen

81. Welche Möglichkeiten stehen der Staatsanwaltschaft zur Beendigung des Ermittlungsverfahrens zur Verfügung?
82. Wann ist ein Verfahren einzustellen?
83. Staatsanwältin S will gegen A Anklage erheben, da dieser sich alleine vor einen Bundeswehrpanzer mit dem Transparent „Soldaten sind Mörder" gestellt hat. Der Panzerfahrer fühlte sich deshalb psychisch nicht in der Lage, weiterzufahren. Ist eine solche Anklage zulässig?
84. Wann kommt ein Klageerzwingungsverfahren in Betracht?
85. Wer ist Verletzter i. S. d. § 172?
86. Wann ist das Verfahren nach § 153 einzustellen?
87. Wodurch unterscheidet sich § 153a von § 153?
88. Was regeln die §§ 154, 154a und wodurch unterscheiden sie sich?
89. Welche Anforderungen stellt der BGH an eine Anklageschrift?

[33] H. M., a. A. *Roxin/Schünemann*, § 40 Rn. 10.

§ 13. Die Tat

I. Der Tatbegriff: Grundlagen

1. Tat und Straftat

Der Begriff der Tat im prozessualen Sinne wird anders verstanden und dient anderen Zwecken als der materiellrechtliche Begriff der Straftat. Im materiellen Strafrecht ist die Straftat ein bestimmtes Delikt und die zusammenfassende Bezeichnung für die Voraussetzungen der Strafbarkeit. Im Verfahrensrecht handelt es sich bei der Tat um ein konkretes Vorkommnis, ein historisches Geschehen. Tat ist der Sachverhalt, der dem Angeklagten zur Last gelegt wird (vgl. das Beispiel einer Anklageschrift oben 12 Rn. 37ff.). Für die Definition der Straftat verwendet man Rechtsbegriffe („fremde bewegliche Sache"; „Vermögensschaden"). Der prozessuale Begriff der Tat wird durch eine natürliche Betrachtungsweise gebildet. Der Begriff der Tat (von nun an: im prozessualen Sinne) ist deshalb meist weiter als der materiellrechtliche Begriff der Straftat.[1] 1

Fall 1: Der Täter nimmt sich, obwohl er keine Fahrerlaubnis hat, am Morgen des 20.2.2018 das Auto seiner Freundin, fährt damit aus einem Ort in der Nähe von Karlsruhe in die Schweiz, bedroht dort in einer Bank einen Kassierer mit einer Pistole, stopft sich mehrere tausend Schweizer Franken in die Taschen, steigt wieder in das Auto und kehrt abends zurück.[2]

Dieses Geschehen ist *eine* Tat. Das materielle Recht kennt zwar auch Dauerdelikte (Fahren ohne Fahrerlaubnis), erfasst ansonsten aber meist nur einen Teilausschnitt des Geschehens und greift nur wenige Aspekte als relevant heraus (so ist z. B. die Wegnahme vollendet, wenn sich der Täter das Geld in die Jacke steckt).

Ein weiteres Beispiel: Bei einem Mord gehören zur Tat auch die Vorbereitungshandlungen und die Bemühungen des Täters, die Leiche zu verstecken. Diese Handlungsweisen vor dem Versuchsstadium und nach der Vollendung sind für den Begriff der Straftat des Mordes dagegen unerheblich.

2. Definition

Die Tat ist ein einheitlicher geschichtlicher Vorgang, das gesamte Verhalten des Täters, soweit es nach natürlicher Auffassung einen einheitlichen Lebensvorgang bildet.[3] Dieses „konkrete Vorkommnis" muss so bestimmt bezeichnet sein, dass es sich von anderen oder gleichartigen unterscheiden lässt. 2

„Es reicht z. B. aus, wenn eine Leiche mit Verletzungen, die den Verdacht eines Tötungsverbrechens hervorrufen, gefunden worden ist. Denn schon dadurch wird aus der Gesamtheit dessen,

---

[1] Vgl. *Volk,* wistra 1998, 281.

[2] BGH NStZ 1996, 41.

[3] BGHSt 13, 320; 32, 215; 35, 60. Dieser Tatbegriff gehört zum „vorverfassungsrechtlichen Gesamtbild des Prozessrechts", das Art. 103 Abs. 3 GG zugrunde liegt; BVerfG NStZ 2004, 687.

was überhaupt geschieht, *ein* Ereignis herausgehoben, auf welches sich der Verdacht der Strafbarkeit gründet".[4]

3 Handelt es sich um mehrere Vorgänge, bilden sie eine Tat, wenn eine „innere Verknüpfung" besteht, so dass ihre getrennte Aburteilung in verschiedenen Verfahren einen einheitlichen Lebensvorgang unnatürlich aufspalten würde.[5] Dafür orientiert man sich an **Tatzeit, Tatort, Tatobjekt und Tatbild.**[6]

Diese Definitionen sind alles andere als präzise.[7] Erst die Erörterung typischer Fälle wird ein konkreteres Bild vermitteln (unten Rn. 13ff.). Sie setzt aber voraus, dass man sich zunächst klar macht, in welchen Zusammenhängen der Begriff der Tat eine Rolle spielt.

II. Die Funktion des Tatbegriffs

Der Begriff der Tat

- bestimmt den Gegenstand des Verfahrens (Prozessgegenstand, 1.)
- legt fest, worüber das Gericht urteilen darf und muss (2.)
- zieht die Grenze für eine Umgestaltung der Strafklage (3., 4.)
- regelt den Umfang der Rechtskraft (unten IV).

1. Prozessgegenstand

4 Prozessgegenstand ist die Tat, die einem Beschuldigten vorgeworfen wird. Der Prozessgegenstand enthält somit ein objektives und ein subjektives Element. Die Tat ist der Lebenssachverhalt, aus dem sich Anhaltspunkte für eine strafbare Handlung ergeben. Darin liegt das objektive Element. Dieser Verdacht richtet sich gegen einen bestimmten Beschuldigten. Das ist das subjektive Element des Prozessgegenstands.

Es kann sein (näher zum folgenden unten Rn. 10), dass einem Beschuldigten mehrere Taten angelastet werden. Dann hat das Verfahren mehrere Taten zum Gegenstand. Das gleiche gilt, wenn mehreren Beschuldigten eine Tat vorgeworfen wird (z. B. bei Mittäterschaft). Auch die Kombination ist möglich: mehrere Beschuldigte, mehrere Taten.

2. Die Aburteilungsbefugnis des Gerichts

5 Nur die in der Anklage bezeichnete Tat ist „Gegenstand der Urteilsfindung" (§ 264). Den Rahmen der Tat darf das Gericht nicht überschreiten (perfekt formuliert in § 155 Abs. 1). Andernfalls wäre das Anklageprinzip verletzt; es würde die Prozessvoraussetzung der Anklage fehlen. Innerhalb dieser Grenze muss das Gericht von Amts wegen die Wahrheit erforschen (§ 155 Abs. 2, Untersuchungsgrundsatz = Instruktionsprinzip = Inquisitionsmaxime). Es ist dabei „selbständig" und an die „gestellten Anträge nicht

---

[4] BGHSt 22, 375 (385); eine Vernehmung zu der Frage, ob jemand als „Ghettoverwalter" in Krakau „etwas mit Juden zu tun" gehabt habe, bezieht sich nicht auf eine bestimmbare Tat und unterbricht deshalb die Verjährung nicht, § 78c StGB.

[5] BVerfGE 45, 434; BGHSt 41, 385.

[6] BGHSt 36, 151.

[7] BGH StV 1985, 181.

gebunden“ (§ 155 Abs. 2). Das bedeutet, dass es zwar an den tatsächlichen Verfahrensstoff gebunden ist, der angeklagt wurde, nicht jedoch an die Rechtsauffassung der Staatsanwaltschaft.

Beispiele: Wenn die Staatsanwaltschaft im Fall 1 wegen Raubes angeklagt hat, kann das Gericht wegen räuberischer Erpressung eröffnen (§ 264 Abs. 2). Ebenso kann es, nachdem es im Eröffnungsbeschluss die Anklage wegen Raubes zugelassen hat, wegen räuberischer Erpressung verurteilen, wenn sich die Tat „nach dem Ergebnis der Verhandlung“ anders darstellt (§ 264 Abs. 1).

Das Gericht muss in seinem Urteil den Prozessgegenstand erschöpfend erledigen, also entweder verurteilen, freisprechen oder das Verfahren einstellen (§ 260, näher unten 31 Rn. 1).

3. Die Umgestaltung der Strafklage und die Hinweispflicht

In der Hauptverhandlung können neue **tatsächliche** oder **rechtliche** Aspekte der Tat 6 auftauchen. Das Gericht darf sie berücksichtigen und die Strafklage umgestalten (§ 264 Abs. 2). Es wäre allerdings nicht fair, den Angeklagten (erst) im Urteil damit zu überraschen. Er muss auf diese neue Einschätzung durch das Gericht **hingewiesen** werden (§ 265) und kann unter bestimmten Voraussetzungen (§ 265 Abs. 3) verlangen, dass die Hauptverhandlung ausgesetzt (§ 228) und neu begonnen wird.[8]

a) Die Veränderung kann ihren Grund in einer anderen rechtlichen Beurteilung bei gleicher Sachlage haben (wie im Beispiel: räuberische Erpressung statt Raub).

b) Der neue rechtliche Aspekt kann aus neu aufgetauchten Tatsachen folgen.

Beispiel: Es stellt sich heraus, dass der Angeklagte bei dem Diebstahl, dessen er beschuldigt wird (§ 242 StGB), eine Waffe dabei hatte (§ 244 StGB).

Die Hinweispflicht, Ausprägung des Fairnessprinzips und gesetzlich geregelter Fall der 7 gerichtlichen Fürsorgepflicht, dient dem Schutz vor Überraschungen und dem Interesse des Angeklagten, sich umfassend verteidigen zu können. § 265 wird daher zu seinen Gunsten **erweiternd ausgelegt** und **analog angewandt:**

c) Auch das mildere Strafgesetz ist ein anderes Strafgesetz.

Beispiele: Fahrlässigkeit statt Vorsatz macht eine andere Verteidigung erforderlich, ebenso Versuch statt Vollendung, Totschlag statt Mord, etc.

d) Bei gleichem Strafgesetz wird die Hinweispflicht ausgelöst, wenn eine andere Begehungsform in Betracht kommt.

---

[8] BGH NStZ 2003, 444.

Beispiele: Tun statt Unterlassen und umgekehrt;[9] Verletzung der Wartepflicht statt unerlaubtem Entfernen bei § 142 StGB; Mittäterschaft statt Alleintäterschaft;[10] anderes Mordmerkmal;[11] Austausch der Bezugstat beim Verdeckungsmord.[12]

e) Will das Gericht von einer in der Verhandlung mitgeteilten vorläufigen Bewertung der Sach- oder Rechtslage abweichen, muss es den Angeklagten darauf hinweisen, § 265 Abs. 2 Nr. 2. Eine derartige Mitteilung schafft einen Vertrauenstatbestand, der einen Hinweis gebietet, um den Angeklagten vor einer Überraschungsentscheidung zu schützen.[13]

Beispiel: Im Rahmen einer Erörterung nach § 257b macht das Gericht deutlich, dass es nach dem Verfahrensstand von einer Verurteilung wegen Diebstahls zu einer Freiheitsstrafe von einem Jahr ausgeht. Später bewertet es die Schuld des Angeklagten als schwerer.

8 f) Auch die bloße Änderung der Sachlage macht einen Hinweis erforderlich, um eine genügende Verteidigung zu ermöglichen, § 265 Abs. 2 Nr. 3.

Beispiel: Annahme einer anderen Tatzeit oder eines anderen Tatorts als in der Anklageschrift beschrieben.

4. Nachtragsanklage, § 266

9 Eine Umgestaltung der Strafklage ist nur möglich, wenn sich das Gericht dabei im Rahmen der angeklagten Tat bewegt. Tauchen neue Tatsachen auf, die nicht zu diesem Lebenssachverhalt gehören (oder liegt der neue rechtliche Aspekt mit seiner Tatsachenbasis außerhalb der angeklagten Tat), reicht der Hinweis nach § 265 nicht aus. Dieses neue Tatgeschehen muss erst angeklagt werden. Das geschieht, wenn der Angeklagte dieser Verfahrensweise zustimmt, sofort und in vereinfachter Form, Nachtragsanklage (§ 266, mündlich statt schriftlich, Abs. 2 S. 1). Dann kann die neue Tat in das Verfahren einbezogen werden, § 266 Abs. 1. Der Angeklagte ist allerdings darin frei, ob er seine Zustimmung erteilt. Verweigert er sie, muss die Staatsanwaltschaft ein neues Verfahren in Gang setzen.

Beispiel: Im Fall 1 stellt sich heraus, dass der Angeklagte am 22.2. auch eine Sparkasse in der Nähe von Baden-Baden überfallen hat.

---

[9] BGH StV 1984, 367.
[10] BGHSt 11, 18; StV 1996, 82.
[11] BGH NStZ 2005, 111 (welche Tatsachen bei „niedrigen Beweggründen“); NStZ 2011, 475.
[12] BGH NJW 2011, 1301.
[13] BT-Drs. 18/11277, S. 37.

III. Verbindung, Trennung

Werden einem Beschuldigten mehrere Taten vorgeworfen, haben wir es mit mehreren Verfahrensgegenständen zu tun (vgl. oben Rn. 4). Zwischen ihnen besteht ein **persönlicher Zusammenhang** (§ 3). Ein **sachlicher Zusammenhang** liegt vor, „wenn bei einer Tat mehrere Personen als Täter, Teilnehmer oder der Datenhehlerei, Begünstigung, Strafvereitelung oder Hehlerei beschuldigt werden" (§ 3). Auch wenn das nicht gegeben ist, soll die strafbare, in dieselbe Richtung zielende Mitwirkung an einem einheitlichen geschichtlichen Vorgang genügen.[14] Nicht im Gesetz genannt wird der Fall des **kombinierten Zusammenhangs,** bei dem zugleich ein sachlicher und ein persönlicher Zusammenhang besteht. 10

Beispiel: A hat einen Diebstahl begangen, B die Beute als Hehler angekauft und bei der Weiterveräußerung Betrug begangen.

Diese Strafsachen können verbunden werden. Wäre für eine (oder einige) von ihnen das Amtsgericht und für andere das Landgericht zuständig, kann sie die Staatsanwaltschaft in einer gemeinsamen Anklage beim Landgericht anhängig machen (§ 2 Abs. 1 S. 1). Das gilt erst recht, wenn bei isolierter Betrachtung dasselbe Gericht zuständig ist.[15] Liegt die Verfahrensherrschaft beim Gericht, kann es verbunden angeklagte Sachen trennen (§ 2 Abs. 2) und getrennt angeklagte Sachen verbinden (§ 4). Man darf auch ein Berufungsverfahren mit einem erstinstanzlichen Verfahren verbinden, das beim gleichen Landgericht anhängig ist (§ 4 Abs. 1 analog); „die Verbindung führt zur Verschmelzung beider Verfahren mit der Folge, dass insgesamt erstinstanzlich zu verhandeln ist"[16].

Von dieser **Sachverbindung** ist die **Verbindung zu gemeinsamer Verhandlung** zu unterscheiden (§ 237). Durch eine Verbindung nach §§ 2ff. entsteht ein einheitliches Strafverfahren. Die einzelnen Strafsachen verlieren ihre Selbständigkeit. Anders bei der Verbindung nach § 237: Die Verbindung zu gemeinsamer Verhandlung erleichtert nur das Verfahren; die einzelnen Strafsachen verschmelzen nicht miteinander, sondern bleiben selbständig und folgen weiterhin ihren eigenen Gesetzen.[17] 11

Beispiel: 20 Metzger sind angeklagt, Wurst mit einem verbotenen Zusatzstoff hergestellt zu haben. Als Sachverständiger wird ein Lebensmittelchemiker sein Gutachten erstatten. Es ist zweckmäßig, die Verfahren gem. § 237 zu verbinden.

---

[14] BGH NStZ 2009, 221.

[15] Nicht geregelt ist der Fall einer „Verbindung verschiedener gegen denselben Angeklagten bei demselben Landgericht anhängiger Strafverfahren", dazu *Meyer-Goßner,* NStZ 2004, 353.

[16] BGH NStZ 1998, 628.

[17] BGHSt 19, 177 (182); 36, 348 (351).

IV. Rechtskraft

12 Hat das Gericht über eine Tat entschieden und ist sein Urteil rechtskräftig geworden (dazu unten 32), wäre es unzulässig, die gleiche Tat dem verurteilten oder freigesprochenen Angeklagten ein zweites Mal vorzuwerfen. Wenn er nicht noch einmal verurteilt werden kann (so der Wortlaut Art. 103 Abs. 3 GG), verbietet sich bereits ein neuer Prozess in derselben Sache. Es ist Sache der Staatsanwaltschaft und des Gerichts, alle Aspekte der Tat zu erforschen (Offizialprinzip). Sind Teile des Tatgeschehens unentdeckt geblieben, kommt es nicht darauf an, ob nachlässig oder pflichtgemäß ermittelt wurde. Dieses Defizit fällt nicht in die Risikosphäre des Beschuldigten.

Beispiel: In Fall 1 wurde der Angeklagte vom Amtsgericht wegen Fahrens ohne Fahrerlaubnis, begangen am 20.2.2018, rechtskräftig verurteilt. Damit kann er nicht mehr wegen des Banküberfalls verfolgt und bestraft werden. Es spielt keine Rolle, ob das Gericht von diesem Teil des Geschehens nichts wusste oder ob es glaubte, darüber werde demnächst in einem anderen Verfahren die Strafkammer entscheiden.[18]

Dieses Ergebnis ist evident nicht mehr gerecht. Im Folgenden geht es darum, ob man es korrigieren kann und soll.

V. Der Tatbegriff: Typologie und Problemfälle

13 Die „natürliche Betrachtungsweise" (vgl. oben Rn. 2) ist eine zweifelhafte Methode, wenn es um Rechtsprobleme geht. Die Lehre versucht auf unterschiedliche Weise, diesen Ansatz durch normative Kriterien zu modifizieren.[19] Das kann aber dazu führen, dass man mehr neue Unsicherheiten schafft als alte beseitigt. Die Rechtsprechung bleibt bei ihrem Ansatz und versucht, ihn zu konkretisieren.

1. Tat und Tateinheit (Idealkonkurrenz)

14 Der Begriff der Tat ist ein anderer als der materiellrechtliche Begriff der Straftat (vgl. oben Rn. 1). Deshalb kann man aus der Lehre von den Konkurrenzen keine zwingenden Schlüsse auf den Umfang der Tat im Prozessrecht ziehen. Es gibt aber einen gesicherten Kernbereich, in dem praktische Konkordanz herrscht: In den Fällen der Tateinheit (Idealkonkurrenz) liegt nur eine Tat vor.[20] Über Korrekturen dieser Regel ist noch zu sprechen (unten Rn. 16ff.).[21]

---

[18] Vgl. BGH NStZ 1996, 41.

[19] Aus der Literatur vgl. *Puppe,* NStZ 1988, 456; *Roxin,* JZ 1988, 260.

[20] BGHSt 26, 284; anders für Organisationsdelikte BGHSt 46, 349.

[21] Zu den Problemen, die durch die Abkehr von der Rechtsfigur der fortgesetzten Handlung entstanden sind, vgl. für alle *Lackner/Kühl,* StGB, vor § 52 Rn. 12ff.

2. Tat und Tatmehrheit (Realkonkurrenz)

Dem entspricht, dass bei Tatmehrheit in aller Regel mehrere selbständige Taten vorliegen.[22] Davon gibt es freilich zahlreiche Ausnahmen. Während es bei der Frage, ob Ideal- oder Realkonkurrenz anzunehmen ist, darum geht, wie man eine gerechte Strafe bildet, kommt es für den prozessualen Tatbegriff darauf an, welche Vorgänge in einem Verfahren abzuurteilen sind. Deshalb kann auch bei real konkurrierenden Delikten eine Tat vorliegen, wenn 15

„ein enger sachlicher Zusammenhang der mehreren Straftaten" besteht, „dergestalt, dass keine der Beschuldigungen für sich allein verständlich abgehandelt werden kann und ihre getrennte Würdigung und Aburteilung als unnatürliche Aufspaltung eines einheitlichen Lebensvorganges empfunden würde"[23].

So liegt es z. B. bei

- einer Trunkenheitsfahrt mit Unfall und anschließender „Unfallflucht": Nach dem Unfall sieht sich der Täter in einer neuen Lage und fasst einen neuen Entschluss. Die Trunkenheitsfahrt ist unterbrochen. § 316 StGB im ersten Handlungsabschnitt steht in Realkonkurrenz zu § 142 StGB (und erneutem § 316 StGB). Prozessual gesehen, liegt dennoch ein einheitliches Geschehen vor.[24]
- Körperverletzung und unterlassene Hilfeleistung: Der Angeklagte zerrt sein Opfer aus einer Gaststätte, schlägt es draußen zusammen, lässt es regungslos liegen und kehrt in die Gaststätte zurück.[25] Erst damit ist der geschichtliche Vorgang abgeschlossen. Materiellrechtlich handelt es sich um Realkonkurrenz.

3. Tatgeschehen und Angriffsrichtung

Noch immer ungelöst ist das oben angesprochene Problem, wie entschieden werden soll, wenn der Täter wegen einer relativ geringfügigen Straftat verurteilt ist und sich später herausstellt, dass er im gleichen (Tat-)Zeitraum ein schwereres Delikt begangen hat. Es tritt vor allem dort auf, wo es sich bei der vergleichsweise leichten Straftat um ein Dauerdelikt handelt (vgl. oben Rn. 1, Fall 1). 16

Fall 2: Der Angeklagte wurde nach dem Waffengesetz verurteilt, weil er im Januar 2018 eine Pistole unerlaubt besessen und geführt hatte. Später stellte sich heraus, dass er sie schon länger besaß und damit im Dezember 2016 einen Raubüberfall begangen hatte.[26]

„Dieser neue, von ganz anderen Beweggründen als dem zum Besitz der Waffe getragene Willensentschluss hat ein … wesentlich intensiveres kriminelles Verhalten zum Gegenstand".[27] Materiellrechtlich stellt er eine Zäsur dar, die zur Annahme von Realkonkurrenz zwischen Waffenbesitz vor und nach dem Raubüberfall führt. Insofern ist der Fall vergleichbar mit dem soeben besprochenen Beispiel der andauernden Trunkenheitsfahrt, die durch einen Unfall unterbrochen wird. Dennoch nimmt der BGH hier nicht eine Tat an. Der Raubüberfall und der Verstoß gegen das Waffengesetz seien „nach Tatbild, Tatobjekt, Tatzeit und Tatort erheblich voneinander abweichende Geschehnisse

---

[22] BGHSt 35, 14 (19); NStZ 2009, 705.
[23] BGHSt 13, 21 (26); BGH NStZ 2006, 350.
[24] BGHSt 21, 203; 23, 141 (147).
[25] BGHSt 16, 200.
[26] BGHSt 36, 151; zu Erwerb und Einsatz der Waffe vgl. BGH NStZ 2002, 328.
[27] BGHSt 36, 151 (154).

und bei natürlicher Betrachtungsweise derart gegeneinander abgegrenzt, dass sie nicht einen einheitlichen geschichtlichen Geschehensablauf darstellen“.[28] Das ist im Ergebnis akzeptabel, weil das Delikt Waffenbesitz mit seinem farblosen Tatbild weder Aktivität noch ständig erneuerten Tatentschluss voraussetzt, ein anderes Tatobjekt betrifft und keinen konkreten Tatort kennt. Im Fall 1 liegt es anders. Die Fahrt zum Tatort (ohne Fahrerlaubnis) ist zum Zweck des Bankraubs unternommen worden.

Das in der Literatur favorisierte normative Kriterium der „Angriffsrichtung“, orientiert am Rechtsgut der Delikte (Waffe besitzen – beim Raub benutzen), hat die gefährliche Tendenz, den prozessualen Tatbegriff aufzulösen.[29]

17 Die Rechtsprechung bleibt bei der natürlichen Betrachtungsweise und begründet Ausnahmen ebenfalls mit Blick auf Fakten, nämlich Tatobjekt, Tatzeit und Tatort. Lediglich das vierte Kriterium, das „Tatbild“, hat einen normativen Einschlag. Ihre Methode verdient den Vorzug, weil der im Prinzip funktionsgerechte Tatbegriff wegen einiger Extremfälle nicht grundsätzlich anders gebildet, sondern nur am Rande seines Anwendungsbereichs korrigiert werden sollte.

4. Alternative Begehungsweisen

18 Die Rechtsprechung behält ihre Linie auch in Fällen der Alternativität von Handlungsvorgängen bei. Das sind die Fälle, in denen der Täter nur Dieb oder Hehler sein kann, den Raub selbst begangen oder den Täter begünstigt haben muss, das Mordopfer selbst getötet oder, für den Täter handelnd, versteckt hat, etc.

Fall 3: Der Anklagevorwurf gegen den Angeklagten lautete, Aktien erworben zu haben, die bei einem Raubüberfall auf die Kreissparkasse S erbeutet worden waren. Er wurde wegen Hehlerei rechtskräftig verurteilt. Als sich später ergibt, dass er selbst den Raub begangen hat, erhebt die Staatsanwaltschaft erneut Anklage.[30]

Diesen Straftaten liegen zeitlich und räumlich getrennte Vorgänge zugrunde. Der Angeklagte könnte nicht mehr als Räuber verurteilt werden, wenn ihm in der ersten Anklage zur Last gelegt worden wäre, entweder die eine oder die andere Straftat begangen zu haben. Dann wären beide Fälle Gegenstand des Strafverfahrens gewesen und es käme, genau genommen, auf die Frage gar nicht an, ob es sich um eine Tat im prozessualen Sinne handelte. Nun aber ist sie entscheidend.

Die Rechtsprechung hat sich früher über die Alternativität der Handlungsabläufe mit dem schlichten Argument hinweggesetzt, eine Tat liege deshalb vor, weil es um dasselbe Tatobjekt gehe. Der BGH verwirft diese pauschale Lösung[31] und verlangt (zu Recht), den Einzelfall zu würdigen und dabei die anderen Kriterien heranzuziehen: Tatbild, Tatzeit, Tatort. Sie können, je nach Fallgestaltung, unterschiedliches Gewicht haben. Im konkreten Fall wurde entschieden:

„Der Lebensvorgang, der der Verurteilung wegen Hehlerei zugrunde liegt – Annahme von Aktien von zwei unbekannten Personen am 28. Dezember – und der Lebensvorgang, welcher der jetzigen Anklage zugrunde liegt – Raub der Aktien am 19. Dezember –, sind aber nach Ort, Zeit und Tatumständen – auch hinsichtlich des verletzten

---

[28] BGHSt 36, 151 (155).
[29] Vorsichtig letztlich auch *Beulke*, Rn. 519.
[30] BGHSt 35, 60.
[31] BGHSt 35, 60 (63).

Rechtsgutes (Raub als zweiaktiges Delikt) – derart gegeneinander abgegrenzt, dass sie bei natürlicher Betrachtungsweise nicht einen einheitlichen Geschehensablauf darstellen"[32].

Nach diesen Grundsätzen hat der BGH auch den Fall der Alternativität von Diebstahl und Begünstigung entschieden.[33] Hier findet sich der Zusatz,[34] dass die „Angriffsrichtung des Täterverhaltens" verschieden sei: eigennütziger Zugriff (Diebstahl) – fremdnützige Sicherung (Begünstigung).

Nimmt man in solchen Fällen trotz Identität des Tatobjektes zwei Taten an, wird der Täter wegen derselben Tatbeute (Aktien im Fall 3) zweimal verurteilt. Die Ungerechtigkeit, die darin liegt, muss durch eine Strafmilderung (Anrechnung der früher ausgesprochenen Strafe) ausgeglichen werden. Eine prozessrechtlich saubere dogmatische Lösung ist meist nicht möglich.[35]

Fälle und Fragen

89. Was ist die Tat im prozessualen Sinn?
90. A ist vor dem Amtsgericht wegen vorsätzlicher gefährlicher Körperverletzung angeklagt, da er C mit einem Messer niedergestochen haben soll. Die Anklage wurde durch Eröffnungsbeschluss unverändert zugelassen. Danach stirbt C an den Folgen des Messerstichs. Wie ist weiter zu verfahren?
91. A war vom Amtsgericht durch rechtskräftigen Strafbefehl vom 18.4.2017 wegen einer am 17.1.2017 um Mitternacht tateinheitlich begangenen unerlaubten Besitzes und Führens einer Pistole zu einer Geldstrafe verurteilt worden. Das Landgericht hat den Angeklagten danach wegen einer am 11.12.2017 begangenen versuchten schweren räuberischen Erpressung in Tateinheit mit fahrlässiger Körperverletzung zu einer Freiheitsstrafe von drei Jahren und drei Monaten verurteilt. Bei der Tat wurde dabei die Pistole verwendet, die Gegenstand des Strafbefehls vom 18.4.2017 war. Stand dieser Verurteilung ein Strafklageverbrauch entgegen?

§ 14. Die Prozessvoraussetzungen

I. Die Funktion

Der Verdacht einer Straftat ist ein sozialer Störfall. Das Strafverfahren hat zum Ziel, die Wahrheit herauszufinden, eine gerechte Entscheidung zu treffen und so den Rechtsfrieden wiederherzustellen. Geschehen kann das dadurch, dass die Sache geklärt und der Beschuldigte verurteilt oder freigesprochen wird (Sachurteil). Es kann aber auch so liegen, dass kein Anlass besteht, sich mit dem Vorwurf zu beschäftigen. 1

---

[32] BGHSt 35, 60 (64).
[33] BGHSt 35, 80.
[34] BGHSt 35, 80 (82).
[35] Vgl. näher *Meyer-Goßner*, FS Salger, 1995, 345.

Beispiele: Die Umstände weisen auf eine Straftat hin, die schon verjährt wäre; über die Tat wurde bereits rechtskräftig entschieden; die deutsche Justiz ist für den Fall nicht zuständig.

Dann wird auf die Sache gar nicht eingegangen und das Verfahren durch Einstellung beendet (Prozessentscheidung, Urteil oder Beschluss, §§ 260 Abs. 3, 206a). Auch damit ist das Ziel des Strafverfahrens erreicht.

Aus dieser Funktion der Prozessvoraussetzung sollte für die Definition ihres Begriffs folgen, dass man sie als „typisierte Voraussetzungen der Sicherung des Rechtsfriedens" bezeichnet; fehlen sie, so „besteht von Rechts wegen kein Anlass zur Bewährung der Strafrechtsordnung".[1] Die h. M. weicht in der Sache nicht ab,[2] verwendet aber einen anderen, in vieler Hinsicht wenig passenden Begriff.

II. Der Begriff

1. Definition

2 Danach handelt es sich bei Prozessvoraussetzungen um Umstände, die so schwer wiegen, dass von ihrem Vorliegen bzw. Fehlen die **Zulässigkeit** des gesamten Verfahrens abhängt.[3] Das ist missverständlich. Wenn ein Verfahren wegen Verjährung eingestellt wird, war es nicht insgesamt „unzulässig". Nur das weitere Prozedieren mit dem Ziel, zu einem Sachurteil zu gelangen, ist nicht mehr zulässig, wenn man bemerkt hat, dass die Tat verjährt ist. In ihrer verbesserten Fassung lautet die Definition der Prozessvoraussetzungen also: Bedingungen der Zulässigkeit, zu einem Sachurteil zu gelangen.[4] Sie wird neuerdings verfeinert. Man unterscheidet Umstände, die es dem Gericht verbieten, sich überhaupt mit der Sache zu befassen („Befassungsverbote") und solche, die einer Bestrafung entgegenstehen („Bestrafungsverbote").[5] Damit wird der hier hervorgehobenen Ambivalenz einiger Prozessvoraussetzungen Rechnung getragen, die man auch als negative Bedingungen der Strafbarkeit materiellrechtlich regeln könnte (unten Rn. 5).

2. Terminologie

3 Umstände, die vorliegen müssen, um zu einem Sachurteil zu gelangen, sind Prozessvoraussetzungen (z. B. Strafantrag). Umstände, die nicht vorliegen dürfen, nennt man Prozesshindernisse (z. B. Verjährung). Diese Begriffe sind gleichbedeutend und austauschbar.[6] Nur das Vorzeichen wird gewechselt: Fehlt eine Prozessvoraussetzung, liegt ein Prozesshindernis vor.

---

1 *Volk,* S. 204; absolute Mindermeinung.
2 Klärend und weiterführend *Meyer-Goßner,* Prozessvoraussetzungen.
3 BGHSt 32, 345 (350); 36, 294 (295); *Beulke,* Rn. 273.
4 H. M., vgl. nur *Meyer-Goßner/Schmitt,* Einl. Rn. 142.
5 *Meyer-Goßner,* Prozessvoraussetzungen, S. 38 ff.; BGH NJW 2007, 853.
6 Krit. allerdings *Meyer-Goßner,* Prozessvoraussetzungen, S. 2 ff.

3. Struktur

Wenn eine Prozessvoraussetzung fehlt, wird das Verfahren ohne weiteres eingestellt, also gewissermaßen abgebrochen. Prozessvoraussetzungen müssen deshalb klare Konturen aufweisen und sich durch prägnante Merkmale auszeichnen, die möglichst einfach und eindeutig feststellbar sind.[7] 4

III. Die Prozessvoraussetzungen im System von Strafrecht und Strafprozessrecht

1. Der systematische Standort

Nun kann die Grafik zu den beiden Rechtsgebieten (siehe oben 2 Rn. 1) verfeinert werden. 5

Übersicht 17: Systematischer Standort von materiellem Strafrecht und Strafverfahrensrecht

materielles Strafrecht	Strafverfahrensrecht	
Sonstige pos. oder neg. Voraussetzungen der Strafbarkeit	Prozessvoraussetzungen Prozesshindernisse	Verfahrensleitende Bestimmungen
obj. Bedingungen der Strafbarkeit Strafaufhebungsgründe Strafausschließungsgründe	z. B. Verjährung Begnadigung Strafantrag Rechtskräftige Entscheidung	z. B. § 136, §§ 243 ff.

Man sieht, dass einige dieser Voraussetzungen ihren Standort ohne weiteres wechseln könnten. Das Prozesshindernis Begnadigung z. B. ließe sich auch als Strafaufhebungsgrund begreifen (mit der Folge, dass freizusprechen wäre) und der Strafausschließungsgrund der Angehörigen-Eigenschaft (§ 258 Abs. 6 StGB) als Prozesshindernis (so dass das Strafverfahren einzustellen wäre).

Aus prozessualer Sicht werden alle materiellrechtlichen Voraussetzungen eines Urteils den Kategorien der **Schuldfrage** und der **Straffrage** zugeordnet (vgl. § 263 Abs. 1). Zur Schuldfrage (im prozessualen Sinne) gehören die Elemente des Straftatsystems, also Tatbestandsmäßigkeit, Rechtswidrigkeit, Schuld und sonstige Bedingungen bzw. Ausschlussgründe der Strafbarkeit. Zu den Umständen, die die „Strafbarkeit erhöhen" (§ 263 Abs. 2), zählen selbstverständlich tatbestandliche Qualifikationen, aber auch, obwohl sie ihren systematisch exakten Standort in der Straffrage haben, die Regelbeispiele für besonders schwere Fälle (§ 263 Abs. 2). 6

Die Prozessvoraussetzungen werden von der Schuldfrage nicht umfasst. Das Gesetz, aus einer Zeit stammend, in der die Lehre von den Prozessvoraussetzungen noch nicht entwickelt war, nennt nur die Verjährung (§ 263 Abs. 3), macht aber deutlich, dass Prozessvoraussetzungen zum Prozessrecht gehören. 7

---

[7] Vgl. *Volk*, S. 215 f.

2. Prüfung von Amts wegen

8 Prozesshindernisse sind in jeder Lage des Verfahrens von Amts wegen zu prüfen. Der eigenständige Anwendungsbereich dieser Regel ist schmal, denn nach dem Amtsermittlungsgrundsatz sind ohnehin alle materiellrechtlichen und prozessrechtlichen Voraussetzungen eines Sachurteils von Amts wegen zu prüfen. Das gilt allerdings nur in den Tatsacheninstanzen. In der Revision werden Rechtsverstöße nur auf Rüge hin beachtet. Eine Ausnahme bilden die Prozessvoraussetzungen. Die Regel, dass sie in jeder Lage des Verfahrens von Amts wegen zu beachten sind, hat also eigenständige Bedeutung nur im Rechtsmittelverfahren (näher unten 23 Rn. 8, 36 Rn. 14).

3. Prüfung im Freibeweisverfahren

9 Damit hängt zusammen, dass die h. M. für die Prüfung der Prozessvoraussetzungen ein Freibeweisverfahren zulässt, den Richter also nicht an die im Gesetz vorgesehenen Beweismittel bindet (vgl. unten 23 Rn. 8).

4. In dubio pro reo

10 Dieser Grundsatz, so heißt es pauschal, gilt nicht im Bereich des Prozessrechts (näher unten 18 Rn. 22). Davon muss man für die Prozessvoraussetzungen eine Ausnahme machen. Wenn es sich dabei nach h. M. um Umstände handelt, die so schwerwiegend sind, dass die Zulässigkeit des gesamten Verfahrens davon abhängt, muss ein Zweifel daran zu Gunsten des Angeklagten ausgehen und das Verfahren eingestellt werden. Der BGH argumentiert allerdings vorsichtiger und will das für die einzelnen Prozessvoraussetzungen jeweils neu prüfen (bejaht etwa für die Verjährung, die Verhandlungsfähigkeit und den Strafklageverbrauch).[8] Es ist aber stets geboten, bei Zweifeln am Vorliegen von Prozessvoraussetzungen, die ja fundamentale, rechtsstaatliche Voraussetzungen eines Sachurteils sind, das Verfahren durch Einstellung zu beenden.[9]

IV. Der Katalog der Prozessvoraussetzungen/ Prozesshindernisse

Er ist im Kernbereich gesichert. Bei den umstrittenen Fällen geht es um die Frage, ob man aus Verfahrensfehlern oder unmittelbar aus der Verfassung Prozesshindernisse ableiten darf (unten Rn. 24ff.).

1. Gerichtsbarkeit

11 a) Wenn es sich nicht um eine Strafsache handelt (§ 13 GVG), wird das Verfahren eingestellt.

---

[8] BGHSt 18, 274 (277); 46, 349; BGH NStZ 1984, 520; NStZ 2010, 160.

[9] Ob BGH NStZ 2010, 160, womöglich in diesem weitergehenden Sinn zu verstehen ist (wie die 7. Aufl. meint), wird nicht ganz klar, erscheint aber mangels Auseinandersetzung mit der bisherigen Rspr. eher zweifelhaft.

b) Der deutschen Gerichtsbarkeit nicht unterworfen ist, wer diplomatische Immunität genießt (§§ 18–20 GVG) oder einen anderen Sonderstatus innehat (Art. VII NATO-Truppenstatut).

c) Es erscheint sinnlos, ein Strafverfahren durchzuführen, wenn das deutsche Strafrecht gem. §§ 3ff. StGB nicht anwendbar ist.[10]

2. Zuständigkeit

a) Die sachliche Zuständigkeit des Gerichts ist Prozessvoraussetzung (§ 6). Eine Ent- 12
scheidung in der Sache darf nur das zuständige Gericht erlassen. Im Zwischenverfahren wird die mangelnde Zuständigkeit gem. § 209 korrigiert. Im Hauptverfahren bleibt es, abweichend von § 6, bei der Zuständigkeit des Gerichts höherer Ordnung (§ 269), während im umgekehrten Fall nicht eingestellt und erneut angeklagt, sondern der Einfachheit halber verwiesen wird (§ 270). Vor Beginn der Hauptverhandlung gilt § 225a.[11]

b) Der „Gerichtsstand", also die örtliche Zuständigkeit in erster Instanz, ist eine Prozessvoraussetzung mit kurzem Verfallsdatum: Nur bis zur Eröffnung des Hauptverfahrens wird von Amts wegen geprüft (§ 16).

3. Immunität

Der deutschen Gerichtsbarkeit unterworfen, vor Strafverfolgung zunächst aber sicher 13
sind Abgeordnete des Bundes (Art. 46 Abs. 2 GG) und der Länder (§ 152a). Geschützt ist das Parlament. Es soll nicht durch Eingriffe einer anderen Staatsgewalt in seinem Bestand und seiner Zusammensetzung gefährdet und verändert werden können. Das Parlament kann die Immunität des Abgeordneten aufheben. Dann entfällt das Verfahrenshindernis des Abgeordneten.

Die Indemnität hingegen (Art. 46 Abs. 1 GG) betrifft die materiellrechtliche Verantwortlichkeit.

4. Strafmündigkeit

Kinder unter vierzehn Jahren sind unabhängig vom Einzelfall schuldunfähig und daher 14
nicht strafmündig (§ 19 StGB). Sie dürfen nicht strafrechtlich verfolgt werden.

5. Tod des Beschuldigten

Nach dem Tod des Beschuldigten ist eine Entscheidung in der Sache ausgeschlossen. 15
Verurteilung oder Freispruch „posthum" gibt es nicht. Das Verfahren endet aber nicht von selbst, sondern muss durch Einstellung abgeschlossen werden.[12]

---

[10] BGHSt 34, 1.

[11] BGHSt 44, 121.

[12] BGHSt 45, 108 hat die verfehlte frühere Rspr. aufgegeben. Ein kurioser Fall: Der flüchtige Angeklagte täuscht seinen Tod vor. Das Verfahren wird durch Beschluss gem. § 206a eingestellt. Dieser Beschluss ist aufzuheben, das Verfahren fortzusetzen; BGH NStZ 2008, 296.

6. Verhandlungsunfähigkeit

16 Ist der Beschuldigte nicht nur vorübergehend, sondern endgültig verhandlungsunfähig, liegt ein Verfahrenshindernis vor. Verhandlungsfähigkeit ist nicht identisch mit Geschäftsfähigkeit oder Prozessfähigkeit in Zivilsachen.[13] Vielmehr genügt, „dass der Angeklagte die Fähigkeit hat, in und außerhalb der Verhandlung seine Interessen vernünftig wahrzunehmen, die Verteidigung in verständiger und verständlicher Weise zu führen, Prozesserklärungen abzugeben oder entgegenzunehmen“[14].

Die Verhandlungsfähigkeit ist daher für die verschiedenen Verfahrensarten unterschiedlich zu beurteilen. Im Revisionsverfahren gehört dazu die Fähigkeit, „über die Einlegung des Rechtsmittels der Revision verantwortlich zu entscheiden“.[15] Gegen Verhandlungsunfähige kann ein Sicherungsverfahren geführt werden, §§ 413 ff.

7. Verjährung

17 Nach Ablauf einer gewissen Zeit ist es nicht mehr sinnvoll, die Strafzwecke des Schuldausgleichs, der General- und Spezialprävention zu verfolgen und in aller Regel schwierig, die Tat noch aufzuklären und Beweise zu finden. Aus diesen materiellrechtlichen und prozessualen Gründen wird nicht erst auf Bestrafung, sondern schon auf die Strafverfolgung verzichtet.[16]

8. Niederschlagung des Verfahrens

18 Diese Abolition hat zwar materiellrechtliche Gründe, wirkt aber als Prozesshindernis.[17] Ein Straffreiheitsgesetz, das eine Amnestie für bestimmte Straftaten gewährt, schafft einen Strafaufhebungsgrund. Wer in ihren Genuss kommt, hat aber meist keinen Anspruch auf einen Freispruch (Ausnahmen in den Amnestiegesetzen), sondern muss hinnehmen, dass das Verfahren nicht erst aufgenommen oder niedergeschlagen (eingestellt) wird. Die Begnadigung hingegen schafft als Strafanlass durch die Exekutive im Einzelfall ein Vollstreckungshindernis (§ 452).

9. Strafantrag

19 Ist ein Strafantrag (vgl. oben 8 Rn. 8, 9) nicht gestellt, liegt ein Prozesshindernis vor. Es ist nur vorübergehend, solange die Antragsfrist noch läuft. Endgültig wird es erst, wenn der Strafantrag nicht mehr gestellt werden kann oder ein bereits eingelegter Strafantrag zurückgenommen wird. Die gleiche Funktion hat das behördliche Strafverlangen (§ 104 a StGB) bzw. die behördliche Ermächtigung (z. B. §§ 90 Abs. 4, 194 Abs. 4, 353 a Abs. 2 StGB). Bei einigen Delikten kann die Staatsanwaltschaft den Strafantrag dadurch ersetzen, dass sie ein besonderes öffentliches Interesse an der Strafverfolgung geltend macht (z. B. §§ 230, 303 c StGB).

---

[13] Vgl. *Rath,* GA 1997, 145.
[14] BGH NStZ 1996, 242.
[15] BGHSt 41, 16 (19); vgl. *Widmaier,* NStZ 1995, 362.
[16] Vgl. *Lackner/Kühl,* StGB, § 78 Rn. 1.
[17] BGHSt 24, 262 (265).

10. Rechtskräftige Entscheidung

Wenn die Strafklage durch eine rechtskräftige Entscheidung in derselben Sache bereits verbraucht ist, darf der Beschuldigte wegen dieser Tat nicht noch einmal bestraft werden (Art. 103 Abs. 3 GG). Dann ist aber bereits ein Verfahren mit dem Ziel eines Sachurteils nicht mehr sinnvoll und deshalb durch Einstellung zu beenden. Die entgegenstehende Rechtskraft stellt ein Prozesshindernis dar. Zum transnationalen Strafklageverbrauch s. unten 32 Rn. 13. 20

11. Anderweitige Rechtshängigkeit

Aus dem gleichen Grunde ist ein Verfahren einzustellen, wenn man bemerkt, dass dieselbe Sache bereits früher bei einem anderen Gericht rechtshängig, also durch Eröffnungsbeschluss zur Hauptverhandlung zugelassen wurde.[18] Nach dem Prioritätsgrundsatz entscheidet man sich für die Fortsetzung des älteren Verfahrens. 21

12. Anklage

Eine wirksame Anklage stellt eine Prozessvoraussetzung dar. Unwirksam ist nur eine Anklage, der die Umgrenzungsfunktion fehlt (s. oben 12 Rn. 40).[19] Weigert sich die Staatsanwaltschaft, ihre Anklage nachzubessern, lehnt das Gericht die Eröffnung des Hauptverfahrens ab (§ 204). Mängel der Informationsfunktion können vom Gericht nach h. A. durch Hinweise geheilt werden.[20] 22

13. Eröffnungsbeschluss

a) Wenn der Eröffnungsbeschluss fehlt, ist das Verfahren wegen eines Prozesshindernisses durch Urteil einzustellen (§ 260 Abs. 3). Die h. M. allerdings meint, dass der Eröffnungsbeschluss noch während der Hauptverhandlung nachgeholt werden kann.[21] Stimmten Angeklagter und Verteidiger zu und verlangten sie nach Belehrung nicht eine Aussetzung der Hauptverhandlung (§§ 217, 218), könne das Verfahren sofort weitergeführt werden. Dafür spricht, dass nach der hier vertretenen Ansicht die Staatsanwaltschaft durch die Einstellung nicht gehindert ist, die Anklage erneut einzureichen; das Prozesshindernis „fehlender Eröffnungsbeschluss" ist behebbar. Dagegen aber spricht die Bedeutung des Eröffnungsbeschlusses: Das Gericht, dem eine Anklage vorgelegt wird, soll nicht einfach zur Tagesordnung (der Hauptverhandlung) übergehen können, sondern über die Zulassung der Anklage nachdenken und entscheiden. Die h. M. opfert dieses wesentliche Element der Förmlichkeit des Verfahrens der reinen Prozessökonomie. 23

b) Bei einem fehlerhaften Eröffnungsbeschluss kommt es darauf an, worin der Fehler besteht. Da mit diesem Beschluss die Anklage zugelassen wird, kann es sich um Fehler handeln, unter denen bereits die Anklageschrift leidet. In dieser ersten Kategorie der sozusagen akzessorischen, mitgeschleppten Mängel muss, wie bei der Anklage, unterschieden werden zwischen der Umgrenzungsfunktion und der Informationsfunktion. Nur im ersten Falle, in dem unklar bleibt, welche Tat verhandelt werden soll, ist der Er-

---

[18] BGHSt 22, 232; vgl. oben 12 Rn. 41.
[19] BGHSt 40, 44 f.
[20] Vgl. BGHSt 40, 390; *Beulke,* Rn. 285; a. A. z. B. OLG Düsseldorf StV 1997, 10.
[21] BGHSt 29, 224; StV 1998, 66; *Meyer-Goßner/Schmitt,* § 203 Rn. 4 m. w. N.

öffnungsbeschluss unwirksam.[22] Mängel in der Informationsfunktion können in der Hauptverhandlung geheilt werden. Die zweite Kategorie von Fehlern besteht aus den im Zwischenverfahren neu hinzugekommenen.

Beispiele: Der Eröffnungsbeschluss wurde nicht von der im Gesetz vorgesehenen Anzahl von Richtern erlassen (unwirksamer Eröffnungsbeschluss).[23] Ein ausgeschlossener Richter hat mitgewirkt (§ 22 Nr. 2).[24]

Die Kasuistik ist zerklüftet; die große Linie fehlt.

V. Prozessvoraussetzungen, Verfahrensfehler und Verfassungsrecht

24 Die bisher behandelten Prozessvoraussetzungen betrafen „Voraussetzungen" wie die Gerichtsbarkeit, die Zuständigkeit, etc. sowie Umstände in der Person des Beschuldigten (z. B. Immunität, Verhandlungsfähigkeit) oder der Sache selbst (z. B. rechtskräftige Entscheidung). Verfahrensfehler führen prinzipiell nicht dazu, dass das Verfahren durch Einstellung beendet werden muss. Sie sind entweder noch im Verfahren zu beheben oder machen, wenn sie bestehen bleiben, das Urteil als fehlerhaft angreifbar (Revision). Die alte Vorstellung, dass besonders schwere Verfahrensfehler zur „Nichtigkeit" des Verfahrens führen könnten, entspricht nicht dem System der StPO. Immerhin haben aber die Erörterungen zu den Prozessvoraussetzungen Anklage und Eröffnungsbeschluss gezeigt, dass man auch heute noch Prozesshindernisse aus schweren Verfahrensfehlern ableitet. Die weiteren Fälle sind sehr umstritten. Es geht dabei auch um die Frage, ob man Prozesshindernisse ohne Rückhalt in der StPO direkt aus der Verfassung ableiten kann.

Aus dem System der StPO lassen sich zwei Direktiven für die Lösung dieses Problems erschließen.

25 (1) Für Prozessvoraussetzungen ist typisch, dass sie, wenn sie nicht vorliegen, ein Verfahren „ohne wenn und aber" beenden. Sie sind prinzipiell abwägungsfeindlich ausgestaltet.[25] Die h. M. formuliert diesen Gedanken so: Prozesshindernisse knüpfen an Tatsachen an und müssen ohne Wertung feststellbar sein.[26] Das trifft die Sache nicht ganz. Viele Prozesshindernisse, z. B. die entgegenstehende Rechtskraft, die unwirksame Anklage, setzen wertende Argumente voraus. Wichtig ist nur, dass die Wertung evident und eindeutig ist. Damit hängt zusammen:

---

[22] BGH NStZ 1985, 464.

[23] Dagegen ist der Eröffnungsbeschluss nicht unwirksam, wenn nur die Unterschrift eines Richters fehlt, BGH NStZ-RR 2012, 117; a. A. OLG Frankfurt JR 1992, 348.

[24] Nach BGHSt 29, 351 kein schwerwiegender Mangel; dagegen zu Recht *Nelles,* NStZ 1982, 96 (102).

[25] *Volk,* StV 1986, 36; vgl. schon oben Rn. 4.

[26] BGHSt 24, 239; 32, 345 (351f.).

(2) Prozessvoraussetzungen können nicht aus dem bisherigen Verlauf eines Strafverfahrens abgeleitet werden (diese Regel hat die h. M. noch nicht ausdrücklich übernommen). 26

Die Einzelfälle:

1. Überlange Verfahrensdauer

Strafverfahren müssen zügig durchgeführt werden. Dieses Beschleunigungsgebot hat Verfassungsrang (Art. 20 Abs. 3 GG; Art. 6 Abs. 1 S. 1 EMRK). Bei rechtsstaatswidrigen Verfahrensverzögerungen ist im Falle der Verurteilung in der Urteilsformel auszusprechen, dass zur Wiedergutmachung für die überlange Verfahrensdauer ein bezifferter Teil der verhängten Strafe als **vollstreckt** gilt (sog. Vollstreckungslösung).[27] So kann das Rechtsfolgensystem intakt gehalten und im Ergebnis sogar die Mindeststrafe unterschritten werden. Ist eine solche Wiedergutmachung nicht möglich (z. B. beim Freispruch), oder hat der Beschuldigte einen Vermögensschaden erlitten, kommt eine Entschädigung nach Maßgabe der §§ 198, 199 GVG in Betracht. 27

In der Literatur wird vielfach vertreten, dass die überlange Verfahrensdauer ein Verfahrenshindernis darstelle.[28] Auch das BVerfG hat für Extremfälle die Fortsetzung des Strafverfahrens als rechtsstaatlich nicht mehr hinnehmbar bezeichnet.[29] Gegen ein Verfahrenshindernis spricht aber, dass man ein Verbot, mit dem Verfahren fortzufahren, nicht aus dem bisherigen Verfahren ableiten und durch Abwägung zwischen der Schwere des Vorwurfs, dem vertretbaren Ermittlungsaufwand und der Verfahrensdauer im Einzelfall ermitteln sollte. Dennoch hatte der BGH[30] für außergewöhnliche Einzelfälle einer rechtsstaatswidrigen Verfahrensverzögerung ein Verfahrenshindernis angenommen, wenn „eine angemessene Berücksichtigung des Verstoßes im Rahmen einer Sachentscheidung bei umfassender Gesamtwürdigung nicht mehr in Betracht kommt", und den Tatrichter verpflichtet, alle Tatsachen zu Verfahrensgang und -prognose, Schuldumfang und Gesamtwürdigung anzugeben. Das ist mit der Grundstruktur von Verfahrenshindernissen nicht vereinbar (vgl. oben Rn. 4). Sie zeichnen sich dadurch aus, dass das Verfahren offensichtlich und eindeutig „gekippt" und jene Abwägung also nicht erforderlich ist.[31]

2. Tatprovokation (agent provocateur)

Wenn die Grenzen zulässiger Motivation eines Tatgeneigten überschritten sind und der Staat selbst, handelnd durch seine Agenten, Schuld daran hat, dass sich ein anderer schuldig macht, stellt dies eine Verletzung des fair trial Prinzips dar (vgl. oben 10 28

---

[27] BGHSt 52, 124.

[28] Z. B. *I. Roxin,* Die Rechtsfolgen schwerwiegender Rechtsstaatsverstöße in der Strafrechtspflege, 4. Aufl. 2004; *Schroth,* NJW 1990, 29.

[29] NStZ 1984, 128; StV 1993, 352; wegweisend EGMR EuGRZ 1983, 371; 2001, 299 ff.

[30] BGHSt 46, 159; BGH NStZ 2005, 445 („nicht jede geringfügige Verzögerung ist eine rechtsstaatswidrige").

[31] Die verfassungsgerichtliche Kontrolle unter dem Aspekt der Verhältnismäßigkeit dringt zu tief in die Kompetenz der Fachgerichte ein, wie BVerfG NStZ 2004, 335 deutlich zeigt; zu Recht kritisch *Foth,* a. a. O., 337; noch krasser BVerfG NStZ 2005, 456 m. abl. Anm. *Foth* a. a. O., 457.

Rn. 4). Noch nicht abschließend geklärt ist allerdings, wann eine unzulässige Tatprovokation vorliegt. Nach der Rechtsprechung des BGH werden die Grenzen einer zulässigen, im Wesentlichen passiven Ermittlungsmaßnahme überschritten, wenn das tatprovozierende Verhalten ein solches Gewicht erlangt, dass demgegenüber der eigene Beitrag des Täters in den Hintergrund tritt – so etwa, wenn der Täter zuvor unverdächtig und nicht tatgeneigt war oder er die Tat nur auf Grund nachhaltigen Drängens begeht.[32] Der EGMR bejaht eine rechtswidrige Tatprovokation, falls die Tat ohne die Einflussnahme des Provokateurs nicht begangen worden wäre.[33]

Stark umstritten sind die rechtlichen Konsequenzen. Lange Zeit vertrat der BGH die Auffassung, dass die unzulässige Tatprovokation lediglich als Strafmilderungsgrund zugunsten des Täters bei der **Strafzumessung** zu berücksichtigen ist (Strafzumessungslösung).[34] Dem hat der EGMR widersprochen.[35] Ihm zufolge reicht eine Strafmilderung als Wiedergutmachung für die Verletzung von Art. 6 Abs. 1 EMRK nicht aus. Vielmehr gebiete der Grundsatz des fairen Verfahrens, alle durch die Tatprovokation erlangten Beweise auszuschließen oder auf andere Weise vergleichbare Ergebnisse herbeizuführen. Der 2. Senat des BGH nimmt daher nunmehr an, dass eine unzulässige Tatprovokation regelmäßig ein **Verfahrenshindernis** begründet und somit zur Einstellung des Verfahrens zwingt.[36] Demgegenüber hält das BVerfG daran fest, dass ein Verfahrenshindernis nur in extremen Ausnahmefällen in Betracht kommt. Allerdings sei vor dem Hintergrund der Rechtsprechung des EGMR künftig ein **Verwertungsverbot** im Hinblick auf die unmittelbar durch die Tatprovokation erlangten Beweise zu erwägen.[37] Auch der 1. Senat des BGH lehnt die Annahme eines regelmäßigen Verfahrenshindernisses ab – freilich ohne näher auszuführen, wie stattdessen der Rechtsprechung des EGMR Rechnung getragen werden soll.[38]

Für die Lösung des 2. Senats, das Verfahren durch Einstellung zu beenden, lässt sich der erwünschte generalpräventive Effekt anführen, solche unzulässigen Aktionen als von vornherein nutzlos zu kennzeichnen. Sie verträgt sich aber nicht mit den hier zugrunde gelegten Direktiven (oben Rn. 25 f.). Prozesshindernisse sind keine Sanktion für prozessuales Fehlverhalten. Vorzugswürdig ist daher eine flexiblere Lösung, die bei der Beweisverwertung ansetzt. Dafür spricht, dass das Opfer der Manipulation trotz aller Einwirkung Herr seiner Entschlüsse geblieben ist und damit Verantwortung für seine Tat trägt.

3. Verhältnismäßigkeitsprinzip

29 Das BVerfG[39] hat für Strafverfahren gegen DDR-Bürger, die Spionage für die DDR geleistet haben (sollen), ein Verfahrenshindernis aus dem Grundsatz der Verhältnis-

---

[32] BGHSt 45, 321; BGH NStZ 2016, 232.

[33] EGMR NJW 2015, 3631; zust. *Hauer,* NJ 2015, 203; *Petzsche,* JR 2015, 88.

[34] BGHSt 32, 345 (348 ff.); 45, 321 (325 ff.).

[35] EGMR NJW 2015, 3631.

[36] BGHSt 60, 276; zust. *Eidam,* StV 2016, 129; *Jäger,* JA 2016, 308; *Mitsch,* NStZ 2016, 57. Für einen Strafausschließungsgrund bei Verleitung eines zuvor Unverdächtigen *I. Roxin,* FS Neumann, 2017, 1371 ff.

[37] BVerfG NJW 2015, 1083. Krit. *Jahn/Kudlich,* JR 2015, 56, die dies als nicht ausreichend ansehen und de lege ferenda ein gesetzliches Verbot der Tatprovokation fordern.

[38] BGHSt 60, 238

[39] BVerfGE 92, 277.

mäßigkeit abgeleitet. Die Entscheidung widerspricht allem, was Strafprozess-Recht ist und kann nur als ein politischer Akt begriffen werden: Richter verkünden anstelle des Gesetzgebers eine Amnestie.[40]

4. Rechtsstaatsprinzip und fair trial

Jeder Verfahrensfehler stellt einen Verstoß gegen das Rechtsstaatsprinzip dar. Allein aus der Schwere des Missgriffs kann man aber nicht folgern, dass ein Verfahrenshindernis entstanden ist. Die Einstellung des Verfahrens ist nicht als Sanktion gedacht. Das Rechtsmittel der Revision sorgt dafür, dass Fehler in einer neuen Hauptverhandlung revidiert werden können. Selbst die schwersten Fehler sind nach der Konzeption der StPO nur revisibel, aber nicht irreversibel. Daher wird kein Verfahrenshindernis ausgelöst, wenn 30

- der Beschuldigte durch verfehlte Pressepolitik der Justizbehörden öffentlich vorverurteilt wurde[41]
- die Staatsanwaltschaft die Tatsache, dass sich der Angeklagte in der Hauptverhandlung befindet, zu einer gesetzwidrigen Durchsuchung seiner Zelle ausnutzt[42]
- die Ermittlungsbehörden Beweise manipuliert haben[43]
- die Staatsanwaltschaft sich nicht an die „Zusage“ gehalten hat, eine Tat nicht zu verfolgen[44]
- die Staatsanwaltschaft sich Kenntnis vom Verteidigungskonzept des Angeklagten verschafft hat.[45]

Bei einem Verstoß gegen den Grundsatz des fairen Verfahrens gibt es auch materiellrechtliche Möglichkeiten der Kompensation: „Denn die Verletzung des Grundsatzes fairer Verfahrensführung kann ein Verfahrenshindernis nur dann begründen, wenn keine Möglichkeit besteht, diesen Verstoß durch strafprozessuale Maßnahmen und/oder die Ausschöpfung materiellrechtlicher Gestaltungsmöglichkeiten auf der Rechtsfolgenseite so weit auszugleichen, dass sich das Verfahren insgesamt noch als fair erweist“.[46]

Kompliziert und umstritten ist die Frage, ob ein Verfahrenshindernis entsteht, wenn der Angeklagte auf fremdem Staatsgebiet völkerrechtswidrig festgenommen und unter Verstoß gegen das Auslieferungsrecht nach Deutschland gebracht wird.[47] 31

Fälle und Fragen

92. Welche Prozessvoraussetzungen sind Ihnen bekannt?
93. Während des Verfahrens stellt sich heraus, dass nicht mehr sicher festgestellt werden kann, ob die verhandelte Tat bereits verjährt ist oder nicht. Was ist zu tun?

---

[40] Näher *Volk,* NStZ 1995, 367; *Bartlsperger,* DVBl 1995, 345.
[41] Vgl. *Hassemer,* NJW 1985, 1927.
[42] OLG Karlsruhe StV 1986, 10; *Volk,* StV 1986, 34.
[43] A. A. LG Hannover StV 1985, 94.
[44] BGHSt 37, 10.
[45] BGH NStZ 1984, 419 m. krit. Anm. *Gössel;* die Verteidigungsunterlagen dürfen aber gegen seinen Willen nicht verwertet werden, BGH NStZ 1998, 309.
[46] BGH NStZ 2008, 416 (417).
[47] Vgl. BVerfG NJW 1986, 1427; 3021; BGH NStZ 1984, 563.

94. Das LG hat die M, L und K durch Urteil vom 29.12.2011 wegen gemeinschaftlicher fortgesetzter Untreue und wegen Steuerhinterziehung verurteilt. Gegen dieses am 29.12.2011 verkündete und den Verteidigern im August 2012 zugestellte Urteil richten sich die rechtzeitig eingelegten und formgerecht begründeten Revisionen der Angeklagten. Die letzte Revisionsbegründung ist im September 2012 beim LG Frankfurt eingegangen. Die Akten sind dem Senat erst im Juni 2017 vom Generalbundesanwalt zur Entscheidung über die Revisionen vorgelegt worden. Gründe für die Verzögerung von fast fünf Jahren liegen nicht vor. Wie wird der BGH entscheiden?
95. Was versteht man unter einer unzulässigen Tatprovokation und welches sind ihre rechtlichen Konsequenzen?

§ 15. Die Prozesshandlungen

1 Dieser Begriff aus den Gründerjahren der StPO steht für den Versuch, die Wissenschaftlichkeit der Prozessrechtslehre durch abstrakte Oberbegriffe zu unterstreichen, vergleichbar den zivilrechtlichen Grundkategorien des Rechtsverhältnisses, der Willenserklärung, etc. Im Grunde braucht man den Begriff Prozesshandlung im Strafverfahrensrecht nicht. Die allgemeinen Regeln, in denen er vorkommt, werden durch Ausnahmen durchbrochen, die wichtiger sind als die Regel selbst.[1]

Beispiel: „Prozesshandlungen sind bedingungsfeindlich". Das stimmt nicht für Beweisanträge (und einige andere Erklärungen). Diese sogenannte Ausnahme ist praktisch die Hauptsache und von größerer Bedeutung als die Regel.

Mit der Rechtsfigur der Prozesshandlung sind einige allgemeine Fragen verbunden, die nur in bestimmten Regelungsbereichen auftauchen. Die Fragen zielen auf Anfechtung und Widerruf, Formen und Fristen. Die Regelungsbereiche, in denen sie wichtig werden, sind vor allem Beweisanträge, Rechtsmittel und Absprachen. Dort ist auf konkrete Probleme der Prozesshandlungen zurückzukommen; hier werden nur die Grundlagen dargestellt.

I. Begriff

2 Nach der nahezu tautologischen Definition der h. M. sind Prozesshandlungen alle prozessual relevanten Handlungen eines Prozessbeteiligten. Nicht Prozesshandlungen sollen reine Wissenserklärungen sein, also Aussagen von Beschuldigten, Zeugen und Sachverständigen (und auch das ist umstritten). Zeugen und Sachverständige gelten überdies nicht als Verfahrensbeteiligte, weil sie nicht gestaltend als Prozesssubjekte mitwirken, sondern Beweismittel sind.

3 Ansonsten kommt als Prozesshandlung alles in Betracht, was im Prozess geschieht: Entscheidungen, Erklärungen, Anträge, selbst Realakte.[2]

---

[1] Zu dieser Art von Theoriebildung *Volk,* FS Schüler-Springorum, 1993, 505.
[2] Z. B. die Vorlage von Akten, BGHSt 26, 384 (386).

II. Voraussetzungen

Der Prozessbeteiligte, der die Prozesshandlung vornimmt, muss handlungsfähig sein. Das Nähere hängt von der Prozessrolle ab. Beim Beschuldigten kommt es auf die Verhandlungsfähigkeit an (vgl. oben 14 Rn. 16), beim Verteidiger und dem Vertreter der Staatsanwaltschaft auf die Prozessfähigkeit. 4

III. Mängel

1. Irrtum

Prozesshandlungen können nicht mit der Begründung angefochten werden, man habe sich in einem Irrtum über den Inhalt der Erklärung befunden oder sei einem Motivirrtum erlegen.[3] Die h. M. verweist darauf, dass die „öffentlich-rechtliche Natur des Prozesses die unbedingte Gültigkeit der Erklärung gebiete“[4]. 5

Apodiktische Begründungen dieser Art verdienen immer größtes Misstrauen. Richtig ist, dass man in einem Verfahren jederzeit wissen muss, „woran man ist“. Die Rückwirkung einer Anfechtung (§ 142 BGB) verträgt sich nicht mit dem procedere, dem Wechsel der Prozesslagen. Aber:

„Das Gebot der Gerechtigkeit zwingt zu Ausnahmen von der unbedingten Gültigkeit der Rechtsmittelerklärungen und von der grundsätzlichen Unbeachtlichkeit erwiesener Willensmängel“[5]. 6

Es liegt nahe, sich dafür an § 136a zu orientieren. Diese Regelung jedoch, getroffen für die Verwertbarkeit von Aussagen, kann nicht ohne Modifikation auf das ganz andere Problem übertragen werden, an welchen Prozesshandlungen man sich festhalten lassen muss. Letztlich entscheidet

„die Art des Willensmangels und seiner Entstehung darüber, ob überwiegende Gründe der Gerechtigkeit den Vorrang vor dem Gesichtspunkt der Rechtssicherheit beanspruchen müssen“[6].

Daraus lassen sich nicht feste Regeln, sondern nur Direktiven ableiten. Ist es das Gericht selbst gewesen, das den Angeklagten in einen Irrtum versetzt hat, wird man die Anfechtung zulassen müssen;[7] war es der Verteidiger, der ihn falsch belehrt hat und hat das Gericht seine Fürsorgepflicht nicht verletzt, fällt der Irrtum in die Risikosphäre des Angeklagten.[8] 7

---

[3] BGH NStZ 2005, 582.
[4] RGSt 57, 83 für Rechtsmittelerklärungen.
[5] BGHSt 17, 14 (18). Zum Problem des Rechtsmittelverzichts bei Absprachen s. unten 30 Rn. 5.
[6] BGHSt 17, 14 (18).
[7] BGHSt 45, 51; 46, 257.
[8] Zum gescheiterten Deal BGH StV 1988, 372; vgl. unten 30 Rn. 6.

2. Drohung, Zwang

8 Selbst Drohung von staatlicher Seite führt nicht immer zu Anfechtbarkeit.

Beispiel: Nachdem der Angeklagte, kaum dass das Urteil gesprochen ist, nicht sofort auf Rechtsmittel verzichtet, beantragt die Staatsanwaltschaft „unsachgemäß" einen Haftbefehl; nun erklärt der Angeklagte den Rechtsmittelverzicht.[9]

Diese Drohung wäre auszuhalten gewesen, weil der zuständige Richter, wie man hoffen darf, den Haftbefehl wahrscheinlich nicht erlassen hätte.

Andererseits muss man Drohung und Zwang, ausgehend von Dritten, in gravierenden Fällen als Anfechtungsgrund zulassen.

Beispiel: Der Angeklagte, Mitglied einer kriminellen Organisation, hatte auftragsgemäß falsch ausgesagt, die anderen damit gedeckt und sich verurteilen lassen. Er sieht nun nicht mehr ein, dass er den Kopf hinhalten soll und legt Rechtsmittel ein. Unter dem Eindruck einer Todesdrohung der Organisation nimmt er es wieder zurück. Diese Erklärung muss anfechtbar sein.

3. Unzulässige Absprachen

9 Unzulässige Absprachen können Prozesserklärungen unwirksam machen, insbesondere den Rechtsmittelverzicht (vgl. unten 30 Rn. 10).

IV. Rechtsfolgen

1. Unwirksamkeit

10 Bisher war, in Analogie zur Lehre von der Willenserklärung, von „Anfechtbarkeit" die Rede. Genauer betrachtet sind Prozesshandlungen, bei denen aus Gründen der Gerechtigkeit der Einfluss von Irrtum, Drohung oder Zwang relevant ist, **unwirksam.**[10]

Beispiel: Der Tatrichter droht mit Haft, falls der Angeklagte nicht gesteht, sondern einen Beweisantrag stellt, der zur Aussetzung der Hauptverhandlung zwingen würde.[11]

Diese Unwirksamkeit kann der Angeklagte geltend machen. Sie ist aber, wenn die Umstände dem Gericht bekannt sind, auch von Amts wegen festzustellen.

---

[9] BGHSt 17, 14.

[10] BGHSt 46, 257.

[11] BGH NStZ 2005, 279. Bei anderer Bewertung des Beispiels zu BGHSt 17, 14 (oben Rn. 8) wäre ebenfalls Unwirksamkeit die Folge.

Ansonsten ist eine Prozesshandlung nur unwirksam, wenn sie nach dem Gesetz keine Rechtsfolgen auslöst.

Beispiel: Die Besetzung der Richterbank wird dem Angeklagten mitgeteilt und nicht, wie vorgeschrieben (§ 222a Abs. 1 S. 2), dem Verteidiger.

2. Nichtigkeit

Urteile, Beschlüsse und Verfügungen des Gerichts sind nie unwirksam, sondern stets 11
nur mit Rechtsbehelfen anfechtbar. Die h. M. sieht das anders. Sie überträgt die Evidenztheorie des öffentlichen Rechts (vgl. §§ 44, 46 VwVfG) auf Gerichtsentscheidungen und hält sie für **nichtig,** wenn ein

„derart schwerer, offen zutage liegender Mangel (gegeben ist), dass es bei Berücksichtigung der Belange der Rechtssicherheit und des Rechtsfriedens vom Standpunkt der Gerechtigkeit aus schlechthin unerträglich wäre, das so zustande gekommene Urteil als einen mit staatlicher Autorität ausgestatteten, in einem rechtsförmlichen Verfahren gefundenen verbindlichen Richterspruch anzuerkennen und gelten zu lassen"[12].

Die Nichtigkeit eines Urteils wurde vom OLG München in einem Fall bejaht, in dem bewusst sämtliche formellen und inhaltlichen Grundregeln der Verfahrensabsprachen missachtet wurden. Aufgrund der offensichtlichen und krassen rechtsstaatlichen Mängel sei das Urteil nicht bloß fehlerhaft (und damit mit Rechtsmitteln anfechtbar), sondern nichtig und folglich von vornherein unwirksam.[13] Weitere Beispiele kann man sich in einem Rechtsstaat nur denken:

Der Richter verhängt die Prügelstrafe. Aufgebrachte Bürger bilden ein „Sondergericht" und „verurteilen" den „Angeklagten".

Im zweiten Fall liegt gar kein Urteil vor. Das Urteil im ersten Beispiel wird nicht für vollstreckbar erklärt (§ 458) und im Rechtsmittelverfahren aufgehoben werden.

Die Fehlerhaftigkeit eines Urteils bedarf selbst dann, wenn ihm der Fehler „auf die Stirn 12
geschrieben ist", der förmlichen Feststellung.[14] Die Alternative, dass sich, um im Bilde zu bleiben, jedermann an die Stirn tippen und eine Entscheidung als nichtig übergehen könnte, stellt demgegenüber die schlechtere Lösung dar. Überdies sieht sich die h. M. mit dem kaum zu bewältigenden Problem der Grenzfälle konfrontiert.

Beispiel: Prompt wird darüber gestritten, ob ein rechtskräftig gewordenes Urteil nichtig ist, in dem unter Verstoß gegen den Grundsatz ne bis in idem eine Sache zum zweiten Mal entschieden wurde.[15] Dieser Fehler ist, wie stets, in einem förmlichen Verfahren geltend zu machen. Dafür stehen zur Verfügung die Wiederaufnahme des Verfahrens (§ 359 Nr. 5 –

---

[12] BGHSt 33, 126 (127); leise Zweifel an der h. M. in BGH NStZ 2009, 579. Zur Kritik s. *Meyer-Goßner,* FS Neumann, 2017, 1349.

[13] OLG München NJW 2013, 2371; zu Recht krit. *Kudlich,* NJW 2013, 3216; *Leitmeier,* NStZ 2014, 691 (693).

[14] A. A. *Roxin/Schünemann,* § 52 Rn. 25ff.

[15] In engen Grenzen bejahend BGH NStZ 1984, 279.

die Entdeckung des ersten Urteils ist eine neue Tatsache), die Verfassungsbeschwerde und die Überprüfung nach § 458.

Selbst die „greifbare Gesetzeswidrigkeit" stellt keinen Grund dar, eine „außerordentliche Beschwerde" anzuerkennen.[16]

V. Rechtsmissbrauch und Verwirkung

13 Prozessuale Rechte dürfen nicht für rechtlich missbilligte Zwecke eingesetzt werden.[17] Die h. M. nimmt ein allgemeines Missbrauchsverbot an, obwohl die StPO eine entsprechende Generalklausel nicht kennt.[18] Unwirksam sind jedenfalls nur solche Prozesshandlungen, die gegen ein konkretes Verbot verstoßen. Ansonsten können sie nur unzulässig sein.

VI. Widerruf

14 Für die Frage, ob Prozesshandlungen widerruflich sind, ergibt sich die Antwort manchmal aus dem Gesetz und manchmal aus der allgemeinen Erwägung, ob man eine im Prozess bereits erreichte Station rückwärts verlassen und zum früheren Stand zurückkehren kann. Das Problem ist unübersichtlich (und nicht examensrelevant).[19]

1. Urteile und Beschlüsse

15 **Urteile** und **Strafbefehle** (vgl. § 410 Abs. 3) sind nicht widerruflich. Gegen **Beschlüsse** gibt es in der Regel die einfache Beschwerde (§ 304). Sie ist unbefristet und hält das Verfahren nicht auf (§ 307). Auf der anderen Seite kann das Gericht seine Beschlüsse z. B. wegen veränderter Umstände widerrufen und ändern. In wenigen, ausdrücklich geregelten Fällen können Beschlüsse nur mit der sofortigen Beschwerde angefochten werden, einzulegen binnen einer Woche (§ 311). Sie sollen also Bestand haben und sind deshalb auch nicht widerruflich.

2. Prozesstragende Entscheidungen

16 Jene allgemeine Erwägung führt dazu, bei **prozesstragenden** Entscheidungen und Erklärungen den Widerruf auszuschließen.

---

[16] BGHSt 45, 37.

[17] Vgl. *Niemöller,* StV 1996, 501.

[18] BGHSt 38, 111; a. A. *R. Hamm,* NJW 1993, 296; *Kempf,* StV 1996, 507; *Kühne,* StV 1996, 684; vgl. auch *Widmaier,* NStZ 1992, 513; HK-StPO/*Julius,* § 244 Rn. 16.

[19] Einzelheiten bei *Meyer-Goßner/Schmitt,* Einl. Rn. 112ff.

Beispiele: Der Eröffnungsbeschluss; die Zustimmung der StA zum Verständigungsvorschlag des Gerichts.[20]

Das Gleiche gilt für Erklärungen mit **prozessbeendender** Wirkung.

Beispiele: Die Rücknahme des Strafantrags (§ 77d StGB), eines Rechtsmittels (§ 302), ebenso der Rechtsmittelverzicht.[21]

3. Einfache Prozesserklärungen

Ansonsten kann man Prozesshandlungen, die solche Wirkungen nicht haben (**einfache** 17
Prozesserklärungen), widerrufen.

Beispiel: Beweisanträge.

Ist eine Entscheidung bereits ergangen (im Beispiel: ein Beweisbeschluss), wird sie durch den Widerruf nicht unwirksam.

VII. Formen

Außerhalb der Hauptverhandlung werden Erklärungen schriftlich abgegeben, in der 18
Hauptverhandlung mündlich. Ab dem 1.1.2022 sollen schriftliche Erklärungen als elektronische Dokumente übermittelt werden, § 32d S. 1. Die Vorschrift ist Teil des Gesetzes zur Einführung der elektronischen Akte in der Justiz und zur weiteren Förderung des elektronischen Rechtsverkehrs, das bis 2026 eine weitgehende Digitalisierung der Aktenführung im Strafprozess realisieren soll.

Beispiel: Es genügt nicht, dass der Verteidiger einen Beweisantrag schriftlich zu den Akten gibt. Er muss ihn mündlich stellen (Mündlichkeitsprinzip).

Ist eine Prozesshandlung formfrei, kann sie auch konkludent erfolgen.

Beispiel: Der Vorsitzende fragt, ob Einverständnis damit besteht, dass der Zeuge entlassen werden kann. Die Andeutung eines Nickens genügt.

Zur **Schriftform** gehört, anders als gem. § 126 Abs. 1 BGB, die Unterschrift schon des- 19
halb nicht, weil in manchen Fällen die Unterzeichnung eigens vorgeschrieben ist

---

[20] BGH NStZ 2013, 51.
[21] BGH NStZ 1997, 148.

(§§ 172 Abs. 3 S. 2, 345 Abs. 2, 366 Abs. 2, 390 Abs. 2). Die Schriftform bleibt gewahrt, wenn sich aus dem Schriftstück entnehmen lässt, welche Erklärung abgegeben wird und wer sie abgibt. Für diese Identifizierung genügt ein Faksimilestempel, selbst das Diktatzeichen des Rechtsanwalts auf einem Schreiben mit dem Briefkopf seiner Kanzlei (auch die eingescannte Unterschrift nach einer Textdatei)[22].

20 Die **Unterzeichnung** kann nur durch eigenhändige Unterschrift erfolgen.[23] Als schriftliche Erklärung gilt auch das **Telefax** (sowie die aussterbenden Übermittlungsformen Telebrief, Telegramm, Fernschreiben).

VIII. Fristen und Termine

1. Termine

21 Ein **Termin** ist ein Zeitpunkt, an oder ab dem eine Verhandlung stattfinden soll.

Beispiel: „Termin zur Hauptverhandlung wird bestimmt auf Mittwoch, 21. März 2018, 9.00 Uhr, Sitzungssaal 162".

2. Fristen

22 **Fristen** sind Zeiträume, innerhalb derer etwas geschehen muss oder nicht geschehen darf.[24]

Sie sind im Gesetz geregelt

- Rechtsmittelfristen, §§ 314 Abs. 1, 317, 341 Abs. 1, 345 Abs. 1, 346 Abs. 2 S. 1

oder werden vom Richter bestimmt

- z. B. die Erklärungsfrist gem. § 201 Abs. 1, die Frist zur Sicherheitsleistung im Privatklageverfahren § 379 Abs. 3.

Ihre Berechnung ergibt sich aus §§ 42, 43. Hat der Richter eine Frist gesetzt, kann er sie auf Antrag oder von Amts wegen verlängern und nach Ablauf neu gewähren. Ist eine gesetzliche Frist verstrichen, kann die Wiedereinsetzung in den vorigen Stand helfen.

3. Ausschlussfristen

23 Sie ist bei **Ausschlussfristen** nicht möglich. Nach deren Ablauf ist die Prozesshandlung unzulässig und nicht mehr nachholbar.

Beispiel: Den Einwand, eine besondere Strafkammer sei zuständig, kann der Angeklagte nur bis zum Beginn seiner Vernehmung zur Sache in der Hauptverhandlung vorbringen,

---

[22] GmS-OGB NJW 2000, 2340.
[23] Vertretung ist unzulässig, BayObLG NJW 1991, 2095.
[24] LR/*Graalmann-Scheerer*, vor § 42 Rn. 1.

§ 6a S. 3. Vgl. ferner §§ 16 S. 3, 25, 222b S. 1, 303 S. 1, 388 Abs. 1, 391 Abs. 1 S. 2, 439 Abs. 2 S. 2.

IX. Wiedereinsetzung in den vorigen Stand, §§ 44ff.

1. Rechtsbehelf

Dieser **Rechtsbehelf** stellt kein Rechtsmittel dar. Der Wiedereinsetzungsantrag bringt die Sache nicht in die höhere Instanz (Devolutiveffekt, vgl. unten 34 Rn. 1) und hat nicht zum Ziel, eine Entscheidung überprüfen zu lassen. Dass bereits Rechtskraft eingetreten ist (z. B. durch Versäumung der Rechtsmittelfrist), steht dem Antrag nicht entgegen – die Rechtskraft soll ja gerade beseitigt werden.[25] 24

2. Fristen

Fristen sind die prozessualen der StPO (vgl. oben Rn. 22), nicht also die Strafantragsfrist gem. § 77b Abs. 1 S. 1 StGB.[26]

3. Fristversäumung

Versäumt hat eine Frist nicht, wer sie gar nicht einhalten wollte, von einem befristeten Rechtsbehelf bewusst keinen Gebrauch gemacht und es sich dann anders überlegt hat. Der Fristversäumung gleichgestellt wird der Fall, dass jemand zwar fristgerecht gehandelt, dabei aber die vorgeschriebene **Form** nicht eingehalten hat.[27] 25

Beispiel: Im Klageerzwingungsverfahren ist bei dem Antrag nach § 172 Abs. 2 die Formvorschrift nicht beachtet worden.

4. Verschulden

Ohne Verschulden verhindert ist, wer die ihm mögliche und zumutbare Sorgfalt aufgebracht hat. Fristen darf man ausnutzen. Wer bis an die Grenze geht und im letzten Moment handelt, muss sich allein deshalb nicht Verschulden vorwerfen lassen.[28] 26

Zum **Verschulden Dritter** gibt es eine reiche Kasuistik. Man darf darauf vertrauen, dass die **Post** nicht länger als einen Tag braucht.[29] Fehler der **Justizbehörden** braucht sich der Betroffene nicht zurechnen zu lassen. Verschulden des **Verteidigers** ist nicht Verschulden des Beschuldigten.[30] Er muss seinen Verteidiger nicht überwachen. Weiß er 27

---

[25] Zur Wiedereinsetzung vgl. *Saenger*, JuS 1991, 842.
[26] BGH NJW 1994, 1165.
[27] BGHSt 26, 235.
[28] BVerfGE 69, 381 (385).
[29] BVerfGE 62, 334; BVerfG NJW 1992, 1952; BGH GA 1994, 75; zum Fax BGH NJW 1996, 2857.
[30] BGHSt 14, 306 (308); BGH NStZ 1990, 25; KG NJW 1997, 1864.

aber von dessen Unzuverlässigkeit oder war es für ihn vorhersehbar, dass der Verteidiger die Frist nicht einhalten wird, trifft ihn ein Mitverschulden, das die Wiedereinsetzung ausschließt.[31] Für andere Verfahrensbeteiligte, die sich nicht gegen einen Schuldvorwurf zur Wehr setzen (z. B. Privatkläger, Nebenkläger) entnimmt die h. M. aus § 85 Abs. 2 ZPO einen allgemeinen Verfahrensgrundsatz und rechnet ihnen das Verschulden des Vertreters zu.[32] **Kanzleiverschulden** sind für den Rechtsanwalt (und folglich erst recht für den Vertretenen) unverschuldet, wenn er sein Personal sorgfältig ausgewählt und überwacht hat.

5. Antrag auf Wiedereinsetzung

28 Der **Antrag auf Wiedereinsetzung** ist binnen einer Woche nach Wegfall des Hindernisses bei dem Gericht einzureichen, an das man sich hätte wenden müssen (§ 45 Abs. 1 S. 1). Wurde eine Rechtsmittelfrist versäumt, kann der Antrag auch bei dem Rechtsmittelgericht eingereicht werden (§§ 45 Abs. 1 S. 2, 46 Abs. 1). Aus dem Antrag muss hervorgehen, welche Frist versäumt wurde und wann das Hindernis entfallen ist.[33] Diese Tatsachen sind **glaubhaft** zu **machen** (§ 45 Abs. 2 S. 1). Als Mittel dazu reicht die eigene Erklärung des Antragstellers dann, wenn ihm andere nicht zur Verfügung stehen.[34]

> **Beispiel:** Bei Gericht ist der Briefumschlag weggeworfen worden, mit dem sich die rechtzeitige Aufgabe des Briefes hätte beweisen lassen.

29 Die versäumte Handlung ist **nachzuholen** (§ 45 Abs. 2 S. 2), wenn sie bisher noch nicht oder nicht formgerecht vorgenommen wurde. War die Prozesshandlung nur verspätet, genügt es, wenn man sich auf sie bezieht.

Der Antrag auf Wiedereinsetzung ist **zulässig,** wenn er fristgerecht gestellt wurde und die Glaubhaftmachung enthält (s. oben Rn. 28). **Begründet** ist er, wenn die Fristversäumnis unverschuldet war (s. oben Rn. 26).

6. Rechtsfolge

30 Die **Rechtsfolge** eines begründeten Antrags ist die, dass das Verfahren nun so weitergeführt wird, als ob die Frist eingehalten und die Handlung rechtzeitig vorgenommen worden wäre.

> **Beispiel:** Die Rechtsmittelfrist wurde versäumt und das Urteil deshalb rechtskräftig. Nach erfolgreicher Wiedereinsetzung (§ 46) entfällt die Rechtskraft rückwirkend.

Haftbefehle, die durch den Eintritt der Rechtskraft gegenstandslos geworden waren, leben wieder auf (§ 47 Abs. 3 S. 1).[35]

---

[31] BGHSt 25, 89 (93); BGH NStZ 1997, 560.
[32] BGHSt 30, 309; dagegen LR/*Graalmann-Scheerer,* § 44 Rn. 61.
[33] BGH NStZ 1987, 217.
[34] BVerfG NJW 1995, 2545.
[35] Klargestellt durch das 2. JuMoG gegen BVerfG NJW 2005, 3131.

X. Exkurs: §§ 23ff. EGGVG

Prozesshandlungen sind prinzipiell nicht anfechtbar, weder eigene noch fremde (s. oben Rn. 5). Einen Rechtsweg, auf dem man gegen sie vorgehen könnte, gibt es nicht. Den Gegensatz stellen die **Justizverwaltungsakte** dar. Hier ist der Rechtsweg nach §§ 23ff. EGGVG eröffnet. Er führt, anders als nach der Generalklausel des § 40 VwGO, zu den ordentlichen Gerichten (§§ 23, 25 EGGVG: Oberlandesgerichte). Das System ist der VwGO nachgebildet. Die wichtigsten Unterschiede: 31

- Nach §§ 23ff. EGGVG gibt es nur die Anfechtung einer belastenden Maßnahme (§ 23 Abs. 1), den Verpflichtungsantrag (§ 23 Abs. 2) und den Antrag auf Feststellung der Rechtswidrigkeit einer erledigten Maßnahme (§ 28 Abs. 1 S. 4). Unzulässig sind der allgemeine Leistungs- und der allgemeine Feststellungsantrag sowie der vorbeugende Unterlassungsantrag.
- Der Begriff der „Maßnahme" entspricht nicht genau der Definition des Verwaltungsakts, sondern umfasst auch schlichtes Verwaltungshandeln mit Außenwirkung.

Beispiel: Die Art und Weise einer Durchsuchung (Realakt).[36]

Die §§ 23ff. EGGVG fangen als Generalklausel die vielen Fälle auf, für die der Gesetzgeber noch immer keine spezialgesetzliche Regelung getroffen hat. Der Garantie des Art. 19 Abs. 4 GG werden sie nur mit Mühe gerecht. Die früher h. M. entzog schlechthin alle Maßnahmen der Staatsanwaltschaft, die der Einleitung, Durchführung und Gestaltung des Strafverfahrens dienen, jeglicher Anfechtung mit der schlichten Begründung, dass sie Prozesshandlungen darstellten. Das ist für Eingriffe in Grundrechte nicht haltbar. Ansonsten aber hält es auch das BVerfG für verfassungsrechtlich unbedenklich, dass man gegen Maßnahmen der Staatsanwaltschaft im Ermittlungsverfahren nicht vorgehen kann.[37] Der Betroffene ist demnach wehrlos gegen 32

- Beginn und Betrieb des Ermittlungsverfahrens, z. B. dadurch dass die Staatsanwaltschaft Zeugen hört oder nicht hört,[38]
- Verfahrensverzögerungen,
- die Einstellung des Verfahrens.[39]

Fälle und Fragen

96. Was sind Prozesshandlungen? Nennen Sie Beispiele!
97. Können Prozesshandlungen bedingt werden?
98. Die Begründungsfrist für eine Revision gem. § 345 beginnt am Mittwoch, den 14. 3. zu laufen. Wann endet sie?
99. Wann hat der Antrag auf Wiedereinsetzung in den vorigen Stand Aussicht auf Erfolg?

---

36 Vgl. OLG Hamm NStZ 1984, 136.
37 BVerfG NJW 1984, 1451; 1985, 1019.
38 Vgl. OLG Karlsruhe NStZ 1982, 434 m. Anm. *Rieß.*
39 OLG Hamm NStZ 1983, 38.

§ 16. Das Zwischenverfahren

I. Die Bedeutung

1 Die Bedeutung dieses Verfahrensabschnitts wurde bereits dargestellt (vgl. oben 4 Rn. 1). Das Gericht soll nicht unmittelbar, ausgelöst durch eine Anklage der Staatsanwaltschaft, in der Sache verhandeln und ein Urteil fällen müssen, sondern zunächst selbst prüfen, ob der hinreichende Tatverdacht besteht, den die Staatsanwaltschaft zur Grundlage ihrer Beschuldigung gemacht hat. Dadurch sind allerdings die Berufsrichter, die nun die Akten lesen (nicht: die Schöffen), vorbefasst und vielleicht in gewisser Weise voreingenommen. Das allein ist aber kein Grund, das Zwischenverfahren abzuschaffen. Man wird in der Hauptverhandlung sehen, ob die Richter ein Vor-Urteil gefällt haben. Sie können dann als befangen abgelehnt werden (näher unten 19 Rn. 12 ff.). Andererseits ist die Forderung, ein separates „Eröffnungsgericht" zu installieren,[1] zwar sympathisch, aber illusorisch: sie kommt teuer, verzögert die Verfahren beträchtlich (Haftsachen!) und scheitert auch daran, dass Richter miteinander über ihre Verfahren reden. Weniger als ein Prozent der angeklagten Sachen werden nicht eröffnet. Selbst wenn man daraus schließen wollte, dass das Zwischenverfahren ineffektiv sei, bliebe sein hoher symbolischer Wert erhalten. Es kommt hinzu, dass die Verteidigung oft gut beraten ist, ihre Position und ihre Rechtsauffassung zwar nicht im Ermittlungsverfahren der Staatsanwaltschaft zu offenbaren, nun aber das Gericht frühzeitig darauf vorzubereiten.

2 Nicht jede Anklage führt zu einem Zwischenverfahren. Es findet nicht statt

- im Strafbefehlsverfahren (§ 407 Abs. 1),
- im beschleunigten Verfahren (§§ 417 ff.).

Sonst wird es dadurch eingeleitet, dass die Staatsanwaltschaft eine Anklageschrift einreicht (vgl. oben 12 Rn. 41).

II. Die Zuständigkeit

3 Die Staatsanwaltschaft erhebt die Anklage bei dem zuständigen Gericht (§§ 170 Abs. 1, 200 Abs. 1 S. 2), dem Gericht also, das sie für zuständig hält (s. oben 12 Rn. 41, 42). An diese Rechtsauffassung ist das Gericht nicht gebunden (§ 206), vor allem auch in den Fällen der sog. beweglichen Zuständigkeit nicht (dazu oben 12 Rn. 42). Es prüft also zunächst seine Zuständigkeit.

1. Sachliche Zuständigkeit

4 Hält es ein Gericht niedrigerer Ordnung für sachlich zuständig, eröffnet es das Hauptverfahren dort (§ 209 Abs. 1). Daran ist das Gericht niedrigerer Ordnung gebunden.

[1] *Roxin/Schünemann*, § 42 Rn. 3.

Das Schöffengericht kann also vor dem Strafrichter eröffnen und die Strafkammer vor dem Schöffengericht oder dem Strafrichter. Für die Rangfolge der Strafkammern mit besonderer Zuständigkeit gilt das Gleiche, § 209a (vgl. oben 5 Rn. 13). In umgekehrter Richtung, von unten nach oben also, gibt es diese Kompetenz zur Eröffnung mit bindender Wirkung nicht. Das Gericht niedrigerer Ordnung muss die Akten zur Entscheidung beim Gericht höherer Ordnung vorlegen (§ 209 Abs. 2).

2. Örtliche Zuständigkeit

Hält sich das Gericht, bei dem die Staatsanwaltschaft die Anklage eingereicht hat, für örtlich nicht zuständig, erklärt es sich durch Beschluss für unzuständig.[2] Eine Abgabe oder Verweisung wie bei der sachlichen Zuständigkeit kennt das Gesetz für die erste Instanz nicht. 5

III. Ablauf

1. Mitteilung der Anklageschrift, Beweiserhebungen, Beweisanträge

Der Vorsitzende „teilt die Anklageschrift dem Angeschuldigten mit und fordert ihn zugleich auf, innerhalb einer zu bestimmenden Frist zu erklären, ob er die Vornahme einzelner Beweiserhebungen vor der Entscheidung über die Eröffnung des Hauptverfahrens beantragen oder Einwendungen gegen die Eröffnung des Hauptverfahrens vorbringen wolle" (Wortlaut § 201 Abs. 1). Das Gesetz gibt dem Angeschuldigten (§ 157!) das Recht, in diesem Stadium des Verfahrens Beweisanträge zu stellen (§ 201). Sie dürfen also nicht mit der Begründung abgelehnt werden, die Beweise würden in der Hauptverhandlung ohnehin erhoben. Andererseits ist das Gericht im Zwischenverfahren noch nicht an den Katalog der Ablehnungsgründe gebunden (§ 244 Abs. 3–5).[3] Abgelehnte Anträge können in der Hauptverhandlung wiederholt werden. Beweisanträge und Beweiserhebungen sollten in diesem Stadium nur das Ziel haben, den hinreichenden Tatverdacht zu erschüttern. Sofern er (fort)besteht und das Gericht eine Eröffnung erwägt, kann es den Stand des Verfahrens mit den Beteiligten erörtern (§ 202a) und auf diese Weise sondieren, ob eine Verständigung in Frage kommt. Ferner kann das Gericht auch von Amts wegen einzelne Beweiserhebungen anordnen (§ 202). 6

2. Pflichtverteidiger

Der Vorsitzende muss ferner darüber entscheiden, ob ein Fall der notwendigen Verteidigung vorliegt und deshalb ein Pflichtverteidiger zu bestellen ist (§§ 140, 141; vgl. oben 11 Rn. 32). 7

3. Die Entscheidungsmöglichkeiten des Gerichts

Das zuständige Gericht hat nun zu entscheiden, ob es 8

- den Eröffnungsbeschluss erlässt (§ 203),
- die Eröffnung des Hauptverfahrens ablehnt (§ 204),

---

[2] H. M.; nach a. A. Ablehnung der Eröffnung, vgl. LR/*Stuckenberg*, § 204 Rn. 7.
[3] Str.; näher LR/*Stuckenberg*, § 201 Rn. 30.

- das Verfahren vorläufig einstellt (§ 205),
- das Verfahren endgültig einstellt (§§ 153ff.).

9 Diese Entscheidungen werden außerhalb der Verhandlung, also ohne Beteiligung der Laienrichter (§§ 30 Abs. 2, 76 Abs. 1 S. 2 GVG) und auch nicht in öffentlicher Sitzung getroffen.

IV. Der Eröffnungsbeschluss, §§ 203, 207

1. Voraussetzungen, § 203

10 Das Hauptverfahren wird eröffnet, wenn bei vorläufiger Tatbewertung eine Verurteilung wahrscheinlich ist (zu den Verdachtsgraden vgl. oben 8 Rn. 3).[4] Dieser hinreichende Verdacht ist dem Grade nach geringer als der dringende (anders als beim Erlass eines Haftbefehls stehen dem Gericht nun aber als Basis der Beurteilung alle Ergebnisse eines abgeschlossenen Vorverfahrens zur Verfügung, vgl. oben 10 Rn. 7). Das Gericht fragt also, ob sich wahrscheinlich genügender Beweis für alle Umstände der Schuldfrage (vgl. oben 14 Rn. 6) erbringen lässt. Wahrscheinlichkeit lässt Raum für Zweifel. In dubio pro reo gilt in diesem Verfahrensstadium nur, wenn sich das Gericht sicher ist, dass die Zweifel unüberwindbar bleiben werden.

Überdies sind in jeder Lage des Verfahrens, also auch hier, die Prozessvoraussetzungen zu prüfen. Wenn eine fehlt, darf nicht eröffnet werden.

2. Inhalt

11 Im Eröffnungsbeschluss erhebt das Gericht nicht selbst einen Vorwurf, sondern „lässt die Anklage zur Hauptverhandlung zu" (§ 207 Abs. 1). Praktisch heißt das, dass es den Anklagesatz übernimmt (zu diesem Teil der Anklageschrift oben 12 Rn. 36, 37). Es bezeichnet ferner „das Gericht, vor dem die Hauptverhandlung stattfinden soll" (§ 207 Abs. 1), also sich selbst oder ein Gericht niedrigerer Ordnung.

12 Mit Erlass des Eröffnungsbeschlusses wird das Gericht zum **„erkennenden Gericht"**.[5] Erkennende Richter sind alle Richter, die zur Mitwirkung in der Hauptverhandlung berufen sind.[6]

13 In sehr begrenztem Umfang hat das Gericht die Befugnis, die Anklage nur mit **Änderungen** zuzulassen (§ 207 Abs. 2).

- Nr. 1: Sind mehrere Taten (vgl. oben 13) angeklagt, kann wegen einiger eröffnet und wegen anderer die Eröffnung abgelehnt werden (§ 204).
- Nr. 2: Die Staatsanwaltschaft hat umfassend angeklagt, stimmt nun aber einer Beschränkung auf Teile einer Tat zu (§ 154a Abs. 2; vgl. oben 12 Rn. 28ff.). Oder umgekehrt: Das Gericht bezieht Teile ein, die die Staatsanwaltschaft ausgeschieden hat (§ 154a Abs. 3). Der Fall, dass mehrere Taten angeklagt sind und nun eine Konzentration nach § 154 erfolgt, gehört zu Nr. 1.

---

[4] BayObLG NStZ 1983, 123.
[5] BGH NJW 1952, 234; OLG Köln NJW 1993, 608.
[6] OLG Karlsruhe NJW 1975, 458.

- Nr. 3: Das Gericht ist frei, die Tat rechtlich anders einzuordnen als die Staatsanwaltschaft (für ein Beispiel vgl. oben 13 Rn. 5).
- Nr. 4: Der zweite Anwendungsfall von § 154 a. Abtrennbare Teile einer Tat sind in Nr. 2 geregelt.

In Haftsachen muss das Gericht ferner über die Fortdauer der Untersuchungshaft entscheiden (§ 207 Abs. 4).

3. Bestandskraft

Das Gericht ist an den Eröffnungsbeschluss gebunden. Es kann ihn nicht aufheben, auch dann nicht, wenn der hinreichende Tatverdacht nach Eröffnung entfällt oder das Gericht seine Ansicht geändert hat.[7] Der Angeklagte, belastet durch Anklage und Eröffnung, darf nun erwarten, in öffentlicher Hauptverhandlung freigesprochen und rehabilitiert zu werden. Er kann nämlich den Eröffnungsbeschluss nicht anfechten (§ 210 Abs. 1; vgl. auch oben 15 Rn. 16). Auch für die Staatsanwaltschaft ist er unanfechtbar; sie hat ja ihr Ziel erreicht. 14

4. Nachträgliche Entscheidungen

Tritt nach Eröffnung ein endgültiges Verfahrenshindernis ein, wird das Verfahren durch Beschluss eingestellt, § 206 a. Stellt sich heraus, dass es bereits vorlag, aber bei Erlass des Eröffnungsbeschlusses übersehen wurde, gilt das Gleiche (eine Ausnahme zu oben Rn. 14). Es wäre sinnlos, die Hauptverhandlung zu beginnen, nur um das Verfahren dort durch Urteil einzustellen. In der Hauptverhandlung gilt § 206a nicht mehr. Hier muss ein Urteil nach § 260 Abs. 3 ergehen. 15

Anders wird verfahren, wenn sich nach Eröffnung, aber vor Beginn der Hauptverhandlung ergibt, dass die Tat nach § 2 Abs. 3 StGB nicht mehr strafbar ist. In diesem Falle wird das Verfahren gem. § 206b durch Beschluss eingestellt. Diese Vorschrift erscheint systemwidrig und verfehlt, weil in der Hauptverhandlung ein Freispruch ergehen müsste, den sich der Staat nicht ersparen und den er dem Angeklagten nicht vorenthalten darf.[8] 16

5. Der Eröffnungsbeschluss als Prozessvoraussetzung

Ein wirksamer Eröffnungsbeschluss ist Prozessvoraussetzung (zu den Einzelheiten vgl. oben 14 Rn. 23f.). 17

V. Der Ablehnungsbeschluss, § 204

1. Voraussetzungen

Das Gericht lehnt die Eröffnung des Hauptverfahrens durch Beschluss ab, wenn 18

- ein Verfahrenshindernis vorliegt,

---

[7] H. M.; LG Lüneburg NStZ 1985, 140; *Meyer,* JR 1983, 257 gegen eine verfehlte Entscheidung des LG Nürnberg-Fürth in einem damals spektakulären Fall.

[8] Vgl. LR/*Stuckenberg,* § 206b Rn. 3ff.

- aus Rechtsgründen eine Verurteilung ausscheidet, weil der Sachverhalt keinen Straftatbestand erfüllt oder ein Rechtfertigungs-, Schuldausschließungs- oder Strafaufhebungsgrund eingreift,
- aus tatsächlichen Gründen eine Verurteilung nicht zu erwarten ist, weil nach der Beweislage ein hinreichender Tatverdacht fehlt.

2. Inhalt

19 Der ablehnende Beschluss hat eine beschränkte Sperrwirkung für eine neue Strafverfolgung (§ 211). In seinen Gründen muss deshalb festgehalten werden, weshalb die Eröffnung abgelehnt wurde.

3. Anfechtung

20 Die Staatsanwaltschaft kann gegen den Ablehnungsbeschluss sofortige Beschwerde einlegen, der Angeklagte nicht (§ 210 Abs. 2). Ist die Frist verstrichen (§ 311) oder die Beschwerde erfolglos geblieben, kann der Beschluss nicht mehr angefochten werden.

4. Rechtskraft

21 Dann tritt eine beschränkte Sperrwirkung ein: Die Anklage kann nur erneuert werden, wenn sich neue Tatsachen oder Beweismittel („Nova") ergeben (§ 211). Als neu gelten die Tatsachen oder Beweismittel nicht nur, wenn sie neu eingetreten sind, sondern auch, wenn sie damals (zurzeit der Ablehnung der Eröffnung) bereits vorlagen, dem Gericht aber nicht bekannt waren (selbst wenn sie erkennbar gewesen wären)[9]. Es kommt nun darauf an, ob sie der ablehnenden Entscheidung den Boden entziehen. Das Gericht, dem die erneuerte Anklage vorgelegt wird, ist dabei an die Rechtsauffassung des alten Beschlusses gebunden.[10] Eine neue (andere) Rechtsansicht stellt daher nie eine neue „Tatsache" dar. Entfällt die Sperrwirkung wegen der Nova, beginnt ein neues Verfahren. Das alte bleibt abgeschlossen; der frühere, ablehnende Beschluss wird also nicht aufgehoben.

VI. Die vorläufige Einstellung des Strafverfahrens, § 205

22 **Fall:** Dem Gericht wird bekannt, dass der Beschuldigte unter schweren psychischen Störungen leidet, die ihn verhandlungsunfähig machen.

Für die Frage, wie zu entscheiden ist, kommt es darauf an, in welchem Stadium sich das Verfahren befindet und welcher Art die Störungen sind. Lagen sie bereits zurzeit der Tat vor und schließen sie die Schuldfähigkeit des Angeschuldigten aus, muss das Gericht die Eröffnung (aus Rechtsgründen) ablehnen. Ist ein Eröffnungsbeschluss bereits erlassen worden, wäre der Angeklagte an sich in der Hauptverhandlung freizusprechen. Da er aber nicht nur schuldunfähig, sondern auch verhandlungsunfähig ist, liegt ein Verfahrenshindernis vor. Nach Eröffnung muss das Verfahren daher gem. § 206a eingestellt werden. Das setzt allerdings voraus, dass das Verfahrenshindernis endgültig ist.

---

[9] Vgl. BGHSt 7, 64 (66).
[10] BGHSt 18, 225.

Bei nur vorübergehender Verhandlungsunfähigkeit wird das Verfahren nach § 205 vorläufig eingestellt.

Das Gleiche geschieht in entsprechender Anwendung bei anderen vorübergehenden Verfahrenshindernissen und Hindernissen tatsächlicher und rechtlicher Art, die nicht Prozesshindernisse im technischen Sinne sind. 23

Beispiel: Der Angeschuldigte hält sich für längere Zeit im Ausland auf.

Sehr umstritten ist die Frage, ob § 205 analog auf die Fälle angewandt werden kann, in denen das Hindernis nicht in der Person des Angeschuldigten liegt, sondern persönliche Beweismittel betrifft.[11] 24

Beispiel: Ein wichtiger Zeuge ist für längere Zeit verhindert oder nicht vernehmungsfähig.

Der Beschuldigte hat ein Recht darauf, dass sein Verfahren zügig durchgeführt wird. Deshalb muss in der Hauptverhandlung auf jenen Zeugen verzichtet oder eine frühere Aussage verlesen werden.[12]

VII. Die Einstellung des Verfahrens nach §§ 153ff.

Die Einstellung des Verfahrens nach §§ 153ff. ist mit Zustimmung der Staatsanwaltschaft und des Angeschuldigten auch im Zwischenverfahren in zahlreichen Fällen möglich (vgl. dazu die Grafik bei 12 Rn. 15). 25

Fälle und Fragen

100. Welchem Zweck dient das Zwischenverfahren?
101. Wie wird das Zwischenverfahren eingeleitet?
102. Führt jede Anklage zu einem Zwischenverfahren?
103. Welche Entscheidungsmöglichkeiten stehen dem Gericht zur Auswahl?
104. Unter welchen Voraussetzungen wird die Eröffnung des Hauptverfahrens beschlossen?
105. Darf das Gericht im Eröffnungsbeschluss von der Klage der StA abweichen?
106. Besteht für den Angeklagten die Möglichkeit, den Eröffnungsbeschluss anzufechten?
107. Darf ein Eröffnungsbeschluss vor Durchführung der Hauptverhandlung durch das erlassende Gericht aufgehoben werden, wenn der hinreichende Tatverdacht nachträglich weggefallen und in der Hauptverhandlung ein Freispruch zu erwarten ist?
108. Was kann das Gericht tun, wenn nach Eröffnung des Hauptverfahrens ein endgültiges Verfahrenshindernis eintritt?
109. Ist der Ablehnungsbeschluss anfechtbar?

---

[11] Vgl. *Meyer-Goßner/Schmitt,* § 205 Rn. 8.

[12] BGH NStZ 1985, 230.

110. Kann die Klage, nachdem ein Ablehnungsbeschluss gem. § 204 Abs. 1 ergangen ist, wieder aufgenommen werden?
111. Nach Zustellung der Anklageschrift bestimmt der Strafrichter des AG den Termin zur Hauptverhandlung. Ein Eröffnungsbeschluss wurde nicht erlassen. Kann der Eröffnungsbeschluss noch nach dem Beginn der Hauptverhandlung nachgeholt werden?

§ 17. Das Hauptverfahren (Überblick)

Es beginnt mit der Vorbereitung der Hauptverhandlung (§§ 212–225a). Dann folgt das Kernstück des deutschen Modells vom Strafverfahren, die Hauptverhandlung (§§ 226ff.).

I. Die Vorbereitung der Hauptverhandlung

1 Nicht alle Anordnungen, die man zur Vorbereitung der Hauptverhandlung treffen kann oder muss, finden sich im 5. Abschnitt der StPO (§§ 212–225a).

Beispiele: Wenn das Gericht das Verfahren nach § 205 vorläufig einstellt (vgl. oben 16 Rn. 22ff.), kann der Vorsitzende Beweise selbst erheben oder entsprechende Anordnungen treffen (§ 205 S. 2). Diese Beweissicherung dient der Vorbereitung einer späteren Hauptverhandlung. Hat der Angeklagte den Antrag gestellt, von seiner Verpflichtung zum Erscheinen in der Hauptverhandlung entbunden zu werden (§ 233 Abs. 1), muss er vor der Hauptverhandlung richterlich vernommen werden (§ 233 Abs. 2).

1. Terminsbestimmung, § 213

2 Der Vorsitzende bestimmt, an welchem Tag, um wieviel Uhr und wo die Hauptverhandlung stattfindet (in aller Regel in einem Gerichtssaal; man kann aber auch z. B. am Tatort, in der Strafanstalt oder einem Krankenhaus verhandeln). Die Bestimmung des Termins liegt im Ermessen des Vorsitzenden.[1] Absprachen mit den Prozessbeteiligten sind üblich, aber nicht zwingend. In größeren Sachen macht der Vorsitzende einen Plan für mehrere Hauptverhandlungstage. Eine Beschwerde gegen die Terminsbestimmung ist nicht prinzipiell unstatthaft, aber nur dann zulässig, wenn geltend gemacht wird, dass der Vorsitzende sein Ermessen nicht oder fehlerhaft ausgeübt hat.[2]

2. Ladungen, § 214, Beweisanträge, § 219, und unmittelbare Ladung, § 220

3 a) Die Anordnung trifft der Vorsitzende (§ 214 Abs. 1 S. 1). Zu laden sind der Angeklagte (§ 216), der Verteidiger (§ 218), andere Verfahrensbeteiligte (z. B. Privat-, Nebenkläger), Zeugen und Sachverständige (vgl. auch § 214 Abs. 2: Ladungsplan). Die Staatsanwaltschaft erhält eine Mitteilung vom Termin.

---

[1] OLG Frankfurt StV 1998, 13.
[2] Zum Streitstand *Meyer-Goßner/Schmitt*, § 213 Rn. 8.

b) Das Gericht benachrichtigt die Staatsanwaltschaft und den Angeklagten, wer geladen wurde (§ 222).

c) Der Angeklagte (sowie sein Verteidiger und Nebenbeteiligte mit denselben Rechten wie der Angeklagte) sind berechtigt, zur Vorbereitung der Hauptverhandlung Beweisanträge zu stellen (§ 219). Diese dürfen nur aus den in §§ 244 Abs. 3, Abs. 4 S. 1, Abs. 5 genannten Gründen abgelehnt werden[3] und können in der Hauptverhandlung wiederholt werden.

d) Das Recht zur unmittelbaren Ladung „weiterer Personen" haben die Staatsanwaltschaft (§ 214 Abs. 3) und der Angeklagte (§ 220). Dieses Recht verschafft größeren Einfluss auf den Umfang der Beweisaufnahme als ein Beweisantrag, weil die Vernehmung geladener Beweispersonen nur unter engeren Voraussetzungen abgelehnt werden darf (§ 245 Abs. 2 S. 2, 3; unten 25 Rn. 33).

e) Der Angeklagte kann darauf bestehen, dass eine Ladungsfrist von einer Woche eingehalten wird (§ 217 Abs. 1, 2), darauf aber auch verzichten (Abs. 3). Ist die Ladungsfrist nicht eingehalten worden, muss der Angeklagte zu Beginn der Hauptverhandlung, vor seiner Vernehmung zur Sache, darüber belehrt werden, dass er die Aussetzung der Verhandlung verlangen kann, d. h. deren Abbruch und einen neuen Beginn (§ 228 Abs. 3, näher unten 18 Rn. 14). Ohne diese Belehrung liegt in der Untätigkeit des nicht verteidigten Angeklagten kein stillschweigender Verzicht auf sein Recht.

3. Zustellung des Eröffnungsbeschlusses

Der Eröffnungsbeschluss wird dem Angeklagten oder seinem Verteidiger (§ 145a, be- 4
achte Abs. 3) spätestens mit der Ladung zugestellt (§ 215). Geschieht das nicht, kann dieser Verfahrensfehler dadurch geheilt werden, dass der Beschluss in der Hauptverhandlung bekannt gemacht wird. Es entsteht nicht etwa ein Verfahrenshindernis (wie beim fehlenden Eröffnungsbeschluss, vgl. oben 14 Rn. 23).

4. Mitteilung der Gerichtsbesetzung, § 222a

Die vorschriftswidrige Besetzung des Gerichts, der Verstoß gegen das Prinzip des ge- 5
setzlichen Richters also, stellt einen absoluten Revisionsgrund dar (§ 338 Nr. 1). Vorschriftswidrig ist das Gericht beispielsweise besetzt, wenn ein dienstunfähiger Richter an der Entscheidung mitwirkt.[4] War der Mangel von Anfang an vorhanden und erkennbar, soll man aber nicht abwarten können, wie die Sache läuft, um dann ein unerwünschtes Urteil mit der Revision zu Fall zu bringen. Das Gesetz hat deshalb mit §§ 222a, b die Besetzungsrüge vorverlegt und den Besetzungseinwand nach der Vernehmung des ersten (von mehreren) Angeklagten zur Sache ausgeschlossen (Rügepräklusion).

---

[3] Aber nicht durch Wahrunterstellung, weil die Aufklärungspflicht noch nicht erfüllt sein kann, vgl. unten 25 Rn. 15.

[4] Dem steht der Fall der Beteiligung einer Richterin während des gesetzlich zwingend vorgeschriebenen Mutterschutzes gleich; vgl. BGHSt 61, 296; i. E. zustimmend *Niemöller,* NStZ 2017, 425 (426f.); *Jäger,* JA 2017, 312, die jedoch den Gesetzgeber in der Pflicht sehen, hier Abhilfe zu schaffen.

5. Kommissarische Vernehmung, §§ 223, 224

a) Voraussetzungen

6 Die Beweisaufnahme findet in der Hauptverhandlung statt (§ 244 Abs. 1). Wenn für längere oder ungewisse Zeit Beweisverlust droht, kann durch die kommissarische Vernehmung von Zeugen und Sachverständigen ein Teil der Hauptverhandlung vorweggenommen werden. Die Aussagen werden in einem Protokoll festgehalten (§ 224 Abs. 1 S. 3), das in der Hauptverhandlung verlesbar ist (§ 251; näher unten 27 Rn. 4). Die Voraussetzungen von vorgezogener Beweisaufnahme und späterer Protokollverlesung sind deshalb übereinstimmend geregelt:

- Krankheit oder Gebrechlichkeit
- andere nicht zu beseitigende Hindernisse, wie z. B. eine längere Auslandsreise, die Erklärung der Behörde, sie werde den Zeugen für eine Vernehmung in der Hauptverhandlung gem. § 54 „sperren" (V-Leute, verdeckte Ermittler),[5] Zeugen im Ausland, die nicht erscheinen wollen oder dürfen.
- Unzumutbarkeit. Die vom Gesetz genannte „große Entfernung" (§ 223 Abs. 2) ist nicht mehr das entscheidende Kriterium. Aus Melbourne kann man wohl leichter anreisen als aus einem maghrebinischen Bergdorf. Die Entfernung und die Verkehrsverhältnisse sind abzuwägen gegen den Aufklärungswert der Aussage.[6]

b) Anordnung

7 Das Gericht kann sie bereits im Zwischenverfahren (§§ 201 ff.) und noch in der Hauptverhandlung treffen.

c) Terminsnachricht, § 224

8 Sie unterbleibt, wenn sie den Untersuchungserfolg gefährden würde (Abs. 1 S. 2). Er besteht darin, dass man eine Aussage erhält. Nur dann also, wenn eine Verzögerung gerade durch die Benachrichtigung zum Verlust des Beweismittels führen würde, darf auf die Terminsnachricht verzichtet werden.

d) Durchführung

9 Der Zeuge oder Sachverständige wird vernommen durch einen beauftragten oder einen ersuchten Richter. Der **beauftragte Richter** gehört zum erkennenden Gericht. Beauftragt können auch zwei oder drei Berufsrichter einer Strafkammer sein.[7] Geht die Strafkammer in voller Besetzung auf Reisen (also mit den Schöffen), führt sie nicht mehr eine kommissarische Vernehmung durch, sondern tagt an einem anderen Ort. Das ist nur in der Hauptverhandlung zulässig. Der Angeklagte und der Verteidiger dürfen von diesem Termin nicht gem. § 224 Abs. 1 ausgeschlossen werden.[8]

10 Der **ersuchte Richter** gehört zu einem Amtsgericht und wird im Wege der Rechtshilfe eingeschaltet (§ 157 GVG).

---

[5] BGHSt (GrS) 32, 115 (126).
[6] BGH StV 1989, 468.
[7] BGH NStZ 1983, 182.
[8] BGHSt 31, 236.

e) Anwesenheit

In der Hauptverhandlung müssen anwesend sein ein Vertreter der Staatsanwaltschaft (§ 226), der Angeklagte (§ 230) und der Verteidiger im Falle der notwendigen Verteidigung (§ 145 Abs. 1). Bei einer kommissarischen Vernehmung ist das nicht erforderlich (§ 224 Abs. 1 S. 1). Die Genannten haben aber immer das Recht auf Anwesenheit, auch dann, wenn sie nicht benachrichtigt worden sind (Ausnahme: der inhaftierte, verteidigte Angeklagte, § 224 Abs. 2). 11

6. Augenschein, § 225

Die Augenscheinseinnahme kann vor und in der Hauptverhandlung einem beauftragten oder ersuchten Richter auch dann übertragen werden, wenn ein Beweisverlust nicht droht (anders als bei der kommissarischen Vernehmung; oben Rn. 6). Die systematische Stellung der Vorschrift erklärt sich aus dem Interesse, die Benachrichtigungspflicht und das eingeschränkte Anwesenheitsrecht des inhaftierten Angeklagten zu regeln (§ 224). Augenscheinseinnahme vor der Hauptverhandlung ist nämlich ein vorweggenommener Teil von ihr (wie oben Rn. 6). Die grundsätzliche Vorschrift über Anwesenheitsrechte findet sich in § 168d. 12

II. Die Hauptverhandlung

1. Der äußere Ablauf

Das „Programm" der Hauptverhandlung für die Phase bis zum Beginn der Beweisaufnahmen ist in § 243 festgehalten. Die Hauptverhandlung beginnt mit dem **Aufruf der Sache** (Abs. 1 S. 1). 13

Es folgt die **Präsenzfeststellung** (Abs. 1 S. 2). Der Vorsitzende stellt fest, ob der Angeklagte, der Verteidiger und evtl. die anderen Verfahrensbeteiligten (Nebenkläger, Nebenbeteiligte, näher unten 20 Rn. 8ff.) erschienen sind. Dass ein Vertreter der Staatsanwaltschaft anwesend ist, gilt dem Gesetz im Offizialverfahren als selbstverständlich. Der Vorsitzende ruft ferner die Zeugen und Sachverständigen auf, die für den Beginn der Hauptverhandlung geladen sind und überprüft, ob die Beweisgegenstände herbeigeschafft wurden (vgl. §§ 214 Abs. 4, 221). 14

Dann müssen die **Zeugen** den Sitzungssaal wieder verlassen (Abs. 2 S. 1). Ihre Vernehmung gehört zur Beweisaufnahme, die erst nach der Einlassung des Angeklagten beginnt (§ 244 Abs. 1). Außerdem werden sie einzeln und in Abwesenheit der später zu hörenden Zeugen vernommen (§ 58 Abs. 1). Oft werden sie nach der Präsenzfeststellung noch gemeinsam belehrt (§ 57). 15

Nun vernimmt der Vorsitzende den **Angeklagten** über seine **persönlichen Verhältnisse** (Abs. 2 S. 2). Dazu muss der Angeklagte Angaben machen. Zur Sache darf er schweigen. Aus diesem Grunde sind unter den „persönlichen Verhältnissen" nur zu verstehen 16

- Angaben zur Identität, die er auch bei Staatsanwaltschaft und Polizei machen muss (vgl. § 111 OWiG)
- die Verhandlungsfähigkeit des Angeklagten als Prozessvoraussetzung
- die Fähigkeit, sich selbst zu verteidigen, wenn kein Fall der notwendigen Verteidigung vorliegt.

17 Alle anderen persönlichen Umstände gehören zur Sache, weil sie für den Tatvorwurf und die Entscheidung über die Rechtsfolgen von Bedeutung sein können, wie z. B. Lebenslauf, Ausbildung, Beruf, familiäre Verhältnisse, wirtschaftliche Situation, Vorstrafen (vgl. Abs. 5 S. 2, 3). Dazu braucht der Angeklagte nichts zu sagen.[9] Schweigt er auch zu den persönlichen Verhältnissen, darf das Gericht ausnahmsweise aus dem Schweigen Schlüsse ziehen und die nötigen Feststellungen zur Identität im Wege des Freibeweises treffen.

18 Anschließend verliest der Staatsanwalt den **Anklagesatz** (Abs. 3 S. 1), den Teil der Anklageschrift also, der die Beschuldigung enthält, nicht jedoch das wesentliche Ergebnis der Ermittlungen (vgl. oben 12 Rn. 37).[10]

19 Eventuell teilt der Vorsitzende nun mit, dass Erörterungen über den Stand des Verfahrens sowie die Möglichkeiten einer **Verständigung** stattgefunden haben und, falls sie zustande gekommen ist, welchen Inhalt sie hat (Abs. 4). Aus Transparenzgründen muss die Mitteilung auch erfolgen, wenn die Verständigungsgespräche gescheitert sind.[11] Dabei ist nicht nur über den Ausgang der Gespräche zu informieren, sondern ebenso darüber, wer diese initiiert hat und was im Wesentlichen besprochen wurde.[12] Auch wenn keine Verständigungsgespräche stattgefunden haben, muss das mitgeteilt werden, sog. „Negativmitteilungspflicht" (Wortlautargument: „... teilt mit, *ob* Gespräche stattgefunden haben ... *und wenn ja* deren wesentlichen Inhalt.").[13]

Dann weist der Vorsitzende darauf hin, dass es dem Angeklagten freisteht, sich zur Anklage zu äußern oder nicht zur Sache auszusagen (Abs. 5 S. 1). Dieser **Hinweis auf die Aussagefreiheit** ist auch dann unerlässlich, wenn ihn der Angeklagte in früheren Verfahrensstadien schon erhalten hat (z. B. nach §§ 115 Abs. 3, 136 Abs. 1 S. 2, 163a Abs. 3 S. 2, Abs. 4 S. 2).

19a In besonders umfangreichen erstinstanzlichen Verfahren vor dem LG und OLG hat der Verteidiger nun das Recht, noch vor der Vernehmung des Angeklagten zur Sache für diesen eine Erklärung zur Anklage, eine **Eröffnungserklärung,** abzugeben, § 243 Abs. 5 S. 3, 4. Diese Erklärung stellt – soweit nicht Gegenteiliges geäußert wird – freilich keine beweisrelevante Einlassung des Angeklagten dar. Sie darf auch den Schlussvortrag, insbesondere die Würdigung noch nicht erhobener Beweise, nicht vorwegnehmen. Andernfalls entzieht der Vorsitzende dem Verteidiger das Wort (§ 238 Abs. 1).

20 Die **Vernehmung des Angeklagten zur Sache** (Abs. 5 S. 2) steht immer vor der Beweisaufnahme. Er soll Gelegenheit haben, alles das, was für ihn und gegen den Vorwurf spricht, im Zusammenhang vorzutragen und er darf erwarten, dass diese Argumente

---

9 BGH StV 1984, 190.

10 Zu Einschränkungen bei Serienstraftaten s. BGHSt (GrS) 56, 109: Der Anklagesatz gilt als verlesen, wenn die gleichartige Tatausführung, die Gesamtzahl der Taten, der Tatzeitraum und bei Vermögensdelikten der Gesamtschaden mündlich vorgetragen worden sind. Eine Verlesung der (zumeist tabellarisch aufgelisteten) Einzeltaten ist dagegen nicht erforderlich.

11 BGH NStZ 2014, 221; 2016, 228.

12 BGH StV 2014, 657; NStZ 2016, 171; 2017, 244.

13 BVerfG NStZ 2014, 592; i. E. zust. *Hunsmann,* NStZ 2014, 594; krit. *Klotz,* StV 2015, 1. Erfolgt diese Mitteilung nicht, verneint der BGH allerdings ein Beruhen des Urteils auf dem Verfahrensverstoß, wenn zweifelsfrei feststeht, dass keinerlei verständigungsbezogenen Gespräche stattgefunden haben; vgl. BGH NStZ 2015, 232.

bei der dann folgenden Beweisaufnahme vom Gericht berücksichtigt werden.[14] Zu geschehen hat das mündlich. Wenn der Angeklagte schweigt und eine schriftliche Erklärung vorlegt, muss sie das Gericht zur Kenntnis nehmen (§ 244 Abs. 2) und, falls sie ein Geständnis enthält, zum Zwecke des Urkundenbeweises verlesen.[15]

Vorstrafen dürfen frühestens nach dieser Aussage und sollen so spät wie möglich festgestellt werden (Abs. 5 S. 5, 6). 21

Nachdem der Angeklagte sich zur Sache geäußert oder geschwiegen hat, folgt die **Beweisaufnahme** (§§ 244–257). 22

Ist sie geschlossen, werden die **Schlussvorträge** gehalten (§ 258). Zuerst plädiert der Staatsanwalt, dann der Verteidiger (§ 258 Abs. 1 i. V. m. Abs. 3). Der Staatsanwalt darf erwidern. Das letzte Wort hat stets der Angeklagte selbst (Abs. 2, 3). Das Gericht kann danach wieder in die Beweisaufnahme eintreten. Anschließend muss es erneut Gelegenheit zu Schlussvorträgen geben und dem Angeklagten wiederum das letzte Wort lassen.[16] 23

Dann tritt das Gericht in die geheime **Beratung** und **Abstimmung** über das Urteil ein (§§ 192ff. GVG; §§ 43, 45 DRiG). Der Vorsitzende verkündet das **Urteil** (§ 260 Abs. 1) durch Verlesung der Urteilsformel und begründet es mündlich (§ 268). Wer gegen die Entscheidung ein Rechtsmittel einlegen kann, wird darüber belehrt (§ 35a; nicht anzuwenden auf die Staatsanwaltschaft). Wird eine Strafe ausgesprochen und zur Bewährung ausgesetzt (§ 260 Abs. 4 S. 4), werden nun die erforderlichen Beschlüsse verkündet (§ 268a). 24

2. Das Verhandlungsprotokoll

a) Form

Das Protokoll ist eine Urkunde, die Beweiszwecken dient (vgl. § 274). Der Urkundsbeamte der Geschäftsstelle, der das Protokoll führt (es muss nicht an jedem Tag der Hauptverhandlung derselbe sein), übernimmt durch seine Unterschrift ebenso die Verantwortung dafür, dass es vollständig und richtig ist, wie der Richter (§ 271 Abs. 1 S. 1). Es wird schriftlich abgefasst. Tonbandaufnahmen sind nur Hilfsmittel dazu; sie werden nicht Bestandteil der Akten.[17] 25

b) Inhalt

Die erforderlichen Angaben sind in §§ 272, 273 vorgeschrieben. Zu den **„wesentlichen Förmlichkeiten"** (§ 273 Abs. 1 S. 1) zählen z. B. Angaben über die Ausschließung und die Wiederherstellung der Öffentlichkeit, die Anwesenheit der Prozessbeteiligten (§ 226) und des Verteidigers (bei notwendiger Verteidigung, § 140), die erforderlichen Belehrungen und Hinweise (z. B. §§ 52 Abs. 3, 55 Abs. 2, 265), die Rechtsmittelbelehrung, der Widerspruch gegen die Verwertung einer Aussage, Vereidigung und Nichtver- 26

[14] BGH NStZ 1986, 370.

[15] Mit erheblich gemindertem Beweiswert, BGH NStZ 2008, 476. Durch die vorgelegte Erklärung hat er sich mündlich geäußert, BGH NStZ 2009, 173. Die Einlassung kann nicht dadurch ersetzt werden, dass er sich gegenüber dem Verteidiger äußert, der das schriftlich festhält und dann als Urkunde verlesen lassen will, BGH NStZ 2008, 349; vgl. auch BGH NStZ 2008, 527.

[16] Das Gleiche gilt, wenn – ohne dass man wieder in die Beweisaufnahme eingetreten wäre – StA oder Verteidiger noch einmal Ausführungen gemacht haben; BGH NStZ 2003, 382.

[17] BGHSt 29, 394.

eidigung von Zeugen, Beweiserhebungen. Die Protokollierung z. B. einer Zeugenaussage lautet im Normalfall nur: „Der Zeuge macht Angaben zur Sache". Was er gesagt hat, wird im Falle § 273 Abs. 2 nur knapp dargestellt und wörtlich wiedergegeben lediglich gem. § 273 Abs. 3.

c) Beweiskraft

27 Das Revisionsgericht soll nicht Beweis erheben müssen über Verfahrensrügen, die sich darauf stützen, dass die Förmlichkeiten des Verfahrens nicht eingehalten worden seien. Die gesetzliche Beweisregel § 274 statuiert daher die ausschließliche Beweiskraft des Sitzungsprotokolls, das durch andere Beweismittel nicht ergänzt, ersetzt oder widerlegt werden kann.[18] Was im Protokoll steht, gilt als geschehen (**positive Beweiskraft**), und was nicht vermerkt ist, gilt als nicht geschehen (**negative Beweiskraft**). Enthält das Protokoll z. B. einen Vermerk darüber, dass die Öffentlichkeit ausgeschlossen wurde, fehlt aber der Vermerk, dass und wann sie wiederhergestellt wurde, steht damit fest, dass sie ausgeschlossen geblieben ist (auch wenn dieser Vermerk nur vergessen wurde und der Saal überfüllt war). „Schweigt das Protokoll über die Einnahme eines Augenscheins, so gilt dieser wegen der Beweiskraft des Protokolls ... als nicht erfolgt. Auch wenn dieses Ergebnis der wahren Sachlage widersprechen sollte, muss es als Konsequenz der dem § 274 zugrunde liegenden gesetzgeberischen Entscheidung hingenommen werden".[19] Diese exklusive Beweiskraft bezieht sich aber nur auf die wesentlichen Förmlichkeiten, nicht auf den Inhalt von Wortprotokollen gem. § 273 Abs. 2, 3. Sie tritt dort nicht ein, wo das Protokoll offensichtliche Lücken, Unklarheiten oder Widersprüche aufweist.[20]

Beispiel: Der Beschluss, mit dem ein Beweisantrag abgelehnt wurde, ist protokolliert, der Antrag selbst aber nicht – eine offensichtliche Lücke.

d) Protokollberichtigung

28 Die Beweiskraft entfällt normalerweise, wenn eine Urkundsperson (also der Protokollführer oder Richter) den Inhalt nachträglich für unrichtig erklärt.[21] Sind sich Protokollführer und Richter einig, dass das Protokoll unrichtig ist, darf und muss es ohne zeitliche Beschränkung berichtigt werden.[22] Einer Revisionsrüge konnte früher auf diese Weise der Boden aber nicht entzogen werden.[23]

Beispiel: Protokollführer und Richter stellen fest, dass man versehentlich vergessen hat, die tatsächlich erfolgte Wiederherstellung der Öffentlichkeit (s. oben) im Protokoll zu vermerken und berichtigen das Sitzungsprotokoll. Der Beschwerdeführer hat aber schon Re-

[18] BGH NStZ 1993, 51.
[19] BGH NStZ 2002, 219.
[20] BGHSt 31, 39; BGH NStZ 2002, 270 m. Anm. *Fezer.*
[21] BGHSt 4, 364. Geschieht das zu Gunsten des Angeklagten, genügt es, wenn sich aus der Erklärung der Urkundsperson ergibt, dass sie vom Inhalt des Protokolls nicht mehr überzeugt ist; einer ausdrücklichen Bezeichnung des Protokolls als unrichtig bedarf es hier nicht. Vgl. BGH NStZ 2014, 668.
[22] BGH JZ 1952, 281.
[23] BGHSt 34, 11 (12).

vision eingelegt und zulässig gerügt, dass ein Verstoß gegen das Prinzip der Öffentlichkeit vorliege (§ 338 Nr. 6). Er hätte damit nach der alten Rechtsprechung auch Erfolg gehabt.

Dieses „Verbot der Rügeverkümmerung" hat der BGH aufgegeben, weil auch die Revisionsgerichte der Wahrheit verpflichtet seien und ein Protokoll nicht eine fiktive prozessuale Wahrheit schaffe, weil es unter Verteidigern nicht mehr als standeswidrig gelte, bewusst unwahre Rügen anzubringen, sondern als Kunstfehler, es nicht zu tun, und weil das Vertrauen des Revisionsführers, er könne aus einem unrichtigen Protokoll Vorteile ableiten, weder schutzwürdig sei noch etwa schwerer wiege als der Beschleunigungsgrundsatz und der Opferschutz. Außerdem lasse sich den Schutzinteressen des Beschwerdeführers dadurch Rechnung tragen, dass die Urkundspersonen verpflichtet würden, ihn vor einer beabsichtigten Protokollberichtigung anzuhören und im Falle eines substantiierten Widerspruchs weitere Verfahrensbeteiligte zu befragen sowie, falls sie an der Berichtigung festhalten, ihre Entscheidung zu begründen. Auch komme dem berichtigten Teil dann nicht die Beweiskraft des § 274 zu, so dass das Revisionsgericht die Protokollberichtigung überprüfen und den Sachverhalt ggf. im Freibeweisverfahren weiter aufklären könne. Verblieben dann immer noch Zweifel, gelte das Protokoll in der nicht berichtigten Fassung [24]

Fälle und Fragen

112. Welche Anordnungen dienen der Vorbereitung der Hauptverhandlung?
113. RA X ist Verteidiger des A, der wegen Körperverletzung vor dem AG angeklagt ist. X beantragt rechtzeitig die Verlegung des Hauptverhandlungstermins auf einen anderen Sitzungstag, weil er am selben Tag einen seit längerer Zeit anberaumten Termin vor der Schwurgerichtskammer des LG wahrzunehmen hat. Die Strafrichterin lehnt den Antrag ab. Ist diese die Terminverschiebung ablehnende Verfügung anfechtbar?
114. Was kann der Angeklagte verlangen, wenn die in § 217 Abs. 1 vorhergesehene Ladungsfrist von mindestens einer Woche nicht eingehalten wurde?
115. Angeklagter T war trotz ordnungsgemäßer Ladung der Hauptverhandlung am 3. Verhandlungstag unentschuldigt ferngeblieben, aber durch seine Verteidigerin vertreten. Das Gericht beschloss daraufhin, die Hauptverhandlung gem. § 231 Abs. 2 ohne den Angeklagten fortzusetzen. Die Hauptverhandlung wurde schließlich unterbrochen und ein Termin zur Fortsetzung anberaumt. Wäre eine förmliche Ladung des Angeklagten T zum Fortsetzungstermin nach § 216 erforderlich?
116. Kann die unterbliebene Zustellung des Eröffnungsbeschlusses geheilt werden?
117. Den Prozessbeteiligten ist gem. § 222a bei erstinstanzlichen Verfahren vor dem LG oder OLG die Besetzung des Gerichts mitzuteilen. Welchem Zweck dient diese Vorschrift?
118. Unter welchen Voraussetzungen kann das Gericht die kommissarische Vernehmung eines Zeugen oder Sachverständigen anordnen und von wem wird die kommissarische Vernehmung durchgeführt?
119. Ist die Anwesenheit des Angeklagten bei einer kommissarischen Vernehmung erforderlich?
120. Wie ist der wesentliche Ablauf einer erstinstanzlichen Hauptverhandlung in Strafsachen?
121. Gemäß § 243 Abs. 2 S. 2 vernimmt der Vorsitzende den Angeklagten über seine persönlichen Verhältnisse. Was ist unter „persönlichen Verhältnissen" zu verstehen?
122. Wer hat das Recht, vor der Urteilsberatung als Letzter zu sprechen?
123. Welche Bedeutung hat das Verhandlungsprotokoll?

---

[24] BGHSt (GrS) 51, 298. Nach BVerfGE 122, 248 liegt in dieser Entscheidung keine Verletzung der verfassungsrechtlichen Grenzen der richterlichen Rechtsfindung.

§ 18. Die Prozessmaximen

1 Die Prozessmaximen (-grundsätze, -prinzipien) geben Aufschluss über die Grundstruktur eines Verfahrens. Sie dokumentieren ein bestimmtes Interesse (z. B. an Öffentlichkeit) und geben meist Raum für andere, gegenläufige Interessen (z. B. den Schutz der Privatsphäre). Erst das Verhältnis von Regel und Ausnahme erweist den rechtsstaatlichen Wert der Prozessgrundsätze. Sie prägen entweder das gesamte Strafverfahren oder einzelne Abschnitte (vgl. die Grafik). Nicht alle sind scharf voneinander abgegrenzt. Viele entfalten ihre eigentliche Bedeutung erst in der Hauptverhandlung.

Übersicht 18: Prozessmaximen

Prozessmaxime	Ermittlungsverfahren	Zwischenverfahren	Hauptverfahren
Offizialprinzip	§ 152 I		
Akkusationsprinzip	§ 151		
Legalitätsprinzip	§§ 152 II, 170 I		
Opportunitätsprinzip	§§ 153–154e		
Fairnessgebot	Art. 20 III i. V. m. 2 I GG, Art. 6 I 1 EMRK	richterliche Fürsorgepflicht	
Beschleunigungsgebot	Art. 20 III GG, Art. 6 I 1 EMRK		Konzentrationsmaxime §§ 228, 229
Untersuchungsgrundsatz, Ermittlungsgrundsatz, Instruktionsprinzip	§§ 155 II, 160 II, 244 II		
Unschuldsvermutung	Art. 6 II EMRK		
in dubio pro reo			Gewohnheitsrecht
Mündlichkeit			§§ 249 I, 261
Unmittelbarkeit			§§ 250, 251
Öffentlichkeit			§§ 169 ff. GVG
Freie richterliche Beweiswürdigung			§ 261

I. Das Offizialprinzip

Es besagt im weiteren Sinne, dass die Durchführung eines Strafverfahrens vom ersten Einschreiten bis zur Strafvollstreckung Sache des Staates ist, und in einem engeren Sinne, dass die Staatsanwaltschaft von Amts wegen (ex officio) tätig wird (§ 152 Abs. 1). Der Staat hat die Strafverfolgung als Monopol an sich gezogen. Er setzt sich grundsätzlich über Privatinteressen hinweg, wartet nicht auf Klagen des Verletzten oder anderer (quivis ex populo – Popularklage), macht sich unabhängig von Entscheidungen des Einzelnen (Dispositionsmaxime) und betreibt Strafverfahren auch, wenn das nicht im Interesse des Opfers liegt oder ihm widerspricht. Das ist aber nicht immer sachgerecht. 2

1. Antragsdelikte

a) Bei den reinen Antragsdelikten darf die Strafverfolgung zwar von Amts wegen begonnen, ohne Strafantrag des Verletzten aber nicht zu Ende betrieben werden. Es gibt Fälle, in denen ein öffentliches Interesse an Strafverfolgung nicht besteht, wenn der Verletzte die Sache auf sich beruhen lassen will (z. B. Hausfriedensbruch, § 123 StGB), und andere, in denen eine Strafverfolgung gegen bzw. ohne den Willen des Verletzten möglicherweise mehr schaden als nützen würde (z. B. Beleidigung, § 194 StGB; Haus- und Familiendiebstahl, § 247 StGB; der entsprechende Betrug, § 263 Abs. 4 StGB). Wenn der Strafantrag fehlt und nicht mehr gestellt werden kann, ist ein endgültiges Verfahrenshindernis eingetreten (vgl. oben 14 Rn. 19) und das Verfahren deshalb einzustellen. 3

b) Das verhält sich anders bei den relativen Antragsdelikten. Die Staatsanwaltschaft kann hier den fehlenden Strafantrag dadurch ersetzen, dass sie das besondere öffentliche Interesse an der Strafverfolgung bejaht (z. B. §§ 182 Abs. 3, 230 StGB). Das braucht sie nicht explizit zu tun; es genügt die konkludente Erklärung durch Erhebung der Anklage. Ihre Entscheidung darf nach h. M. vom Gericht nicht überprüft werden.[1]

c) Einen Sonderfall bildet die Verfolgung von Amts wegen, die beendet werden muss, wenn ein Antragsberechtigter widerspricht (§ 194 Abs. 1 S. 2, 3, Abs. 2 S. 3 StGB – „Auschwitzlüge").

2. Ermächtigungsdelikte

Bei Straftaten von politischer Bedeutung ist für die Strafverfolgung die von Amts wegen einzuholende, nicht an eine Frist gebundene Ermächtigung einer Behörde, der Bundesregierung, des Bundespräsidenten oder eines anderen politischen Organs erforderlich (§§ 90, 90b, 97, 194 Abs. 4, 353a, b StGB), bei Straftaten gegen ausländische Staaten zusätzlich das Strafverlangen der ausländischen Regierung (§ 104a StGB).

3. Privatklagedelikte

Hier wird das Offizialprinzip nicht nur eingeschränkt, sondern durchbrochen. Bei diesen Delikten (Katalog in § 374; s. unten 39 Rn. 8) verfügt der Verletzte über die Mög- 4

[1] BGHSt 16, 225 (230); sehr str., vgl. *Fischer*, § 230 StGB Rn. 3.

lichkeit, die Strafverfolgung anstelle der Staatsanwaltschaft selbst zu betreiben (§ 385). Die Staatsanwaltschaft kann das nicht verhindern, andererseits aber – und zwar auch gegen den Willen des Privatklägers – das Verfahren in jeder Lage übernehmen (§ 377 Abs. 2). Hat sie das Verfahren von Anfang an ex officio betrieben (§ 376), ist für eine Privatklage kein Raum mehr.

II. Das Akkusationsprinzip

5 Das Gericht darf eine Strafsache nur aufgreifen, untersuchen und verhandeln, wenn sie ihm durch eine Anklage unterbreitet worden ist (§ 151). Wo kein Kläger, da kein Richter. Dieser Satz gilt ausnahmslos. Der Richter fungiert niemals als Inquisitor, also als Ankläger und Richter zugleich (vgl. oben 6 Rn. 7). Ein Inquisitionsprozess ist der deutsche Strafprozess daher nicht. Dennoch wird „inquisitorisch" verfahren, und es hat sich vor allem im internationalen Verfahrensvergleich eingebürgert, kontradiktorische und inquisitorische Modelle zu unterscheiden (vgl. oben 11 Rn. 1).

6 Der Anklagegrundsatz wird dadurch verbürgt, dass das Gericht nur in den Grenzen der angeklagten Tat tätig werden darf, § 155 (vgl. oben 13 Rn. 5). Die Rollen von Ankläger und Richter bleiben auch in Extremfällen streng getrennt. Ereignet sich in der Sitzung vor den Augen des Gerichts eine Straftat, darf es nur den Sachverhalt feststellen und muss das weitere (die Anklage nämlich) der „zuständigen Behörde" (der Staatsanwaltschaft) überlassen (§ 183 GVG), und wird ein Richter im Ermittlungsverfahren bei Gefahr in Verzug als „Notstaatsanwalt" tätig (§ 165), bleibt die Verfahrensherrschaft dennoch bei der Staatsanwaltschaft (§ 167). Dass im Klageerzwingungsverfahren (vgl. oben 12 Rn. 9ff.) ein Gericht die Staatsanwaltschaft zur Anklage zwingen kann, „entmachtet" zwar die Staatsanwaltschaft, bewahrt und bestätigt aber das Anklageprinzip.

III. Das Legalitätsprinzip

7 Es verpflichtet die Staatsanwaltschaft, jedem Anfangsverdacht nachzugehen und bei hinreichendem Tatverdacht Anklage zu erheben (§§ 152 Abs. 2, 170 Abs. 1). Diese Pflicht bildet die Kehrseite des exklusiven Rechts zur Klageerhebung (vgl. schon oben 6 Rn. 8). Der Zweck des Legalitätsprinzips besteht darin, die Verfolgung jeder Straftat ohne Ansehen der Person des Täters sicherzustellen. Rechtlich abgesichert wird es prozessual durch das Klageerzwingungsverfahren, §§ 172ff. (vgl. 12 Rn. 9ff.) und materiell-strafrechtlich durch den Straftatbestand der Strafvereitelung im Amt, § 258a StGB.

IV. Das Opportunitätsprinzip

8 Es ist, als Ausnahme vom Legalitätsprinzip gedacht, längst zu einem zwar theoretisch zweifelhaften, aber praktisch unverzichtbaren Instrument geworden, das es den Strafverfolgungsbehörden erlaubt, die Schwerpunkte der Verbrechensbekämpfung zu setzen (vgl. dazu und zu den Einzelfällen oben 12 Rn. 13ff.).

V. Das Gebot eines fairen Strafverfahrens

1. Deutsches Recht

Jedes Strafverfahren muss fair geführt werden. Dieses Gebot ist leicht aus der Verfassung abzuleiten (Art. 1, 20, 28, 103 Abs. 1 GG), aber nur schwer zu konkretisieren. Die StPO enthält bereits ein System von „checks and balances". Sie gewährt rechtliches Gehör (§§ 33, 33a, 136, 201, 243 Abs. 5, 257, 258 Abs. 2, 308 Abs. 1, 311a), das Recht auf Verteidigung, die Aussagefreiheit des Beschuldigten, die Chance eines Rechtsmittelverfahrens; sie errichtet Beweisverbote und enthält zahlreiche Belehrungspflichten. Wenn das Fairnessprinzip darüber hinaus einen Sinn haben soll, kann er nur darin bestehen, in Konfliktsituationen die Interessen des Beschuldigten zur Geltung zu bringen, sie nicht einfach der Effizienz der Strafrechtspflege zu opfern (die ebenfalls zum Rechtsstaatsprinzip gehört) und das Verfahren tendenziell offen zu führen. Auch das sind aber nur Direktiven, über deren Umsetzung sich im konkreten Fall stets streiten lässt. Prozessrecht ist formelles Recht, und die Formalisierung des „Rituals" eines Verfahrens hat gute Gründe, die nicht mit einem pauschalen Verweis auf ein diffuses Prinzip überspielt werden dürfen. Der BGH ist deshalb im Umgang mit dem Gebot eines fairen Verfahrens zu Recht vorsichtig,[2] hält es zwar für fernliegend, aus Verstößen ein Verfahrenshindernis abzuleiten,[3] fragt aber nicht mehr, ob dem Verfahren als Ganzem die Grundlage entzogen ist,[4] sondern stellt eine „Gesamtschau" aller Umstände an. Ergibt sie, dass wesentliche Grundsätze des Verfahrens zwar nicht verletzt, aber nicht nur am Rande „tangiert" sind, folgt daraus ein Verwertungsverbot.[5] Ansonsten fordert der Grundsatz des fairen Verfahrens als „Regulativ", auf eine von der Exekutive erzwungene Verkürzung der Beweisgrundlage mit einer vorsichtigen Beweiswürdigung und der Anwendung von in dubio pro reo zu reagieren (dazu unten Rn. 22). Erst, wenn es gar nicht mehr möglich ist, „den wahren Sachverhalt unbeeinflusst von Einflussnahmen der vollziehenden Gewalt zu ermitteln",[6] kommt ein Verfahrenshindernis in Frage. 9

Beispiel: Die Behörde sperrt einen Zeugen und beschränkt damit sowohl die Rechte der Verteidigung wie die Erkenntnismöglichkeiten des Gerichts. Es gibt auch Beispiele für eine unfaire „Erweiterung" der Beweisgrundlage: Während sich der inhaftierte Angeklagte in der Hauptverhandlung befindet, lässt die Staatsanwaltschaft seine Zelle in der JVA durchsuchen. Das ist unfair, begründet aber kein Verfahrenshindernis.[7]
Die Staatsanwaltschaft verschafft sich durch eine unzulässige Beschlagnahme das Verteidigungskonzept des Beschuldigten. Das war, jenseits der Unzulässigkeit deutlich unfair, hindert aber die Fortsetzung des Verfahrens nicht (zum Verwertungsverbot vgl. oben 14 Rn. 30).[8]

---

[2] BGHSt 40, 211 (217f.); 43, 212.
[3] BGHSt 42, 191 (193); dazu *Beulke/Satzger,* JuS 1997, 1074.
[4] BGHSt 46, 159 (171).
[5] BGH NStZ 2010, 519: § 100f und § 136a nicht verletzt, insgesamt aber unfaires Vorgehen.
[6] BGH NStZ 2004, 343 (345).
[7] OLG Karlsruhe StV 1986, 10; *Volk,* StV 1986, 36.
[8] BGH NStZ 1984, 419.

Das Fairnessgebot verbietet es auch, „formalistisch“ zu handeln und sich auf den Buchstaben des Gesetzes zurückzuziehen. Das wird besonders in der Hauptverhandlung deutlich. Das Fairnessprinzip, adressiert an den Richter, konkretisiert sich zur **gerichtlichen Fürsorgepflicht.**

Beispiel: Der Beschuldigte, der keinen Verteidiger hat, muss auf Chancen und Irrwege auch jenseits der gesetzlich vorgesehenen Belehrungspflicht hingewiesen werden. Stellt er einen Antrag, der den Anforderungen an einen Beweisantrag nicht entspricht (vgl. unten 25 Rn. 2), hat das Gericht nachzufragen, was er will.

Die gerichtliche Fürsorgepflicht gebietet es ferner, Verfahrensmängel zu heilen. Sie dient insgesamt, wie das Fairnessprinzip, dem Ausgleich zwischen den Interessen der Verfahrensbeteiligten und der Wahrheitsfindung in einem „effizienten“ Verfahren.[9]

2. Europäisches Recht

10 Art. 6 EMRK enthält in Abs. 1, 3 insgesamt 15 Justizgrundrechte, die vom EGMR als Konkretisierungen des übergreifenden Rechts auf ein faires Verfahren (Abs. 1) behandelt werden.[10] Die EMRK ist als völkerrechtlicher Vertrag in das deutsche Recht transformiert und hat deshalb den Rang eines einfachen Gesetzes. Bei inhaltlichen Kollisionen mit den Grundrechten müssen deren Garantien allerdings konventionskonform ausgelegt werden,[11] so dass sich faktisch die EMRK durchsetzt und das deutsche Recht prägt.[12] Nach dem EGMR kommt es immer auf die Fairness des Verfahrens in seiner Gesamtheit an (Prinzip der Gesamtabwägung); ein Verstoß gegen einzelne Verfahrensgarantien begründet daher keine Verletzung des fair-trial-Prinzips, wenn das Verfahren insgesamt noch fair war.[13]

VI. Das Beschleunigungsgebot

1. Verfahrensdauer

11 a) Im Strafprozess soll die materielle Wahrheit ermittelt werden. Das kann lange dauern. Ein Strafverfahren ist aber kein historisches Forschungsprojekt. Die Wahrheit muss mit begrenzten Mitteln (Strengbeweisverfahren, vgl. 23 Rn. 7), begrenztem Aufwand und vor allem möglichst rasch festgestellt werden. Das Strafverfahren belastet den Beschuldigten und greift tief in seine Rechte ein; er hat einen Anspruch darauf, „innerhalb einer angemessenen Frist“ Gehör zu finden und Klarheit zu erhalten (Art. 6 Abs. 1 S. 1 EMRK; Rechtsstaatsprinzip, Art. 20 Abs. 3 GG). Außerdem verblassen die Beweise mit der Zeit. Überdies macht eine Strafe immer weniger (präventiven) Sinn, je länger nach der Tat sie verhängt wird. Es ist überaus umstritten, welche Folgen eine Verletzung dieses Beschleunigungsgebots haben soll (dazu oben 14 Rn. 27).

---

[9] Vgl. *Maiwald,* FS Lange, 1976, 745.
[10] Vgl. *Satzger,* JA 2002, 838.
[11] BVerfGE 74, 358; BGHSt 46, 93 (97).
[12] *Weigend,* StV 2000, 384.
[13] Näher dazu *Esser,* Europäisches und Internationales Strafrecht, 2. Aufl. 2018, § 9 Rn. 218 ff.

b) Die überlange Verfahrensdauer stellt nach h. M. keinen Grund dar, das Verfahren wegen eines Prozesshindernisses zu beenden (auch dazu oben 14 Rn. 27). 12

2. Die Konzentrationsmaxime

Der allgemeine Grundsatz der Beschleunigung verdichtet sich in der Hauptverhandlung zur Konzentrationsmaxime. Es ist genau geregelt, wie viele (bzw. wenige) Tage zwischen den Verhandlungsterminen liegen dürfen. Das Gesetz unterscheidet zwischen Aussetzung und Unterbrechung (§§ 228, 229). 13

Aussetzung bedeutet, dass die Verhandlung abgebrochen wird und später eine von Anfang an völlig neue Hauptverhandlung stattfinden muss (§ 229 Abs. 4). Bei der **Unterbrechung** wird die Verhandlung fortgesetzt. Für die Unterscheidung kommt es nicht darauf an, was das Gericht (bzw. der Vorsitzende, § 228 Abs. 1) angeordnet oder gewollt hat. Entscheidend ist allein die tatsächliche Dauer der Pause. Dauert sie nicht länger als drei Wochen, handelt es sich um eine Unterbrechung (§ 229 Abs. 1), sonst um eine Aussetzung.[14] Für Großverfahren gelten Besonderheiten (§ 229 Abs. 2). Die Frist ist gehemmt, wenn der Angeklagte oder ein Richter krank wird (§ 229 Abs. 3). Mit Einführung der elektronischen Akte zum 1.1.2018 wurde eine Sonderregel für den Fall einer vorübergehenden technischen Störung geschaffen (§ 229 Abs. 5). Hauptverhandlungen sollen zügig und konzentriert sein, damit die Eindrücke frisch und die Erinnerungen ungetrübt bleiben. 14

VII. Der Untersuchungsgrundsatz

Staatsanwaltschaft und Gericht trifft die Pflicht, den Sachverhalt von Amts wegen zu untersuchen (§§ 155 Abs. 2, 160 Abs. 2, 244 Abs. 2). Sie sind dabei weder auf Initiativen der Beteiligten angewiesen noch an deren Anträge gebunden. Diese Tätigkeit lässt sich mit anderen Worten umschreiben, die sich dann ohne sachliche Änderung in einer anderen Benennung dieses Prinzips wieder finden: Die Strafverfolgungsbehörden haben das Recht und die Pflicht, den Vorfall zu untersuchen (Untersuchungsgrundsatz), sie instruieren sich dabei selbst (Instruktionsprinzip) und verfahren inquisitorisch (Inquisitionsprinzip, zu diesem Ausdruck vgl. oben Rn. 5). Mit diesem wie auch immer benannten Prinzip wird der Unterschied zum Zivilprozess manifestiert, in dem die Verhandlungsmaxime dominiert. Im Strafverfahren steht weder der Streitstoff noch das Beweisverfahren zur Disposition der Beteiligten. Ein Geständnis bindet den Richter nicht (vgl. aber § 288 ZPO); die „Parteien" Staatsanwalt und Angeklagter müssen nicht Beweis antreten (§ 282 ZPO) und können nicht durch übereinstimmende Erklärung etwas unstreitig stellen. Eine derartige „formelle Wahrheit" soll es im Strafprozess nicht geben. Sein Ziel bleibt herauszufinden, wie es wirklich war (materielle Wahrheit, näher unten 29 Rn. 1 ff., 30 Rn. 4). 15

---

[14] Das sei „missverständlich", meint BGH NStZ 2008, 113, und räumt dem Gericht einen Spielraum ein, wenn noch keine „Erträge" erzielt worden seien. Die Unterbrechungsfrist ist nur gewahrt, wenn Sach- oder Verfahrensfragen in einer Weise erörtert werden, die geeignet sind, die Sache ihrem Abschluss substantiell näher zu bringen (BGH NStZ 2008, 115). Andernfalls handelt es sich um gefakte „Schiebetermine".

VIII. Der Grundsatz der freien richterlichen Beweiswürdigung

16 Bei dieser Suche nach der Wahrheit ist das Gericht zwar an bestimmte Regeln zum Beweisverfahren gebunden. Über das Ergebnis der Beweisaufnahme aber entscheidet es „nach seiner freien, aus dem Inbegriff der Verhandlung geschöpften Überzeugung" (Wortlaut § 261). Diese Vorschrift proklamiert, historisch gesehen, die Abkehr vom Inquisitionsprozess. Bis ins 19. Jahrhundert hinein war das Verfahren schriftlich und geheim. Der Richter nahm den Sachverhalt auf und war dabei an bestimmte Beweisregeln gebunden. Was in einem glaubwürdigen Geständnis enthalten war oder von zwei klassischen Zeugen übereinstimmend ausgesagt wurde, galt kraft Gesetzes als wahr; ein Indizienbeweis war nicht zulässig. Der Richter, beschränkt auf die Feststellung des Sachverhalts, versandte die Akten an ein Spruchkollegium und holte von dort das Urteil ein. Dieses Kollegium konnte sich keinen persönlichen Eindruck vom Angeklagten machen und nur in den Akten lesen („quod non est in actis non est in mundo"). Die französische Revolution öffnete die Türen des Gerichts, setzte Laien auf die Richterbank („im Namen des Volkes") und machte dem schriftlichen, mittelbaren Verfahren der Urteilsfindung ein Ende.[15] Das Verfahren wurde mündlich und „unmittelbar" ausgestaltet. Laien konnte man nicht an rechtlich fixierte Regeln der Beweiswürdigung binden. Die innere Überzeugung („intime conviction"), geschöpft aus dem „Inbegriff" der miterlebten Verhandlung, wurde zum Kriterium der Wahrheit. Diese richterliche Freiheit darf nicht zur Beliebigkeit werden und muss ihre Grenzen haben. Ein Urteil braucht eine objektive, nachvollziehbare Tatsachengrundlage (näher unten Rn. 29). Dennoch bleibt ein weiter Spielraum der freien Beweiswürdigung. Der Richter darf einem Zeugen glauben, obwohl zwei andere das Gegenteil sagen. Er kann die Aussage des Angeklagten für glaubwürdig halten, obwohl sie von Zeugen in Zweifel gezogen worden ist, er darf den Inhalt eines Schriftstückes für wahr halten, obwohl der Angeklagte sagt, damals habe er die Unwahrheit niedergeschrieben (oder umgekehrt), etc.

Der Grundsatz der freien Beweiswürdigung gilt auch im Ermittlungsverfahren und im Zwischenverfahren – in diesen Verfahrensstadien gibt es ebenfalls keine Bindung an Beweisregeln. Man muss sich allerdings darüber im Klaren sein, dass es in diesen Verfahrensabschnitten noch nicht darum geht, die Wahrheit festzustellen. Die Staatsanwaltschaft ist nur verpflichtet zu klären, ob ein hinreichender Tatverdacht vorliegt, und die Aufgabe des Gerichts im Zwischenverfahren besteht nur darin, diese Wertung zu überprüfen.

IX. Der Grundsatz „in dubio pro reo"

17 Der Angeklagte darf nur verurteilt werden, wenn das Gericht von seiner Schuld überzeugt ist (siehe oben Rn. 16). Hat es Zweifel nicht überwinden können, muss es freisprechen. Darin besteht der Sinn des Satzes in dubio pro reo. Im Gesetz ist er nicht niedergelegt. Art. 6 Abs. 2 EMRK normiert die Unschuldsvermutung und impliziert damit, dass ohne „gesetzlichen Nachweis seiner Schuld" niemand verurteilt werden darf. Die-

---

[15] Vgl. *Volk,* JuS 1991, 281.

ser Nachweis gilt nur dann als erbracht, wenn das Gericht sich von der Schuld überzeugen konnte (§ 261). Die Geltung der Regel in dubio pro reo ist gewohnheitsrechtlich gesichert, seit das Prinzip der freien Beweiswürdigung gilt.

1. Funktion

In jeder Verfahrensart muss es eine Norm für den Fall geben, dass eine zu beweisende Tatsache nicht bewiesen werden konnte. Im Strafverfahrensrecht ist das die Regel in dubio pro reo. Strukturell handelt es sich um eine Beweislastregel. Die h. M. vermeidet diese Bezeichnung, weil ein Freispruch keine Last für den Staat ist. Außerdem gibt es im Strafrechtssystem keine Beweislastverteilung. Die Unterscheidung zwischen einem „Anschuldigungsbeweis“, der die strafbegründenden Tatsachen umfasst und einem „Entschuldigungsbeweis“, unter den alle Gegengründe fallen (Rechtfertigungs-, Entschuldigungs- und Strafausschließungsgründe), ist spätestens seit der Geltung der StPO überholt. Die „Beweislast“ liegt immer beim Staat. Auch eine Beweisführungslast gibt es nicht: Es ist Sache des Gerichts, Rechtfertigungsgründe (etc.) zu prüfen und auszuschließen (Ermittlungsgrundsatz). 18

Die Denkform der Beweislast passt also auf die Verhältnisse im Strafverfahrensrecht kaum, ist aber immerhin geeignet, vor zwei fundamentalen Irrtümern zu bewahren. Erstens: In dubio pro reo sagt nur, was im Zweifel zu geschehen hat, aber nicht, wann man zweifeln soll. Die Regel ist nur anwendbar, wenn das Gericht Zweifel hat. Eine Überzeugung des Gerichts kann man nicht mit der Begründung angreifen, dass es vernünftigerweise hätte zweifeln sollen. Zweitens: In dubio pro reo ist keine Beweiswürdigungsregel. Das Gericht soll nicht im Zweifel die günstige Geschehensalternative als wahr behandeln.[16] Es ist nur daran gehindert, ungünstige Rechtsfolgen auszusprechen. 19

Beispiel: Die Behauptung des Angeklagten, er sei nicht am Tatort, sondern in dem 20 km entfernten Gasthaus „Zum wilden Mann“ gewesen und könne deshalb nicht Täter der Brandstiftung sein, hat sich nicht beweisen lassen. Es darf nun nicht heißen: „Das Gericht hat Zweifel, ob der Angeklagte am Tatort war und stellt zu seinen Gunsten fest, dass er im Gasthaus ‚Zum wilden Mann‘ gewesen ist“. Es muss vielmehr heißen: „Das Gericht hat Zweifel, ob der Angeklagte am Tatort war und die Tat begangen hat. Er war deshalb freizusprechen“.

Der BGH hat in dubio pro reo zunächst nicht auf den Alibi-Beweis anwenden wollen,[17] diese Entscheidung aber klargestellt und korrigiert.[18]

2. Anwendungsbereich

a) Verfahrensabschnitte

Auf die Regel kommt es erst an, wenn das Gericht sich eine Überzeugung von Schuld oder Unschuld bilden muss, am Ende der Hauptverhandlung also. Im Vorverfahren und Zwischenverfahren bildet der (hinreichende) Verdacht die Grundlage von Anklage und Eröffnungsbeschluss, und ein Verdacht ist immer mit Zweifeln behaftet. Die 20

[16] So nun auch BGH NStZ 2001, 609.
[17] BGHSt 25, 285; dazu *Volk*, JuS 1975, 25.
[18] BGH NStZ 1983, 422 m. Anm. *Volk*.

Staatsanwaltschaft wird allerdings, wenn sie eine Prognose anstellt und diese Zweifel für unüberwindbar hält, die Wahrscheinlichkeit der Verurteilung verneinen und gar nicht erst Anklage erheben.

b) Schuld- und Straffrage

21 Das ist der klassische und gesicherte Anwendungsbereich des Satzes in dubio pro reo.

c) Prozessvoraussetzungen

Nach richtiger Ansicht findet in dubio pro reo Anwendung auch auf alle Prozessvoraussetzungen (näher oben 14 Rn. 10).

d) Sonstiges Prozessrecht

22 Von der h. M. als prozessuale Auswirkung des Schuldgrundsatzes verstanden, soll in dubio pro reo auf Zweifel im Bereich des Verfahrensrechts nicht anwendbar sein.

Beispiel: Es bleibt ungeklärt, ob der Beschuldigte bei seiner Vernehmung geschlagen worden ist (§ 136a). Das Verwertungsverbot greift nur, wenn der Verstoß nachgewiesen ist.[19]

In solchen Fällen ist der Anwendungsbereich von in dubio pro reo als einer Regel für die Sachentscheidung im Grunde überschritten. Im Verfahrensrecht lässt sich oft nicht sagen, worin die dem Angeklagten günstige Entscheidung einer Zweifelsfrage besteht.

Beispiel: Der Vorsitzende hat eine Frage der Staatsanwaltschaft an einen Zeugen vielleicht zu Unrecht zurückgewiesen (§ 241 Abs. 2).

Was wäre hier „pro reo" zu tun?

Die Frage, was geschehen soll, wenn die Justizförmigkeit des Verfahrens möglicherweise nicht gewahrt ist, sollte aus dem Gesamtzusammenhang von Rechtsstaatsprinzip und Verfahrensrecht je nach dem Typ des Verstoßes beantwortet werden. Bei § 136a z. B. spricht viel dafür, im Zweifel ein Verwertungsverbot anzunehmen. Ein Verfahren „in camera", bei dem geheime Akten nur dem Gericht zugänglich sind, gibt es in Strafsachen nicht. Geheimhaltungsinteressen der Exekutive wirken sich „in dubio pro reo" aus.[20]

Wenn die Erhebung eines zentralen Beweises durch behördliche Maßnahmen vereitelt wird, „muss der Tatrichter die hierdurch bedingte Einschränkung seiner Erkenntnismöglichkeiten sowie die Beschneidung der Verteidigungsrechte des Angeklagten bei seiner Überzeugungsbildung berücksichtigen und in den Urteilgründen im Rahmen der Beweiswürdigung erörtern. Andernfalls ist seine Beweiswürdigung lückenhaft und der Anspruch des Angeklagten auf ein faires, rechtstaatliches Verfahren verletzt (Art. 20 Abs. 3 i. V. m. Art. 2 Abs. 1 GG; Art. 6 Abs. 1 EMRK). In derartigen Fällen muss durch

---

[19] BGHSt 16, 164; vgl. oben 9 Rn. 13.
[20] BGH NStZ 2000, 265.

eine besonders vorsichtige Beweiswürdigung und ggf. die Anwendung des Zweifelssatzes der Verkürzung der Erkenntnismöglichkeiten des Gerichts Rechnung getragen werden".[21]

e) Zur Anwendbarkeit im Wiederaufnahmeverfahren vgl. unten 38 Rn. 19, 20, auf Indizien unten 23 Rn. 4. 23

f) Rechtsfragen sind zu entscheiden und können nicht zweifelhaft bleiben. 24

X. Der Grundsatz der Mündlichkeit

Die Rekonstruktion des Tatgeschehens soll nicht (wie im alten Prozess, vgl. oben Rn. 16) durch Aktenstudium hinter verschlossenen Türen stattfinden, sondern in Anwesenheit aller Verfahrensbeteiligten und in aller Öffentlichkeit (dazu unten Rn. 28 ff.). Über den Vorwurf wird mündlich verhandelt. In das Urteil darf nur eingehen, was „zur Sprache gekommen ist" (vgl. auch § 261). Der Angeklagte, der nur unter ganz bestimmten Voraussetzungen Anspruch auf Akteneinsicht hat (oben 11 Rn. 5), muss alles, was ihm angelastet wird, hören können, damit er etwas dazu sagen kann; die Laienrichter (die ebenfalls keinen Zugang zu den Akten haben, vgl. oben 5 Rn. 15) sollen mitreden und die Öffentlichkeit soll dem Gang der Dinge folgen können. Das Prinzip der Mündlichkeit lässt es nicht zu, dass auf Urkunden nur hingewiesen wird; sie müssen verlesen werden (§ 249 Abs. 1). Die Einzelheiten und die Ausnahmen sind im Beweisrecht zu besprechen (unten 27 Rn. 1 ff.). 25

XI. Der Grundsatz der Unmittelbarkeit

Die alleinige Kompetenz zur Feststellung der Wahrheit hat das Gericht. Es soll sich so nah wie möglich an das Geschehen heranarbeiten und deshalb „unmittelbare" Beweise führen. Die StPO legt aber nirgends fest, dass das sachnächste Beweismittel benutzt werden muss. Mittelbare Indizien können verlässlicher sein als Zeugen. Der Personalbeweis hat zwar Vorrang vor dem Sachbeweis. Geregelt ist aber lediglich, dass der Personalbeweis, wenn er geführt werden kann, nicht durch einen Urkundenbeweis ersetzt werden darf (§ 250; zu den Einzelheiten und zahlreichen Ausnahmen unten 27 Rn. 1 ff.). Dieser Vorrang hat nichts mit der Qualität der Beweismittel zu tun, zumal das deutsche Recht, anders als z. B. das anglo-amerikanische, auch Zeugen vom Hörensagen zulässt. Das verstößt insofern nicht gegen den Grundsatz der Unmittelbarkeit, als dieser Zeuge ja nur sagt, was er gehört hat. Dabei gewesen ist er aber nicht, und dass ein solcher Zeugenbeweis allemal besser wäre als ein Sach- oder Urkundenbeweis, kann man nicht sagen. Insgesamt wird die Qualität des Beweisverfahrens nicht so sehr durch „Unmittelbarkeit" verbürgt als vielmehr durch die Aufklärungspflicht des Gerichts (§ 244 Abs. 2). 26

Der Grundsatz der Unmittelbarkeit ist ferner verknüpft mit dem Grundsatz der Mündlichkeit (näher 26 Rn. 1 ff.).

---

[21] BGH NStZ 2004, 343 (Fall El Motassadeq).

XII. Der Grundsatz der Öffentlichkeit

1. Die Funktion des Prinzips

27 „Die Verhandlung vor dem erkennenden Gericht einschließlich der Verkündung der Urteile und Beschlüsse ist öffentlich" (Wortlaut § 169 S. 1 GVG). Schutz vor Willkür und Heimlichkeiten, vor sachfremden Einflüssen und Eingriffen („Kabinettsjustiz") sind die historischen Gründe für die Öffentlichkeit der Verhandlung gewesen. Heute dominiert das Informationsinteresse der Allgemeinheit. Die mittelbare Öffentlichkeit, vermittelt durch die Medien, hat mehr Effekt als die unmittelbare Teilnahme des Publikums. Der hohe Wert des Öffentlichkeitsprinzips, das als Element des Rechtsstaats Verfassungsrang hat, wird relativiert durch den Grundrechtsschutz der Persönlichkeit von Angeklagten, Zeugen und anderen Verfahrensbeteiligten.

2. Der Begriff „Öffentlichkeit"

28 Der Grundsatz verlangt, „dass jedermann ohne Ansehung seiner Zugehörigkeit zu bestimmten Gruppen der Bevölkerung und ohne Ansehung bestimmter persönlicher Eigenschaften die Möglichkeit hat, an den Verhandlungen der Gerichte als Zuhörer teilzunehmen"[22] Diese Zugangschance für das Publikum ist nicht gegeben, wenn es nur einen Stuhl gibt – ein einzelner Zuhörer kann nicht als Repräsentant der Allgemeinheit angesehen werden.[23] Andererseits hat das draußen wartende Publikum, wenn alle Plätze bereits besetzt sind, keinen Anspruch darauf, dass das Gericht in einen größeren Saal umzieht. Hat eine Schulklasse den Saal gefüllt, kann niemand geltend machen, er habe doch Vorrang (als Angehöriger z. B.). Eine Ausnahme von diesem Gleichheitsprinzip gilt für die Presse (Stichwort Medienöffentlichkeit, Art. 5 GG). Ihr dürfen Plätze reserviert werden. Stehen im Saal weniger Plätze für Medienvertreter zur Verfügung als es Bewerber hierfür gibt, muss ein faires Auswahlverfahren – ggf. unter Differenzierung nach Medienarten (z. B. Rundfunk, Print, ausländische Presse bei entsprechenden Bezügen des Falles) – durchgeführt werden.[24]

Die Chance des Zutritts besteht nur, wenn man weiß, wo verhandelt wird. Findet die Hauptverhandlung in einem Krankenzimmer statt, muss am Sitzungssaal angeschlagen sein, in welchem Krankenhaus und (evtl. dort) in welchem Zimmer.[25]

3. Erweiterungen der Öffentlichkeit

29 Das Gericht kann die Verhandlung in einen größeren (Gerichts-)Saal verlegen. So verhandelte das LG Frankfurt den 1. Auschwitzprozess 1963 im Stadtverordnetensaal. Allerdings ist auch eine beliebige Erweiterung der Öffentlichkeit unzulässig. Erhält die Verhandlung durch die Verlegung z. B. in ein Fußballstadion den Charakter eines Schauprozesses, kann dies einen Verstoß gegen die Menschenwürde des Angeklagten bedeuten[26] (vgl. auch unten 36 Rn. 20). Umstritten war bislang, ob bei Überfüllung des

---

[22] BGHSt 28, 341 (343).
[23] OLG Köln NStZ 1984, 282.
[24] BVerfG NJW 2013, 1293; vgl. auch *von Coelln*, DÖV 2006, 804.
[25] Vgl. BGH NStZ 1981, 311.
[26] Vgl. *Meyer-Goßner/Schmitt*, § 169 GVG Rn. 5

Gerichtssaals eine Bild- und Tonübertragung der Verhandlung in einen Nebenraum innerhalb des Gerichtsgebäudes zulässig wäre. Ein Anspruch hierauf lässt sich jedenfalls nicht aus der Pressefreiheit (Art. 5 Abs. 1 S. 2 GG) herleiten.[27] Die Frage ist nun teilweise geklärt, da § 169 Abs. 1 S. 3 GVG inzwischen zumindest die Tonübertragung erlaubt (vgl. unten Rn. 37).

4. Beschränkungen der Öffentlichkeit

a) Der Begriff der Öffentlichkeit hat immanente Schranken. Es kann faktisch unmöglich sein, Öffentlichkeit herzustellen (z. B. bei der Einnahme eines Augenscheins in einem Raum, der so klein ist, dass er gerade die Verfahrensbeteiligten fasst). Es soll auch rechtliche Grenzen geben: Der Eigentümer des Hauses, in dem verhandelt wird, verweigert dem Publikum den Zutritt unter Berufung auf sein Hausrecht.[28] 30

b) Ausweiskontrollen, Durchsuchungen auf Waffen, etc. können Zuhörer abschrecken und so zu einer mittelbaren Beschränkung der Öffentlichkeit führen. Solche präventiven Maßnahmen sind aber zulässig, wenn anders eine ordnungsgemäße Verhandlung nicht gesichert werden kann.[29] Rechtsgrundlage für alle Maßnahmen im Gerichtsgebäude außerhalb des Sitzungssaals ist dabei das Hausrecht des Präsidenten.[30] 31

c) Auch der Ausschluss einzelner Personen schränkt die Öffentlichkeit ein. Ihnen kann von vornherein der Zutritt versagt werden, wenn das Ansehen des Gerichts als Institution in der sozialen Gemeinschaft (die „Würde des Gerichts", § 175 Abs. 1 GVG) verletzt oder gefährdet wird. Das ist bei Personen der Fall, die „unerwachsen", also noch nicht achtzehn Jahre alt und offensichtlich zu unreif sind, um ernsthaft teilzunehmen, sowie bei betrunkenen, provokanten Störern etc. Während der Sitzung kann ausgeschlossen werden, wer den zur Aufrechterhaltung der Ordnung getroffenen Anordnungen des Vorsitzenden (§ 176 GVG) nicht Folge leistet. Den Ausschluss verfügt der Vorsitzende, wenn es um Personen geht, die an der Verhandlung nicht beteiligt sind, sonst das Gericht (§ 177 GVG). Nicht in § 177 S. 1 GVG genannt werden Beisitzer, Schöffen, Staatsanwaltschaft, Verteidiger, Rechtsanwälte als Beistand oder Vertreter eines Privatklägers, Nebenklägers oder Nebenbeteiligten. Sie kann man ermahnen, zur Ordnung rufen (§ 176 GVG), aber nicht ausschließen. Auch Ordnungsmittel wegen Ungebühr (§ 178 GVG) sind gegen sie nicht zulässig. 32

Über den Wortlaut des Gesetzes hinaus darf in der Verhandlung gegen den (potentiellen) Täter ausgeschlossen werden, wer Beschuldigter in einem Ermittlungsverfahren wegen Teilnahme oder Anschlussstraftaten ist. Der Grund liegt in „übergeordneten Verfahrensgesichtspunkten".[31] Aus § 58 Abs. 1 folgt, dass Zuhörer zum Verlassen des Sitzungssaals aufgefordert werden dürfen, sobald mit der Möglichkeit zu rechnen ist, dass sie als Zeugen in Betracht kommen könnten.[32] Das setzt konkrete, individualisierte Anhaltpunkte voraus. Ein pauschaler, nur an Gruppenmerkmalen orientierter Ausschluss ist rechtswidrig („alle Armenier haben den Saal zu verlassen").[33] 33

---

[27] BVerfGE 87, 331.
[28] BGHSt 40, 191; dagegen zu Recht *Lilie*, NStZ 1993, 121.
[29] BVerfG NJW 2012, 1863; BGHSt 27, 13 (15); 29, 258; BGH NJW 1995, 3196.
[30] BVerfG NJW 2012, 1863.
[31] BGHSt 3, 386.
[32] BGHSt 3, 386; BGH NStZ 2001, 163.
[33] BGH NStZ 2004, 453.

34 Wenn ein Ausschluss gesetzwidrig erfolgt, wird der Öffentlichkeitsgrundsatz verletzt (mit der Folge, dass ein absoluter Revisionsgrund entstanden ist, § 338 Nr. 6). Die Verhandlung ist dann zwar noch immer öffentlich – es gibt aber keine andere Möglichkeit, die Überschreitung sitzungspolizeilicher Befugnisse zu sanktionieren.

5. Der Ausschluss der (gesamten) Öffentlichkeit

35 Er ist abschließend geregelt in §§ 171 a, b, 172 GVG.

Beispiele zu § 172 GVG: Nr. 1 Enttarnung eines V-Mannes („Gefährdung der öffentlichen Ordnung") Nr. 1 a Zeugenschutz. Nicht, wenn der Angeklagte nur bei Ausschluss der Öffentlichkeit ein Geständnis ablegen will (darin liegt auch kein Fall von Nr. 1);[34] nicht, wenn der Zeuge Angst vor falschen Presseberichten hat.[35]

36 Einzelnen Personen, Presseberichterstattern z. B., kann die Anwesenheit gestattet werden (§ 175 Abs. 2 GVG). Bei Gefährdung der Staatssicherheit gilt dann kraft Gesetzes ein Veröffentlichungsverbot (§ 174 Abs. 2 GVG). In anderen Fällen kann das Gericht die Geheimhaltung zur Pflicht machen (§ 174 Abs. 3 GVG).

6. Film, Funk und Fernsehen

37 Solche Aufnahmen sind während der Verhandlung und der Urteilsverkündung grds. verboten, § 169 Abs. 1 S. 2 GVG.[36] Öffentlichkeit bedeutet nicht Publizität.

Allerdings hat der Gesetzgeber durch das „Gesetz über die Erweiterung der Medienöffentlichkeit in Gerichtsverfahren (EMöGG)" vom 8.10.2017[37] in § 169 GVG verschiedene Ausnahmeregelungen eingefügt.[38] Mit Genehmigung des Gerichts sind nunmehr

- für die Presse Tonübertragungen in einen Medienarbeitsraum möglich (Abs. 1 S. 3). Ob das Gericht darüber hinaus auch Bildübertragungen genehmigen kann, ist noch nicht geklärt.
- bei zeitgeschichtlich herausragenden Verfahren (wie z. B. dem NSU-Prozess) Tonaufnahmen zu wissenschaftlichen und historischen Zwecken zulässig (Abs. 2). Diese Aufnahmen werden nach Abschluss des Verfahrens dem zuständigen Bundes- oder Landesarchiv angeboten. Hält das Archiv sie für nicht relevant, muss das Gericht sie löschen. Das Gesetz verbietet es ausdrücklich, die Aufnahmen zu den Akten zu nehmen, anderweitig herauszugeben oder zu Verfahrenszwecken zu nutzen. Die praktische Bedeutung dieser Regelung dürfte gering bleiben.
- in besonderen Fällen Ton- und Filmaufnahmen von Entscheidungsverkündungen des BGH erlaubt (Abs. 3). Ausschlaggebend für diesen Ausnahmetatbestand waren die guten Erfahrungen mit der vergleichbaren Regelung für das Bundesverfassungsgericht (§ 17 a BVerfGG).

---

[34] BGHSt 9, 280.
[35] BGHSt 30, 193 (195).
[36] Als verfassungskonform gebilligt von BVerfGE 103, 44.
[37] BGBl. 2017 I 3546 ff.
[38] Zur Diskussion s. *Altenhain*, NJW-Beil 2016, 37; *Franke*, NJW 2016, 2618; *Norouzi*, StV 2016, 590; *Saliger*, JZ 2016, 824.

Es entscheidet stets das Gericht im Einzelfall nach pflichtgemäßem Ermessen. Sein Beschluss ist nicht anfechtbar (Abs. 4).

Ferner gibt es einen generellen Anspruch der Medien auf TV-Reportagen aus dem Gerichtssaal nicht nur in den Pausen,[39] sondern auch vor Beginn und nach Ende der mündlichen Verhandlung; das „Erscheinungsbild eines Gerichtssaals und der in ihm handelnden Personen" darf vermittelt werden.[40] Allerdings ist auf Anordnung des Vorsitzenden (§ 176) das Gesicht des Angeklagten zur Wahrung seines Persönlichkeitsrechts zu anonymisieren, wenn er einer Veröffentlichung ohne Anonymisierung widersprochen hat.[41] Die Anonymisierung hat dabei stets Vorrang vor einem gänzlichen Verbot von Bildaufnahmen. Ein solches kommt nur in Betracht, wenn die Persönlichkeitsrechte der Betroffenen nicht auf andere Weise gewahrt werden können. Richter, Staatsanwälte und Verteidiger genießen hier einen geringeren Schutz ihrer Persönlichkeitsrechte als Privatpersonen und müssen die Veröffentlichung von Aufnahmen deshalb in der Regel hinnehmen.[42]

Das **Fotografieren** fällt nicht unter § 169 Abs. 1 S. 2 GVG, wird aber vom Vorsitzenden **38**
in aller Regel und zu Recht nach § 176 GVG untersagt. Zeichnungen und Aufzeichnungen darf man immer machen.

Ein Tonbandprotokoll ist im deutschen Strafprozess nicht die Regel. Der Vorsitzende kann es aber anordnen (vgl. § 168a Abs. 2).

Fälle und Fragen

124. Welche Prozessgrundsätze sind Ihnen bekannt?
125. Was besagt das Offizialprinzip?
126. In welchen Fällen ist das Offizialprinzip eingeschränkt bzw. durchbrochen?
127. Wo kein Kläger, da kein Richter". Auf welchen Grundsatz des Strafverfahrens bezieht sich dieser Satz?
128. A ist wegen Diebstahls eines Pkws vor dem AG angeklagt. Während der Verhandlung stellt sich heraus, dass A bereits einige Tage zuvor durch einen Ladendiebstahl aufgefallen war. Kann das Gericht A auch wegen des Ladendiebstahls verurteilen?
129. Welches Prinzip bildet das notwendige Korrelat zum Anklagemonopol der StA?
130. Der Obdachlose K hat keine Geldmittel mehr. Er hat Hunger und entwendet aus einer Bäckerei zwei Brötchen. Es wird Strafantrag gestellt. Kann die StA von der Erhebung der öffentlichen Klage absehen?
131. Woraus folgt das Beschleunigungsgebot und mit welchem Verfahrensziel kann es in Konflikt geraten?
132. Wann spricht man von Aussetzung und wann von Unterbrechung der Hauptverhandlung?
133. Sind StA und Gericht bei der Untersuchung des Sachverhalts an Initiativen der Beteiligten und an deren Anträge gebunden?
134. In welchen Fragen findet der Grundsatz in dubio pro reo Anwendung?
135. § 249 Abs. 1 ordnet an, dass Urkunden und sonstige schriftliche Beweismittel in der Hauptverhandlung grundsätzlich verlesen werden müssen. Welcher Grundsatz kommt hier zum Ausdruck?
136. Welchem Zweck dient der Grundsatz der Unmittelbarkeit?

---

[39] Fall Honecker, BVerfGE 91, 125.
[40] BVerfG v. 19.12.2007 – 1 BvR 620/07.
[41] OLG Düsseldorf StV 2013, 30
[42] BVerfG NJW 2017, 798.

137. Was besagt der Öffentlichkeitsgrundsatz, welchen Zweck hat er und wo ist er geregelt?
138. Welche Folgen hat der Verstoß gegen die Grundsätze der Öffentlichkeit?
139. A ist wegen Mordes, der die Öffentlichkeit stark bewegt hat, vor dem LG München angeklagt. Nachdem im Vorfeld der Hauptverhandlung Ausschreitungen gegen den Angeklagten angedroht wurden, ordnet das Gericht strenge Einlasskontrollen an. Außerdem werden nur so viele Personen in den Gerichtssaal eingelassen, wie Sitzplätze auf der Zuhörertribüne frei sind. Einige Interessierte konnten daher nicht an der Verhandlung teilnehmen. Einem Fernsehteam, das Teile des Verfahrens für eine Nachrichtensendung aufnehmen will, verweigert der vorsitzende Richter die Aufnahmen während der Verhandlung und verweist auf die Verhandlungspausen. Durch die Anwesenheit einer breiten Öffentlichkeit wird eine schwere psychische Belastung der 14-jährigen Hauptbelastungszeugin K ernsthaft befürchtet. Das Gericht schließt deshalb die Öffentlichkeit für die Dauer der Vernehmung der Zeugin K aus. Ist im vorliegenden Fall der Öffentlichkeitsgrundsatz verletzt worden?
140. Während der Hauptverhandlung unterbricht Verteidiger X mehrmals die Vorsitzende Richterin und will, dass sofort ein Antrag zu Protokoll genommen wird. Aufgrund der Weigerung der Vorsitzenden kommt es zu einem verfahrensbezogenen Wortwechsel der Vorsitzenden und des Verteidigers X. Als X auf die Anforderung der Vorsitzenden, er (X) möge endlich schweigen, nicht reagiert, ordnet diese die gewaltsame Entfernung des Störers aus den Sitzungssaal an. War die Entfernung des Verteidigers X zulässig?

§ 19. Das Gericht in der Hauptverhandlung

I. Der Grundsatz des gesetzlichen Richters

1 Aus diesem Prinzip (vgl. oben 5) folgt in Verbindung mit dem Mündlichkeitsprinzip der Grundsatz der Verhandlungseinheit, § 226. Richter, auch Laienrichter, dürfen nur in der gesetzlich bestimmten Anzahl mitwirken (§ 192 Abs. 1 GVG) und nicht ausgetauscht werden (zu Ergänzungsrichtern § 192 Abs. 2 GVG).

Der Grundsatz des gesetzlichen Richters sichert auch den Anspruch auf einen unvoreingenommenen Richter, der mit der Distanz eines unbeteiligten Dritten, am Ausgang des Verfahrens nicht persönlich Interessierten, über den Fall urteilt.[1]

II. Ausschließung und Ablehnung

2 Die StPO typisiert einige Fälle, in denen die Gefahr der Voreingenommenheit besteht. In diesen Situationen sind die Richter ausgeschlossen (§§ 22, 23). Der Ausschluss tritt kraft Gesetzes ein und ist von Amts wegen zu beachten, kann aber auch durch einen Befangenheitsantrag vorgebracht werden (§ 24 Abs. 1). Diese Regelung ist abschließend, erfasst aber nicht alle Fälle, in denen eine Besorgnis der Befangenheit besteht. Sie kann daher darüber hinaus durch die Ablehnung von Richtern geltend gemacht

[1] Dagegen schützt der Anspruch auf den gesetzlichen Richter nicht vor der Überbeanspruchung eines Richters durch die Tätigkeitszuweisung des Geschäftsverteilungsplans; vgl. BVerfG NStZ 2012, 458.

werden (§ 24). Über dieses Gesuch wird in einem besonderen Verfahren entschieden (§§ 26ff.; vgl. unten Rn. 17ff.).

Die Vorschriften über die Ausschließung und Ablehnung gelten, wie die Garantie des gesetzlichen Richters, in jeder Lage des Verfahrens. Über die grundgesetzliche Gewährleistung hinaus erfassen sie „Gerichtspersonen" (vgl. die Überschrift des 3. Abschnitts), also auch Urkundsbeamte der Geschäftsstelle und Protokollführer (§ 31). Eine gesetzliche Regelung über den Ausschluss und die Ablehnung von Staatsanwälten fehlt (dazu unten 20 Rn. 6f.). 3

1. Die Ausschließung

In diesen Fällen ist die abstrakte Gefahr der Voreingenommenheit nicht dadurch zu widerlegen, dass der Richter sich souverän fühlt oder die Prozessbeteiligten ihn dafür halten. Der ignorierte oder gar nicht bemerkte Ausschließungsgrund führt zu einem absoluten Revisionsgrund (§ 338 Nr. 2). Im Einzelnen:

Übersicht 19: Ausschließung (§§ 22, 23)

§ 22 Nr. 1 — Der Richter ist durch die Tat (§ 264), die den Gegenstand des Verfahrens bildet, verletzt, also selbst und unmittelbar in seinen Rechten betroffen (wie in § 172, enger als in § 61 Nr. 2, vgl. unten 21 Rn. 7). 4

Beispiele: Er ist nicht in diesem Sinne verletzt, wenn er bei einem Betrug der Adressat der Täuschung, nicht aber der Geschädigte war. Ein Laienrichter ist Prokurist der geschädigten GmbH, also nicht selbst betroffen und daher nicht kraft Gesetzes ausgeschlossen (aber möglicherweise befangen, § 24 Abs. 2).

§ 22 Nr. 2, 3 — Diese engen Beziehungen bilden einen Ausschließungsgrund, andere (z. B. Lebensgemeinschaft) nur einen Ablehnungsgrund. 5

§ 22 Nr. 4 — Wer früher schon für oder gegen den Beschuldigten tätig war, soll nicht mehr richten dürfen. Bereits der Anschein des Verdachts der Parteilichkeit ist zu vermeiden.[2] Der Begriff der Sache wird deshalb weit ausgelegt und nicht auf das gleiche Verfahren beschränkt. War der Richter früher Staatsanwalt, genügt jede Tätigkeit zur Erforschung des Sachverhalts, selbst wenn das Verfahren gegen Unbekannt geführt und bloß durch eine nur formelle und unbedeutende Verfügung betrieben wurde.[3] 6

§ 22 Nr. 5 — Auch hier entscheidet die Identität der Sache, nicht die des Verfahrens. 7

Beispiel: Richter R war in einem Verfahren gegen X als Zeuge vernommen worden. Nun ist er Richter in einer Strafkammer, die gegen Y verhandelt, dem Beihilfe zur Tat des X vorgeworfen wird. Das ist ein anderes Verfahren, aber dieselbe Sache.

---

[2] BGHSt 9, 193; 31, 358.
[3] BGH NStZ 1982, 78; NStZ 2011, 106.

Der Ausschluss tritt nur ein, wenn der Richter vernommen worden ist, nicht schon, wenn er als Zeuge benannt wird (sonst könnte man mit einem Beweisantrag die Richterbank dezimieren und über die Besetzung der Gerichte disponieren).

8 § 23 Abs. 1 Ein Richter darf nicht seine eigene Entscheidung in der höheren Instanz überprüfen.

Beispiel: Richter R hat als Strafrichter beim Amtsgericht eine Verurteilung ausgesprochen. Der Angeklagte legt Berufung ein. Zuständig wäre eigentlich eine kleine Strafkammer beim Landgericht, die mittlerweile von R geleitet wird.

9 § 23 Abs. 2 Im Wiederaufnahmeverfahren entscheidet ein anderes Gericht mit der gleichen sachlichen Zuständigkeit (§ 140a Abs. 1 GVG). Hier gilt auch die Vorbefassung auf derselben Ebene als Ausschließungsgrund.

10 **Beispiel:** Richter R, früher Beisitzer in der 1. Strafkammer des Landgerichts X, ist jetzt Vorsitzender der 3. Strafkammer, die für Wiederaufnahmeverfahren zuständig ist (§ 140a Abs. 2 GVG).

Ansonsten hat das Gesetz die Mitwirkung an Vorentscheidungen nicht zum Ausschlussgrund erhoben.

Beispiele: Richter R hatte als Ermittlungsrichter den Beschuldigten vernommen, der heute als Angeklagter vor der Strafkammer steht, in der R den Vorsitz führt.

Richter R war Beisitzer in der 2. Strafkammer, hatte dort im Zwischenverfahren den Eröffnungsbeschluss in einer Sache mit erlassen, die nun durch Verbindung (§ 237) zur 4. Strafkammer gekommen ist, der er inzwischen angehört.

11 **Fall:** Richter R hat als Revisionsrichter beim OLG eine Entscheidung aufgehoben und zur neuen Entscheidung an das Amtsgericht zurückverwiesen (§ 354 Abs. 2). Dann ist er Präsident dieses Amtsgerichts und Vorsitzender des Schöffengerichts geworden, das nun über diesen Fall zu entscheiden hat. Ausgeschlossen ist er nicht. Das wäre er nur, wenn seine Karriere eine andere Richtung genommen und er vom Amtsgericht in das Revisionsgericht gewechselt hätte (§ 23 Abs. 1). Kann er jetzt wegen Besorgnis der Befangenheit abgelehnt werden?

2. Die Ablehnung, § 24

12 a) Ein Richter kann wegen Besorgnis der Befangenheit abgelehnt werden, nicht ein Gericht („die Strafkammer“, „das Landgericht München“). Es ist aber möglich, dass ein Ablehnungsgrund in gleicher Weise alle Mitglieder eines Kollegialgerichts betrifft.

13 b) Die Besorgnis der Befangenheit rechtfertigt die Ablehnung. Sie wird hervorgerufen durch einen Grund, „der geeignet ist, Misstrauen gegen die Unparteilichkeit eines Richters zu rechtfertigen“ (Wortlaut § 24 Abs. 2). Daraus folgt erstens, dass der Richter nicht tatsächlich voreingenommen sein muss – es genügt, dass er es zu sein scheint –, und zweitens, dass es nicht darauf ankommt, wie der Richter seine innere Haltung selbst sieht – entscheidend ist die Perspektive der anderen. Andererseits kann nicht deren in-

dividuelle Sensibilität entscheiden. Man muss aus der Sicht dessen, der das Ablehnungsgesuch stellt (§ 24 Abs. 3), alle ihm bekannten Umstände vernünftig würdigen und fragen, ob er Befangenheit zu besorgen hat. Das braucht freilich nicht evident zu sein.

Beispiele:

Besorgnis der Befangenheit

- Im Berufungsverfahren sagt der Richter, der Angeklagte solle sich lieber bei dem Verletzten entschuldigen, anstatt in die zweite Instanz zu gehen.[4]
- Der Angeklagte, der Drogen eingeführt haben soll, wird vom Vorsitzenden zu einem Geständnis gedrängt und darauf hingewiesen, dass man in Malaysia für so etwas mit vierzig Jahren Gefängnis und in den USA mit der Todesstrafe rechnen müsse.[5]
- Der wegen sexuellen Missbrauchs von Kindern Angeklagte wird vom Vorsitzenden gefragt, wie lange er sich das Leiden einer weinenden jugendlichen Zeugin noch ansehen wolle und erweckt damit den Eindruck, dass er ihn für schuldig halte und zu einem Geständnis dränge.[6]
- Der Richter lässt bei einer Zeugenvernehmung erkennen, dass er den Zeugen für unwahrhaftig hält, weil er ihm sagt, er solle gefälligst „die Klappe halten", wenn er nicht die Wahrheit sagen wolle.[7]
- Das Gericht hat sich in einer Absprache vorschnell endgültig festgelegt (s. auch unten 30 Rn. 4f.).[8]
- Der Schöffe richtet in seiner beruflichen Tätigkeit als Inkassounternehmer an einen anderen, ihm Geld schuldenden Mandanten des Verteidigers ein Schreiben, in dem er mit gewaltsamer Selbstjustiz droht.[9]
- Der Richter schließt die Beweisaufnahme, obwohl neue Spurenakten aufgetaucht sind, und kündigt an, dass es lebenslänglich geben werde, es sei denn, der Verteidiger präsentiere den wahren Täter.[10]
- Ein Schöffe legt vor Beginn des Verhandlungstages Schokoladennikoläuse auf den Sitzungstisch, der üblicherweise von der StA genutzt wird.[11]
- Der Richter postet auf seiner privaten Facebook-Seite für jedermann zugänglich ein Foto, auf dem er ein T-Shirt mit dem Aufdruck „Wir geben Ihrer Zukunft ein Zuhause – JVA" trägt.[12] Mit dieser Entscheidung hat der BGH klargestellt, dass sich die Besorgnis der Befangenheit in besonders gelagerten Fällen auch aus einem Verhalten des Richters ergeben kann, das nicht in unmittelbarem Zusammenhang zu dem konkreten Fall steht.

Keine Besorgnis der Befangenheit

- wenn der Richter den Angeklagten auf die Folgen seines Prozessverhaltens hinweist (anders wieder, wenn er sagt „Sie werden schon sehen, was Ihnen Ihr Leugnen einbringt").

---

[4] OLG Köln StV 1988, 287.
[5] BGH NStZ 1991, 226.
[6] BGH NStZ 2007, 711. Zum Geständnisdruck mit der „Sanktionsschere" s. oben 9 Rn. 15.
[7] BGH NJW 1984, 1907ff.
[8] BGHSt 45, 312.
[9] BGH NJW 2010, 2226.
[10] BGH NStZ 2003, 666.
[11] *LG Koblenz* NJW 2013, 801.
[12] BGH NStZ 2016, 218.

- wenn der Richter in einem Abtreibungsprozess Vorsitzender eines Vereins der Abtreibungsgegner ist. Ein Richter darf schließlich politische Standpunkte, religiöse Überzeugung etc. haben, und nicht allein deshalb verdächtigt werden, Vorurteile zu Urteilen zu machen.[13]
- wenn der Vorsitzende Richter nach Ablehnung eines Verständigungsvorschlags durch die StA äußert, „die Kammer steht grundsätzlich dazu, was sie gesagt hat", da dies keine endgültige Festlegung auf ein bestimmtes Ergebnis beinhaltet, sondern nur ausdrückt, dass das Gericht an seiner vorläufigen Bewertung festhält.[14]
- wenn ein Verfahren wegen Vergewaltigung gegen ein Vorstandsmitglied einer Bank geführt wird und der Richter (Schöffe) im Aufsichtsrat dieser Bank sitzt.[15]

14 c) Fallgruppen

Das Verhältnis **Gericht – Beschuldigter** ist die klassische Quelle der Ablehnung wegen Befangenheit. Der Angeklagte kann nicht aus seinem eigenen Verhalten die Befangenheit des Richters ableiten (z. B. durch Beleidigung). Nicht die Provokation, sondern allenfalls die Reaktion darauf lässt die Besorgnis der Befangenheit entstehen.

Beispiel: Angeklagter zu Richter: „Scheißer". Richter daraufhin: „Gangster".[16]

15 Der **Verteidiger** selbst hat kein Ablehnungsrecht (vgl. § 24 Abs. 3). Krach zwischen Gericht und Verteidigung ist deshalb kein Ablehnungsgrund. Er kann sich aber mittelbar auf das Verhältnis Richter – Angeklagter auswirken und so die Besorgnis der Befangenheit auslösen.

Beispiele: Die Richterin widerruft die Bestellung eines Pflichtverteidigers, der das Vertrauen des Angeklagten genießt.[17] Der Richter macht den Verteidiger nieder: „Ich frage mich Herr Rechtsanwalt, wo Sie das Recht gelernt haben".[18]

Auch **Zeugen** sind nicht zur Ablehnung berechtigt. Das Verhalten des Richters gegenüber den Zeugen kann aber (ebenfalls mittelbar) den Angeklagten an der Unparteilichkeit des Richters zweifeln lassen (vgl. die Beispiele oben c).

16 Die **Mitwirkung des Richters an Vorentscheidungen** ist per se kein Ausschlussgrund (siehe oben Rn. 8ff.) und kann daher nicht ohne weiteres zum Ablehnungsgrund umfunktioniert werden. Andererseits erscheint auch das generelle argumentum e contrario verfehlt, sie könne niemals die Besorgnis der Befangenheit begründen.[19] Es ist zu

---

[13] Der Richter ist Mitglied der Partei, zu deren Lasten Untreue begangen worden sein soll; BGH NStZ 2006, 646.
[14] BGH NStZ 2011, 590.
[15] Vgl. BGHSt 43, 16.
[16] AG Oldenburg StV 1990, 259.
[17] Vgl. BGH NStZ 1988, 510.
[18] LG Frankfurt StV 1990, 258.
[19] So aber die Rechtsprechung, vgl. *Meyer-Goßner/Schmitt*, § 24 Rn. 12 m.w.N.

unterscheiden zwischen Entscheidungen, die auf Grund einer vorläufigen Tatbewertung ergehen und Urteilen, die nach einer Hauptverhandlung in der Sache gefällt werden. Bei Entscheidungen im Vorverfahren und Zwischenverfahren (Haftbefehl, Eröffnungsbeschluss) wird nur ein Verdacht überprüft. Diese Art der Vorbefassung gehört zu unserer Prozessstruktur. Anders verhält es sich, wenn der Richter dieselbe Sache schon einmal abschließend entschieden hat (Beispiel: A wird von der Strafkammer unter Mitwirkung der Richterin R verurteilt; auf seine Revision wird das Urteil aufgehoben und die Sache an eine andere Kammer zurückverwiesen, deren Vorsitzende R mittlerweile geworden ist). Die StPO bewertet das zwar nicht als Ausschließungsgrund, lässt aber Raum für die Bewertung des Einzelfalles. Allein der Umstand, dass es der Angeklagte wieder mit demselben Richter zu tun und verständlicherweise Zweifel an dessen Fähigkeit hat, sich von alten Eindrücken zu lösen, sollte zwar nicht hinreichen.[20] Aber es bedarf in solchen Fällen nur eines kleinen, zusätzlichen Auslösers, um dieses allgemeine Unbehagen zur Besorgnis der Befangenheit zu steigern.[21] Die Anforderungen an die Gründe, die geeignet erscheinen, Misstrauen gegen die Unparteilichkeit des Richters zu rechtfertigen, sind also drastisch reduziert.

Lösung (zu Fall Rn. 11): Ohne solche zusätzlichen Aspekte wird das Ablehnungsgesuch als unzulässig verworfen.

3. Das Verfahren

a) Antrag

17 Das Ablehnungsgesuch ist bei dem Gericht anzubringen, dem der Richter angehört (§ 26 Abs. 1). Gericht ist der Spruchkörper, also z. B. die 2. Strafkammer des Landgerichts. Das muss **rechtzeitig** geschehen, nämlich bis zur Vernehmung des (eventuell ersten von mehreren) Angeklagten über seine persönlichen Verhältnisse (§ 25 Abs. 1 S. 1; vgl. § 243 Abs. 2 S. 2). Wird dieser Zeitpunkt versäumt, sind alle bis dahin eingetretenen und dem Ablehnungsberechtigten bekannten Ablehnungsgründe verwirkt. Treten sie erst später ein oder werden sie erst später bekannt, muss die Ablehnung unverzüglich (wie § 121 Abs. 1 BGB) erklärt werden (§ 25 Abs. 2).[22] Wer sich erst mit seinem Verteidiger berät, zögert nicht schuldhaft.[23] Bringt der Angeklagte in der Hauptverhandlung ein Ablehnungsgesuch an, kann ihm das Gericht eine Frist zur schriftlichen Begründung des Gesuchs setzen (§ 26 Abs. 1 S. 2). Wird der Antrag sodann nicht fristgerecht begründet, ist die Ablehnung als unzulässig zu verwerfen (§ 26a Abs. 1 Nr. 2 Alt. 2).

18 Der Antragsteller muss den Ablehnungsgrund und in der soeben besprochenen Prozesslage (§ 25 Abs. 2) auch die Rechtzeitigkeit **glaubhaft machen** (§ 26 Abs. 2). Die behaupteten Tatsachen müssen demnach soweit bewiesen sein, dass sie das Gericht ohne weitere Ermittlungen für wahrscheinlich hält.[24] Dazu braucht man schriftliche Erklärungen von Zeugen (es genügt nicht, sie nur zu benennen) oder eine schriftliche anwaltliche Versicherung des Verteidigers. Man darf sich auch auf die dienstliche Erklärung beziehen, die der abgelehnte Richter immer abgeben muss (§ 26 Abs. 2 S. 3, Abs. 3). Der Grundsatz in dubio pro reo gilt nicht, weil eine Wahrscheinlichkeit immer

---

[20] BGH StV 2016, 633; a. A. *Beulke*, Rn. 74.

[21] Zu einem entspr. Fall s. BGH NStZ 2012, 519.

[22] BGH NStZ 1996, 47.

[23] BGH NStZ 1984, 371; NStZ 1992, 211.

[24] BGHSt 21, 334 (347).

Raum für Zweifel lässt und das Gericht nicht verpflichtet ist, „im Zweifel" eine Wahrscheinlichkeit anzunehmen.

b) Zulässigkeit

19 Das Gericht prüft zunächst, ob der gestellte Antrag zulässig ist. An dieser Entscheidung wirkt der abgelehnte Richter mit (§ 26a Abs. 2 S. 1); der Einzelrichter trifft sie allein (§ 26a Abs. 2 S. 3). Er wird dadurch nicht zum „Richter in eigener Sache".[25] Die Zulässigkeit liegt vor, wenn die soeben (oben Rn. 17f.) dargestellten Voraussetzungen gegeben sind und das Ablehnungsgesuch nicht missbräuchlich gestellt ist (§ 26a Abs. 1 Nr. 1–3).

c) Begründetheit

20 In diesem Stadium entscheidet das Gericht in anderer Besetzung. Der abgelehnte Richter darf nicht mitwirken (§ 27 Abs. 1). Daher kann nicht in der Hauptverhandlung entschieden werden. Sie ist somit zu unterbrechen (evtl. später, § 29 Abs. 2 S. 1). Die Entscheidung wird also außerhalb der Hauptverhandlung und folglich ohne die Schöffen getroffen (§ 27 Abs. 2 i.V.m. § 76 Abs. 1 S. 2 GVG). Der abgelehnte Richter wird dabei durch einen anderen Richter der Strafkammer oder einen Vertreter ersetzt. Beim Amtsgericht entscheidet stets ein anderer Richter (§ 27 Abs. 3 S. 1).

d) Beschluss

21 Die Entscheidung ergeht durch Beschluss (§ 28 Abs. 1). Wird die Ablehnung als unbegründet zurückgewiesen, befindet sich das Verfahren in der Lage, die es vor dem Gesuch hatte. Gibt das Gericht dem Ablehnungsgesuch statt, ist ab diesem Zeitpunkt der Richter ausgeschlossen (keine Rückwirkung).[26] Dann muss die Hauptverhandlung ausgesetzt und völlig neu durchgeführt werden („der Prozess ist geplatzt"). Hatte man vorgesorgt und einen Ergänzungsrichter (§ 192 GVG) teilnehmen lassen, braucht nur der Teil der Hauptverhandlung wiederholt zu werden, der nach dem Ablehnungsgesuch noch durchgeführt worden war (§ 29 Abs. 2 S. 2).

e) Anfechtung

22 Ist die Ablehnung für begründet erklärt worden, kann dieser Beschluss nicht angefochten werden (§ 28 Abs. 1; auch nicht mit der Revision, § 336 S. 2). Gegen Beschlüsse, die ein Ablehnungsgesuch als unzulässig verworfen oder als unbegründet zurückgewiesen haben, gibt es die sofortige Beschwerde (§§ 28 Abs. 2 S. 1, 311). Betraf das erfolglose Ablehnungsgesuch ein Mitglied des erkennenden Gerichts (Richter nach Erlass des Eröffnungsbeschlusses), soll das Verfahren nicht aufgehalten werden. Die Entscheidung kann man dann nur zusammen mit dem Urteil anfechten (§ 28 Abs. 2 S. 2), also mit Berufung oder Revision.

---

[25] Es sei denn, dass bei der Gleichstellung von unzulässigen mit offensichtlich unbegründeten Anträgen, die prinzipiell gestattet ist, verdeckt die sachliche Berechtigung des Ablehnungsgesuchs geprüft wird; BVerfG NJW 2005, 3410; BGH NStZ 2006, 50; 2006, 705; 2008, 46.

[26] OLG Koblenz NStZ 1983, 471.

III. Die Verhandlungsleitung, § 238

1. Die Anordnungen des Vorsitzenden, § 238 Abs. 1

Die Verhandlungsleitung fällt in die Kompetenz des Vorsitzenden. Er leitet die Verhandlung, vernimmt den Angeklagten und führt die Beweisaufnahme durch (§ 238 Abs. 1). Nur wenige Entscheidungen, die während einer Hauptverhandlung zu treffen sind, ergehen von vornherein als Beschluss des (gesamten) Gerichts (z. B. über Verbindung und Trennung, § 4; Ablehnungsgesuche, § 27 Abs. 1; Aussetzung, § 228 Abs. 1 S. 1; Ablehnung von Beweisanträgen, § 244 Abs. 6; Nachtragsanklage, § 266 Abs. 1). 23

2. Das Beanstandungsrecht, § 238 Abs. 2

a) Alle Maßnahmen des Vorsitzenden können beanstandet werden. Die früher h. M. verstand den Begriff „Sachleitung" (Abs. 2) enger als den der Verhandlungsleitung (Abs. 1) und meinte, einen Bereich der nur formellen Verhandlungsleitung der Anfechtbarkeit entziehen zu können. Die Unterscheidung ist aber nicht durchführbar.[27] Es gibt keine Anordnung, die ausschließlich die „äußere" Gestaltung der Hauptverhandlung betrifft, und keine, die nicht vielleicht Einfluss auf die Endentscheidung hat. 24

Beispiel: Die scheinbar harmlose Anordnung „machen Sie mal ein Fenster auf" kann die Rechte des Angeklagten berühren, wenn er Allergiker ist und draußen eine blühende Birke steht.

b) § 238 Abs. 2 ist eine Sonderform der Beschwerde. Die Vorschrift „eröffnet einen schnellen, innerinstanzlichen Weg, Anordnungen und Maßnahmen des Vorsitzenden in der Hauptverhandlung vom Kollegium auf ihre rechtliche Zulässigkeit hin überprüfen zu lassen".[28] Voraussetzung der Zulässigkeit ist eine Beschwer. Dazu gehört die Behauptung, in Rechten verletzt zu sein. Man kann also eine Maßnahme nicht mit der Begründung angreifen, sie sei nicht zweckmäßig. Den Zwischenrechtsbehelf des § 238 Abs. 2 können alle ergreifen, die prozessuale Rechte haben (Verfahrensbeteiligte – dazu unten 20 – und andere Personen mit spezifischen Verfahrensrollen wie z. B. Zeugen, Sachverständige). Auch die Verhandlungsleitung des Einzelrichters ist angreifbar. Er entscheidet dann in der Form des Beschlusses gem. § 238 Abs. 2. 25

c) Revision 26

Ein Angeklagter, der eine Maßnahme des Vorsitzenden (oder Strafrichters) nicht beanstandet, also nicht sofort den Zwischenrechtsbehelf ergriffen hat, soll nicht später eine Revision auf die Rüge stützen können, der Vorsitzende habe einen Fehler bei der Verhandlungsleitung gemacht und ihn dadurch in seinem Recht auf Verteidigung eingeschränkt, § 338 Nr. 8.

Die Rechtsprechung entnimmt der Vorschrift des § 238 Abs. 2 den allgemeinen Rechtsgedanken, dass man jegliche Möglichkeit „verwirke", einen Verfahrensfehler in der Re- 27

---

[27] A. A. im Ansatz *Roxin/Schünemann*, § 44 Rn. 14ff.
[28] *Erker*, S. 133.

vision geltend zu machen, wenn man diesen Zwischenrechtsbehelf nicht ergriffen habe. Auch die Revision gem. § 337 müsse dann erfolglos bleiben.[29] Das geht zu weit. Der Angeklagte hat nicht nur das Recht auf Verteidigung (geschützt in § 338 Nr. 8), sondern ganz allgemein auf ein justizförmiges Verfahren. Das Beanstandungsrecht des Angeklagten darf nicht zur Beanstandungslast ausgestaltet werden.[30] Es ist nicht seine Aufgabe – und auch nicht die des Verteidigers –, dem Gericht in seiner Verantwortung für ein einwandfreies Verfahren zu assistieren. Deshalb kann Schweigen nicht als „treuwidrig" angesehen und mit der Folge der Verwirkung geahndet werden. Einen Verzicht bedeutet Schweigen ohnehin nicht.

Auch nach der Rechtsprechung findet die „Disposition" des Angeklagten durch schweigende Hinnahme einer Anordnung ihre rechtliche Grenze dort, wo es um zwingende, nicht disponible Verfahrensvorschriften geht.[31] Eine weitere Ausnahme bilden die Fälle, in denen es die gerichtliche Fürsorgepflicht gebietet, den unverteidigten Angeklagten auf sein Beanstandungsrecht hinzuweisen. Die Ansicht der Rechtsprechung stößt überdies an eine faktische Grenze, weil es bei einem Unterlassen des Vorsitzenden nichts zu beanstanden gibt (so dass in diesen Fällen eine Revision gem. § 337 nicht an § 238 Abs. 2 scheitern kann).[32] Nach diesen „Ausnahmen", die die h. M. machen muss, bleibt von ihrer Regel nicht mehr viel übrig.

Zusammenfassend: Es trifft zu, dass die StPO dazu auffordert, gewisse Beanstandungen frühzeitig zu erheben und dass sie einen Ausschluss der betreffenden Rüge vorsieht, wenn dies nicht oder verspätet geschieht (Besetzungsrüge, vgl. oben 17 Rn. 5; Ablehnung, vgl. oben Rn. 17). Es ist aber nicht richtig, aus § 238 Abs. 2 das allgemeine Prinzip herzuleiten, dass derjenige verzichtbare Rechte verwirkt habe, der eine Maßnahme nicht beanstandet hat (vgl. unten 36 Rn. 27 ff.).

Fälle und Fragen

141. Worin liegt der Unterschied zwischen Ausschluss eines Richters und Ablehnung eines Richters wegen Besorgnis der Befangenheit?
142. Gelten die Vorschriften über die Ausschließung und Ablehnung auch für andere Gerichtspersonen?
143. Nennen Sie Beispiele für Ausschließungsgründe!
144. A ist wegen Anstiftung zum schweren Raub angeklagt. Der zuständige Richter R hat früher in seiner Eigenschaft als Staatsanwalt die Ermittlungen gegen den von A angestifteten K geleitet. Kann A Richter R von der Verhandlung ausschließen?
145. A ist wegen Totschlags angeklagt. Richterin R hat den Vorsitz. R hatte als Ermittlungsrichterin A schon als Beschuldigten vernommen und gegen ihn sogar einen Haftbefehl erlassen. Vor Beendigung der Beweisaufnahme erklärt R dem A, dass sie bereits im Ermittlungsverfahren von der Täterschaft des A überzeugt gewesen sei. Kann A gegen die Mitwirkung der R etwas unternehmen?
146. Unter welchen Voraussetzungen ist ein Ablehnungsgesuch zulässig?
147. Der in § 25 vorgesehene Ablehnungszeitpunkt wurde versäumt. Was für Folgen hat dies für den Ablehnungsberechtigten?
148. Kann der Beschluss, der über ein Ablehnungsgesuch ergeht, angefochten werden?

---

29 BGH NStZ 1992, 346: Revision unzulässig.
30 *Erker*, S. 151.
31 BGHSt 42, 73.
32 Vgl. BGHSt 38, 260 (261).

149. Wem obliegt die Verhandlungsleitung?
150. A ist wegen räuberischer Erpressung vor dem LG angeklagt. Seine Verteidigerin stellt nach Schluss der Beweisaufnahme und vor Beginn der Urteilsverkündung einen weiteren Beweisantrag. Dieser wird vom Vorsitzenden mit der Begründung abgelehnt, dass Anträge nicht mehr entgegen genommen werden. Kann A diese Anordnung des Vorsitzenden noch während der Verhandlung beanstanden bzw. wird seine Revision Erfolg haben, wenn er die Anordnung duldet?

§ 20. Die Prozessbeteiligten

1 Verfahrensbeteiligter ist, wer prozessuale Rechte ausübt oder von einer Entscheidung mittelbar betroffen wird.[1] Das Gericht gehört nicht zu den Beteiligten – es soll ja gerade „unbeteiligt" agieren.[2] Zu seinen Pflichten zählt es, den Beteiligten rechtliches Gehör zu gewähren (§ 33).

2 Verfahrensbeteiligte sind vor allem der Beschuldigte, sein Verteidiger, die Staatsanwaltschaft, der Nebenkläger und der Privatkläger. Außerdem gibt es Nebenbeteiligte, wie z. B. den Verletzten. Im Verfahren dabei, aber nicht Beteiligte im Sinne dieses Begriffes sind die Zeugen und Sachverständigen (ihre Rolle ist bei den Beweismitteln zu besprechen, vgl. unten 21 Rn. 3ff.) sowie andere, die nur eine mittelbare Aufgabe oder Hilfsfunktion im Strafverfahren haben, wie z. B. die Polizeibeamten und der Protokollführer (§§ 226, 271).

I. Anwesenheitsrechte und -pflichten

1. Hauptbeteiligte

a) Der Beschuldigte (Angeklagte)

3 In der Hauptverhandlung muss er anwesend sein, § 230 Abs. 1. Ist der Angeklagte beim Aufruf der Sache (§ 243 Abs. 1 S. 1) nicht da, kommt es darauf an, ob er „ausgeblieben" (§ 230) oder „abwesend" ist (§ 276). Ein Versäumnisverfahren gibt es in der StPO nicht (früher §§ 277–284). Gegen einen Abwesenden kann ein Verfahren zum Zwecke der Beweissicherung betrieben werden (§§ 286–294). Ist der Angeklagte nicht abwesend (in diesem technischen Sinne), sondern nur nicht erschienen, wird er vorgeführt, soweit das zur Durchführung der Hauptverhandlung geboten erscheint (§ 230 Abs. 2). Dieser Zusatz soll sicherstellen, dass dem Verhältnismäßigkeitsgrundsatz entsprochen wird. Vorrangig sind daher stets mildere Mittel, die die Anwesenheit des Angeklagten sicherstellen können. Sind alle anderen Möglichkeiten ausgeschlossen, kann auch ein Haftbefehl ergehen.[3]

---

[1] Vgl. BVerfGE 13, 132 (140).
[2] BVerfGE 21, 139 (145).
[3] MüKoStPO/*Arnoldi*, § 230 Rn. 15.

4 Von der Anwesenheitspflicht gibt es Ausnahmen (§§ 231 Abs. 2, 231a–c, 232, 233; im Rechtsmittelverfahren §§ 329 Abs. 2, 350 Abs. 2; im Privatklageverfahren § 387 Abs. 1; nach Einspruch gegen einen Strafbefehl § 411 Abs. 2 S. 1). § 232 betrifft Strafsachen von geringer Bedeutung. In solchen Fällen kann sich der Angeklagte von seiner Anwesenheitspflicht auch befreien lassen (§ 233). Das Recht zur Anwesenheit bleibt ihm immer.[4]

Bei gewissen Vernehmungen (§ 247) darf der Angeklagte ausgeschlossen werden. Er muss dann allerdings sofort nach dem Ende der Vernehmung wieder zugelassen und über den „wesentlichen Inhalt" dessen informiert werden, was in seiner Abwesenheit gesagt oder verhandelt worden ist. Dabei soll die Unterrichtung auch schon durch eine simultane Videoübertragung der Vernehmung in den Aufenthaltsraum des Angeklagten erfolgen können; eine solche hat dem BGH zufolge aufgrund des Rechts auf eine effektive Verteidigung zudem Vorrang vor der nachträglichen Information durch den Vorsitzenden.[5] Das gilt freilich nur, wenn die technischen Möglichkeiten vorhanden sind.

Beispiel: Der Angeklagte wird erst nach der Verhandlung über die Entlassung des Zeugen wieder zugelassen und unterrichtet. Er erklärt, selbst keine Fragen an den Zeugen zu haben.

Hier hätte das Gericht den Angeklagten schon vorher wieder zulassen müssen. Die Verhandlung über die Entlassung des Zeugen gehört wegen ihrer selbständigen verfahrensrechtlichen Bedeutung nicht mehr zur Vernehmung. Damit liegt ein absoluter Revisionsgrund nach § 338 Nr. 5 StPO vor; die Verhandlung über die Entlassung ist ein wesentlicher Teil der Hauptverhandlung, denn mit der Entlassung des Zeugen endet das Fragerecht der Verfahrensbeteiligten. Jedoch gilt der Verstoß als geheilt, wenn der Angeklagte nach seiner Unterrichtung erklärt, keine Fragen mehr zu haben, oder wenn der Zeuge erneut geladen und befragt wird.[6]

b) Der Verteidiger

5 Bei notwendiger Verteidigung muss er anwesend sein (vgl. § 145 Abs. 1 S. 1). Wenn in Abwesenheit des Angeklagten verhandelt werden darf (§§ 231 Abs. 2, 231a, b, 232, 233), ist er nicht auf seine normale Rolle als Beistand beschränkt (vgl. oben 11 Rn. 21), sondern kann, wenn er eine entsprechende Vollmacht hat, ausnahmsweise als Vertreter handeln (§ 234).

---

[4] BGHSt 19, 144 (147).

[5] BGH NJW 2017, 3397; a. A. noch BGH NStZ 2009, 582.

[6] BGHSt (GrS) 55, 87. Zu teilweise abweichenden Ergebnissen gelangt die Rspr. allerdings im Hinblick auf die Verhandlung über die Vereidigung des Zeugen, zu der der Angeklagte nicht rechtzeitig wieder zugelassen worden ist. Hier soll kein Revisionsgrund nach § 338 Nr. 5 StPO vorliegen, wenn der Zeuge unvereidigt geblieben ist und dies weder kontrovers erörtert noch zum Gegenstand einer gerichtlichen Entscheidung nach § 238 Abs. 2 StPO gemacht wurde; vgl. BGHSt 51, 81.

c) Der Staatsanwalt

6 In der Hauptverhandlung muss stets ein Vertreter der Staatsanwaltschaft anwesend sein, §§ 226, 227. Es braucht nicht während des gesamten Verfahrens und auch nicht in der Hauptverhandlung derselbe zu sein; er kann ausgewechselt werden (vgl. oben 6 Rn. 5, 6). Die Frage ist, ob er in bestimmten Situationen ersetzt werden muss. Das drängt sich auf, wenn ein **befangener Staatsanwalt** das Verfahren führt. Das Gesetz hat keine Regelung getroffen und noch nicht einmal **Ausschließungsgründe** wie für Richter vorgesehen (§§ 22f.). Es ist vernünftig, denjenigen Staatsanwalt in die Hauptverhandlung zu schicken, der den Fall am besten kennt, weil er die Ermittlungen geführt und die Anklage geschrieben hat. Andererseits steht er durch diese Vorbefassung stets auch in Gefahr, als voreingenommen zu gelten. Gibt er zu erkennen, dass er zu einer objektiven Würdigung der von ihm geführten (oder jedenfalls zu vertretenden) Ermittlungen und der Beweissituation in der Hauptverhandlung nicht bereit oder nicht in der Lage ist, muss der Vorgesetzte von seinem Substitutionsrecht Gebrauch machen. Ob der Angeklagte darauf einen Anspruch hat und ob das Gericht diese Substitution erzwingen oder kontrollieren kann, ist die zweite Frage. Zunächst erscheint problematisch, wie sich jene Direktive zur Befangenheit des Staatsanwalts konkretisieren lässt. In den Situationen des § 22 Nr. 1–3 ist klar, dass sich der Staatsanwalt generell „zu nah dran" am Fall befindet, als dass er ihn noch mit einem Mindestmaß von Objektivität beurteilen könnte. Hier muss der Vorgesetzte eingreifen. Bei § 22 Nr. 4 versteht sich das nicht von selbst: Die frühere Tätigkeit als Strafverfolger ist systemkonform und die als Verteidiger eher geeignet, ihn besonders sensibel für die Lage der anderen Seite zu machen. Ansonsten ist ungeklärt, wann ein Staatsanwalt, insbesondere durch sein Verhalten in der Hauptverhandlung, über seine rollenspezifische Einseitigkeit hinaus Befangenheit besorgen lässt.[7] Das dürfte erst bei gewissermaßen wütendem Verfolgungseifer und daher selten der Fall sein. Häufiger kommt vor, dass ein Staatsanwalt eine zweite Prozessrolle spielen, nämlich als Zeuge aussagen musste, und daher seine eigentliche Aufgabe vielleicht nicht mehr wahrnehmen kann (dazu unten 21 Rn. 22).

7 Wenn sich danach ergibt, dass ein Staatsanwalt nicht weiter tätig werden sollte, stellt sich die Frage, ob man den Austausch erzwingen kann. Die h. M. gibt den Prozessbeteiligten kein Recht auf Ablehnung[8] und verweist auf die Revision, mit der man geltend machen kann, dass das Urteil möglicherweise durch die rechtsstaatswidrige, unfaire Verfahrensweise des Staatsanwalts beeinflusst sei. Das Gericht darf auf die Ablehnung drängen und muss das tun, wenn es die Fürsorgepflicht gebietet,[9] vermag aber die Entscheidung des Leiters der Staatsanwaltschaft nicht zu korrigieren (vgl. § 150 GVG). Der Weg über §§ 23ff. EGGVG (näher oben 15 Rn. 31ff.) ist nicht gangbar, weil die unmittelbare Auswirkung auf Individualrechte fehlt und weil dieses schwerfällige, tendenziell langwierige Verfahren nicht vereinbar ist mit dem in §§ 26ff. dokumentierten Interesse, den Zwischenstreit um die Befangenheit rasch zu beenden.

---

[7] Vgl. näher *Schairer; Tolksdorf; Frisch,* FS Bruns, 1978, 385 (398); *Pawlik,* NStZ 1995, 309 (313); sehr zurückhaltend der BGH, vgl. BGH NJW 1980, 845; NStZ 1984, 419; NStZ 1989, 583.

[8] Sehr str., vgl. *Meyer-Goßner/Schmitt,* vor § 22 Rn. 5 m.w.N.

[9] Vgl. LG Mönchengladbach JR 1987, 303 m. Anm. *Bruns.*

d) Der Nebenkläger

8 Der Nebenkläger schließt sich der öffentlichen Klage an (§§ 395ff., näher unten 39 Rn. 18ff.). Er will persönliche Genugtuung für erlittenes Unrecht und den Beschuldigten bestraft sehen.[10] Anwesenheitspflicht hat er nicht.

e) Der Privatkläger

9 Der Privatkläger verfolgt das gleiche Interesse, darf das aber anstelle der Staatsanwaltschaft tun (vgl. oben 18 Rn. 4). Er muss nicht persönlich kommen, wenn das nicht angeordnet wurde (§ 387 Abs. 3), sondern kann sich durch einen Rechtsanwalt vertreten lassen. Erscheint er nicht und wird er auch nicht vertreten, ahndet das Gesetz dies mit der Rechtsfolge einer fiktiven Klagerücknahme (§ 391 Abs. 2).

2. Nebenbeteiligte

10 Das sind Personen, die im öffentlichen oder eigenen Interesse am Verfahren teilnehmen.

a) Der Verletzte

11 Durch das Opferschutzgesetz (18.12.1986) ist der Verletzte zum Prozessbeteiligten geworden (§§ 406d ff.; näher unten 39 Rn. 40ff.). So kann er seine Interessen wahrnehmen und z. B. verhindern, dass ihm Verantwortung zugeschrieben wird. Dazu braucht er sich nicht als Nebenkläger anzuschließen. Das allerdings verschafft ihm zusätzliche Rechte.

b) Behörden

12 Die wichtigsten Fälle: Im Steuerstrafverfahren ist die Finanzbehörde beteiligt (§§ 385–408 AO), im Bußgeldverfahren die Verwaltungsbehörde (§§ 42, 63, 76 OWiG).

c) Einziehung

13 Wer hiervon betroffen ist, muss rechtliches Gehör erhalten und wird am Verfahren beteiligt (§§ 424ff.).

d) Verbände

14 Gegen juristische Personen und Personenvereinigungen kann eine Geldbuße als Nebenfolge einer Straftat oder Ordnungswidrigkeit verhängt werden – bisher die einzige Form der Sanktion gegen Verbände und Unternehmen (§ 30 OWiG). In diesem Verfahren müssen sie beteiligt werden (§ 444 Abs. 1), aber in der Hauptverhandlung nicht vertreten sein (§ 444 Abs. 2 S. 1).

---

[10] Vgl. BVerfGE 26, 66.

II. Fragerechte

1. Das Recht auf unmittelbare Befragung

Das Recht auf unmittelbare Befragung muss vom Vorsitzenden den beisitzenden Richtern, den Schöffen, der Staatsanwaltschaft, dem Angeklagten und seinem Verteidiger gewährt werden (§ 240 Abs. 1, 2 S. 1).[11] Unmittelbare Befragung heißt, dass die Frage nicht erst dem Vorsitzenden mitgeteilt werden muss, der sie dann stellt. Dieses Recht haben, über den Wortlaut des § 240 hinaus, alle Prozessbeteiligten. Für den Angeklagten ist das Recht, Belastungszeugen zu befragen oder befragen zu lassen, ein Mindestrecht nach Art. 6 Abs. 3d EMRK.[12] Dass er Mitangeklagte nicht unmittelbar befragen darf (§ 240 Abs. 2 S. 2), ist verfassungsrechtlich nicht zu beanstanden.[13] Befragung ist nicht dasselbe wie Vernehmung. Man muss einzelne Punkte aufgreifen und die Fragen genau stellen. Einen zusammenhängenden Bericht über ganze Komplexe des Sachverhalts („erzählen Sie mal, wie war das denn?") kann man nicht verlangen. 15

2. Die Zurückweisung von Fragen, § 241 Abs. 2

Bei einer Befragung durch einen der Berufsrichter darf der Vorsitzende nicht nach dieser Vorschrift einschreiten (keine Verweisung auf § 240 Abs. 1). Ansonsten soll er Fragen zurückweisen, wenn sie **ungeeignet** sind, also nichts zur Wahrheitsfindung beitragen können oder aus Rechtsgründen nicht gestellt werden dürfen. 16

Beispiel: Ein gefährdeter Zeuge (§ 68 Abs. 2) wird nach dem Wohnort gefragt.

Auch Fangfragen und Suggestivfragen gehören hierher. **Nicht zur Sache** gehören Fragen, die nicht einmal mittelbar etwas mit der Tat und den möglichen Rechtsfolgen zu tun haben. 17

Beispiel: Die Zeugin ist Polizeibeamtin und in ihrer dienstfreien Zeit als Kaufhausdetektivin tätig. Der Verteidiger fragt sie, ob sie dafür eine Nebentätigkeitsgenehmigung hat.

Die Glaubwürdigkeit eines Zeugen ist stets relevant. Der Vorsitzende darf nicht einschreiten, wenn er eine entsprechende Frage für unerheblich hält: Das liefe, ehe man die Antwort gehört hat, auf eine verbotene Vorwegnahme der Beweiswürdigung hinaus.[14]

---

[11] Dem Rechtsanwalt als Beistand eines nebenklageberechtigten Verletzten kann der Vorsitzende im Rahmen seiner Sachleitungsbefugnis gestatten, einzelne Fragen zu stellen; BGH NStZ 2005, 222 m. Anm. *Ventzke,* 396.

[12] Ausführlich dargelegt in BGHSt 46, 93.

[13] BVerfG NJW 1996, 3408.

[14] BGH NStZ 1985, 183; StV 1987, 229.

3. Die Entziehung des Fragerechts

18 Die Entziehung des Fragerechts insgesamt ist nicht zulässig. Selbst bei fortgesetztem, schwer erträglichem Missbrauch muss der Vorsitzende die Geduld aufbringen, Frage für Frage zurückzuweisen (str.).

4. Rechtsbehelfe

Das Gericht entscheidet nicht erst bei Beanstandungen (§ 238 Abs. 2), sondern schon dann, wenn Zweifel geäußert wurden (§ 242).

Fälle und Fragen

151. Wer ist Verfahrensbeteiligter?
152. Gehören Zeugen und Sachverständige zu den Prozessbeteiligten?
153. Gibt es in der StPO ein Versäumnisverfahren?
154. A ist wegen Mordes vor dem LG München angeklagt. Die dreizehnjährige Tochter K des Tatopfers soll als Tatzeugin vernommen werden. Der Gerichtspsychologe weist darauf hin, dass die Anwesenheit des Angeklagten A bei dem Kind traumatische Zustände hervorrufen könnte. Kann A deshalb aus der Hauptverhandlung ausgeschlossen werden?
155. Ist die Anwesenheit des Verteidigers während der gesamten Hauptverhandlung zwingend?
156. In der Hauptverhandlung gegen den Angeklagten X vor dem LG München ist Staatsanwältin P als Sitzungsvertreterin tätig. Am dritten Verhandlungstag kann P wegen Krankheit nicht anwesend sein. Kann Staatsanwalt S anstelle von P die Anklage in der Verhandlung vertreten?
157. A ist wegen Körperverletzung vor dem AG angeklagt. In der Hauptverhandlung vertritt die frühere Lebenspartnerin des A, Staatsanwältin X, die Anklage. Dem A wird unwohl in seiner Haut. Er befürchtet, dass X zu einer objektiven Würdigung der Beweissituation in der Hauptverhandlung weder bereit noch fähig ist. Was kann A unternehmen, damit Staatsanwältin X ersetzt wird?
158. Welche Personen sind im Verfahren Nebenbeteiligte?
159. Welche Personen sind frageberechtigt und was bedeutet „unmittelbare Befragung"?
160. Ist die „Befragung" der Richter und der StA zulässig?
161. Ist die unmittelbare Befragung eines Angeklagten durch einen Mitangeklagten zulässig?
162. Der Vorsitzende darf unter den Voraussetzungen des § 241 Abs. 2 einzelne Fragen zurückweisen, wenn sie „ungeeignet" sind. Was ist darunter zu verstehen?
163. Ist die Zurückweisung durch den Vorsitzenden bei einer Befragung durch einen Berufsrichter zulässig?
164. Darf das Fragerecht als Ganzes entzogen werden?

§ 21. Die Beweismittel

1 Als Beweismittel kennt die StPO nur Zeugen, Sachverständige, Urkunden und Augenschein. Zeugen und Sachverständige machen Aussagen. Mit ihnen führt man einen Personalbeweis. Beim Sachbeweis werden Beweisgegenstände (vgl. §§ 94, 102) durch Verlesung ausgewertet, wenn es sich um Schriftstücke (Urkunden) handelt, und ansonsten dadurch, dass man sie in Augenschein nimmt. Zahlreiche Kombinationen sind möglich.

Beispiel: Eine Mitarbeiterin des Landeskriminalamtes sichert die Spuren, wertet sie aus und berichtet darüber als Sachverständige.

Der Beschuldigte zählt nicht zu den Beweismitteln. Man kann ihn nicht „zum Beweis heranziehen", weil er ja schweigen darf. Sagt er aber aus, hat er sich gewissermaßen selbst zum Beweismittel gemacht und muss sich gefallen lassen, dass seine Aussage verwendet und gewürdigt wird (näher unten 29 Rn. 10). 2

I. Der Zeuge, §§ 48ff., 85

1. Die Prozessrolle

a) Der Zeuge soll eine Aussage über seine Wahrnehmungen machen. Das führt zu Überschneidungen mit der Aufgabe des Sachverständigen (vgl. die zusammenfassende Grafik unten Rn. 37). Es spielt keine Rolle, ob der Zeuge etwas zufällig bemerkt hat oder eigens losgeschickt wurde (z. B. ein V-Mann im Auftrag der Polizei), ob er beruflich dazu verpflichtet war, auf etwas zu achten, etc. 3

b) Jeder kann Zeuge sein. Besonderer Sachverstand wird nicht vorausgesetzt. Hat ihn ein Zeuge, macht ihn das allein nicht zum Sachverständigen (vgl. § 85). Niemand ist von vornherein als Zeuge untauglich, wenn er nur überhaupt – und sei es auch sehr eingeschränkt – über die Fähigkeit verfügt, Wahrnehmungen zu machen und sie wiederzugeben (so dass im Ergebnis nur Kleinkinder ausscheiden).

c) Was man vom Zeugen verlangt, sind Angaben über Tatsachen. Keinen Gegenstand des Zeugenbeweises bilden Rechtsfragen, Erfahrungsregeln, Vermutungen, Schlüsse auf andere Tatsachen. Die Wahrnehmungen werden meist vergangene Tatsachen betreffen, können sich aber auch (entgegen dem Wortlaut § 85) auf gegenwärtige beziehen (z. B. die Frage an das Opfer: „Wie geht es Ihnen heute"?). Die Angaben müssen nicht unbedingt „positiv" sein. Wenn der Zeuge sagt, dass ein bestimmtes Wort nicht gefallen ist, gehört auch diese „negative Tatsache" zu seinen Wahrnehmungen. Gegenstand einer Zeugenaussage sind ferner die inneren (gegenwärtigen oder vergangenen) Tatsachen, die der Zeuge selbst erlebt. Fremdpsychische Vorgänge kann er nicht selbst wahrgenommen haben. 4

Beispiel: Mit der Bemerkung „ich kenne ihn, so was macht ihn latent aggressiv" hat ein Zeuge in mehrfacher Hinsicht seine Rolle überschritten. Sie enthält eine Schlussfolgerung, eine Deutung, eine Erfahrungsregel und eine Aussage über Zustände, die seiner Wahrnehmung entzogen sind.

Nach Dingen, die sich nicht ereignet haben, kann man den Zeugen nicht fragen. Etwas anderes gilt für hypothetische psychische Abläufe.

Beispiel: „Hätten Sie das Auto auch gekauft, wenn Ihnen der Angeklagte gesagt hätte, dass es ein Unfallfahrzeug ist?"

Die Frage ist zulässig, weil der Zeuge nach der Beweistatsache der psychischen Kausalität zwischen Irrtum und Verfügung gefragt wird.

Tatsache ist auch das, was andere gesagt haben (**Zeugen vom Hörensagen**[1] vgl. schon oben 18 Rn. 26). **Werturteile** bilden den Gegensatz zu Tatsachen. Die Grenzlinie ist bekannt (vgl. die Dogmatik zur Täuschungshandlung bei § 263 StGB). Es kommt darauf an, ob sich das Werturteil auf eine Tatsachenbasis stützt und ob der Zeuge dazu etwas sagen kann; andernfalls handelt es sich um eine wertlose Meinung. Das ist wichtig, wenn über den **Leumund** eines anderen gesprochen wird.

Alltägliche Werturteile, auf die man sich verlässt, weil sie jeder nach den gleichen Maßstäben trifft, sollen den Tatsachen gleichstehen.

Beispiel: „Ob eine Person sinnlos betrunken gewesen, ob ein Fuhrmann schnell gefahren ist".[2]

Das ist nicht richtig, falls damit gemeint ist, dass man sie ungeprüft hinnehmen dürfte. Bei einem „sinnlos Betrunkenen" ist nicht diese zusammenfassende Meinung des Zeugen interessant, sondern das, was er zum Verhalten des anderen sagen kann, und die Bemerkung, der Angeklagte sei in einer Tempo-30-Zone „zu schnell" gefahren, ist als Angabe über Tatsachen brauchbar, wenn der Zeuge sich auf „mehr als 80" festlegt, und unbrauchbar, wenn er auf „40" beharrt.

2. Die Pflichten

5 Der Zeuge muss zur Vernehmung erscheinen, die Wahrheit sagen und in Ausnahmefällen darauf einen Eid leisten (unten vor Rn. 6–Rn. 7). Über diese drei Hauptpflichten hinaus gibt es Nebenpflichten (unten Rn. 8). Die Pflichten des Zeugen sind als staatsbürgerliche Pflichten[3] der StPO vorgelagert. Sie treffen jeden Deutschen und jeden, der sich in Deutschland aufhält (Ausnahme Exterritoriale, §§ 18 f. GVG). Wenn man sich vorstellt, dass der Angeklagte, öffentlich-rechtlich gesprochen, „Störer" ist, dann wird hier der „Nichtstörer", der Zeuge, schärfer in die Pflicht genommen.

a) Die Pflicht zu Erscheinen

Die Pflicht zum Erscheinen besteht bei Ladungen durch den Richter (§§ 48, 51) und die Staatsanwaltschaft im Ermittlungsverfahren (§ 161 a Abs. 1 S. 1). Ladungen von Ermittlungspersonen der Staatsanwaltschaft muss er folgen, wenn ihnen ein Auftrag von dieser zugrunde liegt (§ 163 a Abs. 3 S. 1). Darüber hinaus braucht er vor der Polizei nicht zu erscheinen. Der ungehorsame Zeuge trägt die Kosten, zahlt ein Ordnungsgeld und erduldet ersatzweise Ordnungshaft bis zu sechs Wochen (§ 51; Art. 6 Abs. 2 EGStGB). Haft darf allerdings nur vom Richter angeordnet werden (§ 161 a Abs. 2 S. 2).

---

[1] *Detter*, NStZ 2003, 1 ff. gibt einen Überblick über die Probleme und die Rspr. des BGH.
[2] RGSt 37, 371, zitiert bei *Beulke*, Rn. 181.
[3] BVerfGE 49, 280 (284).

b) Die Pflicht zur wahrheitsgemäßen Aussage

Lügt der Zeuge, macht er sich strafbar (§§ 153 ff. StGB). Das gilt allerdings nur für richterliche Vernehmungen, nicht dagegen für Vernehmungen durch die Staatsanwaltschaft oder deren Ermittlungspersonen, da diese keine zur eidlichen Vernehmung zuständigen Stellen sind (vgl. §§ 161 a Abs. 1 S. 3, 163 Abs. 3 S. 3). Verweigert der Zeuge die Aussage ohne gesetzlichen Grund, muss er die Kosten tragen, ein Ordnungsgeld zahlen (§ 70 Abs. 1) und damit rechnen, dass er bis zu sechs Monate in Beugehaft genommen wird (§ 70 Abs. 2).

Die Aussagepflicht wird bei Angehörigen des öffentlichen Dienstes aufgehoben durch 6 die **Verschwiegenheitspflicht** (§ 54). Ihre Vernehmung als Zeugen ist verboten (Beweiserhebungsverbot, vgl. unten 28 Rn. 1–3), solange nicht eine Aussagegenehmigung erteilt ist. Diese Genehmigung stellt einen Verwaltungsakt dar.[4] Wird er zu Unrecht nicht erlassen (§§ 68 Abs. 1 BBG, 37 Abs. 4 BeamtStG), können nur die Verfahrensbeteiligten Verpflichtungsklage erheben, nicht also der Zeuge selbst und auch nicht das Gericht. Dessen Fürsorgepflicht gebietet es allerdings, sich um die Erteilung der Genehmigung zu bemühen.[5] Der Konflikt zwischen einem Geheimhaltungsinteresse einerseits und dem Interesse an der Wahrheitsfindung durch Vernehmung des tatnahen, unmittelbaren Zeugen andererseits tritt vor allem bei verdeckt operierenden Polizeibeamten auf (Scheinaufkäufer, verdeckter Ermittler, etc., vgl. unten 27 Rn. 31 ff.).

c) Die Eidespflicht

Die Vereidigung, vom Gesetz früher als Regelfall angesehen, war in der Praxis schon 7 lange die Ausnahme (weil sie eine Aussage auch nicht „wahrer" macht). Dem hat das 1. JuMoG Rechnung getragen und das Verhältnis von Regel und Ausnahme (Vereidigung) umgekehrt (§ 59).

Ein Zeuge kann nur noch vereidigt werden, wenn das Gericht (§ 238!) die Aussage für „ausschlaggebend" hält, weil sie bei der Beweiswürdigung das „Zünglein an der Waage"[6] sein wird oder andere Beweismittel nicht zur Verfügung stehen. „Zur Herbeiführung einer wahren Aussage" (§ 59 Abs. 1 S. 1 Alt. 2) ist die Vereidigung nicht erforderlich, wenn der Zeuge lügt (und sich damit schon nach § 153 StGB strafbar macht). Es mag Fälle geben, in denen konkrete Tatsachen den Schluss erlauben, dass er unter Eideszwang noch etwas Wichtiges (nicht: „Ausschlaggebendes") bekunden wird. Die Vereidigung erfolgt immer erst nach der Aussage (§ 59 Abs. 2 S. 1; „Nacheid").

Im Vorverfahren kommt die Vereidigung nur in Betracht, wenn darüber hinaus der Verlust des Beweismittels droht („Gefahr im Verzug") oder der Zeuge voraussichtlich in der Hauptverhandlung am Erscheinen gehindert sein wird (§ 62).

Die Staatsanwaltschaft ist nicht zur Abnahme von Eiden befugt (§ 161 a Abs. 1 S. 3), erst recht nicht die Polizei.

Verboten ist die Vereidigung bei **Eidesunmündigen** (§ 60 Nr. 1 Alt. 1) und **Eidesunfähigen** (§ 60 Nr. 1 Alt. 2).

---

[4] BVerwGE 66, 39 f.
[5] BGHSt 32, 115 (125 ff.); BGH NStZ 1981, 70.
[6] BGHSt 16, 99 (103).

Sie scheidet ferner aus, wenn **Tat- oder Teilnahmeverdacht** besteht (§ 60 Nr. 2). Alle Rechtsbegriffe dieser Vorschrift werden weit ausgelegt. Als „Tat“ zählt der geschichtliche Vorgang (prozessualer Tatbegriff). „Tatbeteiligt“ ist über §§ 25ff. StGB hinaus jeder, der bei diesem Vorgang auf strafbare Weise in derselben Richtung wie der Beschuldigte mitgewirkt hat.

Beispiele: Der Verkäufer von Rauschgift im Verfahren gegen den Käufer;[7] der Dieb im Verfahren gegen den Hehler.[8] Nicht der Lockspitzel, weil er nicht in strafbarer Weise mitgewirkt hat.[9]

Begünstigung und Strafvereitelung (§ 60 Nr. 2) stehen der Vereidigung nur entgegen, wenn sie vor der Hauptverhandlung begangen wurden. Zieht der Zeuge erst durch seine Aussage in der Hauptverhandlung einen entsprechenden Verdacht auf sich, darf er vereidigt werden.[10] Hat er die Falschaussage dem Angeklagten vor der Hauptverhandlung zugesagt, soll das nur eine straflose Vorbereitungshandlung zur Strafvereitelung sein, so dass die Vereidigung zulässig bleibt.[11]

Wer nicht aussagen muss, braucht nicht zu beschwören, was er sagt (Eidesverweigerungsrecht, § 61). Zur Eidesform vgl. §§ 64ff. Wer nicht schwören will (Art. 4 Abs. 1 GG), braucht nur „ja“ zu sagen.

d) Nebenpflichten

8 Der Zeuge muss es sich gefallen lassen, dass seine „Glaubwürdigkeit“ (§ 68a Abs. 2) durch Fragen getestet und durch Sachverständige beurteilt wird (vgl. oben 10 Rn. 29). Er muss körperliche Untersuchungen dulden (§ 81c, vgl. oben 10 Rn. 26ff.), an Gegenüberstellungen mitwirken (§ 58 Abs. 2) und die Bild-Ton-Aufzeichnungen seiner Aussage hinnehmen (§ 58a). Bei Straftaten von erheblicher Bedeutung darf öffentlich nach ihm gefahndet werden (§ 131a Abs. 3).

3. Die Zeugnisverweigerungsrechte, §§ 52ff.

Sie gewähren die Befugnis, wegen der persönlichen oder beruflichen Beziehung des Zeugen zum Beschuldigten die Aussage schlechthin (das „Zeugnis“) zu verweigern. Davon zu unterscheiden ist das Recht eines Aussagepflichtigen, die Auskunft zu einzelnen Tatsachen zu verweigern, wenn das ihn oder einen seiner Angehörigen in die Gefahr brächte, zum Beschuldigten zu werden (§ 55, unten Rn. 14ff.).

a) Persönliche Beziehungen, § 52

9 § 52 nimmt Rücksicht auf die Zwangslage des Zeugen. Dem Schutz des Angeklagten vor problematischen Aussagen dient die Vorschrift nicht.[12]

---

[7] BayObLG MDR 1983, 778.
[8] BGHSt 4, 255; 4, 368; 6, 382.
[9] BGH NStZ 1990, 193.
[10] BGH NStZ 1981, 268; 309.
[11] Sehr str., BGHSt 31, 10; 34, 68.
[12] BGHSt 11, 213 (215).

Verlobte (§ 52 Abs. 1): Das Eheversprechen muss ernst gemeint sein. Ob es zivilrechtlich wirksam ist, hat mit der strafprozessualen Konfliktsituation nichts zu tun. Auch wer noch nicht rechtskräftig geschieden ist, kann sich daher im Strafverfahren darauf berufen, frisch verlobt zu sein.[13] Das Verlöbnis muss zur Zeit der Aussage bestehen, braucht zum Zeitpunkt der Tat aber noch nicht bestanden haben. In Zweifelsfällen kann das Gericht verlangen, dass es glaubhaft gemacht wird (§ 56).

Beispiel: Der Zuhälter wird beschuldigt, einen Freier verprügelt zu haben. Die Prostituierte, offensichtlich vor kurzem geschlagen worden, verweigert die Aussage mit der Begründung, sie sei seit gestern mit dem Angeklagten verlobt.

Ehegatten (§ 52 Abs. 1 Nr. 2): Das Zeugnisverweigerungsrecht besteht während und nach gültig geschlossener Ehe (auch bei einer Scheinehe).[14] Es spielt keine Rolle, ob die Ehe erst nach der Tat eingegangen und/oder vor der Aussage geschieden, für nichtig erklärt oder aufgehoben worden ist. Die „eheähnliche" Lebensgemeinschaft berechtigt nach h. M. nicht zur Zeugnisverweigerung;[15] anders bei eingetragenen Lebenspartnern (§ 52 Abs. 1 Nr. 2a).

Verwandte und Verschwägerte (§ 52 Abs. 1 Nr. 3): vgl. §§ 1589, 1590 BGB.

Das Zeugnisverweigerungsrecht haben Angehörige (Nr. 1–3) des Beschuldigten. Die 10
Frage ist, wie weit es reicht, wenn es in einem Verfahren **mehrere Beschuldigte** gibt. Der Zeuge kann nur einheitlich aussagen. Folglich gilt: „Richtet sich ein einheitliches Verfahren gegen mehrere Beschuldigte und steht der Zeuge auch nur zu einem von ihnen in einem Angehörigenverhältnis nach § 52, so ist er zur Verweigerung des Zeugnisses hinsichtlich aller Beschuldigten berechtigt, sofern der Sachverhalt, zu dem er aussagen soll, auch seinen Angehörigen betrifft"[16].

Strittig ist, *wann* ein „einheitliches Verfahren" vorliegt. Die Rechtsprechung lässt bereits 11
bei der Frage, wodurch man Beschuldigter wird, ein subjektives Kriterium entscheiden (Willensakt, vgl. oben 9 Rn. 1) und führt diese Linie hier fort: Prozessuale Gemeinsamkeit nicht schon, wenn gleichzeitig und parallel, also der Sache nach gemeinsam ermittelt wird, sondern erst bei einer Verbindung durch förmliche Entscheidung der Staatsanwaltschaft (arg. Rechtsklarheit).[17]

Der nächste Streitpunkt betrifft die Frage, *wie lange* sich der Angehörige auf ein Zeug- 12
nisverweigerungsrecht berufen kann, wenn diese prozessuale Gemeinsamkeit einmal bestanden hat. Hier wird differenziert. Das Zeugnisverweigerungsrecht bleibt bestehen, wenn das Verfahren gegen den Angehörigen abgetrennt oder gem. § 170 Abs. 2 eingestellt wird.[18] Es entfällt aber mit dem rechtskräftigen Abschluss dieses Verfahrens und mit dem Tod des Angehörigen.[19] In diesen Fällen sei das Band, das den Angehöri-

---

13 Sehr str., a. A. BGH NStZ 1983, 564; zweifelnd BGH NStZ 1986, 206.

14 BayObLG NStZ 1990, 187.

15 *Meyer-Goßner/Schmitt*, § 52 Rn. 5.

16 BGHSt 34, 215 (216); BGH NStZ 1998, 583.

17 BGH NStZ 1998, 583; a. A. *Rengier*, StV 1988, 465; *Fezer*, JZ 1996, 603.

18 BGH StV 1988, 89; NStZ 1988, 18; zum fortbestehenden Beschlagnahmeverbot nach Verfahrenstrennung BGH NStZ 1998, 471. Zweifelnd aber nunmehr BGH NStZ 2012, 221.

19 BGHSt 38, 96; BGH NJW 1992, 1118.

gen mit dem jetzigen Beschuldigten verknüpfe, „so schwach geworden", dass bei einer Abwägung das Interesse an Wahrheitsfindung schwerer wiege als das Interesse am Schutz des Familienfriedens.[20] Das gleiche soll gelten, wenn das Verfahren gegen den Angehörigen gem. § 154 eingestellt worden ist. Das sei „im Regelfall" endgültig. Der fortdauernden Gefahr, dass es durch die Staatsanwaltschaft wieder aufgegriffen werden könnte, lasse sich mit § 55 ausreichend begegnen.[21]

b) Berufsgeheimnisse, §§ 53, 53a

13 Die in § 53 genannten Träger von Berufsgeheimnissen und die an ihrer beruflichen Tätigkeit mitwirkenden Personen (§ 53a, vgl. § 203 Abs. 3 StGB) dürfen das Zeugnis über das verweigern, was ihnen in dieser Eigenschaft anvertraut oder bekannt geworden ist. Auch dieses Zeugnisverweigerungsrecht ist unteilbar (vgl. oben 10).[22] Geschützt wird das Vertrauen in die Institutionen (Ärzteschaft, Anwaltschaft, etc.). Der Schutz des konkreten Vertrauensverhältnisses (Arzt – Patient, Rechtsanwalt – Mandant, etc.) stellt nur einen Reflex dar. Zahlreiche Berufsgruppen sind nicht genannt (z. B. Psychologen, Vertrauensleute im Betrieb, Mitarbeiter beratender Verbände und Vereine). Die h. M. hält eine erweiternde Auslegung nicht für möglich, muss aber mit der unklaren Rechtsprechung des Bundesverfassungsgerichts leben, wonach ausnahmsweise und unter ganz besonderen Umständen aus Art. 1, 2 GG eine Begrenzung des Zeugniszwanges folge.[23]

Das Zeugnisverweigerungsrecht der Medienmitarbeiter ist über die Mitteilungen Dritter hinaus auf selbst recherchiertes Material und berufsbezogene eigene Wahrnehmungen erweitert worden (§ 53 Abs. 1 S. 1 Nr. 5, S. 2, 3; Abs. 2 S. 2, 3). Mit einem übermäßig komplizierten und unpraktikablen System von Regeln, Ausnahmen und Gegenannahmen hat der Gesetzgeber die Abwägungsmystik auf die Spitze getrieben und die Diskrepanz zwischen Eigen- und Fremdinformation sachwidrig nicht überbrückt.[24]

4. Das Auskunftsverweigerungsrecht, § 55

14 **Fall 1:** Der Angeklagte A soll einen Brandsatz in ein Haus geworfen haben. Er schweigt zu diesem Vorwurf. In Wahrheit ist es B gewesen, der Bruder des Zeugen C. Der hatte A und B in seinem Wagen zum Tatort gefahren. C wird gefragt, ob er am Tatort gewesen sei (Frage 1). Sagt er ja, bringt er sich selbst in Verdacht, sagt er nein, macht er sich strafbar. Er wird ferner gefragt, ob es richtig sei, dass B am Tatort gewesen sei (Frage 2). Die wahrheitsgemäße Aussage kann A entlasten, bringt aber B in Gefahr.

Alternative: Es ist bekannt, dass C am Tatort war. Er wird gefragt, ob er gesehen habe, dass A einen Brandsatz geworfen habe (Frage 3).

Als Beschuldigter braucht man nichts zu sagen, und als Angehöriger eines Beschuldigten darf man das Zeugnis verweigern. Der Zeuge muss aber auch davor geschützt werden, unter dem Druck der Wahrheitspflicht sich selbst oder einen Angehörigen, der

---

20 BGHSt 38, 96 (101); zur Kritik *Dahs/Langkeit,* StV 1992, 492; instruktive Dokumentation *Widmaier,* StV 1992, 1; NJW 1993, 2326.

21 BGH NStZ 2009, 517.

22 BGHSt 43, 300.

23 BVerfG NJW 1996, 1587; Psychologin in Beratungsstelle für missbrauchte Frauen: LG Freiburg NJW 1997, 813.

24 Überblick bei *Kunert,* NStZ 2002, 169.

nicht Beschuldigter ist, zu belasten. Diesem Zweck dient § 55. Die Vorschrift räumt allerdings anders als §§ 52, 53 kein generelles Zeugnisverweigerungsrecht ein, sondern nur ein Recht, die Auskunft auf bestimmte Fragen zu verweigern. Es gilt nur punktuell. Dabei ist es freilich nicht erforderlich, dass der Zeuge mit seiner Antwort gewissermaßen ein Geständnis ablegen würde. Wenn er Tatsachen offenbaren müsste, die einen Verdacht auch nur mittelbar begründen oder ein Mosaiksteinchen in ein Beweisgebäude setzen würden, genügt das.[25] Ausnahmsweise kann der Zeuge die gesamte Aussage verweigern, wenn alles, was er aussagen könnte, ihn oder seinen Angehörigen belasten würde – so typischerweise bei Tatbeteiligungen;[26] in diesem Fall kommt das Auskunftsverweigerungsrecht einem Zeugnisverweigerungsrecht im Ergebnis gleich.

In Fall 1 darf C deshalb auch die Antwort auf die Frage 3 verweigern (würde er wahrheitsgemäß „nein“ sagen, käme unweigerlich die Frage, wer es dann gewesen sei).

Die Vorschrift bezweckt nicht, den Angeklagten vor falschen Aussagen eines gefährdeten Zeugen zu schützen.[27] Es kommt, wie die Situation im Fall 1 zeigt, auch nicht darauf an, ob die Frage der Entlastung oder Belastung des Beschuldigten dienen soll. Entscheidend ist allein, ob der Zeuge sich selbst oder einen Angehörigen belasten könnte. Keine solche Gefahr besteht aufgrund des Strafklageverbrauchs gem. Art. 103 Abs. 3 GG (vgl. 14 Rn. 20), wenn der Zeuge oder der Angehörige hinsichtlich der Tat, derer er sich durch seine Antworten verdächtig machen könnte, bereits rechtskräftig verurteilt oder freigesprochen worden ist. Etwas anderes gilt allerdings, wenn die schon abgeurteilte Tat in einem so engen Zusammenhang zu anderen, noch verfolgbaren Taten steht, dass der Zeuge Gefahr läuft, wegen dieser belangt zu werden, wenn er auf Fragen zu der abgeurteilten Tat antwortet.[28] 15

Der Zeuge darf die möglicherweise belastenden Tatsachen nicht einfach verschweigen, sondern muss erklären, dass er die Auskunft verweigere. Was er bisher gesagt hat, bleibt verwertbar.[29] Hat er sich früher, z. B. bei der Polizei, zu dem problematischen Punkt geäußert, darf der damals vernehmende Polizeibeamte als Zeuge gehört werden (§ 252 gilt nicht für § 55, dazu unten 27 Rn. 14).

Über das Auskunftsverweigerungsrecht muss der Zeuge belehrt werden (§ 55 Abs. 2, und zwar möglichst früh und nicht erst, wenn es eng wird). Auch diese Belehrung dient, wie das Recht der Auskunftsverweigerung, nur seinem Schutz. Ist sie unterblieben, kann der Angeklagte das in der Revision nicht rügen (weil sein „Rechtskreis“ nicht betroffen sei;[30] näher unten 28 Rn. 9, sehr str.). Der Zeuge selbst wird aber, wenn es später zu einem Verfahren gegen ihn kommt, durch ein Verwertungsverbot geschützt (vgl. unten 28 Rn. 23). 16

---

[25] BGH StV 1987, 328. Diese Gefahr besteht nicht mehr, wenn seiner Verfolgung entgegensteht, dass er bereits rechtskräftig verurteilt ist oder ein Einstellungsbeschluss (§ 153a) die Strafklage (wegen eines Vergehens) verbraucht hat; zur Teilrechtskraft (Schuldspruch) vgl. BGH NStZ 2005, 524ff.

[26] BGH NJW 1998, 1728.

[27] H. M., str., a. A. z. B. *Roxin/Schünemann*, § 24 Rn. 48.

[28] BGH NStZ 2017, 546 (547); s. dort auch zu einer Rückausnahme hierzu.

[29] BGH NStZ 1998, 46 m. Anm. *Rengier.*

[30] BGHSt 11, 213.

5. Der Zeugenschutz

Beim Zeugen handelt es sich nicht um einen Verfahrensbeteiligten (s. oben 20 Rn. 1, 2) mit eigenen subjektiven Rechten. Er ist eine Beweisperson, die im öffentlichen Interesse in Anspruch genommen wird (vgl. oben Rn. 5) und deshalb verlangen darf, angemessen behandelt und in besonderen Situationen geschützt zu werden.

a) Zeugenbeistand[31]

17 Der Zeuge hat das Recht, zu seiner Vernehmung mit einem Rechtsanwalt zu erscheinen, der ihm hilft, seine rechtlich geschützten Interessen und Weigerungsrechte zu wahren. Das folgt aus dem Gebot der fairen Gestaltung des Strafverfahrens.[32] Dieser Zeugenbeistand verfügt über nicht mehr Rechte als der Zeuge und besitzt nicht, wie ein Verteidiger, eigene Rechte (h. M.). Zumindest teilweise Akteneinsicht muss ihm aber gewährt werden, weil er sonst nicht sinnvoll tätig werden könnte.[33]

Der Gesetzgeber hat mit dem ZSchG nur die Institution des Zeugenbeistands anerkannt und sich sonst aus allen Streit- und Zweifelsfragen herausgehalten. § 68b macht die Beiordnung auf Staatskosten in einigen allgemein umschriebenen Situationen möglich (Abs. 1) und in bestimmten schweren Fällen nötig (Abs. 2). Der Beistand des Verletzten, der in aller Regel Zeuge sein wird („Opferzeuge"), ist auch nicht mehr als ein Zeugenbeistand (§ 406f; s. unten 39 Rn. 41).

b) Rücksicht im Verfahren

Zum Schutz des Zeugen bei seiner Vernehmung

- darf die Öffentlichkeit ausgeschlossen werden (§§ 171b, 172 Nr. 1a GVG)
- kann angeordnet werden, dass sich der Angeklagte aus dem Sitzungssaal zu entfernen hat (§ 247)
- darf der Zeuge die Antwort auf Personalfragen verweigern (s. unten Rn. 18)
- muss verhindert werden, dass er bloßgestellt wird (s. unten Rn. 19)
- kann mit Video gearbeitet werden (vgl. unten Rn. 20).

6. Die Vernehmung des Zeugen

18 a) § 58 Abs. 1: Zeugen sollen nicht hören, was der Angeklagte und die anderen Zeugen vor ihm sagen.

b) Der Zeuge wird zunächst belehrt (§ 57), auch über ein Zeugnisverweigerungsrecht (§ 52 Abs. 3), sowie für alle Fälle – oder spätestens, wenn es dafür Anhaltspunkte gibt – über sein Recht, die Auskunft zu verweigern (§ 55 Abs. 2).

c) Dann werden Personalfragen gestellt (§ 68). Der Zeuge muss sagen, wie er heißt oder sich nennt (Künstlernamen), wie alt er ist, welchen Beruf er jetzt ausübt und welche postalische Anschrift er hat (Abs. 1).

---

[31] Näher *Klengel/Müller,* NJW 2011, 23.
[32] BVerfGE 38, 105.
[33] So auch KK-StPO/*Senge,* § 68b Rn. 8.

Gefährdete Zeugen dürfen diese Angaben teilweise verweigern (Abs. 2) und im Ernstfall ihre Identität ganz verheimlichen (Abs. 3; für verdeckte Ermittler gilt § 110b Abs. 3).

d) Die Vernehmung zur Sache (§ 69) muss gegliedert sein in Bericht (Abs. 1) und Ver- 19
hör (Abs. 2), auch bei Vernehmungen durch die Staatsanwaltschaft (§ 161a Abs. 1 S. 2) und die Polizei (weil sie an die Grundregeln der StPO gebunden ist).

Der Zeuge soll zunächst möglichst ungestört im Zusammenhang berichten. Diese Freiheit steht ihm zu.[34] Das Gericht darf seine Aussage nicht durch Fragen und Vorhalte strukturieren, ihn aber sanft dirigieren, wenn er abschweift. Den historischen Hintergrund der Vorschrift bildet der mittelalterliche Inquisitionsprozess mit seinem „artikulierten Verhör": die Vernehmung war in „Artikel" gegliedert. Der Angeklagte hatte auf gezielte Fragen zu antworten, möglichst mit „ja" oder „nein" (eine Methode, mit der man, wenn man sie pervertiert, jeden der Hexerei überführen kann). Andere Prozessordnungen bevorzugen noch immer dieses Modell und sehen in einem zusammenhängenden Bericht die Gefahr, dass der Zeuge sich „verplappern" und selbst beschuldigen könnte.

Im **Verhör** (Abs. 2) werden Fragen gestellt und Vorhalte gemacht, um Widersprüche zu beheben, Lücken des Berichts zu schließen und Angaben zu präzisieren. Sagt der Verletzte als Zeuge aus, gibt ihm das Gesetz hier die Gelegenheit, sich zu den Auswirkungen der Straftat auf ihn zu äußern (Abs. 2 S. 2).

Die Vernehmung wird vom Richter durchgeführt (§ 238) und geleitet (§ 240). Man könnte es auch Staatsanwaltschaft und Verteidigung gestatten, dass sie jeweils „ihren" Zeugen vernehmen. Dieses Kreuzverhör (§ 239) gilt in den USA als „the greatest legal engine ever invented for the discovery of the truth". Im deutschen Strafverfahren spielt es keine Rolle. Die übliche Begründung, dass es hier strukturell nicht passe und zu einem kontradiktorischen Verfahrensmodell gehöre, greift zu kurz. Im anglo-amerikanischen Strafverfahren ist das Kreuzverhör essentiell, weil es zum Recht auf Konfrontation gehört („face to face") und Zeugen vom Hörensagen grundsätzlich[35] ausgeschlossen sind. Aber auch im deutschen Verfahrensrecht ist das Recht auf konfrontative Befragung anerkannt (s. unten 27 Rn. 28).

Verboten sind unzulässige Vernehmungsmethoden (§ 69 Abs. 3). Der Schutz der Ehre und des persönlichen Lebensbereichs muss nur zurücktreten, wenn sonst die Wahrheit nicht erforscht werden kann (§ 68a). Ist die Frage nicht in diesem Sinne unerlässlich, wird sie als ungeeignet zurückgewiesen (§ 241 Abs. 2; vgl. oben 20 Rn. 16).

e) Über die Frage der Vereidigung (näher zu Eidesleistung oben Rn. 7) entscheidet der Richter (§ 238 Abs. 1) nach der Aussage.

f) Video-Aufzeichnungen von Zeugenaussagen sind im Vorverfahren immer zulässig 20
und angeraten („soll"), wenn absehbar ist, dass die Zeugen in der Hauptverhandlung nicht vernommen werden können (§ 58a Abs. 1 S. 2 Nr. 2). Möglich ist auch eine Video-Vernehmung (§ 58b). Zur Video-Vernehmung des Zeugen beim Ermittlungsrichter s. auch unten 26 Rn. 7 und zur Video-Konferenz in der Hauptverhandlung s. unten 26 Rn. 8f.

---

[34] BVerfGE 38, 105 (117).

[35] In den Federal Rules of Evidence gibt es zahlreiche Ausnahmen.

g) Die vom Gericht oder der Staatsanwaltschaft geladenen Zeugen werden aus der Staatskasse entschädigt (§ 71).

7. Verfahrensbeteiligte in der Rolle des Zeugen

Es geht um die Fragen, ob man noch als Richter, Staatsanwalt, Verteidiger tätig werden darf, wenn man in derselben Sache als Zeuge aufgetreten ist, und ob man als Beschuldigter in die Zeugenrolle versetzt werden kann.

a) Der Richter als Zeuge

21 **Fall 2:** Richter R hat die Verhandlung für heute geschlossen und ihre Fortsetzung für den übernächsten Tag anberaumt. Die Zeugin Z sucht ihn in seinem Dienstzimmer auf und erklärt, sie habe soeben bei ihrer Vernehmung nicht die Wahrheit gesagt; der Täter sei nicht der Angeklagte, sondern ihr Vater. R bricht das Gespräch mit Z sofort ab, notiert den Vorgang in einem Aktenvermerk und lädt Z zum nächsten Termin erneut als Zeugin. Sie erscheint nicht. Der Verteidiger beantragt die Vernehmung des Richters als Zeugen.

Der Richter ist kraft Gesetzes ausgeschlossen, wenn er in derselben Sache als Zeuge vernommen worden ist (§ 22 Nr. 5), nicht etwa schon dann, wenn er als Zeuge benannt wird. Im Fall hat er sein Wissen dienstlich erlangt, in seiner Eigenschaft als Richter in diesem Verfahren. Dieses Wissen kann deshalb durch eine dienstliche Erklärung in die Hauptverhandlung eingebracht werden.[36] Der Beweisantrag des Verteidigers wird somit abgelehnt werden, weil er auf eine unzulässige Beweiserhebung zielt (§ 244 Abs. 3 S. 1; näher unten 25 Rn. 18). Anders wäre es bei außerprozessualen Vorgängen. Dann kann seine Vernehmung (nur) unterbleiben, wenn er die dienstliche Erklärung abgibt, dass er darüber nichts weiß.

b) Der Staatsanwalt als Zeuge

22 **Fall 3:** Die Angeklagte behauptet, bei der Durchsuchung ihrer Geschäftsräume habe der Kripobeamte K von ihr eine Unterschriftsprobe verlangt und nach ihrer anfänglichen Weigerung gesagt: „Dann nehmen wir Sie mit und machen Ihren Laden dicht". K bestreitet das. Nun wird als Zeuge Staatsanwalt S vernommen, der dabei war und jetzt die Anklage vertritt. In seinem Plädoyer betont er, dass die Angeklagte vielfach gelogen habe, wie auch dieser Vorfall beweise.

Der Staatsanwalt ist zur Objektivität verpflichtet und darf daher nicht seine eigene Aussage würdigen. Sein Vorgesetzter muss ihn wegen dieser „punktuellen" Befangenheit zwar nicht durch einen anderen Vertreter der Staatsanwaltschaft ersetzen, aber dafür sorgen, dass ein weiterer Vertreter der Staatsanwaltschaft auftritt, der im Plädoyer die Aussage des ersten würdigt.[37]

c) Der Verteidiger als Zeuge

23 **Fall 4:** Wie der vorhergehende Fall. Verteidiger V war damals auch bei der Vernehmung dabei und lässt sich jetzt als Zeuge dafür vernehmen, dass es so gewesen ist, wie die Angeklagte sagt.

Der Verteidiger ist zwar zur Wahrheit, nicht aber zur Objektivität verpflichtet und darf daher im Plädoyer zu seiner eigenen Aussage Stellung nehmen. Einen Ausschlussgrund gibt es nicht (vgl. den abschließenden Katalog in § 138a). Das Problem der prozessua-

---

[36] BGHSt 39, 239 (240); 44, 4.

[37] BGHSt 21, 85 (89); BGH NStZ 1994, 194; NJW 1996, 2239 (2241); für völligen Ausschluss mit guten Gründen *Hanack,* JZ 1971, 91; 1972, 81; offen gelassen in BGH NStZ 2008, 353.

len Situation liegt woanders: Während seiner Zeugenaussage ist V nicht mehr Verteidiger. Wenn ein Fall der notwendigen Verteidigung vorliegt, muss ein weiterer Wahlverteidiger auftreten oder ein Pflichtverteidiger bestellt werden.

d) Der Mitbeschuldigte als Zeuge

Der Beschuldigte kann nicht Zeuge in eigener Sache sein. Der Mitbeschuldigte kann deshalb nicht Zeuge in fremder Sache sein, solange sie auch seine eigene ist, weil er neben dem anderen im gleichen Verfahren auf der Anklagebank sitzt. Bis zu diesem Punkt besteht Einigkeit: Die formelle Rolle als Mitbeschuldigter entscheidet. Die Frage ist nur, ob der formelle Aspekt auch dann entscheidend bleibt, wenn man die Verfahren (auch nur vorübergehend) trennt, so dass der eine (formell) die Stellung eines Zeugen besitzt, wenn er in dem Verfahren gegen den anderen gehört werden soll. Diesem Prinzip folgt die Rechtsprechung.[38] **24**

In der Lehre gibt es zwei Gegenpositionen. Die erste folgt einem rein materiellen Beschuldigtenbegriff, fragt also nicht nach der formalen Prozessrolle, sondern stellt darauf ab, dass der Verdächtigte der Sache nach Beschuldigter sei und folglich nicht Zeuge sein könne.[39] Dem steht das Gesetz entgegen, das den tatverdächtigen Zeugen als Zeugen behandelt (§ 60 Nr. 2). Auf das formale Element, dass Beschuldigter nur ist, wer von den Strafverfolgungsbehörden als Beschuldigter behandelt wird, kann man nicht verzichten. Das sieht auch die zweite Gegenposition in der Literatur. Sie hält diesen Akt der Beschuldigung sozusagen für irreversibel und vertritt die Auffassung, dass ein Beschuldigter der Sache nach so lange Beschuldigter bleibe, wie sein Verfahren nicht abgeschlossen ist; diese Position könne er durch einen formalen Rollentausch nicht verlieren (formell-materielle Lehre).[40]

Auch die Rechtsprechung führt ihren formalen Ansatz nicht ohne Einschränkungen durch. Eine Verfahrenstrennung zu dem Zweck, einen Mitbeschuldigten zum Zeugen zu machen, ist unzulässig, wenn beiden die gleiche Tat zur Last gelegt wird. Dann würde der Mitbeschuldigte zum Zeugen in eigener Sache.[41] Die Trennung soll aber zulässig sein, wenn sich der Mitbeschuldigte als Zeuge zu einer Tat äußern soll, die ihm selbst nicht vorgeworfen wird.[42] Die Kontroverse zwischen der Rechtsprechung und der formell-materiellen Auffassung reduziert sich auf diese eine Fallgruppe.

Der Mitbeschuldigte gerät hier in eine gefährlichen Situation, wenn seine Aussagen in irgendeiner Weise auch für sein eigenes Verfahren von Bedeutung sein können.[43] Vor allem muss er ja damit rechnen, dass die Trennung nur vorübergehend ist und die Verfahren nach seiner Zeugenaussage wieder verbunden werden. Andererseits hat das Gesetz dieser riskanten Situation in § 55 Rechnung getragen. Sich darauf zu berufen, ist zwar ebenfalls nicht ungefährlich. Alles in allem aber wird man der Rechtsprechung in ihrem Bestreben, der Sachaufklärung eine Chance zu sichern, zustimmen und vom

---

[38] BGHSt 27, 139 (141); BGH StV 1984, 361.

[39] *Prittwitz,* Der Mitbeschuldigte im Strafprozess, 1984, S. 153ff.; *Roxin/Schünemann,* § 26 Rn. 5.

[40] *Beulke,* Rn. 185; *Schlüchter,* Rn. 478ff.

[41] BGH StV 1984, 186.

[42] BGHSt 10, 8 (11); 38, 96 (98).

[43] Berücksichtigt von LG Frankfurt StV 1986, 470: dann und deshalb keine Verfahrenstrennung.

Mitbeschuldigten verlangen müssen, dass er in seiner Zeugenrolle das mit § 55 verbundene Restrisiko trägt.

8. Der sachverständige Zeuge, § 85

25 Das Gesetz stellt klar, dass Sachkunde allein noch nicht zum Sachverständigen macht. Wer sie hat und deshalb Umstände bemerkt, die anderen verborgen bleiben, ist sachverständiger Zeuge.

Das klassische Beispiel: der Arzt am Unfallort.

Sachverständiger ist er nicht, weil er einerseits nicht im Auftrag des Gerichts gehandelt hat und andererseits nicht durch einen anderen Experten ersetzt werden kann (vgl. die Grafik unten Rn. 37).

Fall 5: Die Ärztin, die eine halbe Stunde nach dem Unfall vorbeigekommen war und angehalten hatte, wird gefragt, ob das Opfer überlebt hätte, wenn ihm sofort geholfen worden wäre.

Das ist nicht mehr nur eine Beschreibung des Zustandes des Opfers, sondern eine Prognose, die zu den Aufgaben eines Sachverständigen gehört. Da aber die Grenzen nicht absolut trennscharf gezogen sind, dürfen sie auch einmal überschritten werden, solange nur der Schwerpunkt in der Rolle des Zeugen liegt.[44]

II. Der Sachverständige

1. Die Rolle des Sachverständigen und seine Aufgaben

26 Der Sachverständige soll kraft seiner besonderen Sachkunde

- Tatsachen bekunden, zu deren Wahrnehmung man qualifiziert sein muss

Beispiele: Die Alkoholkonzentration im Blut ermitteln, Faserspuren auf der Kleidung analysieren, eine hirnorganische Krankheit diagnostizieren oder ausschließen, eine vergleichende morphologische Analyse von Abbildern des Täters und des Tatverdächtigen vornehmen und ein anthropologisches Identitätsgutachten erstellen.[45]

- Erfahrungssätze mitteilen

Beispiele: Regeln über die Wirkung von Holzschutzmitteln, Erfahrungswerte zur Materialermüdung, Methoden der Berechnung des Substanzwertes eines Unternehmens.

- Gutachten erstellen, also sein Erfahrungswissen auf einen bestimmten Sachverhalt anwenden.

---

[44] Vgl. BGH NStZ 1984, 465.
[45] Für das es keinen gesicherten Stand der Wissenschaft gibt, BGH NStZ 2005, 458.

Nicht nur in der Sachkunde liegt der Unterschied zum Zeugen, sondern auch darin, dass der Sachverständige Erfahrungsregeln mitteilt und anwendet, Werturteile und Prognosen abgibt. Vor allem wird er im Auftrag des Gerichts tätig und kann ausgetauscht werden (vgl. die Grafik unten Rn. 37).

Der Richter soll die Tätigkeit des Sachverständigen leiten (§ 78) und darf seine Ergebnisse nicht einfach übernehmen, sondern muss sie im Rahmen der Beweiswürdigung kritisch überprüfen sowie, wenn er dem Sachverständigen folgt, plausibel darlegen, aus welchem Grunde er das tut.[46] Das ist viel verlangt – hätte das Gericht eigene Sachkunde, brauchte es einen Sachverständigen nicht hinzuzuziehen (von den wenigen Fällen abgesehen, in denen die Mitwirkung eines Sachverständigen obligatorisch ist, §§ 87 Abs. 1, 231 a Abs. 3 S. 1, 246 a, 415 Abs. 2, 454 Abs. 2). Das Gesetz will verhindern, dass aus fachlicher Überlegenheit faktische Dominanz wird (der sprichwörtliche „Richter in Weiß"). Man sollte deshalb die Prozessrolle des Sachverständigen als persönliches Beweismittel nicht dadurch überhöhen, dass man von einem „Gehilfen des Richters" spricht.[47] 27

2. Auswahl und Bestellung

a) Nach der Vorstellung des Gesetzes wird der Sachverständige stets vom Gericht ausgewählt und bestellt (§ 73). Für die Auswahl kommt es auf das Fach des Sachverständigen an. Die Beurteilung der Glaubhaftigkeit einer Zeugenaussage wird man im Normalfall einem Psychologen übertragen.[48] Geht es nicht um normalpsychologische, sondern (möglicherweise) psychopathologische Fragen (wie z. B. bei der Schuldfähigkeit), braucht man einen Psychiater.[49] Das Gericht kann stets – nicht nur in Grenzfällen – mehrere Sachverständige beauftragen. 28

b) Im Ermittlungsverfahren wird der Staatsanwaltschaft von der h. M. die Kompetenz zugesprochen, den Sachverständigen auszuwählen. Sie liest § 73 als Vorschrift über das Hauptverfahren und stützt sich auf den Anhaltspunkt in § 161 a Abs. 1 S. 1.

c) Der Beschuldigte hat kein Recht zur Beschwerde gegen die Auswahl durch das Gericht (und erst recht nicht durch die Staatsanwaltschaft). Er kann einen Sachverständigen aus denselben Gründen ablehnen, die für die Ablehnung von Richtern gelten und muss das bei den Ausschlussgründen (§ 22 Nr. 1–4) tun, die hier zwar entsprechend gelten, aber nicht kraft Gesetzes zum Ausschluss führen (vgl. § 24 Abs. 1, 3).

Er kann auch von seinem **Recht** Gebrauch machen, einen **Sachverständigen selbst zu laden** (§ 220). Dieses Unternehmen, ein „Gegengewicht" gegen den bereits von Staatsanwaltschaft oder Gericht bestellten Sachverständigen zu schaffen, ist teuer und voller Hindernisse. Der geladene und erschienene Sachverständige muss zwar, wenn ein entsprechender Beweisantrag gestellt wird, in der Hauptverhandlung gehört werden (§ 245 Abs. 2) und darf nicht mit der Begründung zurückgewiesen werden, dass die Voraussetzungen für einen „weiteren Sachverständigen" nicht vorliegen (§§ 244 Abs. 3 S. 2, 245 Abs. 2 S. 3; vgl. unten 25 Rn. 28). Er besitzt aber keinen Anspruch auf Akteneinsicht, 29

---

[46] BGH NStZ 2009, 284: Das Tatgericht war ohne eigene Prüfung und Bewertung dem Ergebnis einer polizeilichen „Täteranalyse" gefolgt.

[47] So aber z. B. BGHSt 3, 27 (28); 11, 211 (213); 13, 1 (4); vgl. *Detter,* NStZ 1998, 57 ff.

[48] BGHSt 23, 8 (14); BGH StV 1995, 115; näher *Detter,* NStZ 1998, 57.

[49] BGH NStZ 1997, 199; bedenklich weit zieht den Ermessensspielraum BGHSt 34, 355.

auf Kontakt mit dem inhaftierten Beschuldigten, auf Aussetzung oder Unterbrechung des Verfahrens, damit er Zeit für seine Vorbereitung gewinnt.[50] Das Fairnessgebot hat sich hier nicht zur „Waffengleichheit“ verdichtet.

3. Anknüpfungstatsachen, Befundtatsachen, Zusatztatsachen

30 **Fall 6:** Der psychiatrische Sachverständige schildert in seinem Gutachten den Tathergang, berichtet über die Ergebnisse seiner Exploration des Angeklagten und stellt dessen familiären Hintergrund dar. Außerdem berichtet er, dass der Angeklagte ihm die Tat gestanden habe.

Die Tatsachen, auf die sich das Gutachten stützt, heißen **Anknüpfungstatsachen.** Sie können aus verschiedenen Quellen stammen.[51] Der Sachverständige erhält in aller Regel mit dem Gutachtenauftrag die Akten übersandt (§ 80 Abs. 2; das Gesetz dachte noch an Antrag und Gestattung). Auf diese Weise macht ihm das Gericht einen Teil der Anknüpfungstatsachen zugänglich. Was er dann bei seiner Arbeit und in seiner Funktion als Sachverständiger herausfindet, weitere Anknüpfungstatsachen also, sind die **Befundtatsachen** (im Fall: die Ergebnisse der Exploration). Manchmal erfahren Sachverständige „bei Gelegenheit“ ihrer Tätigkeit Tatsachen, zu deren Ermittlung es keiner besonderen Sachkunde bedarf. Prinzipiell hätte sie auch das Gericht selbst feststellen können. Im Fall: das Geständnis. Es ist keine Befund-, sondern eine **Zusatztatsache.** Der Sachverständige überschreitet seinen Auftrag, wenn er sie im Gutachten mitteilt. Dazu muss er sich als Zeuge vernehmen lassen; dann erst darf er sie vorbringen und verwenden.[52] Der Proband hat sie einem „Gehilfen des Richters“ (s. oben Rn. 27) erzählt, ihm jedoch nicht als Arzt anvertraut und darf deshalb nicht auf Verschwiegenheit (§ 53) hoffen.[53] Die Äußerungen zum familiären Hintergrund sind Befundtatsachen, wenn sie der Sachverständige im fachkundigen Explorationsgespräch vom Angeklagten erfahren hat. Nicht selten aber nehmen Sachverständige auch mit Familienangehörigen Kontakt auf, unterhalten sich mit ihnen und verwerten deren Angaben. Das ist unzulässig. Zu **Vernehmungen** ist der Sachverständige nicht befugt. Er muss, wenn er solche Aussagen braucht, eine Vernehmung durch den Richter (oder Staatsanwalt) beantragen und die Erlaubnis einholen, bei dieser Vernehmung anwesend sein und Fragen stellen zu dürfen (§ 80 Abs. 2).

4. Die Pflichten des Sachverständigen

31 Für Sachverständige gelten die gleichen Regeln wie für Zeugen (§ 72). Sie müssen also vor Staatsanwaltschaft und Gericht erscheinen, wahrheitsgemäße Angaben machen bzw. Gutachten erstellen und (§ 79) dies beeiden, wenn das Gericht besondere Gründe dafür sieht.[54] Auch dann kann sich der Sachverständige auf seine allgemeine Vereidigung berufen und den Eid verweigern (§ 79 Abs. 3). An die Stelle der staatsbürgerlichen Pflicht, als Zeuge zur Verfügung zu stehen, tritt die Pflicht, der Ernennung als Sachverständiger Folge zu leisten. Sie trifft nicht jeden (vgl. § 75). Zeuge kann nur eine Person sein, Sachverständiger auch eine Behörde (§§ 83 Abs. 3, 91 Abs. 1, 92, 256 – nicht entsprechend anwendbar auf private Organisationen wie z. B. den TÜV). Das Recht, ein Gutachten zu verweigern, ist an dieselben Voraussetzungen gebunden wie das Zeugnis-

[50] Vgl. *Detter,* FS Salger, 1995, 231 ff.
[51] Als Beispiel zu oben Rn. 26 (Identitätsgutachten): Fotos aus einer Überwachungskamera.
[52] Vgl. BGH NJW 1988, 1223; NStZ 1993, 245.
[53] BGHSt 38, 369.
[54] BGHSt 21, 227.

verweigerungsrecht (§ 76 Abs. 1 verweist auf §§ 52, 53, 53a; § 72 bezieht § 55 ein). Der Sachverständige kann sich nicht auf eine „Doppelrolle" berufen. In seiner Funktion als Sachverständiger muss er Angaben machen und darf sie nicht z. B. mit der Begründung verweigern, dass er „als Arzt" tätig geworden sei. Der zu Begutachtende ist Proband und nicht Patient.

Dem Betroffenen ist das vielleicht nicht klar. Der Sachverständige muss ihn deshalb 32
darüber **belehren,** dass ihn keine Pflicht zur Mitwirkung trifft (nemo-tenetur-Prinzip). Die Rechtsprechung lehnt diese analoge Anwendung des § 136 und damit die Belehrungspflicht allerdings ab.[55] Auch die Zeugen (z. B. Angehörige des Beschuldigten) müssen über ihr Zeugnisverweigerungsrecht belehrt werden (§ 81c Abs. 2 S. 2, Abs. 3). Die Pflicht zur Belehrung trifft den, der das Recht zur Vernehmung hat, also nicht den Sachverständigen, sondern Staatsanwaltschaft oder Gericht.[56] Sicher ist, dass unzulässige Vernehmungsmethoden (§ 136a) auch dem Sachverständigen verwehrt sind.[57]

Der Sachverständige muss sein Gutachten in der Hauptverhandlung mündlich vortragen (§ 82; Mündlichkeitsprinzip).

III. Augenschein

1. Begriff

Augenschein ist jede sinnliche Wahrnehmung. Alle fünf Sinne kommen in Betracht: Se- 33
hen, Hören, Riechen, Fühlen, Schmecken.[58] Da es aber beim Zeugen-, Sachverständigen- und Urkundenbeweis ebenfalls darauf ankommt, was man hört, muss der Begriff Augenschein eingeschränkt werden: jede Beweisaufnahme, die nicht unter eine der anderen, gesetzlich geregelten Formen des Strengbeweises fällt.

2. Objekte

a) Ablichtungen, Filme, Videos

Ablichtungen, Filme und Videos können ihren eigenen strafbaren Inhalt beweisen (z. B. Gewaltpornos) oder einen Beweis für andere Straftaten liefern (Videoüberwachung in der Bank).

b) Schallplatten und Tonbänder

Wenn man sie abspielt und so den Inhalt der aufgezeichneten Äußerungen ermittelt, ist dies ebenfalls die Einnahme eines Augenscheins.[59]

---

[55] BGH JZ 1969, 437.
[56] BGH NJW 1966, 206.
[57] BGHSt 11, 211 (212) – insofern macht die Bezeichnung als „Gehilfe des Gerichts" einen Sinn.
[58] BGHSt 18, 51 (53).
[59] BGHSt 14, 339 (341).

c) Skizzen und Zeichnungen

Skizzen und Zeichnungen werden nur in Augenschein genommen, um zu beweisen, dass es sie gibt. Wenn sie eine „Erklärung" darstellen, also einen Gedankeninhalt haben, muss der Urheber als Zeuge vernommen (§ 250 S. 2) oder ein Urkundenbeweis geführt werden.

d) Urkunden

Urkunden werden verlesen, um ihren Inhalt festzustellen (Urkundenbeweis, unten Rn. 38ff.). Sie sind aber Gegenstand eines Augenscheinsbeweises, wenn es auf ihre Beschaffenheit ankommt oder wenn sie nicht verlesbar sind: Beweiszeichen (z. B. TÜV-Plakette) und technische Aufzeichnungen (z. B. der Beleg aus der Registrierkasse).

e) Personen

Personen in Augenschein zu nehmen, ist in aller Regel die Aufgabe eines Sachverständigen (vgl. §§ 81a, c). Wenn im Urteil steht, dass der Zeuge während seiner Aussage abwechselnd rot und blass wurde, stützt sich das nicht auf einen Augenschein als Beweismittel, sondern auf eine „nicht aufgesuchte Wahrnehmung"[60].

f) Vorgänge und Experimente

Demonstrationen, die nicht zur Aussage eines Zeugen oder zum Gutachten eines Sachverständigen gehören, wie z. B. Fahrversuche oder die Rekonstruktion des Tathergangs, sind Einnahme eines Augenscheins.

3. Richter und Augenscheinsgehilfen

34 Der Beweis durch Augenschein kann nur vom Richter geführt werden, innerhalb oder außerhalb der Hauptverhandlung (vgl. §§ 162, 165, 202 S. 1, 225; zum Anwesenheitsrecht der Verfahrensbeteiligten §§ 168d, 225). Haben andere eine Besichtigung vorgenommen (Staatsanwaltschaft, Polizei), muss man sie als Zeugen vernehmen.

Der Augenscheinsbeweis braucht, anders als der Zeugenbeweis (§ 250), nicht unmittelbar geführt zu werden. Das hat zwei Konsequenzen.

35 a) Das Beweismittel Augenschein kann man durch ein anderes Beweismittel ersetzen.

Beispiele: Das Gericht besichtigt nicht den Tatort, sondern Fotos davon; anstatt das Tonband abzuspielen, wird die Niederschrift des Inhalts verlesen.[61]

Die Grenzen der Austauschbarkeit werden durch die Aufklärungspflicht gezogen (§ 244 Abs. 2; näher unten 24 Rn. 1 ff.).

36 b) Das Gericht kann die Einnahme des Augenscheins einem Augenscheinsgehilfen übertragen. Das Gericht könnte den Augenschein auch selbst einnehmen, wenn es

---

[60] BGHSt 5, 354.

[61] BGHSt 27, 135. Die „Feststellung" der Mimik ist ja nicht zu Beweiszwecken angeordnet worden.

nicht aus tatsächlichen (oder rechtlichen, § 81 d) Gründen daran gehindert wäre oder es für angebracht hielte, sich helfen zu lassen.

Beispiele: Die Situation am Baugerüst ganz oben; Taucher am Wrack des betrügerisch versenkten Schiffes.

Für ihren Einsatz gelten die Vorschriften über Sachverständige (§§ 73, 74, 75). Über ihre Wahrnehmungen berichten sie aber als Zeugen.

Übersicht 20: Persönliche Beweismittel

37

	Zeugen	Sachverständige	sachverständige Zeugen	Augenscheinsgehilfen
berichten über Tatsachen (Wahrnehmungen)	ja	ja	ja	ja
wenden Erfahrungssätze an	nein	ja	ja	nein
machen Prognosen	nein	ja	nein	nein
geben Werturteile ab	nein	ja	nein	nein
sind austauschbar	nein	ja	nein	ja
handeln im Auftrag des Gerichts	nein	ja	nein	ja

IV. Urkundenbeweis

„Urkunden sind zum Zwecke der Beweiserhebung über ihren Inhalt in der Hauptverhandlung zu verlesen", § 249 Abs. 1 S. 1.

1. Der Begriff der Urkunde

Er ist anders zu verstehen als in § 267 StGB. Wichtig ist nur, ob ein Schriftstück verlesbar ist und durch seinen Gedankeninhalt Beweis erbringen kann.[62] Auf Beweisbestimmung, Echtheit und die Erkennbarkeit eines Ausstellers kommt es hier nicht an (s. hierzu auch Abs. 1 S. 2, der für die Urkundeneigenschaft elektronischer Dokumente allein auf deren Verlesbarkeit abstellt). 38

Bei Texten, die verschlüsselt sind, braucht man einen Sachverständigen, bei Texten in Fremdsprachen, die das Gericht nicht übersetzen kann, einen Dolmetscher (vgl. § 185 GVG). Abschriften, Fotokopien etc. von denen man weiß, dass sie mit dem Original übereinstimmen, dürfen anstatt des Originals verlesen werden.[63]

[62] BGHSt 27, 135 (136).
[63] BGH NStZ 1986, 519.

2. Die Formen des Urkundenbeweises

39 a) Die regelmäßige Form ist die Verlesung (§ 249 Abs. 1).

b) Das Selbstleseverfahren (Abs. 2) dient der Verfahrensvereinfachung.

Beispiele: Die Anklage behauptet, dieses Buch von 800 Seiten sei Pornographie (§ 184 Abs. 1 StGB); die Verteidigung hebt den gedanklichen Inhalt und die künstlerische Gestaltung hervor. Der ganze Wälzer müsste tagelang verlesen werden, wenn es das Selbstleseverfahren nicht gäbe.

In Wirtschaftsstrafsachen werden viele Dokumente (Zahlungsbelege, E-Mail-Verkehr, etc.) im Selbstleseverfahren eingeführt.

Mit diesem Verfahren ist das Mündlichkeitsprinzip für den Urkundenbeweis aufgehoben und der Grundsatz der Öffentlichkeit tangiert. Der Inhalt der Urkunden, die das Gericht[64] gelesen hat und die die übrigen Beteiligten lesen konnten, wird dem Urteil zugrunde gelegt, ohne dass er zur Sprache gekommen wäre.

c) Die Rechtsprechung hält es gegen den Widerspruch des Schrifttums schon immer für zulässig (und hat sich durch die Einführung des Selbstleseverfahrens darin nicht beirren lassen), dass die Verlesung durch einen Bericht des Vorsitzenden ersetzt wird, wenn kein Prozessbeteiligter widerspricht und nicht der Wortlaut, sondern „nur" der Inhalt der Urkunde beweiserheblich ist.[65]

3. Die Notwendigkeit des Urkundenbeweises

40 § 249 regelt nur, wie der Urkundenbeweis geführt wird, sagt aber nicht, wann das zu geschehen hat. Dazu muss man auf die Aufklärungspflicht des Gerichts und das Prinzip der Unmittelbarkeit der Beweisaufnahme zurückgreifen (§ 244 Abs. 2; näher unten 27 Rn. 2).

Fälle und Fragen

165. Welche Beweismittel sind in der StPO vorgesehen?
166. Zu welchen Angaben wird ein Zeuge herangezogen?
167. Welche Pflichten hat man als Zeuge?
168. Wodurch unterscheiden sich Zeugnisverweigerungs- und Auskunftsverweigerungsrecht?
169. Frau A und Herr B leben in nichtehelicher Lebensgemeinschaft bereits seit vielen Jahren zusammen. Hat A im Prozess gegen B ein Zeugnisverweigerungsrecht?
170. R, S und T haben gemeinsam einen großen Juwelenraub durchgeführt. Gegen alle wird in einem gemeinsamen Verfahren verhandelt. Da es an Beweisen mangelt, möchte das Gericht das Verfahren gegen R abtrennen und ihn im Verfahren gegen S und T als Zeugen vernehmen. Ist das zulässig?
171. Welche Arten von Tatsachen sind für ein Sachverständigengutachten relevant und über welche muss der Sachverständige als Zeuge vernommen werden?

---

[64] Auch die Schöffen, BGH NStZ 2005, 160.

[65] Seit BGHSt 1, 94.

§ 22. Grundbegriffe des Beweisrechts

Wenn etwas bewiesen werden soll, stellen sich immer und überall die gleichen Fragen: Was ist zu beweisen (Beweisziel)? Wie soll das geschehen (Beweisverfahren)? Und worauf kann man sich bei dieser Beweisführung stützen (Beweismittel)? Für den Beweis im Strafprozess gibt es zu jeder dieser Fragen Rechtsregeln. Sie lassen nicht alles zu, was möglich wäre.

Für das **Beweisziel** kommt es zunächst darauf an, in welchem Stadium sich das Verfahren befindet und welche Entscheidung getroffen werden soll. Ein Schuldspruch in der Hauptverhandlung kann nur ergehen, wenn alle Tatsachen bewiesen sind, auf die sich das Urteil gründet. Das ist dann der Fall, wenn dem Gericht keine vernünftigen Zweifel daran bleiben, dass sich eine Sache so und nicht anders zugetragen hat. Das Gericht muss also vom Tathergang und von der Schuld des Angeklagten überzeugt sein. Dann ist das Ziel erreicht, die **Wahrheit** festzustellen. 1

Hat aber das Gericht z. B. zu entscheiden, ob ein Ablehnungsgesuch begründet ist (vgl. oben 19 Rn. 18), genügt es, wenn die Tatsachen, auf die es gestützt wird, glaubhaft gemacht sind, also eine gewisse **Wahrscheinlichkeit** besteht.

Im Ermittlungsverfahren gründen sich alle Entscheidungen auf **Verdacht.** Der Staatsanwalt hat die Tatsachen, auf denen seine Anklage beruht, schon dann „bewiesen", wenn sie einen hinreichenden Tatverdacht ergeben. Je nach der Art der Entscheidung und dem Stand des Verfahrens ist das erforderliche **Beweismaß** also unterschiedlich (Wahrheit – Wahrscheinlichkeit – Verdacht).

Dementsprechend sind auch die **Beweisverfahren** verschieden. In der Hauptverhandlung gilt für alle materiellrechtlich relevanten Tatsachen das **Strengbeweis**-Verfahren. Das bedeutet zunächst, dass streng reglementiert wird, welche Beweismittel benutzt werden dürfen, nämlich ausschließlich Zeugen, Sachverständige, Urkunden und Augenschein. Einer strengen Regelung unterliegt ferner das Verfahren der Beweisaufnahme, die Frage also, wie mit diesen Beweismitteln umzugehen ist. Im **Freibeweis**-Verfahren gibt es dagegen weder dieses Prinzip der Exklusivität der Beweismittel noch feste Regeln für ihre Verwendung. Es gilt im Ermittlungsverfahren, in der Hauptverhandlung für ausschließlich prozessual relevante Tatsachen (z. B. die Verhandlungsfähigkeit des Angeklagten) und im Revisionsverfahren (näher unten 23 Rn. 7ff., 36 Rn. 14, 24, 41). 2

Zur **Beweiserhebung** wird ein Beweismittel in das Verfahren eingeführt. 3

Dadurch wird ein **Beweisergebnis** erzielt. Das ist das Tatsachenmaterial, das man durch die Verwendung des Beweismittels erhält (z. B. also das, was der Zeuge gesagt hat, was die Urkunde enthält, was das Labor herausfindet, etc.). Ein einzelnes Beweisergebnis stellt noch keinen „Beweis" für die entscheidungserhebliche Tatsache dar. Es muss zu den anderen Beweisergebnissen in Beziehung gesetzt und bewertet werden. 4

Diese **Beweiswürdigung** findet ständig statt. Der Staatsanwalt überlegt sich, ob er schon genügend „Beweise" (Beweisergebnisse) für den hinreichenden (Anklage) oder dringenden (Untersuchungshaft) Tatverdacht besitzt. Das Gericht macht sich im Verlauf der Beweisaufnahme sukzessiv ein Bild von der Beweislage. In der Hauptverhand- 5 lung ist ihm aber prinzipiell die Vorwegnahme der Beweiswürdigung verboten. Es darf erst am Ende der Hauptverhandlung deren Inbegriff (§ 261) würdigen und sich ein Urteil über Schuld oder Unschuld bilden. Dabei ist es nicht an Rechtsregeln gebunden. Es gilt das **Prinzip der freien Beweiswürdigung** (näher, auch zu den Ausnahmen, unten 29 Rn. 1 ff.).

Dabei muss das Gericht nicht selten Beweisergebnisse ausblenden. Dafür sorgen die **Beweisverbote** (näher unten 28 Rn. 1 ff.).

§ 23. Beweisführung und Beweisverfahren

Alle Tatsachen, auf die ein Urteil gegründet wird, müssen bewiesen sein (vgl. oben 22). Diese Grundregel enthält drei Begriffe, die näher zu erläutern sind: Es gibt verschiedenartige Tatsachen, Entscheidungen und Beweisverfahren.

I. Tatsachen

1 Die tatsächlichen Entscheidungsgrundlagen müssen in der Verhandlung erst geschaffen werden – das Recht jedoch kennt das Gericht bereits. Rechtsregeln werden nicht bewiesen. Sollte sich das Gericht damit nicht so genau auskennen, muss es sich instruieren.

Beispiel: In einem Wirtschaftsstrafverfahren kommt es auf komplizierte Rechtsfragen des Außenwirtschaftsgesetzes und des Zollrechts an.

Das gilt in dieser Strenge nur für inländisches gesetztes Recht. Über ausländisches Recht und inländisches Gewohnheitsrecht kann Beweis erhoben werden, entweder im Freibeweisverfahren[1] oder durch ein Sachverständigengutachten.

1. Haupttatsachen, Indizien, Hilfstatsachen

2 **Haupttatsachen** sind die, die sich direkt unter ein Tatbestandsmerkmal (oder ein anderes Merkmal aus den Stufen des Deliktsaufbaus) subsumieren lassen, die also bei der Frage, ob dieses Merkmal vorliegt, unmittelbar herangezogen werden.

Beispiele: Der Angeklagte hat die Täuschungshandlung *vorsätzlich* begangen, weil er *wusste*, dass er die in seiner Rechnung enthaltenen Leistungen nicht erbracht hatte.
Der Angeklagte hat die Brandstiftung als *Täter* begangen, weil er *selbst mit eigener Hand* das Feuer gelegt hat.

---

[1] BGH NJW 1994, 3364.

Indizien sind von Tatbestandsmerkmalen einen Denkschritt weiter entfernt; sie sind nur mittelbar erheblich. Von Indizien (Anzeichen) wird auf die Haupttatsache geschlossen. 3

Beispiele: Der Angeklagte *wusste,* dass er die in den Rechnungen enthaltenen Leistungen nicht erbracht hatte, weil er in die Rechnungen höhere Zahlen als in die Lieferscheine eingesetzt hat und weil er der Zeugin X gesagt hat, er werde jetzt seine Kunden abkassieren und das große Geld machen.
Der Angeklagte hat den *Brand selbst gelegt,* weil er am Tage der Tat zu seinen Freunden, den Zeugen X und Y, gesagt hat, er werde seinen Hof heute Abend „warm sanieren" und weil seine Behauptung, er sei zur fraglichen Zeit nicht am Tatort, sondern in einer 20 km entfernten Gaststätte gewesen, widerlegt ist.

Der Schluss von Indizien auf Haupttatsachen wird durch Erfahrungsregeln möglich (dazu unten Rn. 6). Es hängt von der Stärke dieser Regeln ab, wie beweiskräftig das Indiz ist.

Indizien können hintereinander geschaltet sein („Indizienkette"). Häufiger ist, dass mehrere, voneinander unabhängige Indizien aus verschiedenen Richtungen Schlüsse auf die erhebliche Tatsache zulassen („Indizienreihe"[2] besser: Indizienbündel).

Beim Indizienbeweis ist Beweistatsache das Indiz und Beweisziel die Tatsache, die aus dem Indiz gefolgert werden soll.[3]

Das **Indiz** muss **feststehen,** also zur Überzeugung des Gerichts vorliegen.[4] Nach der 4
h. M. ergibt sich der Satz, dass nur Bewiesenes zu Ungunsten des Angeklagten berücksichtigt werden darf, „ohne weiteres aus den Denkgesetzen".[5] In Wahrheit handelt es sich um eine normative Prämisse unserer Rechtskultur.[6] Die Verdachtsstrafen, die das deutsche Recht im Mittelalter kannte und manches dubiose Regime noch heute kennt, sind nicht unlogisch, sondern ungerecht. Wenn das Indiz selbst zweifelhaft geblieben ist, sind Schlüsse zwar noch möglich, aber wertlos. Strukturell vermittelt ein Schluss von Indiz A auf die Haupttatsache B immer nur eine gewisse Wahrscheinlichkeit (von den wenigen „zwingenden" Schlüssen abgesehen). Ist nun noch nicht einmal sicher, sondern nur wahrscheinlich, dass die Anknüpfungstatsache vorliegt, sinkt die Gesamtwahrscheinlichkeit des Schlusses unter die Grenze der Brauchbarkeit. Mit derart „entfernten" Wahrscheinlichkeiten kann man nichts mehr anfangen.

Hilfstatsachen sind ebenfalls nur mittelbar erheblich. Diese Unterart der Indizien 5
kommt nicht in Schlussfolgerungen vor, die auf die Haupttatsache zielen, sondern in solchen, die die Beweiskraft der Schlussfolgerung betreffen.

Beispiel: Indizien für die Glaubhaftigkeit einer Aussage, für die Echtheit einer Urkunde.

---

[2] *Meyer-Goßner/Schmitt,* § 261 Rn. 25.
[3] Vgl. BGHSt 39, 251 (253 f.).
[4] BGH NStZ 1981, 33; 1999, 205.
[5] *Meyer-Goßner/Schmitt,* § 261 Rn. 29.
[6] *Volk,* NStZ 1983, 423.

2. Erfahrungssätze

6 Das sind Regeln, die angeben, wie es sich erfahrungsgemäß mit Tatsachen verhält.

Beispiele: Mitte Januar wird es in München bei klarem Himmel ungefähr um 17 Uhr dunkel. Wenn eine Tötung in allen Einzelheiten geplant war, handelt es sich in aller Regel nicht um eine Affekttat.

Diese Regeln gründen sich meist auf statistische Aussagen über die Wirklichkeit und liefern also nur Wahrscheinlichkeitsaussagen. In Grenzfällen behandelt man sie als praktisch sicher und zieht zwingende Schlüsse. Sie ergeben dann, dass es so sein muss

Beispiele: Fingerabdrücke, Radarmessungen

oder nicht so sein kann

Beispiele: Alibibeweis, DNA-Analysen.

II. Beweisverfahren

7 Noch einmal: Alle Tatsachen, auf die ein Urteil gegründet wird, müssen bewiesen sein. Mit dieser Grundregel ist nur gesagt, was bewiesen werden muss, aber noch nicht, wie das zu geschehen hat. Die grundsätzliche Unterscheidung zwischen Streng- und Freibeweisverfahren wurde bereits dargestellt (vgl. oben 22 Rn. 2).

1. Strengbeweis

Der Beweis der Tatsachen, die man für die Sachentscheidung über Schuldfrage und Rechtsfolgen braucht, darf nur mit den zugelassenen Beweismitteln in einem geregelten Verfahren geführt werden.

2. Freibeweis

8 Für alle anderen Beweiserhebungen soll das gesetzlich nicht geregelte Freibeweisverfahren gelten.[7]

a) Anwendungsbereich

Es gilt nach der h. M.

- für alle Beweiserhebungen außerhalb der Hauptverhandlung
- während der Hauptverhandlung für die Feststellung von Prozessvoraussetzungen und anderen prozesserheblichen Tatsachen, wie z. B. die tatsächlichen Vorausset-

[7] Zur Kritik *Volk*, 78 ff..

zungen der Verwertungsverbote (insbesondere § 136a), die Ablehnung von Beweisanträgen
- im Revisionsverfahren.

b) Rechtsregeln

9 Gewissermaßen gewohnheitsrechtlich verfestigt hat sich, dass die Aufklärungspflicht des Gerichts und der Grundsatz des rechtlichen Gehörs unverändert gelten, und dass Beweisverbote und Zeugnisverweigerungsrechte ebenso beachtet werden müssen wie die Vereidigungsverbote und die Aussagefreiheit des Angeklagten. Nicht anwendbar sind die Grundsätze der Mündlichkeit, Unmittelbarkeit und Öffentlichkeit. Das Gericht kann nämlich alle ihm zugänglichen Erkenntnisquellen benutzen, also z. B. schriftliche und telefonische Auskünfte einholen,[8] braucht Urkunden nicht zu verlesen und Beweisanträge nur als Anregungen zu behandeln.[9] Es ist noch nicht einmal sicher, dass die im Freibeweis gewonnenen Ergebnisse zum Gegenstand der mündlichen Verhandlung gemacht werden müssen. Lediglich für die Beweiswürdigung gelten keine Besonderheiten.[10]

10 Die h. M. räumt ein, dass doppelrelevante Tatsachen, die also sowohl für die Schuldfrage wie auch für Prozessentscheidungen erheblich sind, prinzipiell im Strengbeweis festgestellt werden müssen, lässt dies aber letztlich im Unklaren.[11]

Beispiel: In der Verhandlung wird zweifelhaft, ob die Tat, anders als in der Anklage angegeben, nicht schon früher begangen worden ist. Die Konsequenz wäre zum einen, dass die Tat dann verjährt wäre und zum anderen, dass sie der Angeklagte an diesem fraglichen Tage nicht begangen haben könnte. Freibeweis, weil es um die prozessuale Frage der Verjährung geht oder Strengbeweis, weil über die Täterschaft des Angeklagten zu entscheiden ist?

III. Beweisbedürftigkeit

11 Ein letztes Mal: Alle Tatsachen, auf die ein Urteil gegründet wird, müssen bewiesen sein. Nicht immer müssen sie aber auch bewiesen werden. Nicht beweisbedürftig sind die **offenkundigen** Tatsachen.

Das sind einmal die **allgemeinkundigen** Tatsachen: „von denen verständige Menschen regelmäßig Kenntnis haben oder über die sie sich aus zuverlässiger Quelle ohne besondere Fachkenntnisse sicher unterrichten können“[12].

Beispiel: Die Tatsache, dass es in München die Frauenkirche gibt, muss man nicht durch Ortsbesichtigung oder Zeugenaussagen beweisen.

---

[8] BGH NStZ 1984, 134.
[9] BGHSt 16, 164 (166).
[10] Missverständlich *Beulke*, Rn. 180.
[11] Vgl. BGHSt 26, 228 (238).
[12] BGHSt 26, 56 (59).

Als offenkundig gelten auch die **gerichtskundigen** Tatsachen. Wenn das Gericht bei seiner amtlichen Tätigkeit (private Kenntnisse scheiden aus) zuverlässige Kenntnis von Tatsachen erhalten hat, brauchen sie nicht bewiesen zu werden.[13]

Beispiel: Kommt es für die Glaubwürdigkeit des Zeugen X auf seine Verurteilung wegen Betruges an, braucht darüber nicht Beweis erhoben zu werden, wenn diese Verurteilung durch das erkennende Gericht erfolgt war.

Alle anderen Tatsachen müssen erst noch bewiesen werden.

12 Das geschieht durch Beweisaufnahme (§ 244 Abs. 1). Das **Geständnis** des Angeklagten macht eine Beweisaufnahme nicht unzulässig, manchmal aber überflüssig. Beweismittel ist der Angeklagte nicht, weil er sich nicht äußern muss (vgl. auch die systematische Stellung von § 243 Abs. 5 S. 2 vor § 244). Sagt er aber aus, darf man das verwerten. Der Angeklagte hat sich dann selbst zum Beweismittel gemacht. Auf die Beweisaufnahme kann bei einem Geständnis nur verzichtet werden, wenn dessen Glaubwürdigkeit nicht überprüft werden muss und wenn es auch zur Straffrage nichts mehr zu beweisen gibt.

Fälle und Fragen

172. Alle Tatsachen, auf die sich das Urteil gründet, müssen bewiesen werden. Welche Arten von Tatsachen sind Ihnen bekannt?
173. Welche Arten des Beweisverfahrens in der StPO kennen Sie und wann werden diese jeweils eingesetzt?
174. A widerruft in der Hauptverhandlung Aussagen, die er in der polizeilichen Vernehmung getroffen hat. Er beruft sich darauf, dass diese Aussagen zudem nicht verwertet werden dürfen, weil ihm bei der polizeilichen Vernehmung ein sog. „Wahrheitsserum“ verabreicht worden sei. Der Richter will dazu den vernehmenden Polizeibeamten hören und ruft diesen an. Ist dieses Vorgehen zulässig?
175. Welche Tatsachen sind nicht beweisbedürftig?

§ 24. Die Aufklärungspflicht, § 244 Abs. 2

I. Ziel

1 Ein Urteil, das auf Wahrheit beruht, gerecht ist und Rechtsfrieden schafft, ist das Ziel des Strafverfahrens. Den wahren Sachverhalt hat das Gericht von Amts wegen zu erforschen (Untersuchungsgrundsatz). Die subjektive richterliche Überzeugung, dass es „so gewesen ist“, braucht ein objektives Fundament. Das Gericht muss die Sache umfassend und nach allen Richtungen hin aufgeklärt haben, ehe es sich eine Überzeugung bilden kann. Ist dann ein bestimmter Hergang des Geschehens objektiv zumindest sehr wahr-

[13] Zu den Grenzen BGHSt 45, 354.

scheinlich und sind den Richtern vernünftige Zweifel nicht geblieben, darf man sagen, dass die Wahrheit festgestellt worden ist.

II. Umfang

Alle Tatsachen, die für eine Entscheidung über Verfahrensfragen und für das Urteil in der Sache relevant sind, müssen aufgeklärt werden. Bei den Tatsachen, die für Schuld- und Straffrage wichtig sind, zieht der prozessuale Tatbegriff die Grenze. Was darüber hinausgeht, mag interessant, kann aber nicht relevant sein. 2

Beispiel: In einem Parteispendenprozess gegen Unternehmer U ist die Frage, ob er die angeklagte Tat, nämlich Steuerhinterziehung, begangen hat, schon entscheidungsreif. Die Vorsitzende des Gerichts will die Beweisaufnahme fortsetzen mit der Bemerkung, hier sei die Parteispendenaffäre der Bundesrepublik aufzuarbeiten.

Darauf hat die Öffentlichkeit keinen Anspruch. Der Strafprozess ist kein historisch-kritisches Forum der Zeitgeschichte. „Überschießende Aufklärung" überschreitet den Zweck des Strafverfahrens.[1]

Relevanz besitzt nur, was entscheidungserheblich ist. 3

Beispiel: Das Gericht hat nicht überwindbare Zweifel an der Schuldfähigkeit des Angeklagten und will ihn deshalb freisprechen. Der Angeklagte bestreitet, die Tat überhaupt begangen zu haben. Das Gericht will darauf nicht weiter eingehen.

Entscheidungserheblich ist die Frage nach der Täterschaft nicht. Es steht bereits fest, dass Freispruch ergehen wird. Das Gericht soll ein Verfahren beenden, aber nicht ein Rechtsgutachten erstellen. Andererseits ist das Interesse des Angeklagten verständlich und legitim. Er kann zwar nicht verlangen, dass ein Strafverfahren nur deshalb fortgeführt wird, um seine Unschuld zu beweisen.[2] Ist das aber leicht möglich, ohne großen Aufwand und ohne wesentliche Verfahrensverzögerung, gebietet es die Fürsorgepflicht, dem Rehabilitationsinteresse Rechnung zu tragen.

III. Adressat

Das Gericht bestimmt den Umfang der Beweisaufnahme. An die Interessen und Wünsche der Prozessbeteiligten ist es nicht gebunden. 4

---

[1] BGH NStZ 1994, 247 m. Anm. *Widmaier.*
[2] BGHSt 10, 88 (93).

Beispiel: Das Gericht hält es für geboten, die Frage der Schuldfähigkeit durch ein Gutachten klären zu lassen. Der Angeklagte wehrt sich dagegen und will lieber verurteilt als für schuldunfähig erklärt werden, lieber ins Gefängnis gehen als in das psychiatrische Krankenhaus – vergeblich.

5 Aufzuklären hat immer nur das Gericht, nie der Angeklagte. Das gilt natürlich auch für entlastende Umstände (und selbst dann, wenn der schweigende Angeklagte sie nicht vorträgt). Die alte Unterscheidung von „Anschuldigungsbeweis" und „Entschuldigungsbeweis" ist längst überholt (existiert aber in anderen Prozessordnungen noch, wie z. B. in den Vereinigten Staaten). Der Angeklagte trägt keinerlei Beweislast, hier: keine subjektive Beweislast oder Beweisführungslast. Nicht er muss tätig werden, sondern das Gericht.

IV. Inhalt

6 Das Gericht hat sich stets um den bestmöglichen Beweis zu bemühen. Diese Regel impliziert aber nicht das Verbot, mittelbare Beweise heranzuziehen.[3]

Wenn dem Gericht Tatsachen bekannt werden – aus den Akten, durch Anträge, Anregungen oder sonst durch den Verfahrensablauf – die auf bestimmte Beweismittel hindeuten und es **nahe legen,** sie zu benützen, dann muss das Gericht diese Beweise erheben.[4] Auch die nur entfernte Möglichkeit, dass die bisher gewonnene Ansicht vom Fall sich noch ändern könnte, soll die Aufklärungspflicht auslösen.[5] Der BGH deutet allerdings an, dass dies für den Normalfall zu weit gehe (vgl. oben Rn. 2)[6] und betont, dass die Bedeutung der Beweiserhebung für die Wahrheitsfindung mit dem Beschleunigungsgebot abzuwägen sei.[7] Je sicherer ein Beweisergebnis erscheint, desto geringer ist der Anlass, weitere Beweismöglichkeiten zu ergreifen – und umgekehrt.[8]

Jede denkbare Geschehensalternative kann man allerdings nicht ausschließen; „abstrakt-theoretische" Zweifel bleiben immer.

Beispiel: Die Angeklagte hat bei schönem Wetter auf unbelebter Landstraße mit ihrem völlig intakten Auto die Rechtskurve nicht genommen, sondern ist geradeaus auf den Acker gefahren und hat dort einen Bauern verletzt. Alles spricht für einen Fahrfehler. Sie moniert, dass das Gericht nicht aufgeklärt habe, ob ihr eine Fliege ins Auge geflogen oder ein Hase über die Fahrbahn gelaufen sei.

7 Für das Beweismittel muss es greifbare Anhaltspunkte geben, und der Zweifel, den es erwecken oder ausräumen könnte, muss konkret sein.

---

[3] BVerfGE 57, 250 (277); BGH NJW 1993, 803 (804).
[4] BGHSt 30, 131 (140).
[5] BGHSt 23, 176 (188); BGH NStZ 1983, 210.
[6] Vgl. auch *Widmaier,* a. a. O.
[7] BGH NStZ 1994, 247.
[8] BGH StV 1996, 249.

Beispiel: Wenn der Autofahrer Dr. X am späten Abend bei einer Verkehrskontrolle in der Lindenstraße mit 1,4 Promille erwischt wird und zu dem Vorfall schweigt, drängen sich Fragen nach dem Hintergrund dieser schlichten Trunkenheitsfahrt nicht auf. Anders, wenn er sagt, dass er als Arzt zu einem Notfall unterwegs gewesen sei.

Das Beispiel zeigt, dass es zwar einerseits Sache des Gerichts ist, Rechtfertigungsgründe zu ermitteln (eine Beweisführungslast gibt es in keinem Falle, s. o.), dass es andererseits aber oft am Angeklagten liegt, ob die entsprechende Aufklärungspflicht des Gerichts aktualisiert und ausgelöst wird.

§ 25. Das Beweisantragsrecht

I. Grundlagen

Die Verfahrensbeteiligten haben das Recht, Beweisanträge zu stellen. Dieses Recht eröffnet ihnen die rechtsstaatlich unverzichtbare Chance, Einfluss auf die Beweisaufnahme zu nehmen und die in unserem inquisitorischen Verfahrensmodell dominierende Macht des Gerichts zu kontrollieren und auszubalancieren. Beweisanträge dürfen nur unter bestimmten, genau umrissenen Voraussetzungen abgelehnt werden. Das Gericht muss grds. über Beweisanträge durch einen Beschluss entscheiden (zu Ausnahmen unten Rn. 11, 35ff.).[1] Sind die Ablehnungsgründe falsch angewandt worden, stellt das stets einen Verfahrensfehler dar (§ 337), der in den meisten Fällen das Urteil mit seinen Feststellungen zu Fall bringt. In der Revision zu rügen, dass das Gericht seine Aufklärungspflicht verletzt habe, ist wesentlich schwieriger und weniger aussichtsreich. 1

II. Begriff

1. Beweisanträge, Beweisermittlungsanträge, Beweisanregungen

Beweisanträge sind zu unterscheiden von Beweisanregungen und Beweisermittlungsanträgen. Ein Beweisantrag setzt dreierlei voraus: 2

[1] Zur neueren Rspr. *Cierniak/Pohlit*, NStZ-RR 2011, 261.

Übersicht 21: Beweisantrag

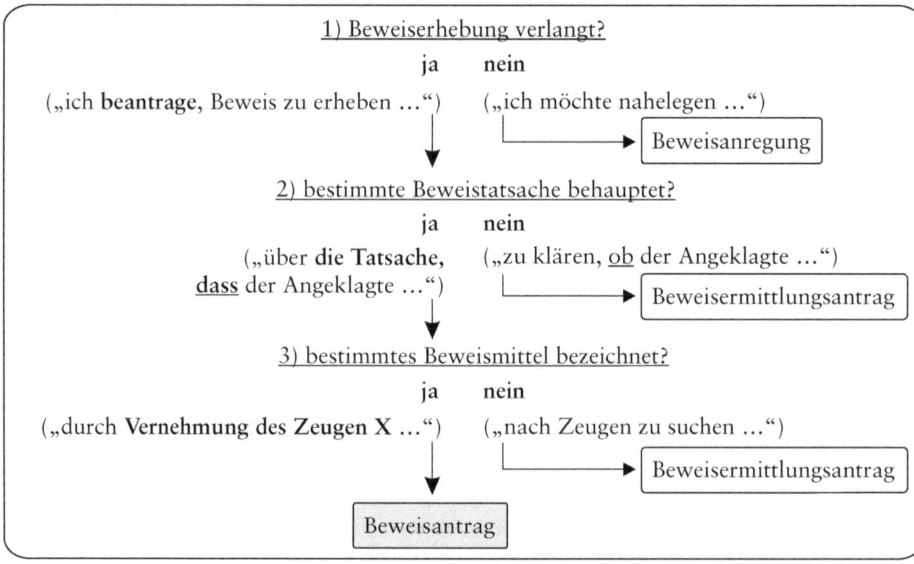

a) Antrag

3 Die Beweiserhebung muss beantragt, also verlangt werden. Man darf sie nicht in das Ermessen des Gerichts stellen.

b) Beweistatsache

4 Mit dem Beweisantrag muss eine bestimmte Beweisbehauptung aufgestellt, also eine Beweistatsache bezeichnet werden.

> **Beispiel:** Der Verteidiger beantragt die Vernehmung von Kriminalbeamten zum Beweis der Tatsache, dass der Angeklagte „die Tat wesentlich fremdbestimmt durchführte“.

Das ist keine Tatsachenbehauptung, sondern eine zusammenfassende Bewertung. Werturteile kann man aber nicht beweisen. Der Verteidiger hätte die Tatsachen angeben müssen, aus denen sich ergeben soll, dass die Tat wesentlich fremdbestimmt durchgeführt worden war.[2]

5 Beweisanträge müssen die Beweistatsache enthalten. Dazu genügt es nicht, wenn man das Beweisziel angibt, also das Ergebnis, auf das von der Beweistatsache geschlossen werden soll (vgl. oben 23 Rn. 3).[3]

6 Der Antragsteller muss eine bestimmte Behauptung aufstellen. Das heißt nicht, dass er von der Wahrheit überzeugt zu sein hat. Er kann auch Beweis über Tatsachen verlangen,

---

[2] BGH NStZ 1991, 547; grundlegend BGHSt 37, 162.

[3] BGH NStZ 2007, 112 (Beweistatsache und Beweisziel bei Alibibeweis); vgl. noch *Widmaier,* NStZ 1993, 602; Kritik bei *Hamm,* StV 1993, 455.

die er nur für möglich hält.[4] Es genügt sogar, dass er sie nur vermutet. Für Extremfälle soll die Einschränkung gelten, dass es sich nicht um eine „aus der Luft gegriffene Vermutung“ handeln dürfe.

Beispiel: Das Gericht hat die Glaubwürdigkeit der Hauptbelastungszeugin H in einer ausführlichen Beweisaufnahme sorgfältig überprüft. Die Zeugin hatte unter Eid abgestritten, dass sie wegen ihrer „Tätigkeit“ im Verfahren Geschenke vom Polizeipräsidenten in Frankfurt erhalten hatte. Der Verteidiger stellt den Beweisantrag, den Polizeipräsidenten von Frankfurt als Zeugen zu der Tatsache zu vernehmen, dass er der Zeugin Geschenke gemacht habe. Der BGH hat dafür keinerlei Hinweise gesehen. Es handele sich um eine „aus der Luft gegriffene Vermutung ..., die nur scheinbar in eine Tatsachenbehauptung gekleidet ist“.[5]

Für diese Frage, ob eine „Beweisbehauptung ohne jede begründete Vermutung aufs Geratewohl ins Blaue hinein aufgestellt wurde, so dass es sich nur um einen nicht ernst gemeinten, zum Schein gestellten Beweisantrag handelt“, soll „die Sichtweise eines verständigen Antragstellers entscheidend“ sein.[6]

c) Beweismittel

Das Beweismittel muss so bestimmt bezeichnet sein, dass es vom Gericht identifiziert 7
werden kann.

Beispiele: „Der Zeuge Willi Müller, wohnhaft in München“ reicht natürlich nicht. Hier fehlen Hinweise, wie man ihn ausfindig machen und laden soll. „Der Patient, der am 17. Februar 2018 in Zimmer 407 der Station X des Krankenhauses Y lag“: das genügt.[7]

Außerdem ist es erforderlich, dass erkennbar wird, welcher Zusammenhang (Konnex) 8
zwischen der Beweistatsache und dem Beweismittel bestehen soll.[8] „Es muss deutlich werden, weshalb das Beweismittel geeignet ist, die aufgestellte Behauptung unmittelbar zu belegen. Die bloße Angabe eines Beweiszieles reicht auch insoweit nicht aus“.[9] Bei schon fortgeschrittener Beweisaufnahme genügt noch nicht einmal „Konnexität“ in diesem allgemeinen Sinne. Einen „Anspruch auf weitere Beweiserhebung“ gibt es nur, wenn der bisher erhobene Beweisstoff erweitert oder falsifiziert, nicht aber, wenn er nur wiederholt werden soll.[10]

---

[4] BGHSt 21, 118 (125); StV 1989, 237.

[5] BGH NStZ 1992, 397. Wenn das zweifelhaft bleibt, wird es oft an der Konnexität fehlen, s. u. Rn. 8; exemplarisch für diese Abfolge der Argumente BGH NStZ 2009, 51.

[6] BGH NStZ 2003, 497; 2006, 405; 2008, 52; NStZ 2009, 226. A. A. KK-StPO/*Krehl*, § 244 Rn. 73, der nur bei positiver Kenntnis, dass die Behauptung nicht zutrifft, die Anforderungen an einen Beweisantrag verneinen will.

[7] Vgl. BGH NStZ 1994, 247.

[8] Vgl. *Widmaier*, NStZ 1993, 602.

[9] BGH NStZ 1998, 97; BGHSt 43, 321; BGH NStZ 2009, 171 lässt offen, ob es sich bei der Konnexität um ein eigenständiges Merkmal oder eine Konkretisierung der Bestimmtheit des Beweismittels handelt.

[10] BGH NStZ 2009, 49.

2. Eventualbeweisantrag, Hilfsbeweisantrag

Beweisanträge können auch bedingt gestellt werden (die nutzlose Regel, dass Prozesshandlungen bedingungsfeindlich sind – vgl. oben 15 Rn. 1 –, hat hier ihre wichtigste Ausnahme: innerprozessuale Bedingungen). Man unterscheidet zwei Formen:

a) Eventualbeweisanträge

9 Sie werden unter der Bedingung gestellt, dass eine bestimmte Prozesslage eintritt.[11]

Beispiele: Beweisanträge für den Fall,

- dass der Zeuge X für glaubwürdig gehalten wird,
- dass das Gericht einem bestimmten Beweisantrag der Staatsanwaltschaft stattgibt.

b) Hilfsbeweisanträge

10 Sie werden für den Fall einer bestimmten Abschlussentscheidung gestellt.

Beispiele: Beweisanträge für den Fall,

- dass das Gericht verurteilt,
- dass das Gericht freispricht,
- dass seine Verurteilung wegen § 211 (und nicht § 212) erfolgen soll,
- dass das Gericht eine Vorsatztat annimmt.

III. Form und Zeitpunkt

11 Beweisanträge müssen in der Hauptverhandlung mündlich gestellt werden (vgl. aber § 257a). Es ist üblich und zweckmäßig, sie schriftlich zu fassen, vorzulesen und zu den Akten zu geben.

Beweisanträge können bis zum Beginn der Urteilsverkündung gestellt werden.[12] Es ist nicht zulässig, sie allein wegen zu späten Vorbringens abzulehnen (§ 246 Abs. 1). Der Angeklagte muss zu seiner Entlastung gar nichts beantragen und daher auch nicht hinnehmen, dass der Zeitpunkt eines Beweisantrages („spät“, vgl. unten Rn. 24) als belastender Umstand gewertet wird.[13] Der letzte Augenblick ist der, in dem das Gericht zur Urteilsverkündung im Sitzungssaal erscheint.[14] Danach gelten für die Berücksichtigung des neuen Vorbringens nicht mehr die Regeln über Beweisanträge, sondern die Grundsätze über die Aufklärungspflicht.[15] Zur Vermeidung von Verfahrensverzögerungen darf der Vorsitzende nach Abschluss der aus Sicht des Gerichts gebotenen Beweisaufnahme

---

[11] Vgl. *Meyer-Goßner/Schmitt,* § 244 Rn. 22b.
[12] BGHSt 16, 389 (391).
[13] BGH NStZ 2002, 161.
[14] BGH NStZ 1992, 346.
[15] Vgl. BGH NStZ 1986, 182.

eine **Frist** zum Stellen von (weiteren) Beweisanträgen festlegen (§ 244 Abs. 6 S. 2, 3).[16] Anträge, die verspätet gestellt werden, kann das Gericht dann auch im Urteil bescheiden. Das bedeutet, dass es hier den Antrag – sofern ein Ablehnungsgrund vorliegt (unten Rn. 18ff.) – ausnahmsweise ohne gesonderten vorherigen Beschluss ablehnen darf (näher unten Rn. 35ff.). Vor der Hauptverhandlung gestellte Anträge (oben 16 Rn. 6) leben nicht von alleine auf; sie müssen in der Hauptverhandlung wiederholt werden.

Die Aufklärungspflicht gebietet es dem Gericht, bei unklaren Anträgen nachzufragen 12
und bei Anträgen, die die Form einer Beweisanregung oder eines Beweisermittlungsantrages haben, entsprechende Hinweise zu geben. Die Fürsorgepflicht prägt die Aufklärungspflicht.

IV. Die Ablehnung von Beweisanträgen

1. Überblick

Über Beweisanregungen und Beweisermittlungsanträge entscheidet der Vorsitzende 13
(§ 238 Abs. 1). Beweisanträge können nur durch einen Gerichtsbeschluss abgelehnt werden (§ 244 Abs. 6 S. 1; zu Ausnahmen s. Rn. 36).

Bei Beweisanträgen kommt es darauf an, ob sie präsente Beweismittel betreffen oder 14
nicht. Präsent sind Zeugen und Sachverständige, wenn sie geladen und erschienen sind. War die Ladung nicht durch das Gericht, sondern durch Prozessbeteiligte erfolgt (vgl. § 38), bedarf es eines Beweisantrags, damit sie vernommen werden (§ 245 Abs. 2). Dieser Beweisantrag kann nur unter engeren Voraussetzungen abgelehnt werden als ein Beweisantrag, der sich darauf richtet, Zeugen und Sachverständige erst herbeizuholen. Eine ähnliche Differenzierung gilt für die „sonstigen herbeigeschafften Beweismittel", also Urkunden und Augenscheinsobjekte. Sind sie vom Gericht oder der Staatsanwaltschaft beigebracht worden, muss die Beweisaufnahme auf sie erstreckt werden (§ 245 Abs. 1); haben andere Prozessbeteiligte dafür gesorgt, dass sie präsent sind, bedarf es eines Beweisantrages (§ 245 Abs. 1 S. 1).

Für die nicht präsenten, also noch herbeizuschaffenden Beweismittel stellt § 244 Abs. 3 15
einen Katalog der Ablehnungsgründe auf. Er wird in § 244 Abs. 4 und 5 erweitert für Beweisanträge, die auf die Vernehmung eines Sachverständigen, die Einnahme eines Augenscheins die Vernehmung eines Auslandszeugen oder die Verlesung eines Ausgangsdokuments zielen. Insgesamt enthält § 244 eine abschließende Regelung der Gründe, die dazu berechtigen, einen Beweisantrag abzulehnen, der nicht-präsente Beweismittel betrifft, und § 245 eine abschließende Regelung des Umgangs mit präsenten Beweismitteln. Der Katalog darf vom Richter nicht erweitert werden.[17]

In begrenztem Umfang ist dem Gericht der **Austausch von Beweismitteln** gestattet. 16
Dass nicht der im Antrag genannte Sachverständige bestellt werden muss, sondern ein anderer herangezogen werden darf, ergibt sich aus der Austauschbarkeit von Sachverständigen und der Befugnis des Gerichts zu ihrer Bestellung. Auch beim Augenscheinsbeweis kann das Gericht nach Ermessen verfahren. Beim Zeugenbeweis ist ein Aus-

---

[16] Näher dazu *Mosbacher*, NStZ 2018, 9; krit. *Börner*, StV 2016, 681.
[17] Erwogen von BGH NStZ 1986, 371 für den Fall eines groben Missbrauchs des Antragsrechts.

tausch ausgeschlossen, wenn der Zeuge über ein eigenes Erlebnis berichten soll. Möglich wäre er in den Fällen, in denen der Zeuge eine Auskunft geben soll, die nicht von seinen eigenen Vorstellungen und Fähigkeiten abhängt. Denkbar ist ebenso, dass anstatt der Urkunde, deren Verlesung beantragt worden ist, eine andere verlesen wird. Für solche Fälle nimmt die Rechtsprechung an, dass das Gericht befugt sei, ein besseres oder gleichwertiges Beweismittel benutzen zu dürfen.[18]

17 Für die Ablehnung von Beweisanträgen gilt prinzipiell (aber mit Ausnahmen) das **Verbot der Beweisantizipation.** Die Beweiswürdigung darf nicht vorweggenommen werden (vgl. unten 29 Rn. 4). Das gilt für Beweismittel und Beweistatsachen gleichermaßen. Somit darf das Gericht nicht von vornherein davon ausgehen, dass die Beweistatsache nicht beweisbar oder bereits widerlegt sei und es darf nicht annehmen, dass das Beweismittel nicht zu dem gewünschten Beweisergebnis führen werde.[19]

2. Die Ablehnungsgründe, § 244 Abs. 3

18 a) Ist die Erhebung des Beweises „unzulässig" (S. 1), muss der Beweisantrag abgelehnt werden. **Unzulässig** ist die Beweiserhebung mit Beweismitteln, die in der StPO nicht vorgesehen sind oder über Beweisthemen, die der Prozessordnung nicht entsprechen.

Beispiele: Der Eid des Angeklagten; Beweis über die Strafzumessungspraxis anderer Gerichte;[20] der Richter als Zeuge über Vorgänge aus der laufenden Hauptverhandlung (vgl. oben 21 Rn. 21); Beweiserhebung darüber, was ein Zeuge gesagt hat oder wie es zu verstehen ist;[21] Beweiserhebung über die Schuldfähigkeit in einer Verhandlung über die Straffrage nach rechtskräftigem Schuldspruch (vgl. unten 34 Rn. 21).[22]

In den anderen Fällen des § 244 Abs. 3 kann der Beweisantrag abgelehnt werden.

19 b) Die **Offenkundigkeit** der Beweistatsache oder ihres Gegenteils gehört eigentlich nicht hierher, denn sie macht die Beweiserhebung bereits überflüssig (vgl. oben 23 Rn. 11).

20 c) **Für die Entscheidung ohne Bedeutung** ist eine Beweistatsache nur, wenn sie nicht geeignet erscheint, die Entscheidung irgendwie zu beeinflussen, und zwar entweder aus Rechtsgründen oder aus tatsächlichen Gründen.

Aus Rechtsgründen ohne Bedeutung sind Tatsachen, wenn eine Verurteilung bereits aus anderen, schon erwiesenen Gründen nicht in Betracht kommt.

Beispiel: Das Gericht hält den angeklagten Vorgang nicht für einen Versuch, sondern für eine Vorbereitungshandlung. Ein Beweisantrag zum Thema des freiwilligen Rücktritts ist ohne Bedeutung.

---

[18] BGHSt 22, 347, BGH NStZ 2008, 529. Der Beweisantrag ist durch den Austausch „erledigt", ohne dass ein Beschluss ergehen muss.

[19] BGH NStZ 1983, 468; StV 1993, 621.

[20] BGHSt 25, 207.

[21] Das wird im Urteil festgestellt; BGH NStZ 2004, 631, st. Rspr.

[22] BGHSt 44, 119.

Aus tatsächlichen Gründen bedeutungslos sind Tatsachen, wenn

- zwischen ihnen und dem Tatvorwurf keinerlei Zusammenhang besteht
- sie auf den Beweis von Indizien zielen, aus denen das Gericht einen Schluss ziehen könnte, den es aber nicht ziehen will.[23]

Beispiel: In einem Mordprozess gegen einen ehemaligen Stasi-Offizier wird die Vernehmung von Zeugen zum Beweis der Tatsache beantragt, dass aus dem Gefängnis, in dem die Stasi verhört und gefoltert hat, einmal eine Leiche abtransportiert worden sei. Das Gericht lehnt den Beweisantrag ab mit der Begründung, dass es aus dieser Tatsache, wenn sie bewiesen wäre, nichts schließen würde, was Tat und Schuld des Angeklagten betrifft.[24]

Wenn sich das Gericht bei seiner Ablehnung auf tatsächliche Umstände stützt, muss es sie mitteilen, damit sich der Antragsteller auf die Verfahrenslage einstellen kann.[25]

d) **Schon erwiesen** ist eine (dem Angeklagten günstige oder ungünstige) Tatsache 21
dann, wenn sich das Gericht aus dem bisherigen Beweisergebnis bereits eine feste Überzeugung von dieser Tatsache gebildet hat. Insofern ist hier eine Vorwegnahme der Beweiswürdigung erlaubt. Verboten bleibt sie aber in anderer Richtung: das Gericht darf den Beweisantrag nicht mit der Begründung ablehnen, dass das Gegenteil bereits erwiesen sei (das ist beim Sachverständigenbeweis erlaubt, § 244 Abs. 4 S. 2, in anderen Fällen aber eben nicht).

Beispiel: Der Angeklagte hat seine Steuererklärungen vorgelegt. Der Beweisantrag, den Steuerberater zur Höhe des Einkommens zu hören, wird abgelehnt.

e) **Völlig ungeeignet** ist ein Beweismittel nur, wenn ohne Rücksicht auf den bisherigen 22
Verlauf der Beweisaufnahme nach sicherer Lebenserfahrung feststeht, dass aus dem angebotenen Beweismittel das angestrebte Ergebnis nicht abgeleitet werden kann und sich die Beweiserhebung deshalb in einer reinen Förmlichkeit erschöpfen würde.[26]

Beispiel: Zum Beweis der Tatsache, dass ein Zugunglück auf Schicksal und nicht auf ein Versagen des Angeklagten zurückzuführen ist, wird ein Hellseher benannt, der das Unglück vorhergesehen haben will.[27]

Wenn das Beweismittel von geringem oder zweifelhaftem Wert ist, muss es dennoch benutzt werden. Andernfalls würde die Beweiswürdigung unzulässig vorweggenommen.[28]

---

[23] BGH NJW 1988, 501; NStZ 1982, 126; 1988, 211; StV 1992, 259; StV 1994, 62.
[24] BGH NStZ 1985, 516.
[25] BGH StV 1990, 246; 1993, 3.
[26] BGH NStZ 1993, 295; 2008, 116; 2009, 49.
[27] Zur Parapsychologie vgl. BGH NJW 1978, 1207.
[28] BGH NStZ-RR 1997, 304.

Beispiel: Die Zeugin, das Opfer der angeklagten Vergewaltigung, hat ausgesagt, dass der Angeklagte den Beifahrersitz in Liegeposition gebracht habe. Der Angeklagte behauptet, das sei seit einem Unfall lange vor der behaupteten Tat gar nicht mehr möglich gewesen und beantragt zum Beweis ein Sachverständigengutachten.[29]

Der Sachverständige ist hier nicht ein völlig ungeeignetes Beweismittel, weil er möglicherweise aus dem gegenwärtigen Zustand Rückschlüsse auf den Tatzeitpunkt ziehen kann.

23 f) Als **unerreichbar** gelten Beweismittel, wenn die zumutbaren Bemühungen des Gerichts, es herbeizuschaffen, erfolglos geblieben sind und in absehbarer Zeit bleiben werden. Für die Zumutbarkeit ist die Bedeutung der Sache und des Beweismittels mit dem Interesse an einem raschen Verfahren zu vergleichen.[30]

Beispiele: Ein Zeuge, den die Polizei am Wochenende nicht angetroffen hat oder von dem die Nachbarn sagen, er sei unbekannt verzogen, ist nicht unerreichbar.[31] Zeugen im Ausland sind prinzipiell erreichbar (zum sicheren Geleit vgl. Art. 12 EuRHÜbK; hier ist die Ablehnung des Beweisantrags nach § 244 Abs. 5 S. 2 allerdings auch zulässig, wenn die Vernehmung **nicht erforderlich** ist – etwa weil das Gericht im Wege einer ansonsten unzulässigen Beweisantizipation das Gegenteil der behaupteten Tatsache für bereits erwiesen hält). Eine Videokonferenz gem. § 247a Abs. 1 macht erreichbar.[32] Die audiovisuelle Vernehmung des sonst nicht erreichbaren Auslandszeugen kann aber ein „völlig ungeeignetes" Beweismittel sein, wenn es auf den persönlichen Eindruck vor Gericht ankommt.[33] V-Leute der Polizei sind unerreichbar, wenn die Behörde Namen und Anschrift nicht offenbart.[34] Bei Zeugen, die von ihrem Zeugnisverweigerungsrecht Gebrauch gemacht haben, ist umstritten, ob sie unerreichbar oder völlig ungeeignet sind oder ob die Beweiserhebung unzulässig ist.[35]

24 g) Zum Zweck der **Prozessverschleppung** ist ein Antrag nicht etwa schon dann gestellt, wenn er „zu spät" vorgebracht wird (§ 246 Abs. 1).[36] Es müssen vielmehr drei Voraussetzungen zusammentreffen:

- Die Beweiserhebung würde den Abschluss des Verfahrens wesentlich hinauszögern (objektiver Zeitfaktor).
- Der Beweisantrag wird nichts Sachdienliches erbringen (Prognose des Gerichts).
- Der Antragsteller weiß das und bezweckt nichts anderes als eine Verzögerung des Verfahrens (Absicht).[37]

---

[29] BGH NStZ 1995, 97.

[30] BGHSt 19, 390; BGH NStZ 1987, 218; BGHSt 32, 68 (73).

[31] BGH StV 1984, 5.

[32] BGHSt 45, 188.

[33] BGH NStZ 2004, 347.

[34] BGHSt 32, 125.

[35] Vgl. *Meyer-Goßner/Schmitt,* § 244 Rn. 59ff., 66.

[36] BGHSt 21, 118 (123). Ist erkennbar, dass die Verteidigung das Verfahren verschleppt, darf der Vorsitzende eine Frist zur Stellung von Beweisanträgen setzen, BGH NStZ 2007, 716.

[37] Anders *Niemöller,* NStZ 2008, 181: „die Absicht genügt", die beiden anderen Voraussetzungen sollen nur Indizien für sie sein.

Eine gewisse Vorwegnahme der Beweiswürdigung ist also auch hier erlaubt.

Beispiel: Es sind 14 Belastungszeugen vernommen worden. Der Angeklagte hat keinen von ihnen befragt, auch sein Verteidiger hat geschwiegen. Am Ende der 6-monatigen Hauptverhandlung beantragt er, einen Entlastungszeugen zu vernehmen, der sich zurzeit auf einer Weltreise befinde und in zwei Monaten zurück sein werde. Hier deutet alles auf Prozessverschleppung hin.[38]

Der BGH hat angedeutet, dass er das Kriterium der „wesentlichen" Verzögerung aufgeben will[39]. Der Vorsitzende darf eine Frist für weitere Beweisanträge stellen (§ 244 Abs. 6 S. 2). Werden danach welche angebracht, ist das ein „signifikantes" Indiz für Verschleppungsabsicht, das der Antragsteller widerlegen muss. § 246 Abs. 1 steht dem nicht entgegen, denn der Beweisantrag wird hier nicht wegen des späten Zeitpunkts seines Vorbringens als solchem abgelehnt, sondern wegen der damit verbundenen Absicht, das Verfahren zu verschleppen.[40]

h) Die **Wahrunterstellung** berechtigt zur Ablehnung, wenn eine beweiserhebliche entlas- 25
tende Behauptung nicht erwiesen ist und durch weitere Beweiserhebung wahrscheinlich auch nicht widerlegt werden kann. Eine Wahrunterstellung kommt also nur in Betracht, wenn das Gericht seine Aufklärungspflicht erfüllt hat. Dann darf es (ausnahmsweise) die Beweiswürdigung vorwegnehmen und eine Tatsache als wahr behandeln.

Die Beweistatsache muss erheblich sein. Folglich schließen sich Bedeutungslosigkeit und Wahrunterstellung als Ablehnungsgründe aus.

Die Wahrunterstellung bezieht sich auf die Beweistatsache selbst.[41] Sie darf die Beweis- 26
behauptung nicht verkürzen.

Beispiel: Die Behauptung, das Opfer habe dem Zeugen wörtlich gesagt, ihr Vater sei ihr „an die Wäsche gegangen", darf durch Wahrunterstellung nicht dahingehend abgewandelt werden, das Opfer habe dem Zeugen von sexuellen Übergriffen erzählt.[42]

Mit der als wahr unterstellten Tatsache muss sich das Gericht in den Urteilsgründen auseinandersetzen.[43] Jedenfalls dürfen die Feststellungen im Urteil und die Ausführungen zur Beweiswürdigung der Wahrunterstellung nicht widersprechen.[44] Nur entlastende Tatsachen dürfen als wahr unterstellt werden. Das können unmittelbar beweiserhebliche Tatsachen, aber auch Indiztatsachen sein. Mit der Wahrunterstellung ist

---

[38] Vgl. auch BGH NStZ 1990, 350.

[39] BGH NStZ 2007, 659.

[40] So bereits zur alten Rechtslage, die noch keine ausdrückliche Regelung zur Möglichkeit einer Fristsetzung enthielt, BGHSt 51, 333; 52, 355; gebilligt von BVerfG NJW 2010, 592.

[41] Vgl. BGH NStZ 1989, 129 m. Anm. *Volk.*

[42] BGH NStZ-RR 2005, 78.

[43] Einschränkend die Rspr.: Eine Auseinandersetzung soll nur erforderlich sein, wenn ohne Erörterung die Beweiswürdigung lückenhaft bleibt, vgl. z. B. BGHSt 28, 310. Dagegen *Herdegen,* NStZ 1984, 342.

[44] BGHSt 32, 44 (47).

nicht die Zusage verbunden, dass das Gericht aus der als wahr unterstellten Indiztatsache die Schlüsse zieht, die dem Antragsteller günstig und genehm sind. Verboten sind lediglich Schlüsse zu Ungunsten des Angeklagten.[45] Ansonsten werden die als wahr unterstellten Indiztatsachen im Rahmen der Beweiswürdigung behandelt wie andere Tatsachen auch.[46]

3. Die Ablehnung nach § 244 Abs. 4 (Sachverständige)

Der Beweisantrag, einen Sachverständigen hinzuzuziehen, darf zunächst aus den in Abs. 3 genannten Gründen abgelehnt werden.

27 a) Das Gericht kann ihn ferner wegen eigener Sachkunde ablehnen (S. 1).

Beispiele: Die Beurteilung der Glaubhaftigkeit einer Aussage (im noch üblichen, aber verfehlten Sprachgebrauch: „Glaubwürdigkeit eines Zeugen");[47] das gilt allerdings nicht mehr, wenn besondere Umstände vorliegen.[48] Das Gericht hat sich einen Sachverständigen angehört und ist dadurch sachkundig geworden.[49]

28 b) Der Antrag, einen „weiteren Sachverständigen" anzuhören, darf auch mit der Begründung abgelehnt werden, dass durch ein bereits erstattetes Sachverständigengutachten das Gegenteil der behaupteten Tatsache erwiesen sei (S. 2). Hier ist die Vorwegnahme der Beweiswürdigung ausdrücklich erlaubt. Sie darf sich aber nur auf das frühere Gutachten zu demselben Beweisthema stützen und nicht etwa auf einer Gesamtwürdigung aller Umstände beruhen.

Beispiel: Die Beweisfrage ist, ob das Blut am T-Shirt des Angeklagten vom Opfer stammt. Das hat ein Blutgruppensachverständiger ausgeschlossen. Der Antrag, das Gegenteil mit Hilfe eines DNA-Sachverständigen zu beweisen, wird zu Recht abgelehnt.[50]

29 Dieser Ablehnungsgrund greift nicht (S. 2), wenn

- die Sachkunde des ersten Gutachters zweifelhaft ist
- das Erstgutachten von unzutreffenden tatsächlichen Voraussetzungen ausgeht
- das mündlich erstattete Gutachten Widersprüche enthält[51] oder im entscheidenden Punkt mit dem schriftlichen Gutachten nicht vereinbar ist[52]
- dem weiteren Sachverständigen überlegene Forschungsmittel zur Verfügung stehen, also bessere Geräte oder Methoden. Längere Berufserfahrung und größeres Ansehen (etc.) gelten nicht als „Forschungsmittel".[53]

---

[45] BGHSt 1, 137; BGH NStZ 2007, 717.
[46] BGH NStZ 1982, 213; 1985, 206.
[47] St. Rspr., vgl. BGHSt 8, 130; BGH NStZ 1987, 182; BGH NStZ 2005, 394.
[48] BGHSt 1991, 405: Der Zeuge ist medikamentenabhängig.
[49] BGH NStZ 1985, 421.
[50] Vgl. BGHSt 39, 49.
[51] BGHSt 23, 176 (185).
[52] BGH NStZ 1991, 448.
[53] BGHSt 34, 355 (358); 44, 26.

4. Augenschein, Auslandszeugen und Verlesung eines Ausgangsdokuments, § 244 Abs. 5

a) Bei Beweisanträgen, die auf die Einnahme eines Augenscheins gerichtet sind (S. 1), muss das Gericht nur prüfen, ob es die Aufklärungspflicht gebietet, ihnen nachzukommen.[54] Drängen die Umstände nicht dazu, einen Augenschein einzunehmen, kann das Gericht den Antrag ablehnen und andere Beweismittel benutzen (z. B. Zeugen oder Fotos anstatt eines Lokaltermins; vgl. oben 21 Rn. 35). Das Gericht erwägt, welche Ergebnisse von der Beweisaufnahme zu erwarten sind und wie sie zu würdigen wären. Es darf also die Beweiswürdigung vorwegnehmen. 30

b) Die gleichen Regeln gelten für Beweisanträge auf Vernehmung von Zeugen, deren Ladung im Ausland zu bewirken ist (S. 2). Die Frage, ob diese Zeugen unerreichbar sind (§ 244 Abs. 3 S. 2), stellt sich erst, wenn ihre Vernehmung erforderlich ist. Das bemisst sich (wie oben Rn. 30) nach der Aufklärungspflicht des Gerichts. Abzuwägen sind einerseits das Gewicht der Strafsache sowie Wert und Bedeutung des Beweismittels vor dem Hintergrund der bisherigen Beweisaufnahme und andererseits der organisatorische Aufwand der Vernehmung und die Verzögerung des Verfahrens, gemessen am Grundsatz der Verhältnismäßigkeit.[55] 31

Beispiel: Zeuge K hat ausgesagt, dass er den Angeklagten am 22. März auf der Straße von L nach W getroffen und mit ihm den Kauf und die Lieferung von Rauschgift verabredet habe. Der Angeklagte legt eine Hotelrechnung aus Spanien vor und beantragt zum Beweis der Tatsache, dass er vom 12. bis 22. März dort übernachtet habe, die Vernehmung der Zeugin M, die an der Rezeption des Hotels arbeite und die Rechnung erstellt habe. Das Gericht lehnt den Beweisantrag mit der Begründung ab, dass es dem Zeugen K glauben werde.[56]

Das war fehlerhaft. Konkrete Gründe dafür, dass die Aussage der Zeugin M auf keinen Fall die Aussagen des Zeugen K entkräften könnte, gab es nicht. Die Beweiswürdigung darf zwar vorweggenommen werden,[57] muss aber sorgfältig und plausibel sein.

c) § 244 Abs. 5 S. 3 resultiert aus der Einführung der elektronischen Akte in der Justiz zum 1.1.2018. Er regelt die Behandlung von Beweisanträgen, die sich auf Zweifel der Übereinstimmung des elektronischen Beweismittels mit seinem nicht elektronischen Ausgangsdokument (s. die Legaldefinition in § 32e Abs. 1 S. 2) gründen. Das Gericht kann einen solchen Antrag ablehnen, wenn es keinen Anlass hat, an der Richtigkeit der Übertragung zu zweifeln. Erfasst werden allerdings nur Anträge auf Urkundenbeweis („Verlesung eines Ausgangsdokuments"). Die Behandlung von Anträgen auf Augenscheinnahme richtet sich weiterhin allein nach S. 1.[58] 31a

---

54 BGH NStZ 1988, 88.
55 BGH NStZ 2002, 653; NStZ 2007, 349.
56 BGHSt 40, 60.
57 Vgl. auch BGH NStZ 2005, 701 (Fall Mzoudi).
58 BT-Drs. 18/9416, S. 62.

5. Präsente Beweismittel, § 245

32 Hier ist zu unterscheiden, ob es sich um persönliche oder sachliche Beweismittel handelt, und außerdem kommt es darauf an, wer für die Präsenz gesorgt hat (vgl. den Überblick oben Rn. 14).

a) Die vom Gericht geladenen und erschienenen Zeugen und Sachverständigen sind zu vernehmen (Abs. 1 S. 1), denn es kann ja sein, dass die Prozessbeteiligten im Vertrauen auf die gerichtliche Ladung Beweisanträge oder Ladungen (§ 220) unterlassen haben.

b) Nach dem Wortlaut der Vorschrift (Abs. 1 S. 1) muss die Beweisaufnahme auch auf alle vom Gericht oder der Staatsanwaltschaft herbeigeschafften Beweismittel erstreckt werden, also Urkunden und Augenscheinsobjekte. Dazu zählen nun aber alle Beweisstücke in den Akten (§ 199 Abs. 2 S. 2, nicht nur die sonst noch herbeigeschafften, § 214 Abs. 4). Sie sind nun einmal da, werden „präsent" im Sinne der Vorschrift jedoch erst, wenn das Gericht signalisiert, dass mit ihnen Beweis geführt werden soll.[59]

33 c) Beweispersonen, die von der Staatsanwaltschaft (§ 214 Abs. 3) oder anderen Verfahrensbeteiligten (§ 220) geladen worden und auch erschienen sind, gelten als präsent im Sinne von Abs. 2 S. 1. Ihre Vernehmung setzt einen Antrag voraus. Verglichen mit § 244 Abs. 3–5 kann er nur unter engeren Voraussetzungen abgelehnt werden. Die Ablehnung wegen Unerreichbarkeit scheidet natürlich aus. Wahrunterstellung ist unzulässig. Die „Bedeutungslosigkeit" (§ 244 Abs. 3) ist reduziert auf den fehlenden Zusammenhang zwischen Beweistatsache und Tatvorwurf. Bei präsenten Sachverständigen darf sich das Gericht nicht auf eigene Sachkunde berufen und bei einem weiteren Sachverständigen nicht das Gegenteil der behaupteten Tatsache als erwiesen ansehen (§ 244 Abs. 4 S. 2).

Alle diese Regeln gelten nicht für nur mitgebrachte (erschienene), aber nicht geladene Beweispersonen.

34 d) Präsente sachliche Beweismittel (Augenscheinsobjekte) müssen verwendet werden; § 244 Abs. 5 S. 1 gilt nicht.

6. Der Ablehnungsbeschluss, § 244 Abs. 6

35 Beweisermittlungsanträge und Beweisanregungen werden durch den Vorsitzenden abgelehnt,[60] wenn es die Aufklärungspflicht nicht gebietet, sie aufzugreifen. Nur Beweisanträge müssen durch Gerichtsbeschluss abgelehnt werden. In seinen Gründen (§ 34) legt das Gericht dar, welche rechtlichen und/oder tatsächlichen Gründe entscheidend waren, damit sich der Antragsteller auf die Prozesslage einstellen kann. Isoliert anfechtbar ist dieser Beschluss nicht (§§ 305 S. 1, 336 S. 1).

36 Über **Hilfs- und Eventualbeweisanträge** (vgl. oben Rn. 9, 10) entscheidet das Gericht erst im Urteil. Die h. M. begründet das damit, dass der Antragsteller durch diese Art der Antragstellung auf eine sofortige Entscheidung verzichte und zu erkennen gebe, dass er „alle Pfeile verschossen" habe.[61] Will allerdings das Gericht einen Hilfs- oder Eventualbeweisantrag wegen Prozessverschleppung ablehnen, muss es diese Begrün-

---

[59] BGHSt 37, 168.
[60] BGH NStZ 1982, 296 – jedenfalls zunächst, § 238 Abs. 1.
[61] BGHSt 32, 10 (13).

dung schon in der Hauptverhandlung bekannt geben, damit der Antragsteller Gelegenheit hat, den damit verbundenen Vorwurf zu widerlegen.[62]

Beweisanträge, die erst gestellt wurden, nachdem die vom Vorsitzenden bestimmte **Frist** (S. 2) bereits abgelaufen war, dürfen aus Gründen der Verfahrensbeschleunigung ebenfalls im Urteil, d. h. ohne gesonderten vorherigen Beschluss, beschieden werden (S. 3). Allerdings gilt das nicht, wenn es dem Antragsteller unmöglich war, den Beweisantrag innerhalb der Frist zu stellen, etwa weil er erst nach Fristablauf von der Existenz eines bestimmten Beweismittels (z. B. einem Entlastungszeugen) erfahren hat. Die Unmöglichkeit ist dabei personenbezogen zu bestimmen. Es wird daher (abgesehen von den Fällen kollusiven Zusammenwirkens) dem antragstellenden Verteidiger nicht das Wissen des Angeklagten zugerechnet. 37

Beispiel: Wusste der Verteidiger vor Fristablauf noch nicht von der Existenz eines Entlastungszeugen, war ihm das Stellen eines darauf bezogenen Beweisantrags innerhalb der Frist auch dann unmöglich, wenn der Angeklagte im Unterschied zu ihm die entsprechende Kenntnis besaß. [63]

Fälle und Fragen

176. Inwiefern unterscheiden sich Beweisantrag, Beweisermittlungsantrag und Beweisanregung?
177. Welche Konsequenz kann es haben, wenn das Gericht einen Beweisermittlungsantrag ablehnt?
178. Welche Systematik stellt die StPO für die Ablehnung von Beweisanträgen auf?
179. Wann handelt es sich um ein präsentes, wann um ein nicht präsentes Beweismittel? Inwiefern besteht ein grundlegender Unterschied zwischen den jeweiligen Ablehnungsmöglichkeiten?
180. A streitet die Erpressung mehrerer Lebensmittelkonzerne vehement ab. Als die Beweislage immer düsterer für ihn wird, beantragt er, zur Bestätigung der Richtigkeit seiner Aussagen, einer Untersuchung mit einem „Lügendetektor" unterzogen zu werden. Kann dieser Beweisantrag abgelehnt werden?

§ 26. Die Mündlichkeit der Beweisaufnahme

Der Grundsatz der Mündlichkeit (vgl. oben 18 Rn. 25), gültig für die Hauptverhandlung, besagt für die Beweisaufnahme, dass alle Umstände, die für die Schuld- und Straffrage von Bedeutung sind, zur Sprache kommen müssen. Zum „Inbegriff der Verhandlung" (§ 261) gehört nur, was erörtert worden ist. Deshalb ist § 261 auch das verletzte Gesetz (§ 337), wenn gegen das Prinzip der Mündlichkeit verstoßen wurde. 1

Beispiel: Das Gericht hat das Verhalten von Zuhörern während der Vernehmung eines Zeugen zur Bewertung von dessen Aussage herangezogen, ohne darauf in der Hauptverhandlung einzugehen. Das war falsch. Es hat seine Erkenntnisse verwertet, „ohne die Beob-

---

[62] BGH NStZ 1998, 207; StV 1990, 394; BVerfG NStZ 2010, 155.
[63] *Mosbacher,* NStZ 2018, 12.

achtungsergebnisse in die Hauptverhandlung einzuführen und den Verfahrensbeteiligten Gelegenheit zur Stellungnahme zu geben“[1].

Die Berufsrichter haben die Akten gelesen. Auch dieses Wissen dürfen sie nicht stillschweigend verwenden.

I. Verlesung von Urkunden

2 Deshalb müssen Urkunden verlesen werden (§ 249).

Beispiel: Das Gericht hat seine Überzeugung auf den vollständigen Text von Briefen gestützt, die in der Hauptverhandlung nur teilweise verlesen worden sind.[2]

Diese Regel wird durch das Selbstleseverfahren durchbrochen (vgl. oben 21 Rn. 39). Damit ist das Prinzip der Mündlichkeit hier suspendiert.

II. Der formfreie Vorhalt

3 Der (Berufs-)Richter, der bei der Vernehmung eines Zeugen oder Sachverständigen bemerkt, dass dessen Aussage mit dem Akteninhalt nicht übereinstimmt, darf dieses Wissen nicht verdeckt ausnutzen. Er muss die Beweisperson damit konfrontieren und den Akteninhalt präsentieren. Das kann dadurch geschehen, dass er das entsprechende Schriftstück *verliest* (Urkundenbeweis), aber auch so, dass er daraus zum Zwecke eines Vorhalts zitiert oder es ganz *vorliest.*

Im Unterschied zum Urkundenbeweis ist dieser Vorhalt

- formfrei, d. h. nicht zu protokollieren (§ 273 Abs. 1, erweitert auf den „Grund“ der Verlesung in § 255),
- nur ein Vernehmungsbehelf beim Personalbeweis.

4 Mit der Verlesung einer Urkunde wird das Beweisziel erreicht, den Inhalt des Schriftstückes festzustellen; mit dem Vorhalt der Urkunde wird als Beweisziel erstrebt, dass der Zeuge oder Sachverständige eine Aussage macht oder präzisiert.[3]

Beispiel: Der Zeuge kann sich an einen bestimmten Punkt nicht mehr erinnern. Die Richterin: „Bei Ihrer polizeilichen Vernehmung haben Sie dazu Angaben gemacht. Ich halte Ihnen vor, was Sie damals gesagt haben“. Sie liest das polizeiliche Vernehmungsprotokoll vor. „Erinnern Sie sich jetzt?“

[1] BGH NStZ 1995, 609.
[2] BGH NStZ 2004, 279 – Verstoß gegen § 261.
[3] BGHSt 14, 307; 34, 231 (235).

Verwertbar ist nur, was der Zeuge nun sagt (und nicht das Vorgelesene). Bleibt er dabei, es nicht mehr (so genau) zu wissen, sind die Möglichkeiten des Personalbeweises erschöpft. Den Inhalt des Protokolls darf man nicht verwerten, weil er nicht im Wege des Urkundenbeweises zum Prozessstoff gemacht wurde (was aber geschehen kann, vgl. unten 27 Rn. 18). Die Literatur kritisiert diese sophistisch anmutende Unterscheidung und verlangt, jeden Griff zu Urkunden den Regeln der §§ 251 ff. zu unterwerfen,[4] scheitert damit aber an den pragmatischen Bedürfnissen des Prozessalltags.

III. Audiovisuelle Vernehmung

Eine Zeugen- und Sachverständigenvernehmung kann „face to face" im gleichen Raum erfolgen, aber auch durch eine „live"-Schaltung an andere Orte, z. B. ein anderes Gerichtszimmer oder die Wohnung des Zeugen (Video-Konferenz). Diese Art der Vernehmung musste ebenso geregelt werden (§§ 58b, 247a) wie die Fragen der simultanen Aufzeichnung (§ 58a) und der zeitversetzten Wiedergabe (§ 255a). Wie die englischen Begriffe zeigen, ist bei der audiovisuellen Vernehmung im Grunde weder das traditionelle deutsche Prinzip der Mündlichkeit betroffen (es kommt ja alles zur Sprache, nur nicht in persönlicher Konfrontation mit allen Verfahrensbeteiligten) noch das der Unmittelbarkeit („live" ist auch direkt und nicht Konserve). Weil eine „Konfrontation der Prozessbeteiligten – wenn auch mediatisiert – unmittelbar mit dem zu vernehmenden Zeugen" stattfindet, handelt es sich um eine „audiovisuelle Konfrontationsvernehmung".[5] Lediglich bei der späteren Wiedergabe einer Aufzeichnung begegnet man den klassischen Problemen (die unter 27 vor Rn. 3 ff. behandelt werden). 5

1. Die Simultan-Aufzeichnung, § 58a

Die Vorschrift enthält in Abs. 1 S. 1 keine besonderen Voraussetzungen für die Aufzeichnung. Aus § 247a Abs. 1 folgt, dass sie in der Hauptverhandlung nicht gilt. Im Ermittlungsverfahren kann also jede Zeugenvernehmung (Polizei, Staatsanwaltschaft, Ermittlungsrichter) ohne weiteres aufgezeichnet werden. Das soll geschehen in den Fällen des S. 2, also bei besonders schutzbedürftigen Zeugen (Nr. 1) oder zum Zweck der Beweissicherung bei drohendem Beweisverlust (Nr. 2). Hier soll die Vernehmung zudem durch den Ermittlungsrichter erfolgen. 6

Einschränkend ist aus § 52 abzuleiten, dass eine Aufzeichnung erst nach Belehrung erfolgen darf.

Beispiel:[6] Der mit dem Beschuldigten verwandte Opferzeuge erklärt vor bereits laufender Kamera, dass er das Zeugnis verweigere; in seinem Gesicht sieht man die Folgen der Tat. Als Augenscheinsbeweis dürfte das trotz Zeugnisverweigerung verwertet werden.

---

[4] Vgl. *Eisenberg,* Rn. 868 ff.
[5] BGHSt 45, 188.
[6] Vgl. KK-StPO/*Senge,* § 58a Rn. 8.

2. Die simultane Bild-Ton-Vernehmung außerhalb der Hauptverhandlung, §§ 58b, 168e

7 Die Bild-Ton-Vernehmung eines Zeugen, bei der Zeuge und Vernehmender sich nicht „face to face" im selben Raum aufhalten, ist außerhalb der Hauptverhandlung jederzeit möglich (§ 58b). Davon zu unterscheiden ist die getrennte Zeugenvernehmung nach § 168e: Kann ein Zeuge nicht anders geschützt werden, in Ausnahmefällen also, setzt sich der Ermittlungsrichter mit ihm allein in einen Raum und lässt die Vernehmung „zeitgleich in Bild und Ton" (S. 2) zu den Anwesenheitsberechtigten übertragen (S. 1). Diese stellen ihre Fragen über Lautsprecher oder den Richter (Knopf im Ohr; S. 4 i. V. m. § 241 a). So können Zeugen vor der Konfrontation mit dem Beschuldigten bewahrt werden. Der darf überdies gem. § 168c auch von der Teilnahme an der Übertragung ausgeschlossen werden. Ferner gilt § 168c Abs. 5 auch für die Videovernehmung. Die Aufzeichnung dieser Vernehmung ist immer zulässig (S. 4 i. V. m. § 58a) und sinnvoll.

3. Die simultane Bild-Ton-Vernehmung und ihre Aufzeichnung in der Hauptverhandlung, § 247a

Sie kann aus zwei ganz unterschiedlichen Gründen angeordnet werden.

8 a) Dient sie dem Schutz des Zeugen (Abs. 1 S. 1 1. Alt.), sind die Voraussetzungen so eng und streng wie in § 168 e. Die Subsidiaritätsklausel zeigt, dass der Zeuge im Gerichtssaal immer als die beste Lösung gelten soll. Das Interesse des Angeklagten, nicht ihn (§ 247), sondern den Zeugen zu entfernen und audiovisuell zu vernehmen, muss zurücktreten.[7]

9 b) Geht es schlicht darum, das Verfahren ökonomisch zu gestalten und zu beschleunigen (Abs. 1 S. 1 2. Alt.), sind die Anwendungsfälle weit gespannt (§ 251 Abs. 1 Nr. 2–4; näher unten 27 Rn. 4), auch hier aber auf die Vernehmung von Zeugen beschränkt. Eine Subsidiaritätsklausel gibt es nicht, und der Zusatz („soweit zur Erforschung der Wahrheit erforderlich") soll nur die Fälle ausschließen, in denen ein einwandfreies richterliches Protokoll einer früheren Vernehmung verlesen werden kann und dies zur Sachaufklärung genügt.[8] In diese Abwägung müssen aber, über den Gesetzeswortlaut hinaus, auch die Interessen der Verteidigung einbezogen werden.

10 c) Die Aufzeichnung dieser Videokonferenz ist nicht so einfach möglich wie im Vorverfahren (§ 58a), sondern erfordert eine Prognose (§ 247a Abs. 1 S. 4).

d) Eine Video-Vernehmung von Sachverständigen erlaubt § 247a Abs. 2. Anders als beim Zeugen gelten für sie mit einer Einschränkung (keine Fälle des § 246a) keine besonderen Voraussetzungen.

4. Die Verwertung der Aufzeichnungen

11 Die Verwertung der Aufzeichnungen geschieht durch Augenscheinsbeweis (Vorspielen der Aufnahme) unter den Voraussetzungen, die für den Urkundenbeweis mit Protokollen gelten; näher unten 27 Rn. 26f.

---

[7] BGH NStZ 2001, 261; 2002, 608.
[8] BGHSt 46, 73.

Fälle und Fragen

181. An welcher Norm ist ein Verstoß gegen das Mündlichkeitsprinzip festzumachen (z. B. bei einer Revision)?
182. Was versteht man unter einem formfreien Vorhalt? Was ist dabei genau verwertbar?
183. Die StPO sieht an mehreren Stellen Regelungen über audiovisuelle Arten der Vernehmung vor. Welche sind das? Wie werden diese Aufzeichnungen verwertet?

§ 27. Die Unmittelbarkeit der Beweisaufnahme

I. Grundregeln

1 Wahrnehmungen von Zeugen und Sachverständigen müssen durch ihre Vernehmung in den Prozess eingeführt werden (§ 250 S. 1). Man darf nicht stattdessen Protokolle über ihre frühere Vernehmung verlesen (§ 250 S. 2). Dieser Unmittelbarkeitsgrundsatz (allgemein dazu oben 18 Rn. 26) stellt den Personalbeweis vor den Sachbeweis (anders im beschleunigten Verfahren, § 420 Abs. 1, und im Verfahren nach Einspruch gegen einen Strafbefehl, § 411 Abs. 2). Daraus lässt sich indes nicht die allgemeine Regel ableiten, dass immer das sachnächste Beweismittel benutzt werden muss.[1] Allerdings gebietet es die Aufklärungspflicht i. d. R., so zu verfahren und nicht bei entfernteren Beweismitteln stehen zu bleiben.[2] Das Prinzip der Unmittelbarkeit hat Grenzen (unten Rn. 2) und zahlreiche Ausnahmen (unten Rn. 3ff.).

II. Urkundenbeweis neben Personalbeweis

2 **Fall 1:** Die vierzehnjährige M, in einem Heim untergebracht, war vom Angeklagten vergewaltigt worden. Die Heimleiterin hatte sie aufgefordert, den Vorfall schriftlich zu schildern. Ihre Darstellung des Geschehens in der Hauptverhandlung weicht davon ab. Der Verteidiger des Angeklagten beantragt, den Brief an die Heimleiterin zu verlesen. Das Gericht verweist auf § 250 und lehnt den Antrag ab.[3]

Eine Vernehmung darf nicht durch eine Verlesung *ersetzt,* wohl aber *ergänzt* werden (§ 250 S. 2).[4] Aus den Regeln über den Urkundenbeweis ergibt sich nichts für die Frage, ob er geführt werden muss. Das bemisst sich nach der Aufklärungspflicht. Sie gebietet es hier, zur Klärung des Tathergangs und der Glaubhaftigkeit der Zeugenaussage den Brief zu verlesen.

Fall 2: M hatte den Vorfall in einem Brief an eine Freundin geschildert.

---

[1] H. M., LR/*Sander/Cirener,* § 250 Rn. 23.
[2] BGH NStZ 2004, 50.
[3] BGHSt 20, 160.
[4] BGHSt 20, 160. Schriftliche Erklärungen des Angeklagten sind davon nicht erfasst; sie können immer verlesen werden; BGHSt 39, 305.

Das Verbot des § 250 S. 2 betrifft, wie die Gleichstellung mit Protokollen zeigt, nur Erklärungen, die zu Beweiszwecken verfasst worden sind (wie im Fall 1). Der Brief dürfte also ohnehin verlesen werden, unabhängig davon, dass es sich um die Ergänzung einer Aussage handelt.[5]

Diese Regeln gelten auch für die ergänzende (nicht ersetzende) Inaugenscheinnahme der Bild-Ton-Aufzeichnung einer Zeugenvernehmung. Das „Videoprotokoll" steht dem schriftlichen Protokoll gleich[6] (s. unten Rn. 26).

III. Die Verlesung von Protokollen, §§ 251 ff.

In diesen Ausnahmefällen verliert der Personalbeweis seinen Vorrang.

1. Verlesung bei Abwesenheit, § 251

Wenn aus bestimmten Gründen Zeugen, Sachverständige oder Mitbeschuldigte aus bestimmten Gründen nicht vernommen werden können oder ihre Vernehmung entbehrlich erscheint, darf stattdessen ein Protokoll über eine frühere Vernehmung verlesen werden.

a) Anwendungsbereich

3 Die Vorschrift gilt für Zeugen, Sachverständige und Mitbeschuldigte. Dabei kommt es nur darauf an, ob der, dessen Vernehmung ersetzt werden soll, jetzt in einer dieser Prozessrollen wäre.

Beispiel: Die Polizei hatte ursprünglich gegen B ermittelt und ihn als Beschuldigten vernommen. Das Verfahren wurde eingestellt, weil der Verdacht entfiel und sich gegen A richtete. Im Verfahren gegen den Angeklagten A darf das Protokoll der früheren Beschuldigtenvernehmung des B verlesen werden, weil er jetzt Zeuge wäre.[7]

Für die Verlesung von Protokollen über frühere Vernehmungen des (jetzigen) Angeklagten gilt die exklusive Sonderregelung des § 254 (sowie §§ 231a Abs. 1 S. 2, Abs. 3 S. 2).

b) Voraussetzungen

4 § 251 lässt anstelle einer Vernehmung die Verlesung von Vernehmungsprotokollen aller Art und von Urkunden zu, die eine von einem Zeugen, Sachverständigen oder Mitbeschuldigten erstellte Erklärung enthalten, wenn der verteidigte Angeklagte, sein Verteidiger und der Staatsanwalt damit einverstanden sind (Abs. 1 Nr. 1).

---

[5] So die h. M., BGH NStZ 1982, 79.
[6] BGH NStZ 2004, 348.
[7] BGHSt 10, 186; BGH NStZ 2008, 50 erlaubt die „Ersetzung" fehlender Teile einer Aussage über § 251, ohne das von § 250 S. 2 abzugrenzen, s. unten Rn. 7.

Die Verlesung ist ferner zulässig, wenn durch sie lediglich das Geständnis des Angeklagten bestätigt werden soll und der nicht verteidigte Angeklagte (für den verteidigten Angeklagten gilt weiter allein Nr. 1) und der Staatsanwalt mit ihr einverstanden sind (Abs. 1 Nr. 2).

Weiterhin kommt die Verlesung in Betracht, wenn der Zeuge, Sachverständige oder Mitbeschuldigte verstorben ist oder aus einem anderen Grunde in absehbarer Zeit gerichtlich nicht vernommen werden kann (Abs. 1 Nr. 3), wie z. B. bei der „Sperre" eines Zeugen durch die Behörde, die ihn unerreichbar macht (vgl. unten Rn. 31).[8]

Bei rechtlichen Vernehmungshindernissen gilt das nicht.

Beispiel: Der Zeuge verweigert in der Hauptverhandlung die Auskunft gem. § 55 zu allen Punkten und sagt nichts zur Sache. Das ist kein Vernehmungshindernis im Sinne des § 251. Das Protokoll über eine frühere Vernehmung darf nicht verlesen werden.[9]

Schließlich ist die Verlesung ebenfalls gestattet, wenn das Protokoll oder die Urkunde das Vorliegen oder die Höhe eines Vermögensschadens betrifft (Abs. 1 Nr. 4). Das ist problematisch, weil es nicht an eine prozessuale Situation anknüpft, sondern an ein Tatbestandsmerkmal des materiellen Strafrechts.

Protokolle über eine **richterliche** Vernehmung dürfen unter diesen Voraussetzungen 5
und gem. Abs. 2 darüber hinaus auch verlesen werden, wenn

- dem Erscheinen des Zeugen, Sachverständigen oder Mitbeschuldigten in der Hauptverhandlung für eine längere oder ungewisse Zeit Krankheit, Gebrechlichkeit oder andere nicht zu beseitigende Hindernisse entgegenstehen (Abs. 2 Nr. 1);
- dem Zeugen oder Sachverständigen das Erscheinen in der Hauptverhandlung wegen großer Entfernung unter Berücksichtigung der Bedeutung der Aussagen nicht zugemutet werden kann (Abs. 2 Nr. 2, wie in § 223 Abs. 2, vgl. oben 17 Rn. 6);
- der Staatsanwalt, der Verteidiger und der Angeklagte mit der Verlesung einverstanden sind. Dieses Einverständnis dispensiert nicht von der Aufklärungspflicht und hilft nicht über Beweisverbote hinweg,[10] wie z. B. die unterbliebene Belehrung nach § 52 Abs. 3.

Fall 3: Der Zeuge, dessen Aufenthalt nicht zu ermitteln ist, war im Vorverfahren vom Ermittlungsrichter vernommen, aber nicht über sein Zeugnisverweigerungsrecht als Ehegatte belehrt worden. Das Verwertungsverbot steht der Verlesung entgegen.[11]

Wenn Bezüge zu anderen Protokollen bestehen, muss man unterscheiden. Nimmt das 6
richterliche Protokoll selbst Bezug auf andere Protokolle (auch polizeiliche) oder Schriftstücke, dürfen sie mit verlesen werden. Hat sich aber der Vernommene auf protokollierte Aussagen anderer bezogen, macht sie das nicht verlesbar. **Fehlerhaft** zustande gekommene richterliche Protokolle, also Protokolle über Vernehmungen, bei

[8] BGHSt 32, 68.

[9] BGH NStZ 1984, 342; 1996, 96; auch nicht frühere schriftliche Erklärungen des Zeugen, BGH NStZ 2007, 718; auch nicht, wenn der Zeuge nicht anwesend ist, BGH NJW 2007, 2195; str., vgl. BGH NJW 2002, 309.

[10] BGH NJW 1996, 2435 f.

[11] BGH NStZ 1989, 282; NStZ 1998, 312.

denen ein Verfahrensfehler gemacht wurde, dürfen nicht nach Abs. 2, sondern nur als nichtrichterliche nach Abs. 1 verlesen werden und haben geringeren Beweiswert (sehr str., vgl. unten 28 Rn. 26).

7 Die Vorschrift über die ersetzende Verlesung setzt immer voraus, dass ein Vernehmungshindernis besteht.

Fall 4: Der Zeuge macht zu einigen Punkten Angaben und zu anderen nicht (§ 55). Darf das Protokoll über eine frühere polizeiliche Vernehmung verlesen werden?

Nach § 251 ist das nicht gestattet. Das gilt hier auch, obwohl durch die Verlesung seine Vernehmung nicht ersetzt, sondern ergänzt werden soll. Möglich bleibt aber die Vernehmung der Verhörperson als Zeuge vom Hörensagen.[12]

Kann ein Zeuge nicht weiter vernommen werden (z. B. weil er vernehmungsunfähig geworden ist), darf diese Aufklärungslücke durch eine ergänzende Verlesung früherer Vernehmungsprotokolle nach § 249 Abs. 1 geschlossen werden.[13]

2. Verlesung nach Zeugnisverweigerung, § 252

8 **Fall 5:** Im Ermittlungsverfahren gegen X ist sein Bruder B von der Staatsanwaltschaft als Zeuge vernommen worden. Er hat, nachdem er über sein Zeugnisverweigerungsrecht belehrt worden war, Angaben zur Sache gemacht, die in einem Vernehmungsprotokoll festgehalten werden. Später hat ihn auch der Ermittlungsrichter als Zeugen geladen, ordnungsgemäß belehrt und, da B das Gleiche gesagt hat wie bei der Polizei, in das Protokoll nur aufgenommen: „B macht seine Angaben bei der Polizei zum Gegenstand der heutigen Vernehmung" (die übliche Formulierung; gemeint ist: „zum Inhalt"). In der Hauptverhandlung gegen seinen angeklagten Bruder X verweigert er unter Berufung auf § 52 Abs. 1 Nr. 3 das Zeugnis.

Das ist der Grundfall zu § 252. Er wirft folgende Fragen auf: Kann man den vernehmenden Polizeibeamten als Zeugen über das vernehmen, was B damals ausgesagt hat? Darf der Ermittlungsrichter darüber vernommen werden? Können die Protokolle zum Zweck des Vorhalts verlesen werden? Klar ist nach dem Wortlaut des § 252 nur, dass mit diesen Protokollen kein Urkundenbeweis geführt werden darf.

a) Überblick

9 § 252 setzt zunächst voraus, dass in der Hauptverhandlung ein Zeugnisverweigerungsrecht besteht. Als Folge greift nach h. M. über den Wortlaut der Vorschrift hinaus ein Beweisverbot ein (unten Rn. 10). Die Frage, ob das Zeugnisverweigerungsrecht auch schon zum Zeitpunkt der früheren Aussage bestanden haben muss, ist für die Anwendungsfälle der §§ 52ff. differenziert zu beantworten (unten Rn. 12). Prinzipiell entscheidet über den Anwendungsbereich des § 252 die Prozessrolle als Zeuge in der Hauptverhandlung, so dass die Vorschrift auch eingreift, wenn die Aussageperson zunächst nicht Zeuge war (unten Rn. 15). § 252 setzt ferner voraus, dass es sich bei der früheren Äußerung um eine „Aussage" handelte (unten Rn. 16).

---

[12] Bei früheren schriftlichen Erklärungen des Zeugen soll allerdings nach BGH NStZ 1988, 36, im Unterschied zu Vernehmungsprotokollen eine ergänzende Verlesung nach § 249 Abs. 1 möglich sein.

[13] BGH NStZ 2008, 50.

b) Beweisverbot

Entschließt sich der Zeuge erst in der Hauptverhandlung, von seinem Zeugnisverweigerungsrecht Gebrauch zu machen, darf das Protokoll über eine frühere Vernehmung, bei der er über sein Zeugnisverweigerungsrecht belehrt worden war, darauf verzichtet und Angaben gemacht hatte, nicht verlesen werden. Über diesen Wortlaut des § 252 hinaus gebietet es aber die Rücksicht auf den Schutzzweck der Zeugnisverweigerungsrechte, die Verwertung der früheren Aussage schlechthin zu untersagen. Dieses Beweisverbot wird umfassend verstanden.[14] 10

Das Beweisverbot des § 252 ist für den Zeugen nach h. M. allerdings disponibel. Er soll nach qualifizierter Belehrung[15] der Vernehmung der Verhörsperson (nicht dagegen auch der Verlesung![16]) zustimmen können (deren Bekundungen als Zeugen vom Hörensagen dann allerdings erheblich geringeren Beweiswert haben).[17] Das erscheint im Hinblick auf das Konfrontationsrecht des Angeklagten aus Art. 6 Abs. 3 lit. d EMRK allerdings problematisch, da diesem im Falle belastender Angaben so das Recht genommen wird, den Belastungszeugen zu befragen.[18] Ohne Zustimmung des Zeugen darf man die Verhörsperson nicht vernehmen. Die Rechtsprechung macht davon eine Ausnahme für die frühere Vernehmung durch den Richter und begründet das einmal damit, dass diesem „schon das Gesetz ganz allgemein höheres Vertrauen entgegenbringt“[19], vor allem jedoch mit einer Güterabwägung: „Angesichts eines nach Belehrung bewusst erklärten Verzichts auf die Ausübung des Zeugnisverweigerungsrechts in der verfahrensrechtlich hervorgehobenen Situation einer richterlichen Vernehmung ist das öffentliche Interesse an einer effektiven Strafrechtspflege von größerer Bedeutung als das Interesse des Zeugen …“[20]

Fraglich ist, ob der Zeuge dann aber seinerzeit vor der Vernehmung durch den Ermittlungsrichter zumindest **qualifiziert** darüber **belehrt** werden musste, dass seine Aussage vor dem Richter durch dessen Vernehmung im weiteren Verfahren verwertet werden darf, selbst wenn er sich später auf sein Zeugnisverweigerungsrecht berufen sollte.[21] Dafür spricht, dass der Zeuge anderenfalls die Tragweite seiner Aussagebereitschaft womöglich nicht richtig einschätzen kann. Der Große Senat hat indes das Erfordernis einer solchen qualifizierten Belehrung verneint.[22] Ausdrückliche Belehrungen über die Möglichkeit, Aussagen von Verfahrensbeteiligten im weiteren Strafverfahren zu verwerten, seien dem deutschen Strafprozessrecht auch sonst fremd. Selbst der Beschuldigte müsse vor einer Vernehmung nicht darüber belehrt werden, dass seine Einlassungen durch eine spätere Vernehmung der Verhörperson als Zeuge auch dann verwertet wer-

---

[14] Vgl. *Geppert,* Jura 1988, 305 ff.; 363 ff. Es erstreckt sich auch auf Schriftstücke, die der aussageverweigerungsberechtigte Zeuge bei seiner Vernehmung übergeben hat und auf die er sich dabei bezogen hat. Gleiches gilt für Tonbandaufzeichnungen über ein von dem Zeugen mitgehörtes Gespräch. Vgl. BGH NStZ 2013, 247.

[15] BGHSt 57, 254; BGH NStZ 2015, 232.

[16] Das Verlesungsverbot des § 250 S. 2 StPO ist nicht disponibel; BGHSt 52, 148.

[17] BGHSt 45, 203 (208); BGH NStZ 2007, 652.

[18] Näher dazu *Schmitt,* NStZ 2013, 213.

[19] BGHSt 21, 218 (219); krit. *Meyer,* StV 2015, 319 (322 f.).

[20] BGHSt 45, 342.

[21] So der 2. Senat in seinem Vorlagebeschluss an den Großen Senat, BGH Beschl. v. 24.2.2016 – 2 StR 656/13, BeckRS 2016, 06839; ebenso MüKoStPO/*Ellbogen,* § 252 Rn. 54.

[22] BGHSt (GrS) 61, 221 mit zust. Anm. *Brand,* NJW 2017, 100; krit. *Beinig,* ZJS 2017, 258.

den könnten, wenn er sich zwischenzeitlich entschlossen habe, von seiner Aussagefreiheit Gebrauch zu machen.

Dem Richter, der als Zeuge vernommen wird, darf dann auch das Protokoll seiner Vernehmung als Gedächtnisstütze vorgehalten (praktisch: vorgelesen) werden, und wenn es einen Blanko-Verweis auf das Protokoll der Vernehmung durch Polizei oder Staatsanwaltschaft enthält (wie im Fall 5), dieses ebenfalls. Gibt es eine Bild-Ton-Aufzeichnung der richterlichen Vernehmung, darf man sie dagegen nicht zu Beweiszwecken vorführen. Denn wäre eine Verlesung des Vernehmungsprotokolls unzulässig, scheidet auch eine Vorführung der Bild-Ton-Aufnahme aus. Der Wortlaut des § 255a Abs. 1 ist insoweit eindeutig und erlaubt es nicht, das qualitativ höherwertige Beweismittel zu benutzen. Dieser Wertungswiderspruch verschärft sich dadurch, dass es zulässig bleibt, dem Richter bei seiner Vernehmung als Zeuge die Aufzeichnung „vorzuhalten" (vorzuführen).[23]

11

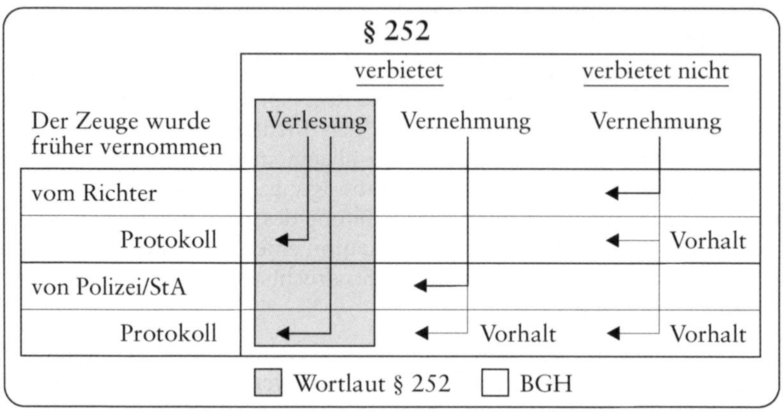

c) Zeugnisverweigerungsrechte in und vor der Hauptverhandlung

12 Bei **§ 52** genügt es, wenn das Zeugnisverweigerungsrecht nach der früheren Vernehmung entstanden ist (z. B. durch Heirat). Dem liegt zugrunde, dass der Zeuge in der Hauptverhandlung davor bewahrt werden soll, wahrheitsgemäß gegen den Angeklagten aussagen zu müssen oder das enge Verhältnis zu ihm auf andere Weise zu belasten. Ist das Zeugnisverweigerungsrecht erst später entstanden, darf auch der früher vernehmende Richter nicht als Zeuge vernommen werden. Der Zeuge war ja damals zur Aussage verpflichtet, und der Schutzzweck des später entstandenen Zeugnisverweigerungsrechts würde vereitelt, wenn man sich auf diesem Weg Zugang zu der früheren Aussage verschaffen könnte.[24] Kann der Zeuge in der Hauptverhandlung die Aussageverweigerung nicht erklären, weil er geisteskrank geworden[25] oder verstorben ist[26] nimmt die Rechtsprechung keine Rücksicht mehr auf den Grundgedanken des Zeugnisverweigerungsrechts, belässt es beim gesetzlich vorgeschriebenen Verlesungsverbot und gestattet die anderweitige Verwertung der früheren Aussage.[27] Auch nach „unlauterer Ma-

[23] BGH NStZ 2004, 390.
[24] BGHSt 27, 232.
[25] RGSt 9, 88 (91).
[26] BGHSt 22, 35.
[27] Str., vgl. *Geppert,* Jura 1988, 305 (310).

nipulation des Verfahrens" soll „dem Grundsatz der Wahrheitserforschung, der zum Schutze der Allgemeinheit die Aufklärung, Verfolgung und gerechte Ahndung von Straftaten unter Verwendung aller verfügbaren Beweismittel fordert, Vorrang" gebühren.[28] Wer verschweigt, dass er verlobt ist, kann sich später nicht darauf berufen, dass er nicht belehrt worden sei und ein Verwertungsverbot reklamieren: Dann „läge es in der Hand des Zeugen, dem Gericht bestimmte Beweise vorzuenthalten, während er ihm andere aufnötigt".[29]

Bei **§§ 53, 53a** liegen die Dinge anders.

Fall 6: Der spätere Angeklagte X hatte im Ermittlungsverfahren seinen Arzt Dr. A von der Schweigepflicht entbunden. Dr. A machte Angaben vor dem Ermittlungsrichter. In der Hauptverhandlung widerruft X seine Entbindungserklärung und Dr. A verweigert nun das Zeugnis. Darf seine frühere Aussage verwertet werden? 13

Der Arzt war damals verpflichtet, eine Aussage zu machen und ist nun berechtigt, sie zu verweigern (dazu verpflichtet ist er prozessual nicht, vgl. aber § 203 StGB). Er kann durch die Verwertung seiner früheren Aussagen „nicht in eine Zwangslage geraten, der das Verbot des § 252 entgegenwirken soll".[30] Somit hindert das erst später entstandene Zeugnisverweigerungsrecht gem. §§ 53, 53a die Verwertung der früheren Aussage nicht. Das Beweisverbot greift hier nur, wenn das Zeugnisverweigerungsrecht schon früher bestanden hat, aber nicht ausgeübt wurde.

Das Auskunftsverweigerungsrecht des **§ 55** gehört der Rechtsprechung zufolge nicht zum Anwendungsbereich des § 252.[31] Beim Recht, die Auskunft zu verweigern, geht es nicht um Interessenkonflikte zwischen dem Zeugen und dem Angeklagten, sondern es dient allein dem Schutz des Zeugen. Hat er bei seiner früheren Aussage darauf verzichtet und sich selbst damit in Gefahr gebracht, kann er diese Entscheidung zwar in der Hauptverhandlung revidieren, damit aber die Verwertung gegen den Angeklagten ebenso wenig verhindern wie die eventuell gegen ihn bereits angelaufenen Ermittlungen. 14

d) Frühere (Mit-)Beschuldigte

Fall 7: Gegen die Eheleute F und M wurde als Beschuldigte ermittelt. F hatte vor der Ermittlungsrichterin Angaben zur Sache gemacht. Das Verfahren gegen sie wurde abgetrennt. In der Hauptverhandlung gegen M beruft sie sich auf ihr Zeugnisverweigerungsrecht. 15

Das Protokoll über ihre frühere Vernehmung darf schon nach § 250 S. 2 nicht verlesen werden. Darüber hinaus gilt das Verwertungsverbot des § 252.

Fall 8: Sie erscheint nicht zur Verhandlung. Es besteht allseits Einverständnis mit der Verlesung des Protokolls über ihre frühere Vernehmung (§ 251 Abs. 1 Nr. 4).

Die Verlesung wäre an sich möglich, da § 251 Abs. 1 Nr. 1 auch die früheren Mitbeschuldigten umfasst. Nun aber könnte sie als Zeugin schweigen. Von diesem Recht hat sie zwar nicht Gebrauch gemacht. Dennoch steht § 252 der Verlesung und Verwertung entgegen. Dem früheren Mitbeschuldigten „würde andernfalls das … Recht ge-

---

[28] BGHSt 45, 342 (348).
[29] BGH NStZ 2003, 612.
[30] BGHSt 18, 146 (150).
[31] St. Rspr., BGHSt 6, 209 (211); BGH NStZ 1998, 46; a. A. große Teile der Literatur, vgl. z. B. *Geppert,* Jura 1988, 305 (312); *Hanack,* JZ 1972, 238.

nommen, seine Aussage, die er bisher unter dem Gesichtspunkt der Selbstverteidigung und daher möglicherweise unter Belastung einer der in den Vorschriften über das Zeugnisverweigerungsrecht bezeichneten Personen gemacht hat, nunmehr in seiner Stellung als Zeuge zu verweigern".[32] Aus diesem Grund darf auch der Richter, der den früher Beschuldigten vernommen hatte, nun nicht als Zeuge gehört werden (vgl. oben Rn. 10).[33]

e) Aussage

16 § 252 verbietet es, die „Aussage" eines Zeugen zu verlesen und zu verwerten. Darunter fallen auch Aussagen in anderen Strafverfahren und in einem Zivilprozess.[34] Einer Aussage stehen die Angaben im Rahmen einer informatorischen Befragung gleich (vgl. oben 9 Rn. 6).[35] Spontanäußerungen (vgl. oben 9 Rn. 7) fallen aber nicht darunter.[36] Bemerkungen gegenüber einem (auch gezielt eingesetzten) V-Mann sind nicht „Aussagen", weil sie nicht im Rahmen einer Vernehmung erfolgen (vgl. 9 Rn. 20).[37]

In einem Gespräch zwischen dem Verteidiger des Beschuldigten und einem Zeugen ist zwar das, was der Anwalt fragt, nicht eine „Vernehmung" und das, was der Zeuge sagt, keine „Aussage". Die analoge Anwendung des § 252 liegt aber nahe. Der BGH hält sie für geboten, weil sonst der Verteidiger verlesbare Protokolle produzieren und das Verfahren dominieren könnte.[38]

Nicht um Aussagen in einer Vernehmungssituation handelt es sich auch bei Äußerungen gegenüber einem Sachverständigen. Aber: „Der Sachverständige ist der Gehilfe des Richters; im gewissen Maße wird man daher die vor ihm gemachten Angaben wie Aussagen vor Gericht behandeln können".[39] Bei der danach gebotenen analogen Anwendung des § 252 ist zu unterscheiden.

Fall 9: Der Sachverständige soll ein Gutachten über die Glaubwürdigkeit der Zeugin erstellen. Sie wird vom Richter über ihr Zeugnisverweigerungsrecht nach § 52 belehrt, erzählt dem Sachverständigen nebenbei auch einiges über den Tathergang und macht in der Hauptverhandlung von ihrem Zeugnisverweigerungsrecht Gebrauch.

Hier greift das Verwertungsverbot des § 252. Die Zeugin hat dem Sachverständigen Zusatztatsachen offenbart (vgl. oben 21 Rn. 30). Das steht einer Aussage gleich.[40] Ihre Angaben zu Befundtatsachen sollen aber nach der Rechtsprechung verwertbar sein.[41]

Schließlich erstreckt der BGH das Verwertungsverbot des § 252 auch auf Schriftstücke und sonstige aussageakzessorische Beweisstücke, die der Zeuge bei seiner früheren Vernehmung übergeben und auf die er sich bezogen hat.[42]

---

32 BGHSt 10, 186 (190).
33 BGHSt 42, 391.
34 BGHSt 17, 324.
35 BGHSt 29, 230.
36 BGHSt 36, 384 (389).
37 BGHSt 40, 211.
38 BGHSt 46, 1; dazu *Volk,* JuS 2001, 130.
39 BGHSt 11, 97 (99f.).
40 BGHSt 13, 1; 46, 189 (193); BGH NStZ 2007, 353.
41 BGHSt 11, 97 (99); vgl. KK-StPO/*Diemer,* § 252 Rn. 18.
42 BGH NStZ 2013, 247; krit. *Böse,* GA 2014, 266.

Übersicht 22: Verlesung nach Zeugnisverweigerung

vor der Hauptverhandlung	Als Zeuge in der Hauptverhandlung	252 anwendbar?
Vernehmung als Zeuge	Zeugnisverweigerung nach	
ohne 52	52	ja
mit 52	52	ja
ohne 53	53	nein
mit 53	53	ja
55	55	nein
„informatorisches Befragen"	Zeugnisverweigerung, 52 ff.	ja
spontane Angaben	Zeugnisverweigerung, 52 ff.	nein
Vernehmung als (Mit-) Beschuldigter	Zeugnisverweigerung, 52 ff.	ja

17

3. Verlesung zur Behebung von Erinnerungslücken und Widersprüchen, § 253

Die Vorschrift durchbricht den Grundsatz der Unmittelbarkeit. Sie gestattet einen Urkundenbeweis,[43] um Erinnerungslücken des Zeugen oder Sachverständigen zu füllen und Widersprüche zu beheben, die in der Hauptverhandlung auftreten. Das führt im Ergebnis zu einer Kombination von Personalbeweis und Urkundenbeweis. Eine Mindermeinung sieht in der Vorschrift eine besondere Form des Vorhalts geregelt.[44] Es ist aber so, dass dem Zeugen, der sich nicht erinnert (Abs. 1) oder widerspricht (Abs. 2), seine früheren Aussagen zunächst vorgehalten werden. Führt das nicht zu einer kompletten bzw. konsistenten Aussage, darf ergänzend Urkundenbeweis geführt werden. Man muss also nicht, um dem Personalbeweis Vorrang einzuräumen, zuvor denjenigen herbeiholen, der früher die Vernehmung durchgeführt hat (vgl. Abs. 2: „ohne Unterbrechung der Hauptverhandlung"). 18

4. Verlesung und Vorführung von Geständnissen, § 254

a) Geständnis des Angeklagten

Es muss nicht die ganze Tat umfassen. Auch das Zugeständnis einzelner Tatsachen ist ein Geständnis im Sinne dieser Vorschrift. 19

Beispiele: Der Angeklagte schweigt zu anderen Punkten oder sagt „ja, aber ...".

Diese Tatsachen können unmittelbar beweiserheblich oder nur Indiztatsachen sein.

---

[43] St. Rspr., BGHSt 3, 199 (201); BGH NJW 1986, 2063.
[44] *Grünwald,* JZ 1966, 493.

Beispiel: Der Angeklagte gibt zu, das Opfer zur fraglichen Zeit getroffen zu haben, bestreitet aber, der Täter zu sein.

Die Vorschrift gestattet den Urkunden- bzw. Augenscheinsbeweis, schließt aber nichts aus. Sie begründet nicht das Verbot, andere Beweismittel zu benutzen.

b) Geständnis des Mitangeklagten

20 Die Rechtsprechung lässt es zu, das Geständnis des Mitangeklagten zu verlesen, das sich auf die Tat des Angeklagten bezieht.[45]

c) Richterliche Protokolle

21 Der Urkundenbeweis darf nur mit ordnungsgemäß zustande gekommenen[46] richterlichen Protokollen geführt werden. Das Geständnis ist auch verlesbar, wenn es in einem anderen Verfahren[47] oder vor einem ausländischen Richter abgegeben wurde.[48]

d) Protokolle der Polizei und der Staatsanwaltschaft

22 Sie dürfen nicht verlesen werden, um einen Urkundenbeweis über ihren Inhalt zu führen. Die Begrenzung auf richterliche Protokolle enthält ein Verwertungsverbot für andere Niederschriften. Es ist aber zulässig (vgl. oben Rn. 10), den Vernehmungsbeamten als Zeugen zu hören und ihm das Protokoll vorzuhalten.[49]

Fall 10: Der Angeklagte widerruft sein Geständnis, das er vor der Polizei abgelegt hatte, und schweigt. Der damals vernehmende Polizeibeamte wird als Zeuge geholt, kann sich auch nach Vorhalt des Protokolls an die Angaben des Angeklagten nicht mehr erinnern und sagt nur, dass er immer richtig und korrekt protokolliere.

Das ist inhaltslos und daher nicht verwertbar, auch nicht über § 253.[50]

e) Bild-Ton-Aufzeichnungen

22a Sie können als Augenscheinsbeweis über ein Geständnis vorgeführt werden, und zwar unabhängig davon, ob die Vernehmung von einem Richter oder von der StA bzw. der Polizei durchgeführt wurde.

5. Verlesung der Gutachten und Erklärungen von öffentlichen Behörden oder Ärzten, § 256

23 a) Öffentliche Behörden (Abs. 1 Nr. 1 a) sind staatliche Stellen, die öffentliche Aufgaben erfüllen und öffentlich-rechtlich handeln.

---

[45] BGHSt 22, 372; str., a. A. *Roxin/Schünemann*, § 46 Rn. 19.
[46] BGH StV 1985, 314.
[47] Zweifelnd BGH NStZ 1996, 612 für Zivil- und Verwaltungsgerichtsverfahren.
[48] BGH NStZ 1994, 595.
[49] BGHSt 3, 149 (150); dagegen u. a. *Dahs/Dahs*, Rn. 311.
[50] BGHSt 14, 310; BGH NStZ 1995, 47.

Beispiel: Universitätsinstitute, Landeskriminalämter, Öffentliche Krankenhäuser – nicht, wenn sie in der Rechtsform einer GmbH betrieben werden.[51]

Bei amtlich festgestellten Tatsachen braucht also der Angehörige der Behörde nicht als Zeuge vernommen zu werden; § 256 gestattet den Urkundenbeweis.

b) Ärztliche Atteste über Körperverletzungen dürfen nun unabhängig von Tatvorwurf und Schwere der Körperverletzung verlesen werden, damit es Ärzten erspart bleibt, in die Hauptverhandlung zu kommen (Abs. 1 Nr. 2).[52]

c) Leumundszeugnisse, d. h. Werturteile über die Persönlichkeit, dürfen niemals verlesen werden, von wem sie auch stammen.[53]

Das 1. JuMoG hat diesen traditionellen Katalog der Gründe, die eine Durchbrechung des Prinzips der Unmittelbarkeit erlauben, um zwei höchst problematische Punkte erweitert.

d) Verlesen werden dürfen seither auch Gutachten von Sachverständigen (Abs. 1 Nr. 1 b). Ob seine Anwesenheit erforderlich ist, entscheidet das Gericht am Maßstab der Aufklärungspflicht. Damit wird das Fragerecht der Verfahrensbeteiligten eingeengt. 24

e) Verlesen werden dürfen ferner „Protokolle sowie in einer Urkunde enthaltene Erklärungen über Ermittlungshandlungen, soweit diese nicht eine Vernehmung zum Gegenstand haben" (Abs. 1 Nr. 5). 25

Beispiel:[54] „In einem Ermittlungsverfahren wegen Diebstahls und Hehlerei nimmt ein Kriminalbeamter an einer Hausdurchsuchung teil. Er fertigt ein Protokoll über die von ihm festgestellten Begebenheiten in der durchsuchten Wohnung an, etwa über die aufgefundenen Gegenstände, die Anordnung und Ausstattung der Räume. Für die Aufklärung und Beweisführung in der späteren Hauptverhandlung kommt es auch auf diese Einzelheiten an. Bislang musste der Beamte als Zeuge geladen werden. Nun kann stattdessen das von ihm gefertigte Protokoll verlesen werden".

Das klingt harmloser als es ist. Prinzipiell bedeutet es, dass an die Stelle der Produktion von Beweisen in der Hauptverhandlung die bloße Reproduktion von Beweisvorgängen aus dem Ermittlungsverfahren tritt, bei denen die Verteidigung das Recht zur Anwesenheit nicht hatte. Das ist mit der Grundstruktur unseres Verfahrens, den Rechten des Beschuldigten und der Verteidigung, dem Prinzip der Fairness und dem Gedanken der Waffengleichheit nicht vereinbar.

f) Nachweise und Vermerke gem. § 32e Abs. 3 im Zusammenhang mit der Übertragung nicht elektronischer Ausgangsdokumente in die elektronische Akte (dazu schon 25a

---

[51] BGH NStZ 1988, 19.

[52] Vor der Neufassung des § 256 Abs. 1 Nr. 2 war die Verlesung untersagt, wenn das Verfahren (auch) eine andere Straftat als eine Körperverletzung zum Gegenstand hatte, vgl. etwa BGH StV 1996, 649.

[53] Das Gesetz ist schlecht formuliert: Die Einschränkung in Abs. 1 Nr. 1 c gilt nach allgemeiner Ansicht für die gesamte Nr. 1.

[54] Aus der Pressemitteilung des Bundesjustizministeriums, www.bmj.bund.de/enid/.

25 Rn. 31 a) können schließlich ebenfalls verlesen werden (Abs. 1 Nr. 6). Eine Vernehmung des Urkundsbeamten ist damit entbehrlich.

6. Bild-Ton-Vorführung aufgezeichneter Zeugenvernehmungen, § 255a

26 Die Voraussetzungen der Vorführung sind in Abs. 1 die gleichen wie bei einer Protokoll-Verlesung. Die Vorschrift gestattet den Augenscheinsbeweis (vgl. oben 21 Rn. 33) über den Inhalt einer Zeugenaussage. Sie dient, wie die Verlesungsvorschriften, der Beweissicherung und der Beschleunigung des Verfahrens (wie oben 26 Rn. 9). Die Vorführung ist immer und nur[55] dann zulässig, wenn eine Verlesung gem. §§ 251, 253 gestattet ist (zu den Konsequenzen im Kontext des § 252 s. oben Rn. 10). Einen Vorrang der Verlesung gibt es nicht. Eine Zeugenvernehmung darf durch die Verlesung von Protokollen im Wege des Urkundenbeweises ergänzt werden (oben Rn. 2). Diese Regel gilt auch für die ergänzende Inaugenscheinnahme eines „Bild-Ton-Protokolls", das (insoweit) dem Vernehmungsprotokoll gleichzusetzen ist.[56]

27 Dem Schutz kindlicher Zeugen sowie als Minderjähriger traumatisierter Opferzeugen dient Abs. 2, der in seinen Voraussetzungen unabhängig von Abs. 1 ist und nicht auf §§ 251, 253 Bezug nimmt. Mit der Bild-Ton-Aufzeichnung darf der Inhalt der Aussage selbst eingeführt werden. Die Vernehmung wird ersetzt.[57] Der Grundsatz der Unmittelbarkeit ist durchbrochen.

IV. Der Zeuge vom Hörensagen

28 Der Grundsatz der Unmittelbarkeit verbietet es nicht, ihn zu vernehmen (vgl. oben 18 Rn. 26). Auch das Fairnessprinzip steht dem nicht entgegen.[58] Die §§ 250 ff. regeln nur, wann ein Personalbeweis durch einen Urkundenbeweis ergänzt oder ersetzt werden darf. Diese Vorschriften sagen aber nichts darüber, ob man statt der (zulässigen) Verlesung einer Urkunde einen mittelbaren Zeugen hören darf, und sie regeln auch nicht das Verhältnis zwischen den tatnahen und den tatfernen Zeugen. Für diese beiden Fragen muss man auf die Aufklärungspflicht zurückgreifen.[59] Sie gebietet es meist, den unmittelbaren Zeugen zu hören.[60] Vor allem garantiert Art. 6 III d EMRK dem Angeklagten das Recht, dem Belastungszeugen Fragen zu stellen. Das entspricht der Verfassung der USA, die dem Beschuldigten das Recht garantiert, „to be confronted with the witnesses against him" („face to face"). Aus einem Prozessprinzip des „adversarial systems" (s. oben 11 Rn. 1) ist ein Element des fairen Verfahrens geworden: das Recht auf konfrontative Befragung. Ein Verstoß gegen die Konvention liegt nicht vor, wenn das gar nicht möglich war (Zeuge unauffindbar; verstorben), und auch dann nicht, wenn die

---

[55] BGH NStZ 2008, 293.
[56] BGH NStZ 2005, 348.
[57] Für den Beweisantrag auf ergänzende (nochmalige) Vernehmung „gelten deshalb dieselben Maßstäbe wie bei einem Antrag auf wiederholte Vernehmung eines in der Hauptverhandlung bereits vernommenen Zeugen"; BGH 48, 268.
[58] BVerfG NStZ 1991, 445.
[59] BGHSt 36, 159 (162); vgl. *Geppert*, Jura 1991, 538.
[60] BGHSt (GrS) 32, 115 (132).

Konfrontation zwar aus Gründen unterblieben ist, die im Verantwortungsbereich von Justiz oder Polizei liegen, dennoch aber das Verfahren insgesamt, insbesondere auch die Beweisaufnahme, fair gewesen ist.[61] Die Aussage eines mittelbaren Zeugen hat allerdings prinzipiell geringeren Beweiswert.[62] Das Beweisergebnis muss durch Indizien abgesichert werden.[63] Ist zudem schon im Ermittlungsverfahren absehbar, dass ein wichtiger Belastungszeuge Zeuge in der Hauptverhandlung möglicherweise nicht aussagen kann und wird dieser deshalb durch den Ermittlungsrichter vernommen, so ist der Verteidigung die Möglichkeit zu geben, den Zeugen zu befragen, damit das Verfahren insgesamt noch als fair betrachtet werden kann.[64]

V. Verdeckte Ermittlungen

Oft stehen als unmittelbare Zeugen nicht zur Verfügung

- Informanten und V-Leute (vgl. oben 10 Rn. 4)
- Verdeckte Ermittler und noeP (vgl. oben 10 Rn. 59, 60).

1. Die strafrechtliche Seite

Das materiell-rechtliche Problem der Strafbarkeit des agent provocateur ist hier nicht 29
näher zu behandeln (vgl. oben 10 Rn. 4).[65] Die übliche Begründung, dass er straflos sei, weil er die Vollendung der Haupttat nicht gewollt oder doch den endgültigen bzw. größeren Schaden für das Rechtsgut verhindert habe, greift nicht in allen Fällen, vor allem nicht im Bereich der Gefährdungsdelikte (BtMG). Dann verschiebt sich das Problem auf die Ebene der Rechtswidrigkeit, und dort ist umstritten, ob § 34 als Auffangnorm für die Fälle zur Verfügung steht, in denen eine prozessuale Eingriffsbefugnis fehlt.[66]

Beispiele: Der vermeintlich nette Zufallsbekannte, der für den Angeklagten den Transport des Rauschgifts von Spanien nach Deutschland organisiert hat, arbeitet für das BKA. Kann er den Vorwurf der unerlaubten Einfuhr dadurch entkräften, dass er darauf verweist, er habe das Rauschgift letztlich aus dem Verkehr gezogen?

---

[61] BGH NStZ 2005, 224 m. N. aus der Rspr. des EGMR. Das setzt voraus, dass die unmögliche Konfrontation „kompensiert" wird, z. B. bei der Beweiswürdigung, EGMR (Mechelen) StV 1997, 617; EGMR (Haas) NStZ 2007, 103; EGMR (Hümmer) NJW 2013, 3225. Vgl. noch BGH NStZ 2009, 581 zu dem Fall, dass der Mitangeklagte (= Belastungszeuge) von seinem Schweigerecht Gebrauch macht, und NStZ 2018, 51.

[62] BGHSt 34, 15 (18).

[63] BVerfG StV 1997, 1; BGHSt 46, 93; 42, 15 (25); BGH NStZ 2000, 265; NStZ 2002, 656; NStZ 2007, 166. Zweifelnd allerdings BGH NStZ 2018, 51 (54).

[64] EGMR (Schatschaschwili) StV 2017, 213; s. hierzu auch BGH NStZ 2017, 602. Das Fragerecht der Verteidigung bei richterlichen Zeugenvernehmungen im Ermittlungsverfahren ist nunmehr auch in § 168c Abs. 2 S. 2 abgesichert, s. hierzu auch 11 Rn. 2.

[65] *Lackner/Kühl,* StGB, § 26 Rn. 4 m.w.N.

[66] Zum Streitstand vgl. *Lackner/Kühl,* StGB, § 34 Rn. 14.

Der verdeckte Ermittler muss, um in die Szene zu gelangen, als „Keuschheitsprobe" eine Straftat begehen. Wie schwer darf sie sein, um von § 34 StGB noch gedeckt zu sein?

Ebenfalls nicht weiter zu erörtern ist hier die Strafbarkeit dessen, der in die Kriminalität getrieben wurde (vgl. dazu oben 14 Rn. 28).

2. V-Personen, Informanten, noeP und verdeckte Ermittler

30 Gesetzlich geregelt sind nur die Voraussetzungen des Einsatzes sowie die Möglichkeiten des prozessualen Schutzes verdeckter Ermittler (§ 110a; vgl. oben 10 Rn. 59ff.; §§ 110b Abs. 3, 110e, 68). Für die anderen Formen verdeckter Ermittlungen muss man entweder den Umkehrschluss ziehen, dass sie mangels gesetzlicher Regelung einen unzulässigen Eingriff in das Recht auf informationelle Selbstbestimmung darstellen,[67] oder man muss auf die allgemeinen Regeln zurückgreifen. So verfährt die Rechtsprechung. Danach ist in diesen Fällen die Schwelle zum Eingriff nicht überschritten. Der Einsatz ist durch die Zuweisung der Ermittlungsaufgabe in § 163 gedeckt.[68] Das aber könnte die Umgehung der Eingriffsvoraussetzungen, die für verdeckte Ermittler gelten, geradezu provozieren. Der BGH setzt dem länger dauernden Einsatz von wirklich oder scheinbar privat agierenden Aufklärern, die nicht als verdeckte Ermittler operieren, äußerste Grenzen und verlangt, dass es um die Bekämpfung besonders gefährlicher, schwierig zu ermittelnder Kriminalität gehen müsse, wie z. B. Rauschgifthandel und Bandenkriminalität.[69] Das Wissen der V-Leute, Informanten und noeP sei in diesem Bereich nicht rechtswidrig erlangt, so dass kein Anlass für ein Verwertungsverbot bestehe – es darf danach also in den Prozess eingeführt werden. Dieser Standpunkt lässt sich mit der gesetzlichen Regelung zum Einsatz verdeckter Ermittler indes nicht ohne Bruch vereinbaren. Dementsprechend die Forderungen nach einer (spezial-)gesetzlichen Regelung für den Einsatz von V-Leuten jüngst wieder lauter geworden.[70]

Beispiel: Der Polizeibeamte ist nicht verdeckter Ermittler, sondern wird in einem bestimmten Fall als Scheinaufkäufer (noeP) tätig, trifft sich mit dem Verkäufer in dessen Wohnung und nimmt ihn nach der Abwicklung des Geschäfts fest. Die §§ 110a ff. sind nach der h. M. weder unmittelbar noch analog anwendbar. Sie würden die Verletzung des Art. 13 GG rechtfertigen. Soll die danach erforderliche richterliche Zustimmung entbehrlich sein, weil die Strafverfolgungsbehörden eine andere Gestaltung gewählt und den Beamten als noeP eingesetzt haben?[71]

Folgt man der Rechtsprechung, stellt sich dann die Frage, auf welche Weise das Wissen der Kontaktperson in das Verfahren eingeführt werden kann. Der Ermittlungsgehilfe ist Zeuge.

---

[67] Vgl. *Lilie/Rudolph*, NStZ 1995, 514; *Fezer*, JZ 1996, 609; *Gercke*, StV 2017, 615 (621, 626f.).
[68] BGHSt 32, 115 (121ff.); 40, 211; 41, 42; BGH NStZ 1996, 450.
[69] BGH NStZ 1995, 513; vgl. auch BVerfG StV 1995, 561.
[70] *Gercke*, StV 2017, 615 (626).
[71] Offengelassen in BGH NJW 1997, 1516; vgl. *Roxin*, StV 1998, 43.

3. Die Sperre des Zeugen

31 Das verständliche Interesse, ihn nicht „verbrennen“ zu lassen und seine Identität geheim zu halten (für verdeckte Ermittler anerkannt in §§ 110b Abs. 3, 110e) führt in aller Regel dazu, dass die Behörde nicht nur eine Aussagegenehmigung verweigert (§ 54). Sie gibt nicht einmal Auskunft über Namen und Anschrift des Zeugen. Dazu ist sie in entsprechender Anwendung des § 96 befugt.[72] Das setzt allerdings voraus, dass der Zeuge, würde er präsentiert, Gefahren für Leib oder Leben befürchten müsste. Allein das Interesse daran, ihn auch in Zukunft verdeckt einsetzen zu können, reicht nicht.[73] Seit der Gesetzgeber allerdings in § 110b Abs. 3 S. 3 dieses Interesse bei verdeckten Ermittlern legitimiert hat, ist umstritten, ob die Grenze der Analogie zu § 96 für die anderen verdeckt operierenden Ermittlungsgehilfen noch haltbar ist.[74]

4. Die Stufentheorie

32 Es gibt nicht nur die Alternative, den Zeugen in der Hauptverhandlung aussagen zu lassen oder ihn durch eine Sperre ganz und gar zu verheimlichen. Sie wäre auch mit dem Gesetz nicht vereinbar. „Eine uneingeschränkte Vertraulichkeitszusage, die ohne Rücksicht auf die künftige Entwicklung aus Gründen des Vertrauensschutzes zur Sperrung der Gewährsperson gegenüber einer richterlichen Vernehmung führen würde, käme einer Bevorzugung dieser Zeugen vor anderen gleich“.[75] Das Interesse an Geheimhaltung ist abzuwägen mit dem Interesse an der Wahrheitsfindung durch Vernehmung des unmittelbaren Zeugen und dem Anspruch der Prozessbeteiligten, sich ein Bild von diesem Zeugen und der Glaubhaftigkeit seiner Aussage machen zu können. Diesem öffentlichen Interesse an einem fairen, rechtsstaatlichen Verfahren ist auch die Behörde verpflichtet. „Die Bedeutung der gerichtlichen Wahrheitsfindung für die Sicherung der Gerechtigkeit und das Gewicht des Freiheitsanspruchs des Beschuldigten gebieten es vielmehr, dass die Exekutive in Anerkennung des Gewaltenteilungsgrundsatzes diese Belange bei ihrer Entscheidung mit berücksichtigt und ihnen genügendes Gewicht beimisst“.[76] Sie darf ihr Interesse daher nicht einfach durch eine Totalsperre durchsetzen, sondern muss prüfen, welches das mildeste ausreichende Mittel ist. Dazu gehört auch die (nach dieser Entscheidung des GrS geschaffene) Möglichkeit der audiovisuellen Vernehmung, die auch „abgeschirmt“, d. h., in Bild und Ton verzerrt, durchgeführt werden kann.[77]

a) Der anonyme Zeuge in der Hauptverhandlung

33 Man kann ihn dadurch schützen, dass er seinen Wohnort (§ 68 Abs. 2) und seine Personalien (§ 68 Abs. 3) nicht zu nennen braucht (für verdeckte Ermittler vgl. § 110b Abs. 3 S. 3). Die Öffentlichkeit darf gem. § 172 Nr. 1a GVG ausgeschlossen werden. Und auch den Angeklagten kann man für die Dauer der Vernehmung ausschließen (§ 247).

34 Möglich ist auch, dass seine Aussage, die er an einem anderen Ort macht, per Video zeitgleich in das Sitzungszimmer übertragen wird (§ 247a Abs. 1). Dabei kann auch

---

72 BGHSt 30, 34; 32, 115 (123); BGH NStZ 1988, 563 m. Anm. *Naucke.*
73 BGHSt 33, 83 (90ff.).
74 Dagegen *Meyer-Goßner/Schmitt,* § 96 Rn. 12a; dafür *Fezer,* JZ 1996, 610.
75 BGHSt 33, 83 (91).
76 BGHSt (GrS) 32, 115 (124).
77 Vgl. BGH NStZ 2003, 274; NStZ 2004, 345.

zum Mittel der optischen und/oder akustischen „Abschirmung" gegriffen werden, die eine Identifizierung des Vernommenen verhindert (s. auch Rn. 32).[78] Erst wenn auch die Abschirmung die Gefährdung nicht beseitigt, unter strengen Anforderungen also, darf es bei der Sperrerklärung bleiben. Dabei ist zu differenzieren: Das Risiko, enttarnt zu werden, ist für V-Leute (Privatpersonen) größer als für verdeckte Ermittler.[79]

b) Die kommissarische Vernehmung

35 Die nächste Stufe der Geheimhaltung besteht darin, den Zeugen nur für eine kommissarische Vernehmung außerhalb der Verhandlung freizugeben (vgl. dazu oben 17 Rn. 6ff.). Die Sperre für die Hauptverhandlung bedeutet, dass das Beweismittel Zeugenaussage unerreichbar ist (§ 244 Abs. 3). Dem Erscheinen des Zeugen in der Hauptverhandlung stehen nicht zu beseitigende Hindernisse entgegen (§ 223 Abs. 1). Das Protokoll über seine Vernehmung darf dann gem. § 251 Abs. 1 verlesen werden.

Fall 11: „Der Innenminister hatte die Bekanntgabe von Name und Anschrift des V-Mannes wegen der Gefahr der Enttarnung verweigert und nur einer Vernehmung durch die Berufsrichter unter Ausschluss der Öffentlichkeit und in Abwesenheit des Angeklagten und seines Verteidigers zugestimmt. Die Strafkammer hat darauf ... gegen den Widerspruch des Verteidigers beschlossen, ihn durch die Berichterstatterin in Abwesenheit des Angeklagten und seines Verteidigers kommissarisch vernehmen zu lassen".[80] Die Vernehmung fand im Polizeipräsidium statt.

Die kommissarische Vernehmung war zulässig. Der Angeklagte hatte keinen Anspruch auf Anwesenheit (§ 224 Abs. 2). Seinen Verteidiger aber durfte man nicht ausschließen. Gründe, ihn nicht zu benachrichtigen (wie Beweisverlust durch Zeitablauf oder Verdunkelungsgefahr) lagen nicht vor, und das Anwesenheitsrecht hat er stets, selbst dann, wenn er nicht benachrichtigt zu werden brauchte (vgl. schon oben 17 Rn. 11).[81] Das Protokoll durfte gegen seinen Widerspruch nicht verlesen werden.

c) Zeugen vom Hörensagen

36 **Fall 12:** Der Informant war von der Staatsanwältin vernommen worden. Die Behörde lässt noch nicht einmal eine kommissarische Vernehmung zu. Muss die Staatsanwältin als Zeugin vernommen werden?

Der Informant ist als Zeuge unerreichbar. Das Gericht durfte den Staatsanwalt als Zeugen vom Hörensagen vernehmen, obwohl es sich, wie stets bei solchen Zeugen, „einerseits keinen unmittelbaren persönlichen Eindruck von dem anonymen Informanten verschaffen konnte, andererseits aber die Beurteilung seiner Glaubwürdigkeit auch nicht von den Verhörspersonen übernehmen durfte".[82] Ob man ein derart schwaches Beweismittel überhaupt benutzen muss, bemisst sich nach der Aufklärungspflicht, hängt also von der konkreten Beweislage im Verfahren ab. Das Gleiche gilt für die Verlesung des Vernehmungsprotokolls nach § 251 Abs. 2. Anonyme Quellen dürfen nur zur Abrundung eines anders gewonnenen Beweisergebnisses herangezogen werden.[83]

---

[78] BGH NStZ 2003, 274 gegen BGHSt (GrS) 32, 115, weil sich die Rechtslage geändert hat und die Abschirmung „erst recht" möglich sein muss, wenn die Vernehmung durch eine Protokoll-Verlesung ersetzt werden dürfte.

[79] BGH NStZ 2005, 43.

[80] BGHSt (GrS) 32, 115 (116).

[81] BGHSt (GrS) 32, 115 (129ff.).

[82] BGHSt 36, 159 (164).

[83] BGH NStZ 2000, 265.

5. Die gerichtliche Überprüfung der Sperrerklärung

Fall 13: Das Polizeipräsidium hat die Vernehmung des V-Mannes „Dieter" in der Hauptverhandlung davon abhängig gemacht, dass dies in Abwesenheit des Angeklagten geschehe. Das Gericht hält sich daran und schließt den Angeklagten während der Zeugenvernehmung von der Verhandlung aus. **37**

Das ist zwar grundsätzlich möglich. Der begründeten Besorgnis, ein Zeuge werde bei seiner Vernehmung in Gegenwart des Angeklagten nicht die Wahrheit sagen (§ 247 S. 1), wird der Fall gleichgestellt, dass der Zeuge sonst gar nicht aussagen würde (§§ 96, 54).[84] Das Gericht darf eine Sperrerklärung aber nicht einfach hinnehmen. Es muss verlangen, dass sie begründet wird, diese Gründe überprüfen und dann, wenn es sie nicht für ausreichend oder stichhaltig hält, eine Erklärung der obersten Dienstbehörde herbeiführen.[85] Das ist hier nicht geschehen. Damit fehlt eine der Voraussetzungen für die Anwendbarkeit des § 247, so dass gegen § 230 verstoßen worden ist.

Eine Entscheidung der obersten Dienstbehörde kann das Gericht nicht anfechten. Es muss sie hinnehmen, auch wenn sie zweifelhaft oder falsch erscheint. Ist eine Sperrerklärung allerdings willkürlich oder offensichtlich rechtsfehlerhaft, darf nicht auf Beweissurrogate zurückgegriffen werden.[86] Die Informationen, die aus verdeckten Ermittlungen kommen, können dann nicht in das Verfahren eingeführt werden.

Fälle und Fragen

184. Welche Struktur kennzeichnet die §§ 249ff.?
185. Welche Voraussetzungen und welche Rechtsfolge hat § 252?
186. Weil Zeuge Z sich vor der Polizei auf sein Zeugnisverweigerungsrecht beruft und keine Aussage zur Tat macht, die der Ehefrau E des Z vorgeworfen wird, setzt die Staatsanwaltschaft gezielt einen V-Mann ein, dem der Z ausführlich über den genauen Tathergang berichtet. In der Hauptverhandlung gegen E beruft sich Z wiederum auf ihr Zeugnisverweigerungsrecht. Das Gericht will daraufhin den V-Mann als Zeugen vernehmen. Der Verteidiger der E hat hiergegen Bedenken. Sind diese begründet?
187. Die Verlobte des A machte in der Hauptverhandlung gegen A wegen räuberischer Erpressung von ihrem Zeugnisverweigerungsrecht aus § 52 Gebrauch. Noch im Ermittlungsverfahren hatte die Verteidigerin des A sie zu einer Befragung in ihre Kanzlei gebeten und über ihre Rechte belehrt. Sie war zu einer Äußerung bereit und machte den A entlastende Angaben. Die Verteidigerin fertigte ein „Protokoll" über diese Einvernahme. Das Gericht hat diese Angaben nicht verwertet. Zu Recht?
188. Welche Ausnahme macht die Rspr. vom umfassenden Verwertungsverbot des § 252?
189. Greift § 252 auch dann ein, wenn der Zeuge in der Hauptverhandlung sich zunächst auf sein Zeugnisverweigerungsrecht beruft, schließlich aber doch aussagt?
190. Ist § 252 auch dann einschlägig, wenn der Zeuge ein Auskunftsverweigerungsrecht gem. § 55 hat?
191. Zeugin A belastet durch ihre Aussage vor der Polizei den B schwer. Während der Hauptverhandlung heiratet sie den B zum Schein und beruft sich schließlich auf ihr Zeugnisverweigerungsrecht. Darf der Polizeibeamte vernommen werden?
192. Verdeckt ermittelnde Personen werden häufig über § 110b Abs. 3 i. V. m. § 96 bzw. § 96 analog gesperrt. Nicht immer ist diese Totalsperre aber – insbesondere unter dem Blickwinkel

---

[84] St. Rspr. BGH NStZ 1996, 608.
[85] BGH NStZ 2000, 265.
[86] BGHSt 36, 159 (163).

der Beeinträchtigung von Rechten der Verfahrensbeteiligten – erforderlich (und zulässig). Wie wird das im Einzelfall mildeste ausreichende Mittel bestimmt?

193. Was kann bzw. muss das Gericht tun, wenn eine verdeckt ermittelnde Person gesperrt wird, der Verteidiger aber einen Antrag auf deren Vernehmung als Zeuge stellt?

§ 28. Die Beweisverbote

I. Begriff

Es gibt Beweiserhebungsverbote und Beweisverwertungsverbote.[1]

1. Beweiserhebungsverbote

Sie verbieten es, sich Beweise über ein bestimmtes Thema mit gewissen Beweismitteln oder -methoden zu verschaffen.

a) Beweisthemenverbote

1 Sie untersagen es, bestimmte Tatsachen aufzuklären.

Beispiele: Eine Tatsache ist offenkundig und deshalb nicht beweisbedürftig; eine Tatsache ist bereits erwiesen (§ 244 Abs. 3 S. 2).

Ein Beweisantrag, der darauf abzielt, den Inhalt der Beratungen des Gerichts zu erfahren, muss als unzulässig abgelehnt werden (§ 244 Abs. 3 S. 1, vgl. oben 25 Rn. 18), weil das Beratungsgeheimnis entgegensteht (§ 43 DRiG) und deshalb die Beweiserhebung über dieses Thema unzulässig ist.

Getilgte Vorstrafen dürfen nicht zur Sprache kommen (§ 51 Abs. 1 BZRG).

b) Beweismittelverbote

2 Sie schließen nicht ein Beweisthema, sondern dessen Aufklärung mit bestimmten Beweismitteln aus.

Beispiele: Zeugenaussagen, wenn der Zeuge von einem Zeugnisverweigerungsrecht Gebrauch macht; Urkundenbeweis mit Schriftstücken, die gesperrt sind (§ 96).

c) Beweismethodenverbote

3 Das Beweismittel darf benutzt werden, aber nicht auf jede Weise.

---

[1] Vgl. allgemein *Rogall*, ZStW 91 [1979], 1ff.; Fälle zu den Beweisverwertungsverboten *Rose/Witt*, JA 1998, 400.

Hauptfall: § 136a.

Diese Einteilung der Beweiserhebungsverbote macht die Sache anschaulich, ist aber dogmatisch ohne Bedeutung.

2. Beweisverwertungsverbote

Sie verbieten die Verwertung von Informationen, die man durch eine Beweiserhebung oder auf andere Weise erhalten hat.

a) Unselbständige Beweisverwertungsverbote

Sie folgen aus einem Beweiserhebungsverbot. Einige sind im Gesetz geregelt: 4

- in § 136a Abs. 3 für alle Verstöße gegen die Beweismethodenverbote der Abs. 1 u. 2 (s. dazu 10 Rn. 18ff.)
- in § 100d Abs. 2 S. 1 StPO für Erkenntnisse aus TKÜ, Online-Durchsuchung und akustischer Wohnraumüberwachung, die den Kernbereich privater Lebensgestaltung betreffen
- in § 160a Abs. 1 S. 2, Abs. 2 S. 3 für Erkenntnisse aus unzulässigen Maßnahmen gegen Personen, die nach § 53 zur Zeugnisverweigerung berechtigt sind.

Die meisten aber ergeben sich aus Überlegungen zum Schutzzweck der verletzten Norm oder grundrechtlichen Argumentationen und Abwägungen zwischen dem Interesse an Individualrechtsschutz und dem Ziel, die Wahrheit möglichst umfassend herauszuarbeiten (näher unten Rn. 8ff.). Eine allgemeine Regel dazu gibt es nicht.[2] Die Frage, wann aus einem Beweiserhebungsverbot ein Beweisverwertungsverbot folgt, wird von Fall zu Fall entschieden. Es kommt auf die jeweils verletzte Norm an, aber auch auf die konkrete Interessenlage. Sicher ist nur, dass nicht aus jedem Verstoß bei der Beweiserhebung ein Verwertungsverbot folgt.[3]

b) Selbständige Beweisverwertungsverbote

Gesichert ist auch, dass es Verwertungsverbote in Fällen gibt, in denen die Beweisgewinnung nicht fehlerhaft war, die Information also auf rechtmäßigem Wege gewonnen wurde. Dennoch kann es verboten sein, sie zu verwerten.[4] Eine wichtige Rolle spielt das bei **Zufallserkenntnissen**, d. h. Erkenntnissen, die nicht die Tat betreffen, wegen der die Maßnahme angeordnet wurde, sondern eine andere Straftat oder eine noch nicht verdächtige Person. 5

> **Beispiel:** Die Telefonüberwachung ist rechtmäßig angeordnet. Der Gesprächspartner des Beschuldigten offenbart, dass er eine Straftat begangen hat, die nicht zu den Katalogtaten des § 100a gehört (vgl. oben 10 Rn. 46).

Hier besteht ein Verwertungsverbot. Bei Zwangsmaßnahmen, die nur bei Verdacht einer bestimmten Katalogtat zulässig sind, kommt eine Verwertung ohne Einwilligung des Betroffenen nur in Betracht, wenn sich die so gewonnenen Informationen gleich-

---

[2] *Gössel*, GA 1991, 483ff.; *Schroth*, JuS 1998, 969.
[3] BGHSt 19, 325 (331); 38, 372.
[4] Vgl. *Küpper*, JZ 1990, 416.

falls auf eine Katalogtat beziehen, zu deren Aufklärung die entsprechende Maßnahme angeordnet werden dürfte (§ 477 Abs. 2 S. 2). Gleiches gilt für personenbezogene Daten, die im Zuge präventiver Maßnahmen (Gefahrenabwehr durch die Polizei, nachrichtendienstliche Tätigkeit) erlangt worden sind. Ihre Verwertbarkeit ist auf die Aufklärung solcher Straftaten beschränkt, bei denen die entsprechende Maßnahme auch nach den Vorschriften der StPO hätte angeordnet werden dürfen (§ 161 Abs. 2; zum Problem der sog. legendierten Kontrollen s. unten Rn. 20a); i. Ü. bleibt eine Verwertung unzulässig. Eine Sonderregelung für Zufallserkenntnisse bei der Online-Durchsuchung und der akustischen Wohnraumüberwachung enthält § 100e Abs. 6 Nr. 1.

II. Die Funktion der Beweisverbote

6 Das Gericht soll – im Hinblick auf die vom materiellen Recht als relevant vorgegebenen Punkte – die Wahrheit erforschen. Dazu darf es nur die zugelassenen Beweismittel auf die in der StPO reglementierte Weise benutzen (Strengbeweisverfahren). Das Gericht muss also die Grenzen beachten, die durch die Beweisverbote gezogen werden. Die Beweiserhebungsverbote schränken die Aufklärungspflicht ein. Sie lassen es u. U. nicht zu, dass alle vorhandenen Informationen verarbeitet werden, zwingen den Richter somit ggf. dazu, sein Wissen partiell auszublenden und hindern ihn so an einer umfassenden Beweiswürdigung. Beweisverbote (in ihren beiden Ausprägungen) bewirken u. U., dass die Sachverhaltaufklärung lückenhaft bleibt. Das Recht nimmt Rücksicht auf andere Interessen und normative Kosten, auf drohende Einbußen und Schäden an anderer Stelle. Die Wahrheit wird nicht um jeden Preis erforscht.[5]

7 Daran schließt sich die Frage an, welche Interessen durch die Beweisverbote abgesichert werden sollen. In erster Linie sind es sicherlich die rechtlich geschützten Interessen dessen, der durch die Verwertung der Information beeinträchtigt würde, Individualrechte also. Beweisverbote wirken aber auch generalpräventiv: Sie hindern die Strafverfolgungsbehörden an Aktionen, die nutzlos sind, weil ihre Ergebnisse nicht verwertet werden dürfen. Die h. M. sieht darin allerdings nicht einen Zweck, sondern nur eine erwünschte Nebenwirkung der Beweisverbote (anders z. B. die anglo-amerikanische Doktrin). Nicht alle Beweisverbote errichten aber Hindernisse auf dem Weg zur Wahrheit. Einige dienen, ganz im Gegenteil, dazu, die Verwertung von Erkenntnissen zu verhindern, die in ihrem Wahrheitswert zweifelhaft sind (wie z. B. das abgenötigte Geständnis).

III. Die Konstruktion der Beweisverbote

8 Die Suche nach einem System der Verwertungsverbote, nach einem einzigen Grundgedanken, der sie trägt und die Ableitung neuer Beweisverbote erlaubt, ist bis heute ohne ein allseits akzeptiertes Ergebnis geblieben.[6] Das liegt einmal an der Ausgangslage,

---

[5] BGHSt 14, 358 (365); 31, 304 (308); 38, 214 (219); verfassungsrechtlich nicht zu beanstanden, s. nur BVerfG NJW 2011, 2783 (2784).

[6] Vgl. *Amelung,* NJW 1991, 2533; *Beulke,* StV 1990, 184; *Chr. Jäger,* Beweisverwertung und Beweisverwertungsverbote im Strafprozess, 2003.

in der sich diverse Interessen überlagern (s. oben Rn. 6). Es kommt hinzu, dass man meist eine „ja-nein"-Entscheidung treffen und die Verwertung entweder zulassen oder verbieten muss. Es ist zwar denkbar, dass man die Verwertung kontaminierter Beweise mit eingeschränktem Beweiswert gestattet (wie z. B. die Verwertung nach § 251 Abs. 2 statt Abs. 1, vgl. oben 27 Rn. 5). Die Gründe und Grenzen eines solchen „mehr oder weniger"-Verfahrens sind aber noch nicht herausgearbeitet. Und schließlich ist die Frage, ob der Betroffene disponieren und die Verwertung der Information erlauben darf, oder ob es die Grundrechte und das Rechtsstaatsprinzip ausschließen, ihn darüber entscheiden zu lassen (vgl. § 136a Abs. 3 S. 2). Diesem vielschichtigen Problem kann man mit eindimensionalen Lösungen nicht beikommen.

1. Rechtskreistheorie

Das war die Schwäche der vom BGH entwickelten und früher vertretenen Rechtskreistheorie. Sie stellte rein darauf ab, ob die „Verletzung den Rechtskreis des Beschwerdeführers wesentlich berührt oder ob sie für ihn nur von untergeordneter oder keiner Bedeutung ist".[7] Der Angeklagte sollte danach nicht in seinen Rechten betroffen sein, wenn der Zeuge nicht über sein Auskunftsverweigerungsrecht gem. § 55 belehrt worden war und ausgesagt hatte. Hat aber der Angeklagte nicht auch das Recht auf ein ordnungsgemäßes, justizförmiges Verfahren[8] und, darüber hinaus, auf eine Aussage, die der Zeuge konfliktfrei und unbelastet macht? Es kommt hinzu, dass der BGH eine revisionsrechtliche Perspektive gewählt hatte. Die Antwort auf die Frage, ob ein Rechtsverstoß vom Angeklagten in der Revision erfolgreich gerügt werden kann, muss aber nicht zwingend übereinstimmen mit der Antwort auf die Frage, ob der Verstoß ein Verwertungsverbot nach sich zieht. Die Revision dient (zumindest auch) anderen Zwecken als ein Beweisverbot. 9

Beispiel: Mit der Rüge, dass die Öffentlichkeit zu Unrecht erweitert worden ist, kann man Erfolg haben (vgl. oben 18 Rn. 29). Dass aber die Aussagen in einem derart fehlerhaften Verfahren unverwertbar seien, ist damit noch nicht gesagt.

Der BGH hat sich von der Rechtskreistheorie unterdessen entfernt.[9]

2. Die Lehre vom Schutzzweck der Norm

Sie ist nicht universell einsetzbar, sondern eben nur dort, wo es eine Norm gibt. In diesem Bereich der unselbständigen Verwertungsverbote lässt sich mit ihrer Hilfe gut begründen, ob und wann aus einem Beweiserhebungsverbot ein Beweisverwertungsverbot folgt.[10] Ein Problem besteht freilich darin, dass man sich über den Schutzzweck nicht immer sicher sein kann (vgl. nur z. B. zu § 55 Fall 1, oben 21 Rn. 14). Zudem braucht man für das große Gebiet der selbständigen Verwertungsverbote einen anderen Ansatz. Hier sind durch ein fehlerhaftes Vorgehen nicht prozessuale Normen, sondern 10

---

[7] BGHSt (GrS) 11, 213 (215); BGHSt 38, 214 (220).

[8] *Fezer,* JuS 1978, 325 (327 ff.).

[9] BGHSt 42, 73 (77). Aber Totgesagte leben länger, vgl. BGH NStZ 2009, 345.

[10] *Grünwald,* Das Beweisrecht der Strafprozessordnung, 1993, S. 155; *Rudolphi,* MDR 1970, 93; KMR/*Paulus,* § 244 Rn. 516 ff.; *Frisch,* Rudolphi-Symposium, 1995, 182 ff.

Grundrechte des Betroffenen verletzt, was allein nicht den zwingenden Schluss auf ein Verwertungsverbot erlaubt.

3. Die Abwägungslehre

11 Sie entscheidet von Fall zu Fall und vergleicht

- einerseits das Interesse an Wahrheitsfindung und effektiver Strafrechtspflege, die angeklagte Straftat und die Schwere des Vorwurfs
- andererseits die Bedeutung des verletzten Interesses und, falls ein Verstoß gegen eine Verfahrensvorschrift vorliegt, dessen Gewicht.

Das ist – inzwischen – der Standpunkt der Rechtsprechung und der überwiegenden Ansicht in der Literatur.[11] Dabei wird das Kriterium des Schutzzwecks der Norm mit einbezogen; es bildet einen wesentlichen Posten bei der Abwägung. In den Worten von BGHSt 38, 214, 219f.:

> „Die Entscheidung für oder gegen ein Verwertungsverbot ist auf Grund einer umfassenden Abwägung zu treffen.[12] Bei ihr fallen das Gewicht des Verfahrensverstoßes sowie seine Bedeutung für die rechtlich geschützte Sphäre des Betroffenen ebenso ins Gewicht wie die Erwägung, dass die Wahrheit nicht um jeden Preis erforscht werden muss.[13] Andererseits ist auch zu bedenken, dass Verwertungsverbote die Möglichkeiten der Wahrheitserforschung beeinträchtigen[14] und dass der Staat nach der Rechtsprechung des Bundesverfassungsgerichts von Verfassungs wegen eine funktionstüchtige Strafrechtspflege zu gewährleisten hat, ohne die Gerechtigkeit nicht verwirklicht werden kann.[15] Dient die Verfahrensvorschrift, die verletzt worden ist, nicht oder nicht in erster Linie dem Schutz des Beschuldigten, so liegt ein Verwertungsverbot fern; ein Beispiel ist der Verstoß gegen § 55 Abs. 2.[16] Andererseits liegt ein Verwertungsverbot nahe, wenn die verletzte Verfahrensvorschrift dazu bestimmt ist, die Grundlagen der verfahrensrechtlichen Stellung des Beschuldigten oder Angeklagten im Strafverfahren zu sichern."

4. Die Lehre vom Informationsbeherrschungsanspruch

12 Bei allen Verwertungsverboten geht es darum zu entscheiden, ob man Informationen verwenden darf, die sich die Ermittlungsbehörden beschafft haben. Ist das illegal geschehen, hat stets ein Eingriff in das Recht auf informationelle Selbstbestimmung vorgelegen. Das kann dem Betroffenen freilich noch nicht seine Dispositionsbefugnis, seinen „Informationsbeherrschungsanspruch" nehmen.[17] Ein absolutes Verwertungsverbot, das von seinem Willen unabhängig wäre, würde den Eingriff in sein Selbstbestimmungsrecht nicht aufheben, sondern intensivieren.

---

[11] Vgl. für alle *Rogall,* ZStW 91 [1979], 31.

[12] BGHSt 19, 325 (329); 27, 355 (357); 31, 304 (307); 35, 32 (34); 37, 30 (32); *Rogall,* ZStW 91 [1979], 31.

[13] BGHSt 14, 358 (365); 31, 304 (309); vgl. auch BVerfGE 34, 238 (247) und BVerfG StV 1990, 1 (2).

[14] BGHSt 28, 122 (128); 37, 30 (32).

[15] BVerfGE 44, 353 (374); 46, 214 (222); 51, 324 (344); 74, 257 (262); vgl. auch BVerfGE 33, 367 (383); 34, 238 (248); 77, 65 (76).

[16] BGHSt 1, 39; 11, 213.

[17] Grundlegend *Amelung,* Informationsbeherrschungsrechte im Strafprozess, 1990.

Beispiel: Ein Tagebuch, das intimste Regungen enthält, ist beschlagnahmt worden. Die verfassungsrechtlich fein gestufte Abwägung nimmt auf den Willen des Betroffenen keine Rücksicht (vgl. unten Rn. 38). Wenn er nun aber möchte, dass es verlesen wird, um seine Situation vor der Tat zu dokumentieren, warum sollte das nicht geschehen dürfen? Bei rechtswidrigen Telekommunikationsüberwachungen hat der BGH das Verwertungsverbot für den (allein) Betroffenen als disponibel eingestuft.[18]

Bei vielen Verwertungsverboten verhilft dieser Ansatz zu einer präziseren Argumentation als die etwas vage Abwägungslehre. Zu einer umfassenden Lehre von den Beweisverboten kann er wohl nicht ausgebaut werden, weil sich der Informationsbeherrschungsanspruch von Dritten kaum integrieren lässt.

Beispiel: Das Telefon des Angeklagten ist abgehört worden, ohne dass die gesetzlichen Voraussetzungen vorgelegen haben. In einem der aufgezeichneten Gespräche hat der einzige Belastungszeuge zugegeben, dass er den Angeklagten fertig machen und dazu notfalls einen Meineid schwören will. Der Angeklagte wird seinen verständlichen Wunsch, dieses Tonband abzuspielen, nicht durchsetzen können.[19] Dieses Problem der selektiven Verwertung („Rosinentheorie") ist noch nicht entschieden (s. auch unten Rn. 38f.).[20]

5. Zusammenfassung

Der Begriff des Beweisverwertungsverbots lässt sich nicht aus einem einzigen Grund- 13
gedanken heraus entwickeln und nicht so definieren, dass seine Kriterien auf alle Anwendungsfälle zutreffen. Wenn man die Verwertungsverbote für die Einzelfälle entwickelt und sie dann vergleicht, zeigt sich, dass eine „Familienähnlichkeit" besteht: Die Merkmale des Begriffs kommen in wechselnder Zusammensetzung vor. Welcher der hier dargestellten Ansätze dominiert, hängt von der Konstellation des Falles ab. Zu diesen Merkmalen, die den Begriff des Beweisverwertungsverbotes prägen, gehört noch das Argument vom hypothetischen Ermittlungsverlauf (vgl. schon oben 9 Rn. 28).

6. Der hypothetische Ermittlungsverlauf

Beispiel: Die Polizei hat eine Durchsuchung und Beschlagnahme angeordnet und durch- 14
geführt, ohne dass Gefahr in Verzug war. Sie hätte die richterliche Anordnung einholen können und auch ohne weiteres erhalten.

Lässt man hier das Argument zu, der Verstoß sei unbeachtlich, weil man den Beweis auch auf rechtmäßigem Wege gewonnen hätte, könnte die Kompetenz des Richters folgenlos missachtet werden.[21] Das von der überwiegenden Ansicht schwach bewertete

---

[18] BGH NStZ 2006, 402.

[19] Beispiel nach *Hamm,* StraFo 1998, 361 (363); vgl. noch *Amelung* zur Kritik an seiner Lehre, FS Bemmann, 1997, 505.

[20] Offen gelassen in BGH NStZ 2005, 700. Gegen die Bejahung von Verwertungsverboten zum Nachteil des Beschuldigten *Erb,* GA 2017, 113.

[21] Überblick und Grundsatzkritik bei *Jahn/Dallmeyer,* NStZ 2005, 297ff.

Argument von der generalpräventiven Funktion der Beweisverwertungsverbote (vgl. oben Rn. 7) hat in manchen Fällen eben doch große Bedeutung. Der BGH hat zunächst die bei einer solchen rechtsfehlerhaften Durchsuchung gewonnenen Beweise dennoch für verwertbar gehalten, weil die Maßnahme weder willkürlich noch „mit einem besonders schwerwiegenden Fehler behaftet" war und dem hypothetischen Verlauf „keine rechtlichen Hindernisse" entgegen standen,[22] neuerdings aber den bewusst umgangenen oder schwer fehlerhaft verkannten Richtervorbehalt von einer derart hypothetischen Betrachtung ausgenommen (s. oben 10 Rn. 58).

In anderen Konstellationen ist das Argument, man hätte das Beweisergebnis auch auf rechtmäßigem Wege erlangen können, prinzipiell vernünftig. Es verhindert dann ein Beweisverbot, wenn es nicht nur möglich, sondern sehr wahrscheinlich war, dass die rechtmäßige Alternative erfolgreich gewesen wäre.

Beispiel: Der misshandelte Beschuldigte (§ 136a) führt die Polizei zu der Scheune, in der er die Leiche verborgen hat. Dieses Anwesen wollte die Polizei mit Hunden, Suchgeräten etc. ohnehin in den nächsten Tagen überprüfen. Allerdings muss die rechtmäßige Alternative sich hinreichend konkretisiert haben. Die Erwägung allein, dass man fündig geworden wäre, wenn man dort gesucht hätte, reicht sicher nicht.

Das Nähere müssen die Fallgruppen zeigen. Die Darstellung der Beweisverwertungsverbote im Zusammenhang enthält zum Teil Verweise auf bereits abgehandelte Fälle, Ergänzungen dazu sowie die Besprechung noch nicht erörterter Konstellationen.

IV. Die Einzelfälle: Unselbständige Beweisverwertungsverbote

Es geht um

- die Folgen einer fehlerhaft unterbliebenen Belehrung über die Rechte als Zeuge und andere Verwertungsverbote zu Gunsten von Zeugen (Rn. 15–21)
- Verstöße gegen Vorschriften, die dem Schutz des Beschuldigten dienen (Rn. 22–26)
- die Folgen fehlerhafter Zwangsmaßnahmen (Rn. 27–36).

1. Die Zeugenaussage ohne Belehrung nach § 52 Abs. 3

15 Der Angehörige, der als Zeuge aussagen soll, ist vor jeder Vernehmung über sein Zeugnisverweigerungsrecht zu belehren (§ 52 Abs. 3 S. 1, auch bei Vernehmungen durch Staatsanwaltschaft und Polizei, §§ 161a Abs. 1 S. 2, 163 Abs. 3 S. 2). Ist das unterblieben, darf seine Aussage nicht verwertet, also weder verlesen noch durch die Vernehmung von Verhörspersonen rekonstruiert werden. Das folgt aus dem Schutzzweck des Zeugnisverweigerungsrechts: Rücksicht auf die familiäre Verbundenheit.[23] Sie ist auch nach dem Tod des Zeugen geboten.[24] Hat aber der Zeuge sein Recht gekannt, gibt es kein Ver-

[22] BGH NStZ 2004, 449.
[23] BGHSt (GrS) 11, 213 (216).
[24] A. A. BGHSt 22, 35.

wertungsverbot.[25] Revisionsrechtlich gesehen beruht dann das Urteil nicht auf dem Fehler. In der Terminologie der Beweisverbote: Bei erteilter Belehrung wäre der Prozessverlauf kein anderer gewesen.

2. Die Vertrauensperson (§ 53) verletzt die Schweigepflicht (§ 203 StGB)

Als Angehöriger der in §§ 53, 53a genannten Berufsgruppen kennt man sein Zeugnis- 16
verweigerungsrecht. Eine Belehrungspflicht besteht deshalb nicht. Das Gericht kann nur Fehler machen, wenn es einen, der offensichtlich irrig glaubt, aussagen zu müssen, entgegen seiner Fürsorgepflicht nicht belehrt, oder wenn es selbst die objektiv falsche Auskunft gibt, er sei von seiner Schweigepflicht entbunden und daher zur Aussage verpflichtet (§ 53 Abs. 2). Diese Fehler ziehen ein Verwertungsverbot nach sich.[26]

Ein Verwertungsverbot entsteht aber nicht, wenn der Arzt, Rechtsanwalt, etc. von sei- 17
nem Zeugnisverweigerungsrecht keinen Gebrauch macht und aussagt.[27] Prozessual ist er nur berechtigt, das Zeugnis zu verweigern, nicht aber dazu verpflichtet. Für ein Verwertungsverbot spricht, dass er sich mit einer Aussage wahrscheinlich strafbar macht und das Vertrauen seines Klienten, Patienten, etc. schwer enttäuscht. Die besseren Gründe aber sprechen dagegen. Das Gericht müsste die Strafbarkeit erst eingehend prüfen; nicht jede anvertraute Tatsache (§ 53) ist zugleich ein Geheimnis (§ 203 StGB), und die Frage, ob es „unbefugt" offenbart wurde, kann schwierig werden. Vor allem wird durch das Zeugnisverweigerungsrecht das generelle Vertrauen in die Verschwiegenheit der Institution (Ärzteschaft, Anwaltschaft, etc.) geschützt. Der Schutz des konkreten, individuellen Vertrauens in die Verschwiegenheit des Gesprächspartners ist ein Nebeneffekt, nicht der primäre Zweck der Norm.

3. Die Zeugenaussage ohne Genehmigung, § 54

Beweisthemen, auf die sich die Pflicht zur Amtsverschwiegenheit bezieht, dürfen mit 18
dem Beweismittel der Zeugenaussage ohne Genehmigung nicht erforscht werden. Der Zweck dieser Vorschrift besteht nicht darin, den Angeklagten zu schützen, sondern das Dienstgeheimnis zu wahren. Sagt der Zeuge dennoch aus, ist dieser Zweck vereitelt, und ein Verwertungsverbot könnte den Schaden nicht mehr abwenden. Aus diesen beiden Gründen lehnt die h. M. ein Verwertungsverbot zutreffend ab.[28]

4. Zeugenaussage ohne Belehrung nach § 55 Abs. 2

Für diese Konstellation hatte der BGH die Rechtskreistheorie entwickelt[29] und ein Ver- 19
wertungsverbot mit der Begründung verneint, dass die Vorschrift nur den Zeugen vor Nachteilen schützen solle (vgl. oben 21 Rn. 15 f. und 27 Rn. 1). Dass auch der Angeklagte vor Aussagen mit zweifelhaftem Wahrheitswert bewahrt werden muss, ist zwar richtig. Der richtige Ort dafür ist aber die Beweiswürdigung, ganz so wie bei der

---

[25] BGHSt 38, 214 (225); 40, 336 (339).
[26] BGH MDR 1980, 815; BGHSt 42, 73 (76) m. Anm. *Welp*, JR 1997, 35.
[27] H. M., BGHSt 9, 59; 18, 146 f.; LR/*Ignor/Bertheau*, § 53 Rn. 12; dagegen *Beulke*, Rn. 462 m. w. N.
[28] BGH MDR 1951, 275; *Grünwald*, JZ 1966, 498; str.
[29] BGHSt (GrS) 11, 213.

nicht minder zweifelhaften, nach dem System der StPO aber gleichwohl verwertbaren Einlassung eines Mitbeschuldigten.[30]

5. Der Verstoß gegen ein Beschlagnahmeverbot, § 97

20 Die Verwertungsverbote zu Gunsten von Zeugen werden ergänzt durch ein Verbot, Material zu verwenden, das unter Verstoß gegen das Beschlagnahmeverbot des § 97 erlangt wurde (vgl. oben 10 Rn. 36).[31]

6. Zeugnisverweigerung in der Hauptverhandlung, § 252

21 Dieses Verwertungsverbot ist bereits umfassend besprochen (vgl. oben 27 Rn. 8 ff.). Es wird hier im Zusammenhang mit Zeugenrechten erwähnt, gehört aber insofern zu den selbständigen Beweisverwertungsverboten, als es keinen Verstoß gegen Belehrungspflichten oder andere Verfahrensvorschriften voraussetzt.

7. Die fehlerhafte Belehrung des Beschuldigten

Das nemo-tenetur-Prinzip wird durch ein Verwertungsverbot geschützt (vgl. oben 9 Rn. 11).

a) Ausnahmen

22 Die Verwertbarkeit für den Fall, dass der Verteidiger nicht widerspricht (vgl. oben 9 Rn. 11),[32] ist aus mehrfachem Grunde zweifelhaft. Einmal läge es wegen des Eingriffs in das Recht auf informationelle Selbstbestimmung näher, nun die ausdrückliche Zustimmung des Beschuldigten zu verlangen. Ferner wird der Verteidiger zu Unrecht als Organ der Rechtspflege in die Pflicht genommen – es ist Sache des Gerichts, den Verfahrensfehler zu heilen.[33] Überdies stört die Tendenz der Rechtsprechung, Fehler und Versäumnisse des Verteidigers dem Beschuldigten anzulasten.[34]

b) Die Verwertung gegen Dritte

23 **Fall 1:** A war zunächst als Zeugin über einen Drogenkauf und dann ohne Belehrung als Beschuldigte vernommen worden. Das Verfahren gegen sie wird eingestellt. In der Hauptverhandlung gegen B soll sie als Zeugin aussagen. Sie kann in absehbarer Zeit nicht vernommen werden.

Die Verlesung nach § 251 Abs. 2 ist zulässig, wenn nicht aus dem Belehrungsfehler ein Verwertungsverbot resultiert. Nach Ansicht der Rechtsprechung schützt das Verwertungsverbot nur den Beschuldigten selbst (im Fall: A), nicht aber andere Beschuldigte (im Fall: B) davor, dass nun Zeugen vernommen werden, die früher einmal die Beschuldigtenrolle hatten.[35]

Fall 2: Das Verfahren gegen A wird noch geführt, aber getrennt von dem Verfahren gegen B.

---

[30] Zur abweichenden Mindermeinung *Roxin/Schünemann,* § 24 Rn. 48.
[31] BGHSt 18, 227 (229).
[32] BGHSt 38, 214 (220); 39, 349; 42, 15 (22 f.); BGH NStZ 1997, 502.
[33] Vgl. SK-StPO/*Rogall,* vor § 133 Rn. 178; *Lesch,* JA 1995, 162; *Fezer,* StV 1997, 57.
[34] *Feigen,* Rudolphi-Symposium, 1995, 161.
[35] BayObLG NStZ 1994, 250; dagegen *Dencker,* StV 1995, 232; *R. Hamm,* NJW 1996, 2189.

Auch hier hat A im Verfahren gegen B die Rolle einer Zeugin. Wenn sie in der Hauptverhandlung gegen B erscheint und die Auskunft verweigert (§ 55), darf das Protokoll über ihre frühere Vernehmung nicht verlesen werden, weil nicht ein tatsächliches, sondern ein rechtliches Hindernis vorliegt (vgl. oben 27 Rn. 6).[36]

Zu der „absurden Situation", die Roxin/Schünemann anführen, um ein Verwertungsverbot zu begründen (§ 24 Rn. 26), kann es nur in folgender Prozesslage kommen:

Fall 3: Die Beschuldigte A erscheint als Zeugin im Verfahren gegen B, wird nicht über ihr Recht nach § 55 belehrt und sagt aus.

Gegen sie selbst, in ihrem eigenen Verfahren, darf diese Aussage nicht verwertet werden. B muss sich allerdings gefallen lassen, dass ihre Aussage gegen ihn verwertet wird. Es handelt sich um die „normale" Situation des § 55, und zu einem anderen Ergebnis kann man nur gelangen, wenn man dieser Vorschrift eine Schutzfunktion auch zu Gunsten des Beschuldigten zuschreibt (entgegen der h. M., vgl. oben 21 Rn. 15).

Fall 4: A und B sind des mittäterschaftlichen Diebstahls beschuldigt. Bei der ersten Vernehmung durch die Polizeibeamtin P wird A nicht zureichend über sein Recht auf Konsultation eines Verteidigers belehrt. Daraufhin gesteht er die Tat. In der Hauptverhandlung machen A und B von ihrem Schweigerecht Gebrauch.

Gegen A selbst darf die Aussage wegen des Verstoßes gegen § 136 Abs. 1 S. 2 nicht verwertet werden (vgl. oben 9 Rn. 11). Eine Ansicht fordert hier, unter dem Gesichtspunkt des fairen Verfahrens das Verwertungsverbot auch auf den Mitangeklagten, d. h. hier den B, zu erstrecken.[37] Der BGH lehnt dagegen eine Erstreckung ab.[38] § 136 Abs. 1 S. 2 bezwecke allein den Schutz des vernommenen Beschuldigten. Er diene nicht den Interessen eines Mitbeschuldigten; sein Rechtskreis werde durch eine fehlerhafte Belehrung nicht berührt. Eine Erweiterung des Beweisverwertungsverbots lasse sich auch nicht mit der Gefahr einer „gespaltenen Tatsachenfeststellung" begründen, da diese Gefahr bei mehreren Beschuldigten aufgrund der Dispositionsfreiheit eines jeden, ob er das Verwertungsverbot geltend mache, ohnehin nicht vermeidbar sei.

8. Verbotene Vernehmungsmethoden, § 136a Abs. 3

Über dieses Verwertungsverbot (vgl. oben 9 Rn. 18 ff.) darf der Betroffene nicht dispo- 24
nieren (S. 2). Das erscheint insofern zweifelhaft, als es bei falschen und richtigen, belastenden und entlastenden Angaben gleichermaßen eingreift.[39] Aus generalpräventiven Gründen aber wird man daran festhalten müssen. Überdies würde das Recht zur informationellen Selbstbestimmung dem Beschuldigten wohl nicht die Dispositionsbefugnis eröffnen, nur günstige Aussagen (die der Wahrheit entsprechen – oder auch falsche?) zur Verwertung freizugeben.

9. Der Beschuldigte in der „Hörfalle"

Das Problem der Analogie zu § 136 und/oder § 136a wurde bereits besprochen (vgl. 25
oben 9 Rn. 19).

---

[36] BGH NJW 1984, 136; NStZ 1984, 211.

[37] LR/*Gleß*, § 136 Rn. 90.

[38] LR/*Gleß*, § 136 Rn. 90. BGHSt 47, 233 (234); 53, 191 (197 ff.).

[39] BGHSt 5, 290.

10. Das vereitelte Anwesenheitsrecht des Beschuldigten, §§ 168c Abs. 2, 168d Abs. 1

26 Die so gewonnenen Ergebnisse einer richterlichen Zeugenvernehmung oder einer Augenscheinseinnahme sind unverwertbar. Dem Beschuldigten ist mit dem rechtlichen Gehör die Chance genommen worden, auf den Gang des Verfahrens und das Beweisergebnis Einfluss zu nehmen.[40] Ob das fehlerhafte richterliche Protokoll nach § 251 Abs. 2 verlesen werden darf (vgl. oben 27 Rn. 5), ist überaus umstritten.[41] Der BGH neigt dazu, fehlerhaft gewonnene Beweismittel nur in ihrem Beweiswert herabzustufen.[42]

11. Körperliche Untersuchung, § 81a

27 **Beispiel:** Die Blutprobe wurde nicht von einem Arzt entnommen.

Das Beweismittel darf verwertet werden. Es ist in seinem Wert durch den Fehler nicht gemindert. Die Voraussetzungen der Vorschrift sollen die gesundheitlichen Risiken des Eingriffs begrenzen. Hat man sich daran nicht gehalten, ist der Verstoß nicht mehr reparabel, vor allem nicht durch ein Beweisverbot.[43] Dagegen greift ein Beweisverbot ein, wenn die Anordnung der Maßnahme bewusst rechtswidrig war (der Polizeibeamte täuscht dem Betroffenen vor, der Pfleger sei Arzt)[44] oder bei der Durchführung illegale Mittel angewandt worden sind. In diesen Fällen muss der Verstoß gegen das Rechtsstaatsprinzip sanktioniert werden.[45] Die absichtliche Missachtung des Richtervorbehalts (z. B. durch die pauschale Behauptung, eine richterliche Entscheidung sei am Wochenende gewöhnlich nicht zu erlangen) kann nach der Abwägungslehre ein Verwertungsverbot zur Folge haben.[46]

28 Sehr umstritten ist die Frage, ob man sich auf den Gedanken des hypothetischen Verlaufs stützen kann, um eine Blutprobe im Strafverfahren zu verwerten, die zu anderen Zwecken entnommen wurde, aber nach § 81a hätte erlangt werden können.[47]

12. Telekommunikationsüberwachung, §§ 100a, d.

29 Die Verwertungsverbote sind bereits dargestellt, vgl. oben 10 Rn. 44ff.

---

[40] BGHSt 26, 332; ein Mitangeklagter kann sich auf den Verstoß gegen die Benachrichtigungspflicht nicht berufen, BGH NStZ 2009, 345.

[41] Dagegen AK-StPO/*Achenbach*, § 168c Rn. 18; dafür BGH StV 1997, 512, wenn der Angeklagte auf die andere Bewertung des Protokolls hingewiesen wird.

[42] BGHSt 46, 93.

[43] H. M., BGHSt 24, 125 (128).

[44] Vgl. OLG Hamm NJW 1965, 1089.

[45] BGHSt 24, 125 (131).

[46] Vgl. BVerfG NJW 2007, 1345.

[47] LG Celle NStZ 1989, 385; OLG Zweibrücken NJW 1994, 810; eingehend *Heinrich*, Zur Operationsvorbereitung entnommene Blutproben als Beweismittel im Strafprozess, 1996; zusammengefasst bei *Roxin/Schünemann*, § 24 Rn. 50.

13. Durchsuchung, §§ 102ff.

Zu den Verwertungsverboten vgl. oben 10 Rn. 58. **29a**

14. Beweismittel aus „legendierten Kontrollen"

Umstritten ist die Verwertbarkeit von Beweismitteln im Strafprozess, die bei Durchsuchungen im Rahmen sog. legendierter Kontrollen beschlagnahmt werden. Unter legendierten Kontrollen versteht man verdeckte Kontrollen der Polizei (etwa in Form einer allgemeinen „unverdächtigen" Verkehrskontrolle), die den Zweck haben, bereits vermutete oder bekannte Straftaten zu verhindern und Beweismaterial für einen späteren Strafprozess zu sichern. Die Kontrolle erfolgt dabei unter einer Legende, damit die Täter nicht vorzeitig von den Ermittlungsmaßnahmen gegen sie Kenntnis erlangen. **29b**

Fall 5: A und B stehen im Verdacht, mit Drogen zu handeln. Durch eine rechtmäßig angeordnete Telekommunikationsüberwachung erfahren die Strafverfolgungsorgane, dass A plant, mit seinem PKW 8 kg Kokain aus den Niederlanden nach Deutschland einzuführen. Um die parallel laufenden, verdeckten Ermittlungen gegen B nicht zu gefährden, beschließen StA und Polizei, auf eine Durchsuchung und Beschlagnahme nach §§ 102ff., 94ff. StPO zu verzichten, da diese mit dem Risiko verbunden wären, dass B vorzeitig von dem Ermittlungsverfahren gegen sich Kenntnis erlangt. Stattdessen bitten sie ihre Kollegen von der Verkehrspolizei, den A nach Überqueren der Grenze einer „unverdächtigen" Verkehrskontrolle zu unterziehen, um auf diesem Weg zum einen die Drogen aus dem Verkehr zu ziehen und zum anderen Beweismaterial für die Strafverfolgung von A und B zu beschaffen. So geschieht es: Im Rahmen einer Verkehrskontrolle in der Nähe von Wiesbaden nimmt die Verkehrspolizei eine Durchsuchung des Fahrzeugs des A vor und beschlagnahmt das dabei aufgefundene Kokain.

Im Schrifttum werden die so erlangten Beweismittel teilweise als unverwertbar angesehen. Die Polizei werde hier, indem sie den strafprozessualen Zugriff lediglich mit einer Legende tarne, primär repressiv tätig. Folglich bestimme sich die Zulässigkeit ihres Handelns allein nach den Vorschriften des Strafprozessrechts. Da die Voraussetzungen der Durchsuchung und der Beschlagnahme, insb. das Erfordernis der gerichtlichen Anordnung (vgl. §§ 105 Abs. 1 S. 1, 98 Abs. 1 S. 1), nicht eingehalten worden seien, sei die Beweiserhebung rechtswidrig. Und weil das Vorgehen der Ermittlungsbehörden gerade auf eine **Umgehung** der gesetzlichen Regelungen abgezielt habe, handele es sich auch um einen besonders schwerwiegenden Verfahrensverstoß, der zu einem Beweisverwertungsverbot führe (s. hierzu auch 10 Rn. 58).[48]

Anders dagegen im obigen Fall der 2. Senat des BGH: Da es der Polizei nicht nur repressiv um die Gewinnung von Beweismitteln, sondern auch präventiv um das Aus-dem-Verkehr-Ziehen des Kokains gegangen sei, liege eine doppelfunktionale Maßnahme vor. Damit fänden die Eingriffsgrundlagen der StPO und des Polizeirechts nebeneinander Anwendung (vgl. dazu 7 Rn. 9). Nach den Vorschriften des Polizeirechts (im Fall: §§ 37, 40 HSOG) sei das Vorgehen der Verkehrspolizei rechtmäßig gewesen. Deshalb könnten die so erlangten Kenntnisse über § 161 Abs. 2 StPO nach dem Gedanken des **hypothetischen Ersatzeingriffs** auch im Strafprozess verwendet werden. Dessen Voraussetzungen seien erfüllt, da eine Anordnung von Durchsuchung und Beschlagnahme auch nach Strafprozessrecht möglich gewesen wäre.[49] Diese Rechtsprechung birgt freilich die Gefahr, dass die Ermittlungsbehörden künftig „Befugnis- bzw. Forumsshop-

---

[48] MüKoStPO/*Hauschild,* § 108 Rn. 7; MüKoStPO/*Kölbel,* § 163 Rn. 28.
[49] BGH NJW 2017, 3173 mit Anm. *Brodowski,* JZ 2017, 1124.

ping" zwischen Polizei- und Strafverfahrensrecht betreiben, um insb. den strafprozessualen Richtervorbehalt für bestimmte Zwangsmaßnahmen zu umgehen.

15. Verdeckte Ermittlungen

a) Der Einsatz verdeckter Ermittler, §§ 110a ff.

30 Die Voraussetzungen sind ähnlich geregelt wie bei der Telefonüberwachung. Deshalb wendet man die dort entwickelten Grundsätze zum Verwertungsverbot hier entsprechend an.[50] Für den Einsatz, der gezielt erfolgt oder in Wohnungen stattfindet, muss, wenn Gefahr im Verzuge ist, die Zustimmung des Richters binnen 3 Tagen eingeholt werden (§ 110b Abs. 2 S. 4). Wird sie nicht eingeholt oder verweigert, bleiben die in den ersten drei Tagen erlangten Beweismittel allerdings dennoch verwertbar.[51]

b) Der Einsatz von Informanten, V-Personen und noeP

31 Der Einsatz von Informanten, V-Personen und noeP wurde bislang in keiner Weise gesetzlich geregelt. Es ist daher unklar, wann er unzulässig ist und daher auch ungeklärt, wann ein Verwertungsverbot eingreift.[52] Der BGH hat diese Fragen anhand des Falles, dass sich ein Scheinaufkäufer der Polizei in die Wohnung des Beschuldigten einschleicht, ausführlich diskutiert, letztlich aber offen gelassen.[53]

c) Erkenntnisse über Dritte

32 Ein verdeckter Ermittler, der gezielt auf einen Beschuldigten angesetzt ist (§ 110b Abs. 2 Nr. 1), wird häufig mit dessen Kontaktperson zusammentreffen und von deren Straftaten erfahren. Dieses Material darf verwertet werden, wenn es sich um Katalogtaten handelt (wie bei der Telefonüberwachung, vgl. oben 10 Rn. 46).[54] Hat der verdeckte Ermittler es durch den Einsatz irgendwelcher technischer Mittel erlangt, gilt aber nicht § 110e, sondern es gelten §§ 100a ff. Diese Unterscheidung muss man treffen, weil die Kataloge von §§ 100a ff. und § 110a Abs. 1 nicht identisch sind.

Für den Einsatz von Informanten, V-Leuten und noeP gibt es keine Kataloge und daher keinerlei Anhaltspunkte, in welchen Fällen Erkenntnisse über Dritte unverwertbar sein sollten.

d) Belehrungspflichten

33 Diese Pflichten greifen ein, wenn offen ermittelt wird und der Beamte Beschuldigte oder Zeugen vernimmt. Bei verdeckten Ermittlungen wäre eine Belehrung das Ende der Maßnahme. Das versteht sich von selbst. Eine andere Frage ist, ob die so gewonnenen Erkenntnisse verwertbar sind. Der Gesetzgeber hat sie in Kenntnis des Problems und der neueren Rechtsprechung[55] offen gelassen. Da sich die Befugnisse des verdeckten Ermittlers, vom Auftreten unter einer Legende abgesehen, nach der StPO richten (§ 110c), gelten die allgemeinen Regeln. Man muss daher zunächst klären, was „Ver-

---

[50] BGHSt 42, 103.
[51] BGHSt 41, 64 (66) m. Anm. *Rogall,* JZ 1996, 260.
[52] Vgl. KK-StPO/*Bruns,* § 110a Rn. 9.
[53] BGH StV 1997, 233 m. Anm. *Roxin,* StV 1998, 43.
[54] BGH NStZ 1997, 294.
[55] BGHSt 34, 362; 38, 213.

nehmung" in diesem Milieu bedeutet. Was der verdeckte Ermittler hört und erfährt, ist nicht das Ergebnis einer Vernehmung, weil er sich nicht als Verhörsperson mit amtlicher Eigenschaft zu erkennen gibt (vgl. oben 9 Rn. 20).[56] Überdies weiß der Betroffene, der ein Privatgespräch zu führen glaubt, dass ihm freisteht, was er sagt und was er verschweigt. Die Lage ändert sich, wenn der verdeckte Ermittler ein vernehmungsähnliches Gespräch inszeniert und versucht, bereits begangene Straftaten aufzuklären (anders als im Fall 8 oben 10 Rn. 63). Auch jetzt wäre es nicht sinnvoll, die Belehrungspflicht zu aktivieren. Die gezielte Umgehung der Vernehmungsvorschriften führt aber zu einem Verwertungsverbot. Durch die Regeln über den Einsatz verdeckter Ermittler sind die rechtsstaatlichen Garantien des Schweigerechts, des fairen Verfahrens und der Unverwertbarkeit von Aussagen, die ohne Belehrung erlangt wurden, nicht außer Kraft gesetzt.[57] Das Gleiche gilt, wenn gezielt ein Angehöriger ausgeforscht werden soll. Von der Belehrungspflicht (§ 52 Abs. 3) kann man zwar dispensieren, damit aber das Verwertungsverbot des § 252 nicht aushebeln.[58] Diese Regeln gelten für alle verdeckten Ermittlungen, auch durch V-Leute, Informanten, noeP.

e) Verbotene „Gesprächs"-Methoden, § 136a

Der verdeckte Ermittler darf über seine Identität täuschen, sonst aber nichts tun, was **34**
§ 136a verbietet. Für Informanten, V-Leute und noeP kann nichts anderes gelten.

16. Private Ermittlungen

„Das Opfer als Verfolger"[59] ist nicht Adressat der StPO.[60] An Beweiserhebungsverbote **35**
ist es nicht gebunden. Die Grenzen seines Handlungsspielraums zieht das materielle Recht. Eine Regel des Inhalts, dass ein deliktisch erlangtes Beweismittel nicht verwendet werden darf, kennt die StPO nicht.[61] Es ist „nicht automatisch" ausgeschlossen.[62] Aber es darf auch nicht grenzenlos zugelassen werden. Allgemeine Regeln lassen sich allenfalls für seltene Extremfälle aufstellen: Unverwertbar sind Beweismittel, die sich der Private auf extrem menschenrechtswidrige Weise verschafft hat (h. M. in der Literatur,[63] aber: warum reicht es nicht, wenn der Eingriff schlicht menschenrechtswidrig war? Und was heißt das? Ist es menschenrechtswidrig, jemanden solange in „Beugehaft" zu nehmen, bis er gesteht?). Es kommt nicht darauf an, ob das Beweismittel rechtswidrig erlangt wurde, sondern ob seine Verwertung im Verfahren eine (neue, wiederholte) Rechtsverletzung darstellen würde.

---

[56] BGH (GrS) 42, 139 (145).

[57] „Ein verdeckter Ermittler darf einen Beschuldigten, der sich auf sein Schweigerecht berufen hat, nicht unter Ausnutzung eines geschaffenen Vertrauensverhältnisses beharrlich zu einer Aussage drängen und ihm in einer vernehmungsähnlichen Befragung Äußerungen zum Tatgeschehen entlocken" – Verwertungsverbot; BGHSt 52, 11; vgl. dazu auch *Engländer,* ZIS 2008, 163.

[58] Vgl. auch BGHSt 40, 211 (216); *Widmaier,* StV 1995, 621.

[59] So der Titel des Buches von *Hassemer/Matussek,* 1996.

[60] Vgl. auch *Bockemühl,* Private Ermittlungen im Strafprozeß, 1996.

[61] Weiterführend zum Ganzen *Kaspar,* GA 2013, 206.

[62] BGHSt 27, 355 (357); 36, 167 (172).

[63] Vgl. *Roxin/Schünemann,* § 24 Rn. 65.

Beispiel: Der erpresserische Anruf wurde heimlich mitgeschnitten (§ 201 Abs. 1 Nr. 1 StGB – gerechtfertigt durch § 34 StGB). Die Verwertung im Prozess fällt unter § 201 Abs. 1 Nr. 2 StGB. Sie ist zulässig, wenn die rechtfertigende Lage noch besteht.

Wo ein Verwertungsverbot in Frage kommt, handelt es sich also nicht um ein unselbständiges, das aus einer vorangegangenen Rechtsverletzung abgeleitet wird, sondern um ein selbständiges. Der Beschuldigte kann sich, wenn von Privaten rechtswidrig erlangte Beweismittel präsentiert werden, meist darauf berufen, dass die Verwertung sein Persönlichkeitsrecht oder sein Recht auf informationelle Selbstbestimmung verletzt, muss sich aber entgegenhalten lassen, dass ein überwiegendes Interesse der Allgemeinheit an der Strafverfolgung rechtfertigend wirkt (zur Rechtsprechung des BVerfG vgl. unten Rn. 38).

36 Andere Regeln gelten, wenn die Privatperson von den Strafverfolgungsbehörden darauf angesetzt wurde, das Beweismittel zu verschaffen. Hier kommt es darauf an, ob ein Verwertungsverbot bestehen würde, wenn Staatsanwaltschaft oder Polizei selbst gehandelt hätten. Sie dürfen die Grenzen ihrer Eingriffsbefugnisse nicht umgehen (vgl. oben 9 Rn. 21).[64]

V. Die Einzelfälle: Selbständige Beweisverwertungsverbote

37 Das Kriterium dieser Gruppe stellt nicht ab auf die Art der Maßnahme und nicht auf die Frage, ob sie getroffen werden durfte, sondern auf ihren Effekt: den Eingriff in Grundrechte, vor allem das allgemeine Persönlichkeitsrecht. Unter diesem Aspekt könnte man auch alle unselbständigen Beweisverwertungsverbote sehen. Bei ihnen folgt aber das Verbot der Verwertung bereits aus dem Übergriff, den die rechtswidrige Maßnahme darstellt. Sie scheiden also für das Folgende aus. Es bleiben die Fälle übrig, in denen die Verwertung eines Beweismittels den Eingriff in das Recht darstellt. Ob sie rechtswidrig erlangt wurden (wie z. B. das heimlich aufgenommene Foto in der Wohnung) oder rechtmäßig (das bei einer Durchsuchung gefundene Tagebuch) ist nicht der entscheidende Punkt.

38 Die h. M. beurteilt diese Fälle nach der Stufentheorie des Bundesverfassungsgerichts.[65] Danach sind drei Sphären der Persönlichkeit zu unterscheiden:

- der Sozialbereich (das Leben im Büro, in der U-Bahn, etc.)
- die schlichte Privatsphäre (Grillen im Garten)
- die Intimsphäre (sog. Kernbereich privater Lebensgestaltung).

Diese Vorstellung vom Menschen, der in konzentrischen Kreisen lebt, wirft in der Umsetzung auf den konkreten Fall mindestens so viele Probleme auf wie sie löst. Während sich die soziale Sphäre noch einigermaßen deutlich abgrenzen lässt, bleibt zumeist umstritten, wo die zweite Sphäre endet und der unantastbare Kernbereich privater Lebensgestaltung beginnt.[66] Diese Abgrenzung ist aber von entscheidender Bedeutung. Die

---

[64] BGHSt 44, 129.

[65] BVerfGE 34, 238 (245 ff.).

[66] Vgl. *Hofmann*, JuS 1992, 587 ff.; *Wolter*, NStZ 1993, 1; *Fezer*, Grundfragen der Beweisverwertungsverbote, 1995; *Roxin*, FS Wolter, 2013, 1057.

erste Sphäre ist offen; hier gibt es keine Verwertungsverbote. Bei Eingriffen in die zweite Sphäre (schlichte Privatsphäre) ist nach h. L. abzuwägen zwischen der Schwere des Tatvorwurfs und der Unverzichtbarkeit des Beweismittels einerseits und der Schwere des konkreten Eingriffs andererseits.[67] Die dritte ist abwägungsfest – jeder Eingriff führt zu einem Verwertungsverbot. Was den unantastbaren Kernbereich eigentlich ausmacht, ist unklar. Eine Legaldefinition fehlt. Fest steht, dass damit nicht (nur) bestimmte Orte (z. B. Schlafzimmer) gemeint sind, sondern vielmehr ein bestimmtes menschliches Verhalten außerhalb der Öffentlichkeit.[68] Das BVerfG spricht von „Höchstpersönlichem" und versteht darunter u. a. intime Gedanken, Gebete, Gefühlsäußerungen und Ausdrucksformen der Sexualität.[69] Streitig ist insbesondere, ob Gedankenäußerungen mit höchstpersönlichem Inhalt auch dann noch zum Kernbereich gehören können, wenn diese einen unmittelbaren Deliktsbezug aufweisen (z. B. ein vertrauliches Gespräch mit dem Ehepartner über begangene Straftaten).[70]

1. Tagebücher und Gespräche

Wer in einem **Tagebuch** über seine Taten schreibt, betreibt, wie der BGH angemerkt hat, nicht die „Entfaltung", sondern dokumentiert den „Verfall der Persönlichkeit".[71] Auch das ist aber Privatsache. Die Rechtsprechung entscheidet von Fall zu Fall. Der Angeklagte hat seine Steuerhinterziehungen in einem Tagebuch festgehalten. Die h. M. wird dies nicht dem Bereich privater Lebensgestaltung zurechnen, sondern eher als „Geschäftsbuch" bezeichnen. Der Angeklagte soll einen Meineid begangen haben. Sein Tagebuch gibt Aufschluss über die Tat.[72] Es wird der zweiten Sphäre zugerechnet. „Bei der gebotenen Abwägung des Persönlichkeitsrechts gegen die berechtigten Belange der Strafrechtspflege … ist nicht von dem allgemeinen Deliktsvorwurf auszugehen, sondern von dem im Einzelfall in Betracht kommenden Tatunrecht".[73] Sie ergab in diesem Fall, dass das Persönlichkeitsrecht Vorrang genießt.[74] 39

Der mehrfache Frauenmörder hat seine Kontaktschwierigkeiten zu Frauen und das, was der Sachverständige als „schwere andere seelische Abartigkeit" bezeichnete, in Tagebüchern festgehalten.[75] Der BGH ordnet diesen Fall der zweiten Sphäre zu, hält dagegen, dass es sich um einen Fall schwerster Kriminalität handelt und gestattet die Verwertbarkeit.[76] Es gibt aber nichts Intimeres als das Eingeständnis, unter einer schweren seelischen Abartigkeit zu leiden, und dieser innerste Bereich der Privatheit wird durch die „Entäußerung" in der Tat nicht in eine andere Sphäre verschoben. Zudem handelt es sich, anders als bei einem Tagebuchgeständnis, lediglich um einen bloß mittelbaren Straftatbezug.

---

[67] Vgl. BGH JR 1994, 430.
[68] Vgl. *Jahn/Geck,* JZ 2012, 561 (565).
[69] BVerfGE 109, 279 (313).
[70] BGHSt 31, 296 (299 f.) (Kernbereich trotz Deliktsbezug bejaht).
[71] BGHSt 19, 325 (331).
[72] BGHSt 19, 325 (331).
[73] BGHSt 19, 325 (334).
[74] Ebenso OLG Schleswig NStZ-RR 2000, 112; Handel mit Kokain in 56 Fällen.
[75] BGHSt 34, 397.
[76] Übereinstimmend BVerfGE 80, 367 ff. in einer 4:4-Entscheidung; *Geppert,* JR 1988, 471; dagegen *Jahn,* NStZ 2000, 383 (384).

Die Rechtsprechung erweckt den Eindruck, dass sie den unantastbaren Kernbereich nicht selbständig und aus sich heraus bestimmt, sondern sich mit Blick auf das Ergebnis für oder gegen die dritte Sphäre entscheidet. Das Dilemma der h. M. ist, dass gerade die schwersten Delikte oft die „intimsten" sind.

Gespräche werden meist mit anderen geführt und haben dann Sozialbezug („Zwiegespräch").[77] Anders ist das beim Gespräch mit Berufsgeheimnisträgern[78] und beim Selbstgespräch.[79]

Beispiele: Der Angeklagte lag im Krankenhaus, wurde nach § 100c überwacht und sagte zu sich selbst, dass es besser gewesen wäre, er hätte das Opfer durch einen Kopfschuss getötet.[80] Der in seinem Auto nach § 100f überwachte Beschuldigte äußerte im Rahmen eines Selbstgesprächs u. a. „oho I kill her … oh yes, oh yes … and this is my problem …".[81]

Ein solches Selbstgespräch ist, „weil es in keiner Form verdinglicht und der Gefahr eines Zugriffs preisgegeben war",[82] dem unantastbaren Kernbereich zuzuordnen.

Es bleiben Zweifelsfragen. Gibt es eine Fernwirkung (die Leiche fehlt und der Mordverdächtige fürchtet im abgehörten Selbstgespräch ein Umgraben seines Gartens)? Dürfte ein Selbstgespräch zu präventiven Zwecken verwertet werden (ein Entführer gibt darin preis, wo er das Opfer gefangen hält)? Wenn die Überwachung nicht abgebrochen und nun Entlastendes aufgezeichnet wird, darf es verwertet werden – und darf der Angeklagte verlangen, nur diese Passagen abzuspielen („Rosinentheorie")?

2. Tonbänder, Fotos, Videos

40 a) Für die Strafverfolgungsbehörden ist der Einsatz technischer Mittel gesetzlich geregelt (§§ 100c ff.; zu den Verwertungsverboten als Folge fehlerhafter Maßnahmen vgl. oben 10 Rn. 51). Noch beantwortet werden muss die Frage, ob die Ergebnisse aus hoheitlichen Maßnahmen, die aus anderen Gründen zulässig sind, verwertet werden dürfen.

Beispiel: Ein gefährdetes Gebäude wird durch Videokameras überwacht (präventiv-polizeilicher Objektschutz). Die Aufzeichnungen erweisen sich als nützlich für die Überführung eines Einbrechers.

Die erste Frage ist, ob ein Verwertungsverbot daraus entsteht, dass die Maßnahme nicht durch Eingriffsbefugnisse der StPO, sondern durch die Polizeigesetze gedeckt war (vgl. oben 10 Rn. 52). Die h. M. verneint das und hält die Verwertung für zulässig.[83] Dann

[77] BVerfG NStZ 2004, 270.
[78] BVerfGE 109, 279 (328).
[79] Str.; näher *Zimmermann,* GA 2013, 162.
[80] BGHSt 50, 206.
[81] BGHSt 57, 71.
[82] BGHSt 57, 71.
[83] BGH NStZ 1995, 601 – „Blockhüttenfall" – m. abl. Anm. *Welp;* vgl. die Regelung für den „großen Lauschangriff" in § 100f Abs. 2.

kommt es darauf an, ob der Verwertung das Persönlichkeitsrecht des Betroffenen entgegensteht (das ist im Beispiel nicht der Fall).

b) Bei privaten Datenträgern entscheidet die Situation der Verwertung. Sind sie rechtmäßig erlangt, dürfen sie in aller Regel auch verwertet werden. Dagegen indiziert die Rechtswidrigkeit der Beschaffung nicht das Verbot der Verwertung. Ist die Verletzung des Persönlichkeitsrechts, die in der Verwertung liegt, nicht durch einen Rechtfertigungsgrund gedeckt, kann sich bei einer Abwägung das Strafverfolgungsinteresse dennoch durchsetzen. 41

Beispiele: Das heimlich aufgezeichnete Gespräch mit dem Beschuldigten über eine geplante Brandstiftung ist verwertbar,[84] das über eine versuchte Anstiftung zum Meineid nicht,[85] ebenso wenig das über eine Verleumdung.[86]

3. Das Schweigen des Beschuldigten

Das Schweigen des Beschuldigten darf prinzipiell nicht verwertet werden, weil es sein Recht vereiteln würde, nicht zu seiner eigenen Überführung mitwirken zu müssen (nemo-tenetur-Prinzip). Dieser Fragenkreis wird traditionell bei der Beweiswürdigung abgehandelt (vgl. unten 29 Rn. 9ff.). 42

VI. Die Fernwirkung der Beweisverbote („fruit of the poisonous tree")

Für dieses bei den einzelnen Beweisverboten bereits mehrfach erwähnte Problem (vgl. oben 9 Rn. 27f., 10 Rn. 47) gibt es noch keine generelle Lösung. Der BGH verneint die Fernwirkung prinzipiell.[87] In der Literatur wird vielfach für die amerikanische Doktrin votiert.[88] Die Sanktionsfunktion, die den Beweisverwertungsverboten gegenüber den Ermittlungsbehörden zukommen solle, dürfe nicht durch einen Ausschluss der Fernwirkung unterlaufen werden. Sonst entfalle das Interesse der Ermittlungsbehörden an einem rechtmäßigen Ermittlungsverfahren.[89] Andere wollen auf den Schutzbereich der verletzten Strafverfahrensnorm abstellen.[90] Eine weitere Ansicht plädiert für eine Abwägung im Einzelfall, je nach dem Gewicht des Verfahrensverstoßes und der Schwere der verfolgten Tat.[91] Darauf muss auch die Schutzbereichslehre für die selbständigen Verwertungsverbote zurückgreifen. Jede einschränkende oder gänzlich ablehnende Lösung (BGH) beruht auf der Erwägung, dass die Strafverfolgung in ihrer Effektivität nicht bzw. nicht übermäßig beschränkt werden dürfe. Sie ist berechtigt. Andererseits 43

---

84 BGHSt 36, 167.
85 BGHSt 14, 358.
86 BayObLG NStZ 1990, 101.
87 BGHSt 27, 355 (358); 32, 68 (71); 34, 362 (364) – anders nur BGHSt 29, 244 (247) zu G 10.
88 *Roxin/Schünemann,* § 24 Rn. 59.
89 *Meyer-Mews,* HRRS 2015, 398 (405f.).
90 *Beulke,* ZStW 103 [1991], 657ff.
91 KK-StPO/*Senge,* vor § 48 Rn. 45ff.; *Maiwald,* JuS 1978, 379 (384); *Rogall,* JZ 1997, 944 (948).

hat die Eingriffsdichte und -tiefe im Ermittlungsverfahren ständig zugenommen. Es gibt kaum noch ein Mittel, das den Strafverfolgungsbehörden nicht zur Verfügung stünde. Diese Möglichkeiten, sich Beweise legal zu verschaffen, reichen aus. Es kommt hinzu, dass die meisten Zufallsfunde ebenfalls verwertet werden dürfen (die Einschränkungen bei den §§ 100a ff. sind nicht drastisch). Gerade angesichts dieser neueren Entwicklung haben die Gründe, die für eine Fernwirkung sprechen, bedeutend mehr Gewicht gewonnen. Sie ist daher prinzipiell und umfassend anzunehmen. Ausnahmsweise ist verwertbar, was bei hypothetisch rechtmäßigem Verlauf ermittelt worden wäre (dazu oben Rn. 14).

Fälle und Fragen

194. Was sind Beweiserhebungs-, was Beweisverwertungsverbote? Wie verhalten sie sich zueinander?
195. Welche Arten von Beweisverwertungsverboten sind Ihnen bekannt?
196. Wie lässt sich herausfinden, ob rechtswidrig erlangte Beweise verwertet werden dürfen oder nicht?
197. Entsteht ein Verwertungsverbot, wenn der Beschuldigte nicht über sein Schweigerecht gem. § 136 Abs. 1 S. 2 belehrt worden ist?
198. Zeuge Z wird bei einer Vernehmung zur seiner Ehefrau vorgeworfenen Tat entgegen § 52 Abs. 3 nicht über sein Zeugnisverweigerungsrecht belehrt. Wenige Tage nach der Vernehmung verstirbt er. Darf seine Aussage verwertet werden?
199. Pfarrer P weiß von seinem Zeugnisverweigerungsrecht gem. § 53. Gleichwohl sagt er „aus Gewissensgründen“ vor Gericht aus, dass ihm A kürzlich im Rahmen einer Beichte anvertraut habe, Frau F vergewaltigt zu haben. P wurde nicht über sein Zeugnisverweigerungsrecht belehrt. Kann seine Aussage verwertet werden?
200. Führt der Verstoß gegen § 55 Abs. 2 zu einem Beweisverwertungsverbot?
201. Beschuldigter B wird im Rahmen einer polizeilichen Vernehmung permanent mit grellem Licht geblendet. Daraufhin gesteht er die Tat. Später wird er noch einmal vernommen. Sind seine dort gemachten Aussagen, in denen er weitere Details zur Tat ausführt, verwertbar?
202. Bei A soll eine Blutprobe entnommen werden, um seine Blutalkoholkonzentration festzustellen. Im Krankenhaus ist jedoch nur noch die junge Krankenschwester K anwesend, die aber, wie Polizeibeamter P weiß, sehr kompetent ist, was Blutabnahmen anbelangt. Dem verunsicherten A sagt P bewusst wahrheitswidrig, K sei schon zugelassene Ärztin. Sind die Ergebnisse der Blutprobe verwertbar?
203. Angenommen, im vorhergehenden Fall hätte P nicht die Blutentnahme durch K angeordnet. Jedoch wurde diesem bekannt, dass das Krankenhaus noch über eine Blutprobe des A verfüge, die diesem einen Tag zuvor zum Zweck einer Operationsvorbereitung entnommen worden ist. P ruft eine Staatsanwältin herbei, die diese Blutprobe beschlagnahmt. Darf diese Blutprobe verwertet werden?
204. A und B sind wegen gemeinsamen Mordes an der F, einer unerwiderten Liebe des A, angeklagt. A hat in seinem Tagebuch sowohl seine Probleme im Umgang mit Frauen als auch den genauen Tathergang geschildert. Noch während des Prozesses begeht A Selbstmord. Darf das Tagebuch im Verfahren gegen B verwertet werden?
205. Polizeibeamter P ist Mittelalter-Fan und setzt deshalb bei seiner nächsten Vernehmung Daumenschrauben ein. Als er diese etwas anzieht, gesteht B die Tat und sagt, wo er das Tatwerkzeug gelagert hat. Darf dieses als Beweismittel verwendet werden?

§ 29. Die freie Beweiswürdigung

Das Gericht entscheidet über das Ergebnis der Beweisaufnahme „nach seiner freien, aus dem Inbegriff der Verhandlung geschöpften Überzeugung", § 261 (zu den Grundlagen vgl. oben 18 Rn. 16).

I. Begriff und Grenzen

1. Freiheit und Bindung

In seiner Überzeugung ist der Richter gem. § 261 frei. Ebenso wenig, wie er „gehindert 1
werden kann, an sich mögliche, wenn auch nicht zwingende Folgerungen aus bestimmten Tatsachen zu ziehen, kann ihm vorgeschrieben werden, unter welchen Voraussetzungen er zu einer bestimmten Schlussfolgerung und einer bestimmten Überzeugung kommen muss"[1].

Beispiel: In der Situation „Aussage gegen Aussage" (Kindesmissbrauch; Vergewaltigung) gibt es die „einzig richtige" Entscheidung nicht. Der Richter darf im Rahmen der gebotenen Gesamtwürdigung nicht schematisch verfahren und dem (mutmaßlichen) Opfer, nur weil es das Opfer ist, mehr glauben als dem Angeklagten.[2]

Diese Freiheit hat Grenzen. Der Richter hat die Mindeststandards vernünftiger Argu- 2
mentation einzuhalten. Er ist an die Gesetze der Logik gebunden. Seine Ausführungen müssen widerspruchsfrei sein. Erfahrungssätze, die es nicht gibt, darf er seinen Schlüssen nicht zugrunde legen.

Beispiele: Wenn in jener Situation („he says – she says") der Richter der einzigen belastenden Aussage glauben will, obwohl sie in einem wesentlichen Detail bewusst falsch ist, müssen Indizien für die Richtigkeit im Übrigen genannt werden, die außerhalb der Aussage selbst liegen.[3]

Das Motiv dafür, dass eine Frau einen Mann zu Unrecht der Vergewaltigung beschuldigt, kann nur Rache sein – einen solchen Erfahrungssatz gibt es nicht.[4]

Vor allem aber braucht die subjektive Überzeugung des Richters ein objektives Funda- 3
ment. Sie kann sich nur auf eine hohe Wahrscheinlichkeit vom Hergang des Geschehens gründen. Sonst könnte man nicht mehr davon sprechen, dass die Wahrheit festgestellt sei. Dieser Anspruch ist nur erfüllt, wenn andere das Urteil nachvollziehen

---

[1] BGHSt 10, 210; NStZ 1984, 180.
[2] BGH NStZ 2004, 635.
[3] BGHSt 44, 164; 44, 256; BGH NStZ 2003, 164.
[4] BGH NStZ 1988, 236.

können. Anders wäre es auch nicht möglich, es in der Revision zu überprüfen.[5] Die Feststellungen des Richters dürfen sich also nicht „so sehr von einer festen Tatsachengrundlage entfernen, dass sie letztlich bloße Vermutungen sind, die nicht mehr als einen – wenn auch schwerwiegenden – Verdacht begründen“[6].

Beispiel: Der Angeklagte holte seine Frau, die ein Kind bekommen hatte, mit dem Taxi am Krankenhaus ab. Er stieg mit der Tasche, in der das Kind lag, bei seiner Wohnung aus, die Frau fuhr weiter. Das Kind ist unauffindbar geblieben. Das Gericht verurteilte den Angeklagten, weil er es entweder im Taxi getötet habe, oder seine Frau diese Tat mit seiner Billigung im Taxi begangen habe, oder er das Kind später allein getötet oder es unbekannten Dritten gegeben habe, die es töten sollten.[7]

Sowohl die objektive hohe Wahrscheinlichkeit der Urteilsgrundlage wie auch der vernünftige Zweifel des Richters sind nur nachvollziehbar, wenn die Beweiswürdigung **umfassend** ist. Damit werden weitere Ansprüche an die Überzeugungsbildung (und Urteilsbegründung) gestellt.

2. Umfassende Beweiswürdigung

4 Die Aufklärungspflicht gebietet es dem Richter, allen greifbaren Anhaltspunkten nachzugehen, und das Gebot der umfassenden Beweiswürdigung bedeutet, dass er sich erschöpfend mit den erhobenen Beweisen auseinanderzusetzen hat. Er muss alle für und gegen den Angeklagten sprechenden Gesichtspunkte würdigen, alle Schlüsse bedenken, die sich aus Tatsachen (Indizien) ziehen lassen. Die subjektive Gewissheit des Richters, aber auch der vernünftige Zweifel hat „seine Grundlage in rationaler Argumentation“.[8] „Aus den Urteilsgründen muss sich ergeben, dass die einzelnen Beweisergebnisse nicht nur isoliert gewertet, sondern von einem zutreffenden Ausgangspunkt betrachtet und unter diesem Blickwinkel in eine umfassende Gesamtwürdigung eingestellt wurden“.[9]

3. Überzeugung und naturwissenschaftliche Erkenntnisse

5 Für eine richterliche Überzeugungsbildung bleibt „dort kein Raum mehr, wo eine Tatsache auf Grund wissenschaftlicher Erkenntnisse feststeht“.[10] Das ist selten der Fall:

- Blutgruppengutachten schließen die Vaterschaft definitiv aus[11]
- DNA-Analysen schließen die Täterschaft mit Bestimmtheit aus, erbringen umgekehrt aber für ihren Beweis nur einen statistischen Wahrscheinlichkeitswert[12]
- Fehlerfreie Radarmessungen beweisen die gefahrene Geschwindigkeit[13]

---

[5] Vgl. *Herdegen,* NStZ 1987, 193 und StV 1992, 527.
[6] BGH NStZ 1981, 33.
[7] BGH NStZ 1981, 33.
[8] BGH NStZ 1990, 402.
[9] BGH NStZ 2001, 491 (492).
[10] BGHSt 10, 209 (211).
[11] BGHSt 6, 72.
[12] BGH NStZ 1994, 554; bei einem Seltenheitswert im Millionenbereich beweisen sie immerhin, dass die gesicherte Tatortspur vom Täter stammt, BGH NStZ 2009, 285; wie Fingerabdrücke also.
[13] OLG Hamm NJW 1963, 505; BGHSt 39, 291.

- Fingerabdrücke beweisen den Kontakt mit dem Gegenstand
- Ein bestimmter Blutalkoholgehalt beweist die Fahruntüchtigkeit.[14]

An gesicherte wissenschaftliche Erkenntnisse ist der Richter gebunden. Darf er sich – umgekehrt – eine Überzeugung dort bilden, wo die Wissenschaft Gesetzmäßigkeiten nicht nachweisen kann? Für die Fälle der Produktverantwortlichkeit (Lederspray, Holzschutzmittel) hat der BGH das zugelassen. Zum Nachweis der Kausalität genüge es, wenn plausible Alternativen ausgeschlossen seien.[15] 6

II. Die Ausnahmen

1. Beweisregeln

Es gibt nur noch zwei: 7

- Die Wahrheit der Behauptung, ein anderer habe eine Straftat begangen, darf der Richter nicht selbst würdigen, wenn es ein Urteil darüber gibt, § 190 StGB.
- Der Inhalt des Sitzungsprotokolls gilt als richtig, was die wesentlichen Förmlichkeiten betrifft, solange nicht eine Fälschung nachgewiesen ist oder das Protokoll offensichtliche Lücken aufweist, § 274 (vgl. oben 17 Rn. 27).

2. Beweisverbote

Das Verbot der Verwertung einer Tatsache bedeutet, dass sie in die Beweiswürdigung nicht eingestellt werden darf. Der Richter muss sie ausblenden. 8

3. Das Schweigen des Beschuldigten

Macht der Beschuldigte von seinem Recht Gebrauch, nichts zur Sache zu sagen, darf das nicht gegen ihn verwendet werden, weder als belastendes Indiz für Tat- und Schuldnachweis noch bei der Strafzumessung (wo allerdings ein Geständnis meist strafmildernd wirkt). Andernfalls würde der Beschuldigte indirekt gezwungen, auf dieses Recht zu verzichten.[16] Außerdem ist der Schluss „wer schweigt, hat Schuld" alles andere als zwingend – es gibt viele Gründe, nichts zu sagen. Das Gericht darf also auch die Motive des Schweigens nicht erforschen und aus dem sonstigen Prozessverhalten keine nachteiligen Schlüsse ziehen (der Angeklagte entbindet einen Zeugen nicht von der Schweigepflicht).[17] Dem Schweigen steht es gleich, wenn der Angeklagte nur sagt, er habe die Tat nicht begangen.[18] 9

Das Verbot, aus dem Schweigen Schlüsse zu ziehen, gilt allerdings nur, wenn der Beschuldigte zum gesamten Tatgeschehen keine Angaben macht. Der Angeklagte, der **teilweise** schweigt, sich also zu einigen Punkten einer Tat äußert und zu anderen schweigt, 10

---

[14] BGHSt 21, 159; 37, 89 – in Wahrheit handelt es sich hier um eine materiell-rechtliche Auslegungsregel; zur Kritik vgl. auch *Haffke,* JuS 1972, 448.
[15] BGHSt 41, 206; vgl. dazu *Volk,* NStZ 1996, 105.
[16] BGHSt 25, 365 (368).
[17] BGHSt 45, 363.
[18] BGHSt 34, 324 (326); anders der Widerruf einer früheren Einlassung – er wird als Angabe zur Sache behandelt, BGH NStZ 1998, 209.

hat sich mit seiner Aussage selbst zum Beweismittel gemacht.[19] Dem Gericht steht es frei, aus dem teilweisen Schweigen nachteilige Schlüsse zu ziehen.[20] Ansonsten darf es dem Angeklagten nicht schaden, dass er (nur) teilweise aktiv geworden ist und Rechte wahrgenommen hat.[21]

11 Diese Ausnahme wird an zwei exakt zu bestimmende Voraussetzungen geknüpft. Sie ist auf eine Tat begrenzt. Werden dem Angeklagten mehrere Taten vorgeworfen und äußert er sich nur zu einer von ihnen, handelt es sich nicht um teilweises Schweigen in diesem Sinne.[22] Außerdem muss jede von mehreren Vernehmungen für sich betrachtet werden. Hat der Beschuldigte bei einer Vernehmung Angaben gemacht (z. B. bei der Polizei) und bei einer anderen (z. B. in der Hauptverhandlung) nichts gesagt, also **zeitweise** geschwiegen, steht das dem teilweisen Schweigen nicht gleich.[23] Aus diesem unterschiedlichen Aussageverhalten dürfen keine Schlüsse gezogen werden.

12 Ein früher abgelegtes Geständnis darf, wenn es vor dem Richter abgelegt wurde, im Wege des Urkundenbeweises (Protokoll) und sonst durch Augenschein (Bild-Ton-Aufzeichnung) oder andere Beweismittel eingeführt werden (vgl. oben 27 Rn. 19ff.).

4. Die Verweigerung des Zeugnisses

13 Der Zeuge, der ein Zeugnisverweigerungsrecht besitzt, darf sich frei entscheiden, ob und wann er aussagen will. Dieses Recht würde ihm genommen, wenn aus seinem Schweigen nachteilige Schlüsse gegen den Angeklagten gezogen werden dürften,[24] mag er auch den Entschluss, das Zeugnis zu verweigern, erst spät fassen[25] und vorher schon ausgesagt haben.[26] Verweigert der Zeuge die Aussage dagegen ohne Grund (§§ 52, 53, 53a), kann das zum Nachteil des Angeklagten verwertet werden.[27]

14 Anders liegt es bei § 55. Hier nimmt das Gesetz (nach h. M.) Rücksicht auf den Zeugen, nicht aber auf sein persönliches oder berufliches Verhältnis zum Angeklagten. Der Zeuge, der die Auskunft verweigern will, muss damit rechnen, dass dies für den Angeklagten ungünstig ist. Das braucht ihn aber bei seiner Entscheidung über seine eigene Lage nicht zu belasten. Er kann sich auch sicher sein, dass dieses Schweigen, sollte er später Beschuldigter werden, nicht zu seinem Nachteil verwertet werden darf (vgl. oben 28 Rn. 23 Fälle 1–3).[28]

---

[19] BGHSt 20, 298 (300).

[20] Diese Freiheit hat Grenzen: Wenn der Angeklagte zu einem bestimmten Punkt schweigt, dürfen daraus nur dann nachteilige Schlüsse gezogen werden, „wenn nach den Umständen Äußerungen zu diesem Punkt zu erwarten gewesen wären, andere mögliche Ursachen des Verschweigens ausgeschlossen werden können und die gemachten Angaben nicht ersichtlich fragmentarischer Natur sind"; BGH NStZ 2001, 45.

[21] BGHSt 45, 367 gegen BGHSt 20, 300.

[22] BGHSt 32, 140 (145) m. Anm. *Volk*, NStZ 1984, 377.

[23] BGH StV 1984, 143.

[24] BGHSt 22, 113; BGH StV 1997, 171.

[25] BGHSt 34, 324 (327).

[26] BGH NStZ 1985, 87.

[27] BGH NJW 1966, 211.

[28] BGHSt 38, 302 m. Anm. *Dahs/Langkeit*, NStZ 1993, 213.

Fälle und Fragen

206. Darf ein Schweigen des Beschuldigten im Rahmen der Beweiswürdigung zu seinem Nachteil verwertet werden?
207. A bringt ihren Freund F um, der sich mittlerweile von ihr ab- und der neuen Freundin B zugewendet hat. Nachdem mehrere Selbstmordversuche der A nicht erfolgreich gewesen sind, geht sie zur Polizei, verlangt nach dem Behördenleiter („es geht um Mord") und berichtet der Polizeibeamtin auf Nachfrage, sie habe ihren Freund umgebracht. In der Hauptverhandlung erklärt A nun, sie habe F auf sein Verlangen getötet; er habe die Tötung verlangt, weil er zerrissen gewesen sei zwischen der Liebe zu ihr und der mit der bevorstehenden Eheschließung verbundenen Hoffnung auf ein sorgenfreies Leben mit der anderen Frau. Das Gericht hält das für eine Schutzbehauptung und stützt sich dabei unter anderem auf das Argument, A habe von einem Tötungsverlangen des Opfers bei ihrer Festnahme und bei ihrer polizeilichen Vernehmung nichts berichtet. Ist dieses Vorgehen des Gerichts zulässig?
208. Dürfen aus der Tatsache, dass sich ein Zeuge auf sein Auskunftsverweigerungsrecht gem. § 55 StGB beruft, negative Schlüsse für den Angeklagten und den Zeugen selbst (in einem späteren Verfahren gegen diesen) gezogen werden?

§ 30. Das abgesprochene Urteil – Verständigung im Strafverfahren

I. Grundzüge

In jedem nicht auf Konfrontation angelegten, sondern kooperativ geführten Verfahren gibt es Übereinkommen zwischen Staatsanwaltschaft, Gericht und Verteidigung über den Gang und die Strukturierung des Verfahrens, Termine, etc. Eine Absprache (bzw. wie das Gesetz sie nunmehr nennt: Verständigung) ist von ganz anderer Qualität. Die einverständliche Beendigung des Verfahrens, bei der gewissermaßen Leistung und Gegenleistung ausgetauscht werden, hatte sich praeter (Kritiker sagen: contra) legem zu einem informellen Rechtsinstitut entwickelt. Verfahrensbeendende Absprachen finden in allen Stadien des Verfahrens statt. Im Ermittlungsverfahren einigen sich Staatsanwaltschaft und Verteidigung über die Einstellung gem. § 153a – eine Vorschrift, die eine Verständigung implizit voraussetzt – oder eine Strafbefehlslösung. Im Zwischenverfahren, vor und während der Hauptverhandlung finden Gespräche dieser Beteiligten mit dem Gericht (meist ohne die Laienrichter) darüber statt, ob und in welchem Umfang der Beschuldigte geständig sein könnte und mit welcher Strafe er dann zu rechnen hätte, wie lange andernfalls das Verfahren dauern würde und von welcher Straferwartung das Gericht für diesen Fall ausgeht. 1

Es gibt viele (und auch gute) Gründe für eine einvernehmliche Abkürzung und Beendigung von Strafverfahren. Große Fälle von Wirtschaftskriminalität sind oft so umfangreich und rechtlich so kompliziert, dass sie kaum noch verhandelbar sind. Eine jahrelange Hauptverhandlung blockiert die Strafkammer und bringt am Ende auch nicht viel mehr an den Tag, als man zu Beginn schon überblickt. Die Einbuße an „Gerechtigkeit" ist per Saldo womöglich gering. Aber auch in anderen Fällen „lohnt sich" die Hauptverhandlung oft nicht. 2

Beispiel: In einem Steuerstrafverfahren ist der Angeklagte zu 3 Jahren und 6 Monaten Freiheitsstrafe verurteilt worden. Der BGH hebt in der Revision das Urteil auf, weil der Verurteilung nur die Hälfte der hinterzogenen Summe hätte zugrunde gelegt werden dürfen. Die neue Hauptverhandlung würde, wenn der Angeklagte schweigt, wiederum zu einer umfangreichen Beweisaufnahme nötigen und etwa 30 Tage dauern. Was dabei herauskommen wird: nicht mehr als 2 Jahre mit Bewährung. Das ist allen klar.

3 Absprachen sind jedoch immer auch problematisch. Der Beschuldigte gerät unter Druck. Soll er sich auf den Deal einlassen, um die Gefahr einer höheren Strafe zu vermeiden, andererseits aber auf die Chance eines Freispruchs verzichten und ein Geständnis abgeben, das ihm widerstrebt? Manchmal ist es sein Verteidiger, der ihm dazu rät, und manchmal gerät er in diese Situation durch „Angebote" des Gerichts und der Staatsanwaltschaft. Dieser Druck, ein Geständnis abzulegen, erreicht nicht die Stärke des § 136 a. Stets jedoch gefährden Absprachen die Geltung diverser Grundsätze des Verfahrensrechts.

4 Es wird die Unschuldsvermutung nicht in einem justizförmigen Verfahren widerlegt, ein eventueller Zweifel des Gerichts unterdrückt (in dubio pro reo) und der nemo-tenetur-Grundsatz tangiert. Das Gericht klärt nicht, wie es Untersuchungsgrundsatz und Aufklärungspflicht gebieten, den Sachverhalt nach allen Richtungen hin vollständig auf. Der Standard der materiellen Wahrheit wird oft nicht erreicht. Die Überzeugung des Gerichts beruht nicht auf dem „Inbegriff" einer vollständig durchgeführten Beweisaufnahme. Die Staatsanwaltschaft stellt mit einer Absprache das Legalitätsprinzip in Frage. Das Gericht ist mit einer Strafe einverstanden, die milder sein mag als die nach umfassender Aufklärung erreichbare, und verhängt damit nicht die schuldangemessene Strafe (§ 46 StGB). Die entscheidenden Gespräche finden nicht im Sitzungssaal statt. Damit sind die Grundsätze der Öffentlichkeit und der Mündlichkeit betroffen. Die Verständigung wird „im kleinen Kreis" angebahnt und meist auch geschlossen – der Beschuldigte, die Laienrichter und andere Prozessbeteiligte erfahren davon erst später. Partiell werden ihnen die Rechte auf Anwesenheit und Mitwirkung genommen. Wenn der Beschuldigte, um eine Absprache auf den Weg zu bringen, Geständnisbereitschaft signalisieren lässt, die aber schließlich nicht zum Erfolg führt, könnten die Richter in die Gefahr der Befangenheit geraten sein.

Diese und andere Bedenken wurden in der Lehre kritisch akzentuiert.[1] Andere haben hervorgehoben, dass die Absprachen legitim und in Grenzen legal sind.[2]

[1] Vgl. *Eschelbach,* HRRS 2008, 190ff.; *Fischer,* NStZ 2007, 433; *Hettinger,* JZ 2011, 292ff.; *Ransiek,* ZIS 2008, 116ff.; *Rönnau,* Die Absprache im Strafprozeß, 1990, S. 73ff.; *Schünemann,* ZRP 2009, 104ff.

[2] Aus der sehr umfangreichen Lit. vgl. z. B. *Böttcher/Dahs/Widmaier,* NStZ 1993, 375; *Dahs,* NStZ 1988, 153; *Hanack,* StV 1987, 500; *Leipold,* NJW-Spezial 2004, 183; *Meyer-Goßner,* ZRP 2004, 187ff.

II. Die gesetzlichen Voraussetzungen

Bis vor wenigen Jahren waren die rechtlichen Voraussetzungen für die Zulässigkeit einer Verständigung nur richterrechtlich festgelegt.[3] Inzwischen hat der Gesetzgeber mit dem „Gesetz zur Regelung der Verständigung im Strafverfahren“ vom 28.5.2009 eine gesetzliche Grundlage geschaffen, um in diesem Bereich Rechtssicherheit zu schaffen.[4] Die zentrale Vorschrift bildet § 257c, weitere wichtige Regelungen finden sich in §§ 35a S. 3, 160b, 202a, 212, 243 Abs. 4, 257b, 267 Abs. 3 S. 5, 273 Abs. 1a, 302 Abs. 1 S. 2. Auf mehrere Verfassungsbeschwerden hin hat das BVerfG die Möglichkeit von Absprachen als mit dem Grundgesetz vereinbar gebilligt. Zwar hat es bemängelt, dass sich die Tatgerichte in beträchtlichem Umfang über die gesetzlichen Vorgaben hinweggesetzt haben. Dieser „in erheblichem Maße defizitäre Vollzug des Verständigungsgesetzes“ führe aber „derzeit nicht zur Verfassungswidrigkeit der gesetzlichen Regelung.“ Allerdings sei der Gesetzgeber verpflichtet, die Entwicklung im Auge zu behalten und ggf. bei den Schutzmechanismen nachzubessern oder erforderlichenfalls die Entscheidung über die Zulässigkeit von Absprachen zu revidieren.[5] Letzteres stellt freilich kaum mehr als einen bloßen Appell dar. **4a**

Zu den gesetzlichen Voraussetzungen im Einzelnen:

- Die Verständigung muss zwingend **im Rahmen der Hauptverhandlung** erfolgen. (Freilich darf sie außerhalb der Hauptverhandlung in Erörterungen nach §§ 202a, 212, 257b vorbereitet werden.)
- Gegenstand dürfen nur die **Rechtsfolgen** sein, die Inhalt des Urteils und der dazugehörigen Beschlüsse sein können (Strafausspruch, Verhängung einer Nebenstrafe, Nebenfolgen wie die Einziehung, die Höhe der Kompensation für eine überlange Verfahrensdauer, nach h. M. auch die Strafaussetzung zur Bewährung – in diesem Fall muss der Angeklagte aber nach dem Grundsatz des fairen Verfahrens zuvor auf die konkret denkbaren Bewährungsauflagen hingewiesen werden[6]), sonstige verfahrensbezogene Maßnahmen im zugrundeliegenden Erkenntnisverfahren (z. B. die Einstellung von Teilkomplexen nach §§ 154, 154a[7]) sowie das Prozessverhalten der Verfahrensbeteiligten wie z. B. der Verzicht auf bestimmte Beweisanträge (§ 257c Abs. 2 S. 1). Sog. „Gesamtlösungen“, bei denen die Staatsanwaltschaft die Einstellung anderer Ermittlungsverfahren zusagt, sind dagegen als Bestandteil der Verständigung unzulässig.[8] Allerdings soll die Staatsanwaltschaft solche Einstellungen anlässlich einer Verständigung ankündigen dürfen, solange nicht der Eindruck erweckt wird, dass es sich hierbei um einen Teil der Absprache handelt.[9]
- Der **Schuldspruch,** d. h. die materiell-rechtliche Bewertung und Einordnung eines Sachverhaltes, scheidet als Gegenstand einer Verständigung aus (§ 257c Abs. 2 S. 3).

---

[3] Grundlegend BGHSt 43, 195; 50, 40.

[4] Zur Kritik vgl. BeckOK StPO/*Eschelbach,* § 257c Rn. 1ff; *Fezer,* NStZ 2010, 177; *Fischer,* NStZ 2007, 433 und StraFo 2009, 177; *Hettinger,* JZ 2011, 292; *Meyer-Goßner,* ZRP 2009, 107.

[5] BVerfGE 133, 168 mit Bespr. *Stuckenberg,* ZIS 2013, 212.

[6] BGHSt 59, 172; BGH NJW 2014, 3171.

[7] A. A. bezüglich § 154a allerdings BGH NStZ 2017, 244.

[8] BVerfGE 133, 168 (214).

[9] BGH NStZ 2017, 56.

Unzulässig ist deshalb z. B. eine Absprache, den Angeklagten nur aus dem Grund- und nicht aus dem Qualifikationstatbestand zu verurteilen.[10]

- Entsprechendes soll dem BVerfG zufolge aufgrund der tatbestandsähnlichen Ausgestaltung für die Strafrahmenverschiebungen bei besonders schweren oder minder schweren Fällen gelten.[11] Dem hält der BGH indes entgegen, diesen Regelungen (insb. den unbenannten besonders und minder schweren Fällen, die nicht in Regelbeispielen vertypt seien) fehle die Tatbestandsqualität; sie beträfen allein die Strafzumessungsebene und könnten daher Gegenstand einer Verständigung sein.[12]
- Erlaubt ist eine Verständigung über die Höhe der Kompensation für eine Verfahrensverzögerung.[13] Sie verstößt nicht gegen § 257c Abs. 2 S. 3. (Zur sog. Vollstreckungslösung bei Verfahrensverzögerung im Allgemeinen s. 14 Rn. 27.)
- Die Verständigung auf eine bestimmte Strafe („Punktstrafe") bleibt unzulässig.[14] Das Gericht darf lediglich einen **Strafrahmen** mit einer Ober- und Untergrenze angeben (§ 257c Abs. 3 S. 2).[15] Umstritten ist, ob es genügt, wenn das Gericht nur die Obergrenze nennt. Vom BGH wird das mit dem Verweis auf den Gesetzeswortlaut („Ober- und Untergrenze der Strafe" in Abs. 3 S. 2 sowie „der in Aussicht gestellte Strafrahmen" in Abs. 4 S. 1) und die Gesetzesmaterialien zu Recht verneint.[16] Allerdings soll das Fehlen der Untergrenze den Angeklagten i. d. R. nicht beschweren, so dass eine Revisionsrüge durch ihn unbegründet wäre.[17]
- Dem Angeklagten darf nicht mit einer strafzumessungsrechtlich unvertretbaren **Sanktionsschere** gedroht werden (z. B. max. zwei Jahre bei Verständigung nach Geständnis im Unterschied zu mindestens sechs Jahren ohne Verständigung wegen Bestreitens).
- Bestandteil der Verständigung „soll" ein **Geständnis** sein (§ 257c Abs. 2 S. 2). Ein solches ist damit zwar erwünscht (und wird in der Praxis auch regelmäßig gefordert), aber nicht zwingend.
- Der **Untersuchungsgrundsatz** bleibt unberührt, d. h. das Gericht trifft weiterhin die Pflicht, den wahren Sachverhalt bis zu seiner Überzeugung zu ermitteln (§ 257c Abs. 1 S. 2). Deshalb ist ein inhaltsleeres Formalgeständnis (z. B. die schlichte Erklärung, die Anklage werde „nicht bestritten") keine zureichende Urteilsgrundlage und ferner jedes Geständnis zwingend durch Beweiserhebung auf seine Glaubhaftigkeit zu überprüfen.
- Es sind die betroffenen **Verfahrensbeteiligten** (Angeklagter, Staatsanwaltschaft, Verteidiger, Nebenkläger) in die Erörterungen einzubeziehen (§ 257c Abs. 1 S. 1, Abs. 3 S. 3). Allerdings haben weder der Angeklagte noch sein Verteidiger ein Recht auf Anwesenheit, sofern die Möglichkeit einer Verständigung mit einem Mitangeklagten erörtert wird.[18]

---

[10] BGH NJW 2011, 1526.

[11] BVerfGE 133, 168 (210f.); krit. dazu *Mosbacher,* NZWiSt 2013, 203.

[12] BGH NStZ 2017, 363 (365).

[13] BGHSt 61, 43.

[14] BGH NStZ 2011, 231.

[15] Dabei ist das Gericht nicht gehindert, die Obergrenze als Strafe zu verhängen. Der Angeklagte kann zwar darauf vertrauen, dass die Strafe innerhalb des angegebenen Strafrahmens bleibt, nicht aber darauf, dass sie die Strafrahmenobergrenze nicht erreicht; BGH NJW 2011, 1159.

[16] BGH NStZ 2011, 648

[17] Anders aber, wenn der Angeklagte bei Angabe der Untergrenze der Verständigung nicht zugestimmt hätte; BGH StV 2010, 75.

[18] BGH StV 2014, 513.

- Der Angeklagte und die Staatsanwaltschaft müssen ausdrücklich **zustimmen** (§ 257c Abs. 3 S. 4); eine konkludente Zustimmung genügt nicht.[19] Nicht erforderlich ist dagegen eine Zustimmung des Verteidigers oder des Nebenklägers. Ein erst nach Zustandekommen der Verständigung erfolgter Widerruf der Zustimmung seitens der Staatsanwaltschaft ist unbeachtlich.[20]
- Die verhängte Strafe muss **tat-** und **schuldangemessen** sein.
- In den Urteilsgründen ist anzugeben, dass dem Urteil eine Verständigung vorausgegangen ist (§ 267 Abs. 3 S. 5).
- Der wesentliche Verlauf und der Inhalt der Verständigung sind im **Sitzungsprotokoll** wiederzugeben – Transparenzfunktion (§ 273 Abs. 1a S. 1). Hat eine Verständigung nicht stattgefunden, ist auch dies im Protokoll zu vermerken – sog. Negativtest (§ 273 Abs. 1a S. 3). Schweigt das Protokoll hierzu, d. h. enthält es weder Angaben über das Stattfinden noch über das Nichtstattfinden einer Verständigung, ist es **widersprüchlich** bzw. **lückenhaft** und verliert deshalb seine Beweiskraft. Das Revisionsgericht darf dann im Wege des Freibeweisverfahrens (z. B. durch Einholung dienstlicher Erklärungen der Richter oder des Protokollführers) klären, ob dem Urteil eine Verständigung vorausgegangen ist oder nicht. Beruft sich ein Angeklagter auf die Unwirksamkeit eines von ihm erklärten Rechtsmittelverzichts wegen einer vorausgegangenen Verständigung und schweigt das Protokoll hierzu, muss er allerdings in der Revisionsbegründung konkrete Angaben zu der behaupteten Verständigung machen, um dem Revisionsgericht eine entsprechende Klärung zu ermöglichen.[21] Bleiben Zweifel, ist vom Vorliegen einer Absprache auszugehen, die im Übrigen auch bereits durch den bloßen Verstoß gegen die Transparenz- und Dokumentationspflichten rechtswidrig wird.[22]
- Der nach § 35a zu belehrende Rechtsmittelberechtigte (d. h. insb. der Angeklagte) muss qualifiziert darüber belehrt werden, dass er ungeachtet der Verständigung frei bleibt, Rechtsmittel einzulegen (§ 35a S. 3).
- Ein **Rechtsmittelverzicht,** der das abgesprochene Urteil vor Ablauf der Rechtsmittelfrist rechtskräftig werden lässt, ist ausgeschlossen (§ 302 Abs. 1 S. 2). Eine etwaige Verzichtserklärung ist deshalb unwirksam (s. dazu auch unten 34 Rn. 29).

III. Die Bindungswirkung

Grds. ist das erkennende Gericht (nicht dagegen die Staatsanwaltschaft oder der Angeklagte) an die Verständigung gebunden (Umkehrschluss aus § 257c Abs. 4 S. 1). Ausnahmsweise entfällt nach § 257c Abs. 4 S. 1 die Bindung, wenn rechtlich oder tatsächlich bedeutsame Umstände übersehen worden sind oder sich neu ergeben haben und der in Aussicht gestellte Strafrahmen deshalb nicht mehr tat- und schuldangemessen erscheint (z. B. Umstände, aufgrund derer die Tat nicht mehr ein Vergehen, sondern ein Verbrechen darstellt). Gleiches gilt nach § 257c Abs. 4 S. 2, wenn das weitere Prozessverhalten des Angeklagten nicht dem Verhalten entspricht, das das Gericht seiner Prognose zugrunde gelegt hat (z. B. bestimmte Beweisanträge erwartungswidrig doch 5

[19] BGH NStZ-RR 2017, 87.
[20] BGH NStZ 2017, 373.
[21] BGHSt 56, 3.
[22] BVerfGE 133, 168 (223f.).

gestellt werden). Das ist unter zwei Gesichtspunkten problematisch. Indem das Gesetz nicht nur neue, sondern auch bloß übersehene Umstände zu einem Wegfall der Bindung führen lässt, muss der Angeklagte für Versäumnisse des Gerichts haften.[23] Und durch § 257c Abs. 4 S. 2 kann das Gericht die Verteidigung des Angeklagten direkt steuern, indem es ihm für „verständigungsfremdes" Verhalten mit der Lösung von der Verständigung droht. Ein Widerruf der Zustimmung seitens Staatsanwaltschaft nach Zustandekommen der Verständigung hebt die Bindungswirkung dagegen nicht auf.[24]

6 Will sich das Gericht von der Verständigung lösen, muss es einen entsprechenden Beschluss fassen; die Bindungswirkung entfällt nicht kraft Gesetzes.[25] Es hat die Abweichung von der Absprache unverzüglich mitteilen (§ 257c Abs. 4 S. 4). Ferner darf das Geständnis des Angeklagten in diesem Fall nicht verwertet werden (§ 257c Abs. 4 S. 3). Diesem Verwertungsverbot soll nach h. M. jedoch keine Fernwirkung zukommen, so dass die durch das Geständnis ggf. mittelbar gewonnenen Beweise verwertbar sind. Kann der Angeklagte aufgrund anderer Beweismittel verurteilt werden, ist das Geständnis allerdings zu seinen Gunsten strafmildernd zu berücksichtigen.[26] Über die Voraussetzungen und Folgen einer Abweichung des Gerichts von der Verständigung muss der Angeklagte belehrt werden (§ 257c Abs. 5), und zwar bereits vor seiner Zusage, ein Geständnis abzulegen. Die Belehrung erst vor Abgabe des Geständnisses genügt nicht.[27] Unterbleibt diese Belehrung, begründet das einen Revisionsgrund gem. § 337 – es sei denn, der Angeklagte hätte sein Geständnis auch bei ordnungsgemäßer Belehrung abgegeben.[28]

7 Fraglich sind die Auswirkungen der Bindungskraft, wenn das Urteil trotz der Verständigung mit Rechtsmitteln angegriffen wird.

Fall 1: Der Angeklagte wird im Zuge einer Verständigung vom Schöffengericht zu einer Freiheitsstrafe von 15 Monaten auf Bewährung verurteilt. Da die Staatsanwaltschaft die Strafe als zu niedrig ansieht, legt sie gegen die Entscheidung Berufung ein. Das Berufungsgericht will die vom Schöffengericht im Rahmen der Verständigung angegebene Strafobergrenze von 18 Monaten Freiheitsstrafe überschreiten und das Geständnis des Angeklagten in der ersten Instanz verwerten.

Nach h. M. unterliegt das Rechtsmittelgericht (oder das Gericht, an das die Sache nach einer Aufhebung des Urteils gem. § 354 Abs. 2, 3 zurückverwiesen wird) keiner Bindung an die Verständigung, weil es diese nicht getroffen hat.[29] Somit kann das Berufungsgericht hier über die im Rahmen der Verständigung angegebene Strafobergrenze hinausgehen. (Auch das Verbot der reformatio in peius, § 331 Abs. 1, steht nicht entgegen, da die Berufung von der Staatsanwaltschaft zu Lasten des Angeklagten eingelegt wurde.) Eine Verwertung des gegenüber dem erstinstanzlichen Gericht abgegebenen Geständnisses scheidet dabei allerdings aus. Das Verbot des § 257c Abs. 4 S. 3 muss hier analog gelten.[30] Denn ist das Berufungsgericht nicht an die Verständigung gebunden, wäre es mit dem fair-trial-Grundsatz nicht zu vereinbaren, wenn sich der Angeklagte weiter an seinem Prozessver-

---

[23] *Murmann*, ZIS 2009, 538.
[24] BGH NStZ 2017, 373.
[25] BGH NStZ 2013, 51.
[26] BGHSt 42, 191 (194).
[27] BVerfG NJW 2014, 3506.
[28] BVerfGE 133, 168 (238 f.); BVerfG NJW 2014, 3506; diese Rspr. wurde auch von BGH NStZ 2013, 728; 2015, 358 übernommen.
[29] BGH NStZ 2017, 373 (374); *Meyer-Goßner*/Schmitt, § 257c Rn. 25a; a. A. SK-StPO/*Velten*, § 257c Rn. 29.
[30] OLG Karlsruhe NJW 2014, 2213; dem zuneigend auch BGH NStZ 2017, 373 (375).

halten im Zusammenhang mit der nicht mehr bestehenden Absprache festhalten lassen müsste. Etwas anderes gilt allerdings, wenn sich das Berufungsgericht mit seiner Entscheidung im Rahmen der ursprünglich getroffenen Verständigung hält.[31]

Noch wenig geklärt sind die Konsequenzen, wenn sich das Gericht zu Unrecht von der Verständigung löst. 8

Fall 2: Die Strafkammer verständigt sich mit den anderen Verfahrensbeteiligten u. a. auf eine Strafobergrenze von viereinhalb Jahren Freiheitsstrafe. Noch vor Urteilsverkündung teilt sie mit, dass sie von der Verständigung abzuweichen gedenkt, da das weitere Prozessverhalten des Angeklagten nicht dem vereinbarten Verhalten entspreche. Der Angeklagte A wird (ohne dass es zu einer Verwertung seines Geständnisses kommt) zu einer Freiheitsstrafe von sechs Jahren verurteilt. Dagegen wendet er sich mit der Revision. Er rügt eine Verletzung des § 257c; sein Verhalten habe zu einer Abweichung von der Verständigung keinen Anlass geboten. Das Revisionsgericht gibt ihm Recht, hebt das Urteil auf und verweist die Sache an eine andere Strafkammer zurück. Diese verurteilt den Angeklagten zu einer Freiheitsstrafe von fünf Jahren.

Folgt man der h. M., ist das Gericht, an das die Sache nach einer Aufhebung des Urteils gem. § 354 Abs. 2, 3 zurückverwiesen wird, an die Verständigung grds. nicht gebunden. Der Angeklagte könnte danach zu einer Freiheitsstrafe von fünf Jahren verurteilt werden (der aufgrund der Verurteilung durch das erste Tatgericht zu einer Freiheitsstrafe von sechs Jahren auch das Verbot der reformatio in peius nicht entgegenstünde), obwohl bei einer rechtsfehlerfreien Verhandlung in der ersten Hauptverhandlung nur eine Höchststrafe von viereinhalb Jahren zulässig gewesen wäre. Damit ginge indes die erfolgreiche Rüge, das erste Tatgericht sei zu Unrecht von der Verständigung abgewichen, letztlich ins Leere. Deshalb muss hier ausnahmsweise auch das neue Tatgericht an die Verständigung gebunden sein, sofern diese keine Rechtsfehler aufweist.

IV. Ungültige Absprachen

Informelle, unter Umgehung des § 257c erzielte Vereinbarungen sind rechtswidrig und 9
entfalten grds. keine Bindungswirkung. Das gilt auch dann, wenn die Absprache zwar inhaltlich zulässig ist, aber die Formvorschriften für die Verständigung nicht eingehalten wurden.[32] Auch wenn es „nur" zu einem Verstoß gegen die Formvorschriften gekommen ist, soll das regelmäßig einen Revisionsgrund darstellen, da das Beruhen des Urteils auf dem Verstoß im Normalfall nicht ausgeschlossen werden könne.[33] Das BVerfG stellt diese Gesetzesverletzungen daher den absoluten Revisionsgründen (s. dazu 36 Rn. 19f.) annähernd gleich.[34] Ferner sind die Staatsanwaltschaften nach dem BVerfG gehalten, gegen Urteile, die auf einer rechtswidrigen Absprache beruhen, Rechtsmittel einzulegen; ihnen soll damit eine wichtige Kontrollfunktion zukommen.[35] Freilich erscheint das wenig realitätsnah, denn in der Praxis sind sie oftmals an den illegalen Vereinbarungen beteiligt und damit Teil des Problems. Eine unzulässige informelle Absprache kann dabei auch konkludent geschlossen werden – so etwa, wenn das Gericht zu einer im Beratungszimmer in seiner Gegenwart zwischen Staatsanwaltschaft

[31] OLG Düsseldorf StV 2011, 80.
[32] BVerfGE 133, 168 (222f.).
[33] BVerfGE 133, 168 (222f.).
[34] Diesbezüglich zu Recht krit. *Stuckenberg*, ZIS 2013, 212 (215f.).
[35] BVerfGE 133, 168 (220).

und Verteidigung getroffenen Vereinbarung zwar schweigt oder sich davon formal distanziert, dann aber im Anschluss nach einem bloßen Formalgeständnis des Angeklagten auf die Beweisaufnahme verzichtet und den übereinstimmenden Anträgen von Staatsanwaltschaft und Verteidigung folgt.[36] Problematisch ist die Verwertbarkeit des im Rahmen einer ungültigen Vereinbarung abgegebenen Geständnisses.

Fall 3: Das Gericht und die Verfahrensbeteiligten verständigen sich darüber, dass im Gegenzug für ein Geständnis der Vorwurf der gewerbsmäßigen Bandenhehlerei (§ 260a StGB) fallen gelassen und der Angeklagte nur wegen gewerbsmäßiger Hehlerei (§ 260 Abs. 1 Nr. 1 StGB) verurteilt wird. Da sich die Hoffnung des Angeklagten auf eine Bewährungsstrafe nicht erfüllt hat, legt er gegen die Entscheidung Revision ein und rügt u. a. die Verwertung seines Geständnisses.

Die Vereinbarung, den Angeklagten nicht aus Bandendelikt zu bestrafen, stellt eine unzulässige Verständigung über den Schuldspruch dar. Folgt daraus nun ein Verwertungsverbot hinsichtlich des Geständnisses analog § 257c Abs. 4 S. 3? Der 1. Strafsenat hat das im Rahmen eines obiter dictum verneint. § 257c Abs. 4 S. 3 begründe ein Verwertungsverbot nur für den Fall, dass das Gericht sich von der Verständigung lösen wolle. Halte das Gericht die Absprache dagegen in vollem Umfang ein, bleibe das Geständnis verwertbar.[37] Das ist freilich abzulehnen, da damit entgegen den Vorgaben des BVerfG die Vereinbarung als quasi-wirksam behandelt und die geforderte Unterbindung gesetzeswidriger Vereinbarungen unterlaufen wird.

10 Fraglich ist ferner, inwieweit das Verbot des Rechtsmittelverzichts aus § 302 Abs. 1 S. 2 auch für ungültige Vereinbarungen gilt. Für eine analoge Anwendung spricht, dass das Verbot des Rechtsmittelverzichts auch dazu dient, Verständigungen einer revisionsgerichtlichen Überprüfung offen zu halten. Dann wäre es aber ungereimt, wenn ausgerechnet unzulässige Absprachen durch einen Rechtsmittelverzicht dieser Kontrolle entzogen werden könnten.[38]

Fälle und Fragen

209. Was versteht man unter der so genannten Verständigung und gibt es hierfür eine gesetzliche Regelung?
210. Was spricht für und was gegen eine Verständigung im Strafverfahren?
211. Unter welchen Voraussetzungen ist eine Verständigung im Strafverfahren zulässig?
212. Staatsanwaltschaft und Verteidigung haben sich im Ermittlungsverfahren darauf geeinigt, den Beschuldigten nicht anzuklagen, sondern das Verfahren gem. § 153a einzustellen. Dennoch erhebt die Staatsanwaltschaft wenig später Anklage. Ist diese zulässig?
213. Das Gericht stellt dem des Raubes Angeklagten für den Fall eines Geständnisses eine Freiheitsstrafe zwischen 2 ½ und 3 ½ Jahren in Aussicht; anderenfalls müsse er mit einer Freiheitsstrafe von 6 bis 8 Jahren rechnen. Ist das zulässig?
214. Für wen sind Urteilsabsprachen bindend?
215. Welche Konsequenzen haben sog. informelle Absprachen?

---

[36] BGHSt 59, 21; zust. *Deiters,* ZIS 2014, 583; krit. *Niemöller,* JR 2014, 216, der dem Schweigen des Gerichts ebenso wie im bürgerlichen Recht keinen Erklärungswert beimessen will.

[37] BGH NJW 2011, 1526; krit. OLG Rostock StV 2014, 81, das die unterbliebene Belehrung gem. § 257c Abs. 5 unter Berufung auf die Rechtsprechung des BVerfG als vergleichbar schweren Verstoß wie denjenigen gegen § 136 Abs. 1 S. 2 einordnet. Da aber aus letzterem grundsätzlich ein Verwertungsverbot folge, müsse dies ebenso für die Verletzung von § 257c Abs. 5 gelten. Zu Recht krit. zur Rspr. des BGH auch SK-StPO/*Velten,* § 257c Rn. 48.

[38] BVerfGE 133, 168 (213); BGHSt 59, 21; noch offen gelassen von BGH NStZ 2011, 473.

§ 31. Das Urteil

I. Begriffe

Mit dem Urteil schließt die Hauptverhandlung (§ 260 Abs. 1). Das Verfahren in der Instanz ist damit beendet. Zwischenurteile gibt es nicht. Das Urteil muss den Prozessgegenstand erschöpfend erledigen (näher dazu unten Rn. 5).[1] Teilurteile sieht die StPO nicht vor (Ausnahme: das Grund- und Teilurteil im Adhäsionsverfahren, § 406 Abs. 1 S. 2; dazu unten 39 Rn. 35). Sachurteile lauten auf Verurteilung oder Freispruch (§ 267 Abs. 1, 5). Hat sich in der Hauptverhandlung ein Prozesshindernis herausgestellt, wird das Verfahren durch Prozessurteil eingestellt (§ 260 Abs. 3). 1

II. Das Prozessurteil

Nach der Funktion, die die h. M. den Prozessvoraussetzungen zuschreibt (vgl. oben 14 Rn. 2), sollte man meinen, dass ein Prozesshindernis zu einer Prozessentscheidung zwingt und jede Entscheidung in der Sache unmöglich macht. Dennoch ist unbestritten, dass in einigen Situationen der Freispruch Vorrang hat. 2

1. Entscheidungsreife

Wird das Prozesshindernis erst entdeckt, wenn nach dem bisherigen Verlauf der Beweisaufnahme schon feststeht, dass man dem Angeklagten eine Straftat nicht nachweisen kann, die Unschuldsvermutung also nicht widerlegt ist, darf er erwarten, dass dies durch einen Freispruch manifestiert und nicht durch ein Prozessurteil abgeblockt wird.[2] Das Gleiche gilt, wenn der Freispruch zum Greifen nahe liegt, also nur noch wenig Aufwand in der Beweisaufnahme betrieben werden muss.[3] 3

2. Konkurrenz

Es geht um die Fälle, in denen das angeklagte Tatgeschehen zwei (oder mehrere) tateinheitlich zusammentreffende Straftaten umfasst. Nun ist nach dem Ergebnis der Hauptverhandlung die eine von einem Prozesshindernis betroffen (z. B. verjährt), die andere nicht nachweisbar bzw. nicht begangen. Das Urteil kann nur einheitlich sein und nicht teilweise auf Einstellung, teilweise auf Freispruch lauten. Der schwerer wiegende Vorwurf bestimmt, wie zu entscheiden ist. 4

Beispiele: Das Verbrechen ist nicht erwiesen, das Vergehen nicht verfolgbar – Freispruch. Der Einbruchdiebstahl ist nicht beweisbar, beim Hausfriedensbruch fehlt der Strafantrag – Freispruch.

---

[1] BGH NStZ 1984, 212.
[2] BGHSt 20, 333.
[3] Vgl. BGH NStZ-RR 1996, 299.

Fall: Dem Angeklagten wird ein vorsätzlicher Verstoß gegen das BtMG vorgeworfen (Handeltreiben). Das Gericht stellt das Verfahren ein, weil die Beratung ergeben habe, dass man ihm nur eine fahrlässige Tat nachweisen könne, die aber verjährt sei.

Das Gericht hätte auf diesen Wechsel des rechtlichen Gesichtspunktes zunächst hinweisen müssen (§ 265, vgl. oben 13 Rn. 6). Außerdem hat es den Vorrang des Freispruchs verkannt.[4]

III. Das Sachurteil

5 Das Urteil darf über die angeklagte Tat nicht hinausgehen (vgl. oben 13 Rn. 5), aber auch nicht hinter ihr zurückbleiben und nur Teile erfassen. Ob es den Prozessgegenstand erschöpfend erledigt, ergibt ein Vergleich zwischen der im Eröffnungsbeschluss zugelassenen Anklage mit der Urteilsformel,[5] bezogen auf den Umfang des Geschehens (§ 264 Abs. 1). In der rechtlichen Würdigung der angeklagten Tat ist das Gericht frei (§ 264 Abs. 2).

1. Die Regel: Verurteilung oder Freispruch

6 Über eine Tat kann nur einheitlich entschieden werden.[6] Lag dem Eröffnungsbeschluss die Annahme von Idealkonkurrenz (§ 52 StGB) zwischen verschiedenen Straftaten zugrunde, wird der Angeklagte aber nur wegen einer von ihnen verurteilt, ergeht nicht „im Übrigen“ Teilfreispruch. Dass und weshalb er teilweise nicht verurteilt wird, ergibt sich (nur) aus den Gründen.

2. Die Ausnahme: Teilfreispruch

Sie kommt, obwohl nur eine Tat im prozessualen Sinne vorliegt, in mehreren Varianten vor.

7 a) Materiellrechtlich stehen die Delikte im Verhältnis der Realkonkurrenz zueinander (vgl. oben 13 Rn. 15). Eine dieser Straftaten ist nicht begangen bzw. nicht beweisbar. Das muss im Urteilstenor (vgl. unten Rn. 13) durch Teilfreispruch zum Ausdruck kommen („im Übrigen wird der Angeklagte freigesprochen“).

8 b) Das Gericht will wegen eines Vorwurfs, der nach Anklage und Eröffnungsbeschluss mit den anderen real konkurrieren sollte, nicht verurteilen, ist aber der Meinung, dass er bei richtiger rechtlicher Würdigung zu den anderen Vorwürfen im Verhältnis der Tateinheit stehen würde. Dennoch muss Teilfreispruch ergehen.[7] Die Pflicht, das Urteil an der im Eröffnungsbeschluss zugelassenen Anklage zu orientieren, wirkt sich als Bindung aus; so weit reicht die Freiheit des § 264 Abs. 2 nicht.

9 c) Diese Bindung entfällt, wenn die Annahme von Tateinheit offensichtlich fehlerhaft war und Tatmehrheit vorliegt. Dann darf der Angeklagte nicht um den Teilfreispruch gebracht werden.[8]

---

[4] BGHSt 36, 340.
[5] BGH NStZ 1993, 551.
[6] BGH NStZ 1985, 15.
[7] BGH NStZ 1988, 212.
[8] BGH NStZ 1992, 398; NStZ-RR 1996, 202 (203).

Diese Ausnahmen sind mit dem prozessualen Begriff der Tat und der Einheit, die er stiftet, nicht vereinbar, dennoch aber sachgerecht, weil sie dem sozialen Sinn des Vorwurfs mehrerer Straftaten (im materiellrechtlichen Sinne) entsprechen.

IV. Beratung und Abstimmung

Die Beratung, zwingend vorgeschrieben in § 260 Abs. 1, ist nicht Teil der Hauptverhandlung (wichtig für § 273). Sie verläuft geheim (§§ 43, 45 Abs. 1 S. 2 DRiG). Nach der Beratung wird abgestimmt (§§ 192–197 GVG). Das Gesetz regelt nur, wer in welcher Reihenfolge abstimmt, nicht aber, worüber und wie abgestimmt wird. Aus der „Natur der Sache" folgt, dass zunächst die Abstimmung über Prozessvoraussetzungen erfolgt (mit einfacher Mehrheit, § 263 Abs. 3; § 196 Abs. 1 GVG). Dann wird über die Schuldfrage entschieden, die Gesamtheit der materiellrechtlichen Voraussetzungen für die Rechtsfolge Strafe also, und zwar insgesamt und nicht etwa punktuell (Tatbestandsmäßigkeit – Rechtswidrigkeit – Schuld, etc.). Zu einer Verurteilung ist eine 2/3-Mehrheit erforderlich (§ 263 Abs. 1, 2; Sonderregelung zu § 196 Abs. 1 GVG). Das Gleiche gilt für die Straffrage, d. h. den Rechtsfolgenausspruch. In der Schuld- und Straffrage können sich somit die Schöffen einer Strafkammer in erster Instanz nicht gegen die Berufsrichter durchsetzen (vgl. § 76 Abs. 1 GVG). 10

V. Die Urteilsverkündung

Sie gehört zur Hauptverhandlung. Daher müssen die in § 226 bezeichneten Personen, der Angeklagte (§ 230) und, bei notwendiger Verteidigung, sein Verteidiger anwesend sein. Der Richter (Vorsitzende, § 238 Abs. 1) verkündet das Urteil dadurch, dass er die zuvor schriftlich niedergelegte Urteilsformel (vgl. unten Rn. 13) verliest, die Urteilsgründe (die meist noch nicht schriftlich abgefasst sind) mitteilt (§ 268 Abs. 2) und den Betroffenen (nicht: die Staatsanwaltschaft; relevant bei Freispruch) über seine Möglichkeiten belehrt, Rechtsmittel einzulegen (§ 35a). Bis zum Abschluss der Verkündung, dem letzten Wort zu den Gründen also, kann wieder in die Verhandlung eingetreten werden. Erzwingen können die Verfahrensbeteiligten das aber durch Anträge nach dem Beginn der Urteilsverkündung nicht mehr.[9] 11

VI. Inhalt und Aufbau des Urteils

1. Urteilseingang

Dieser Teil („Rubrum" – in alter Zeit rot geschrieben) enthält die Bezeichnung als Urteil im Namen des Volkes (§ 268 Abs. 1), nennt die Personalien des Angeklagten, die Sitzungstage und die Richter, Protokollführer und Verteidiger, die daran teilgenommen haben (§ 275 Abs. 3). 12

[9] BGHSt 15, 263 (264); BGH NStZ 2005, 395.

2. Urteilstenor (-formel, -spruch)

13 Der Urteilstenor lautet auf Einstellung, Verurteilung oder Freispruch. Er ist entscheidend für den Umfang der Rechtskraft und, bei einer Verurteilung, für die Strafvollstreckung. Die Einzelheiten sind in § 260 Abs. 4 geregelt.

3. Paragraphenliste

Die detaillierte Angabe der angewandten Vorschriften (§ 260 Abs. 5) ist die Grundlage für die Eintragung im Bundeszentralregister (§§ 20, 5 Abs. 1 Nr. 6 BZRG). Verlesen wird sie nicht.

4. Urteilsgründe

a) Verurteilung, § 267 Abs. 1–3

Übersicht 23: Aufbau der Urteilsgründe

14 Es ist allgemeine Übung, eine bestimmte Gliederung einzuhalten (die aber nicht durch Überschriften, Zahlen, etc. kenntlich gemacht werden muss).

- Die persönlichen Verhältnisse des Angeklagten
  („X wurde am 10. April 1983 in Hamburg geboren, besuchte die Grundschule, begann eine Lehre als …")
- Der Tathergang, so dass man „die für erwiesen erachteten Tatsachen" den „gesetzlichen Merkmalen der Straftat" zuordnen kann (§ 267 Abs. 1 S. 1).
  („… betrat am 2. Juni 2017 gegen 10.00 Uhr die Schalterhalle der Volksbank, richtete eine Pistole auf den Schalterbeamten S und forderte …")
- Die Beweiswürdigung
  („Dieser Sachverhalt steht fest auf Grund der glaubwürdigen Aussagen der Zeugen …")
- Die rechtliche Würdigung
  („… hat damit den Tatbestand der räuberischen Erpressung erfüllt, weil …")
- Die Strafzumessung
  („… war zu berücksichtigen, dass der Angeklagte einschlägig vorbestraft ist. Zu seinen Gunsten fällt ins Gewicht, dass …").

15 Die gesetzliche Regelung in § 267 enthält nur ein Minimalprogramm, das von der Rechtsprechung der Obergerichte bedeutend erweitert worden ist. Den verschärften Anforderungen an die Beweiswürdigung (vgl. oben 29 Rn. 3 f.) muss die schriftliche Urteilsbegründung entsprechen, weit über § 267 Abs. 1 S. 2 hinaus.[10] Sie dient aber „weder der Darstellung eines bis in verästelte Einzelheiten aufzuarbeitenden Gesamtgeschehens noch der Nacherzählung des Ablaufs der Ermittlungen oder des Gangs der Hauptver-

---

[10] BGH NJW 1980, 2423.

handlung";[11] der Leser muss die wesentlichen tatsächlichen Feststellungen und die tragenden rechtlichen Erwägungen leicht erkennen können.

b) Freispruch, § 267 Abs. 5 S. 1

Der Tenor lautet auf Freispruch. Ob er „wegen erwiesener Unschuld" oder aus „Mangel an Beweisen" ergangen ist, ergibt sich nur aus den Gründen. Sie müssen, wie bei einer Verurteilung, für das Revisionsgericht überprüfbar sein. So darf z. B. nicht auf die Darstellung des äußeren Tathergangs verzichtet werden, weil es ohnehin am Vorsatz fehle.[12] 16

c) Abgekürzte Urteilsbegründung

Wenn das Urteil nicht anfechtbar ist, kann man die Gründe kürzer fassen. Bei Verurteilung (§ 267 Abs. 4) ebenso wie bei Freispruch (Abs. 5 S. 2).

5. Unterschrift

Das Urteil wird von den Richtern unterschrieben (§ 275 Abs. 2).

Fälle und Fragen

216. Was ist der Unterschied zwischen einem Sachurteil gem. § 260 Abs. 1 und einem Prozessurteil nach § 260 Abs. 3?
217. Was ist der Gegenstand der Urteilsfindung?
218. Wie ist ein Urteil aufgebaut und was beinhalten die Urteilsgründe?

§ 32. Die Rechtskraft

I. Formelle Rechtskraft

Sie tritt ein, wenn die Entscheidung von den Verfahrensbeteiligten nicht (oder nicht mehr) mit einem ordentlichen Rechtsmittel angefochten werden kann. Die Entscheidung ist dann nicht mehr abänderbar. 1

1. Urteile

Urteile werden formell rechtskräftig wenn 2

- die Rechtsmittelfrist ungenutzt abgelaufen ist
- ein eingelegtes Rechtsmittel zurückgenommen wird oder alle, die es einlegen könnten, darauf verzichtet haben (§ 302)
- das Revisionsgericht in der Sache selbst entschieden hat (§ 354 Abs. 1).

---

[11] BGH NStZ 2007, 720.
[12] BGH NJW 1991, 2094.

3 **Relative** Rechtskraft tritt ein, wenn ein Prozessbeteiligter das Urteil noch anfechten kann, ein anderer nicht mehr.

Beispiel: Der Angeklagte erklärt nach der Urteilsverkündung den Verzicht auf Rechtsmittel; die Staatsanwaltschaft hat sich noch nicht entschieden.

Die relative Rechtskraft ist nur von Bedeutung für die Frage, zu wessen Gunsten oder Lasten ein Urteil im Rechtsmittelzug geändert werden darf (vgl. unten 34 Rn. 25) und für die Anrechnung der Untersuchungshaft (§ 450 Abs. 1; vgl. das Beispiel).

4 Nur die **absolute** Rechtskraft, die Unanfechtbarkeit für alle Verfahrensbeteiligten, macht das Urteil vollstreckbar (§ 449) und löst die Sperrwirkung der materiellen Rechtskraft aus. Zur **Teilrechtskraft** vgl. unten 34 Rn. 18ff.

2. Beschlüsse

5 Formell rechtskräftig werden nur Beschlüsse, die mit sofortiger Beschwerde (§ 311) oder gar nicht anfechtbar sind (z. B. §§ 81c Abs. 3 S. 4; 349 Abs. 2). Alle anderen Beschlüsse können mit der einfachen Beschwerde, die nicht an eine Frist gebunden ist, angefochten und überdies vom Gericht selbst abgeändert werden. Deshalb kommt ihnen keine formelle Rechtskraft zu.

II. Materielle Rechtskraft (Urteile)

1. Die Funktion der Rechtskraft

6 Das unanfechtbare, unabänderliche, also formell rechtskräftige Urteil wird auch materiell rechtskräftig: Es löst eine **Sperrwirkung** aus. Durch die Entscheidung in der Sache ist ein „Verbrauch der Strafklage" eingetreten. Der Verurteilte darf wegen derselben Sache nicht noch einmal verurteilt werden (ne bis in idem, Art. 103 Abs. 3 GG). Schon ein neues Verfahren gegen ihn wäre deshalb unzulässig (vgl. oben 14 Rn. 20).[1] Auch gegen den Freigesprochenen darf die Strafverfolgung nicht noch einmal betrieben werden. Die materielle Rechtskraft lässt aber nicht nur ein Verfahrenshindernis entstehen. Ihre zweite Bedeutung liegt darin, dass sie ein subjektives Recht schafft.[2]

7 Das verurteilende Erkenntnisurteil wird nun vollstreckbar (§ 449, **Vollstreckungswirkung**). In manchen Beziehungen hat es Feststellungswirkung (z. B. § 66 Abs. 1 Nr. 1 StGB). Auch Prozessurteile werden materiell rechtskräftig, wenn sie die Einstellung des Verfahrens wegen eines nicht mehr behebbaren Verfahrenshindernisses aussprechen.[3]

[1] BVerfGE 3, 248 (251); BGHSt 5, 323 (328).
[2] BVerfGE 23, 191 (203ff.).
[3] Str., a. A. *Meyer-Goßner/Schmitt,* Einl. Rn. 172; zweifelnd BGHSt 32, 209 (210).

2. Der Umfang der Rechtskraft

Nur der Tenor der Entscheidung erwächst in Rechtskraft. Die Urteilsgründe „sperren" 8
und binden nicht.[4] In einem anderen Verfahren darf man davon abweichen und sich sogar zu ihnen in Widerspruch setzen.

Beispiele: A ist vom Vorwurf des Diebstahls freigesprochen worden. B wird wegen Anstiftung zu diesem Diebstahl verurteilt; die Urteilsgründe führen aus, dass A den Diebstahl begangen habe.
A ist wegen Diebstahls verurteilt worden. B wird vom Vorwurf der Begünstigung mit der Begründung freigesprochen, das Gericht sei nicht davon überzeugt, dass A einen Diebstahl begangen habe. Zu einer Ausnahme vgl. oben 29 Rn. 7.

3. „Ergänzungsklage"

Stellt sich später heraus, dass man den Sachverhalt nicht vollständig aufgeklärt oder 9
einen rechtlichen Gesichtspunkt übersehen hat, bleibt es bei der rechtskräftigen Entscheidung. Eine Ergänzungsklage ist nicht zulässig. Das gilt auch dann, wenn der Umstand noch gar nicht berücksichtigt werden konnte, weil er erst später eingetreten ist (das Opfer der Körperverletzung verstirbt nach dem Urteil). Diese seltenen Fälle sind hinzunehmen und kein Grund, die festen Grenzen der Rechtskraft zu lockern.[5]

4. Das „Wesen" der Rechtskraft

Diese nur theoretisch interessante, praktisch folgenlose Frage ist weitgehend geklärt. 10
Das rechtskräftige Urteil schafft, wenn es falsch ist, weder neues materielles Recht (begründet also nicht einen „Strafanspruch" gegen den Beschuldigten) noch gestaltet es die Rechtslage so, dass der Unschuldige nun die Stellung eines Schuldigen hätte. Die Wirkungen der Rechtskraft beschränken sich auf das Prozessrecht (prozessrechtliche Rechtskrafttheorie). Das bedeutet, dass die Vollstreckung eines Fehlurteils zwar prozessual zulässig ist. Materiellrechtlich bleibt sie aber rechtswidrig. Für den zu Unrecht Verurteilten, der in den Strafvollzug eingeliefert wird, besteht damit zwar eine Notwehrlage; verteidigen darf er sich jedoch nur in der erforderlichen, gebotenen Weise (d. h. mit Rechtsmitteln).

5. Der Wegfall der Rechtskraft

Die bereits eingetretene Rechtskraft wird wieder beseitigt, wenn 11

- Wiedereinsetzung in den vorigen Stand gewährt wird (vgl. oben 15 Rn. 24)
- ein Wiederaufnahmeverfahren erfolgreich ist (§§ 359ff.; vgl. unten 38 Rn. 23)
- das Revisionsgericht ein Urteil aufhebt, das der Betroffene selbst nicht angefochten hatte (§ 357, vgl. unten 36 Rn. 55)
- das BVerfG ein Urteil aufhebt (z. B. nach Verfassungsbeschwerde, §§ 79 Abs. 1, 95 Abs. 2 BVerfGG).

---

[4] BVerfGE 36, 174 (184ff.).
[5] BVerfGE 65, 377 (381); *Achenbach*, ZStW 87 [1975], 74ff.

6. Vorfragenkompetenz

12 Selten ist die Bindung an rechtskräftige Strafurteile (§ 190 S. 2 StGB). Rechtskräftige Zivilurteile sind bindend, wenn sie die Rechtslage gestalten (z. B. Ehescheidungsurteile) oder sonst für und gegen alle wirken (§§ 640 ff. ZPO, Vaterschaftsfeststellung). Ansonsten entscheidet das Strafgericht selbst über zivilrechtliche Vorfragen (§ 262). Verwaltungsakte binden den Strafrichter, wenn sie rechtsgestaltend (z. B. die Ernennung zum Beamten, die Verleihung der Staatsangehörigkeit) oder Voraussetzung der Strafbarkeit sind (die Befugnis im Umweltstrafrecht).

7. Die internationale Geltung

13 Grundsätzlich stehen Urteile ausländischer Gerichte einer Strafverfolgung in Deutschland nicht entgegen. Sie verbrauchen die Strafklage nicht. Art. 103 Abs. 3 GG gilt nur innerstaatlich.[6] Die im Ausland verhängte Strafe muss, sofern sie vollstreckt worden ist, lediglich auf eine neue Strafe angerechnet werden (§ 51 Abs. 3 StGB). Ein **transnationaler Strafklageverbrauch** existiert allerdings für Entscheidungen der Schengen-Staaten (nahezu alle EU-Mitgliedstaaten sowie Schweiz, Island und Norwegen): „Wer durch eine Vertragspartei rechtskräftig abgeurteilt ist, darf durch eine andere Vertragspartei wegen derselben Tat nicht verfolgt werden, vorausgesetzt, dass im Fall einer Verurteilung die Sanktion bereits vollstreckt worden ist, gerade vollstreckt wird oder nach dem Recht des Urteilsstaats nicht mehr vollstreckt werden kann" (Art. 54 SDÜ).[7] Dabei verbraucht auch ein rechtskräftiger Freispruch die Strafklage,[8] ebenso eine abschließende Entscheidung der StA, die (nach nationalem Recht) bestandskräftig ist.[9] Ein weiterer transnationaler Strafklageverbrauch findet sich in Art. 50 EU-GRC.[10] Dieser enthält anders als Art. 54 SDÜ keine Vollstreckungsklausel und reicht insoweit auf den ersten Blick weiter. Nach h. M. stellt Art. 54 SDÜ allerdings eine einfach-gesetzliche Schrankenbestimmung zu Art. 50 EU-GRC dar, so dass letztlich doch die Voraussetzungen des Art. 54 SDÜ maßgeblich sind.[11] Ferner enthält das Statut des Internationalen Strafgerichtshofs in Den Haag die Bestimmung (Art. 20), dass niemand vor ein nationales Gericht gestellt werden darf, wenn er wegen seiner Taten bereits vom IStGH verurteilt oder freigesprochen wurde.

III. Materielle Rechtskraft (Beschlüsse)

14 Formell rechtskräftige Beschlüsse (vgl. oben Rn. 5) werden auch materiell rechtskräftig. Umstritten ist die Frage nach dem Umfang der Rechtskraft von Beschlüssen, die eine Sachentscheidung treffen und das Verfahren wegen einer Tat beenden. Einige Fälle

---

[6] BVerfG NJW 2012, 1202.

[7] Zum Begriff der Tatidentität EuGH NStZ 2008, 164.

[8] BGHSt 46, 307.

[9] EuGH NStZ 2003, 333; *Radtke/Busch*, NStZ 2003, 281 ff.

[10] „Niemand darf wegen einer Straftat, derentwegen er bereits in der Union nach dem Gesetz rechtskräftig verurteilt oder freigesprochen worden ist, in einem Strafverfahren erneut verfolgt oder bestraft werden."

[11] EuGH StV 2014, 449; BGH NStZ-RR 2011, 7; nach BVerfG NJW 2012, 1202 zumindest vertretbar. Näher zum Ganzen *Satzger*, § 10 Rn. 57.

sind im Gesetz geregelt. Danach tritt beschränkte Rechtskraft ein. Hat das Gericht den Antrag im Klageerzwingungsverfahren verworfen, ist die Einstellung des Verfahrens beschränkt rechtskräftig. Die Staatsanwaltschaft kann eine Anklage in derselben Sache dann nur auf Grund neuer Tatsachen oder Beweismittel erheben (§ 174 Abs. 2). Im gleichen Umfang rechtskräftig ist der Beschluss, mit dem die Eröffnung des Hauptverfahrens abgelehnt wird (§ 211). Aus diesen Vorschriften wird vielfach ein allgemeiner Grundgedanke abgeleitet und auf die gesetzlich nicht geregelten Fälle angewandt, vor allem bei §§ 153b Abs. 2, 154 Abs. 2. Andererseits ist bei § 153a festgelegt, dass die Strafverfolgung wegen eines Verbrechens erneuert werden darf (auch wenn keine neuen Tatsachen oder Beweismittel vorliegen). Wegen des Sachzusammenhangs mit § 153 kann für diese Form der Einstellung nichts anderes gelten (vgl. oben 12 Rn. 21).

Fälle und Fragen

219. Was versteht man unter der formellen, was unter der materiellen Rechtskraft?
220. Was versteht man unter dem „ne bis in idem"-Grundsatz und wo ist er geregelt?
221. Was ist von der Rechtkraft umfasst?
222. A wird wegen einfachen Diebstahls angeklagt und auch rechtskräftig verurteilt. Später stellt sich heraus, dass er eine Waffe bei sich geführt hat (§ 244 Abs. 1 Nr. 1a StGB). Kann erneut Anklage erhoben werden? Abwandlung: Wie wäre es, wenn das Verfahren gegen A nach § 153 Abs. 2 eingestellt worden wäre?

§ 33. Besondere Verfahrensarten

I. Das Strafbefehlsverfahren, §§ 407 ff.

1. Bedeutung

Die Mehrzahl aller Strafverfahren endet mit einem Strafbefehl. In diesem summarischen Verfahren wird nach Aktenlage entschieden, ohne Hauptverhandlung, schriftlich, nicht öffentlich und ohne Beteiligung von Laienrichtern, ohne dass immer ein Verteidiger notwendig wäre. Der Richter muss einem Strafbefehlsantrag der Staatsanwaltschaft nicht entsprechen, kann ihn aber auch nicht modifizieren (s. unten Rn. 4, 5). Der Beschuldigte, der ihn nicht akzeptiert und auf einer Hauptverhandlung besteht, riskiert, dass die Strafe höher ausfällt. 1

2. Anwendungsbereich

Im Strafbefehlsverfahren können Vergehen geahndet werden, wenn nur die in § 407 Abs. 2 genannten Rechtsfolgen in Betracht kommen (die immerhin bis zu einem Jahr Freiheitsstrafe mit Bewährung reichen). Dafür liegt die Zuständigkeit beim Amtsgericht und dort stets beim Strafrichter. Nach der Änderung des § 25 GVG ist der Strafrichter bei einer Straferwartung bis zu zwei Jahren Freiheitsstrafe zuständig, so dass die alte Regelung in § 407 Abs. 1 S. 1 2. Alt. (Zuständigkeit des Schöffengerichts) überholt und ohne Anwendungsbereich ist. 2

3. Verfahren

a) Antrag

3 Die Staatsanwaltschaft stellt einen Strafbefehlsantrag (§ 407 Abs. 1). Da ihn der Richter nur unterschreiben, den Erlass ablehnen oder Hauptverhandlung anberaumen kann (§ 408 Abs. 2, 3), gilt bereits für den Antrag der Katalog, den § 409 Abs. 1 für den Inhalt des Strafbefehls aufstellt (bis auf die Belehrung, Nr. 7). Der Strafbefehlsantrag stellt eine besondere Form der Anklage dar (§ 407 Abs. 1 S. 4). Auch der Strafbefehl als richterliche Entscheidung in der Sache darf nicht ohne eine Anklage erlassen werden (Anklageprinzip), und wenn das Verfahren durch Einspruch des Beschuldigten in das ordentliche Verfahren übergeht, muss es einen Anklagesatz geben, der verlesen wird (§§ 411 Abs. 1 S. 2, 212ff., 243 Abs. 3 S. 1).

b) Die richterliche Entscheidung

3a Der Antrag kann im Verfahren vor dem Amtsgericht auch nach Eröffnung des Hauptverfahrens noch gestellt werden, wenn der Angeklagte ausgeblieben oder abwesend ist (s. oben 20 Rn. 3). Das Verfahren soll nicht stecken bleiben, sondern in ein Strafbefehlsverfahren übergeleitet und ohne großen Aufwand erledigt werden (§ 408a). Es dient diesem Interesse, dass der Antrag auch mündlich gestellt werden darf (Abs. 1 S. 2).

4 Der Richter lehnt den Antrag ab, wenn er den Angeschuldigten nicht für hinreichend verdächtig hält (§ 408 Abs. 2 S. 1). Daraus ziehen einige den Umkehrschluss, dass der Richter von der Schuld des Betroffenen nicht überzeugt zu sein braucht, sondern ihn nur für hinreichend verdächtig halten muss.[1] Da aber ein rechtskräftiger Strafbefehl einem Urteil gleichsteht (§ 410 Abs. 3), hätten wir es nach dieser Ansicht mit einer „Verdachtsstrafe" zu tun, einem Urteil auf Verdacht. Dagegen muss man daran festhalten, dass es auch für den Erlass des Strafbefehls der richterlichen Überzeugung bedarf.[2] Dem Richter steht hierfür allerdings nur der Akteninhalt als schmale Basis zur Verfügung. Damit ist die Kontroverse praktisch entschärft und der Unterschied der Standpunkte nicht mehr groß.

5 Ist der Richter von der Schuld des Angeklagten überzeugt, kann er dennoch Bedenken haben, im summarischen Verfahren zu entscheiden.

Beispiele: Er hält den Fall für zu bedeutsam, um ihn schriftlich zu erledigen; er will sich einen persönlichen Eindruck von dem Beschuldigten machen.

Dann muss er eine Hauptverhandlung anberaumen (§ 408 Abs. 3 S. 2). Es kann auch sein, dass er zwar das Strafbefehlsverfahren für geeignet hält, aber mit der rechtlichen Einordnung der Tat oder dem Rechtsfolgeantrag der Staatsanwaltschaft nicht einverstanden ist. Dann versucht er, sich mit der Staatsanwaltschaft zu einigen. Ändert diese ihren Antrag nicht, muss es zur Hauptverhandlung kommen. Nur bei völliger Übereinstimmung zwischen Staatsanwaltschaft und Richter wird der Strafbefehl erlassen.[3]

---

[1] *Meyer-Goßner/Schmitt,* vor § 407 Rn. 1.
[2] KK-StPO/*Maur,* § 408 Rn. 15 m.w.N.
[3] Vgl. LR/*Gössel,* § 408 Rn. 38.

4. Der Einspruch gegen den Strafbefehl

Dieser Rechtsbehelf (kein Rechtsmittel, weil er die Sache nicht in eine höhere Instanz bringt, vgl. unten 34 Rn. 1) kann innerhalb von zwei Wochen nach Zustellung eingelegt werden, § 410 Abs. 1. Es ist zulässig, ihn auf bestimmte Punkte zu beschränken (z. B. den Strafausspruch; näher unten 34 Rn. 16 ff.). War er verspätet oder unzulässig, wird er durch Beschluss verworfen (§ 411 Abs. 1 S. 1). Andernfalls übernimmt der Strafbefehl nun die Funktion eines Eröffnungsbeschlusses. 6

5. Die Hauptverhandlung nach Einspruch

Die Verweisung auf die allgemeinen Vorschriften (§ 411 Abs. 1 S. 2) lässt vermuten, dass die Hauptverhandlung in den gewohnten Bahnen verläuft. Indes: Der Schein trügt. Der Angeklagte braucht nicht anwesend zu sein, sondern kann sich durch einen Verteidiger vertreten lassen (§ 411 Abs. 2 S. 1). Das Prinzip der Unmittelbarkeit kann mit Zustimmung des Angeklagten, des Verteidigers und der Staatsanwaltschaft außer Kraft gesetzt werden (§§ 411 Abs. 2 S. 2, 420 Abs. 1, 2). Das Beweisantragsrecht ist praktisch abgeschafft. Zwar können Beweisanträge gestellt werden. Bei ihrer Ablehnung ist der Richter aber nicht an den Katalog des § 244 Abs. 3–5 gebunden (§§ 411 Abs. 2 S. 2, 420 Abs. 4). Das Verbot der Beweisantizipation gilt nicht.[4] In den Grenzen der Aufklärungspflicht ist der Richter frei. Ein Verteidiger muss nur mitwirken, wenn Freiheitsstrafe verhängt werden soll (§ 408 b). 7

Das Sachurteil entscheidet über die Tat und nicht etwa über den Strafbefehl. Es lautet also auf Verurteilung oder Freispruch (und der Strafbefehl wird weder „aufgehoben" noch „aufrechterhalten"). Das Verbot der reformatio in peius gilt, anders als im Rechtsmittelverfahren (vgl. unten 34 Rn. 24 ff.), hier nicht.[5] Denn mit dem Strafbefehl hatte nur eine summarische Prüfung des Falles stattgefunden. Der Angeklagte kann, wenn er Schlimmeres befürchtet, seinen Einspruch bis zur Verkündung des Urteils zurücknehmen (§ 411 Abs. 3 S. 1), braucht dazu aber nach Beginn der Hauptverhandlung die Zustimmung der Staatsanwaltschaft (§ 411 Abs. 3 S. 2 – und umgekehrt).[6] 8

Wenn er den Einspruch auf die Höhe der Tagessätze beschränkt hatte, darf das Gericht mit Zustimmung des Angeklagten, des Verteidigers und der Staatsanwaltschaft ohne Hauptverhandlung durch Beschluss entscheiden. Exklusiv für diese Konstellation hat der Gesetzgeber das Verbot der reformatio in peius aktiviert (wenig sinnvoll, da der Angeklagte ohnehin zustimmen muss und das nur tun wird, wenn er weiß, was ihn erwartet).

6. Die Rechtskraft des Strafbefehls

Sie ist nicht, wie nach früher h. M.[7] beschränkt, sondern tritt in vollem Umfang ein (§ 410 Abs. 3), kann aber leichter durchbrochen werden. § 373 a erlaubt, abweichend von § 362, wegen der nur summarischen Ermittlungsarbeit im Strafbefehlsverfahren eine Wiederaufnahme zuungunsten des Verurteilten oder Freigesprochenen auch dann, wenn neue Tatsachen oder Beweise beigebracht sind, die ergeben, dass es sich um ein Verbrechen gehandelt hat (vgl. auch die Regelung in § 153 a Abs. 1 S. 5). 9

---

4 *Dahs,* NJW 1995, 556.

5 Anders für den Einspruch durch den gesetzlichen Vertreter LR/*Gössel,* § 410 Rn. 4.

6 Vgl. *Fahl,* JuS 1997, 261.

7 BGHSt 18, 141 (143).

II. Das beschleunigte Verfahren, §§ 417–420

10 Der Gesetzgeber hat mit dem Verbrechensbekämpfungsgesetz (28.10.1994) das beschleunigte Verfahren so reformiert, dass kurzer Prozess gemacht werden kann.[8] Die Strafjustiz soll entlastet werden und die Strafe der Tat auf dem Fuße folgen.

1. Voraussetzungen und Verfahrensablauf

11 Das Verfahren kommt für Taten in Betracht, die vor das Amtsgericht gehören. Der Sachverhalt muss einfach oder die Beweislage klar sein (§ 417). Dann stellt die Staatsanwaltschaft den Antrag auf Entscheidung im beschleunigten Verfahren, schriftlich oder mündlich zu Beginn der Hauptverhandlung (§ 418 Abs. 3 S. 2). Eine Anklageschrift gibt es ebenso wenig wie ein Zwischenverfahren, und der Beschuldigte muss nur ausnahmsweise geladen werden (§ 418 Abs. 2). Auch der Übergang in das Strafbefehlsverfahren ist möglich (§ 418 Abs. 3 S. 3; eingeführt durch das 1. JuMoG). So schnell kann es gehen: Der Beschuldigte wird festgenommen (§ 127b) und dem Richter vorgeführt, der Staatsanwalt stellt den Antrag, und damit beginnt die Hauptverhandlung. Ein Verteidiger muss nur mitwirken, wenn Freiheitsstrafe von mindestens sechs Monaten zu erwarten ist (§ 418 Abs. 4). Das Prinzip der Unmittelbarkeit kann einverständlich aufgehoben werden (§ 420 Abs. 1–3). Bei der Ablehnung von Beweisanträgen ist der Richter nicht an § 244 Abs. 3–5 gebunden und vom Verbot der Beweisantizipation befreit.[9] Die Grenzen seiner Alleinherrschaft über die Beweisaufnahme zieht die Aufklärungspflicht (§ 420 Abs. 4).

12 Noch relativ neu ist ferner das zweifelhafte Instrument der Hauptverhandlungshaft (dazu oben 10 Rn. 69), begründet u. a. mit dem verfassungswidrigen Ziel, mutmaßliche Täter abzuschrecken und erzieherisch auf sie einzuwirken.[10]

2. Kritik

13 Die kleine und mittlere Kriminalität kann in einem rasch betriebenen Normalverfahren nicht weniger effektiv bekämpft werden. Ebenso schnell und weniger aufwändig ist das Strafbefehlsverfahren, in dem ebenfalls ein Jahr Freiheitsstrafe verhängt werden darf. Bei einfachem Sachverhalt oder klarer Beweislage braucht man im Normalverfahren vor dem AG keinen Verteidiger zu bestellen (zur Grenze von einem Jahr Straferwartung vgl. oben 11 Rn. 29). Im beschleunigten Verfahren muss das geschehen, wenn man sechs Monate oder mehr verhängen will. Der Amtsrichter wird sich überlegen, ob er nicht im Normalverfahren ohne Verteidiger schneller vorankommt.[11] Im Bereich der Bagatelldelikte, um die es in erster Linie geht, hat der Beschuldigte keine Aussicht, jemals einen Beweisantrag durchsetzen zu können, auch in der nächsten Instanz nicht, weil seine Berufung nicht angenommen werden muss (§ 313). Die Tragweite seiner Zustimmung gem. § 420 Abs. 3 wird er kaum überblicken.

---

[8] Vgl. *Loos/Radtke*, NStZ 1995, 569; 1996, 7; *Scheffler*, NJW 1994, 2191; zu den Problemen in der Rechtsmittelinstanz *Ranft*, NStZ 2004, 424.

[9] *König/Seitz*, NStZ 1995, 5.

[10] BT-Drs. 13/2576, 3.

[11] Vgl. *Meyer-Goßner/Schmitt*, vor § 417 Rn. 5.

Fazit: Das normale Offizialverfahren ist nicht zu einer besonderen Verfahrensart reformiert, sondern so weit deformiert worden, dass die sicheren Einbußen an Justizförmigkeit, Einzelfallgerechtigkeit und Fairness nicht aufgewogen werden durch einen zweifelhaften Gewinn auf der Zeitschiene.

III. Das Sicherungsverfahren, §§ 413–416

Das materielle Strafrecht ist zweispurig: Strafe – Maßregeln. Die „zweite Spur" des Verfahrensrechts ist das Sicherungsverfahren. In ihm können alle, aber auch nur Maßregeln der Besserung und Sicherung selbständig angeordnet werden (§ 71 StGB – nicht die Sicherungsverwahrung). Die Vorschriften über das allgemeine Strafverfahren gelten sinngemäß (§ 414 – so wird z. B. das Sicherungsverfahren wegen dauernder Verhandlungsunfähigkeit geführt und nicht etwa eingestellt gem. §§ 206a, 260 Abs. 3). Das Sicherungsverfahren kann in das normale Strafverfahren übergeleitet werden (§ 416). **14**

Die Anordnung der Sicherungsverwahrung kann im Urteil vorbehalten werden (§ 66a StGB; §§ 260 Abs. 4 S. 4, 267 Abs. 6 S. 1) und in Sonderfällen unter engen Voraussetzungen auch nachträglich[12] erfolgen (§ 66b StGB, Art. 316e f. EGStGB). Das Verfahren richtet sich nach § 275 a. Bei einem derart schwer wiegenden Eingriff kann auf die Form der Hauptverhandlung nicht verzichtet werden. **14a**

IV. Das Verfahren gegen Abwesende, §§ 276–295

Die Hauptverhandlung darf grundsätzlich nicht stattfinden, wenn der Angeklagte **ausgeblieben** ist (§ 230, zu den Ausnahmen vgl. oben 20 Rn. 4). Davon zu unterscheiden ist der Fall, dass er **abwesend** ist (gesetzliche Definition bzw. Fiktion in § 276). Dann kann ein Beweissicherungsverfahren gegen ihn betrieben werden (§§ 285ff.). Ist die Anklage bereits erhoben und könnte man einen Haftbefehl gegen ihn erlassen, darf sein gesamtes inländisches Vermögen beschlagnahmt werden (§ 290). Das wird bekannt gemacht (§ 291). Die Folge ist ein absolutes Verfügungsverbot (§ 292). Mit diesen Maßnahmen will man ihn zwingen, sich zu stellen. Dafür kann ihm sicheres Geleit erteilt werden (§ 295). Es befreit von der Untersuchungshaft (Abs. 2), erlischt aber mit einer Verurteilung zu Freiheitsstrafe (Abs. 3). Für Zeugen gilt die Vorschrift nicht. Auslandszeugen wird sicheres Geleit durch Art. 12 EuRHÜbK gewährleistet. **15**

Fälle und Fragen

223. A ist verdächtig, einen Raub (§ 249 StGB) begangen zu haben. Kann gegen ihn ein Strafbefehlsverfahren eingeleitet werden? Wie wäre es, wenn er lediglich einer Sachbeschädigung (§§ 303, 303c StGB) verdächtig ist?
224. Was kann der Richter unternehmen, wenn er Bedenken gegen den Erlass des Strafbefehls hat oder etwa die beantragte Rechtsfolge nicht für richtig erachtet?

---

[12] BVerfGE 133, 40.

225. A ist wegen Sachbeschädigung (§ 303 StGB) angeklagt. In der Hauptverhandlung erscheint er nicht. Was kann die Richterin tun?
226. A hat einen Strafbefehl über 15 Tagessätze à 20 EUR zugeschickt bekommen. Was kann er hiergegen unternehmen?
227. Gilt das Verbot der reformatio in peius auch im Rahmen eines Einspruchs gegen einen Strafbefehl?
229. Muss der Angeklagte auf seinen Einspruch hin im anberaumten Hauptverhandlungstermin erscheinen?
229. Unter welchen Voraussetzungen kommt ein beschleunigtes Verfahren in Betracht und wo ist es geregelt?

§ 34. Rechtsmittel: Allgemeine Regeln

I. Rechtsbehelfe und Rechtsmittel

1. Begriffe und Einteilungen

1 Begriffe und Einteilungen ergeben sich aus der Grafik.

Übersicht 24: Rechtsbehelfe

Ordentliche Rechtsbehelfe

Rechtsmittel

	Berufung	Revision	Beschwerde einfache	Beschwerde sofortige	Einspruch § 410
Devolutiv-Effekt	§ 316	§ 343	Abhilfeverfahren § 306 Abs. 2	§ 311 Abs. 3	nein
Suspensiveffekt Frist	§ 316 1 Woche	§ 343 1 Woche	§ 307 keine	§ 311 Abs. 3 1 Woche	2 Wochen § 410 Abs. 1
iudex a quo	§ 314 Abs. 1	§ 341	§ 306 Abs. 1		§ 410 Abs. 1
Verbot der reformatio in peius	§ 331 Abs. 1	§ 358 Abs. 2 S. 1	gilt nicht		gilt nicht

greift ein

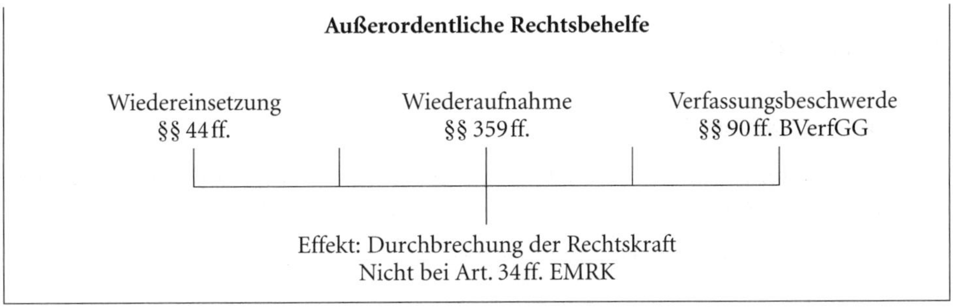

Devolutiveffekt: Die Rechtsmittel bringen das Verfahren in die höhere Instanz. Die Beschwerde hat diese Folge nur, wenn ihr nicht abgeholfen wird.

Suspensiveffekt: Berufung und Revision, fristgerecht eingelegt, hemmen den Eintritt der Rechtskraft. Der Beschwerde dagegen kommt keine aufschiebende Wirkung zu.

Neben diesen förmlichen gibt es **formlose Rechtsbehelfe.** Bei ihnen handelt es sich um 2
Erscheinungsformen der Petition (Art. 17 GG). Sie sind weder an eine Frist noch an eine Form gebunden. Die **Dienstaufsichtsbeschwerde** richtet sich an den Vorgesetzten, der die Dienstaufsicht führt, und beanstandet das dienstliche Verhalten des Beamten, kann sich aber auch gegen die Sachbehandlung wenden. Mit **Gegenvorstellungen** wird das Gericht aufgefordert, eine Entscheidung, die es selbst wieder aufheben darf, zu ändern oder aufzuheben.

2. Die Funktion der Rechtsmittel

a) Mit der Berufung, statthaft gegen erstinstanzliche Urteile des Amtsgerichts, erreicht 3
man, dass die Sache völlig neu verhandelt wird. Das Berufungsgericht überprüft also nicht nur das angefochtene Urteil, sondern entscheidet die gesamte Tat- und Rechtsfrage neu.

b) Die Revision ist statthaft gegen erstinstanzliche Urteile des Landgerichts, des Ober- 4
landesgerichts (§ 333) und des Amtsgerichts (§ 335; die Berufungsinstanz kann übersprungen werden – sog. Sprungrevision) sowie gegen Berufungsurteile des Landgerichts (§ 333). Das Revisionsgericht übt nur eine Rechtskontrolle aus und beschränkt sich dabei auf die Prüfung der Fehler, die gerügt worden sind. Sie können in einer falschen Anwendung des materiellen Rechts und in einem Verstoß gegen prozessuale Bestimmungen liegen. Dabei ist das Revisionsgericht an die tatsächlichen Feststellungen zur Schuld- und Straffrage gebunden. Mit der Rüge, dass ein Verfahrensfehler vorgekommen sei, müssen zur Begründung die Tatsachen vorgetragen werden, aus denen sich der Verstoß ergibt (§ 344 Abs. 2 S. 2). Diese Tatsachen überprüft das Revisionsgericht (§ 352 Abs. 1). Ob sie richtig sind, wird dem Protokoll entnommen (§ 274) oder im Wege des Freibeweises geklärt.

c) Die Beschwerde richtet sich gegen Beschlüsse des Gerichts und Verfügungen des Vor- 5
sitzenden (§ 304 Abs. 1; nicht mehr statthaft im Revisionsverfahren). Überprüft werden sowohl die Tatsachengrundlage der angefochtenen Entscheidung wie auch die Rechtsanwendung. Der Beschwerdeführer darf neue Tatsachen vorbringen.

II. Zulässigkeit

1. Statthaftigkeit

6 Ob das Rechtsmittel an sich statthaft ist, richtet sich nach der Art der angefochtenen Entscheidung. Es muss für den konkreten Fall gesetzlich vorgesehen sein.

7 a) Eine falsche Bezeichnung ist unschädlich (§ 300).

Beispiel: Der Angeklagte legt „Berufung" gegen ein Urteil des Schwurgerichts ein.

Wird das Rechtsmittel gar nicht oder unklar bezeichnet und gibt es mehrere Möglichkeiten, muss durch Auslegung geklärt werden, wie es erfolgreich sein kann.

Beispiel: Der vom Amtsgericht Verurteilte legt ein Rechtsmittel ein, nennt es „Revision" und bringt vor, dass er nicht vorsätzlich gehandelt habe. Er könnte anstatt einer Berufung auch Revision einlegen (§ 335), will aber offenbar, dass der Sachverhalt überprüft wird. Sein Rechtsmittel ist deshalb als Berufung zu behandeln.

8 b) Der Grundsatz, dass es auf die Bezeichnung nicht ankommt (§ 300), gilt auch für Fehler, die das Gericht bei der Bezeichnung seiner Entscheidung gemacht hat.

Beispiel: Die Strafkammer erkennt in der Hauptverhandlung ein Verfahrenshindernis, beendet die Beweisaufnahme, hört sich die Plädoyers an und verkündet nach Beratung den „Beschluss", das Verfahren einzustellen (§ 206a). Es hätte ein Urteil ergehen müssen (§ 260 Abs. 3).

Das Rechtsmittel, das dem Angeklagten nun zur Verfügung steht, ist die Revision, nicht die Beschwerde.[1] Macht er das falsch, darf der Fehler des Gerichts nicht zu seinen Lasten gehen; seine Erklärung ist umzudeuten (vgl. oben Rn. 7). Man muss ihm helfen, mit dem richtigen Rechtsmittel erfolgreich zu sein, braucht ihm aber dafür nicht eine Wahlmöglichkeit zu eröffnen.[2]

2. Aktivlegitimation

9 Rechtsmittel darf einlegen

- der Beschuldigte (§ 296 Abs. 1)
- für ihn der Verteidiger aus eigenem Recht und im eigenen Namen, aber nicht gegen seinen Willen (§ 297)
- ein gesetzlicher Vertreter des Beschuldigten (§ 298) oder ein Vertreter, der nicht Verteidiger ist (h. M.), auch gegen seinen Willen

---

1 Vgl. BGHSt 8, 383 (384); 25, 242; BGH StV 1982, 61.
2 A. A. *Beulke*, Rn. 536.

- **nicht** ein Angehöriger nach dem Tode des Beschuldigten, weil dessen Position nicht „vererbt" wird und die Unschuldsvermutung nicht durch eine rechtskräftig werdende Entscheidung widerlegt ist[3]
- die Staatsanwaltschaft, auch zu Gunsten des Angeklagten (§ 296)
- ein Nebenbeteiligter (vgl. oben 20 Rn. 10)
- der Privatkläger (§ 390)
- der Nebenkläger wegen des Nebenklagedelikts (§ 400 Abs. 1; vgl. unten 39 Rn. 25 ff.).

Andere, die von einer Entscheidung betroffen sind (z. B. Zeugen, Sachverständige), können als Rechtsmittel nur die Beschwerde, nicht aber Berufung oder Revision einlegen.

3. Beschwer

Die Beschwer gehört zu den Voraussetzungen der Zulässigkeit, nicht der Begründetheit 10
eines Rechtsmittels.[4] Wer geltend macht, dass er beschwert ist, muss darüber hinaus nicht ein (besonderes) Rechtsschutzbedürfnis darlegen.

a) Eine Beschwer kann sich grds. nur aus dem Tenor, nicht aus den Gründen einer Ent- 11
scheidung ergeben. Der Angeklagte ist also nicht beschwert, wenn es in den Gründen des freisprechenden Urteils heißt, dass es aus Mangel an Beweisen ergangen sei.[5] Das Gleiche gilt, wenn die Rechtswidrigkeit der Tat offen bleibt, weil der Angeklagte „jedenfalls schuldunfähig" gewesen sei, oder deshalb noch nicht einmal die Tatbestandsmäßigkeit festgestellt wird.[6] Das Bundesverfassungsgericht hat allerdings Verfassungsbeschwerde für den Fall zugelassen, dass die Urteilsgründe unmittelbar Grundrechte verletzen.[7] Eine Ausnahme vom Erfordernis der Tenorbeschwer gilt, wenn das Gericht in den Urteilsgründen zum Ausdruck bringt, eigentlich von der Schuld des Angeklagten überzeugt zu sein.[8]

b) Beschwert ist, wer durch den Urteilsspruch (unterstellt, dass er falsch ist) unmittelbar 12
in seinen Rechten oder schutzwürdigen Interessen beeinträchtigt wird. Für die Staatsanwaltschaft gilt eine Sonderregel (unten Rn. 14). Der Angeklagte ist durch jede nachteilige Entscheidung beschwert, die getroffen wurde und durch jede objektiv gesehen günstige Entscheidung, die unterlassen wurde, obwohl sie geboten oder möglich war.[9]

Beispiele: Entgegen Staatsanwalt und Verteidiger, die eine hohe bzw. eine milde Geldstrafe beantragt haben, spricht das Gericht nur eine Verwarnung mit Strafvorbehalt aus (§ 59 StGB). Durch den damit verbundenen Schuldspruch ist der Angeklagte beschwert.

---

[3] Vgl. BGH NStZ 1983, 179 m. Anm. *Schätzler.*
[4] BGHSt 16, 374.
[5] BGHSt 7, 153.
[6] BGHSt 16, 374; zur fehlenden Beschwer des Angeklagten bei Freispruch wegen Schuldunfähigkeit s. auch BGH NJW 2016, 728 (Fall Mollath); krit. *Grosse-Wilde/Stuckenberg,* StV 2016, 784.
[7] BVerfGE 28, 151: Ehrverletzung.
[8] Vgl. dazu auch EGMR NJW 2016, 3225: Verstoß gegen die Unschuldsvermutung aus Art. 6 Abs. 2 EMRK. Für eine Ausnahme vom Erfordernis der Tenorbeschwer in extremen Fällen BGH NJW 2016, 728 mit zust. Anm. *Michalke.*
[9] BGHSt 28, 327 (330).

Das Gericht hat es unterlassen, die mögliche Unterbringung in einer Entziehungsanstalt anzuordnen (§ 64 StGB) und nur Freiheitsstrafe verhängt. Durch diese ist der Angeklagte beschwert (vgl. § 67 StGB).

13 Die Einstellung wegen eines Verfahrenshindernisses beschwert den Angeklagten nicht,[10] es sei denn, dass der Vorrang des Freispruchs verkannt wurde (vgl. oben 31 Rn. 3).

14 c) Die Staatsanwaltschaft, zur Wahrung des Rechts und der Objektivität verpflichtet, wird durch jede unrichtige Entscheidung beschwert. Sie kann daher Rechtsmittel auch zu Gunsten des Beschuldigten einlegen (§ 296 Abs. 2), etwa dann, wenn das Gericht über ihren Antrag hinausgegangen ist.[11]

4. Form und Frist

15 Ein Rechtsmittel muss schriftlich oder zu Protokoll der Geschäftsstelle bei dem Gericht, dessen Entscheidung angefochten wird, fristgerecht eingelegt werden (vgl. Übersicht 24). Eine Begründung ist nur für die Revision zwingend vorgeschrieben.

III. Teilanfechtung und Teilrechtskraft

16 Mit Berufung und Revision braucht man nicht das ganze Urteil anzufechten. Man kann sich auf Teile beschränken (§§ 318, 344). Dafür kommt es darauf an, ob „Gegenstand der Anfechtung ein solcher Teil der Entscheidung ist, der losgelöst und getrennt von dem nicht angefochtenen Teil des Urteils eine in sich selbständige Prüfung und Beurteilung zulässt“[12] Nach dieser **Trennbarkeitsformel** überprüft das Rechtsmittelgericht die Wirksamkeit der Beschränkung.[13]

17 Es achtet ferner darauf, dass die Voraussetzung der **Widerspruchsfreiheit** gewahrt bleibt. Zwischen den nicht angefochtenen Teilen des Urteils und der Entscheidung des Rechtsmittelgerichts dürfen keine Widersprüche entstehen.[14] Sind die beiden Bedingungen der Trennbarkeit und der Widerspruchsfreiheit nicht erfüllt, ist die Beschränkung unwirksam und das ganze Urteil angefochten (§ 318 S. 2; ein Rechtsgedanke, der auch für die Revision gilt).

18 Die wirksame Beschränkung führt dazu, dass die nicht angefochtenen Teile in Rechtskraft erwachsen (Teilrechtskraft). Hat von mehreren Angeklagten nur einer Berufung oder Revision eingelegt, wird das Urteil für die anderen rechtskräftig (subjektiv-relative Rechtskraft, vgl. oben 32 Rn. 3; Durchbrechung der Rechtskraft bei erfolgreicher Revi-

---

[10] BGHSt 23, 257 (259). A. A. bei Einstellung nur wegen eines behebbaren Verfahrenshindernisses, wenn der Angeklagte ein endgültiges Prozesshindernis behauptet, BGH NJW 2011, 2310; offen gelassen in BGH NStZ 2018, 51 (52).

[11] Vgl. OLG Düsseldorf NStZ 1990, 292.

[12] BGHSt 10, 100 (101); 29, 359 (364).

[13] Vgl. *Wankel*, JA 1998, 65. Es ist in aller Regel nicht widersprüchlich, einen absoluten Revisionsgrund vorzubringen, der auch den Schuldspruch ergreifen würde, die Revision aber dennoch auf den Strafausspruch zu beschränken; BGH NStZ 2003, 99.

[14] BGHSt 7, 283 (285); 27, 70 (72); OLG Düsseldorf wistra 1988, 118.

sion, § 357, näher unten 36 Rn. 55). Die folgenden Konstellationen zeigen die Fälle, in denen ein Angeklagter seine Berufung oder Revision wirksam beschränken kann.

1. Mehrere Taten

Das Rechtsmittel darf auf die Verurteilung wegen einer Tat (§ 264) beschränkt werden. 19
Widersprüche sind nicht zu befürchten (Ausnahme: Wenn die Taten im Verhältnis der Alternativität zueinander stehen).[15] Die Verurteilung wegen der nicht angefochtenen Taten wird rechtskräftig. Es entsteht vertikale Teilrechtskraft.

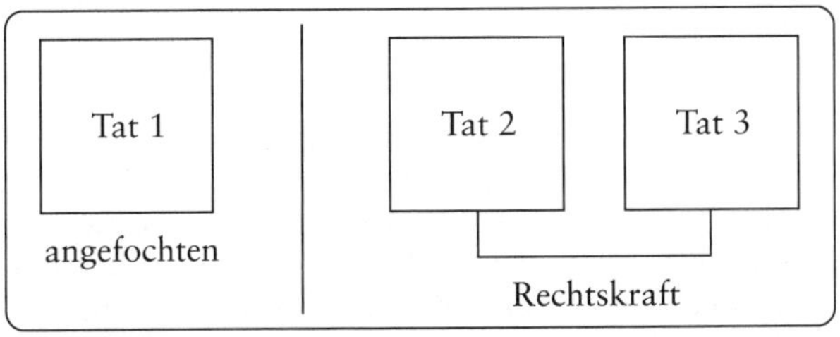

2. Eine Tat

a) Es kann sein, dass mehrere Straftaten, die im Verhältnis der Realkonkurrenz zueinander stehen (§ 53 StGB), verfahrensrechtlich eine Tat bilden (vgl. oben 13 Rn. 15). 20
Dann ist es zulässig, die Berufung oder Revision auf eine dieser materiellrechtlich selbständigen Taten zu beschränken. Wird die Verurteilung aufgehoben und der Fall zurückverwiesen, bleibt der neue Richter an die Feststellungen zu den nicht angefochtenen Delikten gebunden.[16] Kommt das Rechtsmittelgericht zu der Ansicht, dass Realkonkurrenz in Wahrheit nicht vorliegt, ist die Beschränkung unwirksam.[17]

Beispiel: Wenn in dem Beispielsfall oben 13 Rn. 15 die Straftat § 142 StGB entfällt, gibt es auch keine Realkonkurrenz mehr.

b) Die Beschränkung auf den Strafausspruch (Rechtsfolgenausspruch) ist grundsätzlich 21
wirksam.[18] Es entsteht horizontale Teilrechtskraft.

[15] BGHSt 32, 146.
[16] BGHSt 24, 185; 28, 119 (121); sehr str.
[17] BGHSt 25, 27.
[18] BGHSt 19, 46 (48); 33, 59.

In Wahrheit handelt es sich um eine Bindungswirkung. Rechtskräftig werden nur Entscheidungen, nicht festgestellte Tatsachen. Diese Bindung kann man nicht mehr zulassen, wenn sich in der Verhandlung vor dem Rechtsmittelgericht Umstände herausstellen, die den Schuldspruch angreifen.

Beispiel: Im Berufungsverfahren über den Strafausspruch macht ein Sachverständiger Ausführungen, die es als möglich erscheinen lassen, dass der Angeklagte zur Tatzeit schuldunfähig war. Seine Beschränkung auf das Strafmaß muss als unwirksam behandelt werden.[19] Bei der Verhandlung zum Strafmaß stellt sich heraus, dass ein strafbefreiender Rücktritt vom Versuch in Frage kommt.[20]

22 c) Innerhalb des Schuldspruchs kann eine Berufung oder Revision nicht weiter auf einzelne rechtliche Gesichtspunkte beschränkt werden (z. B. nicht auf die Frage, ob ein Verbotsirrtum vorlag). Die Voraussetzungen eines minder schweren oder besonders schweren Falles betreffen (in den meisten Fällen) zugleich den Schuldumfang, lassen sich ohne die Feststellungen zur Schuld nicht isoliert würdigen und gehören daher zur Schuldfrage. Das Gleiche gilt für Regelbeispiele, obwohl sie, dogmatisch genau genommen, auf der Rechtsfolgenseite ihren Platz haben.[21]

23 d) Innerhalb des Rechtsfolgenausspruchs sind weitere Beschränkungen auf abtrennbare Teile des Urteils möglich:

- bei der Geldstrafe auf die Höhe der Tagessätze oder ihre Zahl[22]
- bei der Freiheitsstrafe auf die Frage der Anrechnung von U-Haft (§ 150 StGB), auf die Strafaussetzung zur Bewährung[23]
- auf die Verhängung eines Fahrverbots[24]
- auf Sicherungsmaßregeln.

IV. Das Verbot der reformatio in peius

24 Das Verschlechterungsverbot gilt in Berufungs-, Revisions- und Wiederaufnahmeverfahren (§ 373 Abs. 2). Aus dem Rechtsstaatsprinzip folgt es nicht.[25] Diese „Rechtswohltat" wird dem Angeklagten gewährt, damit er bei seiner Entscheidung, ob er ein Rechtsmittel einlegt, nicht befürchten muss, es könnte noch schlimmer kommen.[26] Die Position, die er nach dem Urteil besitzt, wird ihm selbst dann belassen, wenn das Urteil falsch war und ihm einen rechtswidrigen Vorteil verschafft hat.

---

[19] BGHSt 46, 257.
[20] BGH NJW 1996, 2663.
[21] Vgl. OLG Schleswig JR 1980, 302 m. abl. Anm. *Grünwald.*
[22] Str., *Lackner/Kühl,* StGB, § 40 Rn. 19.
[23] BGHSt 24, 164.
[24] Sehr str., BayObLG DAR 1985, 239.
[25] BGHSt 9, 324 (332); BGHZ 85, 180 (185); *Meyer-Goßner,* FS Kleinknecht, 1985, 297.
[26] BGHSt 11, 319 (323).

Beispiel: Ein Freispruch, den das Schöffengericht nicht hätte erlassen dürfen, weil es zugleich die Unterbringung angeordnet hat und deshalb nicht zuständig war (§ 24 Abs. 2 GVG).

Das Verbot der reformatio in peius gilt nur, wenn allein der Angeklagte oder zu seinen Gunsten die Staatsanwaltschaft oder sein gesetzlicher Vertreter Berufung oder Revision eingelegt hat. Es schützt allerdings lediglich davor, dass die Rechtsfolge in Art und Höhe verschlechtert wird. Der Schuldspruch darf verschärft werden.[27] 25

Beispiele: Der Angeklagte, wegen Diebstahls zu einhundert Tagessätzen à EUR 30 verurteilt, wird vom Berufungsgericht wegen Raubes zu der gleichen Strafe verurteilt. Der Angeklagte war wegen einer Straftat verurteilt und wegen einer anderen, real konkurrierenden, freigesprochen worden (zu diesem Teilfreispruch bei einer Tat vgl. oben 31 Rn. 7 ff.). Das Berufungsgericht hebt den Teilfreispruch auf und verurteilt wegen beider, tateinheitlich zusammentreffender Delikte zu derselben Strafe.[28]

Das Risiko, Änderungen des Schuldspruchs hinnehmen zu müssen, kann der Angeklagte dadurch vermeiden, dass er sein Rechtsmittel auf den Strafausspruch beschränkt. 26

Aus dem Verschlechterungsverbot folgt: 27

- Die Freiheitsstrafe darf nicht erhöht werden.
- Die Aussetzung zur Bewährung darf nicht gestrichen werden.
- Die Strafart darf nicht verschlechtert werden (keine Umwandlung einer Geldstrafe in eine Freiheitsstrafe – selbst wenn deren Vollstreckung zur Bewährung ausgesetzt wird).
- Bei der Umwandlung einer Freiheitsstrafe in eine Geldstrafe darf die Zahl der Tagessätze nicht überschritten werden.
- Bei der Änderung der Geldstrafe darf weder die Zähl der Tagessätze, noch der Endbetrag erhöht werden.

Allgemein gilt: Ob im Rechtsfolgenausspruch eine „Verschlechterung" eintritt, ist durch einen Gesamtvergleich des alten und des neuen Urteils zu ermitteln. Bei dieser „ganzheitlichen Betrachtungsweise"[29] darf man saldieren.

Beispiele: Das Berufungsgericht spricht erstmals ein Fahrverbot aus (§ 44 StGB) und ersetzt zugleich die Freiheitsstrafe durch eine Geldstrafe.[30] Umgekehrt: Der Tagessatz wird erhöht (nicht die Anzahl der Tagessätze: Ersatzfreiheitsstrafe!) und dafür das Fahrverbot fallengelassen, so dass der Angeklagte per Saldo wirtschaftlich nicht schlechter steht.[31]

---

[27] BGHSt 14, 5 (7); NStZ 1986, 209.
[28] BGHSt 21, 256.
[29] BGHSt 24, 11; 29, 269 (270).
[30] BayObLG MDR 1978, 422; zweifelhaft.
[31] BayObLG NJW 1980, 849.

V. Verzicht und Rücknahme

28 Der Rechtsmittelberechtigte kann jederzeit erklären, auf die Einlegung von Rechtsmitteln zu verzichten. Gleiches gilt für die Rücknahme eines bereits eingelegten Rechtsmittels. Der Verteidiger benötigt dazu allerdings die ausdrückliche Ermächtigung durch den Beschuldigten (§ 302 Abs. 2). Ein gesetzlicher Vertreter (in den Fällen, in denen es einen solchen gibt) ist nicht befugt, diese Ermächtigung zu erteilen; ebenso wenig kann er ein vom Beschuldigten selbst eingelegtes Rechtsmittel zurücknehmen.[32] Hat die Staatsanwaltschaft das Rechtsmittel zu Gunsten des Beschuldigten eingelegt, kann die Zurücknahme nur mit dessen Zustimmung erfolgen (§ 302 Abs. 1 S. 3). Einmal erklärt, sind Rücknahme und Verzicht grds. bindend (dazu oben 15 Rn. 16). Irrtümer ändern an der Wirksamkeit von Rücknahme- und Verzichtserklärungen normalerweise nichts; diese können daher nicht wegen Willensmängeln angefochten werden. Es gibt aber Ausnahmen. Die Erklärung ist nicht wirksam, wenn sie durch Täuschung, Drohung oder sonstige, vom Gericht zu verantwortende schwere Fehler (z. B. unrichtige Auskunft) zustande gekommen ist.[33]

29 Im Falle einer dem Urteil vorausgegangenen Verständigung schließt das Gesetz einen Rechtsmittelverzicht aus (§ 302 Abs. 1 S. 2). Fraglich ist, ob das auch für die Rücknahme des Rechtsmittels gilt.

Fall 1: Der Angeklagte wird auf der Grundlage einer Verständigung verurteilt. Wenige Stunden nach der Urteilsverkündung legt sein Verteidiger per Fax Revision ein; dreißig Minuten später nimmt er, wiederum per Fax, die Revision zurück. Einige Tage später und noch innerhalb der Frist überlegt es sich der Angeklagte anders und will nun doch gegen die Verurteilung vorgehen.

Der BGH hält die Revisionsrücknahme für wirksam und bindend. § 302 Abs. 1 S. 2 schließe ausweislich des Wortlauts nur den Verzicht aus. Das Verbot solle den Angeklagten vor der vorschnellen Festlegung bewahren, keine Rechtsmittel einzulegen. Eine solche Gefahr bestehe hier aber nicht, da anders als bei der Verzichtserklärung die Rücknahmeerklärung nicht sofort nach Urteilsverkündung erfolgen könne, sondern erst im Anschluss an die vorherige Erklärung, Rechtsmittel einzulegen, so dass ihr ein hinreichender Überlegungsprozess vorausgehe.[34] Überzeugend ist das nicht. Das Vorgehen des Verteidigers zielt ersichtlich auf eine rechtsmissbräuchliche Umgehung des § 302 Abs. 1 S. 2. Daher sind Einlegung und Rücknahme der Revision hier unwirksam.

Fälle und Fragen

230. Was ist der Devolutiveffekt, was der Suspensiveffekt?
231. Welche Arten von Rechtsmitteln kennt die StPO?
232. Der vor einem Amtsgericht Verurteilte legt Rechtsmittel ein, ohne darzutun, ob es sich hierbei um eine Berufung oder um eine Sprungrevision handeln soll. Ist dieses Vorgehen zulässig?
233. Kann die Staatsanwaltschaft auch zugunsten des Angeklagten Revision einlegen?
234. Ist eine beschränkte Einlegung der Rechtsmittel möglich?

---

[32] BGHSt 61, 218.
[33] BGHSt 46, 257 (258).
[34] BGHSt 55, 82.

235. Gilt im Berufungs- oder Revisionsverfahren das Verbot der reformatio in peius?
236. Im Rahmen einer von Gericht, Staatsanwaltschaft und Verteidigung vorgenommenen Absprache einigt man sich auch auf einen Rechtsmittelverzicht. Nach der Urteilsverkündung geben Staatsanwaltschaft und Verteidigung jeweils einen Rechtsmittelverzicht ab. Dem Verurteilten kommen danach jedoch Bedenken und er möchte sich gegen das Urteil doch noch wehren. Ist dies möglich?

§ 35. Die Berufung

I. Zulässigkeit

1. Statthaftigkeit

Die Berufung ist statthaft gegen die Urteile des Strafrichters und des Schöffengerichts (§ 312). 1

2. Form und Frist

Sie muss schriftlich oder zu Protokoll der Geschäftsstelle eingereicht werden (§ 314 Abs. 1; bei Einlegung durch den Verteidiger ist sie ab 1.1.2022 grds. in elektronischer Form zu übermitteln, § 32d S. 2 StPO). Die Frist beträgt eine Woche und beginnt mit der Verkündung des Urteils zu laufen (zur Berechnung § 43). War der Angeklagte bei der Verkündung nicht (dauernd) anwesend, wird sie für den Angeklagten erst durch die Zustellung des vollständigen Urteils mit Gründen in Lauf gesetzt (§ 314 Abs. 2). 2

3. Berufung und Wiedereinsetzung

Wenn gem. § 232 ohne den Angeklagten verhandelt werden durfte, kann er Wiedereinsetzung in den vorigen Stand beanspruchen und so zu einer neuen Hauptverhandlung in erster Instanz kommen, aber auch Berufung einlegen und in die zweite Instanz gehen. Die Konkurrenz dieser Rechtsbehelfe regelt § 315. 3

4. Begründung

Eine Begründung („Rechtfertigung") ist nicht zwingend vorgeschrieben (§ 317), aber zweckmäßig und üblich, in den Fällen des § 313 praktisch unumgänglich. Die Frist (§ 317) hat rechtlich keine Bedeutung, weil das Berufungsgericht auch Ausführungen zur Kenntnis nehmen muss, die später gemacht werden. 4

5. Unbestimmtes Rechtsmittel

Man kann zunächst nur Rechtsmittel einlegen, offen lassen, ob es sich um Berufung oder Revision (Sprungrevision) handeln soll, und diese Bezeichnung nachholen bis zum Ablauf der Revisionsbegründungsfrist (§ 345).[1] Unterbleibt diese Wahl, wird das Rechtsmittel als Berufung behandelt. Bezeichnet der Beschwerdeführer sein Rechtsmit- 5

[1] BGHSt 2, 63 (66).

tel als Berufung, kann er innerhalb der Revisionsbegründungsfrist wechseln und zur Revision übergehen.[2]

6. Annahmeberufung

6 In Bagatellfällen (Einzelheiten in § 313) ist die Berufung nicht schon dann zulässig, wenn sie form- und fristgerecht eingelegt wurde. Sie bedarf der Annahme (§§ 313 Abs. 1 S. 1, 322). Diese unterbleibt, wenn die Berufung offensichtlich unbegründet ist (§ 313 Abs. 2). Das erscheint im Grunde systemwidrig, denn eine solche Überprüfung des erstinstanzlichen Verfahrens und seines Ergebnisses findet sonst im Berufungsverfahren gerade nicht statt (vgl. unten Rn. 17 ff.).[3] Wenn neue Tatsachen oder Beweismittel angekündigt werden (§ 323 Abs. 3), müssen die bisherigen Feststellungen über jeden vernünftigen Zweifel erhaben sein, wenn die Berufung dennoch nicht angenommen werden soll.[4]

Fall: Das Schöffengericht hat nach Ansicht des Berufungsgerichts eine sorgfältige Beweisaufnahme durchgeführt und eine in sich geschlossene, überzeugende Würdigung der Beweise und der Rechtslage vorgelegt. Allerdings hatte es am Ende des vorletzten Verhandlungstages in den letzten zehn Minuten versehentlich die Öffentlichkeit nicht wiederhergestellt.

Dieser Fehler würde die Revision begründen (§ 338 Nr. 6). Das war früher ein Grund, das Verfahren an das Amtsgericht zurückzuverweisen und ist im Vertrauen auf die Neuverhandlung vor dem Berufungsgericht abgeschafft worden. Folglich kann nun die Annahme der Berufung nicht mit der Begründung verweigert werden, dass das Urteil in der Sache richtig sei.

7. Rechtsfolgen

7 Die zulässige Berufung hemmt die Rechtskraft, soweit das Urteil angefochten wird (zur Teilanfechtung oben 34 Rn. 16 ff.), und bringt die Sache in die nächste Instanz (Suspensiv- und Devolutiveffekt).

II. Der Gang des Verfahrens

1. iudex a quo

8 Das Gericht des ersten Rechtszuges, bei dem die Berufung eingelegt wird, prüft, ob das rechtzeitig geschehen ist, und verwirft sie, wenn nicht, als unzulässig (§ 319). Andernfalls werden die Akten über die Staatsanwaltschaft dem Berufungsgericht vorgelegt (§§ 320, 321).

2. Zulässigkeit

9 Das Berufungsgericht prüft nochmals (§ 322) die Einhaltung der Frist und erstmals die übrigen Zulässigkeitsvoraussetzungen (Form, Beschwer) und entscheidet in den Fällen des § 313 über die Annahme (§ 322 a).

---

[2] BGHSt 5, 338 (340).
[3] *Fezer*, NStZ 1995, 265.
[4] BVerfG NJW 1996, 2785.

3. Vorbereitung der Hauptverhandlung, § 323

Zu den Folgen des Ausbleibens, auf die der Angeklagte mit der Ladung hingewiesen werden muss, gehört die Regelung des § 329. 10

4. Verfahrenshindernisse

Entsteht in diesem Stadium des Verfahrens ein Prozesshindernis, wird das Verfahren durch Beschluss eingestellt (§ 206a). Die h. M. hält dies auch dann für geboten, wenn sich herausstellt, dass das Amtsgericht ein Verfahrenshindernis übersehen hatte.[5] Die Begründung, dass Prozesshindernisse in jeder Lage des Verfahrens von Amts wegen zu beachten seien, rechtfertigt dieses Vorgehen indes nicht, weil damit noch nicht feststeht, wie auf das Prozesshindernis zu reagieren ist. Wenn es im Ersturteil übersehen wurde, ist die Berufung begründet,[6] das Urteil aufzuheben und das Verfahren durch Einstellungsurteil zu beenden (§ 260 Abs. 3). 11

5. Die Hauptverhandlung

Sie verläuft wie die Verhandlungen erster Instanz, modifiziert durch §§ 324, 325. 12

6. „Versäumnisurteil", § 329

Ist der Angeklagte zu Beginn der Hauptverhandlung ohne genügende Entschuldigung ausgeblieben und ist auch sein Vertreter nicht erschienen, wird seine Berufung ohne Verhandlung zur Sache verworfen (Abs. 1 S. 1). Das Gesetz unterstellt, dass der säumige Angeklagte kein Interesse an der Hauptverhandlung hat und auf sein Rechtsmittel verzichtet.[7] Bis vor kurzem galt das bis auf wenige Ausnahmen auch dann, wenn der Verteidiger ohne den Angeklagten erschien, da ersterer nicht „Vertreter" des letzteren sei.[8] Der EGMR sah hier in der Berufungsverwerfung allerdings einen Verstoß gegen das fair trial-Prinzip in Gestalt des Rechts auf effektive Verteidigung aus Art. 6 Abs. 3 lit. c EMRK.[9] Dem hat der Gesetzgeber nun in Abs. 2 Rechnung getragen. Danach findet die Hauptverhandlung im Normalfall auch ohne den Beschuldigten statt, wenn er durch einen Verteidiger mit nachgewiesener Vollmacht vertreten wird; die Berufung darf also insoweit nicht mehr verworfen werden. Der Angeklagte kann dann allerdings später mit der Revision nicht geltend machen, dass seine Anwesenheit erforderlich gewesen sei (§ 340). Ausnahmsweise kann die Anwesenheit des Angeklagten erforderlich bleiben, so etwa, wenn in der Berufungsverhandlung noch Umstände aufgeklärt werden sollen, die für die Straf- und Schuldfrage von Bedeutung sind.[10] Das Vorgehen regelt hier Abs. 4. 13

Hat die Staatsanwaltschaft Berufung eingelegt, kann unabhängig von der Vertretung durch einen Verteidiger ohne den Angeklagten verhandelt werden, wenn sein Ausblei- 14

---

[5] BGHSt 24, 208 (212); 32, 275 (290).
[6] Vgl. *Meyer-Goßner/Schmitt*, § 206a Rn. 6.
[7] BGHSt 15, 287 (289); a. A.: Verwirkung.
[8] So zuletzt wieder OLG München NStZ 2013, 358.
[9] EGMR StraFo 2012, 490 mit Bespr. *Esser*, StV 2013, 331. Die nationalen Gerichte haben die Verwerfungsregel aufgrund des eindeutigen Wortlauts und Willens des deutschen Gesetzgebers zunächst gleichwohl weiter angewendet, vgl. OLG München NStZ 2013, 358; OLG Bremen StV 2014, 211.
[10] OLG Hamburg NStZ 2017, 607.

ben nicht genügend entschuldigt ist (Abs. 2 S. 1 a. E.). Der Angeklagte soll das Verfahren nicht aufhalten oder behindern können.[11] Das Vorgehen regelt hier Abs. 5. Ist die Anwesenheit des Angeklagten ausnahmsweise erforderlich, muss nach Abs. 3 verfahren werden. Die Revisionsbeschränkung für den Angeklagten aus § 340 gilt hier nach eindeutigem Wortlaut („gegen das auf *seine* Berufung hin ergangene Urteil") nicht.

15 Den Vorrang vor der Entscheidung nach Abs. 1 S. 1 hat die Verwerfung der Berufung als unzulässig (§ 322 Abs. 1 S. 1). Nach h. M. soll auch die Einstellung gem. § 206a der Verwerfung nach Abs. 1 vorgehen. Das erscheint aber nur richtig, wenn das Prozesshindernis nach der Erstentscheidung eingetreten ist (vgl. oben Rn. 11).[12]

7. Aufhebung und Zurückverweisung

16 Hat in erster Instanz ein örtlich oder sachlich unzuständiges Gericht entschieden, wird (wenn der Angeklagte erschienen ist) das Ersturteil aufgehoben und die Sache zu neuer Verhandlung an das zuständige Gericht verwiesen (§ 328 Abs. 2). In allen anderen Fällen muss das Berufungsgericht in der Sache selbst entscheiden.

III. Die Sachentscheidung des Berufungsgerichts

1. Unbegründete Berufung

17 Kommt das Berufungsgericht zu demselben Ergebnis wie das Amtsgericht, erlässt es nicht noch einmal ein Sachurteil. Es verwirft die Berufung als unbegründet. Nach Ablauf der Frist für die Einlegung der Revision gegen das Berufungsurteil wird das Ersturteil rechtskräftig.

2. Begründete Berufung

18 Gelangt das Berufungsgericht zu einem anderen Ergebnis, hebt es das Urteil des Amtsgerichts auf und entscheidet in der Sache selbst (§ 328 Abs. 1). Das gilt, „soweit" die Berufung begründet ist. Hält das Berufungsgericht z. B. lediglich ein anderes Strafmaß für richtig, lässt es den Schuldspruch bestehen, hebt nur den Strafausspruch auf und entscheidet darüber neu.

19 Seine sachliche Zuständigkeit reicht nicht weiter als die des Richters, der die Sache in erster Instanz entschieden hatte.[13] Hält es eine Rechtsfolge für angebracht, die das Amtsgericht nicht aussprechen darf (§ 24 Abs. 2 GVG), muss es die Sache an die große Strafkammer des Landgerichts verweisen.

Fälle und Fragen

237. Welche Urteile können mit der Berufung angefochten werden?
238. Wann bedarf die Berufung der Annahme?

---

[11] BGHSt 17, 391 (395).
[12] *Meyer-Goßner/Schmitt*, § 329 Rn. 8; a. A. BGHSt 46, 230.
[13] BGHSt 31, 63 (66); 34, 159 (160).

§ 36. Revision

I. Grundlagen

1. Das Prinzip

1 Die Revision führt nicht zu einer neuen Verhandlung der Sache vor dem Revisionsgericht. Sie ist eine reine Rechtsbeschwerde. Der Beschwerdeführer kann mit der Verfahrensrüge vorbringen, dass das Verfahren des Tatgerichts fehlerhaft gewesen und mit der Sachrüge, dass im Urteil das materielle Recht nicht richtig angewendet worden sei. Dagegen kann er die tatsächlichen Feststellungen (prinzipiell) nicht angreifen. In der Würdigung der Beweise ist der Tatrichter frei. Es liegt in seiner Macht und in seiner Verantwortung, den Sachverhalt richtig aufzuklären. In diese Freiheit soll der Revisionsrichter nicht eingreifen. (Dieses gesetzliche Leitbild des Rechtsmittels Revision ist inzwischen freilich verändert worden; vgl. unten Rn. 6). Das Revisionsgericht beschränkt sich auf die Prüfung von Rechtsfehlern. Es geht lediglich auf die „Rechtsfrage" ein und überlässt die „Tatfrage" dem Tatrichter. Diese Rechtskontrolle kann nur dazu führen, dass das angefochtene Urteil ganz oder zum Teil aufgehoben und die Sache zu einer völlig neuen oder auf bestimmte Punkte begrenzten Verhandlung an die Tatsacheninstanz zurückverwiesen wird. Eine Beweisaufnahme zur Schuld- und Straffrage gibt es vor dem Revisionsgericht nicht. Es entscheidet nicht in der Sache selbst (Ausnahmen unten Rn. 48ff.). In die Verantwortung des Revisionsgerichts fällt allein, was es nach dem Zuschnitt dieses Rechtsmittels leisten kann. Das hat Konsequenzen für die Frage, welchen Zwecken die Revision dient.

2. Die Zwecke

a) Einzelfallgerechtigkeit

2 Rechtsmittel gewähren dem Betroffenen Rechtsschutz. Seinem Interesse an einer gerechten Entscheidung dient auch die Revision. Er kann es aber lediglich in den engen Grenzen verfolgen, die das Revisionsverfahren zieht. Er darf nur „realistischen Rechtsschutz" erwarten, weil die Verantwortung für das gerechte Ergebnis zwischen dem Tatgericht und dem Revisionsgericht geteilt ist

b) Rechtseinheit

3 Die Aufgabe, für eine einheitliche Anwendung des Rechts zu sorgen, ist mit der Beschränkung der Revision auf die Rechtsfrage vorgezeichnet. Die Vorschriften des Verfahrensrechts sollen gleichförmig angewandt und das materielle Recht soll überall gleich ausgelegt werden. Die Autorität einer Revisionsentscheidung wirkt über den Einzelfall hinaus. Überdies hat der BGH die Aufgabe, die Rechtsprechung der Oberlandesgerichte (§ 121 Abs. 2 GVG) und die der BGH-Senate zu harmonisieren (§§ 132ff. GVG).

c) Rechtsfortbildung

4 In den Grenzen, die das Strafrecht zieht (Analogieverbot, Rückwirkungsverbot) sorgt der BGH für die Rechtsfortbildung in Grundsatzfragen (vgl. § 132 Abs. 4 GVG).

d) Die Kollision und die Kombination der Zwecke

5 Der lebhafte Streit um die richtige Theorie der Revisionszwecke[1] ist praktisch kaum relevant. Eine Entscheidung des Revisionsgerichts dient stets zugleich der Einzelfallgerechtigkeit und der Rechtssicherheit. Historisch gesehen stand bei der Sachrüge das Interesse im Vordergrund, für eine einheitliche Handhabung des materiellen Rechts zu sorgen, und bei der Verfahrensrüge das Bestreben, dem Beschwerdeführer ein ordnungsgemäßes Verfahren zu garantieren und damit die Chance auf ein Urteil zu eröffnen, das allen Besonderheiten seines Einzelfalles gerecht wird. Unterdessen haben sich die Revisionsgerichte selbst ein Instrumentarium geschaffen, das über die im Gesetz angelegte Struktur der Revision hinausreicht und es ihnen ermöglicht, den Tatrichter streng zu kontrollieren (unten Rn. 6). So kann man zusammenfassend zwar sagen, dass die Revisionsgerichte die Akzente selbst setzen und den Aspekt der Einzelfallgerechtigkeit in dem einen Fall mehr hervorheben als in dem anderen. Stets aber wirken sie zugleich im Sinne der Rechtseinheit.[2]

3. Die „erweiterte" Revision

6 Die Rechtsprechung ist über das Prinzip (oben Rn. 1) hinausgegangen und hat Regeln entwickelt, die vor allem den Zugriff auf die Beweiswürdigung erlauben.[3] Die Beweiswürdigung ist zwar frei, muss aber in sich geschlossen und lückenlos sein, darf weder unklar bleiben noch Widersprüche aufweisen und nicht bei bloßen Vermutungen stehen bleiben (vgl. oben 29 Rn. 2 ff.). Die objektive Grundlage der richterlichen Überzeugung muss nachvollziehbar sein. Wenn die Urteilsgründe diesen Anforderungen entsprechen, prüft das Revisionsgericht, ob das materielle Recht richtig angewandt worden ist. Ist der Tatrichter dagegen hinter diesen Anforderungen zurückgeblieben, kann das Revisionsgericht nicht prüfen, ob richtig subsumiert wurde. Es mag sein, dass der Tatrichter sorgfältig gearbeitet hat. Wenn sich aber die Darstellung in den Urteilsgründen in dem genannten Sinne als mangelhaft erweist, kann das Revisionsgericht nicht sicher sein, dass die Tatsachengrundlage der Subsumtion tragfähig ist. Also wurde das materielle Recht (möglicherweise) nicht richtig angewendet. Deshalb handelt es sich um eine Sachrüge. Da sie sich auf die mangelhafte Darstellung in den Urteilsgründen stützt, nennt man sie **Darstellungsrüge.** Damit ist das Prinzip, dass das Revisionsgericht an die tatsächlichen Feststellungen im angefochtenen Urteil gebunden bleibt und auf die Tatfrage nicht zugreifen darf, zwar nicht aufgehoben, aber disponibel geworden. Das Revisionsgericht entscheidet selbst, ob es sich an den festgestellten Sachverhalt binden will und braucht das nicht zu tun, wenn er mangelhaft dargestellt wurde.

---

[1] Vgl. *Hamm*, Rn. 1 ff.

[2] Zur Diskussion um den Revisionszweck vgl. LR/*Franke*, vor § 333 Rn. 7 f.

[3] Grundlegend *Fezer*, Die erweiterte Revision – Legitimierung der Rechtswirklichkeit?, 1974.

II. Revisionsgründe

„Die Revision kann nur darauf gestützt werden, dass das Urteil auf einer Verletzung des Gesetzes beruhe" (Wortlaut § 337 Abs. 1). Die Abgrenzung der überprüfbaren Rechtsfrage von der nicht revisiblen Tatfrage (vgl. oben Rn. 1) ist theoretisch schwierig und umstritten. Zu einem hinreichend gesicherten praktischen Ergebnis kommt man dadurch, dass man klärt, in welchen Fällen ein „Gesetz" verletzt ist. 7

1. Gesetzesverletzung

Der Begriffskern von „Gesetz" ist klar: jede Rechtsnorm (§ 337 Abs. 2, § 7 EGStPO). Es gibt allerdings Fälle von Rechtsnormen, die ausgeklammert und nicht als Gesetz in diesem Sinne behandelt werden. 8

a) Das materielle Recht

Mit der **Sachrüge** wird geltend gemacht, dass eine auf den festgestellten Sachverhalt anzuwendende Norm nicht oder nicht richtig angewandt wurde oder dass eine Regel herangezogen wurde, die keine Rechtsnorm ist. 9

Zum sachlichen Recht gehört nicht nur das materielle Strafrecht, sondern auch jedes andere deutsche Recht (Zivilrecht, öffentliches Recht, etc.), das Völkerrecht (die allgemeinen Regeln, Art. 25 GG), ausländisches Recht (wenn es auf Vorfragen ankommt, z. B. bei § 7 StGB), unmittelbar geltendes europäisches Recht, Staatsverträge, die durch ein formelles Gesetz umgesetzt worden sind.

Nicht als Rechtsnormen zählen Verwaltungsanordnungen,[4] Dienstvorschriften, Unfallverhütungsvorschriften,[5] allgemeine Geschäftsbedingungen. 10

Die **Denkgesetze** und die **Erfahrungssätze** sind **nicht** Rechtsnormen, auch nicht „ungeschriebene". Ihre Verletzung hat aber zur Folge, dass die Rechtsanwendung unrichtig wird, und das kann mit der Sachrüge vorgetragen werden.[6] 11

Die Regel **in dubio pro reo** kann in ihrer Wirkung ähnlich verstanden werden.[7] Es handelt sich zwar strukturell um eine Beweislastregel (vgl. oben 18 Rn. 18) und insofern um eine Verfahrensvorschrift. Ihre Verletzung führt aber zu einer unrichtigen Anwendung des materiellen Rechts, das für eine Bestrafung die Schuld und nicht eine nur mögliche Schuld voraussetzt. Vor allem ergibt sich ein Verstoß gegen in dubio pro reo stets aus den Urteilsgründen selbst, so dass es nicht sachgerecht wäre, eine Rüge an die strengen Form- und Begründungsvorschriften für Verfahrensrügen (näher unten Rn. 23) zu binden. Dem Revisionsgericht genügt die Sachrüge. 12

---

[4] BGH NStZ 1982, 321; str. für blankettausfüllende Vorschriften, OLG Hamburg NStZ 1984, 273.

[5] Str., BayObLG MDR 1987, 80.

[6] Vgl. LR/*Franke*, § 337 Rn. 11.

[7] Str., vgl. LR/*Franke*, § 337 Rn. 14.

b) Das Verfahrensrecht

13 Die Verletzung einer Rechtsnorm über das Verfahren wird mit der Verfahrensrüge geltend gemacht. Für Verfahrensvoraussetzungen existieren Sonderregeln (unten Rn. 14). In dem nun noch verbleibenden, großen Bereich der verfahrensleitenden Bestimmungen (vgl. oben 14 Rn. 5) gibt es zwingende Vorschriften (ist, muss), Ermessensvorschriften (kann, darf) und Soll- und Ordnungsvorschriften. Sie alle sind Rechtsnormen, und das Gesetz (§ 337) unterscheidet nicht zwischen ihnen. Dennoch werden die **Soll- und Ordnungsvorschriften** von der h. M. nicht für revisibel gehalten.

Beispiele: § 57, unterlassene Zeugenbelehrung;[8] § 64, unterlassene Protokollierung;[9] § 109, unterlassene Kennzeichnung beschlagnahmter Gegenstände; § 257 Abs. 1, wenn insgesamt rechtliches Gehör gewährt wurde.[10]

Nicht jede Förmlichkeit stellt eine „schützende" Form des Verfahrensrechts dar. Es kommt darauf an, ob ihre Verletzung Rechte des Beschwerdeführers beeinträchtigt. Das ist der Fall, wenn der Verstoß gegen eine Soll- und Ordnungsvorschrift zugleich eine Missachtung der Aufklärungspflicht darstellt.[11] Dieser Ansatz beim Schutzzweck ist der Methode überlegen, das Problem in die Frage des „Beruhens" abzuschieben.

c) Verfahrensvoraussetzungen

14 Sie werden von Amts wegen geprüft. Das Revisionsgericht untersucht also, wenn eine zulässige Revision eingelegt wurde, ob der Tatrichter ein Verfahrenshindernis übersehen oder falsch behandelt hat (zu den später eingetretenen Verfahrenshindernissen unten Rn. 49). An die Feststellungen des angefochtenen Urteils ist es dabei nicht gebunden (Ausnahme: doppelrelevante Tatsachen, die auch für den Schuldspruch Bedeutung haben, z. B. der Geisteszustand des Beschuldigten, wenn er sowohl für die Schuldfähigkeit als auch für die Verhandlungsfähigkeit eine Rolle spielt).[12] Wie es den Beweis führt, steht ihm frei. So wenig es einzusehen ist, weshalb man den Tatrichter bei Prozessvoraussetzungen von den Regeln des Strengbeweisverfahrens dispensieren sollte, so einleuchtend ist es andererseits, dass man dem Revisionsgericht, das keine Beweisaufnahme wie in der Tatsacheninstanz durchführt, die Regeln des Freibeweisverfahrens zur Verfügung stellen muss.

d) Rechtsregeln der Beweiswürdigung

15 Das Revisionsgericht würdigt niemals Beweise selbst. Es überprüft aber, ob der Tatrichter die Grenzen seiner Freiheit der Beweiswürdigung eingehalten hat (vgl. oben 29 Rn. 2ff.). Wenn das nicht möglich ist, weil der Tatrichter den Anforderungen an die Darstellung der Beweiswürdigung nicht nachgekommen ist, liegt darin der Rechtsfehler

---

[8] BGH NStZ 1983, 354.

[9] BGH NStZ 1989, 128.

[10] BGH MDR 1967, 175, str.

[11] Vgl. LR/*Franke*, § 337 Rn. 18ff. m.w.N.

[12] BGHSt 5, 225; zu den Besonderheiten, wenn das Verfahrenshindernis von der strafrechtlichen Würdigung der Sache abhängt, vgl. BGHSt 56, 6 (Verjährung aufgrund Verneinung von Gewerbsmäßigkeit nach § 263 Abs. 5 StGB).

(Sachrüge in der Erscheinungsform der Darstellungsrüge, vgl. oben Rn. 6). Diese revisiblen Rechtsverstöße beziehen sich nicht auf gesetzlich festgeschriebene Rechtsnormen, sondern auf Rechtsregeln, die von den Revisionsgerichten selbst geschaffen wurden („erweiterte Revision").

In die Verantwortung des Tatrichters greift das Revisionsgericht auch dort nicht ein, wo es den Sachverhalt selbst beurteilen könnte. Wenn sich der beleidigende Brief oder das pornographische Material bei den Akten befindet, wird der Brief nicht gelesen und das Material nicht in Augenschein genommen.[13] Das Revisionsgericht prüft nur, ob die Rechtsregeln der Auslegung von Erklärungen (etc.) richtig gehandhabt worden sind.[14] 16

Beispiel: Die Frage, ob das Opfer durch die Körperverletzung „in erheblicher Weise dauernd entstellt" wurde (§ 226 Abs. 1 Nr. 3) ist Tatfrage. Das Revisionsgericht greift nur ein, wenn der Tatrichter diesen Rechtsbegriff verkannt hat, und hält sich mit einem eigenen Urteil selbst dann zurück, wenn sich ein Foto bei den Akten befindet.

2. Beruhen

Das Gesetz verlangt Kausalität zwischen der Gesetzesverletzung und dem Urteil (§ 337 Abs. 1). Es müsste also das Urteil bei richtiger Rechtsanwendung anders ausgefallen sein. Der Beschwerdeführer braucht das aber nicht zu beweisen. Er könnte es auch meist nicht. Wenn z. B. ein Beweisantrag zu Unrecht abgelehnt worden ist, wäre vielleicht das Gleiche, möglicherweise aber ein anderes Ergebnis zustande gekommen. Das genügt. Ein Urteil beruht schon dann auf dem Rechtsfehler, wenn nicht auszuschließen ist, dass es ohne den Fehler anders ausgefallen wäre.[15] Die „Beweislast" dafür, dass kein Zusammenhang bestehen kann, liegt beim Revisionsgericht.[16] 17

a) Relative Revisionsgründe, § 337

Diese Grundnorm des Revisionsrechts regelt den Normalfall. Relativ ist der Revisionsgrund, weil eine Beziehung zwischen dem Fehler und dem Urteil bestehen muss, das Beruhen. 18

b) Absolute Revisionsgründe, § 338

Bei diesen Verfahrensfehlern wird gesetzlich vermutet (fingiert), dass das Urteil auf ihnen beruht. Dazu braucht der Beschwerdeführer also nichts zu sagen. Ansonsten gelten die gleichen Anforderungen wie für andere Verfahrensrügen. Der Katalog ist abschließend. 19

---

[13] BGHSt 29, 18 (22); KG JR 1980, 291 m. Anm. *Volk.*
[14] BGH NStZ 1982, 27.
[15] St. Rspr., BGHSt 1, 350; BGH NStZ 1983, 135.
[16] *Herdegen*, NStZ 1990, 516.

Übersicht 25: Absolute Revisionsgründe, § 338

20
- Nr. 1: sichert das Recht auf den gesetzlichen Richter.
- Nr. 2: vgl. §§ 22, 23, 31 Abs. 1, 148 a Abs. 2 S. 1.
- Nr. 3: diese Rüge ist der Sache nach eine sofortige Beschwerde (§ 28 Abs. 2 S. 2), über die aus Gründen der Zweckmäßigkeit das Revisionsgericht entscheidet[17] und dabei die Regeln einer Beschwerdeentscheidung anwendet (Überprüfung auch in tatsächlicher Hinsicht, vgl. unten 37 Rn. 11).
- Nr. 4: betrifft die örtliche und sachliche Zuständigkeit sowie die besondere Zuständigkeit gleichrangiger Gerichte (§§ 74 Abs. 2, 74 a, c GVG); für die Verteilung der Zuständigkeit nach dem Geschäftsverteilungsplan unter den Spruchkörpern des gleichen Gerichts gilt Nr. 1.
- Nr. 5: gilt nur für die Abwesenheit bei einem wesentlichen Teil der Hauptverhandlung; [18] zu den Anwesenheitspflichten oben 20 Rn. 3 ff.
- Nr. 6: anwendbar nur bei ungesetzlicher Beschränkung der Öffentlichkeit, nicht bei fehlerhafter Erweiterung, [19] die nur nach § 337 zu rügen sein soll.[20] Der BGH verlangt ferner ein Verschulden des Gerichts.[21] Nicht erforderlich ist die Darlegung, dass durch die Beschränkung tatsächlich jemand vom Besuch der Sitzung abgehalten wurde.[22]
- Nr. 7: fehlen die Gründe, ist schon die allgemeine Sachrüge erfolgreich. Anders liegt das bei Prozessurteilen gem. §§ 329 Abs. 1, 412.
- Nr. 8: Die Beschränkung der Verteidigung muss durch einen Gerichtsbeschluss entstanden sein (z. B. § 238 Abs. 2) und einen wesentlichen Punkt betreffen, auf dem das Urteil bei konkreter Betrachtung auch beruhen kann. [23] Die generelle (abstrakte) Eignung der Beschränkung, das Urteil zu beeinflussen, soll demgegenüber nicht genügen.[24] Damit behandelt die Rspr. diesen Revisionsgrund nicht als „absolut".[25]

3. Sachrüge

21 Eine Revision muss, um zulässig zu sein, begründet werden, und in der Begründung ist anzugeben, ob eine Sachrüge oder eine Verfahrensrüge erhoben wird (§ 344 Abs. 2 S. 1). Die Sachrüge bedarf keiner weiteren Begründung. „Gerügt wird die Verletzung sachlichen Rechts" – das genügt. Nun liest das Revisionsgericht das Urteil und überprüft es auf Rechtsfehler (oben Rn. 9 ff., 14 ff.). Das Beruhen ergibt sich aus dem Urteil selbst. Die Akten werden für diese Prüfung weder benötigt noch dürfen sie aufgeschlagen wer-

[17] BGHSt 27, 96 (98).
[18] Vgl. *Meyer-Goßner/Schmitt,* § 338 Rn. 35 ff.
[19] BGHSt 10, 202 (206); 23, 82 (85).
[20] BGH NStZ 1998, 586, zur Ablehnung eines Antrags auf Ausschluss der Öffentlichkeit.
[21] BGHSt 21, 72 (74); BGH NStZ 1995, 143.
[22] OLG Celle NStZ 2012, 654, hinsichtlich eines fälschlich vor Sitzungssaal angebrachten Schildes „nicht öffentlich"; a. A. *Meyer-Goßner/Schmitt,* § 338 Nr. 50 a.
[23] BGH NStZ 2010, 530; BGH Beschl. v. 2. 12. 2015 – 4 StR 423/15, BeckRS 2015, 21033.
[24] BGHSt 23, 244; 30, 131 (135).
[25] Näher LR/*Franke,* § 338 Rn. 125 m. w. N.

den.[26] Der Rechtsfehler kann sich nur aus dem Urteil selbst ergeben, nicht etwa aus einem Vergleich zwischen dem Urteil und den Akten. Die schlichte Rüge der **„Aktenwidrigkeit"** ist daher aussichtslos. Anders verhält es sich, wenn sich der Widerspruch aus den Urteilsgründen selbst ergibt.[27]

Hier gibt es allerdings einen Sonderfall. 22

Fall: In den Akten befindet sich ein Schriftstück, dessen Inhalt im Widerspruch zu den Zeugenaussagen steht, denen das Gericht gefolgt ist. Welchen Fehler kann das Gericht gemacht haben?

Es hat entweder nicht versucht, diesen Widerspruch in der Hauptverhandlung zu beheben und damit seine Aufklärungspflicht verletzt, oder diesen Versuch zwar unternommen, es aber versäumt, die Beweiswürdigung umfassend vorzunehmen bzw. sie in den Urteilsgründen vollständig darzustellen. Anders kann es nicht sein.[28]

4. Verfahrensrüge

a) Begründung

Verfahrensrecht ist verletzt, wenn eine gesetzlich vorgeschriebene Handlung nicht oder fehlerhaft vorgenommen wurde oder wenn sie überhaupt unzulässig war.[29] Eine „allgemeine Verfahrensrüge" gibt es nicht. Sie würde das Revisionsgericht dazu zwingen, das ganze Verfahren zu rekonstruieren. Das ist weder möglich noch zumutbar. Der Beschwerdeführer hat daher seine Verfahrensrüge gezielt anzubringen und mit Tatsachen zu belegen (§ 344 Abs. 2 S. 2).[30] 23

Beispiel: Die Rüge, ein Beweisantrag sei zu Unrecht abgelehnt worden, muss – ohne jede Bezugnahme auf die Akten – den Beweisantrag wiedergeben, den ablehnenden Beschluss des Gerichts und die Gründe dafür, weshalb das fehlerhaft war.

Eine Verfahrensrüge muss also substantiiert und „schlüssig" vorgetragen werden, so dass das Revisionsgericht allein aus der Begründung schließen kann: Wenn es stimmt, was der Beschwerdeführer vorträgt, dann hat er Recht.

Wer behauptet, dass der Verfahrensfehler in der Verletzung der Aufklärungspflicht bestehe (§ 244 Abs. 2; **Aufklärungsrüge**), muss demnach angeben, welches Beweismittel bekannt oder nahe liegend war, welcher konkrete Sachverhalt sich damit hätte aufklären lassen und weshalb das von Bedeutung für den Schuld- oder Strafausspruch gewesen wäre.[31]

Zu einer formgerechten Verfahrensrüge gehört manchmal auch der Vortrag von „Negativtatsachen". Wer behauptet, dass der Inhalt einer nicht verlesenen Urkunde verwertet worden sei, muss zusätzlich vorbringen, dass der Inhalt der Urkunde auch nicht in anderer prozessordnungsgemäßer Weise (z. B. durch Vorhalt) in die Hauptverhandlung eingeführt worden ist.[32]

---

[26] BGHSt 35, 238 (241).
[27] Vgl. BGH NStZ 2008, 705.
[28] *Ziegert,* StV 1996, 279; BGHSt 43, 212; KK-StPO/*Gericke,* § 337 Rn. 26a.
[29] BGH MDR 1981, 157; LR/*Franke,* § 337 Rn. 67ff.
[30] BGH StV 1996, 530.
[31] *Ziegert,* Grundlagen der Strafverteidigung, S. 415ff., nennt das eine prozessuale Wahlfeststellung; dagegen BGH NStZ 2007, 115.
[32] St. Rspr. des BGH, bestätigt von BVerfG NStZ 2005, 522ff.

b) Beweis

24 Erfolg hat eine Verfahrensrüge nur, wenn die Tatsachen, die den Verfahrensmangel ergeben, bewiesen sind. Der Beweis kann geführt werden durch das Protokoll (§§ 273, 274), den Urteilsinhalt oder durch Ermittlungen im Freibeweisverfahren. Die Rüge, dass im Protokoll etwas enthalten oder nicht enthalten sei – **„Protokollrüge"** –, ist erfolglos, weil das Urteil nicht auf dem Protokoll beruhen kann. Das Protokoll kann einen Fehler nur beweisen, nicht aber konstituieren.

Fraglich ist, ob von der Unzulässigkeit der bloßen Protokollrüge bei der **Verständigung** eine Ausnahme zu machen ist. Der 2. Strafsenat nimmt an, der Gesetzgeber habe hier zur Herstellung von Transparenz eine Sonderregelung getroffen; deshalb könne zulässigerweise gerügt werden, dass das Sitzungsprotokoll den Inhalt von außerhalb der Hauptverhandlung geführten Verständigungsgesprächen nicht wiedergebe.[33] Der 3. Strafsenat hält dagegen im obigen Fall daran fest, dass das Urteil unmöglich auf einer fehlerhaften Protokollierung beruhen könne, so dass die Protokollrüge auch hier unzulässig sei.[34]

25 Lässt sich nicht klären, ob ein Verfahrensfehler vorgekommen ist, soll eine Vermutung für das ordnungsgemäße Prozedieren des Richters sprechen und nicht in dubio pro reo gelten.[35]

Beispiel: Es wurde das Protokoll einer Vernehmung verlesen, bei der möglicherweise gegen § 136a verstoßen wurde; klären lässt sich der Vorgang nicht.

Das Beispiel zeigt, dass eine ausnahmslose Nichtanwendung von in dubio pro reo problematisch ist. Betreffen die Zweifel einen wesentlichen Verfahrensgrundsatz und liegt der Grund dafür, dass sie nicht aufklärbar sind, in der Verantwortungssphäre der Justiz, sollten sie dazu führen, dass das Urteil aufgehoben wird.[36]

c) Der Verlust von Verfahrensrügen

Er kann durch Zeitablauf, Verzicht, unterlassene Beanstandung oder Verwirkung eintreten. Das Problem ist kompliziert und umstritten.

26 **Zeitablauf:** Manche Verfahrensrügen gehen verloren, wenn nicht schon im Verfahren rechtzeitig Einreden geltend gemacht wurden (§§ 6a S. 3, 16 S. 2, 25, 217 Abs. 2, 218 S. 2, 222b Abs. 1 S. 1, 246 Abs. 2).

27 **Verzicht:** Der vor dem Tatrichter erklärte Verzicht auf die Einhaltung einer Verfahrensvorschrift schließt es aus, sich auf einen Verstoß zu berufen (venire contra factum proprium). Die meisten Verfahrensvorschriften stehen allerdings als Ausgestaltungen des Rechtsstaatsprinzips nicht zur Disposition der Verfahrensbeteiligten und sind deshalb unverzichtbar. Danach bleiben nur wenige Fälle: Rechtsmittelbelehrung (§ 35a), Mit-

---

[33] BGHSt 58, 310 mit zust. Anm. *Radtke,* NStZ 2013, 669; ebenso auch der 4. Senat, BGH StV 2014, 67.

[34] BGHSt 59, 130; BGH NStZ 2014, 418; zust. *Kudlich,* NStZ 2014, 285, der allerdings zu Recht anmerkt, dass der 3. Strafsenat die Frage dem Großen Senat hätte vorlegen sollen.

[35] BGHSt 16, 164 (167); vgl. oben 18 Rn. 22.

[36] Zu diesem Ansatz LR/*Franke,* § 337 Rn. 51 m. w. N.

teilung der Anklageschrift (§ 201), Ladungen (§§ 216, 218), Benachrichtigung (§ 224), Verzicht auf das letzte Wort (§ 258 Abs. 3). Verzicht setzt Kenntnis des Rechts voraus. Das Schweigen des unverteidigten Angeklagten lässt sich daher nicht als Verzicht auffassen.

Unterlassene Beanstandung: Auf eine fehlerhafte Anordnung des Vorsitzenden kann man die Revision nicht stützen, wenn man sie nicht beanstandet und eine Entscheidung des Gerichts herbeigeführt hat (§ 238 Abs. 2, vgl. auch § 338 Nr. 8). Der unverteidigte Angeklagte braucht aber nicht zu wissen, dass es diesen Zwischenrechtsbehelf gibt. 28

Verwirkung: Die Verantwortung für den ordnungsgemäßen Ablauf des Verfahrens liegt allein beim Gericht, nicht bei den Verfahrensbeteiligten.[37] Verstößt ein Verfahrensbeteiligter gegen Treu und Glauben, besagt das nichts, weil das Gericht nicht auf seine loyale Mitwirkung vertrauen darf. Allenfalls Arglist lässt die Frage nach einer Verwirkung entstehen. 29

Beispiel: Der Verteidiger verlässt die Hauptverhandlung vor der großen Strafkammer in einem wichtigen Moment für ein paar Minuten, hofft darauf, dass man weiterverhandeln und diesen Verstoß nicht heilen wird (durch Wiederholung des entsprechenden Teils der Verhandlung) und beabsichtigt, darauf später die Revision zu stützen (§§ 338 Nr. 5, 140). Tut er das dann, kann man ihm nicht entgegenhalten, er habe sich die Rüge arglistig erschlichen und das Recht verwirkt, sie geltend zu machen. Dazu ist die verletzte Vorschrift zu wichtig.[38] Überdies darf die Arglist des Verteidigers nicht dem Angeklagten zugerechnet und angelastet werden.[39]

Der Rügeverlust kraft Verwirkung kommt nur bei verzichtbaren Vorschriften in Betracht, und dort greift in aller Regel bereits dieser Ausschlussgrund, so dass die Verwirkung im Ergebnis bedeutungslos ist.[40]

III. Zulässigkeit

1. Statthaftigkeit, §§ 333, 335

a) Die Revision ist statthaft gegen Urteile der Strafkammern (§ 333). Hat eine große Strafkammer in erster Instanz entschieden, geht die Revision zum Bundesgerichtshof (§ 135 Abs. 1 GVG, es sei denn, dass nur Landesrecht verletzt ist, vgl. oben 5 Rn. 18). Das Gleiche gilt für erstinstanzliche Urteile des Oberlandesgerichts (vgl. § 120 GVG). Wird ein Berufungsurteil einer kleinen Strafkammer angefochten, entscheidet über die Revision das Oberlandesgericht (§ 121 Abs. 1 Nr. 1 GVG). 30

b) Urteile des Amtsgerichts können, ohne dass erst Berufung eingelegt wird, mit der Revision angefochten werden (Sprungrevision, § 335 Abs. 1). Über sie entscheidet das Oberlandesgericht (§ 335 Abs. 2). 31

---

[37] Markant *Dahs,* NStZ 2007, 241.

[38] BGHSt 15, 306 (308); anders BGH NStZ 1997, 451; 1998, 209.

[39] BGHSt 24, 280 (283).

[40] Str., vgl. *Meyer-Goßner/Schmitt,* § 337 Rn. 47. Zu einem besonders gelagerten Fall BGH NStZ 2005, 646ff.

2. Form und Frist der Einlegung, § 341

32 Die Revision muss bei dem Gericht, dessen Urteil angefochten wird, binnen einer Woche nach Verkündung des Urteils zu Protokoll der Geschäftsstelle oder schriftlich eingelegt werden (Abs. 1 – bei Verkündung in Abwesenheit läuft die Wochenfrist ab Zustellung, Abs. 2; zur Geschäftsstelle für inhaftierte Angeklagte vgl. § 299; bei Einlegung durch den Verteidiger ist sie ab 1.1.2022 ebenso wie die Berufung grds. in elektronischer Form zu übermitteln, § 32d S. 2 StPO). Rechtzeitige Einlegung löst den Suspensiveffekt aus (§ 343 Abs. 1).

3. Revisionsanträge, § 344 Abs. 1

33 Das Revisionsgericht prüft das Urteil nur insoweit als es angefochten ist (§ 352 Abs. 1). Der Revisionsführer muss als Teil der Revisionsbegründung einen Antrag stellen, aus dem hervorgeht, ob er das Urteil ganz anficht oder seine Revision auf Teile beschränkt (dazu oben 34 Rn. 16ff.). Er muss ferner bezeichnen, in welchem Umfang das Urteil aufgehoben werden soll (dazu unten Rn. 46).

4. Begründung, § 344

34 Diese Anträge müssen begründet werden. Macht der Revisionsführer einen Fehler bei der Anwendung des materiellen Rechts geltend, genügt die allgemeine Sachrüge (vgl. oben Rn. 21). Begründet er seine Revision mit einem Verfahrensfehler, muss er auch die Tatsachen angeben, auf die sich die Verfahrensrüge stützt (vgl. oben Rn. 23).

5. Begründungsschrift, § 345

35 Die Anträge und ihre Begründung müssen schriftlich vorgebracht werden (ab dem 1.1.2022 sieht § 32d S. 2 wiederum grds. die elektronische Übermittlung der Dokumente vor). Der Zweck besteht darin, die Revisionsgerichte davor zu schützen, dass ihnen grundlose, unverständliche oder nicht sachkundige Revisionsschriften noch mehr Arbeit machen. Daher muss die Revisionsschrift von einem Verteidiger oder Rechtsanwalt unterschrieben oder vom Protokollbeamten der Geschäftsstelle aufgenommen werden (Abs. 2). Für die Begründung hat man einen Monat Zeit. Die Frist beginnt mit Ablauf der Wochenfrist zur Einlegung, bei späterer Zustellung (Regelfall) erst dann (Abs. 1 S. 1, 2).

IV. Verfahren und Entscheidungen

1. Vorprüfung durch das Tatgericht, § 346

36 Das Gericht, dessen Urteil angefochten wird, verwirft die Revision durch Beschluss als unzulässig, wenn sie verspätet eingelegt oder begründet wurde (§§ 341, 345). Entdeckt der Tatrichter, dass er ein Verfahrenshindernis übersehen hat, darf er das Verfahren nicht einstellen (weil er auf diese Weise sein Urteil revidieren würde, was ihm nicht zusteht).[41] Bemerkt er ein nach Urteilserlass eingetretenes Verfahrenshindernis, wird nach § 206a verfahren.

---

[41] BGHSt 22, 213 (216).

Ist mit der verspätet eingelegten Revision ein Wiedereinsetzungsantrag verbunden, darf sie der Tatrichter nicht verwerfen (vgl. § 46 Abs. 1).

Der Verwerfungsbeschluss gem. § 346 Abs. 1 hat keine Bedeutung für die Rechtskraft des angefochtenen Urteils. War die Revision verspätet eingelegt, ist das Urteil ohnehin schon rechtskräftig geworden (§ 343 Abs. 1). Sonst tritt die Rechtskraft erst ein, wenn die Frist des § 346 Abs. 2 S. 2 nicht genutzt wird oder das Revisionsgericht entscheidet. 37

Bei frist- und formgerecht eingelegter Revision stellt der Tatrichter (Vorsitzende) die Revisionsschrift dem „Gegner" zu, wartet die Gegenerklärung der „anderen Seite" bzw. die dafür vorgesehene Frist ab und lässt die Akten durch die Staatsanwaltschaft dem Revisionsgericht zustellen (§ 347).

2. Beschlussentscheidungen des Revisionsgerichts, § 349

a) Unzulässige Revision, Abs. 1

Das Revisionsgericht prüft erneut Frist und Form und erstmals die übrigen Voraussetzungen der Zulässigkeit (Beschwer). Die Revision wird auch dann als unzulässig verworfen, wenn die Vorschriften über die „Anbringung der Revisionsanträge" nicht beachtet sind (z. B. bei einer reinen Protokollrüge, vgl. oben Rn. 24). Das kann durch Beschluss (Abs. 1) oder Urteil geschehen (Abs. 5). 38

b) Die offensichtlich unbegründete Revision, Abs. 2, 3

Die Revisionsgerichte sollen nicht in jedem Fall gezwungen sein, eine Hauptverhandlung durchzuführen, sondern aussichtslose Revisionen schnell erledigen dürfen. Auf Antrag der Staatsanwaltschaft beim Revisionsgericht kann eine Revision durch Beschluss als offensichtlich unbegründet verworfen werden, wenn sich alle Revisionsrichter einig sind (ein Schicksal, das 80 % der Revisionen beschieden ist). Offensichtlich heißt nicht auf den ersten Blick, sondern eindeutig. In solchen Fällen braucht man keine Hauptverhandlung.[42] 39

c) Die begründete Revision, Abs. 4

Letzteres gilt auch für den Fall einer sicher begründeten Revision, die zu Gunsten des Angeklagten eingelegt ist. Hier kommt es schon nach dem Wortlaut der Vorschrift nicht darauf an, dass die Revision „offensichtlich" begründet ist. Auch eines Antrages der Staatsanwaltschaft bedarf es nicht. Das entscheidende Kriterium ist die Übereinstimmung aller Richter des Senats. Bei Verfahrenshindernissen, die der Tatrichter übersehen hatte, ist nach § 349 Abs. 4 und nicht nach § 206a zu verfahren.[43] 40

3. Die Hauptverhandlung, §§ 350, 351

Sonst entscheidet das Revisionsgericht durch Urteil (§ 349 Abs. 5) nach einer Hauptverhandlung. Sie besteht aus Rechtsausführungen (vgl. §§ 350, 351). Vorschriften über die Beweisaufnahme gibt es nicht (Freibeweis). Beweisbedürftig sind nur Umstände, die für Prozessvoraussetzungen oder Verfahrensrügen bedeutsam sind. Auch im Bereich der 41

---

[42] Vom BVerfG als verfassungskonform gebilligt, BVerfG NJW 2014, 2563.

[43] *Meyer-Goßner/Schmitt*, § 349 Rn. 29.

Sachrüge kann über Erfahrungssätze oder ausländisches Recht Beweis erhoben werden. Nochmals: Eine Beweisaufnahme über die Tat ist ausgeschlossen.

42 Die Hauptverhandlung ist beschränkt auf die Punkte, die das Revisionsgericht zu prüfen hat (§ 352 Abs. 1). Das hängt von den gestellten Revisionsanträgen ab (oben Rn. 33). Das Revisionsgericht muss nicht über alle Rügen entscheiden. Greift eine Verfahrensrüge durch, brauchen die anderen nicht geprüft zu werden; muss das Urteil wegen der Sachrüge in vollem Umfang mit den Feststellungen aufgehoben werden (§ 353), können die Verfahrensrügen dahingestellt bleiben.[44] Möglich ist auch eine Einstellung nach §§ 153, 153a.

4. Die unbegründete Revision

43 Die Revision wird durch Urteil als unbegründet verworfen, wenn die rechtliche Überprüfung ergeben hat, dass der Tatrichter weder ein Verfahrenshindernis übersehen noch einen prozessualen oder materiellrechtlichen Fehler gemacht hat. Die gleiche Entscheidung ergeht, wenn das Urteil auf einem Fehler nicht beruht. Gesetzlich geregelt ist diese Entscheidung bei unbegründeter Revision nicht.

5. Die begründete Revision, §§ 353, 354

44 Wenn und soweit die Revision begründet ist, wird das angefochtene Urteil aufgehoben (§ 353 Abs. 1, unten Rn. 45). Das betrifft aber nur den Urteilsspruch. Die Feststellungen des angefochtenen Urteils werden davon nicht automatisch erfasst und nur aufgehoben, wenn und soweit sie durch den Rechtsfehler kontaminiert sind (§ 353 Abs. 2; unten Rn. 46). Meist wird der Fall an die Tatsacheninstanz zurückverwiesen (§ 354 Abs. 2, unten Rn. 47). Ausnahmsweise kann das Revisionsgericht auch in der Sache selbst entscheiden (§ 354 Abs. 1, unten Rn. 48 ff.).

a) Die Aufhebung des angefochtenen Urteils, § 353 Abs. 1

45 Nur teilweise aufgehoben wird das Urteil, wenn

- der Beschwerdeführer seine Revision wirksam beschränkt hat (z. B. auf den Strafausspruch)
- die Revision nur teilweise begründet ist.

Beispiel: Das Urteil war in vollem Umfang angefochten. Der BGH hält nun die Strafzumessung für fehlerhaft, hebt das Urteil insoweit auf und verwirft die Revision im Übrigen als unbegründet. Damit wird der Schuldspruch rechtskräftig.

b) Die Aufhebung der Urteilsfeststellungen, § 353 Abs. 2

46 Verfahrensfehler des Tatrichters betreffen (meist) alle Feststellungen.

Beispiel: Ein Beweisantrag auf Vernehmung eines Alibi-Zeugen wird zu Unrecht abgelehnt.

---

[44] BGHSt 17, 253.

Davon ist das ganze Beweisgebäude betroffen; alle Feststellungen werden aufgehoben. Eine erfolgreiche Sachrüge hat diese Wirkung nicht immer. Die Feststellungen zur äußeren Tatseite werden aufrechterhalten, wenn der Fehler die innere Tatseite betrifft.

Beispiele: Der Tatrichter hat es versäumt, die Schuldfähigkeit (§ 20 StGB) zu prüfen,[45] den Rechtsbegriff des bedingten Vorsatzes verkannt,[46] die niedrigen Beweggründe fehlerhaft beurteilt.[47]

Tatsächliche Feststellungen können zwar nicht in Rechtskraft erwachsen (vgl. oben 34 Rn. 21). Der Tatrichter, der die Sache neu zu entscheiden hat, ist aber innerprozessual an die aufrechterhaltenen Feststellungen gebunden.[48]

c) Die Zurückverweisung, § 354 Abs. 2, 3

Die Sache wird an eine andere Abteilung oder Kammer des Gerichts zurückverwiesen, 47
dessen Urteil aufgehoben wird. Eine andere „Abteilung" des Amtsgerichts ist eine ebenso besetzte Abteilung, also der Strafrichter oder das Schöffengericht. Wird das Urteil einer Wirtschaftsstrafkammer aufgehoben, verweist der BGH zurück an eine andere (von ihm nicht zu bezeichnende) Wirtschaftsstrafkammer.

d) Die eigene Sachentscheidung des Revisionsgerichts, § 354 Abs. 1

Diese Vorschrift eröffnet dem Revisionsgericht nur wenige Möglichkeiten, in der Sache 48
selbst zu entscheiden. Sie wird aber in richterlicher Rechtsfortbildung vielfach entsprechend angewandt. Eine eigene Sachentscheidung scheidet stets aus, wenn die Revision wegen eines Verfahrensfehlers Erfolg hat und die Feststellungen nicht bestehen bleiben können. Sie kommt also nur bei Subsumtionsfehlern in Betracht, aber auch dann, wenn eine Einstellung auszusprechen ist, weil ein Verfahrenshindernis übersehen wurde.

Die Behandlung von **Verfahrenshindernissen** ist umstritten. Wird eine zulässige Revi- 49
sion eingelegt, darf das Revisionsgericht prüfen, ob der Tatrichter ein Verfahrenshindernis übersehen und deshalb falsch entschieden hat. Es hebt das angefochtene Urteil auf und stellt das Verfahren ein (§ 354 Abs. 1). Eine unzulässige Revision eröffnet diese Prüfungsbefugnis nicht, so dass auch nicht nach § 206a verfahren werden darf.[49] Diese Vorschrift regelt nur den Fall, dass ein Verfahrenshindernis nach dem Ersturteil eingetreten ist.[50]

Einen **Freispruch** erlässt das Revisionsgericht selbst, wenn die Feststellungen fehlerfrei 50
sind und ausgeschlossen werden kann, dass eine neue Hauptverhandlung zu neuen Erkenntnissen führen könnte.[51]

---

[45] BGHSt 14, 30, 34.
[46] BGH StV 1983, 360.
[47] BGH GA 1980, 24.
[48] BGHSt 30, 340.
[49] A. A. BGHSt 16, 115 (117); 24, 208 (212); 32, 275 (290).
[50] *Meyer-Goßner/Schmitt*, § 206a Rn. 6.
[51] BGH NJW 1993, 2451.

51 Die einzige **absolut bestimmte Strafe** stellt die lebenslange Freiheitsstrafe dar.[52] In entsprechender Anwendung dieser Formulierung entscheidet das Revisionsgericht selbst, wenn nach der Verfahrenslage ein Ermessen über Art und Höhe der Rechtsfolge ausgeschlossen ist.[53]

52 Es darf auch, wenn die Staatsanwaltschaft übereinstimmt, die **gesetzliche Mindeststrafe** verhängen, von Strafe absehen (§ 354 Abs. 1) oder die Rechtsfolgen angemessen **herabsetzen** (Abs. 1a S. 2, eingeführt durch das 1. JuMoG). Eine Entscheidung in der Sache selbst trifft das Revisionsgericht überdies dann, wenn es bei begründeter Strafmaßrevision das angefochtene (fehlerhafte)[54] Urteil nicht aufhebt, weil es die verhängte Rechtsfolge nach eigenen Maßstäben für **angemessen** hält (Abs. 1a S. 1). Der Reformgesetzgeber wollte Ressourcen schonen, das Verfahren beschleunigen und Zurückverweisungen wegen solcher Fehler vermeiden, die ohne neue Tatsachenfeststellungen „unschwer in der Revisionsinstanz … behoben werden können".[55] Aus diesem „Sinn und Zweck" hat der BGH entnommen, dass § 354 Abs. 1a, b in analoger Anwendung (!) auch die Fälle erfasse, in denen ein strafzumessungsrelevanter Fehler des Schuldspruchs vorliegt, „wenn eine neue Hauptverhandlung über den Schuldspruch nicht mehr erforderlich ist".[56] Die Vorschrift ist revolutionär, weil sie eine Strafzumessung nach Aktenlage erlaubt und dem Revisionsgericht zwar die Kompetenzen, nicht aber die Möglichkeiten des Tatrichters einräumt. Mit dem Grundrecht auf ein faires Verfahren ist sie nur vereinbar, wenn man sie verfassungskonform auslegt und dem Angeklagten Gelegenheit zur Äußerung gibt (Anhörungsverfahren).[57]

53 Aus Gründen der Verfahrensvereinfachung wird in entsprechender Anwendung des § 354 Abs. 1 auch eine **Schuldspruchberichtigung** zugelassen.[58] Bei erfolgreicher Sachrüge und vollständigen, tragfähigen Feststellungen, die in einer neuen Verhandlung nicht anders getroffen werden könnten, darf z. B. die anzuwendende Strafvorschrift ausgewechselt werden (z. B. § 255 statt § 249 StGB) oder bei Gesetzeskonkurrenz die Verurteilung wegen des verdrängten Delikts entfallen – immer vorausgesetzt, dass ein Einfluss auf die Strafzumessung ausgeschlossen ist.

54 In sehr engen Grenzen darf auch eine **Berichtigung** des **Rechtsfolgenausspruchs** erfolgen.[59]

6. Verletzung des rechtlichen Gehörs, § 356a

54a Diese „Anhörungsrüge" kann erhoben werden, wenn das rechtliche Gehör im Revisionsverfahren selbst nicht gewährt worden ist. Sie setzt, anders als der subsidiär gel-

---

[52] Vgl. aber BGHStGrS 30, 105 zur übergesetzlichen Strafmilderung bei Heimtücke.

[53] BGH NStZ 1992, 78, 297; Strafaussetzung zur Bewährung: BGH StV 1996, 265 (266).

[54] Beispiel: Der Tatrichter hat eine überlange Verfahrensdauer oder U-Haft zu Unrecht kompensierend herangezogen; BGH NStZ 2005, 445.

[55] BT-Drs. 15/3482, S. 60. Vgl. *Knauer/Wolf*, NJW 2004, 2932 (2936).

[56] BGH NStZ 2005, 284 und 285. Im konkreten Fall (a. a. O. 285) mag das plausibel gewesen sein (bei 140 Fällen von sexuellem Missbrauch waren einige verjährt bzw. die Konkurrenzen falsch bestimmt).

[57] BVerfG NStZ 2007, 598.

[58] BGHSt 32, 357 (361); BGH NStZ 1985, 454; NJW 1993, 2188; näher *Meyer-Goßner/Schmitt*, § 354 Rn. 12ff.

[59] Näher *Meyer-Goßner/Schmitt*, § 354 Rn. 24ff.

tende § 33a (s. oben 9 Rn. 30), einen Antrag voraus, der form- und fristgebunden[60] ist sowie begründet und evtl. glaubhaft gemacht werden muss.

7. Revisionserstreckung auf Mitangeklagte, § 357

a) Zweck

Hat nur einer von mehreren Verurteilten Revision eingelegt und hebt das Revisionsgericht das Urteil wegen eines materiellrechtlichen Fehlers auf, soll die Verurteilung der anderen nicht Bestand haben. Die Diskrepanz wäre ungerecht. Daher „ist zu erkennen, als ob sie gleichfalls Revision eingelegt hätten" (Wortlaut § 357). Die bereits eingetretene Rechtskraft wird durchbrochen. Das geschieht „über den Kopf des Mittäters" hinweg,[61] mag er es wollen oder nicht, mag er auch mit seinem Urteil zufrieden sein, die Belastungen eines neuen Verfahrens scheuen und (vielfach zu Recht) befürchten, dass es zu keinem besseren Ergebnis führen werde. 55

b) Voraussetzungen

Die Aufhebung wird erstreckt auf Angeklagte, die keine Revision eingelegt haben, die eine Revision zwar eingelegt, aber nicht frist- und formgerecht begründet haben oder nur Verfahrensrügen erhoben hatten. Das Urteil muss aufgehoben werden wegen eines Fehlers bei der Anwendung des materiellen Rechts oder eines übersehenen Verfahrenshindernisses, das auch für den Mitangeklagten von Bedeutung ist (z. B. Verjährung).[62] 56

Es muss sich um dieselbe Tat (§ 264) und dasselbe Urteil handeln. 57

Beispiel: Das Amtsgericht hatte beide Angeklagte verurteilt. Einer hatte Berufung eingelegt, die als unbegründet verworfen wurde. Dagegen hat er erfolgreich Revision eingelegt. Die Entscheidung des Revisionsgerichts erstreckt sich nicht auf das Amtsgerichtsurteil gegen die anderen Angeklagten.

Der Revisionsgrund muss gemeinsam, also so beschaffen sein, dass er zur Aufhebung des Urteils gegen den anderen geführt hätte, wenn er in die Revision gegangen wäre.

Fälle und Fragen

239. Wann ist eine Revision statthaft?
240. Welche Frist gilt für die Revisionseinlegung?
241. Welche Frist gilt für die Revisionsbegründung?
242. Kann eine zurückgenommene Revision erneut zulässig eingelegt werden?
243. Was muss in die Revisionsbegründung aufgenommen werden?
244. Was wird mit der Verfahrensrüge und was mit der Sachrüge gerügt?
245. Welche Arten von Revisionsgründen gibt es?
246. Welche Entscheidungsmöglichkeiten hat das Revisionsgericht?

---

[60] Vgl. BGH NStZ 2005, 462.
[61] BGHSt 20, 77 (80).
[62] Vgl. BGHSt 10, 137 (141); BGH NStZ 1987, 239.

§ 37. Die Beschwerde

I. Überblick

1 Die Beschwerde stellt das Rechtsmittel gegen Beschlüsse des Tatgerichts (erster und zweiter Instanz) und gegen Verfügungen des Vorsitzenden, des Ermittlungsrichters, des beauftragten oder ersuchten Richters dar (vgl. § 304 Abs. 1). Für diese einfache Beschwerde besteht kein Fristerfordernis. Eine sofortige Beschwerde, die binnen einer Woche einzulegen ist, sieht das Gesetz für Fälle vor, in denen schnell und endgültig Rechtssicherheit geschaffen werden muss (§ 311). Die weitere Beschwerde, eine Beschwerde gegen die Beschwerdeentscheidung, gibt es grundsätzlich nicht; eine erschöpfende, eng auszulegende Ausnahmeregelung existiert lediglich für Verhaftung und einstweilige Unterbringung (§ 310).[1]

2 Die Beschwerde bringt, wenn ihr das Ausgangsgericht nicht abhilft (§ 306 Abs. 2), die Sache in die höhere Instanz (Devolutiveffekt, vgl. oben 34 Rn. 1), hemmt aber den Vollzug der angefochtenen Entscheidung nicht (§ 307 Abs. 1), es sei denn, dieser Suspensiveffekt wird im Beschwerdeverfahren angeordnet (§ 307 Abs. 2). Das Verbot der reformatio in peius hat der Gesetzgeber für die Beschwerde nicht etabliert. Die Rechtsprechung macht eine Ausnahme für Beschlüsse, die Rechtsfolgen endgültig festsetzen und rechtskräftig werden (z. B. § 57 a StGB).[2]

II. Die (einfache) Beschwerde, § 304

1. Statthaftigkeit

3 Sie kann gegen Beschlüsse und Verfügungen eingelegt werden, gegen Urteile insoweit, als sie über Kosten und Auslagen (§ 304 Abs. 1, 3) sowie über die Entschädigungspflicht aus der Staatskasse entscheiden (§ 8 Abs. 3 S. 1 StrEG). Beschlüsse und Verfügungen des Bundesgerichtshofs sind gar nicht und die der Oberlandesgerichte nur in den Fällen anfechtbar, die § 304 Abs. 4 aufzählt (vgl. noch die Ausnahmeregelung § 304 Abs. 5).[3]

4 Das Unterlassen einer Entscheidung ist beschwerdefähig, wenn sie von Rechts wegen ergehen muss.[4] Ansonsten gibt es keine allgemeine „Untätigkeitsbeschwerde".

2. Beschwerdeberechtigung

5 Beschwerde kann jeder einlegen, der in einem Recht betroffen ist, das ihm das materielle Recht oder das Verfahrensrecht einräumt (§ 304 Abs. 1, 2). Zwischen unmittelbar und mittelbar Betroffenen wird nicht unterschieden.[5]

---

[1] Vgl. BGHSt 25, 120.
[2] OLG Hamm NStZ 1994, 53.
[3] Nach BGH NStZ 2002, 274 eng auszulegen.
[4] BGH NJW 1993, 1279.
[5] BGHSt 27, 175.

Beispiele: Der Eigentümer beschlagnahmter Sachen; derjenige, der für den Beschuldigten Kaution gestellt hat (§ 124 Abs. 2 S. 2).

3. Der Ausschluss der Beschwerde

Die Entscheidungen des erkennenden Gerichts (vgl. oben 16 Rn. 12), die dem Urteil 6
zeitlich und sachlich vorausgehen und mit ihm in einem Zusammenhang stehen, sind der Beschwerde entzogen (§ 305 S. 1; Ausnahmen in S. 2). Sie sollen nicht isoliert, sondern nur zusammen mit dem Urteil anfechtbar sein (§ 336), damit die Hauptverhandlung zügig fortgeführt werden kann.

Beispiele: Die Ablehnung eines Beweisantrags (§ 244 Abs. 6); die Verbindung von Sachen gem. § 4.

Über viele Fallgruppen herrscht Streit, weil der Grundgedanke des § 305 Entscheidungen nicht erfasst, die auch prozessuale Bedeutung in anderer Richtung haben, und weil der Katalog der Ausnahmen in S. 2 nicht abschließend ist.[6]

Beispiele: Anfechtbar ist der Beschluss, einen Pflichtverteidiger nicht zu bestellen,[7] den Nebenkläger nicht zuzulassen.

4. Das zuständige Gericht

Eingelegt wird die Beschwerde stets beim iudex a quo (§ 306): Es entscheidet die große 7
Strafkammer beim Landgericht (§§ 73 Abs. 1, 76 Abs. 1 GVG), das OLG (§§ 120 Abs. 3, 121 Nr. 2 GVG) oder der BGH (§ 135 Abs. 2 GVG).

5. Beschwer: Prozessuale Überholung

Eine Maßnahme, die nicht mehr ungeschehen gemacht werden kann, ist grundsätzlich 8
nicht anfechtbar. Wenn die Entscheidung durch den Fortgang des Verfahrens überholt worden und also gegenstandslos geworden ist, scheidet eine Anfechtbarkeit im Grundsatz aus (vgl. aber oben 10 Rn. 77).[8]

Beispiele: Haftbeschwerde nach Rechtskraft des Urteils, durch Vollzug erledigte Durchsuchungsanordnung.

6. Entscheidungen

a) Der iudex a quo prüft, ob die Beschwerde begründet ist. In diesem Falle ergeht eine 9
Abhilfeentscheidung (§ 306 Abs. 2, 3), die mit der berichtigten Entscheidung eine Ein-

---

[6] Zu Einzelheiten vgl. KK-StPO/*Zabeck*, § 305 Rn. 5ff.
[7] Vgl. auch OLG Stuttgart StV 1998, 123.
[8] BVerfGE 49, 329.

heit bildet. Eine unzulässige Beschwerde wird als Gegenvorstellung behandelt (vgl. oben 34 Rn. 2) und führt zu derselben Prüfung. Wird der Beschwerde nicht abgeholfen, ist sie innerhalb von drei Tagen dem Beschwerdegericht vorzulegen (§ 306 Abs. 2).

10 b) Das Beschwerdegericht entscheidet schriftlich und nach Aktenlage (§ 309 Abs. 1). Fehlt eine Voraussetzung der Zulässigkeit – Statthaftigkeit, Beschwer, Frist (§ 311) – wird sie als unzulässig verworfen (allgemeine Regel, in § 309 nicht genannt).

11 Sonst prüft das Beschwerdegericht alle für die Entscheidung wesentlichen Tatsachen, auch diejenigen, die erst mit der Beschwerde vorgetragen wurden.[9] Das Beschwerdegericht verwirft die Beschwerde als unbegründet oder entscheidet anstelle des ersten Richters in der Sache selbst (§ 309 Abs. 2), auch in Ermessensfragen (str.). Eine Zurückverweisung an das untere Gericht kommt nur in Frage, wenn ein Verfahrensmangel vom Beschwerdegericht nicht behoben werden kann (wie z. B. eine zwingend vorgeschriebene mögliche Anhörung).[10]

III. Die sofortige Beschwerde, § 311

12 Sie ist an eine Frist gebunden (Abs. 2). Das untere Gericht kann ihr nur abhelfen, wenn das rechtliche Gehör nicht gewährt wurde (Abs. 3). Dass die Beschwerde eine „sofortige" ist, muss vom Gesetz ausdrücklich angeordnet sein. Eine „weitere sofortige Beschwerde" gibt es nicht.

IV. Die weitere Beschwerde, § 310

13 Dass es grundsätzlich keine weitere Beschwerde gibt (vgl. oben Rn. 1), bedeutet z. B., dass man neue Beschwerdegründe nicht vorbringen kann, die erst durch die Entscheidung des Beschwerdegerichts entstanden sind, dass ein Verstoß gegen Verfassungsrecht nicht geltend gemacht werden kann,[11] dass sich der unterlegene Gegner des Beschwerdeführers nicht wehren kann.[12] Die in § 310 genannten Ausnahmen sind abschließend (Abs. 2).

Fälle und Fragen

247. Wann ist die Beschwerde statthaftes Rechtsmittel?
248. Bei welchem Gericht wird die Beschwerde eingelegt?

---

[9] BGH NJW 1964, 2119.
[10] Näher *Meyer-Goßner/Schmitt*, § 309 Rn. 7 ff.
[11] OLG Düsseldorf NJW 1991, 2434.
[12] KG JR 1962, 311; vgl. aber § 311 a.

§ 38. Die Wiederaufnahme des Verfahrens

I. Grundlagen

1. Zielkonflikte

Im Konflikt der Verfahrensziele Wahrheit, Gerechtigkeit und Rechtsfrieden (vgl. oben 3 Rn. 4) wiegt das Interesse an Wahrheit und Gerechtigkeit schwerer als das gegenläufige Interesse an Rechtssicherheit, geschaffen durch ein rechtskräftiges Urteil, wenn dessen Grundlagen so erschüttert sind, dass man es nicht mehr aufrechterhalten kann und nicht mehr hoffen darf, dass Rechtsfrieden einkehren werde. Im Wiederaufnahmeverfahren wird geklärt, ob die Rechtskraft des alten Urteils durchbrochen und die Sache wieder in das Hauptverfahren zurückversetzt werden muss. Das geschieht nie von Amts wegen, sondern stets nur auf Antrag. 1

2. Anwendungsbereich, §§ 359ff.

Nur solche Verfahren, die durch ein rechtskräftiges Sachurteil (nicht: Einstellungsurteil) oder einen Strafbefehl (§ 373a) abgeschlossen wurden, können wiederaufgenommen werden. Bei horizontaler Rechtskraft ist es zulässig, gegen den Schuldspruch ein Wiederaufnahmeverfahren schon dann zu betreiben, wenn gegen den Rechtsfolgenausspruch noch im Wege der Revision vorgegangen wird.[1] 2

3. Gründe

Die Wiederaufnahmegründe sind in §§ 359, 362, 373a abschließend aufgezählt. Ein weiterer Wiederaufnahmegrund folgt aus § 79 Abs. 1 BVerfGG für den Fall, dass ein Strafgesetz vom Bundesverfassungsgericht für verfassungswidrig erklärt wird.[2] 3

4. Beschwer

Die Staatsanwaltschaft kann die Wiederaufnahme stets beantragen (vgl. oben 34 Rn. 14), der Verurteilte nur, wenn er durch einen Schuldspruch beschwert ist. Lediglich den Strafausspruch kann man ebenso wenig korrigieren wollen wie einen Freispruch, dessen Begründung belastend wirkt (§ 363). Diese Vorschrift steht aber einem Wiederaufnahmeantrag nicht entgegen, mit dem (nur) ein unrichtiger Schuldspruch beseitigt werden soll.[3] Allein die Wiederaufnahme nach § 359 Nr. 5 knüpft die Zulässigkeit des 4

---

[1] Anders noch die Voraufl.; näher dazu MüKoStPO/*Engländer/Zimmermann*, Vor § 359 Rn. 14f.

[2] Vgl. die Sitzblockadenentscheidung BVerfGE 92, 1.

[3] Wenn jemand behauptet, er habe nicht, wie in dem Urteil festgestellt, in einem Fall 22 Menschen umgebracht und in einem anderen sieben, sondern nur die erste Tat begangen, wird sich die Strafe nicht ändern, wenn die zweite wegfällt – es ist aber ein Gebot der Gerechtigkeit, dass die Beseitigung „eines unrichtigen, den Verurteilten schwer belastenden Schuldspruchs auch dann möglich sein muss, wenn wegen der verbleibenden Straftaten eine ihm günstigere Rechtsfolgenentscheidung ausgeschlossen ist“, BGH NStZ 2003, 678. Vgl. auch näher dazu MüKoStPO/*Engländer/Zimmermann*, § 359 Rn. 15.

Antrags an die weitere Bedingung, dass eine günstigere Rechtsfolgenentscheidung möglich ist (s. unten Rn. 15).

5. Grundzüge des Verfahrens

5 Das Verfahren ist zweistufig. Im **Aditionsverfahren** (§ 368) wird unterstellt, dass die vorgebrachten Wiederaufnahmegründe vorliegen und überprüft, ob sie geeignet sind, die Feststellungen des Urteils zu erschüttern. Wenn das Wiederaufnahmevorbringen in diesem Sinne erheblich ist, folgt im **Probationsverfahren** (§§ 369, 370) die Beweisaufnahme über dieses Vorbringen. Hat es genügende Bestätigung gefunden, ordnet das Gericht die Wiederaufnahme des Verfahrens und die Erneuerung der Hauptverhandlung an (§ 370 Abs. 2). In der neuen Verhandlung (§ 373) wird über die Sache ohne Bindung an das frühere Urteil in jeder Hinsicht neu und selbständig verhandelt,[4] sodass die verbreitete Klassifizierung der neuen Verhandlung als dritte Stufe des Wiederaufnahmeverfahrens keinen Sinn macht.

II. Die Wiederaufnahme zugunsten des Verurteilten, § 359

1. Die Gründe Nr. 1–4, 6

Übersicht 26: Wiederaufnahmegründe, § 359

6 - Nr. 1: Der Begriff der Urkunde wird wie in § 267 StGB bestimmt. Ihr Gebrauch muss nicht strafbar sein; es genügt, wenn sie vorgebracht und im Prozess zum Beweis verwendet worden ist.

7 - Nr. 2: Wegen der Falschaussage muss eine Verurteilung erfolgt sein (§ 364). Das ist bedauerlich in Fällen, die den Verdacht nahe legen, dass der Zeuge zur Falschaussage gezwungen wurde und deshalb (§ 35 StGB) nicht verurteilt werden kann.[5] Andererseits schließt es § 364 nicht aus, die Tatsache, dass die Aussage falsch war, als neue Tatsache vorzubringen (§ 359 Nr. 5).

8 - Nr. 3: Solche Pflichtverletzungen sind z. B. Delikte gem. §§ 239, 240, 257, 267, 331, 332, 336, 343, 344 StGB.

9 - Nr. 4: Dazu gehören alle Urteile außer den Strafurteilen (also z. B. auch Urteile der Verwaltungsgerichte, nicht aber nach – freilich nicht überzeugender – h. M. aufgehobene Verwaltungsakte).[6] „Gegründet“ ist ein Strafurteil auf solche Urteile nur, wenn sie bei der Beweiswürdigung verwendet wurden oder wenn es sich um Gestaltungsurteile handelte.

---

[4] BGHSt 14, 64 (66).

[5] Vgl. KG JZ 1997, 629 m. Anm. *Marxen.*

[6] BGHSt 23, 86 (94). Zur Kritik an der Nichteinbeziehung nachträglich aufgehobener VAe vgl. MüKoStPO/*Engländer/Zimmermann*, § 359 Rn. 33.

- Nr. 6: Danach kann ein Urteil korrigiert werden, das nach einer Entscheidung des EGMR auf einer Verletzung der EMRK beruht (s. dazu auch oben 5 Rn. 20).– 10

2. Neue Tatsachen oder Beweismittel, Nr. 5

a) Tatsachen sind die „Fakten", auf die man ein Urteil gründet,[7] niemals Rechtstatsachen wie z. B. die Änderung eines Gesetzes oder einer Rechtsauffassung.[8] 11

b) Als neu gelten Tatsachen, wenn sie damals in der Hauptverhandlung nicht erörtert worden sind und deshalb bei der Urteilsfindung keine Rolle gespielt haben.[9] Ob sie zu diesem Zeitpunkt jemandem (z. B. dem Verurteilten) schon bekannt oder erkennbar waren (z. B. aus den Akten), ist unerheblich. 12

Neu sind **Beweismittel,** wenn sie das Gericht nicht gekannt oder zwar gekannt, aber nicht berücksichtigt hat.[10] 13

Es müssen entweder die Tatsachen **oder** die Beweismittel neu sein, nicht beide zugleich. Der Antragsteller kann daher ohne weiteres die neue Tatsache auf ein altes Beweismittel stützen oder er kann sich des neuen Beweismittels bedienen, um eine alte (d. h. bereits behauptete) Tatsache zu belegen. 14

c) Erheblich sind diese Tatsachen oder Beweismittel dann, wenn sie geeignet sind, einen Freispruch zu erreichen, eine mildere Verurteilung auf Grund eines anderen, milderen Strafgesetzes oder eine wesentlich andere Entscheidung über eine Maßregel. Eine mildere Bestrafung allein scheidet dagegen aus (§ 363 Abs. 1).[11] 15

III. Die Wiederaufnahme zuungunsten des Angeklagten, § 362

Wenn sie erfolgreich ist, wird der Angeklagte wegen derselben Tat noch einmal verfolgt (§ 362 als Ausnahme vom Verbot des Art. 103 Abs. 3 GG). Der Vergleich mit dem Katalog des § 359 zeigt, dass neue Tatsachen oder Beweismittel eine Wiederaufnahme zuungunsten des Angeklagten nicht rechtfertigen. Auch hier gilt, dass allein eine andere (schärfere) Bestrafung nicht zu den Zielen der Wiederaufnahme zählt (§ 363 Abs. 1). Den wichtigsten Grund nennt Nr. 4. Entgegen der h. M. liegt ein Geständnis nicht vor, wenn der Freigesprochene zwar die äußere Tatseite eines Delikts einräumt, zugleich aber Vorsatz oder Rechtswidrigkeit oder Schuld abstreitet.[12] 16

---

[7] BGHSt 39, 75.
[8] BVerfGE 12, 338 (340).
[9] Vgl. *Meyer-Goßner/Schmitt,* § 359 Rn. 30.
[10] Vgl. LR/*Gössel,* § 359 Rn. 96.
[11] Vgl. *Marxen/Tiemann,* StV 1992, 534; dagegen zu Recht BGH NStZ 2003, 678.
[12] Näher dazu MüKoStPO/*Engländer/Zimmermann,* § 362 Rn. 13. Anders noch die Voraufl.

IV. Verfahren: Die Zulässigkeit, §§ 363–368

17 In dieser ersten Stufe, dem Aditionsverfahren, wird zunächst geprüft, ob der Antrag **formgerecht** gestellt ist (§ 366 Abs. 2). Ferner muss eine **Beschwer** gegeben sein (vgl. oben Rn. 4). Dann wird geprüft, ob ein „gesetzlicher **Grund der Wiederaufnahme** geltend gemacht" und ob ein „**geeignetes Beweismittel** angeführt" ist (Wortlaut § 368 Abs. 1; § 366 Abs. 1). Der Antragsteller trägt also eine Darlegungslast.

18 Bei § 359 Nr. 5 ist zu prüfen, ob die Tatsachen oder Beweismittel neu und in dem dort vorausgesetzten Sinne geeignet (erheblich) sind. Der Antragsteller muss die Tatsachen beibringen und die Beweismittel bezeichnen. Eine neue Tatsache ist z. B. auch der Widerruf eines früher abgegebenen Geständnisses.[13] In diesem Falle der „verfahrensinternen Widersprüchlichkeit der vorgetragenen Tatsachen und Beweismittel zum bisherigen Verfahrensstand und Verfahrenslauf"[14] muss allerdings der Antragsteller die Gründe für sein widersprüchliches Prozessverhalten angeben;[15] er trägt eine erweiterte Darlegungslast.[16] Das Gleiche gilt, wenn ein Zeuge nun Tatsachen bekunden soll, die im Widerspruch zu seiner früheren Aussage stehen.

19 Auf dieser Stufe des Verfahrens findet eine „Schlüssigkeitsprüfung" statt: Die h. M. fragt, ob das Vorbringen des Antragstellers, wenn man es als richtig unterstellt, die Urteilsgrundlage erschüttert und es wahrscheinlich[17] macht, dass das Ziel der Wiederaufnahme erreicht wird. Das Gericht, das den Wiederaufnahmeantrag prüft, muss sich dabei in die Rolle des anderen Gerichts hineinversetzen, also dessen Rechtsauffassung und dessen Konstruktion des Beweisgebäudes zugrunde legen. Es darf dabei die Beweiswürdigung in Grenzen vorwegnehmen.[18] Da es sich nicht von dem neuen Vorbringen überzeugen und Tatsachen nicht feststellen muss, sondern nur eine Prognoseentscheidung trifft, gilt in dubio pro reo nicht.[19] Fehlt eine dieser Voraussetzungen, wird der Antrag als unzulässig verworfen (§ 368 Abs. 1). Andernfalls beginnt das Probationsverfahren.

V. Verfahren: Die Begründetheit, §§ 369ff.

20 In dieser zweiten Stufe wird über das Wiederaufnahmevorbringen Beweis erhoben (§ 369 Abs. 1). Das Beweisziel ist die „genügende Bestätigung" (§ 370; anders bei §§ 359, 362 Nr. 1 und 2). „Voller Beweis" ist also nicht erforderlich.[20] Es reicht aus, wenn es hinreichend wahrscheinlich ist, dass in der neuen Hauptverhandlung eine

---

[13] Vgl. *Hellebrand,* NStZ 2004, 413, insbes. auch zu dem Geständnis im Rahmen einer Absprache.

[14] BVerfG NJW 1994, 510.

[15] BGH NJW 1977, 59; OLG Köln NStZ 1991, 96.

[16] BVerfG NJW 1994, 510.

[17] BVerfG StV 2003, 225; BGHSt 39, 75 (85). Näher zu den Problemen bei der Bestimmung des Prognosemaßstabs MüKoStPO/*Engländer/Zimmermann,* § 359 Rn. 61ff.

[18] Vgl. MüKoStPO/*Engländer/Zimmermann,* § 359 Rn. 59f.

[19] Vgl. MüKoStPO/*Engländer/Zimmermann,* § 359 Rn. 62.

[20] BVerfG NStZ 1990, 499.

dem Verurteilten günstige Entscheidung ergeht.[21] Der Unterschied zur ersten Stufe besteht nur darin, dass die Richtigkeit des Vorbringens nicht unterstellt, sondern in einem Beweisverfahren überprüft wird. Wiederum handelt es sich um eine Prognoseentscheidung, deren Ziel nicht Gewissheit, sondern Wahrscheinlichkeit ist.[22] Folglich ist in dubio pro reo auch hier nicht unmittelbar anwendbar. Das Gericht muss jedoch in seine Prognose einbeziehen, ob es nahe liegt, dass das zuvor erkennende Gericht in Kenntnis der nunmehrigen Beweislage zumindest in Anwendung des in dubio-Grundsatzes von der angefochtenen Verurteilung abgesehen hätte.[23]

Beispiel: Die Schuldfähigkeit wurde im alten Verfahren nicht erörtert und ist durch das Wiederaufnahmevorbringen jetzt zweifelhaft geworden. Ein Sachverständiger führt aus, dass § 20 StGB für den Tatzeitpunkt nicht ausgeschlossen werden könne.[24] Nach aller Wahrscheinlichkeit hätte das erkennende Gericht hier mangels Schuld nach dem in dubio-Grundsatz freigesprochen

21 Haben die neuen Tatsachen oder Beweismittel hinreichende Bestätigung gefunden und werden sie wahrscheinlich in einer neuen Hauptverhandlung zu einer für den Verurteilten günstigen Entscheidung führen (eine Kausalität, die bei §§ 359, 362 Nr. 1–2 widerlegbar vermutet wird), ordnet das Gericht die Wiederaufnahme des Verfahrens an (§ 370 Abs. 2). Andernfalls wird der Antrag als unbegründet verworfen (§ 370 Abs. 1).

22 Der die Wiederaufnahme anordnende Beschluss ist nur entbehrlich, wenn das Verfahren zur Rehabilitierung eines Verstorbenen betrieben wurde (§§ 361, 371 Abs. 1) oder genügende Beweise für einen sofortigen Freispruch vorliegen und die Staatsanwaltschaft zustimmt (§ 371 Abs. 2).

23 Ansonsten stellt ein solcher Beschluss eine Prozessvoraussetzung für das weitere Verfahren dar.[25] Er bewirkt, dass die Rechtskraft des Urteils beseitigt[26] und das Verfahren in den Zustand der Rechtshängigkeit zurückversetzt wird, in dem es sich vor dem Urteil befunden hat (das ist bei erstinstanzlichen Verfahren die Prozesslage nach Erlass des Eröffnungsbeschlusses)[27] Die Vollstreckbarkeit des Urteils entfällt; entzogene Rechte leben wieder auf.[28]

VI. Die erneute Hauptverhandlung, § 373

24 Sie findet vor dem zuständigen Gericht (§ 140a GVG) des Rechtszuges statt, in dem das frühere Urteil ergangen war. Ist für das Wiederaufnahmeverfahren gem. § 364a, b selb-

---

[21] OLG Frankfurt StV 1996, 138.
[22] Zum wiederum problematischen Prognosemaßstab vgl. MüKoStPO/*Engländer/Zimmermann,* § 370 Rn. 11ff.
[23] Vgl. MüKoStPO/*Engländer/Zimmermann,* § 370 Rn. 10.
[24] Vgl. OLG Stuttgart StV 1990, 539.
[25] BGHSt 18, 339 (341).
[26] BGHSt 14, 64 (66).
[27] BGHSt 19, 280 (282).
[28] LR/*Gössel,* § 370 Rn. 37; z. B. die Fahrerlaubnis, BayObLG NJW 1992, 1120.

ständig ein Verteidiger bestellt worden, muss nun erneut nach § 140 entschieden werden.[29] In der neuen Verhandlung wird die Sache ohne jede Bindung an das frühere Urteil neu und selbständig verhandelt.[30] Kommt das Gericht zu exakt demselben Ergebnis, erhält es das frühere Urteil aufrecht (Abs. 1). Will das Gericht von der früheren Entscheidung abweichen, muss es sie (deklaratorisch) aufheben und durch ein anderes Urteil ersetzen. Es darf in Art und Höhe der Rechtsfolgen nicht schlechter für den Verurteilten ausfallen, wenn das Wiederaufnahmeverfahren zu seinen Gunsten betrieben worden war (Verbot der reformatio in peius, Abs. 2).

VII. Entschädigung

25 Das Gesetz über die Entschädigung für Strafverfolgungsmaßnahmen vom 8.3.1971 (StrEG) gewährt einen Anspruch, wenn die Verurteilung im Wiederaufnahmeverfahren fortfällt oder gemildert wird (§ 1; zum Ausschluss bei eigenem Verschulden oder falscher Selbstbelastung §§ 5, 6). Ersetzt werden Vermögensschäden und der immaterielle Schaden (§ 7 Abs. 3: pauschal für jeden Tag Freiheitsentziehung 25 EUR). Zur Entschädigung bei Freispruch oder zwingend gebotener Einstellung in der Instanz vgl. § 2; bei Einstellung nach Ermessensvorschriften oder überschießender Strafverfolgung Entschädigung nach Billigkeit, §§ 3, 4.

Fälle und Fragen

249. Welchem Zweck dient das Rechtsinstitut der Wiederaufnahme des Verfahrens?
250. Welches sind die Voraussetzungen für eine Wiederaufnahme des Verfahrens?
251. Wird das Wiederaufnahmeverfahren von Amts wegen oder auf Antrag eingeleitet?
252. Welche Verfahren können wiederaufgenommen werden?
253. Kann der Freigesprochene eine Wiederaufnahme mit dem Ziel des Freispruchs wegen erwiesener Unschuld beantragen?
254. Kann ein Wiederaufnahmeantrag auf die Änderung eines Gesetzes oder einer Rechtsauffassung gestützt werden?
255. Was wird im Rahmen des Aditions- und was im Rahmen des Probationsverfahrens geprüft?
256. Findet der Grundsatz in dubio pro reo im Aditions- bzw. Probationsverfahren Anwendung?
257. Wird durch den Wiederaufnahmebeschluss das beanstandete Urteil beseitigt?
258. Was wird durch den Wiederaufnahmebeschluss (§ 370 Abs. 2) bewirkt?
259. Ist ein Freispruch ohne neue Hauptverhandlung möglich?
260. Darf in der neuen Hauptverhandlung ein Urteil gefällt werden, das die durch das erste Urteil bereits verhängte Freiheitsstrafe erhöht?
261. Besteht ein Entschädigungsanspruch, wenn die Verurteilung im Wiederaufnahmeverfahren fortfällt oder gemildert wird?

---

[29] Hatte das Gericht bereits in dem ursprünglichen Verfahren einen Pflichtverteidiger bestellt, so wirkt diese Bestellung grds. in dem zu führenden Wiederaufnahmeverfahren bis zu dessen rechtskräftigem Abschluss fort; vgl. KG NJW 2013, 182.

[30] BGHSt 14, 64 (66).

§ 39. Die Beteiligung des Verletzten am Verfahren

I. Überblick

Dieser Abschnitt der StPO wurde weitreichend neu gestaltet durch das Opferschutzgesetz vom 18.12.1986. Weitere Änderungen haben die Opferrechtsreformgesetze vom 24.6.2004, 29.7.2009 und 21.12.2015 gebracht. 1

Der Verletzte ist Verfahrensbeteiligter (vgl. oben 20 Rn. 11). Er kann

- Privatklage erheben (unten II)
- sich im Verfahren als Nebenkläger beteiligen (unten III)
- im Adhäsionsverfahren einen vermögensrechtlichen Anspruch durchsetzen (unten IV)
- sonstige Befugnisse geltend machen, wie z. B. das Recht auf Akteneinsicht (unten V)
- Entschädigung verlangen (unten VI).

Für alle diese Befugnisse wird der **Begriff des Verletzten** gleich und ebenso bestimmt wie in § 172 (vgl. oben 12 Rn. 12). 2

II. Privatklage, §§ 374ff.

1. Bedeutung

Bei Vergehen, die nicht schwer wiegen, zwar den Lebenskreis des Verletzten, die Allgemeinheit hingegen kaum berühren (Katalog in § 374 Abs. 1), kann die Staatsanwaltschaft das öffentliche Interesse an einer Strafverfolgung von Amts wegen verneinen und den Verletzten auf den Privatklageweg verweisen (§ 376). Er wird selten beschritten (in ca. 10% der Verweisungsfälle) und endet noch seltener mit einer Verurteilung (6% der Privatklagen).[1] Historisch gesehen war dieses Verfahrensmodell in der Constitutio Criminalis Carolina von 1532, dem letzten Reichsgesetz zu Strafrecht und Strafverfahren vor StGB und StPO, noch als Regelfall kodifiziert, schon damals aber seit Jahrhunderten durch das inquisitorische Verfahren überholt und zu dem Relikt geworden, das es bis heute geblieben ist. 3

Um ein Parteiverfahren handelt es sich nicht. Der Privatkläger ist zwar, anders als die Staatsanwaltschaft, weder zur Anklage noch zur Objektivität verpflichtet. Er darf seine Klage noch während der Hauptverhandlung im Einverständnis mit dem Angeklagten zurücknehmen, also über den Prozessgegenstand disponieren. Es bleibt aber dabei, dass es Sache des Gerichts ist, die Beweisaufnahme durchzuführen und die Wahrheit von Amts wegen zu erforschen. Den Umfang der Beweisaufnahme bestimmt es dabei selbst (§ 384 Abs. 3); Beweisanträge kann es also in den Grenzen der Aufklärungspflicht frei ablehnen. Will das Gericht das Verfahren wegen geringer Schuld einstellen, muss es den Privatkläger zwar hören (§ 385 Abs. 1), ist aber nicht auf seine Zustimmung an- 4

[1] Vgl. *Rieß,* Gutachten zum 55. DJT, 1984.

gewiesen (§ 383 Abs. 2). In diesem Fall trägt der Privatkläger (der schon Sicherheit und Vorschuss leisten musste, §§ 379, 379a) meist die Kosten des Verfahrens und die notwendigen Auslagen des Angeklagten (§ 471 Abs. 3 Nr. 2). Alles in allem: Das Privatklageverfahren ist für den Kläger riskant und teuer, wenig aussichtsreich und nicht selten eine größere Irritation als die Tat selbst.

2. Anwendungsbereich

5 Er ergibt sich aus § 374. Die Privatklagedelikte stellen zumeist zugleich Antragsdelikte dar (Ausnahmen: §§ 240, 241 StGB). In der Erhebung der Privatklage liegt der Strafantrag (wenn die Klage innerhalb der Antragsfrist erhoben wird). Dass ihn ein anderer gestellt hat, genügt nicht.[2]

6 Das Privatklagerecht besitzt nicht nur der Verletzte (§ 374 Abs. 2, 3).

Beispiele: Gewerbliche Interessenverbände (§§ 22, 13 Abs. 2, 3 UWG), der Dienstvorgesetzte (§ 194 Abs. 3 StGB).

7 Enthält das Tatgeschehen (§ 264) neben einem Privatklagedelikt auch ein Offizialdelikt, ist die Privatklage ausgeschlossen und allein die Staatsanwaltschaft zur Verfolgung berufen.

3. Privatkläger – Staatsanwaltschaft

8 Die Privatklage ist nicht subsidiär. Deshalb braucht der Berechtigte nicht abzuwarten, ob die Staatsanwaltschaft Anklage erhebt. Die Privatklage verdrängt aber die Staatsanwaltschaft nicht. Sie ist nicht exklusiv. Die Staatsanwaltschaft kann daher auch bei Privatklagedelikten von vornherein einschreiten und Anklage erheben (§ 376) oder das Verfahren später übernehmen (§ 377 Abs. 2). Das Verfahren wird dann als normales Strafverfahren weitergeführt.[3] Der Privatkläger scheidet aus dem Verfahren aus (es sei denn, er hat die Befugnis, sich als Nebenkläger anzuschließen – dazu unten Rn. 19 – und macht von ihr Gebrauch).

4. Verfahren

9 a) Damit er Klage erheben kann, muss der Verletzte einen Sühneversuch unternommen haben (§ 380; nicht in allen Fällen des § 374). In Bayern und Baden-Württemberg ist die Vergleichsbehörde die Gemeinde, sonst ein Schiedsmann oder eine Schiedsstelle (anders Bremen und Hamburg). Die Klage (§ 381) wird dem Beschuldigten mitgeteilt (§ 382). Das Gericht entscheidet, ob das Verfahren zu eröffnen ist (§ 383). Geschieht das, wird in der Hauptverhandlung nicht der Anklagesatz, sondern vom Gericht der Eröffnungsbeschluss verlesen (§ 384 Abs. 2). Kläger und Angeklagte können sich durch Rechtsanwälte vertreten lassen (§§ 378, 387 Abs. 1).

---

[2] Str.; vgl. *Rieß*, NStZ 1989, 103.

[3] BGHSt 11, 56 (61).

b) Der Beschuldigte kann Widerklage erheben (§ 388). Sie richtet sich gegen den Verletzten (Abs. 1). Das muss nicht der Kläger sein (§ 374 Abs. 2). In diesem Fall kann der Beschuldigte den Verletzten durch Widerklage in das Verfahren ziehen (§ 388 Abs. 2). 10

5. Verfahrensbeendigung

a) Die Privatklage kann jederzeit zurückgenommen werden, in der Hauptverhandlung nach Beginn der Vernehmung des Angeklagten zur Sache aber nur mit dessen Zustimmung (§ 391 Abs. 1). 11

b) Da die „Parteien" insofern disponieren dürfen, führt auch ein Vergleich zur Beendigung des Verfahrens. Einigen sich die Beteiligten außergerichtlich, muss der Vergleich dem Gericht vorliegen. Es eröffnet dann das Hauptverfahren nicht, sondern weist die Privatklage zurück (§ 383 Abs. 1) oder beendet die Hauptverhandlung durch Einstellung (§ 260 Abs. 3 – im Vergleich ist eine Klagerücknahme enthalten, § 391 Abs. 1 S. 1, mit der eine Prozessvoraussetzung entfällt). Der gerichtliche Vergleich kann unter Vorbehalt des Widerrufs innerhalb einer bestimmten Frist geschlossen werden (z. B. weil die andere Seite öffentliche Ehrenerklärungen abgeben oder Zahlungen leisten muss). Der Grundsatz, dass Prozesserklärungen bedingungsfeindlich sind, gilt auch hier nicht. Der Vergleich beendet das Verfahren nicht unmittelbar und von selbst. Es muss eingestellt werden (§ 260 Abs. 3, wie oben). 12

c) Stirbt der Privatkläger, wird das Verfahren eingestellt (§ 393 Abs. 1), wenn es nicht die Angehörigen fortsetzen (zum Personenkreis der Berechtigten vgl. §§ 393 Abs. 2, 374 Abs. 2). 13

d) Stellt sich heraus, dass ein Offizialdelikt vorliegt, wird das Privatklageverfahren eingestellt und der Fall der Staatsanwaltschaft übergeben (§ 389). 14

e) Übernimmt die Staatsanwaltschaft das Verfahren, endet das Privatklageverfahren. 15

f) Das Gericht kann das Verfahren wegen geringer Schuld einstellen (§ 153, § 383 Abs. 2 S. 2; die Funktion des § 153a übernimmt der Vergleich). 16

g) Das Gericht entscheidet durch Sachurteil.

6. Rechtsmittel

Der Privatkläger verfügt über die gleichen Rechtsmittel wie die Staatsanwaltschaft, darf von ihnen aber nicht zu Gunsten des Angeklagten Gebrauch machen. Die Frist beginnt auch dann mit der Urteilsverkündung, wenn er bei diesem Termin nicht anwesend war (entsprechend § 401 Abs. 2 S. 1). 17

III. Nebenklage, §§ 395 ff.

1. Die Interessenlage

Mit dem Nebenkläger tritt dem Angeklagten ein Verfahrensbeteiligter gegenüber, der sein persönliches Genugtuungsinteresse verfolgt[4] und auf Bestrafung oder Verhängung 18

---

[4] BGHSt 28, 272.

einer Maßregel dringt.[5] Der Nebenkläger kann, anders als der Privatkläger, das Verfahren nicht selbst in Gang bringen, sondern sich nur einem von der Staatsanwaltschaft eingeleiteten Verfahren anschließen. Gehilfe der Staatsanwaltschaft ist er aber nicht (zumal mit der neuen Fassung durch das Opferschutzgesetz die Parallele zur Privatklage – „Rechte der Staatsanwaltschaft" § 385 a. F. – entfallen ist). Der Sinn der Nebenklage besteht vielmehr auch darin, die Staatsanwaltschaft zu kontrollieren.[6] Die Befugnis zur Beteiligung schafft eigene Rechte (vgl. § 397 Abs. 1). Sie stärken zwar die Rechtsposition des Verletzten, bedrohen aber zugleich die Balance mit den legitimen Interessen des Angeklagten und setzen den Akzent auf Vergeltung anstatt auf Resozialisierung.

2. Die Anschlussbefugnis

19 Sie ist in § 395 geregelt. Das Opferschutzgesetz hat den Kreis der Verletzten viel weiter gezogen als bei der Privatklage.[7] Die „rechtswidrige Tat" in Abs. 1 Nr. 1 umfasst auch den Versuch und alle Formen der Beteiligung (außer § 30 StGB).[8] Es genügt ein Delikt, das zur Nebenklage berechtigt, auch wenn es mit anderen, nicht zum Anschluss berechtigenden Straftaten tateinheitlich zusammentrifft oder hinter ihnen zurücktritt (Gesetzeskonkurrenz)[9] und von der Staatsanwaltschaft in der Anklage nicht genannt wird.[10] Bei der fahrlässigen Körperverletzung sind „besondere Gründe" erforderlich (§ 395 Abs. 3). Nicht jeder alltägliche Verkehrsunfall soll die Befugnis zur Nebenklage eröffnen.[11] Dessen ungeachtet wurde aber durch die Umgestaltung des § 395 Abs. 3 zum allgemeinen Auffangtatbestand im Rahmen des 2. Opferrechtsreformgesetzes die Nebenklagebefugnis zu weit ausgedehnt.[12]

3. Der Anschluss

20 Er erfolgt durch eine schriftliche Erklärung (§ 396 Abs. 1 S. 1; ab dem 1.1.2022 gem. § 32d S. 2 grds. als elektronisches Dokument zu übermitteln). Diese kann schon in einem frühen Stadium des Ermittlungsverfahrens abgegeben werden, wird aber erst mit Klageerhebung wirksam (§ 396 Abs. 2; für Strafbefehle vgl. Abs. 3). Sie kann auch spät eingereicht werden, nach Urteilserlass nämlich, um ein Rechtsmittel einzulegen (§ 395 Abs. 4 S. 2).

21 Das Gericht prüft, ob derjenige, der sich dem Verfahren als Nebenkläger anschließen will, zum Personenkreis des § 395 gehört und ob die Verurteilung wegen eines Nebenklagedelikts rechtlich möglich erscheint.[13] Dann erlässt es einen **Zulassungsbeschluss** (§ 396 Abs. 2). Er hat nur **deklaratorische Bedeutung.** Die Stellung als Nebenkläger wird bereits durch die Anschlusserklärung bewirkt.

---

[5] Zur Nebenklage im Sicherungsverfahren BGH NStZ 2002, 275.
[6] *Fabricius,* NStZ 1994, 257 ff.
[7] Vgl. BGH NStZ 1992, 452.
[8] OLG Stuttgart NStZ 1990, 298.
[9] Vgl. BGHSt 13, 143; 33, 114 (115).
[10] BGHSt 29, 216 (218).
[11] Vgl. *Beulke,* DAR 1988, 114.
[12] Näher *Bung,* StV 2009, 434.
[13] BGH StV 1981, 535.

Beispiele: Wer durch Beschluss zugelassen wird, ohne zum Anschluss berechtigt zu sein, wird nicht Nebenkläger; wer den Beschluss erst nach rechtskräftigem Urteil erhalten, sich aber rechtzeitig angeschlossen hat, ist Nebenkläger geworden.

Nur im Falle des § 395 Abs. 3 besitzt die Zulassung konstitutive Bedeutung.[14] 22

Die Anschlusserklärung kann widerrufen und erneuert werden (anders als bei § 392). 23
Sie wird beim Tod des Nebenklägers wirkungslos (§ 402; kein Übergang der Anschlussbefugnis auf Angehörige;[15] anders bei der Privatklage, vgl. oben Rn. 13).

4. Die Rechte des Nebenklägers

Sie sind in § 397 abschließend aufgezählt. Er kann also z. B. nicht beantragen, einen 24
Sachverständigen zu vereidigen (§ 79 Abs. 2 S. 2), die Urkundenverlesung und ihren Grund zu protokollieren (§ 255), Aussagen vollständig zu protokollieren (§ 271 Abs. 3). Kommt es auf einen Verzicht oder eine Zustimmung der Staatsanwaltschaft an, wird der Nebenkläger nicht gefragt (weil er nicht mehr die Rechte der Staatsanwaltschaft hat, vgl. oben Rn. 18).

Die Rechte aus § 397 bleiben dem Nebenkläger auch dann erhalten, wenn er zugleich noch eine andere Prozessrolle besitzt, also z. B. Mitangeklagter ist (und sich wegen einer anderen Tat angeschlossen hat, die ihm nicht vorgeworfen wird)[16] oder Zeuge (vgl. § 397 Abs. 1 S. 1).

5. Rechtsmittel

a) Beschwer

Der Nebenkläger kann Rechtsmittel einlegen, wenn er beschwert ist (§§ 400 Abs. 1 S. 1, 401 Abs. 1 S. 1, 395 Abs. 4 S. 2). Soweit die Entscheidung ein Strafgesetz betrifft, das nicht zum Anschluss als Nebenkläger berechtigt, fehlt die Beschwer (§ 400 Abs. 1).[17] Daher muss ausnahmsweise die Berufung begründet und die Sachrüge in der Revision näher ausgeführt werden.[18] Geht aus der Begründung des Rechtsmittels nicht hervor, dass dieses ein zulässiges Ziel verfolgt, wird das Rechtsmittel als unzulässig verworfen.[19] Andernfalls prüft das Rechtsmittelgericht nur, ob die Vorschriften über das Nebenklagedelikt richtig angewandt worden sind.[20]

Eine schärfere Bestrafung zu erreichen, kann das legitime Ziel eines Anschlusses sein. Wird es nicht erreicht, ist der Nebenkläger zwar an sich beschwert, dennoch aber kraft Gesetzes gehindert, darauf ein Rechtsmittel zu stützen (§ 400 Abs. 1). Zu Gunsten des Angeklagten kann er, anders als die Staatsanwaltschaft (§ 296 Abs. 2), Rechtsmittel nicht einlegen.

---

14 OLG Düsseldorf NStZ 1994, 49.
15 BGHSt 44, 97.
16 BGH NJW 1978, 330.
17 BGH NStZ 1987, 221.
18 BGH NStZ 1988, 565.
19 BGH Beschl. v. 22.3.2016 – 3 StR 56/16, BeckRS 2016, 07789.
20 BGHSt 41, 140 (144); 43, 15.

b) Anschlussbefugnis

26 Legt der Nebenkläger Revision ein, wird seine Anschlussbefugnis als Voraussetzung für das Revisionsverfahren von Amts wegen geprüft.[21] Hat der Angeklagte im Hinblick auf die Nebenklage Revision eingelegt, muss er rügen, dass die Anschlussbefugnis des Nebenklägers gefehlt habe. Es ist umstritten, ob darauf das Urteil beruhen kann.[22] Dass der Nebenkläger durch seine (zu Unrecht erfolgte) Mitwirkung nur für mehr und bessere Aufklärung gesorgt haben könne, so dass ein Beruhen stets zu verneinen sei, entspricht nicht der Realität. Er kann den Prozess der Wahrheitsfindung auch verfälscht haben.

27 Bringt der Nebenkläger mit seiner Revision vor, dass man ihn zu Unrecht nicht zugelassen habe, beruht das Urteil auf diesem Fehler, wenn er möglicherweise Tatsachen oder Beweismittel von wesentlicher Bedeutung hätte beibringen können.[23]

c) Das Verhältnis zu anderen Rechtsmitteln

28 Der Nebenkläger ist in seinen Entschließungen unabhängig von der Staatsanwaltschaft (§ 401 Abs. 1 S. 1). Wenn nur er Rechtsmittel einlegt, verfügt auch er allein darüber. Rücknahme (§ 303) oder Widerruf der Anschlusserklärung (§ 402) beenden das Rechtsmittelverfahren. Die Staatsanwaltschaft muss sich am Verfahren in jedem Falle beteiligen. Sie allein betreibt das Verfahren weiter, wenn das Rechtsmittel des Nebenklägers erfolgreich ist (§ 401 Abs. 4).

29 Hat nur der Nebenkläger Berufung eingelegt, ist aber weder er noch ein Rechtsanwalt für ihn erschienen, wird die Berufung verworfen (§ 401 Abs. 3; wie bei § 329 Abs. 1). Anders als in der Situation des § 329 Abs. 1 S. 1 wird jedoch zur Sache verhandelt, wenn eine dem Angeklagten günstige Entscheidung zu erwarten ist (vgl. § 401 Abs. 3: „unbeschadet … § 301“). Haben auch andere Berufung eingelegt und erscheint der Nebenkläger nicht, wird ohne ihn verhandelt und entschieden.

IV. Das Adhäsionsverfahren, §§ 403 ff.

1. Bedeutung

30 Der Verletzte soll die Möglichkeit haben, seine zivilrechtlichen Ansprüche gegen den Täter im Strafverfahren geltend zu machen.[24] Er kann damit einen zweiten Prozess vermeiden und billiger zu seinem Recht kommen (kein Anwaltszwang; ansonsten weniger Gebühren). Das aber macht den Anwälten weniger und den Strafgerichten mehr, noch dazu ungewohnte Arbeit. Das Adhäsionsverfahren spielt trotz der Reformversuche 1986 und 2004 (zunächst: Prozesskostenhilfe, keine Streitwertobergrenze vor dem Amtsgericht mehr, Teil- und Grundurteile[25] nun zulässig; später: Entscheidung über den Antrag als Regelfall, § 406 Abs. 1 S. 4, 6; Möglichkeit des Anerkenntnisses und des Vergleichs, §§ 405, 406 Abs. 2) in der Praxis kaum eine Rolle.

---

[21] BGHSt 29, 216 (217).
[22] Nein: BGH NStZ 1994, 26; von Fall zu Fall zu prüfen: KK-StPO/*Senge*, § 396 Rn. 14.
[23] BGH NStZ 1997, 97.
[24] *Köckerbauer*, NStZ 1994, 305.
[25] Vgl. BGH NStZ 2003, 46.

2. Zulässigkeit

a) Voraussetzungen, § 403

Der **Verletzte** ist auch dann antragsberechtigt, wenn er am Verfahren nicht beteiligt ist. Anders als sonst soll hier eine mittelbare Rechtsverletzung genügen.[26] 31

Beispiele: Der Pächter; der nach § 844 Abs. 2 BGB Unterhaltsberechtigte.

Antragsberechtigt sind auch Erben (und Insolvenzverwalter, sehr str.)[27] nicht aber Einzelrechtsnachfolger.

Beispiele: Der Sozialversicherungsträger, auf den der Schadensersatzanspruch übergegangen ist; private Haftpflichtversicherer.

Es muss sich um **vermögensrechtliche Ansprüche** handeln, die aus der Straftat erwachsen, noch nicht anderweitig geltend gemacht sind und zur Zuständigkeit der ordentlichen Gerichte gehören (Abs. 1). 32

Beispiele: Schadensersatz, Schmerzensgeld[28], Ansprüche auf Herausgabe und Unterlassung[29].

b) Antrag, § 404

Der Antrag hat dieselben Wirkungen wie eine Klageerhebung vor den Zivilgerichten, also Rechtshängigkeit (Abs. 2; nicht erst die Zustellung, str.). Beantragt werden kann auch Prozesskostenhilfe (§ 404 Abs. 5; §§ 114ff. ZPO). 33

3. Verfahren

Das Verfahren richtet sich nach den Regeln der StPO.[30] Das Gericht klärt den Sachverhalt von Amts wegen auf (§ 244 Abs. 2). An ein Geständnis ist es nicht gebunden (anders § 288 ZPO). Der Beklagte soll dennoch durch Anerkenntnis über den Anspruch disponieren können (§ 406 Abs. 2). Wie sich das zur strafrechtlichen Bewertung der Sache verhält (§ 406 Abs. 1 S. 1), ist unklar. Eine Beweislast trägt der Beklagte nicht. Auch der Kläger muss nichts vortragen oder beweisen. Das ist für ihn angesichts der zivilrechtlichen Regeln über die Beweislastumkehr, die hier nicht gelten, nur selten vorteilhaft. 34

---

[26] *Meyer-Goßner/Schmitt,* § 403 Rn. 2.
[27] Vgl. *Meyer-Goßner/Schmitt,* § 403 Rn. 5.
[28] BGH NStZ 1994, 26; zum Grundurteil BGH NStZ 2003, 46.
[29] BGH NJW 1981, 2062.
[30] BGHSt 37, 260 (261).

4. Entscheidung

35 Das Gericht gibt dem Antrag ganz oder teilweise im Urteil statt (§ 406); das Teilurteil kann auch ein Grundurteil sein (z. B. zum Schmerzensgeld).[31] Andernfalls sieht es von einer Entscheidung ab (§ 405). Der Antrag wird also niemals als „unzulässig“ oder „unbegründet“ zurückgewiesen oder verworfen.

a) Absehen von der Entscheidung

36 Von der Entscheidung wird abgesehen

- aus sachlichen Gründen, wenn der Angeklagte einer Straftat nicht schuldig gesprochen und auch eine Maßregel nicht verhängt wird oder wenn der Antrag unbegründet ist (§ 406 Abs. 1 S. 1)
- aus Gründen der Prozessökonomie, wenn der Antrag zur Erledigung im Strafverfahren nicht geeignet erscheint oder seine Erledigung das Verfahren erheblich verzögern würde (§ 406 Abs. 1 S. 4, 5 – enger für Schmerzensgeld, S. 6)
- wenn der Antrag unzulässig ist (§ 406 Abs. 1 S. 3)

Das Absehen von der Entscheidung hat keinerlei Rechtskraftwirkung (§ 406 Abs. 1 S. 3). Es geschieht durch Beschluss (§ 406 Abs. 5).

37 b) Sonst wird dem Antrag stattgegeben (§ 406 Abs. 1 S. 1). Das geschieht im Strafurteil. Es steht einem Urteil im Zivilrechtsstreit gleich (§ 406 Abs. 3 S. 1). Die Geschäftsstelle des Strafgerichts erstellt eine vollstreckbare Urteilsausfertigung (§ 724 ZPO). Die Vollstreckung richtet sich nach der ZPO (§ 406b).

5. Rechtsmittel, § 406a

38 a) Gegen den Beschluss, mit dem von der Entscheidung abgesehen wird, ist sofortige Beschwerde zulässig, die aber durch ein Urteil in der Sache „überholt“ wird und damit leer läuft (§ 406a Abs. 1 S. 1).

b) Der Antragsteller kann gegen den bürgerlich-rechtlichen Teil des Urteils nie ein Rechtsmittel einlegen. Er ist entweder nicht beschwert, weil seinem Antrag stattgegeben worden ist, oder nicht gehindert, den Anspruch, über den nicht entschieden wurde, vor den Zivilgerichten geltend zu machen.

39 c) Der Angeklagte kann das Urteil insgesamt oder nur den bürgerlich-rechtlichen Teil anfechten. Dazu stehen ihm ausschließlich die Rechtsmittel der StPO zur Verfügung.

Fall: Der Angeklagte ist zur Zahlung eines Schmerzensgeldes verurteilt worden und beschränkt seine Revision auf diesen Punkt. Das Revisionsgericht will ihm Recht geben.

Es wird diesen Teil der Entscheidung aufheben, ihn aber nicht zu einer neuen Verhandlung an den Tatrichter zurückverweisen, sondern gem. § 406 Abs. 1 S. 3 von einer Entscheidung darüber absehen.[32]

---

[31] BGHSt 44, 202.
[32] BGH NStZ 1988, 237.

V. Sonstige Befugnisse des Verletzten, §§ 406d ff.

Der Verletzte ist möglichst frühzeitig und in der Regel schriftlich auf seine Befugnisse hinzuweisen (§§ 406i–k).

1. Beteiligungsrechte

a) Mitteilungen, § 406d

Hat der Verletzte nur Strafanzeige erstattet (§ 158 Abs. 1), ist ihm der Eingang der Anzeige auf Antrag schriftlich zu bestätigen (§ 153 Abs. 1 S. 3–5). Im weiteren Verlauf des Verfahrens muss man ihm dann lediglich die Einstellung des Verfahrens mitteilen (§ 171). Mehr erfährt er, wenn er den Antrag stellt, über den Ausgang des gerichtlichen Verfahrens informiert zu werden (§ 406d Abs. 1 S.1 Nr. 3). Das kann die Nichteröffnung des Hauptverfahrens sein, eine Einstellung (gem. §§ 153ff., 206a) oder das abschließende Urteil, wenn es rechtskräftig geworden ist. Wie das zu geschehen hat, regelt das Gesetz nicht. Man übersendet ihm nicht einfach eine Abschrift der Entscheidung, sondern eine verständliche Darstellung des Ergebnisses.[33] Mitzuteilen sind dem Verletzten zuvor auch Ort und Zeit der Hauptverhandlung und die Beschuldigungen, die dem Angeklagten zur Last gelegt werden (§ 406d Abs. 1 S. 1 Nr. 2). Bei freiheitsentziehenden Maßnahmen gegen den Beschuldigten kann er (auf Antrag) noch mehr erfahren (§ 406d Abs. 2).[34] Über dieses Recht ist er zu belehren (§ 406d Abs. 3). 40

b) Rechtsbeistand und psychosoziale Prozessbegleitung, §§ 406f, g

Jeder Verletzte kann sich (auf eigene Kosten) von einem Rechtsanwalt beraten und vertreten lassen. Dessen Rechte beschränken sich darauf, bei Vernehmungen seines Mandanten anwesend zu sein. Außerdem kann eine Vertrauensperson zugelassen werden (§ 406f Abs. 3), auch bei polizeilichen Vernehmungen (im Unterschied zu § 406f Abs. 2). Das Opferrechtsreformgesetz hat dem Verletzten zudem die Möglichkeit eröffnet, einen psychosozialen Prozessbegleiter heranzuziehen, der bei Vernehmungen des Verletzten und in der Hauptverhandlung anwesend sein darf (§ 406g Abs. 1; zu den Ausnahmen s. Abs. 2). Näheres ist in dem Gesetz über die psychosoziale Prozessbegleitung im Strafverfahren (PsychPbG) geregelt. 41

c) Rechtsbeistand für potentielle Nebenkläger, § 406h

Mehr Befugnisse als der Rechtsbeistand nach § 406f hat der Rechtsanwalt als Beistand eines Verletzten, der zum Anschluss als Nebenkläger befugt ist (Abs. 2). Die Kosten trägt wie Nebenklagekosten der verurteilte Angeklagte (§§ 472 Abs. 3 S. 1, 473 Abs. 1 S. 2). Dazu kommt die Prozesskostenhilfe (Abs. 3). Diese Rechte sind nicht davon abhängig, dass der Anschluss als Nebenkläger tatsächlich erklärt wird. 42

---

[33] KK-StPO/*Zabeck*, § 406d Rn. 1.

[34] Das OpferrechtsreformG folgte damit einem Rahmenbeschluss der EU vom 15.3.2001.

2. Akteneinsichtsrecht, § 406e

a) Umfang

43 Der Verletzte kann von Beginn des Ermittlungsverfahrens an alle Akten durch einen Rechtsanwalt einsehen lassen (Abs. 1, 2). Dem Rechtsanwalt können dabei die Akten auch mitgegeben werden, wenn keine besonderen Gründe entgegenstehen (§ 32f Abs. 2 S. 3). Der nicht anwaltlich vertretene Verletzte hat seit 1.1.2018 in entsprechender Anwendung von Abs. 1, 2 ein eigenes Recht auf Akteneinsicht (Abs. 3). Ein berechtigtes Interesse, das noch nicht einmal glaubhaft gemacht werden muss, braucht er nur darzulegen, wenn er nicht zum Kreis derer gehört, die sich als Nebenkläger anschließen können (Abs. 1). Dieses Interesse soll schon gegeben sein, wenn es ihm allein darum geht, zivilrechtliche Ansprüche durchzusetzen oder abzuwehren.[35] Die Akteneinsicht kann, anders als bei § 147 Abs. 2, auch nach Abschluss der Ermittlungen wegen Gefährdung des Untersuchungszweckes versagt werden (Abs. 2 S. 2). Der Verletzte soll in der Regel noch als Zeuge aussagen, sich darauf aber nicht „vorbereiten" dürfen.[36] Zu den konträren Interessen, mit denen das Interesse des Verletzten abzuwägen ist (Abs. 2 S. 1), zählt als schwerwiegendes Element stets das Recht auf informationelle Selbstbestimmung eines nur Beschuldigten, für den die Unschuldsvermutung spricht.

b) Entscheidung

44 Im Ermittlungsverfahren entscheidet der Staatsanwalt über den Antrag auf Akteneinsicht (§ 406e Abs. 4 S. 1). Wird sie verweigert, kann das Gericht angerufen werden (S. 2–4). Dessen Entscheidung, die Einsicht zu versagen oder zu gestatten, ist für keinen Verfahrensbeteiligten anfechtbar (S. 2).[37] Will die Staatsanwaltschaft dem Verletzten Akteneinsicht gewähren, kann sich der Beschuldigte dagegen zur Wehr setzen; § 161a Abs. 3 S. 2–4 ist auch auf diesen Fall entsprechend anwendbar.[38]

VI. Entschädigung

1. Opfer von Gewalttaten

45 Das Gesetz über die Entschädigung für Opfer von Gewalttaten (OEG) vom 7.1.1985 gewährt demjenigen einen Anspruch, der durch einen vorsätzlichen und rechtswidrigen tätlichen Angriff oder dessen rechtmäßige Abwehr, durch Giftbeibringung oder ein Verbrechen mit gemeingefährlichen Mitteln einen Gesundheitsschaden erlitten hat. Er erhält Versorgung (Rehabilitation, Rente) nach dem Bundesversorgungsgesetz.[39]

---

[35] Vgl. *Sieber,* FS Spendel, 1992, 772; enger *Otto,* GA 1989, 301 ff.
[36] Vgl. OLG Düsseldorf StV 1991, 202; *Schlothauer,* StV 1987, 356.
[37] BGH NStZ 1991, 95.
[38] BGHSt 39, 112 (115 ff.); *Otto,* NStZ 1993, 352.
[39] Näher *Röhmel,* JA 1977, 39 (87).

2. Schadenswiedergutmachung

Sie wäre gefährdet, wenn der Täter zunächst alle Ansprüche des Staates befriedigen müsste. Daher kann ihm bei Geldstrafen die Zahlung erleichtert werden (§ 459a Abs. 1 S. 2; zum Absehen von Strafe bei einem Täter-Opfer-Ausgleich § 46a StGB). 46

3. „Zurückgewinnungshilfe"

Hat der Verletzte einen Anspruch auf einen nach §§ 73ff. StGB eingezogenen Gegenstand oder dessen Wert, so wird ihm der nach §§ 111b ff. beschlagnahmte Gegenstand gem. §§ 459h ff. zurückübertragen oder der Wertersatz des Gegenstandes ausgekehrt. Gem. § 94 beschlagnahmte Sachen werden an den Verletzten unter den Voraussetzungen des § 111n Abs. 1, 2 herausgegeben, wenn sie für das Strafverfahren nicht mehr benötigt werden. Das Verfahren regelt § 111o. 47

4. Opferanspruchssicherungsgesetz

Angeklagte, die ihre Geschichte über die Medien vermarkten, zahlen mit dem Erlös die Honorare ihrer Anwälte, etc. Zum Schutz des Verletzten hat dieses Gesetz (vom 4.3.1998) ein gesetzliches Pfandrecht an diesen Erlösen geschaffen.[40] 48

Fälle und Fragen

262. Wann kommt das Privatklageverfahren in Betracht?
263. Wann ist eine Nebenklage möglich?
264. Welche Befugnisse stehen dem Verletzten zu?

§ 40. Die Kosten des Verfahrens

I. Begriff

Jedes Urteil, jeder Strafbefehl und jeder Beschluss, der das Verfahren endgültig abschließt, muss eine Entscheidung darüber enthalten, wer die Kosten des Verfahrens und die notwendigen Auslagen trägt (§ 464 Abs. 1, 2). 1

„**Kosten** des Verfahrens sind die Gebühren und Auslagen der Staatskasse" (Wortlaut § 464a Abs. 1 S. 1). Die **notwendigen Auslagen** eines Verfahrensbeteiligten zählen nicht dazu. 2

[40] Vgl. *Lüderssen*, StV 1999, 65ff.

II. Bemessung

3 Die **Gebühren** werden pauschal berechnet. Sie werden von der Staatsanwaltschaft angesetzt (§ 19 Abs. 2 GKG). „In Strafsachen bemessen sich die Gerichtsgebühren für alle Rechtszüge nach der rechtskräftig erkannten Strafe" (Wortlaut Vorbem. 3.1. GKG Anl. 1 – KVGKG – Kostenverzeichnis Nr. 3.1).

Beispiele: Sie betragen bei Verurteilung zu Geldstrafe bis zu 180 Tagessätzen 140 EUR bei Verurteilung zu Freiheitsstrafe bis zu 4 Jahren 560 EUR.

4 Die **Auslagen** orientieren sich an den tatsächlichen Aufwendungen (vgl. KVGKG Nr. 9000ff.). Dazu gehören auch die Entschädigungen, die an Zeugen und Sachverständige zu zahlen sind (vgl. ZuSEG) sowie die Gebühren eines Pflichtverteidigers (vgl. RVG).

5 Die **notwendigen Auslagen** umfassen vor allem die Aufwendungen für Verteidigungsmaßnahmen (vgl. § 464a Abs. 2; Nr. 2 regelt als Rechtsfolgenverweisung nur Umfang und Höhe der Entschädigung).

III. Kostenträger

6 Der **Angeklagte** trägt die Kosten, wenn er schuldig gesprochen oder eine Maßregel angeordnet wird (§ 465 Abs. 1). Er hat durch seine tatbestandsmäßig-rechtswidrige Handlung die Strafverfolgung veranlasst.[1] Diese ganz h. A. ist nicht ganz unbedenklich – es ist Aufgabe des Staates, die Strafverfolgung von Amts wegen zu betreiben und es dient weder der Resozialisierung des Täters noch den Interessen des Opfers, den Verurteilten zusätzlich zu belasten.[2]

7 Die **Staatskasse** trägt die Kosten und die notwendigen Auslagen des Angeklagten, wenn er freigesprochen oder das Hauptverfahren gegen ihn nicht eröffnet wird; das Gleiche gilt bei einer Einstellung des Verfahrens wegen eines Prozesshindernisses oder nach dem Opportunitätsprinzip (§ 467 Abs. 1).

8 Davon gibt es Ausnahmen. Bei einer Einstellung gem. § 153a trägt die Staatskasse die Kosten, aber nicht die notwendigen Auslagen des Angeschuldigten (§ 467 Abs. 5). Zwingend ist auch die Regelung in Abs. 3 S. 1 (Selbstanzeige). Ansonsten *kann* das Gericht entscheiden, dass der Angeschuldigte seine notwendigen Auslagen selbst trägt, wenn er sich durch eine wahrheitswidrige, widersprüchliche oder lückenhafte Aussage selbst belastet hat (Abs. 3 Nr. 1), wenn ein Prozesshindernis der Verurteilung eines Schuldigen entgegensteht (bleibt die Schuld zweifelhaft, gilt Abs. 1) oder wenn nach einer Ermessensvorschrift eingestellt wurde (Abs. 4, §§ 153ff.). Im letztgenannten Fall darf die Stärke des Tatverdachts eine Rolle spielen.[3]

---

[1] BVerfGE 18, 302 (304); BVerfG EuGRZ 1986, 439.

[2] Näher *Hassemer,* ZStW 85 [1973], 651.

[3] EGMR 1988, 3257; zu Recht abl. *Kühl,* NJW 1988, 3233; BVerfG NStZ 1990, 598 m. abl. Anm. *Paulus.*

IV. Kosten und Auslagen bei Rechtsmittel

Die Kosten eines erfolglosen Rechtsmittels treffen den, der es eingelegt hat (§ 473 Abs. 1 S. 1). Der Verurteilte trägt also das Risiko dafür, dass die endgültige Entscheidung nicht schon in der ersten Instanz getroffen wird.[4] Für den „Erfolg" eines Rechtsmittels kommt es auf die abschließende Sachentscheidung an (eine Zurückverweisung, z. B. gem. § 354 Abs. 2, ist nur ein Teilerfolg, bei dem über die Kosten gar nicht entschieden wird). 9

Nur indirekt geregelt ist der Fall eines Rechtsmittels, das unbeschränkt eingelegt und in vollem Umfang **erfolgreich** war. Die Kosten und notwendigen Auslagen trägt die Staatskasse (§ 473 Abs. 2 S. 2 für einen Sonderfall). 10

Fälle und Fragen

265. Was versteht man unter dem Begriff „Kosten des Verfahrens"?
266. A wird durch das LG München wegen Totschlags zu fünf Jahren Freiheitsstrafe verurteilt. Wer bezahlt die Kosten seines Pflichtverteidigers?

[4] BGHSt 17, 376 (381).

Kommentierungshinweise

Diese Hinweise sind eine Hilfe zur Kommentierung des Gesetzestextes.

bei §	unterstreichen	Hinweis auf §	vgl. Buch § Rn.
3	Straftaten; Tat	264	13 Rn. 4f.
6a S. 3	Vernehmung zur Sache	243 Abs. 4	17 Rn. 20
7 Abs. 1		9 StGB	5 Rn. 16
16 S. 3	Vernehmung zur Sache	243 Abs. 4	17 Rn. 20
22	Richter	31	19 Rn. 3
22 Nr. 1	verletzt	172	19 Rn. 4
24 Abs. 1 u. 2	Besorgnis		19 Rn. 13
25 Abs. 1 S. 1	Vernehmung; ersten persönlichen Verhältnisse	243 Abs. 2 S. 2	19 Rn. 17
26 Abs. 1 S. 2	Frist	29 Abs. 3	19 Rn. 17
27 Abs. 2		76 Abs. 1 S. 2 GVG	19 Rn. 20
28 Abs. 1		336 S. 2	19 Rn. 22
28 Abs. 2 S. 1	sofortige Beschwerde	311	19 Rn. 22
28 Abs. 2 S. 2	erkennenden Richter; Urteil	336, 344 Abs. 2 S. 2	19 Rn. 22
52 Abs. 1 Nr. 3		1589, 1590 BGB	21 Rn. 9
54 Abs. 1		37 Abs. 4 BeamtStG, 67, 68 BBG	21 Rn. 6
60	ist		21 Rn. 7
60 Nr. 2	Tat	264	21 Rn. 7 13 Rn. 2ff.
60 Nr. 2	Strafvereitelung	22 StGB	21 Rn. 7
68 Abs. 3		110b Abs. 3	21 Rn. 18
69	Vernehmung	161a Abs. 1 S. 2	21 Rn. 19
69 Abs. 1 S. 2	Gegenstand der Untersuchung	264	13 Rn. 2
74 Abs. 1 S. 1	Ablehnung eines Richters	24 Abs. 1 u. 3	21 Rn. 28
81 Abs. 1	Verteidiger	140 Abs. 1 Nr. 6	10 Rn. 21
81 Abs. 4		311	10 Rn. 21

bei §	**unterstreichen**	**Hinweis auf §**	**vgl. Buch § Rn.**
81a Abs. 2 S. 2	keiner richterlichen Anordnung		10 Rn. 24
81c Abs. 1	an		10 Rn. 27
81h Abs. 1	Verwandten		10 Rn. 30
94 Abs. 3	Führerscheine	111a	10 Rn. 33
95 Abs. 2 S. 2	zur Verweigerung des Zeugnisses berechtigt	52–55	10 Rn. 35
97 Abs. 2 S. 2	im Gewahrsam der zur Verweigerung des Zeugnisses Berechtigten	148	11 Rn. 14
97 Abs. 2 S. 3	gelten nicht		10 Rn. 37
98 Abs. 2 S. 2	der Betroffene kann jederzeit die richterliche Entscheidung beantragen		10 Rn. 76
100a Abs. 1 S. 1	bestimmte Tatsachen	bei „Betroffenen“ 148	10 Rn. 42
100a Abs. 1 S. 2	notwendig		10 Rn. 40
100b Abs. 1	bestimmte Tatsachen	bei „Betroffenen“ 148	10 Rn. 50f.
100c Abs. 1	bestimmte Tatsachen	bei „Betroffenen“ 148	10 Rn. 57, 59
100e Abs. 1 S. 1	Gericht		10 Rn. 43
100e Abs. 2 S. 1	Kammer des Landgerichts		10 Rn. 52
101 Abs. 7 S. 2	Überprüfung		10 Rn. 82ff.
102	vermuten		10 Rn. 54
103 Abs. 1 S. 1	Tatsachen vorliegen		10 Rn. 55
112 Abs. 1 S. 1	Haftgrund	Abs. 2 u. 3, 112a	10 Rn. 7ff.
115 Abs. 2 u. 3		136	10 Rn. 14
116 Abs. 1 S. 1	wegen Fluchtgefahr		10 Rn. 15
116 Abs. 2 S. 1	wegen Verdunkelungsgefahr		10 Rn. 15
116 Abs. 3	nach § 112a	112 Abs. 3	10 Rn. 15
117 Abs. 2 S. 2	Beschwerde	304	10 Rn. 20
120 Abs. 1 S. 2	Eröffnung abgelehnt eingestellt	204 206a, 260 Abs. 3	10 Rn. 16
120 Abs. 3 S. 1	ist		10 Rn. 16

bei §	unterstreichen	Hinweis auf §	vgl. Buch § Rn.
121 Abs. 2	Fortdauer	122 Abs. 4	10 Rn. 16
126 Abs. 1 S. 1	Gericht zuständig	125 Abs. 1	10 Rn. 14
127b Abs. 1 Nr. 1		417ff.	10 Rn. 69
136		163a Abs. 3, 4	9 Rn. 8
145 Abs. 1		338 Nr. 5	20 Rn. 5 36 Rn. 19
147 Abs. 2		169a	11 Rn. 10 u. 12
148 Abs. 2		31ff. GVG	11 Rn. 15
153 Abs. 1 S. 1	wäre		12 Rn. 16
153 Abs. 2 S. 3	Beschluss	153a Abs. 1 S. 4	12 Rn. 21
153a Abs. 1 S. 5	kann die Tat nicht mehr als Vergehen verfolgt werden		12 Rn. 27
154 Abs. 1 S. 1	Tat	264	13 Rn. 2f.
154 Abs. 1 S. 1 Nr. 2	darüber hinaus		12 Rn. 29
155 Abs. 1		200, 264	12 Rn. 39 13 Rn. 5
162 Abs. 1 S. 1	erforderlich		8 Rn. 2
163 Abs. 3 S. 1	Auftrag		21 Rn. 5
170 Abs. 1	Anklageschrift	199 Abs. 2, 200	12 Rn. 38
170 Abs. 2 S. 2		163a Abs. 1	9 Rn. 8
171		158 Abs. 1	12 Rn. 8
206a Abs. 1	Hauptverhandlung	260 Abs. 3	16 Rn. 15
210 Abs. 2	sofortige Beschwerde	311	16 Rn. 20
214 Abs. 1	Ladungen	48, 72, 216, 218, 385, 397	17 Rn. 3
217 Abs. 2		228 Abs. 3	17 Rn. 3
223		251 Abs. 1	17 Rn. 6
223 Abs. 1	ersuchten Richter	157 GVG	17 Rn. 10
225		168d	17 Rn. 12
228 Abs. 1 S. 1	Aussetzung	229 Abs. 4, 5	18 Rn. 14
234	vertreten		11 Rn. 21
241 Abs. 2	ungeeignete	68 Abs. 2 u. 3, 68 a	20 Rn. 16

bei §	unterstreichen	Hinweis auf §	vgl. Buch § Rn.
243 Abs. 2 S. 1	Zeugen	58 Abs. 1	17 Rn. 15
243 Abs. 2 S. 2	persönlichen Verhältnisse	111 OWiG	9 Rn. 8
243 Abs. 3 S. 1	Anklagesatz	200 Abs. 1 S. 1	17 Rn. 18 12 Rn. 37
244 Abs. 3 S. 2	ohne Bedeutung	245 Abs. 2 S. 3 Alt. 3	25 Rn. 33
244 Abs. 4 S. 1	auch	Abs. 3	25 Rn. 27
244 Abs. 4 S. 2	weiteren Sachverständigen		25 Rn. 28 ff.
244 Abs. 6		305 S. 1	37 Rn. 6
244 Abs. 6 S. 2	Frist		25 Rn. 1, 11
250 S. 2	ersetzt		27 Rn. 2
251 Abs. 2	richterliche Vernehmung		27 Rn. 4 f.
254 Abs. 1	des Angeklagten richterlichen Protokoll		27 Rn. 19 f. 27 Rn. 21 f.
305		336	37 Rn. 6
313 Abs. 1 S. 1		322a	35 Rn. 6
315 Abs. 1		232, 235	35 Rn. 3
336		305	37 Rn. 6
338 Nr. 5		226, 230 Abs. 1, 145 Abs. 1 S. 1	20 Rn. 3 ff.
338 Nr. 8	wesentlichen Punkt Beschluss des Gerichts	238 Abs. 2	36 Rn. 20
359 Nr. 5	oder		38 Rn. 14
373 Abs. 1		23 Abs. 2	19 Rn. 9
373a	wegen eines Verbrechens		33 Rn. 9
401 Abs. 3 S. 1	allein; unbeschadet der Vorschrift des § 301		39 Rn. 29
404 Abs. 5 S. 1		114 ff. ZPO	39 Rn. 33
407 Abs. 1 S. 1	Vergehen		33 Rn. 2
410 Abs. 3		373a	33 Rn. 9
411 Abs. 2 S. 1	vertreten lassen		33 Rn. 7
196 Abs. 1 GVG	ein anderes bestimmt	263 StPO	31 Rn. 10

Lösungshinweise für die Fälle und Fragen

(1) Wahrheit, Gerechtigkeit und Rechtsfrieden.

Vgl. 3 Rn. 1ff.

(2) Es gibt das Erkenntnisverfahren (§§ 1–444) und das Vollstreckungsverfahren (§§ 449ff.). Das Erkenntnisverfahren hat als Regelform das ordentliche Erkenntnisverfahren (§§ 1–358). Daneben gibt es besondere Verfahrensarten (§§ 407–444). Das ordentliche (oder normale) Erkenntnisverfahren hat drei Abschnitte, das Ermittlungsverfahren, das Zwischenverfahren und das Hauptverfahren. Das Ermittlungsverfahren endet mit einer Einstellung oder mit der Erhebung der Anklage. Dann folgt das Zwischenverfahren. Das Gericht lehnt entweder die Eröffnung des Hauptverfahrens ab oder lässt die Anklage zu. Dann folgt das Hauptverfahren mit der Hauptverhandlung. Es endet mit einem Urteil. Falls es angefochten wird, folgt das Rechtsmittelverfahren.

Vgl. 4 Grafik und Rn. 1

(3) Mit Anklageerhebung ist der Beschuldigte als „Angeschuldigter" zu bezeichnen, § 157. Mit Eröffnung des Hauptverfahrens wird er als „Angeklagter" bezeichnet.

Vgl. 4 Rn. 1

(4) Das GVG. Es legt fest, welche Gerichte es gibt, wie sie besetzt sind und welche Kompetenzen sie haben.

Vgl. 5 Rn. 5

(5) Schöffen sind Laienrichter, die neben den Berufsrichtern in der Strafgerichtsbarkeit bei den Amts- und Landgerichten mitwirken. Sie haben – beschränkt auf die Hauptverhandlung – alle richterlichen Rechte, wie insbesondere volles Frage- und Stimmrecht, §§ 30, 77 GVG.

Vgl. 5 Rn. 15

(6) Am Amtsgericht gibt es den Einzelrichter und das Schöffengericht. Die Zuständigkeit des Einzelrichters ist in § 25 GVG „positiv" bestimmt. Er ist sachlich zuständig für Vergehen (§ 12 Abs. 2 StGB), bei denen eine Rechtsfolgenerwartung von bis zu zwei Jahren besteht, § 25 Nr. 2 GVG. Diese Beurteilung erfolgt anhand einer überschlägigen Prognoseentscheidung. Wurde die sachliche Zuständigkeit bejaht, so reicht die Strafkompetenz des Strafrichters bis zu vier Jahre, § 24 Abs. 2 GVG.

Für Straftaten mit einer Rechtsfolgenerwartung bis zu vier Jahren ist das Schöffengericht, §§ 24, 25, 28, 29 GVG zuständig. Die Besetzung besteht aus einem Berufs- und zwei Laienrichter, § 29 Abs. 1 GVG.

Vgl. 5 Rn. 9ff.

(7) Das Landgericht ist einmal als Gericht erster Instanz für in § 74 Abs. 2 GVG genannte Verbrechen und für Verbrechen und Vergehen zuständig, bei denen eine höhere Strafe als vier Jahre Freiheitsstrafe zu erwarten ist, § 74 Abs. 1 S. 2 Alt. 1 GVG, oder wenn die Staatsanwaltschaft wegen der besonderen Bedeutung des Falles Anklage beim Landgericht erhoben hat, § 74 Abs. 1 S. 2 Alt. 2 GVG.

Daneben existieren auch noch das Schwurgericht, die Wirtschaftskammer und die Staatschutzkammer. Auch eine Jugendschutzkammer kann gebildet werden.

Besetzt ist die Strafkammer in der ersten Instanz mit drei Berufs- und zwei Laienrichtern (große Strafkammer), § 76 Abs. 1 S. 1, 1. Alt. GVG. Erscheint die Mitwirkung von drei Berufsrichtern nach Umfang oder Schwierigkeit der Sache nicht notwendig, beschließt die Kammer, in der Hauptverhandlung nur mit zwei Berufsrichtern zu tagen, § 76 Abs. 2 S. 3 Nr. 3, S. 4 GVG; wichtige Ausnahme: das Schwurgericht tagt zwingend mit drei Berufsrichtern, nach § 76 Abs. 2 S. 3 Nr. 1 GVG.

Als Gericht zweiter Instanz ist das Landgericht für Berufungen gegen Urteile des Amtsgerichts als kleine Strafkammer zuständig, d. h. ein Berufs- und zwei Laienrichter, § 76 Abs. 1 S. 1, 2. Alt. GVG (nur bei Urteilen des erweiterten Schöffengerichts sind es zwei Berufsrichter, § 76 Abs. 6 S. 1 GVG). Über Beschwerden gegen Verfügungen des Richters am Amtsgericht und Beschlüsse des Amtsgerichts entscheidet die große Strafkammer.

Vgl. 5 Rn. 12ff., 17

(8) Er kann Berufung gem. §§ 312ff. zum Landgericht oder Sprungrevision zum OLG einlegen, § 335 Abs. 1, § 121 Abs. 1 Nr. 1 GVG. Gegen Urteile des Landgerichts steht ihm dagegen nur die Revision zum BGH offen.

Vgl. 5 Grafik Rn. 18

(9) Die Staatsanwaltschaft ist hierarchisch und monokratisch organisiert (§§ 142, 144, 147 GVG).

Vgl. 6 Rn. 2f.

(10) Der Leitende Oberstaatsanwalt bzw. der Generalstaatsanwalt.

Vgl. 6 Rn. 2

(11) Die Bundesanwaltschaft wird vom Generalbundesanwalt geleitet. Sie vertritt die Anklage in Verfahren vor dem BGH. Daneben besteht die Sonderzuständigkeit nach § 142a GVG.

Vgl. 6 Rn. 2

(12) Nein. Es besteht keinerlei Über- bzw. Unterordnungsverhältnis.

Vgl. 6 Rn. 2

(13) Ja. Aufgrund des Substitutionsrechts ist X als Ltd. OStA befugt, einen anderen StA mit der Sitzungsvertretung zu beauftragen (§ 145 Abs. 1 2. Alt). Als Ltd. OStA ist X anhand des Devolutionsrechts auch befugt, die Anklagevertretung in der Hauptverhandlung selbst zu übernehmen (§ 145 Abs. 1 Alt. 1).

Vgl. 6 Rn. 5f.

(14) Nein, denn er ist kein Staatsanwalt.

Vgl. 6 Rn. 6

(15) Zu nennen sind das Akkusationsprinzip, das Legalitätsprinzip, das Opportunitätsprinzip sowie das Offizialprinzip.

Vgl. 6 Rn. 7ff.

(16) Weil sie gem. § 160 Abs. 2 zur Objektivität verpflichtet ist, also insbesondere auch entlastende Ermittlungen durchführen muss.

Vgl. 6 Rn. 10

(17) Grundsätzlich haben die Beamten der StA gem. § 146 GVG den dienstlichen Anweisungen ihres Vorgesetzten zu folgen. Eine Weisung darf aber nicht das Legalitätsprinzip verletzen. Rechtswidrige Anweisungen dürfen nicht erteilt werden. Sofern im vorliegenden Fall StA K unüberwindliche Bedenken gegen die Rechtmäßigkeit der Anordnung seiner Vorgesetzten hat, muss er remonstrieren (§§ 63 Abs. 2 BBG, 36 Abs. 2 BeamtStG), d. h. die Sache dem Vorgesetzten bzw. den nächst höheren Vorgesetzten vortragen. Bleibt es bei der Anordnung und glaubt StA K, die Befolgung der Weisung nicht mit seinem Gewissen vereinbaren zu können, so kann er den Gehorsam verweigern. Denn der Staatsanwalt hat das Recht, nicht gegen persönliche Überzeugungen handeln zu müssen. Der Konflikt muss dann vielmehr durch Ausübung des Devolutions- und Substitutionrechts gelöst werden.

Vgl. 6 Rn. 11

(18) Vgl. 6 Rn. 12; 12 Rn. 5

(19) Die StA gehört zur Exekutive, weist aber gleichzeitig eine große Nähe zur Judikative auf. Aufgrund dieser Doppelrolle hält man die StA für ein relativ eigenständiges „Organ der Rechtspflege".

Vgl. 6 Rn. 13

(20) Bundeskriminalamt, Bundesamt für Verfassungsschutz, Bundespolizei.

Vgl. 7 Rn. 2f.

(21) Die Polizei kann auf zweierlei Weise tätig werden. Gem. § 161 Abs. 1 S. 2 muss sie auf Ersuchen oder im Auftrag der Staatsanwaltschaft Ermittlungen vornehmen. Zudem ist sie verpflichtet, von sich aus einzugreifen, wenn der Verdacht einer Straftat besteht (Legalitätsprinzip). Sie hat das „Recht des ersten Zugriffs", § 163.

Näher vgl. 7 Rn. 5ff.

(22) Die Polizei kann präventiv (auf der Grundlage der Polizei- und Sicherheitsgesetze der Länder) und repressiv (auf der Grundlage der StPO) tätig werden.

Vgl. 7 Rn. 8

(23) Es handelt sich um Einsätze der Polizei, die zugleich präventive und repressive Ziele haben. Dem BGH zufolge können Gefahrenabwehr und Strafverfolgung parallel betrieben werden, so dass als Eingriffsgrundlagen das Polizeigesetz und die StPO nebeneinander in Betracht kommen (str.).

Vgl. 7 Rn. 9

(24) Das Weisungsrecht existiert nur für den repressiven Handlungsbereich der Polizei.

Vgl. 7 Rn. 9

(25) Vgl. 7 Grafik Rn. 9

(26) Ermittlungspersonen sind zur Erfüllung der Aufträge der StA unmittelbar persönlich verpflichtet (vgl. § 152 Abs. 1 GVG). Darüber hinaus stehen bestimmte Zwangsrechte, die sonst Richter und StA vorbehalten sind, wie z. B. die Entnahme einer Blutprobe (§ 81a Abs. 2), Durchsuchungen (§ 105 Abs. 1) etc. nur den Hilfsbeamten der StA, nicht aber den sonstigen Polizisten zu.

Vgl. 7 Rn. 6 und Grafik Rn. 9

(27) Die Staatsanwaltschaft, § 163 Abs. 2 S. 1.

Vgl. 8 Rn. 1

(28) Eine Vereidigung ist im Vorverfahren nur ausnahmsweise möglich, §§ 59 Abs. 1, 62. Allerdings darf dies der Staatsanwalt nicht selbst vornehmen, § 161a Abs. 1 S. 3, sondern er muss sich an den Ermittlungsrichter, § 162 Abs. 1 S. 1, wenden. Der Ermittlungsrichter hat gem. § 162 Abs. 2 die Zulässigkeit der beantragten Vereidigung selbständig nachzuprüfen.

Vgl. 8 Rn. 2

(29) Es gibt den Anfangsverdacht, den hinreichenden und den dringenden Tatverdacht.

Vgl. 8 Rn. 3

(30) Sofern sie einen (Anfangs)Verdacht hat. Bloße Vermutungen und Möglichkeiten, die nicht durch konkrete tatsächliche Hinweise gestützt sind, genügen nicht.

Vgl. 8 Rn. 5

(31) Geregelt sind Strafanzeige und Strafantrag in § 158. Die Strafanzeige ist die bloße Mitteilung eines Sachverhalts, der auf eine Straftat hindeutet. Dagegen beinhaltet der Strafantrag darüber hinaus auch noch das Begehren, die Strafverfolgungsbehörde möge ermitteln und anklagen. Dabei muss man den Strafantrag aus § 158 Abs. 1 von dem Strafantrag in § 158 Abs. 2 unterscheiden. Den „Antrag auf Strafverfolgung" (Abs. 1) kann jeder stellen. Der Strafantrag (Abs. 2) ist nur bei bestimmten Delikten erforderlich.

Vgl. 8 Rn. 7

(32) Bei Antragsdelikten bedarf es zur Strafverfolgung eines Strafantrags des Verletzten. Der Strafantrag ist daher Prozessvoraussetzung (vgl. dazu § 158 Abs. 2, §§ 77ff. StGB). Anders als bei den Offizialdelikten kann der Verletzte den Fortgang hier dadurch verhindern, dass er seinen Strafantrag zurücknimmt.

Vgl. 8 Rn. 8f.

(33) Die h. M. bejaht das jedenfalls dann, wenn durch Art und Umfang der Straftat Belange der Öffentlichkeit und der Volksgesamtheit in besonderem Maße berührt werden (str.).

Vgl. 8 Rn. 11

(34) Beschuldigter ist der Tatverdächtige, gegen den ein Verfahren als Beschuldigter betrieben wird. Dazu genügt nicht nur die Stärke des Verdachts, sondern es bedarf auch eines „Willensakts" durch die Behörde.

Vgl. 9 Rn. 1ff.

(35) Eine informatorische Befragung ist erlaubt, wenn man noch nicht weiß, ob man jemanden als Zeugen oder als Beschuldigten vernehmen soll. Aus diesem Grund gibt es bei informatorischen Befragungen keine Belehrungspflichten. Anders aber hier. Der Verdacht war bereits auf den Fahrzeughalter konkretisiert, er ist daher als Beschuldigter anzusehen. Eine informatorische Befragung liegt nicht vor. Die Verwertung scheitert an § 136.

Vgl. 9 Rn. 6

(36) Der Inhalt der Belehrungspflicht ergibt sich aus § 136 Abs. 1 S. 2.

Vgl. 9 Rn. 9f.

(37) Nein. § 136 beinhaltet das Recht auf Verteidigerkonsultation, das auch die Zugangsmöglichkeit des Anwalts zu seinem Mandanten mit umfasst. Aus §§ 136, 163a Abs. 4 S. 2 folgt dabei ein umfassendes Verwertungsverbot der Aussage in der Hauptverhandlung.

Vgl. 9 Rn. 9ff.

(38) § 136a schützt die Freiheit der Willensentschließung und der Willensbetätigung des Beschuldigten. Dieser soll frei darüber entscheiden können, ob, was und wie viel er aussagt.

Vgl. 9 Rn. 13

(39) Das Verhalten der Polizei war nicht rechtmäßig. Es verstößt gegen §§ 136a Abs. 1 S. 1, 163a Abs. 4 S. 2. Einer Verwertung dieser Aussage stehen §§ 136a Abs. 3 S. 2, 163a Abs. 4 S. 2 entgegen.

Auch in der Abwandlung bleibt die Aussage des Beschuldigten wegen Verstoßes gegen § 136a Abs. 1 S. 1 unverwertbar. Grundsätzlich hat ein Verstoß gegen § 136a Abs. 1 keine Fortwirkung zur Folge, doch soll dies nicht für die durch Drohung oder Quälerei erzielten Aussagen gelten. Für deren Verwertbarkeit bedarf es einer so genannten „qualifizierten Belehrung" dahin, dass die vorangegangenen Angaben nicht verwertet werden dürfen. Andererseits will es der BGH als ausreichend ansehen, wenn der Beschuldigte bei der zweiten Aussage auch ohne qualifizierte Belehrung davon ausgeht, durch seine früheren Angaben nicht gebunden zu sein, von ihnen also ohne weiteres abrücken zu können. Demgegenüber verlangt die h. L. zu Recht ganz generell bei einem vorangegangenen Verstoß gegen § 136a eine „qualifizierte Belehrung", da anderenfalls das Verwertungsverbot unterlaufen werde.

Vgl. 9 Rn. 14, 18ff.

(40) Nein, nur die Aussage selbst ist unverwertbar. Enthält sie Hinweise auf andere Beweismittel, so dürfen sie verwendet werden (str.).

Vgl. 9 Rn. 27f.

(41) Der Anspruch auf rechtliches Gehör besteht im Ermittlungsverfahren nicht, d. h. weder Staatsanwaltschaft noch Polizei sind verpflichtet, Gehör zu gewähren. Auch ein Fragerecht steht ihm im Ermittlungsverfahren nicht zu. Schließlich besteht auch kein grundsätzliches Anwesenheitsrecht, vielmehr darf der Beschuldigte im Ermittlungsverfahren nur bei bestimmten Maßnahmen gegen ihn anwesend sein.

In jeder Verfahrenslage steht ihm hingegen das Recht auf Verteidigung zu. Auch Beweisanträge kann der Beschuldigte immer stellen. Schließlich steht ihm auch das Schweigerecht zu, allerdings dürfen Staatsanwaltschaft und Polizei aus dem Schweigen des Beschuldigten im Ermittlungsverfahren Schlüsse ziehen.

Vgl. 9 Rn. 30ff.

(42) Vor dem Staatsanwalt (§ 163a Abs. 3 S. 1) muss der Beschuldigte im Ermittlungsverfahren ebenso wie beim Ermittlungsrichter (§ 133) erscheinen. Nicht aber muss er zur Polizei gehen (Umkehrschluss zu § 163a Abs. 3 S. 1).

Vgl. 9 Rn. 36

(43) Als Grundlage der Maßnahme kommt nur § 81a in Betracht. Der Beschuldigte ist allerdings nicht zur Mitwirkung verpflichtet, sondern muss nur die gegen ihn angeordneten Ermittlungsmaßnahmen dulden. Daher braucht er nicht zu „blasen", darf also hierzu auch nicht gezwungen werden. Eine Blutprobenentnahme (für die bei den hier in Betracht kommenden §§ 315c Abs. 1 Nr. 1a, Abs. 3, 316 der Richtervorbehalt nicht mehr besteht, vgl. § 81a Abs. 2 S. 2) erfordert dagegen keine aktive Mitwirkung. Sie muss der Beschuldigte daher dulden.

Vgl. 9 Rn. 37

(44) Ja, nach §§ 161 Abs. 1 S. 1, 163 Abs. 1 S. 2. Danach dürfen sie Ermittlungen jeder Art vornehmen, soweit nicht andere gesetzliche Vorschriften ihre Befugnisse besonders regeln. Das (verfassungsrechtlich – Vorbehalt des Gesetzes sowie Bestimmtheitsgebot – vorgeschriebene) Prinzip der Einzeleingriffsermächtigung ist damit jedoch nicht aufgegeben, weil diese Ermittlungsgeneralklauseln nur Eingriffe erlauben, die in ihrer Eingriffstiefe deutlich unterhalb derer bei den ausdrücklich normierten Maßnahmen liegt. Beispiele hierfür sind die kurzfristige Beobachtung sowie nach h. M. der Einsatz von Informanten und V-Leuten.

Vgl. 10 Rn. 1ff.

(45) Die Untersuchungshaft soll die Anwesenheit des Beschuldigten sichern, die Manipulation von Beweisquellen verhindern und die Möglichkeit der Vollstreckung garantieren.

Vgl. 10 Rn. 6

(46) Formell ist ein schriftlicher Haftbefehl durch den gem. § 125 zuständigen Richter erforderlich (§ 114). Materiell setzt § 112 dringenden Tatverdacht, das Vorliegen eines Haftgrundes sowie Verhältnismäßigkeit voraus.

Vgl. 10 Rn. 7ff.

(47) § 112 Abs. 3 ermöglicht es seinem Wortlaut nach, einen Haftbefehl allein auf Grund der Schwere der Tat zu erlassen. Damit wäre die Untersuchungshaft auch dann zulässig, wenn für die Effektivität der Rechtspflege keinerlei Gefahr bestünde. Das wäre, wenn man gleichzeitig den Freiheitsanspruch des Beschuldigten berücksichtigt, offensichtlich unverhältnismäßig. Deshalb muss § 112 Abs. 3 dahingehend verfassungskonform ausgelegt werden, dass die Flucht- oder Verdunkelungsgefahr wenigstens nicht ausgeschlossen sein darf. Es verbleibt also beim Erfordernis eines Haftgrundes, die Anforderungen an dessen Vorliegen sind jedoch wesentlich reduziert.

Vgl. 10 Rn. 10

(48) Es sind die Haftprüfung (§ 117) und die (subsidiäre; § 117 Abs. 2 S. 1) Haftbeschwerde (§§ 304ff.) zu unterscheiden. Über die Haftprüfung entscheidet der Haftrichter (§ 126). Die Beschwerde kann sich sowohl gegen den Haftbefehl selbst (beachte aber § 117 Abs. 2 S. 1) als auch gegen die (negative) Haftprüfungsentscheidung richten.

Daneben erfolgt unabhängig vom Tätigwerden des Beschuldigten von Amts wegen eine Überprüfung der Haftfortdauer durch das OLG gem. §§ 121, 122 (beachte bei positiver Entscheidung zur Fortdauer die nachfolgenden Überprüfungen durch das OLG ebenfalls von Amts wegen gem. § 122 Abs. 4).

Vgl. 10 Rn. 18ff.

(49) Wie stets, so muss auch hier der Beschuldigte nichts selbst (aktiv) tun, sondern nur die Ermittlungen gegen sich (passiv) dulden, so dass er die (aktive) Einnahme des Brechmittels verweigern durfte. Nach § 81a Abs. 1 S. 2 ist der Staatsanwalt (§ 81a Abs. 2 bei Gefahr im Verzug) jedoch womöglich befugt, eine zwangsweise Zuführung anzuordnen.

Man könnte § 81a jedoch von vorne herein die Qualität als Eingriffsermächtigung in einem derartigen Fall absprechen, wenn man davon ausgeht, dass es hier weniger um die Suche nach Beweismitteln, sondern vielmehr deren Sicherstellung geht. Dafür ist § 102 einschlägig, der aber gerade keine körperlichen Eingriffe erlaubt. Allerdings steht im Mittelpunkt des Vorgehens dessen Mittel, nicht dessen Ziel, und dieses ist nun einmal der ärztliche Eingriff, für den § 81a einschlägig ist.

Ferner könnte man einen Verstoß gegen den nemo-tenetur-Grundsatz sehen, weil D eben doch gezwungen werde, „aktiv" zu erbrechen. Diesen Befürchtungen ist jedoch entgegenzuhalten, dass es sich beim Erbrechen nicht um einen willensgesteuerten Vorgang handelt, so dass allein ein „passives" Erdulden (Legen der Magensonde, Einflößen des Brechmittels) vorliegt.

Das BVerfG hat denn auch früher die Verabreichung von Brechmitteln für verfassungsmäßig erklärt, solange sie im Hinblick auf die Schwere der Tat und anderer Möglichkeiten noch verhältnismäßig ist. Die Menschenwürde und der Grundsatz der Selbstbelastungsfreiheit sollten nicht verletzt sein. Zu Recht erheblich restriktiver ist allerdings der EGMR: Die zwangsweise Verabreichung von Brechmitteln verstößt zumindest im Normalfall gegen Art. 3 EMRK (Verbot der Folter). Zum einen werden durch die Maßnahme i. d. R. nicht unerhebliche Gesundheitsgefahren begründet und zum anderen stehen zumeist weniger einschneidende Optionen zur Verfügung. So kann etwa ohne weiteres das Ausscheiden der Betäubungsmittel auf natürlichem Weg abgewartet werden.

Vgl. 10 Rn. 23

(50) Derartige Untersuchungen sind sogar unabhängig von den gesetzlichen Regeln zulässig, jedoch nur dann, wenn sie freiwillig sind. Ein zwangsweiser Massentest gem. § 81e Abs. 1 i. V. m. § 81a Abs. 1 scheitert daran, dass nicht alle Bewohner des Stadtviertels Beschuldigte sind; i. d. R. soll durch den Test gerade erst ein Beschuldigter herausgefunden werden.

Allein durch die Verweigerung der Teilnahme wird man nicht etwa zum Beschuldigten, so dass § 81e Abs. 1 i. V. m. § 81a Abs. 1 anwendbar wäre, da für die Beschuldigteneigenschaft u. a. das

Vorliegen eines Anfangsverdachts Voraussetzung ist (dieser kann aber etwa dann gegeben sein, wenn auf Grund der bisherigen Testergebnisse nur noch eine einzige Person als Täter in Betracht kommt). Auch als potentieller Zeuge kann man nicht gem. § 81e Abs. 1 S. 2 i.V.m. § 81c Abs. 1 zur Teilnahme gezwungen werden, weil der Zeugengrundsatz konkrete Anhaltspunkte verlangt. Damit verbleibt noch die Möglichkeit des § 81e Abs. 1 S. 2 i.V.m. § 81c Abs. 2. Danach sind weder die Beschuldigteneigenschaft noch der Zeugengrundsatz relevant, die Maßnahme muss lediglich zur Erforschung der Wahrheit unerlässlich sein, was bei einem Massentest mit einigen Verweigerern regelmäßig der Fall ist. Eine Ausnahme besteht gem. § 81c Abs. 3 ausdrücklich nur für diejenigen Personen, die über ein Zeugnisverweigerungsrecht verfügen, so dass ein Auskunftsverweigerungsrecht gem. § 55 (der Verweigerer würde sich mit der DNA-Probe dem Verdacht einer Straftat aussetzen) nicht genügt. Freilich ist auch dieser Weg über § 81c Abs. 2 nicht unproblematisch, da er letztlich die spezielle Regelung des § 81h unterläuft, die für die Reihenuntersuchung eine Freiwilligkeit der Teilnahme vorschreibt.

Vgl. 10 Rn. 30

(51) Die §§ 94ff. regeln die Sicherstellung von Gegenständen, die als Beweismittel für die Untersuchung von Bedeutung sein können, die §§ 111b ff. die von Gegenständen, die der Einziehung unterliegen. Letzteres ist nur in der Form der Beschlagnahme möglich (§ 111b Abs. 1), bei der Sicherstellung nach den §§ 94ff. ist eine Beschlagnahme nur dann erforderlich, wenn die Gegenstände nicht freiwillig herausgegeben werden (§ 94 Abs. 2).

Vgl. 10 Rn. 33f.

(52) Bereits abgerufene E-Mails können nach §§ 94ff. sichergestellt werden. In der Übermittlungsphase zwischen Versand und Abruf muss dagegen nach § 100a verfahren werden. Liegen die E-Mails in der Mailbox des Empfängers bei seinem Provider zum Abruf bereit, ist zu differenzieren: Soll der Zugriff heimlich erfolgen, ist er nur unter den Voraussetzungen der §§ 100a, 100d f. zulässig; findet er offen statt, können die E-Mails nach §§ 94ff. StPO beschlagnahmt werden (str.).

Vgl. 10 Rn. 38

(53) Nach dem Wortlaut des Gesetzes ja, denn es handelt sich gem. § 94 Abs. 1 um einen Gegenstand, der als Beweismittel für die Untersuchung von Bedeutung sein kann. Auch das Beschlagnahmeverbot nach § 97 Abs. 1 Nr. 1, Abs. 2 scheint nicht zu greifen: Zwar handelt es sich beim Verteidiger des Beschuldigten um eine zeugnisverweigerungsberechtigte Person nach § 53 Abs. 1 Nr. 2, für die das Beschlagnahmeverbot grundsätzlich greift; jedoch befand sich der Brief nicht im Gewahrsam des Verteidigers, sondern des Beschuldigten (§ 97 Abs. 2 S. 1). Ein derartiges Ergebnis würde aber im krassen Widerspruch zum Grundsatz der freien Verteidigung gem. § 148 Abs. 1 stehen, der insbesondere den Verkehr zwischen Beschuldigtem und Verteidiger von jeglicher Behinderung frei halten will.

Die Beschlagnahme des Briefes ist damit nicht zulässig.

Vgl. 10 Rn. 36; 11 Rn. 14, 40

(54) Das ist deshalb fraglich, weil sog. „Raumgespräche", also Unterhaltungen, die z. B. nicht unmittelbar über ein Telefon geführt werden, jedenfalls nicht unter den früher in § 100a verwendeten Begriff des „Fernmeldeverkehrs" subsumierbar waren und deshalb allgemein für nicht verwertbar gehalten wurden.

Mittlerweile versteht der BGH (vgl. BGH NJW 2003, 2034) unter dem Wortlaut „Telekommunikation" das, was in § 3 Nr. 22 TKG als solche definiert ist, d. h. die Vorgänge des Aussendens, Übermittelns und Empfangens von Nachrichten jeglicher Art, also grundsätzlich den gesamten Datenverkehr mittels Telekommunikationsanlagen. Zwar sei weiterhin Voraussetzung, dass sich die Person dieser Anlage gerade bediene, jedoch müsse die konkret relevante Informationsübertragung nicht mit dem aktuellen Wissen und Wollen der betroffenen Person erfolgen, wie das Beispiel der Übertragung der Standortdaten beim Mobilfunk zeige. Danach reicht es aus, wenn der Telekommunikationsvorgang bewusst und gewollt in Gang gesetzt worden ist; alle Informationen, die dann (bewusst oder unbewusst) übertragen werden, zählen zur Telekommunikation und sind damit grundsätzlich auch verwertbar.

Nach der Gegenmeinung setzt Telekommunikation hingegen zusätzlich voraus, dass der Betroffene diese gerade auch bewusst für die Übermittlung eines bestimmten Inhaltes einsetzt. Ist dies nicht der Fall, besteht diesbezüglich auch keine Abhörberechtigung, mithin sind die daraus gewonnenen Erkenntnisse nicht verwertbar.

Vgl. 10 Rn. 40

(55) Hier geht es um die Verwertbarkeit sog. Zufallskenntnisse bzgl. Taten Dritter, also solcher Personen, denen gegenüber keine TKÜ angeordnet ist. War die angeordnete TKÜ rechtswidrig, steht von vorne herein fest, dass diese Zufallskenntnisse – wie überhaupt alle erlangten Kenntnisse – nicht unmittelbar verwertbar sind. Hier war die Anordnung gegenüber T jedoch rechtmäßig. Bei Zufallskenntnissen bzgl. Taten Dritter muss unterschieden werden zwischen solchen, die Katalogtaten nach § 100a Abs. 2 Nr. 1–11 betreffen und solchen, die sich auf Nichtkatalogtaten beziehen. Erstere sind verwertbar, letztere nur mittelbar (vgl. § 477 Abs. 2 S. 2). Für Maßnahmen nach §§ 100b, c beachte § 100e Abs. 6.

Weil es sich beim Totschlag des S um eine Katalogtat nach § 100a Abs. 2 Nr. 1h handelt, sind diese Zufallskenntnisse verwertbar; eine nur mittelbare Verwertbarkeit besteht hinsichtlich der Nichtkatalogtat des Diebstahls des S.

Vgl. 10 Übersicht Rn. 43, Rn. 44ff.

(56) Unter Quellen-TKÜ versteht man die Überwachung von verschlüsselt übermittelter Telekommunikation (z. B. Skype, WhatsApp), indem via heimlich installierter Computerprogramme auf die noch unverschlüsselten bzw. wieder entschlüsselten Daten im Endgerät des Nutzers, d. h. an der „Quelle“, zugegriffen wird. Gegenüber der herkömmlichen TKÜ ist sie subsidiär (§ 100a Abs. 1 S. 2).

Vgl. 10 Rn. 40, 41a

(57) Bei der Online-Durchsuchung wird ein informationstechnisches System (z. B. Computer, Handy, Tablet) mit einer Schadsoftware („Trojaner“, Backdoor-Programm) infiziert, die dann den heimlichen Zugriff auf die dort gespeicherten Daten ermöglicht. Die Voraussetzungen lehnen sich aufgrund der Schwere des Eingriffs eng an diejenigen der akustischen Wohnraumüberwachung an. Geregelt ist sie in §§ 100b, 100d f.

Vgl. 10 Rn. 47c ff.

(58) Zu unterscheiden sind die Durchsuchung beim Verdächtigen (§ 102) und die Durchsuchung bei anderen Personen (§ 103).

Bei § 102 muss nach h. M. noch nicht einmal ein Anfangsverdacht bestehen; nicht ausreichend sind nur Vermutungen, die sich nicht auf tatsächliche Anhaltspunkte oder kriminalistische Erfahrungen stützen können. § 103 verlangt hingegen das Vorliegen von Tatsachen.

§ 102 gestattet die Durchsuchung von Wohnungen und anderen Räumen sowie seiner Person (z. B. auch noch die natürlichen Körperöffnungen, nicht aber die Suche im Körper, für die die §§ 81a ff. gelten). Letzteres ist bei § 103 nicht ausdrücklich genannt, aber gleichwohl erfasst, weil § 81c gegenüber derselben Person sogar noch mehr erlauben würde.

Vgl. 10 Rn. 54ff.

(59) Der Begriff des Verdeckten Ermittlers ist in § 110a Abs. 2 S. 1 legaldefiniert (zu den erforderlichen Konkretisierungen der Definition vgl. Rn. 59).

Der „nicht öffentlich ermittelnde Polizeibeamte“ (noeP) tritt im Gegensatz dazu nicht dauerhaft, sondern nur gelegentlich verdeckt auf.

Bei Informanten und V-Leuten handelt es sich nicht um Polizeibeamte, sondern um andere Personen, die entweder im Einzelfall (Informant) oder auf längere Zeit (V-Leute) die Strafverfolgungsbehörden bei der Aufklärung von Straftaten unterstützen.

Für diese verdeckt operierenden Personen sieht die StPO keine gesonderten Regelungen vor, die §§ 100a ff. sind auf sie nicht (auch nicht analog) anwendbar; der Gesetzgeber hat insofern bewusst eine Gesetzeslücke gelassen.

Vgl. 10 Rn. 59ff.

(60) Eine Rechtfertigung des B nach § 32 StGB scheidet aus, weil objektiv kein rechtswidriger Angriff des F auf ein notwehrfähiges Rechtsgut vorliegt, wenn er sein eigenes Fahrradschloss knackt und sein eigenes Fahrrad „stehlen“ will.

§ 127 Abs. 1 als Jedermann-Recht setzt objektiv das Betroffensein auf frischer Tat voraus. Da hier tatsächlich keine Straftat vorliegt, stellt sich die Frage, ob nicht auch ein hinreichender Tatverdacht, der hier gegeben wäre, ausreicht. Für diese Ansicht spricht, dass die Festnahme dem öffentlichen Interesse dient und Strafverfolgungsmaßnahmen stets bei bloßem Tatverdacht zulässig sind. Zudem könnte man es als unbillig betrachten, dem Festnehmenden das Risiko eines schuldlosen Irrtums aufzubürden. Der Umkehrschluss zu § 127 Abs. 2 spricht jedoch gegen diese Meinung. Hinzu kommt, dass der Festgenommene bei einer Rechtfertigung des Festnehmenden seines Notwehrrechts beraubt wäre. Für den Irrenden ist das Risiko hingegen gering: er muss ggf. die Voraussetzungen eines Erlaubnistatbestandsirrtums dartun, die allenfalls noch zu einer Strafbarkeit gem. § 229 StGB führen, weil es bei den §§ 239, 240 StGB jeweils keinen Fahrlässigkeitstatbestand gibt.

Nach dieser zu bevorzugenden Meinung hat sich B, Fahrlässigkeit unterstellt, gem. § 229 StGB strafbar gemacht.

Vgl. 10 Rn. 66ff.

(61) Bei einem Vorgehen gegen die Art und Weise der Durchführung der Maßnahme ist stets § 98 Abs. 2 S.2 (analog) anzuwenden.

Bei einem Vorgehen gegen die Anordnung der Maßnahme an sich ist, wenn diese durch den Richter erfolgte, stets § 304, wenn diese durch Staatsanwaltschaft oder Polizei erfolgte, § 98 Abs. 2 S. 2 (analog) anzuwenden.

Noch einfacher lässt sich sagen: bei Staatsanwaltschaft und Polizei stets § 98 Abs. 2 S. 2, beim Richter stets § 304.

Zu beachten ist, dass beim Rechtsschutz gegen erledigte Maßnahmen ein besonderes Rechtsschutzinteresse verlangt wird.

Für die in § 101 Abs. 1 genannten heimlichen Ermittlungsmaßnahmen gilt die Sonderregelung des § 101 Abs. 7.

Vgl. 10 Rn. 75ff.

(62) Vgl. § 137 Abs. 1 S. 1; ferner §§ 136 Abs. 1 S. 2, 163a Abs. 4 S. 2, 3.

(63) Die Verteidigung trägt zur Rechtsstaatlichkeit und Fairness des Verfahrens bei, sie aktualisiert die Stellung des Beschuldigten als Subjekt des Strafverfahrens und stellt den notwendigen Widerpart der Strafverfolgungsbehörden dar.

Vgl. 11 Rn. 1

(64) Als Rechte zu nennen sind das Anwesenheitsrecht, das Beweisantragsrecht, das Recht auf Akteneinsicht sowie das Recht auf ungehinderten Verkehr mit dem Beschuldigten. Des Weiteren darf der Verteidiger eigene Ermittlungen anstellen und jederzeit Erklärungen abgeben.

Zu den Pflichten zählen die Fürsprachepflicht, die Verschwiegenheitspflicht und die Wahrheitspflicht.

Vgl. 11 Rn. 2ff.

(65) Nein. § 163a Abs. 4 S. 3 regelt für polizeiliche Vernehmungen die entsprechende Anwendbarkeit von § 168c Abs. 1 S. 1, wonach dem Verteidiger ein Anwesenheitsrecht zusteht. (Die Vorschrift ist erst 2017 in Kraft getreten; zuvor sah das Gesetz bei polizeilichen Vernehmungen des Beschuldigten kein Anwesenheitsrecht des Verteidigers vor.)

Vgl. 11 Rn. 2

(66) Gemäß § 168c Abs. 2 ist dem Beschuldigten und seinem Verteidiger die Anwesenheit bei richterlichen Vernehmungen eines Zeugen oder Sachverständigen gestattet. Die Frage, ob § 168c Abs. 2 auf die richterliche Vernehmung eines Mitbeschuldigten analog anwendbar ist, so dass der Verteidiger auch dabei anwesend sein darf, ist umstritten. Da der Mitbeschuldigte explizit im Gesetz nicht genannt ist, liegt der Schluss nahe, dass eben kein Anwesenheitsrecht des Beschuldigten und seines Verteidigers besteht. Die Gewährleistung einer effektiven Verteidigung bereits im Vorverfahren durch die Möglichkeit der Einwirkung auf Angaben des Mitbeschuldigten, der in der Versuchung steht, zum eigenen Vorteil und zu Lasten des anderen Beschuldigten falsch auszusagen, spricht aber für eine analoge Anwendung des § 168c Abs. 2. Auch der Gedanke, dass die Vernehmung durch den Ermittlungsrichter einen antizipierten Teil der Hauptverhandlung darstellt, bei deren Verlauf der Anspruch auf rechtliches Gehör gewährleistet sein muss, spricht für die ausdehnende Anwendung. Überzeugender ist daher die Ansicht, wonach das Anwesenheitsrecht nach § 168c Abs. 2 (mit den sich aus den Absätzen 3 und 4 ergebenden Grenzen) auch bei der Vernehmung von Mitbeschuldigten gilt. Sofern der Untersuchungserfolg durch die Anwesenheit des A oder seines Verteidigers X nicht gefährdet ist, stellt die unterbliebene Benachrichtigung

demnach einen Verstoß gegen § 168c Abs. 5 dar und löst ein Verwertungsverbot aus. Anderer Ansicht ist aber der BGH (BGHSt 42, 391).

Vgl. 9 Grafik Rn. 35

(67) Der Verteidiger hat ein Recht auf Akteneinsicht, § 147 Abs. 1. Dieses gilt bereits während des Ermittlungsverfahrens, kann aber in diesem Stadium versagt werden, wenn sonst der Ermittlungszweck gefährdet ist, § 147 Abs. 2. Die Weigerung der StA verstößt aber im vorliegenden Fall gegen § 147 Abs. 3, zumal die Einsicht in Niederschriften über die Vernehmung des Beschuldigten jederzeit zu gestatten und nicht nach § 147 Abs. 2 zu verhindern ist. Verteidiger Y kann die Ablehnung der StA gem. § 147 Abs. 5 S. 2 vor dem LG anfechten.

Vgl. 11 Rn. 8ff., 13

(68) Die Frage, ob drohende Zwangsmaßnahmen, die einen Überraschungseffekt haben sollen, mitgeteilt werden dürfen, ist sehr umstritten. Zum einen wird die Meinung vertreten, der Verteidiger dürfe sein Wissen nicht in vollem Umfang dem Beschuldigten mitteilen. Diese Pflicht ergebe sich daraus, dass dem Verteidiger durch die Akteneinsicht eine Befugnis verliehen werde, die seinem beschuldigten Mandanten nicht zusteht. Im Gegenzug müsse der Verteidiger versprechen, von ihr keinen schrankenlosen Gebrauch zu machen und das öffentliche Interesse an der Effektivität der Rechtspflege zu berücksichtigen. Dieser Ansicht ist jedoch entgegenzuhalten, dass die Gewährung von Akteneinsicht ein Hinweis für den uneingeschränkten Austausch zwischen Verteidiger und Mandanten über Fragen, die sich auf die Weiterführung des Verfahrens beziehen, darstellt. Die StA hat die Möglichkeit, die Akteneinsicht nach § 147 Abs. 2 zu verhindern. Tut sie dies nicht, so ist die schlichte Information über den Akteninhalt – hier Haftbefehlsantrag – zulässig, auch wenn sie den Untersuchungserfolg und damit die Effektivität der Rechtspflege gefährden würde.

Vgl. 11 Rn. 6

(69) Der Grundsatz besagt, dass die Staatsanwaltschaft nach § 147 Abs. 1 alle Akten vorzulegen hat, z. B. auch Material, das sie aus Sicht des Beschuldigten für bedeutungslos hält (str.).

Vgl. 11 Rn. 10

(70) Nach der h. M. nein. Spurenakten gehörten nicht zum Prozessstoff und daher nicht zu den „Akten" im formellen Sinne (str.).

Vgl. 11 Rn. 11

(71) Nein. Dies folgt aus der Fürsprache- und Verschwiegenheitspflicht des Verteidigers.

Vgl. 11 Rn. 16, 17

(72) Nein. Nach der Rspr. und h. L. ist er ein selbständiges Organ der Rechtspflege und als solches der Wahrheit verpflichtet. Alles, was er sagt, muss wahr sein (Wahrheitspflicht). Handelt er dem zuwider, macht er sich unter Umständen einer Strafvereitelung (§ 258 StGB) schuldig. Allerdings darf er auf Grund seiner Fürsorge- und Verschwiegenheitspflicht nicht alles sagen, was er weiß.

Vgl. 11 Rn. 18, 19, 26

(73) Die h. M. sieht den Verteidiger als Organ der Rechtspflege an und beschreibt damit bestimmte Freiheiten (öffentliches Interesse an seiner Tätigkeit, Unabhängigkeit vom Mandanten) und Bindungen (insbesondere Wahrheitspflicht). Eine Mindermeinung sieht den Verteidiger davon abweichend keine öffentlichen Interessen wahrnehmen, sondern bindet ihn an die Weisungen seines Mandanten (Vertragstheorie). Noch weitergehend sieht eine andere Mindermeinung den Verteidiger als ausschließlichen Vertreter der Parteiinteressen.

Vgl. 11 Rn. 20ff.

(74) Nach der zu erwartenden Sanktion. Die Praxis geht von etwa einem Jahr Freiheitsstrafe als Grenze aus.

Vgl. 11 Rn. 29

(75) Die Mitwirkung eines Verteidigers ist hier zwingend (sog. notwendige Verteidigung), da die Hauptverhandlung im ersten Rechtszug vor dem LG stattfindet (vgl. § 140 Abs. 1 Nr. 1). Der bisherige Wahlverteidiger kann als Pflichtverteidiger beigeordnet werden. Die Auswahl des zu bestellenden Verteidigers liegt aber grundsätzlich im Ermessen des Vorsitzenden (vgl. § 142). Der Angeklagte hat zwar ein Mitspracherecht bei der Auswahl (vgl. § 142 Abs. 1), jedoch keinen Rechtsanspruch auf Bestellung des vorgeschlagenen Rechtsanwalts. Aus dem Anspruch des An-

geklagten auf ein faires Verfahren folgt jedoch, dass es grundsätzlich geboten ist, dem Angeklagten den Anwalt seines Vertrauens beizuordnen, sofern nicht wichtige Gründe entgegenstehen (vgl. § 142 Abs. 1 S. 2). Die Zurückweisung des RA H als Pflichtverteidiger ist demnach nur dann ermessensfehlerfrei, wenn Anlass zur Besorgnis besteht, dass durch die Beiordnung des H der Zweck der Pflichtverteidigung, dem Angeklagten einen geeigneten Beistand zu sichern und den ordnungsgemäßen Verfahrensablauf zu gewährleisten, ernsthaft gefährdet ist.

Vgl. 11 Rn. 33

(76) Ja. Dies ist zwar gesetzlich nicht vorgesehen, aber unter bestimmten Umständen erlaubt.

Vgl. 11 Rn. 36

(77) Ja. Für die X besteht sozusagen ein Kontrahierungszwang. Eine Befreiung ist nur aus wichtigem Grund möglich (vgl. §§ 48, 49 BRAO).

Vgl. 11 Rn. 33

(78) Nein. Die Bestellung des Pflichtverteidigers endet erst mit Rechtskraft des Urteils oder mit der Rücknahme der Bestellung nach § 143. Darüber hinaus soll aber ein Widerruf aus wichtigem Grund nach h. M. zulässig sein, wenn Umstände vorliegen, die den Zweck der Pflichtverteidigung, dem Beschuldigten einen geeigneten Beistand zu sichern und den ordnungsgemäßen Verfahrensablauf zu gewährleisten, ernsthaft gefährden.

Vgl. 11 Rn. 35

(79) Bis zu drei, § 137 Abs. 1 S. 2.

Vgl. 11 Rn. 37

(80) Gemäß § 146 ist die gleichzeitige Mehrfachverteidigung verboten. Erlaubt ist hingegen die sukzessive Mehrfachverteidigung.

Vgl. 11 Rn. 37 ff.

(81) Gem. § 170 kann sie das Verfahren einstellen oder Anklage erheben. Daneben besteht auch die Möglichkeit, das Verfahren nach den §§ 153 ff. einzustellen, selbst wenn hinreichender Tatverdacht gegeben ist. Diese Ausnahmen vom Verfolgungszwang werden unter dem Begriff Opportunitätsprinzip zusammengefasst.

Vgl. 12 Rn. 1 ff.

(82) Das Verfahren ist gem. § 170 Abs. 2 einzustellen, wenn entweder kein hinreichender Tatverdacht oder ein Verfahrenshindernis besteht. Hinreichend ist ein Tatverdacht dann, wenn eine Verurteilung mit Wahrscheinlichkeit zu erwarten, also wahrscheinlicher als ein Freispruch ist.

Vgl. 12 Rn. 4

(82) Nach inzwischen gefestigter höchstrichterlicher Rechtsprechung ist eine Verurteilung weder wegen Nötigung noch wegen Beleidigung möglich. Ein Verstoß gegen das Legalitätsprinzip, dem Prinzip der Gewaltenteilung oder gegen das Rechtsprechungsmonopol der Gerichte kann in einem solchen Vorgehen der Staatsanwaltschaft aber nicht gesehen werden. Bringt die Staatsanwaltschaft Fälle vor Gericht, die sie, anders als die Rechtsprechung, für strafbar hält, liegt darin kein Verstoß gegen diese Prinzipien. Der Beschuldigte muss hier eine Hauptverhandlung über sich ergehen lassen, an deren Ende ihn freilich ein Freispruch erwartet. Anders verhält es sich allerdings im umgekehrten Fall. Sonst könnte die Staatsanwaltschaft Verurteilungen verhindern, zu denen die Gerichte kommen würden, wenn die Staatsanwaltschaft nicht auf Grund ihrer abweichenden Meinung eine Anklage unterlassen hätte. Daher ist die Staatsanwaltschaft hier an die Rechtsauffassung der Gerichte gebunden, wenn diese Rechtsmeinung einheitlich ist oder von Obergerichten vertreten wird, und muss dann versuchen, im gerichtlichen Verfahren eine Rechtsprechungsänderung herbeizuführen.

Vgl. 12 Rn. 5

(83) Ein Klageerzwingungsverfahren nach den §§ 172 ff. kommt nur für die Einstellung nach § 170 Abs. 2 in Betracht, nicht aber gemäß § 172 Abs. 2 S. 3 bei Verweisungen auf den Privatklageweg oder Einstellungen durch die Staatsanwaltschaft nach §§ 153 Abs. 1, 153a Abs. 1 S. 1, 7, 153b Abs. 1, 153c–154 Abs. 1, 154b, 154c.

Vgl. 12 Rn. 9 ff.

(84) Verletzter ist, wer durch die behauptete Tat in seinen Rechten oder rechtlich anerkannten Interessen unmittelbar beeinträchtigt ist.

Vgl. 12 Rn. 12

(85) Die Schuld des Täters müsste als gering anzusehen sein; ein öffentliches Interesse an der Strafverfolgung darf nicht bestehen. Für die geringe Schuld kommt es nicht darauf an, ob sie vorliegt. Die Staatsanwaltschaft soll in solchen Bagatellfällen gerade nicht „durchermitteln" müssen. Es genügt also eine Prognose, eine hypothetische Beurteilung. Gering ist die Schuld, wenn im Vergleich mit Durchschnittsverstößen gegen dieselbe Strafvorschrift die Schuld nicht unerheblich unter dem Durchschnitt liegt. Wann ein öffentliches Interesse an der Strafverfolgung nicht besteht, ist unklar, jedenfalls aber kann auch hier Nr. 86 Abs. 2 RiStBV zur Auslegung herangezogen werden, da der Begriff des öffentlichen Interesses grundsätzlich die gleiche Bedeutung wie in § 376 hat. Danach liegt ein öffentliches Interesse in aller Regel vor, wenn der Rechtsfrieden über den Lebenskreis des Verletzten hinaus gestört und die Strafverfolgung ein gegenwärtiges Anliegen der Allgemeinheit ist.

Vgl. 12 Rn. 16ff.

(86) Im Gegensatz zu § 153 kann das Verfahren nach § 153a bereits dann eingestellt werden, wenn die Schwere der Schuld nicht entgegensteht. Der Beschuldigte muss dieser Einstellung gem. § 153a Abs. 1 S. 1 zustimmen, da er bereit sein muss, die Auflage zu erfüllen und die Chance auf einen Freispruch vergibt. Hat der Beschuldigte die Auflagen und Weisungen erfüllt und wird das Verfahren endgültig eingestellt, so tritt gem. § 153a Abs. 1 S. 4 ein beschränkter Strafklageverbrauch ein. Die Tat kann nur noch dann verfolgt werden, wenn sie sich auf Grund neuer Tatsachen als Verbrechen darstellt.

Vgl. 12 Rn. 22ff.

(87) Beide Vorschriften dienen der Beschleunigung des Verfahrens durch teilweisen Verzicht auf Strafverfolgung.

§ 154 setzt dabei mehrere Taten im Sinne des § 264 voraus und ermöglicht der Staatsanwaltschaft, von der Verfolgung einzelner Taten abzusehen. Voraussetzung ist aber, dass deren Verfolgung im Hinblick auf die erforderliche Gesamtstrafenbildung wegen einer bereits rechtskräftig verhängten oder zu erwartenden Strafe wegen einer anderen prozessualen Tat „nicht lohnt". Dabei darf die Strafe für die ausgeschiedene Tat „beträchtlich" sein, wenn nur die Strafe für die verbleibenden Teile „ausreichend erscheint".

§ 154a betrifft dagegen den Fall, dass dem Täter nur eine Tat im Sinne von § 264 vorgeworfen wird. Die Staatsanwaltschaft kann dann ausnahmsweise einzelne abtrennbare Teile oder einzelne von mehreren Gesetzesverletzungen innerhalb einer prozessualen Tat von der Verfolgung ausnehmen.

Ein Strafklageverbrauch tritt weder nach § 154 Abs. 1 noch nach § 154a Abs. 1 ein.

Vgl. 12 Rn. 31ff.

(88) Die Anklageschrift hat die dem Angeklagten zur Last gelegte Tat sowie Zeit und Ort ihrer Begehung so genau zu bezeichnen, dass die Identität des geschichtlichen Vorgangs klargestellt und erkennbar wird, welche bestimmte Tat gemeint ist; sie muss sich von anderen gleichartigen strafbaren Handlungen desselben Täters unterscheiden lassen. Es darf nicht unklar bleiben, über welchen Sachverhalt das Gericht nach dem Willen der Staatsanwaltschaft urteilen soll. Fehlt es hieran, so ist die Anklage unwirksam. Neben dieser „Umgrenzungsfunktion" hat die Anklage noch eine „Informationsfunktion".

Vgl. 12 Rn. 36ff.

(89) Die Tat im prozessualen Sinn ist der Sachverhalt, der dem Angeklagten als historisches Geschehen zur Last gelegt wird. Er wird durch eine natürliche Betrachtungsweise gebildet und ist daher meist weiter als der materiellrechtliche Begriff der Straftat. Die Tat ist demnach ein einheitlicher geschichtlicher Vorgang. Um eine Tat handelt es sich dabei auch dann, wenn es sich um mehrere Vorgänge handelt, sofern eine „innere Verknüpfung" besteht, so dass es bei einer getrennten Aburteilung zu einer unnatürlichen Aufspaltung eines einheitlichen Lebensvorgangs kommen würde.

Vgl. 13 Rn. 1ff.

(90) Eine Rücknahme der Anklage durch die Staatsanwaltschaft kommt wegen § 156 nicht in Betracht. Die Erhebung einer weiteren, neuen Anklage wäre nur dann notwendig, wenn es sich um eine andere prozessuale Tat handeln würde. Allerdings ist hier der der Anklage zugrunde liegende Lebensvorgang gleich geblieben und „lediglich" eine besondere Folge hinzugetreten, die zu

einer anderen rechtlichen Beurteilung führt (Körperverletzung mit Todesfolge). Daher bedarf es einer neuen Anklage nicht. Vielmehr muss der Tatrichter im Hinblick auf die veränderte rechtliche Beurteilung einen rechtlichen Hinweis nach § 265 Abs. 1 erteilen. Des Weiteren ist er gem. § 6 von Amts wegen zur Überprüfung seiner Zuständigkeit verpflichtet. Wegen der veränderten Lage ist nun nämlich das Landgericht als Schwurgericht gem. § 74 Abs. 2 Nr. 8 GVG zuständig. Dementsprechend hat der Strafrichter daher durch Vermittlung der Staatsanwaltschaft die Akten dem höherrangigen Gericht mit der Bitte um Übernahme des Verfahrens gem. § 225a Abs. 1 zuzuleiten.

Vgl. 13 Rn. 5ff.; 32 Rn. 9

(91) Bei dem Verstoß gegen das Waffengesetz handelt es sich um ein Dauerdelikt. Grundsätzlich liegt zwischen Erwerb, Ausübung der tatsächlichen Gewalt und Führen einer Waffe Tateinheit vor, wobei auch weitere, mit der Waffe begangene Straftaten grundsätzlich mit dem Verstoß gegen das Waffengesetz in Tateinheit stehen. Allerdings wird für den Fall eines Entschlusses zur Begehung eines Verbrechens eine Einschränkung gemacht, da darin eine Zäsur in der Dauerstraftat begründet werde. Die Begehung des Verbrechens steht demnach zwar in Tateinheit zum Verstoß gegen das Waffengesetz im Zeitpunkt der Tatbegehung, aber in Tatmehrheit zum vorausgegangenen, bereits durch Strafbefehl vom 18.4.2017 rechtskräftig festgestellten Verstoß gegen das Waffengesetz. Ein Strafklageverbrauch liegt daher nicht vor, so dass auch eine neue Verurteilung zulässig war (vgl. BGHSt 36, 151).

Vgl. 13 Rn. 12

(92) Als Beispiele können die Strafmündigkeit des Beschuldigten, das Fehlen einer rechtskräftigen Entscheidung sowie das Vorliegen einer wirksamen Klage genannt werden.

Vgl. 14 Rn. 11ff.

(93) Bei der Verjährung der Tat handelt es sich um ein Prozesshindernis, bei dessen Vorliegen das Verfahren eingestellt werden muss. Allerdings ist das Vorliegen des Prozesshindernisses hier nicht sicher. „In dubio pro reo" könnte hier von Verjährung auszugehen sein, so dass das Verfahren einzustellen wäre. Indes ist die Anwendbarkeit des Zweifelssatzes auf Prozessvoraussetzungen fraglich, weil dieser grundsätzlich im Prozessrecht nicht gilt. Das Vorliegen der Prozessvoraussetzungen bzw. das Nichtvorliegen von Prozesshindernissen sind jedoch derart fundamentale Voraussetzungen für ein Sachurteil, dass man hier eine Ausnahme machen muss. Der BGH geht nicht ganz so weit und will die Anwendbarkeit von „in dubio pro reo" stets gesondert prüfen. Für die Verjährung, die der Sache nach dem materiellen Recht, wo der Zweifelssatz seinen unmittelbaren Anwendungsbereich hat, sehr nahe steht, hat auch er eine Ausnahme bejaht.

Mithin ist hier von einer Verjährung der Tat auszugehen und das Verfahren deshalb gem. § 206a (außerhalb der Hauptverhandlung) oder § 260 Abs. 3 (innerhalb der Hauptverhandlung) einzustellen.

Vgl. 14 Rn. 10

(94) Die Besonderheit des Falles liegt darin, dass sich das Verfahren extrem lang hingezogen hat, ohne dass es dafür sachliche Gründe gibt. Fraglich ist, wie sich diese überlange Verfahrensdauer, die gegen das Beschleunigungsgebot aus Art. 20 Abs. 3 GG, Art. 6 Abs. 1 S. 1 EMRK verstößt, auf die Entscheidung des Gerichts auswirkt. Teilweise wird darin ein Verfahrenshindernis gesehen, das zur Einstellung des Verfahrens führt. Man dürfe nicht den bereits geschaffenen rechtswidrigen Zustand durch ein weiteres Prozessieren noch perpetuieren. Indes gehen h. M. und Rspr. davon aus, dass die überlange Verfahrensdauer grundsätzlich bei der Strafvollstreckung zu berücksichtigen ist (Vollstreckungslösung). Prozessvoraussetzungen müssen auf Grund ihrer Bedeutung für den Verfahrensverlauf klar konturiert und somit eindeutig feststellbar sein. Bei der überlangen Verfahrensdauer ist das nicht der Fall, es sei denn, es handelt sich um einen besonders krassen Fall der Verfahrensverzögerung, der zu enormen Belastungen des Beschuldigten führt und dessen Fortsetzung unter rechtsstaatlichen Gesichtspunkten nicht mehr vertretbar erscheint, weil kein anerkennenswertes Interesse an der Strafverfolgung mehr besteht. In weniger schweren Fällen hingegen bleibt es bei einer Abwägung im Einzelfall, die etwa zu einem Absehen von Strafe, einer Einstellung gem. § 153 StPO (wie hier im Fall, vgl. BGH NJW 1988, 2188) oder einer Strafmilderung führen kann.

Vgl. 14 Rn. 27

(95) Vgl. 14 Rn. 28

(96) Prozesshandlungen werden – wenig aussagekräftig – als prozessual relevante Handlungen eines Prozessbeteiligten definiert. Beispiele sind Beweisanträge, Rechtsmittelverzicht, gerichtliche Beschlüsse, Erlass eines Strafbefehls, aber auch Realakte wie die Vorlage von Akten. Reine Wissenserklärungen (z. B. Aussagen eines Beschuldigten zum Tathergang) sollen hingegen nicht unter den Begriff fallen.

Vgl. 15 Rn. 2f.

(97) Grundsätzlich sind Prozesshandlungen bedingungsfeindlich, weil Unklarheiten und Unsicherheiten nicht in ein klar durchorganisiertes öffentlich-rechtliches Verfahren hineingetragen werden dürfen. Wenn dies allerdings nicht zu befürchten ist, sind Bedingungen grundsätzlich zulässig. Das ist der Fall bei Rechts- und innerprozessualen Bedingungen, also solchen, die an etwas Gegebenes im Sinne einer bestimmten Rechtslage anknüpfen oder solchen, deren Eintritt im Laufe des Verfahrens durch das Gericht selbst geklärt werden kann. Deshalb ist es z. B. zulässig, einen Beweisantrag für den Fall zu stellen, dass das Gericht verurteilt (Eventualbeweisantrag).

Vgl. 15 Rn. 1; 25 Rn. 9

(98) Die Frist von einem Monat endet gem. § 43 Abs. 1 am 14.4. um 24 Uhr. Zu beachten ist, dass in der StPO keine dem § 188 Abs. 2 Alt. 2 BGB entsprechende Norm existiert, nach dem die Frist bereits am 13.4. um 24 Uhr geendet hätte.

Vgl. 15 Rn. 22

(99) Der Antrag auf Wiedereinsetzung in den vorigen Stand hat Aussicht auf Erfolg, wenn er zulässig und begründet ist:

Zulässigkeit:

Antrag auf Wiedereinsetzung bei der zuständigen Stelle, § 45 Abs. 1

Nachholung der versäumten Handlung, § 45 Abs. 2 S. 2

Glaubhaftmachung des Hinderungsgrundes, § 45 Abs. 2 S. 1

Begründetheit:

Fristversäumung ohne Verschulden, § 44.

Zu beachten ist, dass dabei nur „normale" Fristen, nicht hingegen Ausschlussfristen erfasst sind, nach deren Ablauf die Prozesshandlung unzulässig und also nicht nachholbar ist (Bsp. § 388 Abs. 1).

Vgl. 15 Rn. 24ff.

(100) Das Gericht soll selbst prüfen, ob ein hinreichender Tatverdacht besteht und nicht allein auf die Einschätzung der StA zurückgreifen müssen.

Vgl. 16 Rn. 1

(101) Indem die StA eine Anklageschrift einreicht.

Vgl. 16 Rn. 2; 12 Rn. 41

(102) Nein. Im Strafbefehlsverfahren und im beschleunigten Verfahren findet kein Zwischenverfahren statt.

Vgl. 16 Rn. 2

(103) Der Eröffnungsbeschluss kann erlassen oder abgelehnt werden (§§ 203f.) oder das Verfahren wird vorläufig (§ 205) bzw. endgültig (§§ 153ff.) eingestellt.

Vgl. 16 Rn. 8

(104) Das Hauptverfahren wird eröffnet, wenn bei vorläufiger Tatbewertung eine Verurteilung wahrscheinlich ist, also hinreichender Tatverdacht besteht (vgl. § 203).

Vgl. 16 Rn. 10

(105) Eine Abweichung ist nur in den engen Grenzen des § 207 Abs. 2 zulässig.

Vgl. 16 Rn. 13

(106) Nein, § 210 Abs. 1.

Vgl. 15 Rn. 16; 16 Rn. 14

(107) Nein. Der Eröffnungsbeschluss ist für das Gericht bindend und eine Rücknahme unzulässig. Der Angeklagte hat ein gesetzliches Recht auf Feststellung der Schuldfrage in öffentlicher und mündlicher Verhandlung. Demnach ist die Hauptverhandlung durchzuführen und, sofern die Beweismittel zur Überführung des Angeklagten nicht ausreichen, das Verfahren durch Freispruch zu beenden. Eine Rücknahme des Eröffnungsbeschlusses würde dem Angeklagten den

durch Art. 103 Abs. 3 GG gewährleisteten umfassenden Schutz vor erneuter Strafverfolgung berauben, weil dann lediglich die weitaus beschränktere Rechtskraftwirkung des § 211 eingreifen würde (h. M.). Nach einer a. A. soll die Zurücknahme des Eröffnungsbeschlusses bis zum Beginn der Hauptverhandlung zulässig sein, wenn die Interessen des Angeklagten und das Gebot der Prozessökonomie den Ausschlag hierzu geben.

Vgl. 16 Rn. 14

(108) Das Verfahren wird durch Beschluss (§ 206a) oder Urteil (in der Hauptverhandlung; § 260 Abs. 3) eingestellt.

Vgl. 16 Rn. 15

(109) Nach § 210 Abs. 2 kann (nur) die StA sofortige Beschwerde einlegen.

Vgl. 16 Rn. 20

(110) Durch den Eröffnungsbeschluss tritt eine beschränkte Sperrwirkung ein. Die Klage kann nur unter den Voraussetzungen des § 211 wieder aufgenommen werden.

Vgl. 16 Rn. 21

(111) Ein wirksamer Eröffnungsbeschluss ist Prozessvoraussetzung. Die Frage, ob ein fehlender Eröffnungsbeschluss nachgeholt werden kann, ist umstritten. BGH und h. L. bejahen die Möglichkeit einer Nachholung im Rahmen der erstinstanzlichen Hauptverhandlung. Überzeugender ist jedoch die Gegenansicht, wonach das Verfahren wegen eines Prozesshindernisses durch Urteil einzustellen ist (§ 260 Abs. 3). Da es sich dabei um ein behebbares Prozesshindernis handelt, tritt durch das Einstellungsurteil kein Strafklageverbrauch ein. Die StA kann erneut Klage erheben.

Vgl. 14 Rn. 23; 16 Rn. 17

(112) Vgl. 17 Rn. 1 ff.

(113) Die Bestimmung des Termins liegt im Ermessen des Gerichtsvorsitzenden. Prozessbeteiligte haben auf eine Verlegung des Hauptverhandlungstermins keinen Anspruch. Eine die Terminbestimmung oder die Terminverschiebung ablehnende Verfügung des Vorsitzenden ist im Hinblick auf § 305 S. 1 in der Regel unanfechtbar. Die Beschwerde ist ausnahmsweise zulässig, wenn die Entscheidung für Verfahrensbeteiligte eine besondere selbständige Beschwer bewirkt, weil sie z. B. unschwer vermeidbar das Recht des Angeklagten beeinträchtigt, sich eines Verteidigers seines Vertrauens zu bedienen. Verteidiger X ist vorliegend aus wichtigen Gründen an der Terminwahrnehmung verhindert. Das Interesse des Angeklagten A gebietet die weitere Verteidigung durch seinen in der Sache eingearbeiteten Verteidiger X als Rechtsanwalt seines Vertrauens. Das Gebot der Verfahrensbeschleunigung stand einer Terminverschiebung nicht entgegen. Eine Beschwerde wäre demnach vorliegend zulässig.

Vgl. 17 Rn. 2

(114) Er kann die Aussetzung der Verhandlung beantragen, § 217 Abs. 2. Darauf muss ihn der Richter hinweisen, § 228 Abs. 3.

Vgl. 17 Rn. 3

(115) § 216 ist nur für die Ladung zum Neubeginn einer Hauptverhandlung anwendbar. Zum Fortsetzungstermin braucht nicht förmlich geladen zu werden. Es genügt die mündliche Bekanntmachung des neuen Termins bei der Unterbrechung der Hauptverhandlung. Der BGH hat allerdings die Frage, ob dies auch dann gilt, wenn der Angeklagte trotz ordnungsgemäßer Ladung ausgeblieben war und der Fortsetzungstermin deshalb in seiner Abwesenheit bekannt gegeben wurde, offen gelassen. Wenn er – wie hier – durch einen Verteidiger vertreten war, soll eine Ladung nicht erforderlich sein.

Vgl. 17 Rn. 3

(116) Ja, indem der Beschluss in der Hauptverhandlung bekannt gemacht wird.

Vgl. 17 Rn. 4

(117) § 222a muss im Zusammenhang mit § 222b gesehen werden, der eine Rügepräklusion enthält. Weil die vorschriftswidrige Besetzung einen absoluten Revisionsgrund nach § 338 Nr. 1 darstellt, soll man mit dem Besetzungseinwand nicht bis zur Revision warten können, um damit dann ein unerwünschtes Urteil zu Fall zu bringen.

Vgl. 17 Rn. 5

(118) Vgl. 17 Rn. 6, 9

(119) Nein, § 224 Abs. 1 S. 1.
Vgl. 17 Rn. 11
(120) Vgl. 17 Rn. 13ff.
(121) Angaben zur Identität, die Verhandlungsfähigkeit des Angeklagten sowie die Fähigkeit, sich selbst zu verteidigen (wenn kein Fall der notwendigen Verteidigung vorliegt).
Vgl. 17 Rn. 16f.
(122) Das letzte Wort hat gem. § 258 Abs. 2, 3 stets der Angeklagte.
Vgl. 17 Rn. 23
(123) Gem. § 274 hat das Sitzungsprotokoll ausschließliche Beweiskraft für die wesentlichen Förmlichkeiten des Verfahrens.
Vgl. 17 Rn. 25ff.
(124) Vgl. 18 Rn. 1ff.
(125) Die Durchführung eines Strafverfahrens ist Sache des Staates, die StA wird von Amts wegen tätig.
Vgl. 18 Rn. 2
(126) Eingeschränkt ist das Offizialprinzip bei den Antragsdelikten und bei den Ermächtigungsdelikten. Bei den in § 373 genannten Privatklagedelikten ist das Offizialprinzip nicht nur eingeschränkt, sondern durchbrochen (§ 385).
Vgl. 18 Rn. 3f.
(127) Auf das in § 151 normierte Akkusationsprinzip (Anklagegrundsatz).
Vgl. 6 Rn. 7; 18 Rn. 5f.
(128) Nein. Das Gericht darf nur in den Grenzen der angeklagten Tat – hier Diebstahl des Pkw – tätig werden (§ 155 Abs. 1). Der Ladendiebstahl ist eine andere prozessuale Tat i. S. d. §§ 264 Abs. 1, 155 Abs. 1 und kann somit wegen fehlender Anklage (Prozessvoraussetzung) nicht zum Gegenstand der Hauptverhandlung gemacht werden. Andernfalls wäre das Anklageprinzip verletzt. Es besteht allerdings die Möglichkeit einer Nachtragsanklage (§ 266).
Vgl. 13 Rn. 5; 18 Rn. 6
(129) Das Legalitätsprinzip (§§ 152 Abs. 2, 170 Abs. 1), weil es sicherstellt, dass bei hinreichendem Tatverdacht einer Straftat die StA Anklage erheben wird (Anklagezwang) und damit die Tat vor Gericht abgeurteilt werden kann.
Vgl. 6 Rn. 8; 18 Rn. 7
(130) Grundsätzlich gilt das Legalitätsprinzip. Die StA soll aber ausnahmsweise aus Zweckmäßigkeitsgründen von einer Anklage absehen und das Verfahren einstellen dürfen (Opportunitätsprinzip). Im vorliegenden Fall sind die Voraussetzungen des § 153 Abs. 1 erfüllt. Die Entscheidung kann vorliegend ohne gerichtliche Zustimmung ergehen (§ 153 Abs. 1 S. 2).
Vgl. 6 Rn. 8; 12 Rn. 13ff.; 18 Rn. 8
(131) Das Beschleunigungsgebot folgt aus Art. 6 Abs. 1 S. 1 EMRK und aus dem Rechtsstaatsprinzip, Art. 20 Abs. 3 GG. Es kann mit dem Verfahrensziel der materiellen Wahrheit in Konflikt geraten.
Vgl. 3 Rn. 1; 18 Rn. 11
(132) Eine Aussetzung liegt vor, wenn die Verhandlung abgebrochen wird und eine völlig neue Hauptverhandlung stattfinden muss, bei der Unterbrechung wird die Verhandlung fortgesetzt.
Vgl. 18 Rn. 14
(133) Nein. Im Strafprozess gilt der sog. Untersuchungsgrundsatz, wonach StA und Gericht verpflichtet sind, den Sachverhalt von Amts wegen zu untersuchen (§§ 155 Abs. 2, 160 Abs. 2, 244 Abs. 2). Ziel des Strafprozesses ist die materielle Wahrheit.
Vgl. 18 Rn. 15
(134) In dubio pro reo gilt sicher für die Schuld- und Straffrage, nach richtiger Ansicht auch für Prozessvoraussetzungen, nicht aber für sonstiges Prozessrecht und auch nicht für Rechtsfragen.
Vgl. 18 Rn. 20ff.
(135) Das Mündlichkeitsprinzip, wonach in der Hauptverhandlung über den Prozessstoff mündlich verhandelt werden muss. In das Urteil darf nur eingehen, was „zur Sprache gekommen" ist (vgl. § 261). Eine Einschränkung des Mündlichkeitsgrundsatzes findet sich in § 249 Abs. 2.
Vgl. 18 Rn. 25

(136) Weil nur das Gericht selbst die Kompetenz zur Feststellung der Wahrheit hat, soll es „unmittelbare" Beweise führen, um sich möglichst nahe an das wahre Geschehen heranzuarbeiten.

Vgl. 18 Rn. 26

(137) Der Grundsatz der Öffentlichkeit, niedergelegt in § 169 S. 1 GVG, soll insbesondere vor Willkür und Heimlichkeiten schützen sowie dem Informationsinteresse der Allgemeinheit Rechnung tragen. Er besagt, dass jedermann die Chance haben muss, an den Verhandlungen der Gerichte als Zuhörer teilnehmen zu können.

Vgl. 18 Rn. 27f.

(138) Wenn die Öffentlichkeit zu Unrecht beschränkt worden ist, ist ein absoluter Revisionsgrund gegeben. Ist die Öffentlichkeit zu Unrecht erweitert worden, liegt nur ein relativer Revisionsgrund vor.

Vgl. 18 Rn. 29, 34; 36 Rn. 19

(139) Der Umstand, dass einige Interessierte wegen der begrenzten Sitzplätze nicht an der Verhandlung teilnehmen konnten, stellt keinen Verstoß gegen das Öffentlichkeitsprinzip (§ 169 GVG) dar. Öffentlich bedeutet, dass grundsätzlich jedermann das Recht hat, im Rahmen der tatsächlichen Gegebenheiten der Verhandlung beizuwohnen. Die Teilnahme der Öffentlichkeit ist demnach auf die jeweiligen räumlichen Möglichkeiten begrenzt.

Präventivmaßnahmen sind zulässig, wenn anders eine sichere und ungestörte Durchführung der Verhandlung nicht gewährleistet werden kann. Da vorliegend konkrete Anhaltspunkte für eine Störung vorlagen, war die Anordnung von Kontrollen zulässig.

In der Verhinderung von Fernsehaufnahmen während der Gerichtsverhandlung liegt keine Verletzung der Öffentlichkeit. Denn nach § 169 Abs. 1 S. 2 GVG sind Film-, Funk- und Fernsehaufnahmen zum Zweck der Veröffentlichung während der Verhandlung und der Urteilsverkündung grds. unzulässig.

Der Ausschluss der gesamten Öffentlichkeit während der Vernehmung der Zeugin K ist gem. § 172 Nr. 4 GVG zulässig.

Vgl. 18 Rn. 30ff.

(140) Nein. Die Festsetzung bzw. der Erlass von Zwangsmaßnahmen in der Hauptverhandlung gegen den Verteidiger nach den §§ 177, 178 GVG ist stets unzulässig (h. M.). Indes hat die Rspr. in der Vergangenheit die Ansicht vertreten, dass in Extremfällen Zwangsmaßnahmen gegen den Verteidiger zulässig seien. Gegen diese Ansicht spricht einerseits die Stellung des Verteidigers als unabhängiges und neben Gericht und StA gleichgeordnetes Organ der Rechtspflege und andererseits der klare Wortlaut der §§ 177, 178 GVG; in dem dort genannten Personenkreis ist der Verteidiger nicht mit enthalten. Das Gesetz sieht sogar im Fall der notwendigen Verteidigung eine Anwesenheitspflicht vor (§ 145 Abs. 1). Eine analoge Anwendung der §§ 177, 178 GVG auf den Verteidiger ist wegen Art. 104 Abs. 1 S. 1 GG ausgeschlossen.

Vgl. 18 Rn. 32

(141) Der Ausschluss tritt kraft Gesetzes ein, die Ablehnung erfordert ein entsprechendes Ablehnungsgesuch, § 26.

Vgl. 19 Rn. 2

(142) Ja, z. B. für Urkundsbeamte der Geschäftsstelle und Protokollführer, § 31. Für Staatsanwälte fehlt eine gesetzliche Regelung.

Vgl. 19 Rn. 3

(143) Vgl. 19 Rn. 4ff.

(144) Richter R könnte gem. § 22 Nr. 4 von der Ausübung des Richteramtes bereits kraft Gesetztes ausgeschlossen sein. Der Begriff der Sache in § 22 Nr. 4 wird weit ausgelegt und ist nicht auf das gleiche Verfahren beschränkt. Der notwendige sachliche Zusammenhang ist vorliegend gegeben. Es ist zwar ein anderes Verfahren, aber dieselbe Sache. Richter R ist daher gem. § 22 Nr. 4 vom Verfahren ausgeschlossen. Wird der Ausschluss des R von Amts wegen nicht beachtet, kann er durch einen Befangenheitsantrag des A vorgebracht werden. Wird der Ausschließungsgrund ignoriert, führt dies zu einem absoluten Revisionsgrund (§ 338 Nr. 2).

Vgl. 19 Rn. 6f.

(145) Ein Ausschlussgrund gem. §§ 22, 23 kommt nicht in Betracht. Die Mitwirkung des Richters an Vorentscheidungen ist dort nicht ausdrücklich als Ausschlussgrund vorgesehen. In Be-

tracht käme eine Befangenheit der R i. S. v. § 24 Abs. 2. Die Besorgnis der Befangenheit besteht dann, wenn ein Grund vorliegt, der geeignet ist, Misstrauen gegen die Unparteilichkeit des Richters zu rechtfertigen. Dabei kommt es auf die Sicht eines durchschnittlichen Beobachters in der Rolle des Angeklagten an. R war bereits als Ermittlungsrichterin in derselben Sache tätig gewesen (Beschuldigtenvernehmung; Haftbefehl). Die Frage, ob die Mitwirkung des Richters an Vorentscheidungen in derselben Sache ein Ablehnungsgrund nach § 24 Abs. 2 sein kann, ist umstritten. Die Frage kann hier jedoch offen bleiben, da jedenfalls die Aussage der R, sie sei von der Schuld des A überzeugt, die Besorgnis der Befangenheit aufkommen lässt.

Vgl. 19 Rn. 10, 16

(146) Die Zulässigkeitsvoraussetzungen ergeben sich aus den §§ 25–26a.

Vgl. 19 Rn. 17ff.

(147) Die bis dahin eingetretenen und dem Ablehnungsberechtigten bekannten Ablehnungsgründe sind verwirkt.

Vgl. 19 Rn. 17

(148) Nur unter den Voraussetzungen des § 28 Abs. 2.

Vgl. 19 Rn. 22

(149) Nach § 238 Abs. 1 obliegt die Verhandlungsleitung dem Vorsitzenden.

Vgl. 19 Rn. 23

(150) Alle Verfahrensbeteiligten haben die Möglichkeit, eine Anordnung des Vorsitzenden zu beanstanden und die Entscheidung des Gerichts zu beantragen (Beanstandungsrecht, § 238 Abs. 2). Voraussetzung der Zulässigkeit für die Anrufung des Gerichts nach § 238 Abs. 2 ist, dass der betroffene Prozessbeteiligte schlüssig darlegt, durch die Maßnahmen beschwert zu sein. Die Unterscheidung zwischen Sachleitung und formeller Verhandlungsleitung ist mittlerweile überwiegend aufgegeben. Vorliegend stellt die Ablehnung des Vorsitzenden, einen vor Urteilsverkündung angekündigten Beweisantrag entgegenzunehmen, einen Verfahrensverstoß dar. Denn das Gericht ist gem. § 246 grundsätzlich verpflichtet, bis zum Beginn der Urteilsverkündung Beweisanträge entgegenzunehmen (vgl. 25 Rn. 11). Gegen die Weigerung des Vorsitzenden können A und seine Verteidigerin gem. § 238 Abs. 2 das Gericht anrufen. Unterlassen sie dies, so soll nach ständiger – aber sehr problematischer – Rspr. auf den Verfahrensfehler des Vorsitzenden die Revision in der Regel nicht gestützt werden können (vgl. 19 Rn. 27). Eine Revisionsrüge nach § 337 wäre demnach erfolglos (vgl. BGH NStZ 1992, 346).

Vgl. 19 Rn. 24ff.

(151) V. a. der Beschuldigte, sein Verteidiger, die StA, der Nebenkläger und der Privatkläger.

Vgl. 20 Rn. 1f.

(152) Nein.

Vgl. 20 Rn. 2

(153) Nein, nicht mehr.

Vgl. 20 Rn. 3

(154) Grundsätzlich muss die gesamte Verhandlung in Anwesenheit des Angeklagten durchgeführt werden, § 230. Die StPO enthält jedoch zahlreiche Ausnahmen und Einschränkungen. Hier könnte § 247 S. 2 vorliegen. K ist dreizehn. Der Begriff „Wohl" umfasst nicht nur das körperliche, sondern auch das seelische Wohl des Kindes. Dieses ist hier gefährdet. Gem. § 247 ist allein das Gericht befugt, den A durch begründeten Beschluss von der Verhandlung auszuschließen. Der Angeklagte A darf lediglich während der Vernehmung der K abwesend sein. Spätestens ab der Verhandlung über die Vereidigung ist der A wieder zuzulassen. Sobald A wieder anwesend ist, ist er über den wesentlichen Inhalt der Aussage der K zu unterrichten, § 247 S. 4. Nur unter Einhaltung der o. g. Voraussetzungen ist ein Ausschluss des A gem. § 247 S. 2 zulässig. Sofern möglich, muss die Unterrichtung schon durch eine simultane Videoübertragung der Vernehmung in den Aufenthaltsraum des Angeklagten erfolgen.

Vgl. 20 Rn. 4

(155) Bei notwendiger Verteidigung gem. § 145 Abs. 1 S. 1 ja.

Vgl. 20 Rn. 5

(156) Ja. In der Hauptverhandlung muss für die StA lediglich die Anwesenheit einer Sitzungsvertretung gewährleistet sein, wobei sich verschiedene Staatsanwälte abwechseln können (vgl. §§ 226, 227).

Vgl. 6 Rn. 5f.; 20 Rn. 6

(157) Für eine Ablehnung eines Staatsanwalts wegen Befangenheit durch den Beschuldigten findet sich im Gesetz keine Regelung. Die §§ 22ff. gelten nach h. M. nicht entsprechend. Die Prozessbeteiligten haben demnach kein Recht auf Ablehnung eines als befangen wahrgenommenen StA. Im vorliegenden Fall ist die Gefahr der Voreingenommenheit der Staatsanwältin jedoch groß. Es wäre mit dem Gebot eines rechtsstaatlichen Verfahrens nicht vereinbar, wenn Staatsanwältin X in der Verhandlung gegen A mitwirkt. In Situationen des § 22 und bei Besorgnis der Befangenheit ist es deshalb zunächst Sache des Staatsanwalts – hier der X – auf seine bzw. ihre Ablösung zu drängen. Dem Angeklagten A bleibt nur die Möglichkeit, gemäß § 145 GVG die Ersetzung der als befangen wahrgenommenen StA X bei ihrem Dienstvorgesetzten zu beantragen. Das Gericht darf auf die Ablösung hinwirken, kann sie aber nicht gegen den Willen des Leiters der StA durchsetzen (vgl. § 150 GVG). Die Ablösung der X steht demnach im richterlich nicht nachprüfbaren Ermessen des zuständigen Leiters der StA.

Vgl. 20 Rn. 6f.

(158) Der Verletzte, Behörden, Verbände und diejenigen, die von Einziehung und Verfall betroffen sind.

Vgl. 20 Rn. 10ff.

(159) Das Recht auf unmittelbare Befragung, das es erlaubt, dass eine Frage nicht erst dem Vorsitzenden mitgeteilt werden muss, damit dieser sie dann stellt, haben die beisitzenden Richter, die Schöffen, die StA, der Angeklagte und sein Verteidiger, § 240 Abs. 1, 2 S. 1.

Vgl. 20 Rn. 15

(160) Nein, vgl. § 240 Abs. 1.

(161) Nein, § 240 Abs. 2 S. 2.

Vgl. 20 Rn. 15

(162) Fragen sind dann „ungeeignet“, wenn sie zur Wahrheitsfindung nichts beitragen können oder aus Rechtsgründen nicht gestellt werden dürfen.

Vgl. 20 Rn. 16f.

(163) Nein, denn in § 241 Abs. 2 ist § 240 Abs. 1 nicht aufgeführt. Hält der Vorsitzende die Frage für bedenklich, so muss er einen Gerichtsbeschluss nach § 242 herbeiführen.

Vgl. 20 Rn. 16

(164) Nein (str.).

Vgl. 20 Rn. 18

(165) Die StPO kennt als Beweismittel Zeugen (§§ 48ff.), Sachverständige (§§ 72ff.), Augenschein (§§ 86ff.) und Urkunden (§§ 249ff.).

Vgl. 21 Rn. 1

(166) Nur zu Angaben über Tatsachen, wobei es sich dabei um äußere und innere sowie vergangene oder gegenwärtige handeln kann. Auch das, was andere gesagt haben, stellt eine Tatsache dar (sog. Zeuge vom Hörensagen).

Vgl. 21 Rn. 4

(167) Den Zeugen treffen die Pflicht zum Erscheinen (§§ 48, 51, 161a Abs. 1 S. 1, 163 Abs. 3 S. 1), die Pflicht zur wahrheitsgemäßen Aussage (vgl. §§ 153ff. StGB) sowie – im Ausnahmefall – die Eidespflicht (§§ 59ff.).

Vgl. 21 Rn. 5ff.

(168) Zeugnisverweigerungsrechte erlauben es dem Zeugen, auf Grund einer persönlichen Zwangslage (§ 52) oder aus Gründen des Vertrauensschutzes in eine bestimmte Institution (§§ 53, 53a) die Aussage insgesamt zu verweigern. Das Auskunftsverweigerungsrecht hingegen, das dem Zeugen eine seelische Zwangslage insofern ersparen soll, als er nicht sich selbst oder einen Angehörigen im Lichte der Wahrheitspflicht belasten müssen soll, gestattet nur die Auskunftsverweigerung zu den diesbezüglichen Fragen. Das Zeugnisverweigerungsrecht wirkt generell, das Auskunftsverweigerungsrecht nur punktuell. Im Extremfall kann aber die Auskunft auf alle Fragen verweigert werden, wenn keine Frage denkbar ist, deren Beantwortung nicht riskant für den Zeugen wäre.

Vgl. 21 Rn. 14ff.

(169) Nach dem Wortlaut des Gesetzes nicht: A und B sind nicht Ehegatten i. S. d. § 52 Abs. 1 Nr. 2 und es liegt auch keine (für verschiedengeschlechtliche Paare gar nicht zugängliche) Lebenspartnerschaft nach § 52 Nr. 2a vor. Womöglich könnte § 52 aber analog auf nichteheliche Lebensgemeinschaften anwendbar sein. Das setzt eine planwidrige Regelungslücke sowie Vergleichbarkeit der in Rede stehenden Sachverhalte voraus. Die Tatsache, dass derartige Lebensgemeinschaften in den letzten Jahren stark zugenommen haben und gleichzeitig deren Akzeptanz stetig gestiegen ist, führen zur Annahme, dass der historische Gesetzgeber nicht bewusst diese Lebensform ausgeklammert hat, sondern ein Regelungsbedürfnis überhaupt erst später entstanden ist. Folglich ist die Regelungslücke planwidrig. Der Sache nach bestehen zudem zwischen Ehe, Lebenspartnerschaft und nichtehelicher Lebensgemeinschaft in Anbetracht der Zeugnisverweigerungssituation keinerlei Unterschiede: Auch die eheähnliche Gemeinschaft kann auf Grund eines Wahrheitszwanges stark belastet werden, auch hier befindet sich der Partner in einer inneren Zwangslage. Berücksichtigt man zudem, dass auch ungültige, Nicht- und Scheinehen ein Zeugnisverweigerungsrecht begründen, und das sogar über deren Beendigung hinaus, erscheint es vorzugswürdig, auch den Partnern einer nichtehelichen Lebensgemeinschaft, die von der Rechtsprechung mittlerweile auch begrifflich klar konturiert ist, ein Zeugnisverweigerungsrecht analog § 52 zuzusprechen.

Nach dieser Meinung kann A im Prozess gegen B das Zeugnis verweigern.

Vgl. 21 Rn. 9ff.

(170) Fest steht, dass der (Mit)Beschuldigte nicht Zeuge in eigener Sache sein kann. Solange das Verfahren gegen R, S und T gemeinsam geführt wird, kann R demnach nicht als Zeuge vernommen werden, weil es sich beim Juwelenraub, zu dem er sich äußern soll, auch um „seine Sache" handelt. Rein formal betrachtet ist R nach der Abtrennung seines Verfahrens nicht mehr Mitbeschuldigter, so dass eine Vernehmung als Zeuge im Verfahren gegen S und T denkbar erschiene. Weil die Aussagen, die R treffen soll, aber der Sache nach (auch) seine eigene Angelegenheit betreffen, ist die Abtrennung des Verfahrens zum hier beabsichtigten Zweck nach allgemeiner Meinung nicht zulässig. Allein die Begründungsansätze unterscheiden sich.

Nach der Rechtsprechung, die eine formelle Betrachtung vertritt, ist dieses Vorgehen grundsätzlich zulässig, aber eben nur dann, wenn R dadurch nicht zum Zeugen in eigener Sache wird. Die Verfahrenstrennung und Vernehmung als Zeuge wäre etwa zulässig, wenn R zu Taten von S und T gehört werden soll, die zu der ihm vorgeworfenen Tat in keinerlei Zusammenhang stehen. Dabei hat er dann ggf. die Möglichkeit der Auskunftsverweigerung nach § 55.

Die rein materielle Betrachtungsweise geht davon aus, dass der Tatverdächtige der Sache nach, also unabhängig von seiner prozessualen Rolle, Beschuldigter ist und deshalb nicht als Zeuge vernommen werden darf. Hiergegen spricht jedoch, dass die StPO in § 60 Nr. 2 auch den tatverdächtigen Zeugen als Zeugen behandelt, nicht als Beschuldigten.

Und nach der formell-materiellen Betrachtungsweise kann der Betroffene, sobald er von den Strafverfolgungsbehörden als Beschuldigter behandelt wird (und zwar solange, bis sein Verfahren abgeschlossen ist), diese Rolle nicht mehr verändern. Er bleibt Beschuldigter und kann deshalb auch im abgetrennten Verfahren nicht zu anderweitigen Taten von S und T als Zeuge vernommen werden.

Im Fall kommen alle Meinungen zum gleichen Ergebnis; R darf nicht als Zeuge vernommen werden.

Vgl. 21 Rn. 24

(171) Der Sachverständige legt seinem Gutachten die Anknüpfungstatsachen zugrunde, die teilweise aus den Akten des Gerichts stammen. Der andere Teil sind die Befundtatsachen, also die Ergebnisse, die er gerade in seiner Eigenschaft als Sachverständiger herausfindet. Dazu zählen die Zusatztatsachen gerade nicht, da er diese nur „bei Gelegenheit" seiner Tätigkeit als Gutachter erfährt, diese sind nicht Ergebnis seiner besonderen Sachkunde. Darüber muss er als Zeuge vernommen werden, wobei er kein Zeugnisverweigerungsrecht gem. § 53 StGB besitzt, da der Gutachter als „Gehilfe des Gerichts", nicht als Arzt tätig geworden ist.

Vgl. 21 Rn. 30

(172) Man unterscheidet Haupt-, Indiz- und Hilfstatsachen. Haupttatsachen sind solche, die ein Tatbestandsmerkmal unmittelbar ausfüllen, Indiztatsachen lassen durch Erfahrungsregeln einen Schluss auf Haupttatsachen zu und Hilfstatsachen sind Indizien, die die Beweiskraft der Schlussfolgerung betreffen.

Beachte bei Indizien insbesondere, dass diese zwar nur mit einer bestimmten Wahrscheinlichkeit den Schluss auf eine Haupttatsache zulassen, aber selbst feststehen, also nicht nur mit einer gewissen Wahrscheinlichkeit gegeben sein müssen.

Vgl. 23 Rn. 2ff.

(173) Man unterscheidet den Streng- und den Freibeweis. Ersterer ist dadurch gekennzeichnet, dass nur bestimmte Beweismittel in einem konkret vorgeschriebenen Verfahren der Beweisaufnahme zulässig sind. Letzterer kann auf beliebige Art und Weise geführt werden.

Das Strengbeweisverfahren muss bei allen Schuld- und Rechtsfolgenfragen innerhalb der Hauptverhandlung angewendet werden, das Freibeweisverfahren ist bei allen Beweiserhebungen außerhalb der Hauptverhandlung sowie beim Beweis prozessrelevanter Tatsachen innerhalb der Hauptverhandlung und im Revisionsverfahren heranzuziehen.

Vgl. 23 Rn. 7f.

(174) A beruft sich auf das Verwertungsverbot aus § 136a Abs. 3 S. 2, weil die Gabe des Wahrheitsserums eine „Verabreichung von Mitteln" i. S. d. § 136a Abs. 1 S. 1 darstellt. Nur, wenn es sich beim Vorliegen dieses Beweisverwertungsverbots um eine Schuld- oder Rechtsfolgenfrage handelt, ist der Telefonanruf beim Polizeibeamten ein unzulässiges Beweismittel, weil das Strengbeweisverfahren gelten würde. Die h. M. geht davon aus, dass es sich dabei um eine prozessuale Frage handelt, für die das Freibeweisverfahren gilt, so dass das Vorgehen des Richters zulässig ist. Überdies ist in dubio pro reo hier nicht anwendbar. Die Gegenmeinung sieht im (potentiellen) Verstoß gegen § 136a eine derart massive Beeinträchtigung der Verfahrensposition des Beschuldigten, dass der Freibeweis unangemessen sei. Weil zumeist ein enger Bezug (der fraglichen Aussage) zur Sachentscheidung bestehe, müsse ein Strengbeweis geführt werden. Danach wäre, weil es sich bei der telefonischen Auskunft nicht um ein in der StPO vorgesehenes Beweismittel handelt, das Vorgehen des Richters unzulässig.

Vgl. 23 Rn. 8

(175) Nicht beweisbedürftig sind alle offenkundigen Tatsachen, das sind solche, die allgemeinkundig oder gerichtskundig sind.

Vgl. 23 Rn. 11f.

(176) Beim Beweisantrag muss eine Beweiserhebung verlangt, eine bestimmte Beweistatsache und ein bestimmtes Beweismittel bezeichnet werden. Bei der Beweisanregung fehlt es am Verlangen der Beweiserhebung; sie wird ins Ermessen des Gerichts gestellt. Der Beweisermittlungsantrag benennt keine bestimmte Beweistatsache und/oder kein bestimmtes Beweismittel.

Vgl. 25 Rn. 2ff.

(177) Zunächst einmal ist die Ablehnung des Beweisermittlungsantrags formlos möglich (anders als die des Beweisantrags gem. § 244 Abs. 6). Sollte die Ablehnung zu Unrecht erfolgt sein, liegt zwar kein absoluter Revisionsgrund nach § 338 Nr. 8 vor, möglich ist aber ein relativer nach § 337 wegen Verletzung der Aufklärungspflicht, § 244 Abs. 2.

Vgl. 36 Rn. 23

(178) Die Ablehnungsgründe sind unterschiedlich, je nachdem, ob es sich um ein präsentes (dann § 244 Abs. 3–5) oder ein nicht präsentes Beweismittel (dann § 245 Abs. 1, Abs. 2) handelt. Bei den präsenten Beweismitteln ist zu unterscheiden, ob es sich um persönliche oder sachliche Beweismittel handelt. Außerdem kommt es darauf an, wer für die Präsenz des Beweismittels gesorgt hat. Die Ablehnungsgründe sind abschließend aufgezählt.

Vgl. 25 Rn. 13ff.

(179) Wenn Zeugen und Sachverständige vom Gericht (§ 214 Abs. 1) oder anderen Prozessbeteiligten (§§ 214 Abs. 3, 220 Abs. 1) geladen worden und diese auch erschienen sind, sowie bei dem Gericht vorliegenden Urkunden und Augenscheinsobjekten handelt es sich um präsente Beweismittel. Zeugen oder Sachverständige, die einfach „mitgebracht" werden (ohne vorherige Ladung) sind demnach keine präsenten Beweismittel.

Die Ablehnungsmöglichkeiten bei § 245 sind enger ausgestaltet als die bei § 244: Die vom Gericht geladenen und erschienenen Zeugen und Sachverständigen müssen (ohne gesonderten Antrag) vernommen werden (§ 245 Abs. 1 S. 1), ebenso muss die Beweisaufnahme sich auf die vom Gericht oder der Staatsanwaltschaft herbeigeschafften Beweismittel erstrecken (§ 245 Abs. 1 S. 1).

Ein Beweisantrag, der andere präsente Beweismittel betrifft, kann nur unter den Voraussetzungen des § 245 Abs. 2 S. 3 abgelehnt werden.

Vgl. 25 Rn. 14ff., 32ff.

(180) Nach h. M. ja: beim „Lügendetektor" handele es sich um ein gem. § 244 Abs. 3 S. 2 völlig ungeeignetes Beweismittel, da diese Methode auf psychologischen Simplifikationen beruhe und nicht verlässlich genug sei.

Vgl. 9 Rn. 16; 25 Rn. 22

(181) § 261, da der „Inbegriff der Verhandlung" nur das erfasst, was im Verfahren erörtert worden ist.

Vgl. 26 Rn. 1

(182) Der formfreie Vorhalt ist ein Vernehmungsbehelf beim Personalbeweis. Dabei wird, z. B. weil sich der Beschuldigte oder Zeuge nun anders äußert als in einer früheren Vernehmung oder sich nicht erinnert, aus einem Schriftstück zitiert oder dieses komplett vorgelesen. Es handelt sich dabei nicht um eine Verlesung dieser Urkunde gem. § 249, vielmehr darf beim Vorhalt nur die Reaktion der Person, der etwas vorgehalten wird, auf das Vorgelesene verwertet werden.

Vgl. 26 Rn. 3f.

(183) Folgende Regelungen über audiovisuelle Arten der Vernehmungen sieht die StPO vor:

Simultan-Aufzeichnung gem. § 58a

Simultane Bild-Ton-Vernehmung von Zeugen außerhalb der Hauptverhandlung, §§ 58b, 168e (ab 1.1.2020: Simultan-Aufzeichnung gem. § 136 Abs. 4)

Simultane Bild-Ton-Vernehmung des Beschuldigten, § 163a Abs. 1 S. 2

Bild-Ton-Vernehmung von Zeugen und Sachverständigen sowie Aufzeichnung in der Hauptverhandlung, § 247a

Die Verwertung der Aufzeichnung erfolgt durch Vorspielen der Aufnahme (Augenscheinsbeweis); beachte dabei § 255a, der die §§ 251, 252, 253 und 255, also Regelungen für den Urkundenbeweis mit Protokollen, für anwendbar erklärt.

Vgl. 26 Rn. 5ff.; 27 Rn. 26f.

(184) Zunächst geht § 249 davon aus, dass Urkunden zu verlesen sind. § 250 stellt aber sogleich den Personalbeweis vor den Sachbeweis (Unmittelbarkeitsgrundsatz) und fordert die Vernehmung der Person in der Hauptverhandlung. Ausnahmen davon bilden die §§ 251, 253, 254, 256 (Verlesung erlaubt), wohingegen § 252 wiederum die Verlesung in bestimmten Konstellationen verbietet.

Vgl. 27 Rn. 1

(185) Voraussetzungen:

Ein Zeuge wurde vor der Hauptverhandlung vernommen (darunter fallen auch Aussagen bei einem informatorischen Befragen, nicht aber Spontanäußerungen).

Dieser macht erst in der Hauptverhandlung von seinem Zeugnisverweigerungsrecht Gebrauch (vom Auskunftsverweigerungsrecht gem. § 55 spricht § 252 nicht).

Rechtsfolge:

Das Protokoll über die frühere Aussage darf nicht verlesen werden. Die h. M. nimmt darüber hinaus ein allgemeines Verwertungsverbot an, so dass auch die Verhörsperson grundsätzlich nicht als Zeuge vom Hörensagen vernommen werden darf.

Vgl. 27 Rn. 8ff.

(186) Die Bedenken des Verteidigers könnten aus § 252 herrühren. Wäre § 252 erfüllt, dürfte auf Grund des umfassenden Verwertungsverbots der V-Mann nicht als Zeuge vernommen werden. Allerdings spricht der Wortlaut des § 252 von einer früheren Aussage im Rahmen einer Vernehmung. Eine Vernehmung lag hier aber nicht vor, weil der V-Mann der Z gegenüber nicht in amtlicher Eigenschaft auftrat und nicht in dieser Eigenschaft Auskunft von ihr verlangte. Nur in dieser Situation, so könnte man argumentieren, entsteht aber der Konflikt zwischen Wahrheitspflicht und familiärer Bindung, den § 52 ausgleichen und § 252 auch im weiteren Fortgang des Verfahrens abfangen will. Da diese Situation hier nicht gegeben ist, ist § 252 nicht einschlägig, der V-Mann darf demnach als Zeuge vernommen werden.

Bedenken könnten sich dann ergeben, wenn wie hier der V-Mann bewusst eingesetzt wird, um eine Umgehung des Zeugnisverweigerungsrechts herbeizuführen. Dann verbergen sich die Strafverfolgungsbehörden bewusst hinter einem Privaten und gelangen so an Erkenntnisse, die ihnen ansonsten verborgen geblieben wären. Damit könnte man eine analoge Anwendung des § 252 rechtfertigen. Dann dürfte der V-Mann nicht vernommen werden.

Vgl. 9 Rn. 20; 27 Rn. 16

(187) Wie im vorigen Fall liegt auch hier keine Vernehmung vor, so dass § 252, der der Verlesung des „Protokolls" entgegenstünde, grundsätzlich nicht einschlägig ist. Allerdings handelte es sich um eine vernehmungsähnliche Situation, weil die Angaben der Verlobten – für sie erkennbar – zur Verwendung im Verfahren gegen den A bestimmt waren. Insofern besteht durchaus die Konfliktsituation, vor der § 252 schützen will: Wenn man die frühere Aussage verlesen könnte, wäre die Existenz des Zeugnisverweigerungsrechts jetzt sinnlos. Hinzu kommt, dass die Angaben, wären sie vor einem Richter oder Staatsanwalt gemacht worden, nicht verwertbar wären, obwohl diese gem. § 160 Abs. 2 zur Objektivität verpflichtet sind und man sich vor ihnen sogar strafbar machen kann (vgl. §§ 145d, 164 StGB). Dann muss aber erst recht die Aussage vor einem Verteidiger, vor dem man straflos lügen kann und der verpflichtet ist, einseitig die Interessen des Beschuldigten zu verfolgen, unverwertbar sein.

Folglich kommt § 252 zur Anwendung. Das Gericht hat mithin zu Recht die Angaben nicht verwertet.

Vgl. 27 Rn. 16

(188) Die Rspr. lässt eine Vernehmung der Verhörsperson dann zu, wenn die frühere Vernehmung durch einen Richter erfolgt ist. U.a. stützt man sich dabei darauf, dass die StPO dem Richter ganz allgemein mehr Vertrauen entgegenbringt. Dieses Vertrauen ist aber dann unberechtigt und die Ausnahme damit nicht gegeben, wenn der Richter in der früheren Vernehmung den Zeugen nicht belehrt hat. Einer besonderen qualifizierten Belehrung des Zeugen darüber, dass der Richter auch dann im Hauptverfahren zum Inhalt der Aussage des Zeugen gehört werden kann, wenn dieser sich zwischenzeitlich auf sein Zeugnisverweigerungsrecht beruf, bedarf es demgegenüber nicht (str.).

Die herrschende Meinung in der Literatur hingegen vermag dieser Unterscheidung nicht zu folgen, weil die StPO auch Polizei und Staatsanwaltschaft Belehrungspflichten vorschreibt (§§ 161a, 163 Abs. 6) und insofern keine „schlechtere Qualität" dieser Vernehmungen angenommen werden kann. Danach ist das Verwertungsverbot tatsächlich umfassend und erlaubt auch die von der Rspr. gemachte Ausnahme nicht.

Vgl. 27 Rn. 10

(189) Nein, § 252 ist nur dann einschlägig, wenn sich der Zeuge in der Hauptverhandlung durchgehend auf sein Zeugnisverweigerungsrecht beruft. Sobald er doch eine Aussage macht, stellt er sich wieder insgesamt als Beweismittel zur Verfügung. Die Konfliktsituation des § 252 liegt nicht vor, seine früheren Aussagen sind verwertbar.

Vgl. 27 Rn. 12

(190) Der Wortlaut des § 252 „das Recht, das Zeugnis zu verweigern" spricht gegen eine Einbeziehung des § 55. Das gilt auch für den Sinn und Zweck der Regelung: Das Auskunftsverweigerungsrecht dient allein dem Schutz des Zeugen. Hat er auf diesen Schutz durch seine frühere Aussage verzichtet, ist diese Entscheidung endgültig. Immerhin könnte gegen ihn auch sofort ein Verfahren betrieben werden. Die von § 252 erfasste Konfliktsituation liegt hier nicht vor, die Norm ist mithin nicht einschlägig.

Vgl. 27 Rn. 14

(191) Der Polizeibeamte dürfte dann nicht vernommen werden, wenn § 252 eingreift. Das könnte sowohl unter dem Gesichtspunkt, dass das Zeugnisverweigerungsrecht im Rahmen einer „unlauteren Verfahrensmanipulation" entstanden ist (Scheinehe) als auch im Hinblick auf das zurzeit der polizeilichen Vernehmung noch nicht bestehende Zeugnisverweigerungsrecht fraglich sein.

Man könnte mit dem BGH davon ausgehen, dass in einer Situation wie hier der Sache nach keine von § 252 auszugleichende Konfliktsituation besteht, eben weil es sich nur um eine Scheinehe handelt. Allerdings findet bei der Feststellung eines Zeugnisverweigerungsrechts nie eine Einzelfallprüfung statt, sondern dieses wird nach streng formalen Kriterien zuerkannt, was sich auch daran zeigt, dass Ehegatten sogar noch nach der Scheidung zeugnisverweigerungsberechtigt sind. Weil aber das formale Kriterium Ehe erfüllt ist, besteht auch ein Zeugnisverweigerungsrecht.

Allerdings entstand dieses erst im Laufe des Hauptverfahrens und bestand noch nicht während der polizeilichen Vernehmung. Das genügt aber, da der Zeuge gerade in der Hauptverhandlung davor bewahrt werden soll, das persönliche Verhältnis zum Angeklagten zu belasten. In dieser Situation dürfte sogar der früher vernehmende Richter nicht als Zeuge vernommen werden, weil der Schutzzweck des Zeugnisverweigerungsrechts sonst hinfällig wäre. Zu beachten ist, dass bei den später entstehenden Zeugnisverweigerungsrechten nach den §§ 53, 53a deren Schutzzweck nicht vereitelt würde.

§ 252 steht einer Vernehmung des Polizeibeamten folglich entgegen.

Vgl. 27 Rn. 12f.

(192) Hierfür wird die sog. Stufentheorie herangezogen, auf deren 1. Stufe gewisse äußere Einschränkungen der Vernehmung gemacht werden können, deren 2. Stufe eine kommissarische Vernehmung vorsieht und auf deren 3. Stufe der Zeuge vom Hörensagen herangezogen werden kann.

Vgl. 27 Rn. 32ff.

(193) Das Gericht muss, insbesondere wenn es Zweifel an der Rechtmäßigkeit der Sperrerklärung hat, sich um eine Aufhebung der Sperrerklärung bemühen, so dass wenigstens eine kommissarische Vernehmung möglich wird. Dabei muss etwa eine Erklärung der obersten Dienstbehörde herbeigeführt werden; ggf. kann auch das Einlegen einer Gegenvorstellung erforderlich sein. Vor allem muss das Gericht alle Möglichkeiten der Video-Vernehmung ausschöpfen. Bleiben auch diese Bemühungen erfolglos, ist der Zeuge unerreichbar, so dass der Beweisantrag gem. § 244 Abs. 3 S. 2 zurückgewiesen werden kann. Je nach Lage der Dinge kann jedoch die allgemeine Aufklärungspflicht aus § 244 Abs. 2 es gebieten, einen Zeugen vom Hörensagen zu vernehmen.

Nur wenn die Sperrerklärung offensichtlich fehlerhaft oder willkürlich ist, darf das Gericht nicht auf Beweissurrogate zurückgreifen mit der Konsequenz, dass die Erkenntnisse der verdeckt ermittelnden Person völlig außer Betracht bleiben (müssen).

Vgl. 27 Rn. 37

(194) Beweiserhebungsverbote untersagen die Beweiserhebung mit bestimmten Beweismitteln bzw. -methoden. Beweisverwertungsverbote verbieten es, bestimmte Beweisergebnisse im Urteil zu berücksichtigen. Nicht jede Verletzung eines Beweiserhebungsverbots führt auch zu einem Beweisverwertungsverbot. Darüber hinaus ist auch nicht jedes Beweisverwertungsverbot auf den Verstoß gegen ein Beweiserhebungsverbot zurückzuführen.

Vgl. 28 Rn. 1ff.

(195) Folgt das Beweisverwertungsverbot aus einem Beweiserhebungsverbot, spricht man von einem unselbständigen Beweisverwertungsverbot; ist die Beweisverwertung trotz ordnungsgemäßer Beweiserhebung verboten, spricht man von einem selbständigen Beweisverwertungsverbot.

Beweisverbote können ausdrücklich normiert sein (z. B. §§ 81a Abs. 3, 136a Abs. 3 S. 2, 160a Abs. 1 S. 2, Abs. 2 S. 3, 100d Abs. 2 S. 1, Abs. 3 S. 2, Abs. 5 S. 1, 2, 100e Abs. 6, 477 Abs. 2 S. 2) oder sich aus allgemeinen Regeln ergeben.

Vgl. 28 Rn. 4f.

(196) Eine allgemeingültige Regel konnte bis heute nicht aufgestellt werden. Es werden insbesondere folgende Ansatzpunkte vertreten:

Rechtskreistheorie: Diese früher vom BGH vertretene Auffassung, die mittlerweile nur noch unterstützende Funktion hat, sieht ein Beweisverwertungsverbot dann als gegeben an, wenn durch die Verletzung der Beweiserhebungsvorschrift der Rechtskreis des Beschuldigten wesentlich berührt ist. Kein Beweisverbot liege vor, wenn diese Verletzung für den Beschuldigten nur von untergeordneter oder keiner Bedeutung sei.

Lehre vom Schutzzweck der Norm

Abwägungslehre: Es wird eine Abwägung zwischen dem staatlichen Interesse an effektiver Strafrechtspflege und den individuellen Rechten des Angeklagten vorgenommen, wobei insbesondere die Schwere des Tatvorwurfs und das Gewicht des Verstoßes gegen die Verfahrensvorschrift von Bedeutung sind.

Vgl. 28 Rn. 8ff.

(197) Ja, weil der nemo-tenetur-Grundsatz besonders großes Gewicht hat und ansonsten ein faires Verfahren nicht gewährleistet wäre. Die Gefahr unbedachter Selbstbelastung ist gerade im

Ermittlungsverfahren besonders groß, der Beschuldigte ist besonders schutzwürdig. Eine Ausnahme besteht allerdings dann, wenn dem Beschuldigten sein Schweigerecht bekannt war. Die Schutzbedürftigkeit fehlt bei einem verteidigten Angeklagten darüber hinaus dann, wenn der Verwertung des Beweismittels nicht widersprochen wird. Das wird vielfach kritisiert, weil es nicht Sache des Verteidigers ist, Verfahrensfehler zu heilen.

Vgl. 9 Rn. 11; 28 Rn. 22

(198) Grundsätzlich führt der Verstoß gegen § 52 Abs. 3 zu einem Verwertungsverbot, weil der Schutzzweck des Zeugnisverweigerungsrechts gerade in der Rücksichtnahme auf die familiäre Verbundenheit liegt und nicht etwa nur der Zeuge geschützt werden soll. Auch nach dem Tod des Zeugen entfällt aber dieser Schutzzweck nicht – nur sein eigener Schutz kann nicht mehr erreicht werden. Der Schutz der übrigen „Familie" erfordert es nach der herrschenden Meinung in der Literatur, dass seine Aussage auch jetzt nicht verwertet werden darf.

Vgl. 28 Rn. 15

(199) Festzuhalten ist zunächst, dass § 53 keine Belehrungspflicht kennt, so dass der diesbezügliche „Verstoß" nicht zur Begründung für ein Verwertungsverbot herangezogen werden darf.

Weil auch nicht ersichtlich ist, dass P offensichtlich irrig von einer Aussagepflicht ausging, er vielmehr sich „aus Gewissensgründen" äußerte, ist auch kein Verstoß gegen die Fürsorgepflicht des Gerichts gegeben, der ein Verwertungsverbot nach sich ziehen würde.

Jedoch könnte man davon ausgehen, dass ein materiell-rechtlicher Verstoß gegen § 203 StGB durch den P hier zu einem Verwertungsverbot führen könnte. Das Vertrauensverhältnis aus § 53 sei nur dann wirklich geschützt, wenn der Vertrauende sicher sein könne, der Vertrauensempfänger werde vor staatlichen Gerichten kein Gehör finden. Dabei würde aber übersehen, dass § 53 primär nicht das individuelle Vertrauensverhältnis, sondern das Vertrauen in die genannten Institutionen schützt, so dass der Schutzzweck gegen die genannte Meinung spricht. Hinzu kommt, dass § 53 nur das Recht, nicht aber die Pflicht zur Zeugnisverweigerung beinhaltet. Schließlich ist die Frage nach einer Strafbarkeit gem. § 203 StGB nicht immer so klar zu beantworten, so dass die besseren Gründe dafür sprechen, kein Verwertungsverbot anzunehmen.

Vgl. 28 Rn. 16f.

(200) Nach ganz herrschender Meinung nein, weil § 55 nicht den Angeklagten vor falschen Aussagen eines gefährdeten Zeugen schützen soll, sondern allein den Zeugen (vor dessen Selbstbelastung bzw. der Belastung naher Angehöriger). Eine Verletzung des § 55 greift also nicht in den Rechtskreis des Angeklagten ein bzw. der Schutzzweck der verletzten Norm fordert kein Verwertungsverbot.

Nach der Gegenmeinung will § 55 auch den Angeklagten schützen, und zwar vor nicht wahrheitsgemäßen Zeugenaussagen.

Wird der Zeuge später zum Angeklagten entsteht in diesem Verfahren ein Verwertungsverbot, weil nun der Schutz des Zeugen selbst in Rede steht.

Vgl. 28 Rn. 19

(201) Dass das Geständnis in der ersten Vernehmung nicht verwertbar ist, ergibt sich aus § 136a Abs. 3 S. 2. Die zweite Vernehmung ist jedoch – eine Belehrung nach § 136 Abs. 1 S. 2 unterstellt – rechtmäßig abgelaufen. Gleichwohl könnten sich Zweifel an deren Verwertbarkeit ergeben: Dem Beschuldigten ist womöglich nicht klar, dass sein früheres Geständnis nicht verwertbar ist, er fühlt sich an diese Aussage gebunden und konkretisiert deshalb seine Ausführungen. Letztlich wird der Verfahrensverstoß dadurch perpetuiert. Richtigerweise muss der Beschuldigte in der zweiten Vernehmung „qualifiziert belehrt" werden. Ihm muss gesagt werden, dass seine bisherigen Aussagen nicht verwertbar sind. Andernfalls sind auch die Aussagen in der zweiten Vernehmung nicht verwertbar (str.).

Vgl. 9 Rn. 11

(202) Es liegt ein Verstoß gegen § 81a Abs. 1 S. 2 vor, weil K tatsächlich keine Ärztin war. Fraglich ist jedoch, ob dieser Verstoß auch zu einem Verwertungsverbot führt. Das ist grundsätzlich nicht der Fall, weil Schutzzweck der Norm der Schutz der körperlichen Unversehrtheit ist, dieser Schutz auch bei einer Verwertung aber ohnehin nicht mehr erreicht werden kann. Zudem führt der vorliegende Fehler nicht dazu, dass die Beweisqualität der Blutprobe gemindert ist. Eine Aus-

nahme ist aber immer dann zu machen, wenn es sich wie hier um eine bewusst rechtwidrige Anordnung der Maßnahme handelte; die Anordnung verstieß hier gegen das Rechtsstaatsprinzip. Folglich ist die Blutprobe nicht verwertbar.

Vgl. 28 Rn. 27

(203) Da eine Beschlagnahme vorliegt, sind die Voraussetzungen der §§ 94ff. heranzuziehen. Gem. § 97 Abs. 1 Nr. 3 besteht hier jedoch ein Beschlagnahmeverbot. Ein Verstoß hiergegen führt zu einem Verwertungsverbot. Jedoch könnte man mit dem Argument des hypothetischen Ermittlungsverlaufs davon ausgehen, dass man die Blutprobe grundsätzlich auch rechtmäßig über eine Maßnahme nach § 81a hätte erlangen können, so dass das Beschlagnahmeverbot unbeachtlich sei. Dem steht aber entgegen, dass in der konkreten Situation (kein Arzt anwesend) ein Eingriff nach § 81a eben gerade nicht möglich gewesen wäre. Außerdem würde man mit dieser Argumentation das Beschlagnahmeverbot des § 97 unterlaufen.

Der Verstoß gegen § 97 Abs. 1 Nr. 3 führt zu einem Beweisverwertungsverbot.

Vgl. 28 Rn. 28

(204) Weil die Sicherstellung gem. § 94 rechtmäßig war, stellt sich die Frage nach einem selbständigen Beweisverwertungsverbot. Ein solches könnte sich hier aus dem in Art. 2 Abs. 1 i.V.m. Art. 1 Abs. 1 GG verankerten Allgemeinen Persönlichkeitsrecht ergeben. Dabei werden drei Sphären unterschieden, innerhalb derer die Voraussetzungen für eine Verwertbarkeit des Tagebuchs unterschiedlich sind. Wäre mit den Tagebuchaufzeichnungen der Kernbereich der Persönlichkeit betroffen, wäre eine Verwertung der Aufzeichnungen ausnahmslos unzulässig. Geht es hingegen um die schlichte Privatsphäre, muss eine Abwägung zwischen den Persönlichkeitsinteressen des Einzelnen und dem Interesse an effektiver Strafverfolgung stattfinden. Eine Verwertung ist unbedenklich, wenn die Aufzeichnungen dem Sozialbereich zuzuordnen sind.

Geht man davon aus, dass auf Grund des strafrechtlich relevanten Inhalts Belange der Allgemeinheit berührt sind und damit die innerste Persönlichkeitssphäre verlassen ist, würde der Verdacht eines besonders schweren Delikts tendenziell die Individualinteressen überwiegen und damit die Verwertung grundsätzlich ermöglichen. Dies würde durch die Tatsache, dass A mittlerweile verstorben ist und sein Allgemeines Persönlichkeitsrecht jedenfalls zu verblassen beginnt, noch unterstützt werden.

Selbst wenn man davon ausgeht, dass die Auseinandersetzung mit sich selbst nicht schon dadurch zur schlichten Privatsphäre wird, dass diese Gedanken in einem Tagebuch fixiert werden, wird man hier auf Grund der Schilderung des Tathergangs eine Verwertbarkeit dieser Teile (sollte Trennbarkeit gegeben sein) bejahen müssen.

Vgl. 28 Rn. 39

(205) Das hängt davon ab, ob man die Fernwirkung von Beweisverboten („fruit of the poisonous tree-Doktrin") bejaht oder nicht. Diese besagt, dass Beweismittel, die mittelbar über ein unverwertbares Beweismittel (hier die gem. § 136a Abs. 3 unverwertbare Aussage des B) gefunden werden, ebenfalls nicht verwertet werden dürfen.

Für die Fernwirkung spricht, dass kein Anreiz für die Umgehung von Beweiserhebungsvorschriften geschaffen werden soll und es äußerst zweifelhaft erscheint, die Aussage selbst nicht verwerten zu dürfen aber die daraus (mittelbar) gewonnenen Erkenntnisse schon. Eine Ausnahme lässt sich dann machen, wenn die Strafverfolgungsbehörden an das Beweismittel auch ohne Verfahrensverstoß gelangt wären (hypothetischer Verfahrensablauf). Danach dürfte das Tatwerkzeug grundsätzlich nicht als Beweismittel verwendet werden.

Geht man hingegen mit dem BGH und der h.M. davon aus, dass ein Verfahrensfehler nicht dazu führen dürfe, das komplette Verfahren lahm zu legen, sowie eine Sanktionierung des Polizeibeamten ohnehin über das materielle Strafrecht (z.B. § 343 StGB) bzw. Disziplinarrecht erfolge, so ist das Tatwerkzeug ein zulässiges Beweismittel.

Vgl. 9 Rn. 27ff.; 28 Rn. 43

(206) Das Schweigen des Beschuldigten, das ja eines seiner Rechte darstellt, darf nicht gegen ihn verwendet werden, da andernfalls dieses Recht und damit der „nemo-tenetur-Grundsatz" völlig entwertet wären.

Gleiches gilt für ein zeitweises Schweigen, bei dem der Beschuldigte etwa im Ermittlungsverfahren geschwiegen und erst später in der Hauptverhandlung eine Aussage gemacht hat.

Anders liegt der Fall nur, wenn der Angeklagte teilweise schweigt, sich also grundsätzlich zur Tat einlässt, aber auf bestimmte Fragen nicht oder nur unvollständig antwortet. Mit seiner Aussage hat er sich selbst zum Beweismittel gemacht, so dass aus dem teilweisen Schweigen negative Schlüsse für ihn gezogen werden dürfen. Ein teilweises Schweigen liegt aber nur dann vor, wenn der Beschuldigte bzw. Angeklagte innerhalb einer Vernehmung und jeweils bezüglich einer Tat (wenn ihm mehrere vorgeworfen werden) teilweise schweigt bzw. aussagt.

Vgl. 29 Rn. 9ff.

(207) Wie oben dargelegt, dürfen aus einem teilweisen Schweigen des Beschuldigten bzw. Angeklagten für diesen nachteilige Schlüsse gezogen werden. Ein teilweises Schweigen wird dabei nicht nur dann angenommen, wenn er die Beantwortung an ihn gestellter Fragen (teilweise) verweigert, sondern auch, wenn er zu einem Geschehen von sich aus nur lückenhafte Angaben macht. Nachteilige Schlussfolgerungen sind also zulässig, wenn der Angeklagte bzw. Beschuldigte einen bestimmten Punkt eines einheitlichen Geschehens von sich aus verschweigt. Das gilt allerdings nur dann, wenn nach den Umständen Angaben zu diesem Punkt zu erwarten gewesen wären, andere mögliche Ursachen des Verschweigens ausgeschlossen werden können und die gemachten Angaben nicht ersichtlich fragmentarischer Natur sind.

Hier ging es der A jedoch auf dem Polizeirevier ersichtlich nicht um eine vollständige Schilderung der Tat, sondern sie wollte zunächst an den zuständigen Polizeibeamten weitergeleitet werden, wonach sie ausdrücklich verlangte. Auch die Antwort auf die Nachfrage war nur dazu gedacht, ihr Anliegen zu verdeutlichen, nicht aber, eine umfassende Erläuterung des Tathergangs abzuliefern

Insofern waren dazu keine weiteren Ausführungen zu erwarten gewesen, so dass kein teilweises Schweigen vorliegt und die Schlussfolgerungen des Gerichts damit unzulässig waren.

Vgl. 29 Rn. 9ff.

(208) Anders, als wenn sich ein Zeuge auf sein Zeugnisverweigerungsrecht beruft, weil dann seine freie Entscheidung, nichts zu sagen, entwertet würde, darf das Schweigen des Zeugen auf Grund des § 55 durchaus zum Nachteil des Angeklagten verwendet werden. § 55 schützt nur den Zeugen selbst, nicht aber dessen persönliche oder berufliche Beziehung zu dem Angeklagten, so dass durch entsprechende Schlussfolgerungen keine Rechte der Betroffenen verletzt werden.

In einem späteren Verfahren gegen den (früheren) Zeugen darf dieses Schweigen freilich nicht gegen ihn verwertet werden, da sonst ein Verstoß gegen den „nemo-tenetur-Grundsatz“ vorläge.

Vgl. 29 Rn. 14

(209) Unter der Verständigung wird die einverständliche Verfahrensbeendigung verstanden. Solche Absprachen sind in jedem Prozessstadium möglich. Eine gesetzliche Regelung gibt es seit der Verabschiedung des „Gesetzes zur Regelung der Verständigung im Strafverfahren“ vom 28.5.2009. Die neuen Vorschriften sind §§ 35a, 44, 160b, 202a, 212, 243 Abs. 4, 257b, 257c, 267 Abs. 3 S. 5, 273 Abs. 1, 1 a. 302. Vgl. 30 Rn. 4

(210) Vgl. 30 Rn. 2ff.

(211) Vgl. 30 Rn. 4a

(212) Ja, aus der Vereinbarung erwächst kein Verfahrenshindernis. Zur Verhängung und Erfüllung der Auflage ist es nicht gekommen. Allerdings gebietet es der fair-trial-Grundsatz, dem Adressaten der Absprache eine wesentliche Strafmilderung zuzubilligen.

(213) Zwar ist die Angabe von Vergleichsstrafrahmen nach h. M. zulässig. Allerdings darf dem Angeklagten nicht mit einer strafzumessungsrechtlich unvertretbaren Sanktionsschere gedroht werden. Wo die Grenze liegt, ist bislang weitgehend ungeklärt. In der Praxis werden Strafnachlässe zwischen 20 und 40% für ein Geständnis diskutiert; die Rspr. stellt auf den Einzelfall ab. Zu große Differenzen lassen sich jedenfalls nicht mehr mit dem Gedanken der angemessenen Strafmilderung für ein Geständnis rechtfertigen. Bei einer Sanktionsschere ist deshalb entweder die für die Abgabe eines Geständnisses in Aussicht gestellte Strafe unvertretbar niedrig oder die für den Fall des Nichtzustandekommens der Verständigung avisierte Strafe unvertretbar hoch. Ersteres stellt das Versprechen eines gesetzlich nicht vorgesehenen Vorteils dar, letzteres eine Drohung mit einer unzulässigen Maßnahme i. S. des § 136a Abs. 1 S. 3, so dass in beiden Fällen ein daraufhin abgegebenes Geständnis gem. § 136a Abs. 3 nicht verwertet werden dürfte.

(214) Vgl. 30 Rn. 5

(215) Vgl. 30 Rn. 9f.

(216) Ein Prozessurteil ergeht dann, wenn ein Prozesshindernis vorliegt und nicht ein Freispruch Vorrang hat. Ein Strafklageverbrauch erwächst aus einem Prozessurteil nur, wenn das Prozesshindernis nicht mehr behebbar ist.

Ein Sachurteil ist als verurteilendes (§§ 267 Abs. 1, 2 und 3), als freisprechendes Urteil (§ 267 Abs. 5) oder als Mischform aus Verurteilung und Freispruch bzw. Einstellung möglich. Es darf nicht über die angeklagte Tat hinausgehen, aber auch nicht hinter ihr zurückbleiben oder nur Teile erfassen. Ein Sachurteil bewirkt einen Strafklageverbrauch.

Vgl. 31 Rn. 1ff.

(217) Gegenstand ist die durch die zugelassene Anklage beschriebene prozessuale Tat, § 264.

Vgl. 31 Rn. 5

(218) Vgl. 31 Rn. 12ff.

(219) Eine Entscheidung ist dann formell rechtskräftig, wenn sie von den Verfahrensbeteiligten nicht oder nicht mehr mit einem ordentlichen Rechtsmittel angefochten werden kann.

Die formelle Rechtskraft ist Voraussetzung für die materielle Rechtskraft; danach tritt durch das unanfechtbare, unabänderliche, also (formell) rechtskräftige Urteil ein „Verbrauch der Strafklage" ein.

Vgl. 32 Rn. 1ff.

(220) Danach darf ein bereits wegen derselben Sache Verurteilter nicht noch einmal verurteilt werden; schon ein neues Verfahren gegen ihn ist deshalb unzulässig. Dies gilt auch für den Freigesprochenen. Darüber hinaus liegt darin ein subjektives Recht. Geregelt ist dieser Grundsatz in Art. 103 Abs. 3 GG.

Vgl. 32 Rn. 6

(221) Nur der Tenor der Entscheidung, nicht aber die Urteilsgründe.

Vgl. 32 Rn. 8

(222) Nein, eine „Ergänzungsklage" ist nicht zulässig. Es bleibt bei der rechtskräftigen Entscheidung, da sich eine unvollständige Sachverhaltsaufklärung etc. auf Grund des ne bis in idem Grundsatzes nicht zu Lasten des rechtskräftig Verurteilten auswirken darf.

In der Abwandlung stellt sich die Frage nach dem Umfang der Rechtskraft von Beschlüssen, die eine Sachentscheidung treffen und das Verfahren wegen einer Tat beenden. Nach h. M. kann eine Anklage in derselben Sache nur auf Grund neuer Tatsachen oder Beweismittel erhoben werden. Dies wird aus der Regelung des § 174 Abs. 2 geschlossen, der nach h. M. einen allgemeinen Rechtsgedanken darstellt. Für § 153 soll aber das Gleiche gelten wie für § 153a: neue Anklage, wenn sich die Tat als Verbrechen darstellt (vgl. 12 Rn. 21).

Vgl. 32 Rn. 9, 14

(223) Nein. Gem. § 407 Abs. 1 ist ein Strafbefehlsverfahren nur zulässig, wenn es sich um ein Vergehen handelt, das in die sachliche Zuständigkeit des Strafrichters oder des Schöffengerichts fällt. Aufgrund der Erweiterung der Zuständigkeit des Strafrichters (Straferwartung von zwei Jahren, § 25 GVG) einerseits und der Möglichkeit der Verhängung einer Freiheitsstrafe von höchstens einem Jahr im Strafbefehlsverfahren (§§ 407 Abs. 2 S. 2) andererseits ist eine Zuständigkeit des Schöffengerichts de facto nicht mehr gegeben.

Bei der Sachbeschädigung kann dagegen ein Strafbefehlsverfahren eingeleitet werden.

Vgl. 33 Rn. 1f.

(224) Gem. § 408 Abs. 3 S. 2 kann er Termin zur Hauptverhandlung anberaumen. Dem Beschuldigten wird dabei der Strafbefehlsantrag ohne Rechtsfolgenantrag mitgeteilt, § 408 Abs. 3 S. 3.

Vgl. 33 Rn. 5

(225) Gem. § 408a Abs. 1 kann die Richterin auch noch nach Eröffnung des Hauptverfahrens zum Strafbefehlsverfahren übergehen, sofern die Voraussetzungen der §§ 407 Abs. 1 S. 1 und 2 erfüllt sind und dem Erlass eines Strafbefehls keine Bedenken entgegenstehen.

Anderenfalls besteht die Möglichkeit, das Hauptverfahren fortzusetzen und die Vorführung anzuordnen sowie Haftbefehl zu erlassen, §§ 230 Abs. 2, 236.

(226) Gem. § 410 Abs. 1 kann er hiergegen Einspruch einlegen. Darüber ist der Angeklagte zu belehren, § 409 Abs. 1 Nr. 7. Der Einspruch ist binnen zwei Wochen nach Zustellung schriftlich

oder zu Protokoll der Geschäftsstelle bei dem Gericht, das den Strafbefehl erlassen hat, einzulegen. Eine Begründungspflicht besteht nicht. Bei dem Einspruch handelt es sich nicht um ein Rechtsmittel.

Vgl. 33 Rn. 6ff.

(227) Nein, da mit dem Strafbefehl nur eine summarische Prüfung des Falles stattgefunden hat. Befürchtet der Angeklagte Schlimmeres, kann er seinen Einspruch bis zur Verkündung des Urteils zurücknehmen, § 411 Abs. 3 S. 1, braucht dazu aber nach Beginn der Hauptverhandlung die Zustimmung der Staatsanwaltschaft, § 411 Abs. 3 S. 2.

Vgl. 33 Rn. 8

(228) Nein, gem. § 411 Abs. 2 S. 1 kann er sich auch durch seinen Verteidiger vertreten lassen. Bleibt er jedoch dem Termin fern, ohne verteidigt zu sein, so ist der Einspruch gem. § 412 zu verwerfen.

Vgl. 33 Rn. 7

(229) Geregelt ist es in den §§ 417–420 und kommt für Taten in Betracht, die vor das Amtsgericht gehören und bei denen der Sachverhalt einfach oder die Beweislage klar ist.

Vgl. 33 Rn. 10ff.

(230) Der Devolutiveffekt besagt, dass durch das Rechtsmittel das Verfahren in die höhere Instanz gebracht wird.

Der Suspensiveffekt besagt, dass Berufung und Revision (anders als die Beschwerde) den Eintritt der Rechtskraft hemmen, sofern diese fristgerecht eingelegt werden.

Vgl. 34 Rn. 1

(231) Die StPO kennt die Berufung (§§ 312ff.), die Revision (§§ 333ff.) und die Beschwerde (§§ 304ff.). Kein Rechtsmittel sondern ein (ordentlicher) Rechtsbehelf ist der Einspruch gem. § 410 im Rahmen des Strafbefehlsverfahrens. Kennzeichen der Rechtsmittel ist insbesondere der Devolutiveffekt, d. h. das Rechtsmittel bringt das Verfahren in die höhere Instanz.

Vgl. 34 Rn. 1, Grafik Rn. 2

(232) Ja. Ein amtsgerichtliches Urteil kann auch unbestimmt angefochten werden. Ein solches Vorgehen kommt vor allem dann in Betracht, wenn der Rechtsmittelführer das Vorliegen der Urteilsgründe abwarten will, um prüfen zu können, ob es Rechtsfehler enthält. Bis zum Ablauf der Revisionsbegründungsfrist kann dann gegenüber dem Ausgangsgericht bestimmt werden, ob das Rechtsmittel als Berufung oder als Revision durchgeführt werden soll. Wird eine solche Entscheidung nicht, zu spät oder nicht eindeutig getroffen, wird es als – die umfassendere – Berufung behandelt.

Vgl. 34 Rn. 6ff.

(233) Ja, § 296 Abs. 2. Beim Angeklagten ist dagegen eine Beschwer erforderlich, d. h. er muss durch die angefochtene Entscheidung unmittelbar in seinen schutzwürdigen Interessen beeinträchtigt sein. Bestimmt wird dies allein nach dem Urteilstenor. Daher ist der Angeklagte grundsätzlich nicht beschwert, wenn er freigesprochen oder das Verfahren eingestellt wurde, außer es liegt ein behebbares Verfahrenshindernis vor oder die Sache war „freispruchreif".

Vgl. 34 Rn. 9ff.

(234) Ja. Für die Berufung (§ 318) und Revision (§ 344 Abs. 1) ist dies gesetzlich geregelt, für die Beschwerde allgemein anerkannt (auch für den Einspruch ist dies gem. § 410 Abs. 2 möglich). Der nicht angefochtene Teil der Entscheidung wird für das weitere Verfahren bindend und erwächst in Teilrechtskraft. Voraussetzung ist, dass der angefochtene Teil des Urteils bzw. Strafbefehls losgelöst vom restlichen Teil selbständig zu prüfen und rechtlich zu beurteilen ist (Trennbarkeitserfordernis). Außerdem dürfen zwischen den nicht angefochtenen Teilen und der Entscheidung des Rechtsmittelgerichts keine Widersprüche entstehen.

Vgl. 34 Rn. 16ff.

(235) Grundsätzlich ja, sofern nur der Angeklagte oder zu seinem Gunsten die Staatsanwaltschaft oder sein gesetzlicher Vertreter Rechtsmittel eingelegt hat (vgl. § 331). Allerdings wird nur vor einer Verschlechterung der Rechtsfolge in Art und Höhe nach geschützt, nicht aber vor einer Verschärfung des Schuldspruchs.

Vgl. 34 Rn. 24ff.

(236) Gem. § 302 Abs. 1 S. 2 StPO darf es nach einer Verständigung gar keinen Rechtsmittelverzicht geben. Ein Rechtsmittelverzicht vor Urteilsverkündung darf weder fest vereinbart, noch zur Bedingung gemacht werden. Der Angeklagte kann sich daher noch bis zum Ablauf der Rechtsmittelfrist gegen das Urteil wehren.

(237) Urteile des Strafrichters und des Schöffengerichts, § 312.

Vgl. 35 Rn. 1

(238) Nach § 313 Abs. 1 ist die Berufung bei Verurteilungen von geringem Gewicht (bis ca. 15 Tagessätze) nur zulässig, wenn sie angenommen wird. Ist sie offensichtlich unbegründet, dann wird sie nicht angenommen, § 313 Abs. 2.

Vgl. 35 Rn. 6

(239) Eine Revision ist gem. § 333 gegen (verkündete, § 268 Abs. 2 S. 1) landgerichtliche und erstinstanzliche Urteile der Oberlandesgerichte statthaft. Ferner ist gegen amtsgerichtliche Urteile eine so genannte Sprungrevision möglich, § 335 Abs. 1.

Vgl. 36 Rn. 30f.

(240) Die Frist für die Revisionseinlegung beträgt eine Woche ab der Verkündung des Urteils, § 341 Abs. 1. Ist der Angeklagte bei Urteilsverkündung nicht anwesend, beginnt die Wochenfrist ab Zustellung, § 341 Abs. 2. Für die Fristberechnung gelten die §§ 42, 43.

Vgl. 36 Rn. 32

(241) Die Frist beträgt einen Monat nach Ablauf der Einlegungsfrist, § 345 Abs. 1 S. 1. Erfolgte die Zustellung des vollständigen Urteils nicht innerhalb einer Woche nach der Verkündung, beginnt die Revisionsbegründungsfrist mit Urteilszustellung, § 345 Abs. 1 S. 2. Ein Nachschieben von Verfahrensrügen und die Erhebung der allgemeinen Sachrüge sind nach Ablauf dieser Frist grundsätzlich ausgeschlossen. Die Sachrüge muss gar nicht und kann daher auch noch später begründet werden.

Vgl. 36 Rn. 34f.

(242) Nein. Anders als im Zivilrecht ist dies nicht möglich, da die Rücknahme als Verzicht auf die Wiederholung des Rechtsmittels verstanden wird.

(243) Gem. § 344 Abs. 1 besteht die Revisionsbegründung aus zwei Teilen, nämlich aus Antrag und dessen Begründung. Stets muss gem. § 337 Abs. 1 die Verletzung eines Gesetzes geltend gemacht und das „Beruhen" dargelegt werden. In Frage kommen das Fehlen von Verfahrensvoraussetzungen, die Verletzung materiellen Rechts und die des Verfahrensrechts. Die Verfahrensvoraussetzungen werden von Amts wegen geprüft, sollten aber in die Revisionsbegründungsschrift mit aufgenommen werden. Bei einer Sachrüge liest das Revisionsgericht das angefochtene Urteil. Sie muss deshalb nicht (sollte aber) näher gegründet werden. Bei einer Verfahrensrüge ist das anders. Die allgemeine Verfahrensrüge („ich rüge die Verletzung des Verfahrensrechts") würde das Revisionsgericht zu der ungeheuren Arbeit zwingen und ihm die überdies unlösbare Aufgabe stellen, das gesamte Verfahren zu rekonstruieren. Daher muss sie so substantiiert und detailliert begründet sein, dass sich das Revisionsgericht sagen kann: „Wenn das stimmt, was der Revisionsführer vorträgt, dann hat er recht" (§ 344 Abs. 2 S. 2).

Vgl. 36 Rn. 7ff.

(244) Mit der Verfahrensrüge wird die Verletzung von Verfahrensrecht gerügt. Der Beschwerdeführer muss dabei seine Verfahrensrüge gezielt anbringen, mit Tatsachen belegen, § 344 Abs. 2 S. 2 und auch das „Beruhen" darlegen.

Mit der Sachrüge wird dagegen die Verletzung materiellen Rechts gerügt. Eine genaue Darlegung der Verletzung bedarf es nicht, zumal sich der Rechtsfehler nur aus dem Urteil selbst ergeben kann.

Vgl. 36 Rn. 21ff.

(245) Es gibt die relativen (§ 337) und die absoluten (§ 338) Revisionsgründe. Es reicht nicht, dass ein Gesetzesverstoß gerügt wird, das Urteil muss vielmehr auf der Verletzung des Gesetzes beruhen. Ausreichend ist dabei, wenn nicht ausgeschlossen werden kann, dass das Urteil ohne den Fehler anders ausgefallen wäre. Bei § 338 wird ein solches Beruhen (anders als bei § 337) gesetzlich fingiert.

Vgl. 36 Rn. 17ff.

(246) Das Revisionsgericht kann die Revision durch Beschluss als unzulässig verwerfen (§§ 346, 349 Abs. 1), nach §§ 206a, 153, 153a, 154, 154a ganz oder teilweise einstellen oder nach § 348 seine Unzuständigkeit feststellen und die Sache an das zuständige Revisionsgericht verweisen.

Außerhalb der Hauptverhandlung kann das Revisionsgericht gem. §§ 349 Abs. 2, 3 die Entscheidung durch Beschluss treffen, wenn es die Revision auf Antrag der Staatsanwaltschaft einstimmig als offensichtlich unbegründet erachtet. Ein Beschluss ist auch im Fall einer sicher begründeten Revision gem. § 349 Abs. 4 möglich, die zu Gunsten des Angeklagten eingelegt ist.

Entscheidet das Revisionsgericht auf Grund einer Hauptverhandlung, so ergeht ein Urteil, §§ 349 Abs. 5, 353ff.

Vgl. 36 Rn. 36ff.

(247) Die Beschwerde ist das Rechtsmittel gegen Beschlüsse des Tatgerichts erster und zweiter Instanz und gegen Verfügungen des Vorsitzenden, des Ermittlungsrichters und des beauftragten oder ersuchten Richters, § 304 Abs. 1.

Vgl. 37 Rn. 1

(248) Eingelegt wird die Beschwerde stets beim iudex a quo, § 306. Hält das Gericht die Beschwerde für begründet, hat es ihr abzuhelfen, § 306 Abs. 2 HS 1, anderenfalls hat es dem zuständigen Beschwerdegericht vorzulegen, § 306 Abs. 2 HS 2. Zu entscheiden hat dann die große Strafkammer beim Landgericht, das *OLG* oder der BGH.

Vgl. 37 Rn. 7ff.

(249) Das Interesse an Rechtssicherheit muss dann zurücktreten, wenn das Interesse an Wahrheit und Gerechtigkeit überwiegt. Das ist dann der Fall, wenn die Grundlagen des Rechtssicherheit schaffenden rechtskräftigen Urteils erschüttert sind.

Vgl. 3 Rn. 4; 38 Rn. 1

(250) Vgl. 38 Rn. 2ff.

(251) Es ist stets ein Antrag erforderlich.

Vgl. 38 Rn. 1

(252) Nur Verfahren, die durch ein rechtskräftiges Sachurteil (§ 359) oder einen Strafbefehl (§ 373a) abgeschlossen wurden.

Vgl. 38 Rn. 2

(253) Nein. Die Wiederaufnahme setzt eine Beschwer voraus. Der Verurteilte ist aber nur durch einen Schuldspruch und nicht durch einen Freispruch beschwert.

Vgl. 38 Rn. 4

(254) Nein. Die Wiederaufnahmegründe sind abschließend in §§ 359ff. geregelt (Ergänzung durch § 79 Abs. 1 BVerfGG). Die Änderung von Rechtsnormen oder der Rechtsprechung sind vom Gesetz nicht als Wiederaufnahmegründe aufgezählt. Insbesondere stellen sie keine Tatsachen i. S. d. § 359 Nr. 5 dar.

Vgl. 38 Rn. 3, 11

(255) Vgl. 38 Rn. 5, 17ff.

(256) Nein, da es sich jeweils um Prognoseentscheidungen handelt.

Vgl. 38 Rn. 19f.

(257) Nein. Das kann nur in der Hauptverhandlung geschehen.

Vgl. 38 Rn. 23

(258) Die Rechtskraft des Urteils wird beseitigt und das Verfahren in den Zustand der Rechtshängigkeit zurückversetzt, in dem es sich vor dem Urteil befunden hat.

Vgl. 38 Rn. 23

(259) Ja. Wenn für einen sofortigen Freispruch genügend Beweise vorhanden sind und die StA zustimmt, kann auf die Durchführung der Hauptverhandlung ausnahmsweise verzichtet werden (§ 371 Abs. 2). Eine Hauptverhandlung findet auch dann nicht statt, wenn der Verurteilte bereits verstorben ist (§§ 361, 371 Abs. 1). Ansonsten wird in einer neuen Verhandlung der Fall neu aufgerollt.

Vgl. 38 Rn. 22, 24

(260) Nein, denn das Verbot der reformatio in peius gilt gem. § 373 Abs. 2, wenn das Wiederaufnahmeverfahren zu Gunsten des Verurteilten betrieben worden ist.

Vgl. 38 Rn. 24

(261) Vgl. 38 Rn. 25

(262) Liegt eine Katalogtat nach § 374 Abs. 1 vor und verneint die Staatsanwaltschaft das öffentliche Interesse an einer Strafverfolgung von Amts wegen, so kann das Privatklageverfahren betrieben werden.

Vgl. 39 Rn. 1 ff.

(263) Es muss eine öffentliche Klage erhoben werden (vgl. auch § 396 Abs. 1 S. 2) und Anschlussberechtigung gem. § 395 bestehen. Dafür genügt es, wenn nach der Sachlage oder dem Vorbringen des den Anschluss Erklärenden die Verurteilung des Angeklagten wegen eines Nebenklagedeliktes rechtlich möglich erscheint. Die Nebenklagebefugnis besteht dabei auch dann, wenn das Nebenklagedelikt in Tateinheit oder Gesetzeskonkurrenz mit einem anderen Delikt begangen worden ist, das nicht zur Nebenklage berechtigt.

Vgl. 39 Rn. 18 ff.

(264) Gem. § 171 muss ihm lediglich die Einstellung des Verfahrens mitgeteilt werden, wenn er eine Strafanzeige gestellt hat. Will er auch über den Ausgang des Verfahrens, Zeit und Ort der Hauptverhandlung sowie über die Beschuldigungen, die dem Angeklagten zur Last gelegt werden, informiert werden, muss er einen Antrag gem. § 406d stellen. Auch steht ihm ein Recht auf Rechtsbeistand und psychosoziale Prozessbegleitung zu, §§ 406f, g. Schließlich kann er von Beginn des Ermittlungsverfahrens an durch einen Rechtsanwalt alle Akten einsehen lassen, § 406e Abs. 1, 2 oder diese unter den Voraussetzungen von § 406e Abs. 3 selbst einsehen.

Vgl. 39 Rn. 40 ff.

(265) Die Definition ergibt sich aus § 464a Abs. 1 S. 1.

Vgl. 40 Rn. 2

(266) Da A verurteilt worden ist, trägt er gem. § 465 die Kosten des Verfahrens. Die Kosten der Pflichtverteidigung gehören zu den Auslagen der Staatskasse und damit zu den Kosten des Verfahrens (vgl. Nr. 9007 KVGKG; dagegen zählen die Kosten eines Wahlverteidigers zu den notwendigen Auslagen, § 464a Abs. 2 Nr. 2). Die Kosten seines Pflichtverteidigers muss der Verurteilte A daher selbst tragen.

Vgl. 40 Rn. 6

Sachverzeichnis

Zahlen fett = §, Zahlen mager = Rn.